AF537308

72

Jerzy Konikowski
Uwe Bekemann

1. d4 siegt!

Ein Repertoire für Weiß

Joachim Beyer Verlag

ISBN 978-3-95920-106-3

2. überarbeitete Auflage 2020

Ein Imprint des Schachverlag Ullrich, Zur Wallfahrtskirche 5, 97483 Eltmann

Inhaltsverzeichnis

Zeichenerklärung

!	ein sehr guter Zug
!!	ein ausgezeichneter Zug
?	ein schwacher Zug
??	ein grober Fehler
!?	ein beachtenswerter Zug
?!	ein Zug von zweifelhaftem Wert
+−	Weiß hat entscheidenden Vorteil
−+	Schwarz hat entscheidenden Vorteil
±	Weiß steht besser
∓	Schwarz steht besser
⩲	Weiß steht etwas besser
⩱	Schwarz steht etwas besser
=	ausgeglichen
∞	unklar, mit beiderseitigen Chancen
=∞	mit Kompensation für den materiellen Nachteil
↑	mit Initiative
→	mit Angriff
⇄	mit Gegenspiel
Δ	mit der Idee
⌓	besser ist
x	schlägt
+	Schach
#	matt

Vorwort

Mit unserem neuen Werk „1. d4 siegt!“ setzen wir den Weg fort, den wir mit seinem Vorgänger „1. e4 siegt!“ eingeschlagen haben. Wir bieten dem Leser ein Repertoire an, das ihn sehr gut für die eigene Partie rüstet.

„1. d4 siegt!“ richtet sich in erster Linie an den Spieler mit Weiß, der mit dem Doppelschritt seines Damenbauern das Spiel eröffnet, also 1. d2–d4 ausführt. Auf jede plausible Antwort seines Gegners findet er von uns auf Herz und Nieren geprüfte Zug- und Variantenvorschläge, sodass er in jedem Fall gut in die Partie kommt. Gleichgültig, ob Schwarz beispielsweise mit der Einladung zum Damengambit reagiert, mit einem System aus dem „indischen Dschungel“ aufwartet oder eine seltene, aber grundsätzlich spielbare Erwiderung auftischt, „1. d4 siegt!“ hilft weiter.

In unsere Auswahl aufgenommen haben wir ausschließlich Alternativen, die dem Anziehenden ein möglichst aktives und initiatives Vorgehen erlauben. In den meisten Fällen ist es uns gelungen, Wege zu finden, die ihm einen Eröffnungsvorteil versprechen.

Es gibt ein weiteres Ziel, das wir mit unserem neuen Werk verfolgen: „1. d4 siegt!“ soll den Spieler mit Weiß in die Lage versetzen, die heute für „Otto Normalverbraucher“ kaum noch beherrschbaren Weiten der Eröffnungstheorie links liegen lassen zu können. So haben wir uns auf Wege konzentriert, deren Wahl der Anziehende bestimmen kann und die bis heute noch weitgehend unentdeckt geblieben sind. Oft wird die Überraschung des Gegners ein angenehmer Nebeneffekt sein. Dieser wird aus seiner Komfortzone gezogen und findet sich plötzlich in einem Eröffnungsbereich wieder, in dem er nicht heimisch ist, sein Gegner aber dank „1. d4 siegt!“ sehr wohl. Mit der Unterstützung durch unser Werk wird der aufstrebende Spieler auch gegen den erfahrenen Vereinsspieler antreten können.

Unabhängig davon, dass sich „1. d4 siegt!“ in erster Linie an den Anziehenden richtet, ist es auch für den Spieler mit Schwarz ein Gewinn. Da wir unsere Variantenwahl und alle Beurteilungen so objektiv und neutral wie möglich getroffen haben, findet auch er die nach unserer Einschätzung für ihn besten Alternativen im Buch. Seine Lage unterscheidet sich allein dadurch von jener seines Gegners, dass er es nicht in der Hand hat, ob die jeweils grundlegende Variante auf das Brett kommt. Ist dies der Fall, kann er seinen Nutzen aus unserem Werk ziehen.

Ein wichtiger Teil unserer Arbeit war die Sichtung und Prüfung, was die Praxis für unsere Eröffnungslinien anzubieten hat. Dabei waren nicht nur die Beispiele von den Turnierbühnen der Welt für uns von Interesse, sondern auch Fernpartien. Im modernen Fernschachspiel hängt der Erfolg, und dies ganz besonders in den höheren Klassen, von der Wahl einer aussichtsreichen Eröffnung ab. Wenn sich eine Variante im heutigen Fernschach behauptet, verdient sie eine umfassende Prüfung ihrer Tauglichkeit schlechthin.

„1. d4 siegt!“ enthält zahlreiche Beiträge, die von Fernschachspielern zur Entwicklung der Theorie geleistet worden sind.

Nun wünschen wir Ihnen, dass Sie mit Hilfe von „1. d4 siegt!“ die Erfolge erringen werden, die Sie sich wünschen! Unser Werk möge Ihnen so viel Spaß und Freude bringen, wie sie unsere Arbeit begleitet haben!

Theoretische Einführung

1.d4

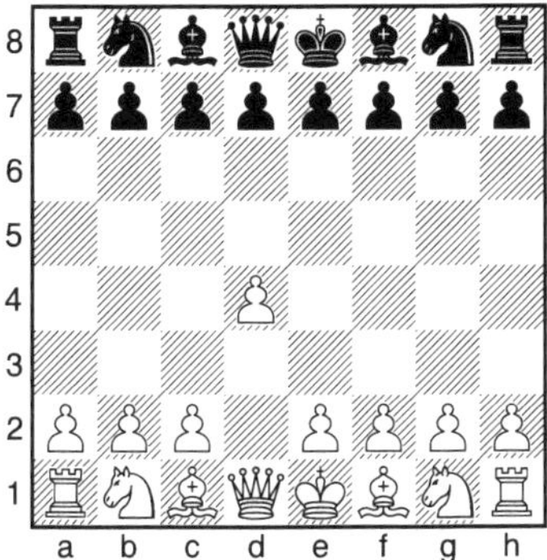

Mit einem Doppelschritt bringt Weiß seinen d-Bauern auf die vierte Reihe. Damit nimmt er die beiden wichtigen zentralen Felder c5 und e5 unter seine Kontrolle.

Wir gliedern unser Buch nun in drei Teile:

Teil 1: Schwarz antwortet mit 1...d5;

Teil 2: Schwarz antwortet mit 1...♘f6;

Teil 3: Schwarz reagiert mit anderen Zügen.

Teil 1 – Die Antwort 1...d5

1.d4 d5

Schwarz macht es seinem Gegner nach und reagiert analog mit seinem eigenen d-Bauern. Nun kontrolliert er seinerseits zwei wichtige Felder im Zentrum, nämlich e4 und c4.

2.c4

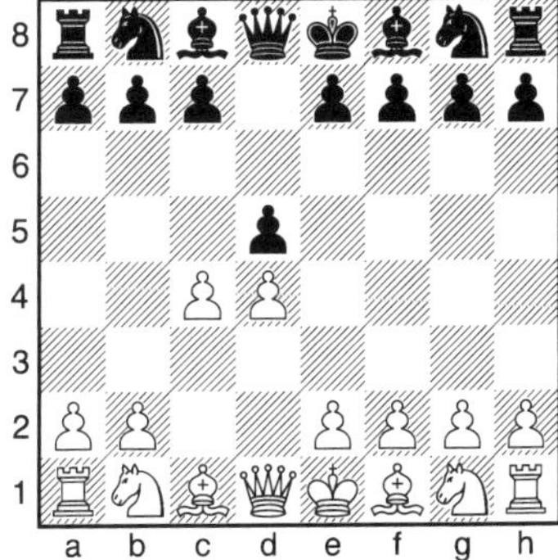

Weiß nutzt den Vorteil seines Anzugs, um sofort im Zentrum aktiv zu werden und die gegnerische Position in der Mitte zu attackieren. Das Spiel geht ins Damengambit über. Diese Eröffnung ist schon sehr alt, denn sie reicht zurück bis in die Mitte des 19. Jahrhunderts. Sie wurde damals besonders nach den Weltmeisterschaftskämpfen zwischen Steinitz und Zukertort (1886) und später zwischen Steinitz und Lasker (1894) sehr tiefgehend analysiert. In der Gegenwart ist das Damengambit bei den Spielern praktisch aller Klassen sehr populär.

2...e6

Dies ist die populärste Erwiderung in der modernen Turnierpraxis. Der angegriffene Bauer wird von seinem Hintermann verteidigt. Schwarz strebt nun nach einer schnellen Entwicklung seines Königsflügels. Natürlich muss er nicht so spielen, weshalb wir uns auch die folgenden Antworten anschauen müssen.

I. 2...c6 (**Kapitel 1**)

II. 2...dxc4 (**Kapitel 2**)

III. 2...♘c6 (**Kapitel 3**)

IV. 2...e5

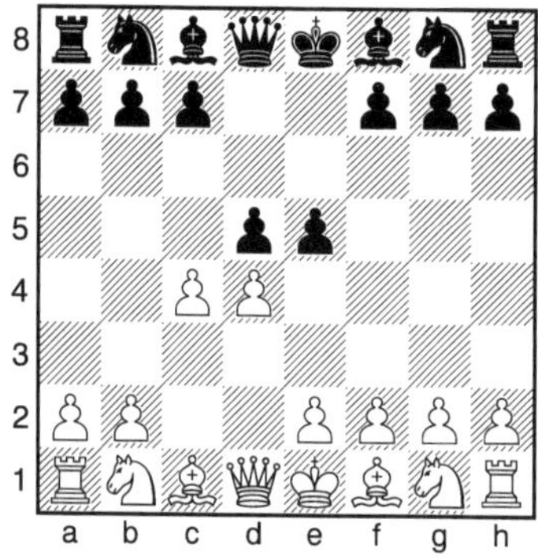

Dies ist eine Erfindung des rumänischen Meisters Adolf Albin (1848-1920), weshalb die Eröffnung nach ihm benannt ist. Auf dem Brett entstanden ist nun also 'Albins Gegengambit'. Schwarz opfert einen Bauern mit dem Ziel, die gegnerische Entwicklung zu erschweren. Weiß hat jedoch bessere Chancen.

3.dxe5 d4 4.♘f3 ♘c6 5.a3!?

Weiß spielt diesen Zug mit der Absicht, nachfolgend durch b2-b4 Raum am Damenflügel zu gewinnen und im Anschluss mit b4-b5 den gegnerischen Springer c6 auf einen schlechten Standort zu vertreiben. Im Laufe der Zeit sind vor allem die folgenden fünf Antworten für Schwarz herausgearbeitet worden.

A) 5...a5

Dies ist unser Hauptzug.

6.♘bd2

(6.♗g5!? ist eine interessante Alternative, z.B. 6...♗e7 7.h4 ♗g4 8.♘bd2 mit einer aktiven und soliden Stellung.)

6...♗g4 7.h3 ♗xf3 (7...♗h5 8.♕b3!) 8.♘xf3 ♗c5 9.h4!?

(Der Zug stammt aus der Denkfabrik der Fernschachspieler und hat schon einige Sommer gesehen. Der Bauer strebt nach h5, von wo aus er die schwarze Entwicklung nachhaltig stört. Es geht natürlich auch der Plan mit einem Fianchettoaufbau und der kurzen Rochade, also 9.g3 und z.B. weiter 9...♘ge7 10.♗g2 0-0 11.0-0 und Weiß steht gut.)

9...♘ge7 10.h5 ♘c8

Schwarz hat Schwierigkeiten, seine Kräfte zu mobilisieren und ihnen gute Positionen zu verschaffen. Der weiße Mehrbauer hat nicht nur Bedeutung in Hinsicht des materiellen Kräfteverhältnisses, sondern er stört auch das schwarze Spiel.

11.♗f4 ♘b6 12.♕c2 a4 13.♖h4 ♕e7 14.g3 ♕e6 15.♖c1 mit ausgezeichnetem Spiel für Weiß, Kujoth-Stoppel, Fernpartie 1948.

B) 5...♘ge7 6.b4 ♘g6

(Die Variante 6...♗g4 7.♗b2 ♘f5 8.♕d3 g6 9.♕e4 ♗xf3 10.exf3 ♗h6 11.f4 0-0 12.c5 führt zu einem deutlichen Vorteil für Weiß.)

7.♗b2 a5 8.b5 ♘cxe5 9.♘xe5 ♘xe5 10.e3 ♗e6 11.♗xd4 ♘xc4 12.♕a4!?

(Manchmal greifen auch Spitzenspieler in unserer Zeit zu Albins Gegengambit, um den Gegner zu überraschen. Dies gibt uns die Gelegenheit, die alternative weiße Antwort 12.♕c2 anhand einer solchen modernen Begegnung zu besprechen, nämlich anhand der **Partie Nr. 1:** Topalow–Morosewitsch, Monte Carlo 2005.)

12...♘d6 (12...♘b6 13.♕c2±) 13.♘d2 ♕d7 14.♗e2 ♗e7 15.0-0 0-0

Beide Seiten sind dabei, ihre Entwicklung abzuschließen, und müssen nun sehen, wie sie das Beste aus der Situation machen. Wie es dabei weitergehen kann, wollen wir uns anhand der Fernpartie Jarabinsky–Cosentino, ICCF 2012, anschauen: 16.♖fd1 c6 17.bxc6 ♕xc6 18.♕xc6 bxc6 19.♗c5 ♖fd8 20.♖ac1. Wegen der schwarzen Schwäche auf c6 sind die Aussichten des Anziehenden besser.

C) 5...♗e6 6.♘bd2

Scheinbar will Weiß seinen ♙c4 auf diese Weise decken, aber der eigentliche Sinn des Springerzuges ist ein anderer. Er wird sich gleich zeigen.

6...♘ge7 7.♘b3 ♗xc4 (7...♘f5 8.♕d3±) 8.♘bxd4 ♕d5 9.♕c2 ♘xd4 10.♘xd4 ♕xd4 11.e3 ♕xe5 12.♗xc4

Materiell ist die Stellung nun ausgeglichen, aber Weiß hat sich den Vorteil des Läuferpaars verschafft und steht damit besser, Ivanisevic–Chenkin, Subotica 2008.

D) 5...♗g4

Dies stellt Weiß in seinem Streben nach Behauptung eines Eröffnungsvorteils vor keine allzu großen Probleme. Über eine Reihe schlicht logischer Züge baut er seine Stellung aus.

6.♘bd2 ♕e7 7.h3 ♗h5 8.♕a4 0-0-0 9.b4 ♘xe5

(Auf 9...♔b8 möchten wir Ihnen eine lange Variante zeigen, in deren Verlauf Weiß seinen Gegner nicht zur Ruhe kommen lässt, sodass dieser sein Spiel nicht entfalten kann.

10.♗b2 ♘xe5 11.♘xe5 ♕xe5 12.g4 ♗g6 13.♘f3 ♕e4 14.♗g2 d3 15.0-0!

Verhindert nicht nur das Matt, sondern deckt zugleich den ♗g2.

15...dxe2 16.♘e5 exf1♕+ 17.♖xf1 ♕f4 18.♘c6+!

Öffnet die lange Diagonale mit einer tödlichen Wirkung für Schwarz.

18...bxc6 19.♕xc6 ♔c8 20.♕b7+ ♔d7 21.♗c6+ ♔e7 22.♖e1+ und Weiß gewinnt.)

10.♘xe5 ♕xe5

Schwarz hat nun zwar seinen Bauern zurück, aber in schlechterer Stellung. Dame und weißfeldriger Läufer sind zwar entwickelt, stehen aber labil und werden Weiß die Möglichkeit eröffnen, mit Tempogewinn die Aktivierung seiner Kräfte voranzutreiben. Zudem hat sich Weiß bereits gut in die Richtung eines Angriffs am Damenflügel positioniert.

11.♗b2 ♔b8 12.g4 ♗g6 13.♗g2 ♘f6 14.♘f3 ♕f4 15.0-0

Weiß kann mit seiner Stellung vollauf zufrieden sein. Seine Entwicklung ist weitgehend abgeschlossen und er hat mehrere Optionen für ein aktives Spiel. Die Partie P. H. Nielsen–K. Rasmussen, Dänemark 2008, nahm den folgenden Fortgang: 15...h5 16.♗xd4! ♖xd4 17.e3 ♕d6 18.♘xd4 hxg4 19.♖fd1 gxh3 20.♘c6+ bxc6 21.♖xd6 ♗xd6 22.♗xc6 mit schnellem Gewinn.

E) 5...f6

Damit gibt der Nachziehende die Idee eines schnellen Rückgewinns des Bauern auf und versucht, eine Kompensation über dynamische Aussichten zu erlangen.

6.exf6 ♕xf6 7.g3

(Auch 7.♗g5!? ♕g6 8.♘bd2 sieht gut aus.)

7...♗e7

(– 7...♘ge7 verspricht keine Kompensation. Weiß antwortet gut mit 8.♗g5, woraufhin die natürliche Zugfolge 8...♕f7 9.♘xd4 ♕xc4 10.e3 ♕d5 11.♘xc6 ♕xc6 12.♖g1 den weißen Vorteil manifestiert. Der Anziehende hat einen Bauern auf der hohen Kante und Schwarz kann dem nichts entgegensetzen. In der per E–Mail gespielten Fernpartie Radeiski–Moeller, DESC 2006, ging es wie folgt weiter: 12...♗e6 13.♘c3 ♕b6 14.b4 ♖d8 15.♕c2 c6 16.♕e4 ♖d6 17.♗e2 ♗f7 18.♗f4 ♖e6 19.♕d3 ♘d5 20.♘xd5 cxd5 21.♕xd5 und ohne spektakuläre Entwicklungen hatte Weiß inzwischen eine Gewinnstellung auf dem Brett.

– Ein anderer Versuch ist 7...♗f5. Aber auch hier sind die Aussichten für Schwarz, Kompensation für den Minusbauern beweisen zu können, trübe.

8.♗g2 h6 9.0-0 0-0-0

Die Rochaden auf unterschiedliche Flügel sorgen regelmäßig für eine wachsende Dynamik des Spiels. Weiß steht am Königsflügel kompakt und sicher sowie am Damenflügel sprungbereit. Eine Dynamisierung des Duells muss er nicht fürchten.

10.♘bd2 g5 11.♖a2

Um den Turm vom Feld a1 zu bekommen, wo er dem Röntgenblick der gegnerischen Dame ausgesetzt war.

11...h5 12.b4 h4 13.b5 ♘b8 14.♕a4 a6 15.♘b3

Während Weiß seine Angriffskraft am Damenflügel rapide steigern konnte, ist Schwarz am anderen Flügel kaum weitergekommen.

15...g4 16.♘xh4 ♖xh4 17.♘a5 ♖d7

Der Nachziehende braucht das Schlupfloch d8 für seinen König.

18.♗xb7+ ♔d8 19.bxa6 ♘xa6 20.gxh4 ♘c5 21.♘c6+ ♔e8 22.♕a8+ ♔f7 23.♗g5+–

In der Partie Lundholm–Rojahn, Saltsjobaden 1948, glich die schwarze Stellung einer Schießbude und war aufgabereif.)

8.♗g2 ♗e6 9.♘bd2 ♘h6 10.0-0 ♘f7 11.b4 d3 12.♖b1 dxe2 13.♕xe2

Schwarz ist materiell und positionell im Hintertreffen. Den Kampf um einen Eröffnungsvorteil hat er ganz klar mit einem bitteren Ende verloren. Die Begegnung Chenkin–Schwarz, Dresden 2010, an die wir unsere Betrachtung angelehnt haben, nahm folgerichtig einen nur noch kurzen Verlauf, dem wir aus Gründen der Veranschaulichung vollständig folgen wollen.

13...0-0 14.b5 ♘cd8 15.♗b2 ♕g6 16.♘d4 ♗g5 17.f4 ♗f6 18.♘xe6 ♘xe6 19.f5 ♘d4 20.♕f2 ♕h6 21.♗xd4 ♗xd4 22.♕xd4 ♖ad8 23.♗d5 c6 24.bxc6 bxc6 25.♗xf7+ ♔xf7 26.♖b7+ ♔g8 27.♖d7 1-0

V. 2...♗f5

Diese Variante trägt den Namen des estnischen Großmeisters Paul Keres (1916-1975), der sie in die Turnierpraxis eingeführt hat. Sie folgt der Idee, den weißfeldrigen Läufer schnell aktiv einzusetzen.

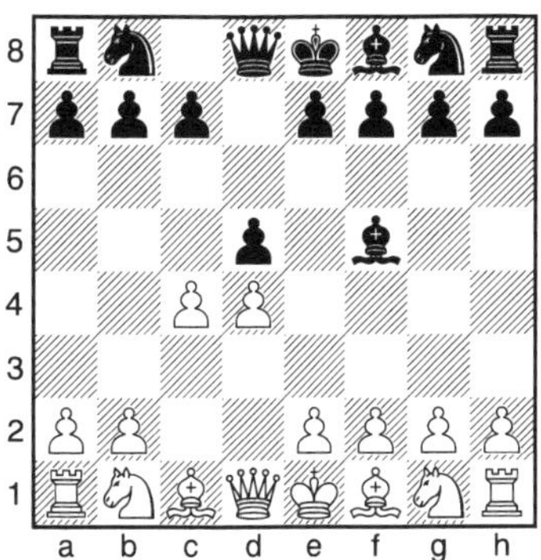

A) Zunächst kann Weiß mit 3.cxd5 ♗xb1 4.♖xb1 ♕xd5 eine kleine Keilerei lostreten. Wir folgen nun einer Partie Legky-Brochet, St. Quentin 1999.

5.a3 ♘c6 6.♘f3 (6.e3 e5=) 6...0-0-0

Noch nicht genau untersucht wurde die von Rausis stammende interessante Idee 6...♕e4!? mit der eventuellen Folge 7.♖a1 e5 usw.

7.♕c2 (7.e3 e5! mit aktivem Spiel) 7...♘xd4 8.♘xd4 ♕xd4 9.g3 e6 10.♗g2 ♕c5 11.♕a4 ♕d4 12.b4 ♕c3+ (12...♕d7 13.b5±) 13.♔f1 ♕c4 14.♗f3 a6 15.♔g2 ♗e7 16.♗f4 ♕b5 17.♕c2

Ein Tausch der Damen wäre weiterhin nur gut für Schwarz als die defensive Partei in dieser Situation. Zu Recht verweigert Weiß die Einwilligung hierzu. Mit seinem starken Läuferpaar und dem freien Areal für seine Schwerfiguren am Damenflügel hat er sich beinahe schon eine Traumposition aufgebaut.

17...♗d6 18.a4 ♕e8 19.b5 mit starkem Königsangriff.

B) 3.♘c3

Der positionelle Lösungsansatz für diese Stellung.

3...e6 4.♘f3 c6 5.♕b3

B1) Auf 5...♕c7 folgt stark 6.♗f4! dxc4

Natürlich kann der ungedeckte Läufer nicht mit 6...♕xf4 geschlagen werden, denn dann folgt 7.♕xb7 und Schwarz geht unter.

7.♗xc7 cxb3 8.e4 ♗g6 9.a3 ♗e7 10.♘d2 ♗d8 11.♗xd8 ♔xd8 12.♘xb3 ♘d7 13.♖c1 ♘e7 14.f3 ♖c8 15.♔f2 ♔c7 16.h4±, Kramnik-Hertneck, Deutschland 1995.

B2) 5...♕b6 6.c5 ♕c7

(Nicht zu empfehlen ist 6...♕xb3, denn nach 7.axb3 bekommt Weiß gute Aussichten auf dem Damenflügel. Sein Plan beinhaltet den Marsch seines b-Bauern von b3 bis b5.)

7.♗f4! ♕c8

(7...♕xf4 zöge 8.♕xb7+- nach sich; im Ergebnis wie oben.)

8.♘h4 ♗g6 9.♘xg6 hxg6 10.e4 ♘f6

11.exd5 ♘xd5

(11...exd5 12.0-0-0 ♗e7 13.♖e1±)

12.♘xd5 cxd5

(Auf 12...exd5 antwortet der Anziehende stark mit 13.0-0-0!.)

13.♗b5+ ♘c6 14.0-0-0 ♗e7 15.h4!

Bislang musste sich Schwarz durchweg mit einer passiven Rolle begnügen und konnte mehr oder weniger nur auf weiße Aktionen reagieren. Daran wird sich nach Lage der Dinge so bald auch nichts ändern, denn die Initiative liegt in den Händen von Weiß.

15...♔f8

(15...♖xh4?? 16.♖xh4 ♗xh4 17.♖h1 g5 18.♗e3+-)

16.♔b1 a6 17.♗a4 ♘a5 18.♕f3 mit dem Plan h4-h5 und besseren Aussichten für den Anziehenden, Kramnik–Gelfand, Wijk aan Zee 1998.

VI. 2...c5

Auf diese Weise entsteht die Symmetrievariante auf dem Brett, ein immer wieder etwas befremdlicher Anblick.

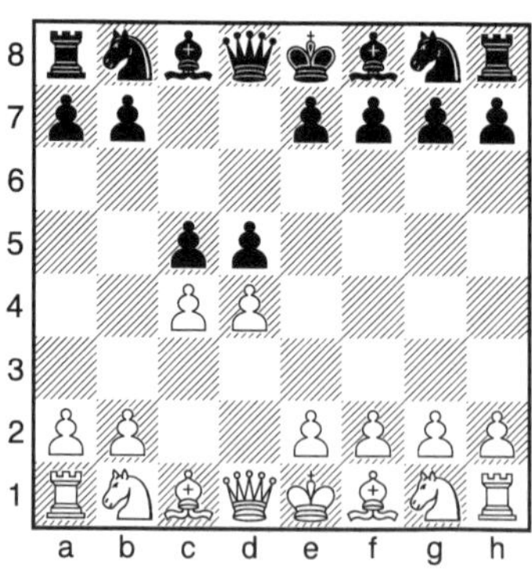

3.cxd5 ♘f6

(Nach 3...♕xd5 4.♘f3 cxd4 5.♘c3 nebst dem Schlagen auf d4 ist Weiß besser entwickelt und hat damit schon früh in der Eröffnung die Nase vorn.)

A) 4.dxc5 ♕xd5

(– 4...e6 5.♕a4+ ♗d7 6.c6 bxc6 7.dxe6 ♗xe6 8.♘f3±, Ponomarjow–Pridoroschni, Woronesch 201;

– 4...e5 5.♘c3 ♗xc5 6.e4 ♕b6 7.♕c2 und mit seinem gesunden Mehrbauern hat Weiß die besseren Aussichten.)

5.♕xd5 ♘xd5 6.♗d2 e5 7.♘c3 ♘xc3 8.♗xc3 ♘c6 9.♘f3 f6 10.♖c1 ♗xc5 11.♗xe5 ♗xf2+ 12.♔xf2 fxe5 13.e4

Weiß steht besser. Es droht z.B. ♗f1-b5 mit Angriff auf den Verteidiger c6 und Eroberung des schwarzen e–Bauern.

B) 4.e4 ♘xe4 5.dxc5 ♘xc5 6.♘c3 e5 7.b4 ♘ca6 8.a3

Weitergehen kann es nun wie beispielsweise in Jorgensen–Casares Ripol, Fernpartie 1995.

8...♗d6 9.♘f3 0-0 10.♗c4 e4 11.♘d4 ♕c7 12.♕b3 ♕e7

(Schwach ist 12...♗xh2? 13.♘cb5 ♕e5 14.♗b2 e3 15.♘f3 exf2+ 16.♔f1 ♕f4 17.♖xh2+-.)

13.♘db5 ♗e5 14.0-0

Der Anziehende hat seine Kräfte viel besser entwickeln und ihnen wirkungsvolle Positionen verschaffen können. Sein Spiel ist eindeutig vorzuziehen.

VII. 2...♘f6

Dieser Springerzug leitet die Marshall–Variante ein.

3.cxd5 ♘xd5

(3...♕xd5 4.♘c3 ♕a5 5.♘f3 c6 6.♗d2±)

4.e4

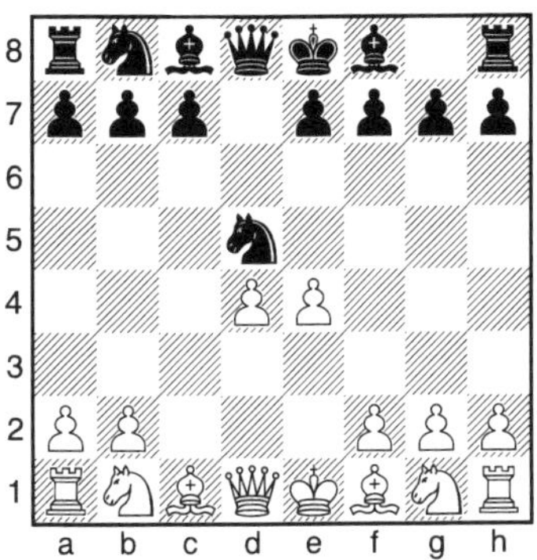

A) Wohin mit dem Springer? Zurück zum Königsflügel, oder ist vielleicht sein Ausweichen zum Damenflügel besser? Werfen wir einen Blick auf die Folgen.

4...♘b6 5.♘c3 e6

(Nach 5...g6 kann Weiß seine Kräfte nach dem Schema 6.♗e3 ♗g7 7.♕d2 0-0 8.0-0-0 ♘c6 9.h4 entwickeln.)

6.♘f3 ♗e7

(Eine in Betracht kommende Alternative ist 6...♗b4. Sie kann allerdings nur dann Sinn machen, wenn Schwarz bereit ist, seinen Läufer gegen den gerade gefesselten gegnerischen Springer zu tauschen. Zweifel daran, dass dies ein erfreulicher Weg für Schwarz ist, vermittelt die Partie Kislik–Sedivy, Tabor 2013.

7.♗e3 ♘8d7 8.♕b3 ♗xc3+ 9.♕xc3 0-0 10.♗d3 c6 11.0-0-0 ♕e7 12.♗c2 a5 13.a3 ♖a6 14.h4

Die Trümpfe liegen allesamt auf der Seite von Weiß. Er verfügt über eine feste Zentralposition, das Läuferpaar und die aktivere Stellung. Er steht vor einem aussichtsreichen Königsangriff, während es Schwarz an einem Konterchancen eröffnenden Gegenspiel mangelt.)

7.♗e3 ♘8d7 8.♗d3 0-0 9.0-0 h6 10.♖c1 ♘f6

Weiß kann mit dem Erreichten sehr zufrieden sein. Seine meisten Kräfte sind bereits schön aktiviert, er kontrolliert das Zentrum und hat keine nennenswerten Schwächen. Sein Gegner muss seine Hausaufgaben erst noch machen und seine Entwicklung mit einem guten Ergebnis abschließen.

11.♘e5

Die weiße Stellung ist reif für aktive Handlungen.

11...♘bd7 12.♘xd7 ♗xd7 13.e5 ♘d5 14.♘xd5 exd5 15.♗b1

Weiß will das Spiel auf der Diagonale b1-h7 mit der Dame *vor* dem Läufer führen.

15...f5 16.♕b3 ♗c6 17.f4 ♕d7 18.♕c2 ♕e6 19.♔h1 ♖ac8 20.g4 mit starker Initiative am Königsflügel, Schleining–Daemering, Gladenbach 2013.

B) 4...♘f6 5.♘c3

B1) 5...e6 6.♘f3

(Es geht auch die Entwicklung nach dem Muster 6.♗e3 ♗b4 7.f3 0-0 8.a3 ♗xc3+ 9.bxc3 usw.)

6...♗e7 7.♗d3 ♘bd7 8.0-0 0-0 9.♕e2 ♖e8 10.♗f4 c6 11.♖ad1

Weiß ist Herr der Dinge. Er kontrolliert das Zentrum und ist besser entwickelt.

11...♘f8 12.h3 ♘g6 13.♗h2 ♗f8 14.♗b1 ♕e7 15.a3 ♗d7

Schwarz hat Probleme, seine Kräfte zu mobilisieren. Allein schon der Vergleich der Wirksamkeit beider Läuferpaare zeigt, dass Weiß die glücklichere Hand in seinen Entscheidungen hatte.

16.♘e5 ♖ad8 17.♘c4 ♗c8 18.e5 ♘d5 19.♘e4 mit aktivem Spiel des Anziehenden, Filippow–Li, Taschkent 2011.

B2) 5...c6 6.♘f3 g6 7.♗e2 ♗g7 8.0-0 0-0 9.h3 ♘bd7 10.♗e3 ♕a5 11.♕d2 ♖e8

Über eine Folge natürlicher Züge haben beide Seiten an der Mobilisierung ihrer Kräfte gearbeitet. Weiß hat sich erkennbar einen Vorsprung gesichert. In der Partie Sachdev–Suryanto, Jakarta 2012, folgte 12.a3 e5 13.b4 ♕c7 14.d5 cxd5 15.exd5 und nach ♖a1-c1 und die weiße Stellung war klar vorzuziehen.

B3) 5...e5

Das ist aktiver als 5...e6 oder 5...c6. Dazu ein paar Erfahrungen aus der Praxis.

6.♘f3 exd4 7.♕xd4 ♕xd4 8.♘xd4 ♗b4

(Auf 8...♗d7 kann das Spiel beispielsweise den folgenden Weg nehmen: 9.♘db5 ♗xb5 10.♗xb5+ c6 11.♗e2 ♘bd7 12.♗f4 ♗b4 13.f3 0-0-0 14.0-0-0 ♘c5 15.♗e3 ♘fd7 16.♔c2±, Akdag–Pranjic, Fernpartie 2009.)

9.f3 c6 10.♗f4 ♘bd7 11.a3 ♗c5 12.0-0-0 ♘b6 13.♘b3 ♗e7

In der im Jahr 2005 gespielten, zumindest begonnenen Fernpartie Schön–Karacsony folgte nun 14.♘a5 ♘fd7 15.♗e2 ♘c5 16.♗e3 0-0 17.♖d2 ♗e6 18.♔c2. Schwarz muss immer mit b2-b4 rechnen; Weiß steht besser.

3.♘c3

Für diesen Zug mit dem Springer spricht dessen Entwicklung unter einer gleichzeitigen Erhöhung der Spannung im Zentrum, indem er gegen den Bauern d5 drückt.

3...c5

Diese aggressive Attacke auf das weiße Zentrum wurde durch den deutschen Großmeister und Schachtheoretiker Siegbert Tarrasch (1862-1934) in die Turnierpraxis eingeführt. Sie trägt deshalb den Namen Tarrasch-Verteidigung. Sie wird gegenwärtig nicht allzu häufig gespielt, denn Schwarz behält meistens einen so genannten *Isolani* im Zentrum, also einen Bauern, der keine Kollegen hat, die ihn von einer der beiden Nachbarreihen aus decken könnten. Ein solcher Isolani ist schwach und kann bei ungenauem Spiel vom Gegner erobert werden.

Normalerweise wird hier 3...♘f6 gespielt, was wir in **Kapitel 4** behandeln.

4.cxd5

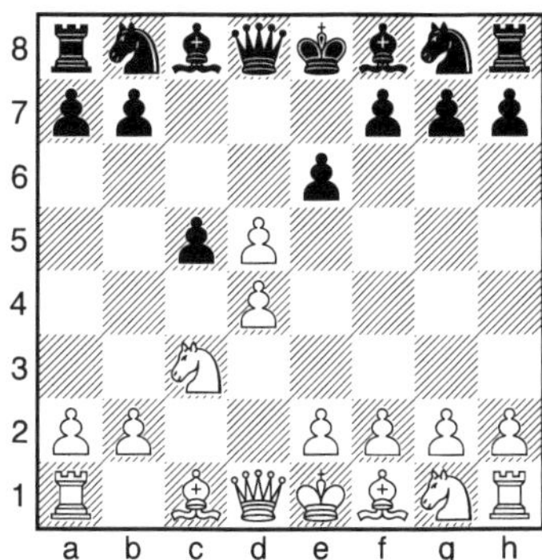

4...exd5

Relativ selten kommt es in der Praxis zu 4...cxd4. Dieses Gambit wurde von dem Wiener Spieler Schara erfunden und von dem deutschen Meister von Hennig auf der Turnierbühne etabliert.

5.♕a4+ ♗d7 6.♕xd4 exd5 7.♕xd5 ♘c6 8.♘f3 ♘f6 9.♕b3!?

(Den Rückzug 9.♕d1 betrachten wir in der **Partie Nr. 2:** Illescas–Rodriguez Vargas, Katalonien 1996.)

A) Nach 9...♗c5 10.♗g5 stehen Schwarz vor allem die folgenden vier Fortsetzungen zur Verfügung.

A1) 10...♗e6 11.♕b5 ♕e7 12.e3 a6 13.♕a4 h6 14.♗xf6 ♕xf6 15.♗c4

Schon jetzt wird deutlich, dass Schwarz kaum eine genügende Kompensation für den Minusbauern wird nachweisen können.

15...♗d7

(15...♗b4 16.♗xe6! ♗xc3+ 17.bxc3 ♕xc3+ 18.♔e2 fxe6 19.♖ab1 ♖d8 20.♕e4±)

16.0-0-0 ♘d4 17.♕a5 b6 (17...♘xf3 18.♖xd7!+–) 18.♘d5!? bxa5

(18...♕d8 19.♕c3 ♘e6 20.♘e5+–)

19.♘xf6+ gxf6 20.♘xd4 mit weißem Übergewicht. Die Bauernstellung des Nachziehenden kann man nur als katastrophal bezeichnen.

A2) 10...0-0 11.e3 (11.0-0-0!? ♗xf2 12.e4±) 11...♗e6 12.♕a4 h6 13.♗xf6 ♕xf6 14.♗e2 ♗b4 15.♖c1 ♕g6 16.0-0.

Auch hier hat Schwarz nichts in der Hand, was den hingegebenen Bauern ausgleichen könnte. Ein schnelles Ende fand die Partie Lange–Sander, Passau 1997: 16...♗h3 17.♘h4 ♕g5 18.a3 ♕xh4 19.axb4 ♕g5 20.♗f3 ♗d7? (20...♗g4!?) 21.b5 ♘e5 22.♗xb7 ♖ab8 23.♕xa7 1-0.

A3) 10...h6 11.♗xf6 ♕xf6

Schwarz läuft seinem Minusbauern hinterher und kann erneut nicht zufrieden sein mit dem, was er bisher erreicht hat. Zur Betrachtung der weiteren beiderseitigen Möglichkeiten konzentrieren wir uns hier auf die Konsequenzen, wenn beide Seiten lang rochieren, obwohl sich das Spiel auch in die Richtung entwickeln kann, die wir zuvor schon betrachtet haben.

12.0-0-0 0-0-0 13.e3 ♗f5 14.♗b5 a6 15.♕c4 ♗xe3+ 16.fxe3 axb5 17.♘xb5 ♗e6 18.♕a4 ♔b8 19.♘fd4 und Weiß steht auf Gewinn, Andreev–Yordanov, Sunny Beach 2012.

A4) 10...♕a5 11.♗xf6 gxf6 12.e3 0-0-0 13.♗c4

Der weiße Vorteil ist längst offensichtlich. Sobald er nun auch noch seinen König in eine sichere Lage gebracht hat, hat er seine Eröffnungsaufgaben so gut wie gemeistert, und dies mit Vorteil. Auf der Seite des Nachziehenden ist das Läuferpaar als Vorteil anzusehen, was aber das Stellungsurteil nicht wesentlich beeinflussen kann. Die schwarze Bauernstellung ist schlecht, was sich als entscheidend erweisen kann, wenn die Partie das Endspiel erreicht.

13...♖hg8 14.0-0 ♗h3 15.♗xf7 (Solider ist 15.♘e1!?) 15...♗xg2?

(Nach dem besseren 15...♖xg2+ 16.♔h1 ♔b8 könnte Schwarz zumindest noch kämpfen.)

16.♗xg8 ♗xf3 17.♖fd1 (17.♗d5!) 17...♗d4 18.♘b5 mit einem klaren weißen Vorteil, Priehoda–Nun, Hradec Kralove 2013.

B) 9...♗b4

B1) Auf 10.a3 gehen wir nur kurz ein, da der Läuferzug nach d2 unsere Empfehlung für den Anziehenden ist.

10...♗e6

(Oder 10...♕a5 und nun 11.♗d2 0-0 12.e3 ♗g4 13.♗e2 ♖ad8 14.0-0±, Grzegorzewski–Kiejdo, Polen 1992.)

11.♕c2 ♕a5

(Auf 11...♗a5 kann Weiß einfach 12.b4 ziehen.)

12.♗d2 ♗f5 (12...0-0 13.♖c1±) 13.♕b3 ♗e6 14.♕d1 ♗e7 15.e3 0-0 16.♗e2 ♖fd8 17.0-0 ♖d7 18.♕c2

Weiß hat seinen Vorteil behauptet. Die Partie Karason–Bjornsson, Reykjavik 1997, nahm nun die folgende Richtung: 18...♕d8 19.b4 ♖c8 20.♖fd1 ♘g4 21.♗e1 ♗f6 22.♖xd7 ♕xd7 23.♖d1 ♕e7 24.♘d5 ♗xd5 25.♖xd5 ♕e6 26.♕d1 und Weiß stand klar besser.

B2) 10.♗d2 ♕e7

(Oder 10...0-0 wie in der Begegnung Bensdorp–Van Weersel, Leiden 2000. Weiß baute sich ruhig und solide weiter auf und sicherte sich seinen Vorteil gänzlich ungefährdet. Es folgte: 11.e3 ♖c8 12.♗e2 ♕e7 13.0-0 ♖fd8 14.♖fc1 ♗g4 15.♗e1 ♘a5 16.♕a4 a6 17.a3 ♗xc3 18.♗xc3±.)

11.e3 0-0-0

Der Nachziehende hat für sich den optimistischen Plan entwickelt, den König zunächst auf den Damenflügel zu überführen und dann am Königsflügel selbst anzugreifen. Es ist aber Weiß, der die größere Schlagkraft auf der linken Seite entwickeln kann, wo sich die Wirkung seiner Kräfte konzentriert. Die lange Rochade führt damit nicht zu mehr Sicherheit für den schwarzen Monarchen. Weiß wird entgegengesetzt rochieren und dann auch noch schneller als sein Gegner sein.

12.♗e2 g5 13.0-0 g4 14.♘d4 h5 15.♗b5 ♗c5 16.♖ac1 ♕e5 17.♘xc6 ♗xc6 18.♗xc6 bxc6 19.♘a4 ♖xd2 20.♘xc5 ♖xb2 21.♕xf7

Nach dieser mustergültigen Angriffsführung des Anziehenden ist die schwarze Stellung aufgabereif, Drejew–Grischchenko, Olginka 2011.

5.dxc5!?

Normalerweise greift Weiß an dieser Stelle zu der Fortsetzung 5.g3, die in die Hauptvarianten der Tarrasch–Verteidigung führt. Diese Eröffnung ist sehr kompliziert, denn sie gliedert sich in viele Abspiele und ist mit viel Theorieballast verbunden. Das Tarrasch-Gambit, das wir Ihnen nun empfehlen, ist nicht so tief ausgearbeitet und gibt Weiß viele schöne praktische Perspektiven.

5...d4

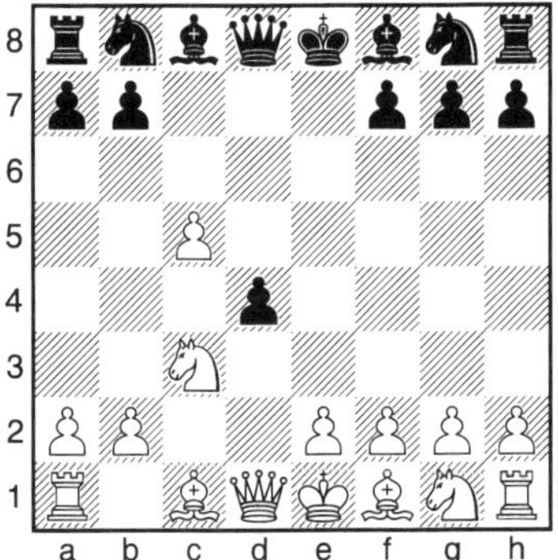

Diese energische Antwort gilt zugleich auch als die stärkste. Mit einer Auswahl an Varianten wollen wir Ihnen nachstehend aufzeigen, warum andere Züge an dieser Stelle schwächer sind.

I. 5...♗xc5 6.♕xd5

A) 6...♕xd5 hält das Spiel in ganz einfachen Strukturen, in denen Schwarz keine Chance hat, Kompensation für den Minusbauern zu erlangen. Nach dem Zurückschlagen mit 7.♘xd5 muss der Nachziehende nun auch erst noch seine Schwachstelle c7 gegen die dort drohende Springergabel verteidigen, was ihn ein Tempo kostet.

7...♗d6 8.♘f3

(8.e4 ist auch möglich, z.B. 8...♗e6 9.♘f4±.)

8...♘c6 9.♗f4 ♗xf4 10.♘xf4

Weiß behält den Mehrbauern und verfügt so bereits über einen klaren Vorteil.

B) 6...♘d7

Der Zug erscheint logisch, weil er den ♗c5 deckt und zur Entwicklung beiträgt. Nach 7.♕g5 ♘gf6 8.♘f3 h6 9.♕d2 0-0 10.g3 ♖e8 11.♗g2 nebst 0-0 sind aber alle schwarzen Hoffnungen auf Ausgleich für den geopferten Bauern zerplatzt und Weiß bleibt im Vorteil.

C) 6...♕b6 7.e3

(Alternativ kann sich der Anziehende auch für 7.♘e4!? entscheiden und dem gegnerischen Bestreben nach aktivem und initiativem Spiel somit das Wasser abgraben. Der schwarze ♗c5 wird angegriffen und das Feld f2 gleichzeitig gedeckt. In der beim Deutschen Fernschachbund gespielten Partie Preuße–Hahn, 2013, ging es wie folgt weiter: 7...♗b4+ 8.♗d2 ♘e7 9.♕b3 ♘bc6 10.♗xb4 ♗e6 11.♘d6+ ♔f8 12.♗c5 ♕xc5 13.♘xb7 ♕e5 14.♕c3 ♖b8 15.♘c5 ♖xb2 16.♕xe5 ♘xe5 17.♘f3 ♘xf3+ 18.exf3 ♘g6 19.♗a6± und Weiß hatte die besseren Aussichten behalten.)

7...♘f6 8.♕b3 ♕xb3 9.axb3 ♘c6 10.♘f3 0-0 11.♗c4 a6 12.0-0

Ein Mehrbauer ist ein Mehrbauer, auch wenn er im Gewand eines Doppelbauern auftritt. Dem Anziehenden sind die besseren Perspektiven zu attestieren.

II. 5...♘f6 6.♗e3

Wenn Schwarz seinen Bauern zurückhaben will, dann soll er darum kämpfen!

6...♘c6

(6...♘a6 ist ein Weg für den Nachziehenden, unverzüglich auf die Wiederherstellung des materiellen Gleichgewichts zu spielen. Weiß kommt dabei allerdings zu positionellen Werten. Zur Ausleuchtung der beiderseitigen Möglichkeiten wollen wir einem Duell aus der Praxis folgen, in dem die Entscheidungen beider Parteien ohne besondere Kommentierung gut nachvollziehbar sind.

7.♗d4 ♗xc5 8.e3 0-0 9.♗xa6 ♗xd4 10.♕xd4 bxa6 11.♘ge2 ♕b6 12.b3 ♗e6 13.0-0 ♖ac8 14.♖ac1 ♖fd8 15.f3 ♕xd4 16.♘xd4 mit positionellem Vorteil von Weiß, Bakic–Vujicic, Mataruska Banja 2007. Die schwarze Bauernstellung ist angesichts des Doppelbauern am Rand und des schwachen Isolanis auf der d-Linie nicht allzu endspieltauglich.)

7.♘f3 ♕a5 8.a3 ♘e4 9.♖c1

(9.b4 ♘xc3 10.♕b3 ♘xb4 11.♕xb4 ♕xb4 12.axb4±)

9...♗e7

(Auf 9...♗e6 empfiehlt sich 10.♕a4!.)

A) 10.b4 ist ganz klar unser Favorit.

A1) Auf 10...♕xa3 folgt 11.♘xd5 und dann z.B. 11...0-0 12.♘e5! ♗d8

(12...♘xe5 13.♖a1 ♕b2 14.♗d4+-)

13.♖a1 ♘c3 (13...♕b2 14.♘c4+-) 14.♖xa3 ♘xd1 15.♘xc6 bxc6 16.♔xd1 cxd5 17.♗f4 mit weißem Vorteil, auch wenn er noch die Entwicklung des Königsflügels als Aufgabe vor sich hat.

A2) Und auf 10...♘xc3 folgt 11.♖xc3 ♕d8 12.♖d3 ♗f6 13.♕d2 ♗e6 14.g3 0-0 15.♗g2 ♖e8 16.0-0 mit deutlichem weißem Vorteil. Er hat einen Mehrbauern im Sack und die Schwäche auf d5 bleibt Schwarz erhalten.

B) 10.♕xd5!? ist sicher eine interessante Alternative. Die Begegnung kann dann beispielsweise den folgenden Verlauf nehmen: 10...♘xc3 11.♖xc3 ♗f6 12.♗d2 ♗xc3 (12...0-0 13.b4!) 13.♗xc3 ♕a4 14.♗xg7 ♖g8 15.♗c3 ♗e6 16.♕d2 ♖d8 17.♕c1. Weiß hat genügend Kompensation für die investierte Qualität und damit insgesamt gute Perspektiven.

6.♘e4

Die Alternative 6.♘a4 ist ebenfalls möglich, aber nicht so stark wie der Textzug. Wir halten uns in dieser Richtung deshalb zurück und lassen es mit ein paar Varianten und auf das Notwendigste reduzierten Kommentaren bewenden.

A) 6...♘c6 7.e3 ♗xc5 8.♘xc5 ♕a5+ 9.♕d2

(Interessant ist 9.♗d2!? ♕xc5 10.♖c1 ♕b6 11.♘f3 dxe3 12.♗xe3 ♕xb2 13.♗c4 ♕b4+ 14.♘d2 ♘ge7 15.♗c5! ♕b2 16.0-0 0-0 17.♖e1 mit aktivem Spiel für den Bauern.)

9...♕xc5 10.♘f3 dxe3 11.♕xe3+ ♕xe3+ 12.♗xe3 ♘ge7 13.♗c4 0-0 14.0-0 ♗g4

(14...♗f5 15.♖fe1 ♘a5 16.♗f1 ♘ec6 17.♗d2 ♗e6 18.♖ac1±, Knaak–Kronsfoth, Münster 1991)

15.♘g5 h6 16.♘e4 ♖fd8 17.f3 ♗e6 18.♗xe6 fxe6 19.♘c5

Wegen der schwächeren schwarzen Bauernstellung sind die weißen Aussichten leicht vorzuziehen, Loncar-Rukavina, Bol 2013.

B) 6...b5! 7.cxb6 axb6 8.b3 ♘f6 9.e3 ♗d7

(Nach 9...♘c6 10.♘f3 b5 11.♗xb5 ♕a5+ 12.♘c3 ♕xc3+ 13.♗d2 ♕c5 14.♘xd4 ♗d7 15.♖c1 ♕d5 16.♗xc6 ♗xc6 17.♖xc6 ♕xg2 18.♕f3 ♕xf3 19.♘xf3 ♖xa2 20.0-0 ♘e4 21.♖d1 hatte Weiß in unserer Referenzpartie Saucey-Dieu, Frankreich 2006, einen Mehrbauern und konnte bald den vollen Punkt verbuchen.)

10.♘f3!?

(Nach 10.♕xd4 ♘c6 11.♕b2 ♘e4 12.a3 b5 13.♗d3 f5 kommt Schwarz zu guten Möglichkeiten.)

10...b5 11.♘b2 dxe3

(Schlecht ist 11...♘e4? wegen 12.♕xd4 und dann z.B. 12...f5 13.♕e5+ ♗e7 14.♗d3 ♘c6 15.♕xg7 ♗f6 16.♕h6 ♘b4 17.♕h5+ ♔f8 18.♘d4 ♘xd3+ 19.♘xd3 ♔g7 20.0-0+- Knezevic-Perunovic, Ulcinj 1998. Zum Ausgleich reichen sollte aber 11...♗b4+!? 12.♗d2 ♗a3 13.♘d3 dxe3 14.fxe3 und nun 14...0-0 15.♗e2 ♖e8 16.♘d4 ♕b6 17.0-0 ♘c6 18.♘c2 ♗f8 19.♔h1 ♖ad8 mit aktivem schwarzem Spiel, Villeneuve-Salaun, Frankreich 1989.)

12.fxe3 ♘e4 13.♕d4 ♕a5+ 14.♘d2 f5 15.♕e5+ ♗e7 16.♗d3 ♕c3 17.♕xc3 ♘xc3 18.a4 ♘c6

Der Nachziehende hat ausreichenden Ersatz für seinen Minusbauern, Sapundjiev-Sek, Fernpartie 1988.

6...♗f5

Schwarz will den zentral postierten Springer mit Tempo verjagen.

A) Eine erste Alternative steht ihm mit 6...♗xc5 offen. Wie die folgenden Varianten zeigen, verspricht sie ihm allerdings nicht allzu viel, wenn Weiß Nachlässigkeiten vermeidet.

7.♘xc5 ♕a5+ 8.♗d2 ♕xc5 9.♖c1 ♕f5 10.♘f3 ♘c6 11.♕a4!

(Mit jedem Zug setzt Weiß eine Drohung in die Welt und zwingt den Gegner zu reagieren. Währenddessen entwickelt er sich vorteilhaft.

Weniger energisch ist 11.g3 ♘f6 12.♗g2 0-0 13.0-0, denn nun hätte Schwarz in der Partie Kolar-Jelen, Sentjur 2013, 13...♖d8! spielen können, was ihm eine gute Stellung eingebracht hätte.)

11...♕d5 12.b4 a6

(Die Variante 12...b5 13.♕a3 a6 14.♖c5 ♕d7 15.g3 ♗b7 16.♗g2 ♘ge7 17.0-0 0-0 18.♖d1 ist günstig für Weiß, weil sich der Nachziehende mit seinem schwachen Bauern d4 herumquälen muss.)

13.e3 b5

(13...dxe3 14.♗xe3 b5 15.♗xb5 ♕xb5 16.♕xb5 axb5 17.♖xc6 ♘e7 18.♖c2±)

14.♕a3 dxe3 15.♗xe3 ♘ge7 16.♖c5 ♕e4 17.♗xb5 axb5

(17...0-0 18.♗xc6 ♘xc6±)

18.♕xa8 ♕b1+ (18...♕xb4+ 19.♘d2+-) 19.♖c1 ♕xb4+ 20.♘d2 0-0 21.♗c5 mit weißem Vorteil.

B) Auch 6...♘f6 ist weniger ratsam als die Hauptvariante 6...♗f5, weil es Weiß nicht nur gelingt, den Mehrbauern zu behalten, sondern sich auch im Ringen um die Initiative durchzusetzen, ohne dabei allzu leicht einen Fehler machen zu können. Dies bewies der Anziehende in der Partie Isajew–Dgambulatow, Armavir 1995, wie folgt: 7.♘xf6+ ♕xf6 8.b4 d3 9.♗d2 dxe2 10.♗xe2 ♗e7 11.♘f3 0-0 12.0-0 ♘c6 13.♕c2. Schwarz hat den Kampf um einen Eröffnungsvorteil klar verloren.

7.♘g3

So nutzt der Anziehende das Stellungspotenzial am besten aus. Nach 7.♘d6+ ♗xd6 8.cxd6 ♕xd6 9.♘f3 ♘c6 10.a3 ♘f6 11.g3 0-0 kann Schwarz zufrieden sein, Graf–Strobl, Lugano 2012.

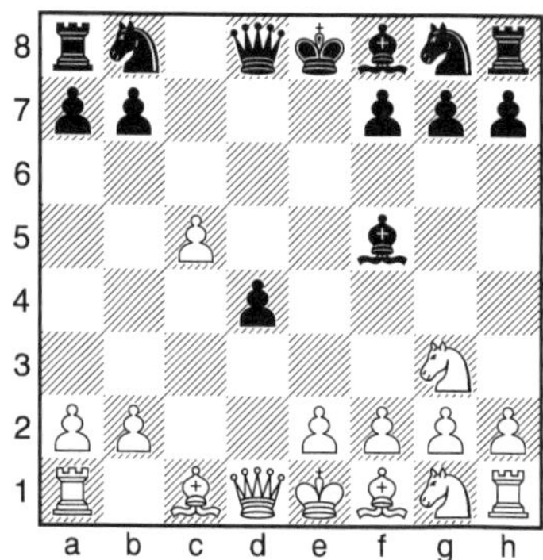

7...♗e6

Der Läuferrückzug 7...♗g6 ist ebenfalls günstig für Weiß, wie die folgenden Varianten zeigen.

8.e4 ♗xc5 9.f4 f6 10.♗c4

A) 10...♘c6 11.f5 ♗f7 12.♗xf7+ ♔xf7 13.♘f3

(Hier mal ein Vorschlag zum Ausprobieren: 13.♘h3!? ♗b4+ 14.♔f2 usw.)

13...d3

(13...♕a5+ würde Weiß eher bei der Umsetzung seiner Absichten helfen, insbesondere auch, weil er sich Zeitvorteile durch Angriffe und Drohungen verschaffen kann; und zwar 14.♗d2 ♕b5 15.a4!? ♕d3 16.♖c1! b6 17.♔f2 a5 18.♘e1 ♕a6 19.♕b3+ ♔f8 20.♘d3±.)

14.♕b3+ ♔f8 15.♗d2 ♕b6 (15...♖c8 16.0-0-0!±) 16.♕xb6

Weil der schwarze Bauer auf d3 eine Schwäche in der Stellung des Nachziehenden ist, verfügt Weiß über die besseren Perspektiven, Bloch–Slettebo, Fernpartie 1989/91.

B) 10...♕e7 11.f5

Über eine Reihe natürlicher und aktiver Züge kann sich Weiß nun weiter entwickeln und sich über das Aufstellen von Drohungen und das Schaffen von Fakten den aktiven Part in der Auseinandersetzung sichern.

11...♗f7 12.♗xf7+ ♕xf7 13.♘1e2 ♘c6 14.♘f4 ♘d8 15.♘d5 ♘c6 16.0-0 ♗b6 17.♕a4

(Zu beachten ist 17.♘h5!? mit der Idee ♘h5-f4-e6 usw.)

17...♖d8 18.♘xb6 axb6 19.♕b5

Wegen der gegnerischen Bauernschwächen steht Weiß besser, Bloch–Lutowinow, Fernpartie 1993.

8.b4

Eine prinzipielle Reaktion: Der Bauer wird gedeckt und der (materielle) Vorteil somit verteidigt.

– Nach 8.♘f3 mit der Variante 8...♗xc5 9.♘e4 ♘c6 10.♘xc5 ♕a5+ 11.♗d2

♕xc5 12.g3 ♘f6 13.♗g2 0-0 14.0-0 ♖fe8 15.e3 d3 16.♖c1 ♕b6 17.b3 ♖ad8 bekommt Schwarz ein aktives Spiel, Pycha-Rydl, Ricany 2011.

– Schwächer ist auch 8.e3, wie ein paar schlichte Beispiele aus der Praxis zeigen.

8...♗xc5

(8...♘c6 9.♘f3 ♗xc5 10.exd4 ♘xd4 11.♘xd4 ♕xd4 12.♗b5+ ♔f8 13.0-0 ♕xd1 14.♖xd1 ♘f6 15.b3 ♔e7 16.♗b2 ♖hd8=, Wladimirow-Frois, Cordoba 1990)

9.exd4 ♗b4+ 10.♗d2 ♕xd4 11.♗b5+ ♘c6 12.♗xc6+ bxc6 13.♗xb4 ♕xb4+ 14.♕d2 ♖b8 15.b3 ♘f6 16.♘f3 0-0 17.♕xb4 ♖xb4

Schwarz hat keine Probleme, Elsness-Lie, Sandefjord 2012.

8...♘c6

Auf 8...b6 kann Weiß hier nun gut 9.e3 spielen. Bleibt Schwarz dann bei seiner Absicht, die er mit seinem 8. Zug hat erkennen lassen, und spielt 9...bxc5, so hat der Anziehende die Möglichkeit zu 10.♗b5+. In der Partie Baserga-Berch, IECG Email 1999, folgte plausibel 10...♘d7 (10...♗d7 11.♗xd7+ ♘xd7 12.♘f3±) 11.♘f3 dxe3 12.♗xe3 ♘gf6 13.♘g5 cxb4 14.♘xe6 fxe6. Hier nun hätte Weiß mit 15.♕b3! klaren Vorteil erzielen können; z.B. 15...♔f7 16.♖d1 ♕e7 17.0-0. Mit dem in der Mitte feststeckenden König steht Schwarz sehr gefährdet.

9.a3 b6

Damit will Schwarz die Bauernstruktur von Weiß am Damenflügel beschädigen.

Auf 9...a5 sieht 10.♗d2 stark aus.

10.cxb6 ♕xb6 11.e4 ♘f6 12.♘f3 ♗d6 13.♗d3 0-0 14.0-0 ♖ac8

Auch nach 14...♗g4 15.h3 ♗xf3 16.gxf3 hat Weiß seinen Vorteil behauptet.

15.♗b2

Der weiße Vorteil, insbesondere auch gestützt auf das materielle Plus, ist deutlich.

Teil 2 – Die Antwort 1... ♘f6

1.d4 ♘f6

Das weite Feld der Indischen Verteidigungen öffnet sich über diesen Springerzug. Er richtet sich gegen ein sofortiges weißes e2-e4.

2.c4

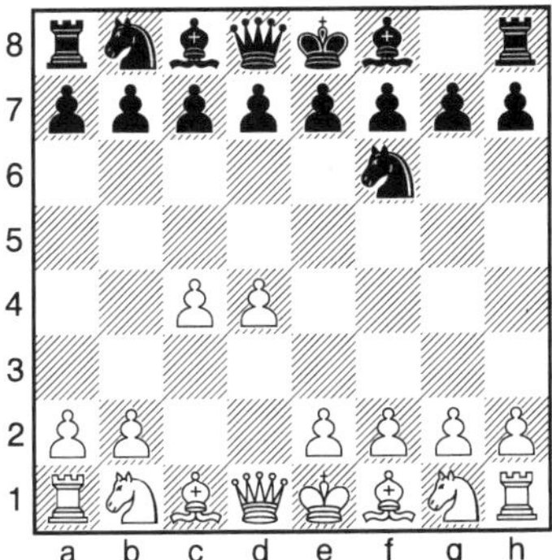

Der Pfeil im Köcher des Anziehenden, der die höchste Aktivkraft besitzt. Mit ihm verschafft Weiß sich einen Raumvorteil in der Mitte.

2...g6

Die Entwicklung des Läufers auf die Diagonale a1-h8 ist in der modernen

Turnierpraxis sehr populär. Als Spieler mit Weiß muss man sich vor allem auf die folgenden sieben Alternativen vorbereiten.

I. 2...e5 (siehe **Kapitel 5**)

II. 2...e6 3.♘c3 ♗b4 (siehe **Kapitel 6**)

III. 2...c5 3.d5 b5 (siehe **Kapitel 7**)

IV. 2...c5 3.d5

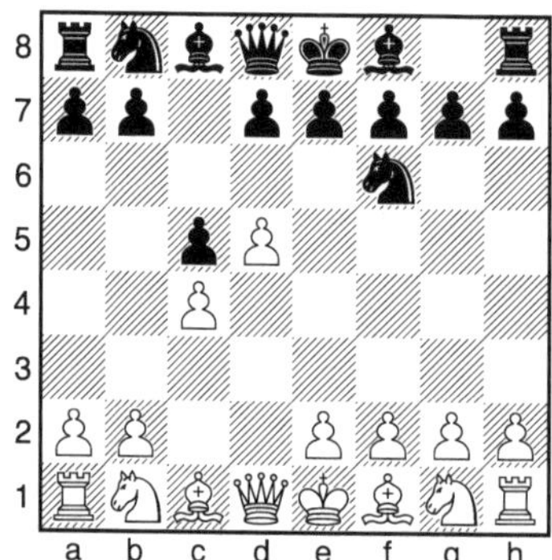

3...e6

(Selten wird 3...♘e4 gespielt, weil Weiß mit 4.♕c2! einen sehr aussichtsreichen Weg einschlagen kann. Weitergehen kann es dann wie folgt: 4...♕a5+ 5.♘d2 ♘d6 6.b3 g6 7.♗b2 f6 8.h4 ♗h6 9.e3 ♘a6 10.a3 ♘f7 11.h5 ♖g8 12.hxg6 hxg6 13.d6! mit einem entscheidenden weißen Vorteil.

Die Varianten nach 3...e5 besprechen wir in **Teil 3**.)

4.♘c3 exd5 5.cxd5 ♗d6

(Eine seltene Variante, die jedoch auch ihre Anhänger hat. Üblicherweise wird hier 5...d6 gespielt, was wir in **Kapitel 8** analysieren.)

6.♘f3 ♗c7 7.♗g5 d6 8.e3 0-0 9.♗d3 a6 10.0-0

Dieser Zug gefällt uns am besten, weil er dem Gedanken einer natürlichen und soliden Entwicklung voll und ganz dient und dieser den Vorrang gegenüber anderen Aktionen einräumt, zumal sich solche noch nicht aufdrängen.

(Als gut spielbare Variante bekannt ist aber auch 10.a4 mit der Idee, dem Gegner zunächst den vielleicht beabsichtigten Vorstoß b7-b5 zu verwehren und die Rochade erst im Anschluss auszuführen. Das Spiel kann dann u.a. den folgenden Verlauf nehmen: 10...♘bd7 11.0-0 ♖b8 12.♕c2 h6 13.♗h4 ♖e8 14.♘d2±.)

10...♗g4

(Die sich über die Variante 10...b5 11.a4 b4 12.♘e4 ♘bd7 13.♘fd2 ergebende Stellung ist günstig für Weiß.)

11.♕c2 h6 12.♗h4 b5 13.♘d2

Weiß plant f2-f3 und hat Vorteil.

V. 2...b6

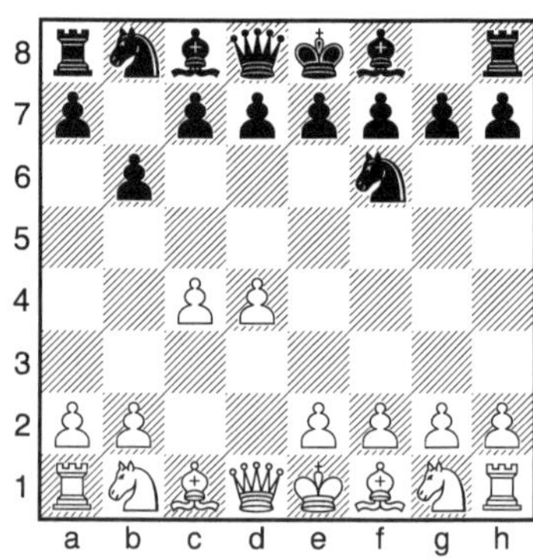

3.♘c3

(Dieser Springerzug ist mit oder ohne Entwicklung des anderen Springers nach f3 möglich. In dieser Variante wollen wir den Verzicht auf ♘f3 behandeln. Die Absicht, beide Springer auf die 3. Reihe und in Richtung Zentrum zu spielen, kann Weiß auch mit 3.♘f3 ♗b7 4.♘c3 umsetzen. Ein typischer weiterer Verlauf führt dann über 4...e6 5.a3 d5 6.cxd5 ♘xd5 7.♕c2 ♘xc3 8.bxc3 ♗e7 9.e4 usw.)

3...♗b7

(Mit der Wahl von 3...e6 anstelle des Läuferzuges verzichtet Schwarz darauf, e2–e4 zu verhindern. Weiß kann deshalb sofort zu 4.e4 greifen und nach 4...♗b7 seinen Bauern mit 5.f3 befestigen. Mit diesem kompakten Zentrum lässt es sich für ihn gut spielen, z.B. 5...d5 6.cxd5 exd5 7.e5 ♘fd7 8.f4 ♗e7 9.♘f3 0-0 10.♗e3 c5 11.♗e2±. Weiß steht freier und aktiver.)

4.f3

(Dient der Vorbereitung von e2-e4.)

4...d5 5.cxd5 ♘xd5 6.e4 ♘xc3 7.bxc3

(Eine typische Struktur in dieser Eröffnung: Der Anziehende hat ein beeindruckendes Bauernzentrum errichtet, während das schwarze Spiel darauf angelegt ist, unter Verzicht auf eine solche Präsenz das gegnerische Zentrum unter Beschuss zu nehmen.)

7...g6

(7...e6 beantwortet Weiß gut mit einem Standardaufbau, der über exakt die Zugfolge 8.♗d3 c5 9.♘e2 cxd4 10.cxd4 erreicht wird. Zum Abschluss dieses Aufbaus empfehlen wir auf 10...♗b4+ die Antwort 11.♔f2!?.)

8.♗c4 ♗g7 9.♘e2 0-0 10.0-0 ♘c6 11.♗e3 ♘a5 12.♗d3 ♕d7 13.♕d2 c5

Beide Seiten haben die Aktivierung ihrer Kräfte weitgehend abgeschlossen. Weiß ist gut präpariert, um sich hinsichtlich seiner Angriffsüberlegungen besonders auf den Königsflügel zu konzentrieren.

14.♗h6 cxd4 15.♗xg7 ♔xg7 16.cxd4 ♖ac8 17.♖ac1

Der Anziehende steht aktiver. Er kann die aufgrund des auf g7 fehlenden Läufers geschwächte gegnerische Königsstellung ins Visier nehmen, wobei der Bauernmarsch f3-f4-f5 eine probate Vorgehensweise ist.

VI. 2...♘c6

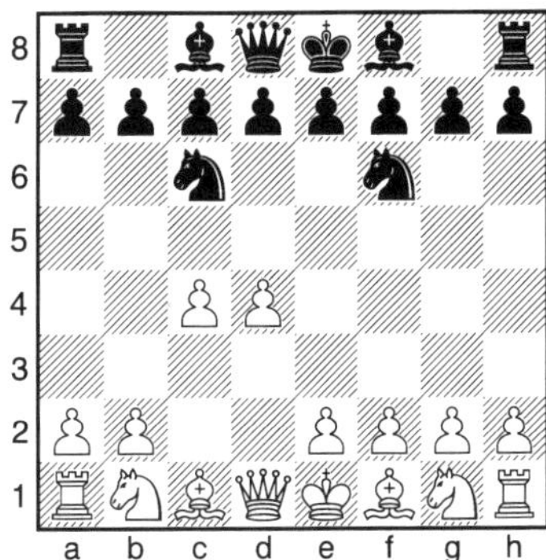

3.d5

(Dies ist der direkteste Weg für Weiß, sich einen Eröffnungsvorsprung zu verschaffen. Er kann seine Kräfte aber auch auf eine ruhigere Art und Weise entwickeln, wobei er seinen Königsspringer auf f3, den Damenspringer auf c3, seinen schwarzfeldrigen Läufer auf der Diagonale b8-h2 und seine Dame auf c2 postiert, um dann abzuwarten, was Schwarz macht und entsprechend zu reagieren. Zur Veranschaulichung eine Zugfolge aus einer Partie Shulman–Perelshteyn, Philadelphia 2009: 3.♘f3 e6 4.a3 d5 5.♘c3 ♗e7 6.♗f4 0-0 7.e3 a6 8.h3 h6 9.♕c2 dxc4 10.♗xc4 ♗d6 11.♘e5 ♗xe5 12.dxe5 ♘d7 13.♖d1 ♕e7 14.♕e4 ♘c5 15.♕f3±.)

3...♘e5 4.♘c3 ♘g6

(In der Variante 4...♘xc4 5.e4 ♘b6 6.e5 ♘g8 7.♘f3 bekommt Weiß Entwicklungsvorsprung und damit ausreichend Ersatz für den Bauern.)

5.e4 e5 6.h4 h5 7.♗g5 ♗e7 8.g3 ♘g4 9.♘h3!?

(In der Partie Chuprikow–Zemlianskij, Borisoglebsk 2011, versuchte der Nachziehende die Entscheidung von Weiß, auf 9.♘h3 zu verzichten und stattdessen 9.♗d2 zu ziehen, für einen Königsangriff zu nutzen. Es geschah: 9...♗c5 10.♘h3 d6 11.♗d3 ♘xh4 12.gxh4 ♕xh4 13.♕f3 ♘xf2 14.♘xf2 ♗xf2+ 15.♔f1 ♕g3 16.♕xg3 ♗xg3 17.♘e2. Der schwarze Angriff war ausgeblutet, der Läufer fand nicht mehr zurück und Materialverlust war nicht zu vermeiden. Weiß stand auf Gewinn.)

9...d6 10.♕e2

Nach ♗f1-g2 kann sich Weiß später zwischen beiden Rochaden entscheiden; die besseren Aussichten liegen auf seiner Seite.

VII. 2...c6 3.♘c3 d5

(Auf 3...d6 ist sowohl 4.e2-e4 als auch 4.♘g1-f3 gut.)

4.cxd5 cxd5 5.♗f4 mit Übergang zur Slawischen Verteidigung, zu der Sie unsere Ausführungen in **Kapitel 1** finden.

3.♘c3

Weiß rückt seinen Springer auf dieses Feld, um die zentralen Punkte d5 und e4 (weiter) unter Aufsicht zu nehmen. Wenn Sie der Grünfeld–Verteidigung (auch Grünfeldindische Verteidigung) aus dem Weg gehen wollen, empfehlen wir Ihnen 3.f3. Schlagen Sie hierzu bitte unser **Kapitel 9** auf.

3...d5

So kann Schwarz der Partie eine Richtung zur Grünfeld–Verteidigung geben. Nach 3...♗g7 macht das Spiel einen Schwenk zur Königsindischen Verteidigung, die wir in **Kapitel 10** erörtern.

4.cxd5 ♘xd5

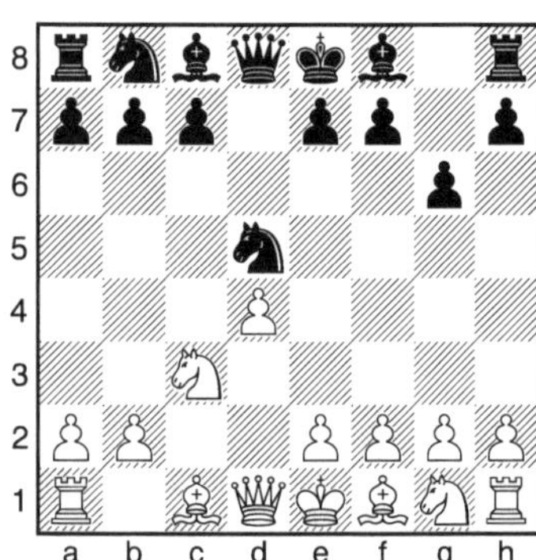

5.♘a4!?

Diese interessante Idee – mit der Weiß viele weit ausanalysierte Varianten vermeiden kann – wurde von dem armenischen Spieler Nadanjan 1996 in die Turnierpraxis eingeführt. Die hinter diesem Springermanöver steckende Absicht lässt sich damit beschreiben, dass der Anziehende die Kontrolle über die Mitte durch e2-e4 erlangen will, ohne dass der Springer auf c3 getauscht wird. Das System ist nicht besonders gefährlich für Schwarz, aber es erfordert ein genaues Spiel. Andernfalls kommt Weiß in Vorteil.

5...♗g7

Das ist die nach g7-g6 logische Fortsetzung. Von den in Betracht kommenden Alternativen wollen wir uns 5...e5, 5...♘b6, 5...♘c6 und 5...♗f5 genauer ansehen.

I. 5...e5

Schwarz zwingt den weißen Bauern auf d4 sofort zu einer Erklärung, vor allem aber öffnet er die Diagonale a3-f8 für seinen Läufer. Schon hier schwingt ein taktischer Kniff mit, der einen unerfahrenen Spieler als Führer der weißen Steine bald überraschen und auch verunsichern kann.

6.dxe5

A) Der Nachziehende kann auch die rein positionelle Variante 6...♘c6 bevorzugen, um sich an die umgehende Rückeroberung des Bauern zu machen und seinem Aufbau damit eine Linie zu geben.

7.a3 ♘xe5

(Oder 7...♗f5, worauf Weiß gut mit 8.♘f3 und dann der Fianchettierung des Königsläufers reagieren kann; z.B. 8...♕d7 9.g3 0-0-0 10.♗g2 ♕e8 11.♗d2 ♘xe5 12.♘xe5 ♕xe5 13.♕b3. Schwarz hat das materielle Gleichgewicht wiederhergestellt, was zu verhindern aber auch nicht das vorrangige Ziel von Weiß war. Im Zuge dieser ersten Auseinandersetzungen hat er sich aber ein ausgezeichnetes Spiel verschafft. Eine gute Idee für ihn liegt nun in ♖a1-c1, womit er seine vielversprechenden Angriffsmöglichkeiten am Damenflügel ausbaut.)

8.e4 ♘b6 9.♕xd8+

Da Schwarz mit seinem König zurückschlagen muss, verliert er nun das Rochaderecht. Zudem setzt er sich auf dem Schlagfeld gegnerischen Schachgeboten aus, über die sich Weiß mit Tempo entwickeln kann.

9...♔xd8 10.♗g5+ ♗e7 11.0-0-0+ ♔e8 12.♗f4 ♗d6 13.♘xb6 axb6 14.♔c2 ♗d7 15.♗xe5 ♗xe5 16.♘f3 ♗f6 17.♗c4 ♗a4+ 18.♗b3 ♗c6

Anhand der Internetpartie Bu Xiangzhi–Sasikiran, Internet Chess Club 2005, wollen wir uns anschauen, wie sich das Spiel weiterentwickeln kann.

19.♗d5 ♔e7 20.e5 (20.♗xc6!? bxc6 21.e5±) 20...♗g7?

(Stärker ist 20...♗xd5!? 21.♖xd5 ♗g7 22.♖hd1 ♖hd8 mit etwa gleichem Endspiel.)

21.♗xc6 bxc6 22.♘d4 c5 23.♘c6+ ♔e6 24.f4 ♖a4 25.g3 b5 26.♖he1

Die weiße Stellung ist vorzuziehen. Der Springer des Anziehenden ist dem gegnerischen Läufer überlegen, die in der Mitte aufgestellten Türme sind eine Macht und die weißen Kräfte sind insgesamt näher am schwarzen König als die gegnerischen am eigenen.

B) 6...♗b4+ 7.♗d2 ♘e3

(Damit haben wir das Überraschungsmoment auf dem Brett, das wir in unserer Anmerkung zu 5...e5 angekündigt hatten. Schwarz nutzt die Fesselung des ♗d2 für seinen husarenhaft wirkenden Angriff aus.)

8.fxe3 ♗xd2+ 9.♕xd2 ♕h4+ 10.g3 ♕xa4

Weiß befindet sich nun in der recht seltenen Lage, einen Tripelbauern auf der e-Linie zu haben. Gewöhnlich spielt dies als Schwächung einer Position eine Rolle, hier aber nicht wirklich. Zudem ist zu beachten, dass dieser Tripelbauer einen Mehrbauern umfasst. Über einen unspektakulären und kontinuierlichen Aufbau kann Weiß einen klaren Vorteil nachweisen, wie in der folgenden Beispielvariante gezeigt.

11.♗g2 0-0 12.♘f3 ♘c6 13.♕c3 ♗g4

(In der Partie Shyam–Novotny, Pardubice 2013, versuchte Schwarz 13...♕b4, ohne aber eine bessere Situation zu erreichen. Es folgte 14.♖c1 ♖b8 15.♘d4 ♕xc3+ 16.♖xc3 ♘xe5 17.♖xc7 ♘g4 18.♔d2 ♖e8 19.♖hc1 ♗e6 20.h3 ♘e5 21.b3± und der weiße Vorteil war deutlich.)

14.h3 ♗e6 15.0-0 ♗d5 16.b3 ♕b5 17.♖fd1 ♖ad8 18.♔f2 ♖fe8 19.♖ac1

Weiß steht ausgezeichnet. In unserer Variante ist es ihm auch gelungen, die gegnerischen Figuren von deren Standfeldern zu verdrängen und sich so Entwicklungen unter Tempogewinn zu verschaffen.

II. 5...♘b6 kann Weiß für sich nutzen, indem er mit 6.e4 auf die Etablierung eines starken Bauernzentrums spielt.

A) 6...e5

Das ist die Hauptalternative.

7.♘xb6

(Sehr gut gefällt uns hier auch 7.d5!?. Eine sich anschließende Variante mit 7...♗b4+ 8.♘c3 0-0 9.♕b3 ist gut für Weiß.)

7...axb6 8.d5

Hier hat der Anziehende schon einiges erreicht. Er hat sich Einfluss im Zentrum gesichert, ohne hierfür bemerkenswerte Schwächen eingehen zu müssen. Die weitere Aktivierung seiner Kräfte ist vorbereitet und wird ihm keine besondere Mühe bereiten. Weitergehen kann es beispielsweise wie folgt: 8...c6 9.♘f3 ♗g4 10.♗c4 ♗b4+ 11.♔f1 b5 12.♗b3 c5 13.♗h6 c4 14.♗c2 ♘d7 15.a4 ♕f6 16.h3 ♗xf3 17.♕xf3 ♕h4 18.♗e3 nebst g2-g3 und ♔f1-g2 mit guten Aussichten.

B) 6...♗g7 7.♗e3 0-0 8.♘f3 ♗g4

(Nach 8...♘xa4 9.♕xa4 c5 sollte Weiß 10.♖d1 ♕b6 11.♖d2⩲ spielen.)

9.♗e2

(9.♘c5 wie in der Begegnung Riazantsew–Le Roux, Belfort 2012, ist eine zu beachtende Alternative. Es folgte: 9...♘c6 10.♘xb7 ♕b8 11.♗a6 f5 12.exf5 ♖xf5 13.♘c5 e5 14.♕b3+ ♔h8 15.♘xe5 ♘xe5 16.dxe5 ♖xe5 17.0-0 ♕f8 18.♖ac1±. Dieser Verlauf kann natürlich nur beispielhaft anzeigen, wie sich das Spiel entwickeln kann. Er ist aber in sich logisch und Verbesserungen für die eine oder andere Seite drängen sich nicht auf.)

9...♘xa4 10.♕xa4 c5 11.dxc5 ♗xb2 12.♖b1 ♗c3+ 13.♔f1!?

Dies ist der beste Zug für Weiß, gefolgt von der künstlichen Rochade nach h2-h3, g2-g3 usw.

III. 5...♘c6

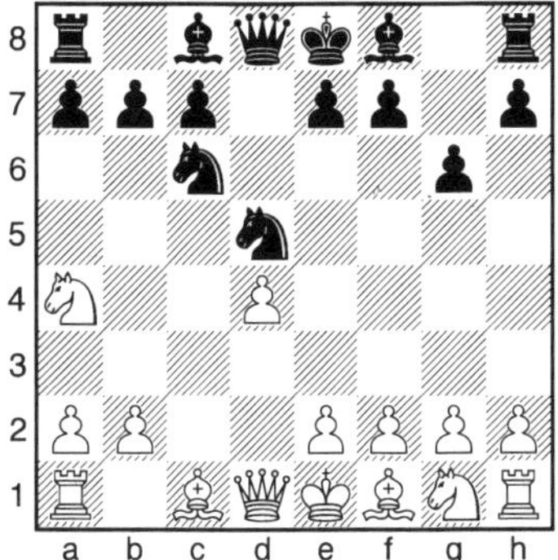

6.e4

A) Nach 6...♘db4 geht es auf dem Brett bald turbulent zu.

(Nach 6...♘b6 7.d5 ♘e5 8.♘c3 nebst f2-f4 hat Weiß Raumvorteil.)

7.a3 ♕xd4 8.axb4 ♕xe4+ 9.♗e2! ♘xb4 10.♘c3! ♕f5

Die ist hier wohl die beste Wahl für Schwarz.

(Über einige kurze Analyse-Varianten wollen wir unsere Einschätzung begründen.

- 10...♘c2+ sieht auf den ersten Blick gut aus, erweist sich aber komplett als Schuss in den Ofen. Es folgt 11.♔f1 ♕f5 12.♗d3+-.

- 10...♕c2 und damit die Postierung der Dame auf dem Feld, das für den Springer keine glückliche Wahl war, bringt Schwarz auch nichts, denn natürlich verkneift sich Weiß das Schlagen. Er antwortet mit 11.♘b5. Über die natürliche Zugfolge 11...♗g7 12.♘f3 ♗d7 13.0-0 sichert er sich dann klaren Vorteil.

- 10...♕d4 lässt den Anziehenden über 11.♕xd4 ♘c2+ 12.♔f1 ♘xd4 die Damen abtauschen, woraufhin er mit 13.♘d5 und dann 13...♔d8 14.♗f4 ♘e6 15.♗e5 ♖g8 16.♘f3 das Spiel beherrscht.)

11.♕a4+ ♘c6 12.♘b5±, Nadanian-Arakelian, Armenien 1997.

B) 6...♘f6 7.d5 ♘e5 8.♘c3 ♗g7 9.f4 ♘ed7

Der Anziehende lässt seinen Gegner nicht zur Ruhe kommen und treibt seine Entwicklung a Tempo voran.

10.e5 ♘g8

Nach wenigen Zügen ist die weiße Stellung bereits klar vorzuziehen. Er hat sich die Kontrolle des Zentrums und einen Raumvorteil verschafft. Er wird bei der weiteren Aktivierung seiner Kräfte auf keine allzu großen Probleme treffen. In der Fernpartie Kaupat-Wunder, BdF-Schachserver 2009, ging es wie folgt weiter: 11.♕a4 ♔f8 12.♘f3 ♘b6 13.♕b3 c6 14.dxc6 ♗e6 15.♕b5 bxc6 16.♕xc6 ♖c8 17.♕b7 ♗c4 18.♗xc4 ♘xc4 19.0-0 ♕b6+ 20.♕xb6 ♘xb6 21.♖d1. Der Anziehende hat einen Mehrbauern im Sack und auch insgesamt ein klares Übergewicht.

IV. 5...♗f5

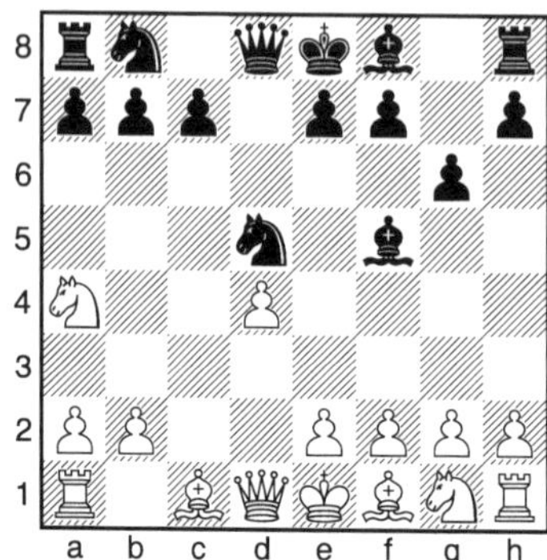

6.f3

Weiß will den Bauernvorstoß e2-e4 durchsetzen und bereitet ihn mit diesem Zug vor.

A) Auf 6...e5, kommt es zu für Weiß günstigen Komplikationen.

7.e4 ♗xe4 8.fxe4 ♕h4+ 9.♔e2 ♕xe4+

Eine so offene Königsstellung in der praktischen Partie ist nicht jedermanns Sache. Der Anziehende muss diese Phase der schwarzen Aktionen nur erst mal überstehen, dann wird es dem schwarzen Angriff an Unterstützung mangeln.

10.♔f2

A1) 10...♘c6 11.♗b5 0-0-0

(11...♘f6 12.♘f3 ♘g4+ 13.♔g1±)

12.♗xc6 bxc6 13.♘f3 und nun beispielsweise 13...♕f5 14.g4 ♕xg4 15.♘xe5 ♕f5+ 16.♔g2 ♕e4+ 17.♔h3 ♘f4+

(Einen kurzen Restverlauf hatte die Partie Narciso Dublan–Jerez Perez, Martinenc 2001, nach dem Fehler 17...♘f6? 18.♘c3 ♕f5+ 19.♔g2 ♗c5 20.♖f1 ♕e6 21.♕f3 ♗xd4 22.♘xc6 1-0.)

18.♗xf4 ♖xd4 19.♕f1 ♕f5+ 20.♔g2 ♕c2+ 21.♔g3 ♖xa4 22.♕d3 mit besseren Aussichten für Weiß.

A2) 10...♕xd4+ 11.♕xd4 exd4 12.♘f3 ♘c6

(Schlecht ist 12...c5? wegen 13.♗b5+ ♘c6 14.♖e1+ ♔d8 15.♗xc6 bxc6 16.♘e5 ♔c7 17.♘xf7 ♖g8 18.♘g5 ♗d6 19.♗d2 h6 20.♘e6+ ♔d7 21.♘axc5+, 1-0 Zaitzew–Bychowski, playchess.com INT 2006.)

13.♗b5 0-0-0 14.♗xc6 bxc6 15.♘xd4 ♘b4 16.♗e3 ♗g7 17.♖hd1

Weiß ist materiell im Vorteil. Zudem verfügt er über gute Angriffschancen gegen die ramponierte schwarze Rochadestellung.

B) Der Springerzug 6...♘b6!? ist solider als 6...e5. Hierauf empfehlen wir 7.♘c3. Weiß sollte nun seinen Plan mit e2-e4 mit guten Perspektiven weiterverfolgen.

6.e4

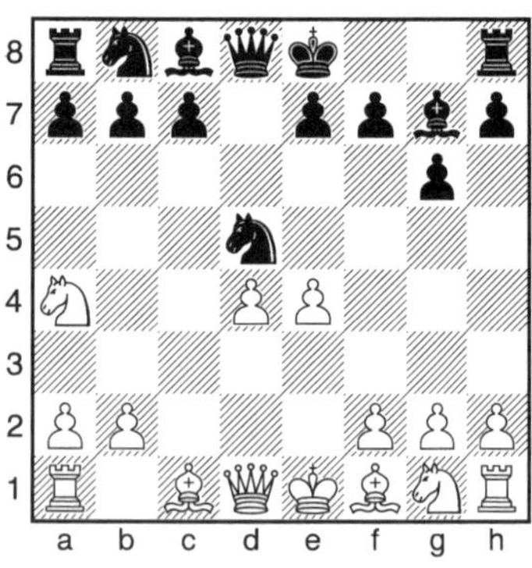

6...♘b6

Auf 6...♘b4 gibt es zwei gute Wege für den Anziehenden.

A) Der d-Bauer kann nicht auf seinem Platz gehalten werden. Allerdings hat Weiß die Möglichkeit, diesen Bauern zu opfern und auf Kompensation zu spielen. Mit 7.♘f3!? spekuliert er durchaus darauf, dass Schwarz auf d4 zugreift. Die zu Grunde liegende Idee wird nach 7...♗xd4 ersichtlich.

(Es sei angemerkt, dass 7...0-0!? wohl solider ist.)

8.♗h6

(Hier ist die Bestätigung dafür zu finden, dass der weiße d-Bauern nicht wirksam gedeckt war, denn 8.♘xd4? wäre wegen 8...♕xd4 9.♕xd4 ♘c2+∓ ein Fehler.)

8...c5 9.♘xd4 ♕xd4 (9...cxd4 10.♗c4± Δ♕b3) 10.♘xc5! ♕xb2 (10...♕xc5? 11.♖c1 ♘c2+ 12.♖xc2±) 11.♖c1 ♘8c6 12.♗c4

Weiß hat Angriffsinitiative und somit die erhoffte Kompensation für den Bauern.

B) 7.d5

Der d-Bauer kann über keine zweite Deckung verteidigt werden. So sucht er seinen Erfolg im aggressiven Voranschreiten.

7...0-0

(Keinen Vorteil gegenüber dem Textzug verspricht 7...c6. Weitergehen kann es dann beispielsweise wie in der Partie Johnson-Guo, Queenstown 2012: 8.♗d2 ♘4a6 9.♗c3 ♗xc3+ 10.♘xc3 b5 11.dxc6 b4 12.♕xd8+ ♔xd8 13.0-0-0+ ♔e8 14.♘d5 e6 15.♗xa6 ♘xa6 16.♘f6+ ♔e7 17.e5±.)

8.♗d2

(Nicht schlecht ist auch 8.♕b3!? ♘4a6 9.♘f3 b6 10.♗g5 ♘d7 11.♖d1 ♘dc5 12.♘xc5 ♘xc5 13.♕c2 a5 14.♘d4 ♗d7 15.♗c4 ♕e8 16.0-0 ♖c8 17.♖fe1±, Dias-Costa Fernando, Lissabon 1999.)

8...♕d6 9.a3 ♘4a6 10.♗c3 e6 11.♗xg7 ♔xg7 12.♘c3 ♖d8 13.♘f3 exd5 14.♕d4+ f6 15.exd5 ♗f5 16.0-0-0 ♘c5 17.♗c4 ♗d7 18.h4

Der Anziehende hat sich gute Angriffsmöglichkeiten erarbeitet, Isigkeit-Scholbach, IECG Email 1999.

7.♗e3 0-0

Im Falle von 7...♘c6 ist der Aufbau mit 8.♗b5 0-0 9.♘e2 gut.

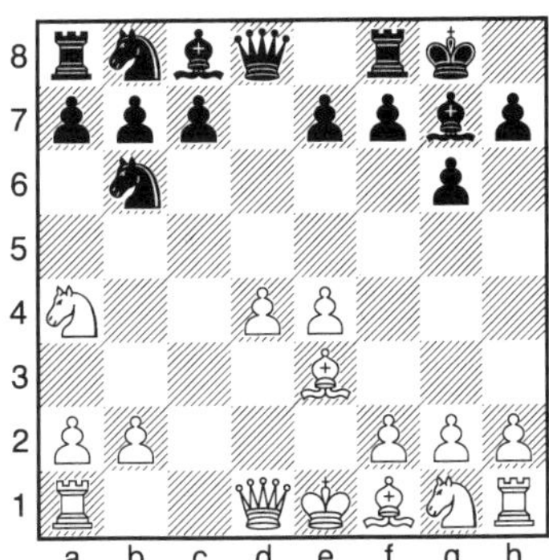

8.♘f3

Weiß verfolgt das Ziel, nun bald die Entwicklung seines Königsflügels abzuschließen.

Eine noch nicht genau erforschte Fortsetzung ist 8.♖c1!?. Wir legen sie Ihnen für eigene Forschungen ans Herz, wollen aber hier nicht vertiefend darauf eingehen, da wir uns zu 8.♘f3 als Empfehlung entschieden haben. Um Ihnen etwas für eigene Untersuchungen an die Hand zu geben, zeigen wir Ihnen den möglichen weiteren Verlauf anhand einer aktuellen Turnierpartie, die wir um kurze Anmerkungen ergänzen.

A) 8...e5 9.d5 f5 10.♘f3 fxe4 (10...♘a6 11.♗xa6 bxa6 12.0-0±) 11.♘g5 ♗h6 12.h4 ♗xg5 13.♗xg5 und nun geht 13...♕xd5?? nicht wegen 14.♗c4 mit Damengewinn.

B) 8...♘xa4 9.♕xa4 c6 10.♘f3 ♘d7 11.♗e2 e5 12.0-0 exd4 13.♘xd4 ♕e7 14.f3 ♖d8 15.♖fd1 ♘f8 16.b4 ♘e6 17.♘b3 ♖xd1+ 18.♖xd1 ♗d7 19.♘c5 ♘xc5 20.bxc5 ♗e6 21.♕a5 ♗e5 22.g3 ♕c7 23.♕xc7 ♗xc7 24.a4 ♖d8 25.♖b1 ♖b8 26.f4 b6 27.♔f2 bxc5 28.♖xb8+ ♗xb8 29.♗xc5

Das erreichte Endspiel ist günstig für Weiß. Der schwarze Bauer auf c6 ist schwach und droht sich als Achillesferse zu erweisen. Die Stellung entstammt der Partie Nabaty–Fernandez Barrera, Benasque 2012, die Weiß denn auch tatsächlich für sich entscheiden konnte.

8...♗g4

Die Verwicklungen in Form von 8...♘xa4 9.♕xa4 c5 10.♖d1 ♕b6 11.♖d2± haben wir bereits unter Punkt II. 5...♘b6 6.e4 ♗g7 behandelt.

9.♗e2 ♘c6

Keine gute Wahl für Schwarz ist 9...♘xa4 10.♕xa4 c5 11.dxc5 ♗xb2 12.♖b1 ♗c3+, denn nach 13.♔f1 usw. übt Weiß einen sehr unangenehmen Druck auf dem Damenflügel aus.

10.d5 ♘e5

Wenn Schwarz mit 10...♘xa4 11.♕xa4 ♗xb2 auf Bauerngewinn spielt, rächt sich diese Gefräßigkeit, denn die Fortsetzung 12.♖b1 ♗c3+ 13.♔f1 ist günstig für Weiß, wie zwei Belegvarianten zeigen.

A) 13...♗xf3 14.♗xf3

(14.gxf3!? ist wohl auch möglich.)

14...♘e5 15.♕a3 ♘xf3 16.♕xc3 f5 17.gxf3 fxe4 18.fxe4 ♕d7 19.♕e5 ♕h3+ 20.♔e2 ♖f7 21.♕g3 ♕h5+ 22.♔e1 ♖f3 23.♕g2 ♖af8 24.♕g5 und Weiß gewinnt, Juszczak–Zielinska, Wisla 1998.

B) 13...♘b8 14.♖xb7 ♕c8 15.♖b1

(Oder auch frech 15.♖xa7!? mit Bauerngewinn.)

15...♗g7 und nun hätte Weiß in der Partie Diaz Hollemaert–Bassan, Torre Blanca 2010, 16.h3 spielen sollen; z.B. 16...♗d7 17.♕b3 mit dem Plan ♔f1-g1-g2 und positionellem Vorteil.

11.♘xe5 ♗xe2 12.♕xe2 ♘xa4

12...♗xe5 würde dem Anziehenden die Verbesserung seiner Stellung mittels 13.f4 erlauben. Weitergehen könnte es dann mit 13...♗g7 14.♘c5± bzw. 13...♗xf4 14.♘xb6 ♗xe3 15.♘xa8 ♗c5 16.0-0-0±.

13.f4

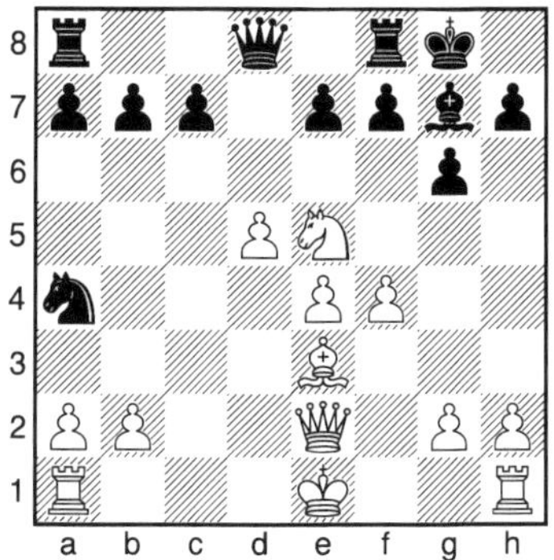

13...f6

Dies ist eine Empfehlung von Awruch, die Weiß auf jeden Fall zu einer Erklärung zwingt. Andere Versuche lassen ihm mehr Spielraum. Die folgenden Ausführungen sind beispielhaft zu verstehen und zeigen nur eine Tendenz an, die das Spiel jeweils nehmen kann.

I. 13...Dd6 14.Db5 Sb6

(In der Partie Borne–Laurain, Toulouse 1998, präsentierte der Nachziehende seinem Gegner 14...Da6, woraufhin dieser mit 15.Dxa6 zugriff. Die weitere Entwicklung in der Partie ist als logisch einzuschätzen und brachte Weiß eine Gewinnstellung ein.

15...bxa6 16.Tc1 Sxb2 17.Ke2

Gegen die Springergabel auf d3 gerichtet, die nach der Vertreibung des Se5 gedroht hätte.

17...f5 18.Txc7 fxe4 19.Tb1 Tab8 20.Txe7 Lxe5 21.fxe5 Sc4 22.Txb8 Txb8 23.Ld4+–.)

15.Lc5 Dd8 16.0-0 Te8 17.Tad1

Weiß steht aktiver bei einem klaren Plus an Raum.

II. 13...c6 14.b3 Sb6

(14...f6 erweist sich nach 15.Sf3 Sb6 16.dxc6 bxc6 17.0-0± als Schuss ins eigene Knie.)

15.dxc6 Lxe5 16.fxe5 bxc6 17.0-0 Dc7 18.Lh6 Tfd8 19.Txf7! Kxf7 20.e6+ Kxe6 (20...Kg8 21.Db2+–) 21.Dg4+ Kf7 22.Tf1+ Kg8 23.De6+ Kh8 24.Lf4+–

III. 13...e6 14.0-0-0 exd5

(Nach 14...De8 15.Dc2 kann das Spiel unter Zugumstellung zur Hauptvariante führen.)

15.Txd5

Auch wenn Engines diese Stellung als relativ ausgeglichen bewerten, hat Weiß das deutlich bequemere Spiel. Er steht aktiv und agiert, während Schwarz in eher beengter Lage um ein konstruktives Gegenspiel ringen muss.

15...De8 16.Dc2 Sb6 17.Ta5 f6 18.Sf3 De6 19.Ld4 Tfe8 20.Te1

Schwarz muss immer mit den Zügen f4-f5 und e4-e5 rechnen. In dieser ziemlich komplizierten Stellung hat der Anziehende gute Aussichten.

14.Sc4 f5 15.0-0 fxe4 16.Tad1 Sb6 17.Sxb6

Wir meinen, dass Weiß nur so um einen Vorteil kämpfen kann. Nach 17.Lxb6 axb6 18.Dxe4 Dd7 ...

(18...Txa2? wäre wegen 19.d6! cxd6 20.Sxd6 sehr gefährlich für den Nachziehenden)

... 19.a3 b5 20.Se5 Dd6 steht Schwarz laut Awruch keineswegs schlechter.

17...axb6 18.Dc4 Dd6 19.Td2

Die weitere Planung von Weiß kann wie folgt aussehen: Aufzug des a-Bauern auf a3, Schlagen auf e4, Vorbereitung des Bauervorstoßes f4-f5 mit Schwächung der schwarzen Königsstellung. Seine Aussichten sind auf jeden Fall höher einzuschätzen.

Teil 3 – Die Antwort 1... c5

1.d4 c5

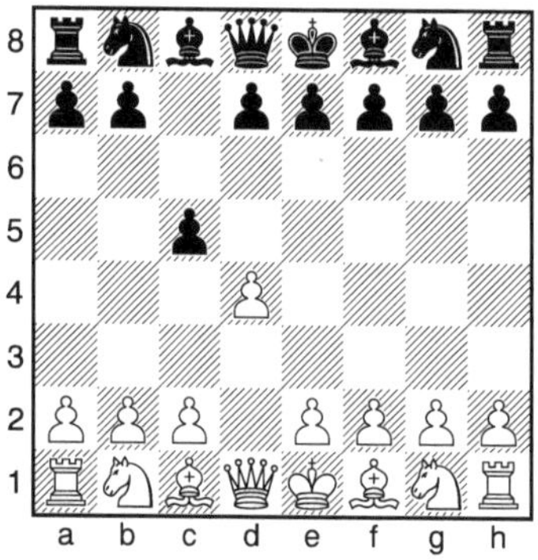

Gerade erst hat Weiß seinen ersten Zug getätigt, schon wird er angegriffen. Schwarz will seinen Gegner daran hindern, auf einem bequemen Weg ein Bauernzentrum zu errichten.

Werfen wir einen Blick auf weitere Möglichkeiten für den Nachziehenden, soweit sie nicht einem der schon behandelten Themen zugehören.

I. 1...f5 (siehe **Kapitel 11**)

II. 1...e5

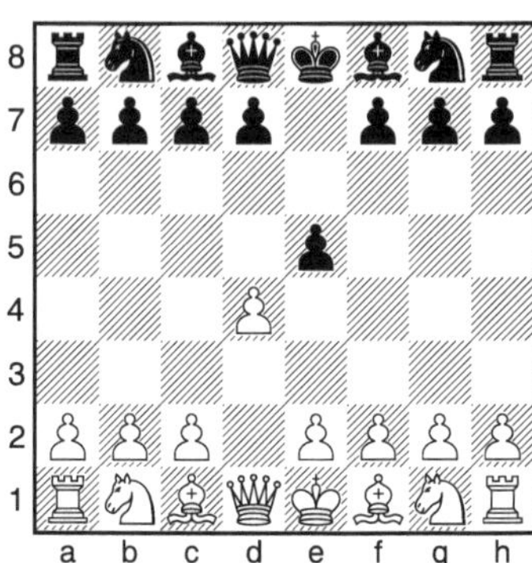

Der Zug ebnet den Weg für eine sehr riskante Gambitvariante, die allerdings auch von Weiß ein genaues Spiel verlangt.

2.dxe5

Dies ist die prinzipielle Reaktion. Wenn Sie dieses Gambit vermeiden wollen, dann können Sie mittels 2.e4 ins Mittelgambit steuern. Diese Eröffnung haben wir in unserem Buch „1.e4 siegt!“ genauer unter die Lupe genommen.

2...♘c6

(2...f6 beantwortet Weiß sehr gut mit 3.e4 und verschafft sich damit schon früh die besseren Chancen.)

3.♘f3

A) 3...♘ge7

Diese Spielweise nennt man Zilbermints-Gambit. Hätten wir es hier mit einem Thema aus der Zoologie zu tun, würde man wohl von Art und Unterart sprechen.

4.♘c3 h6

(Auf 4...♘g6 verschafft sich Weiß über die Zugfolge 5.♗g5 ♗e7 6.♗xe7 ♕xe7 7.♘d5 ♕d8 8.♕d2 einen frühen und klaren Vorteil. Den Spieler mit Schwarz müssen wir an dieser Stelle warnen. Sehr verlockend sieht 8...♘gxe5?? aus, aber das ist ein schwerer Fehler. Nach 9.♘xe5 ♘xe5 10.♕c3 steht Weiß auf Gewinn.)

5.a3

(Ein Vorschlag von Klaus Petri. Eine wichtige Alternative ist 5.♗f4!?; z.B. 5...g5 6.♗g3 ♘f5 7.e3 ♗g7 8.♕d5 mit der Idee 0-0-0 und weißem Vorteil.)

5...♘g6 6.♕d5 ♕e7 7.♘b5 ♔d8 8.♗d2 ♘gxe5 9.0-0-0

Der schwarze König steckt in der Mitte fest. Insgesamt muss der Nachziehende erhebliche Probleme lösen, die sich ihm auf dem Weg der weiteren Aktivierung seiner Kräfte und zur Herstellung seiner Königssicherheit stellen. Weiß steht besser.

B) 3...♗c5

Auch für diese Gambitlinie gibt es einen eigenen Namen, nämlich 'Felbecker-Gambit'.

4.♗f4

(Die Partie kann auch den Weg über 4.♘c3 f6 5.exf6 ♘xf6 6.♗g5 nehmen.)

4...♘ge7

(Auf 4...f6 kann Weiß gut 5.e3 wählen.)

5.e3 0-0 6.♘c3 ♘g6

Der weiße Bauer auf e5 stört die schwarze Entwicklung, was schon der Königsspringer zu spüren bekam, als ihm auf dem Weg ins Freie nur die Station e7 übrig blieb. Es ist bereits spürbar, dass es dem Nachziehenden schwerfallen wird, seinen geopferten Bauern zurückzuerobern bzw. eine ausreichende Kompensation zu erlangen.

7.♗d3 ♘xf4 8.exf4 d6 9.♘e4 ♗b6 10.exd6 cxd6 11.0-0

Weiß behält seinen Mehrbauern (Analyse von Bronznik). Zudem zeigt die Stellung schon jetzt an, dass er ein freies und aktives Spiel erwarten darf.

C) 3...♕e7

Sie sehen das 'Englund-Gambit' auf dem Brett.

4.♕d5

(Eine weitere Empfehlung der Theorie ist 4.♗f4!? z.B. mit der Folge 4...♕b4+ 5.♗d2 ♕xb2 6.♘c3 ♗b4 7.♖b1 ♕a3 8.♘d5 mit Vorteil für Weiß.)

4...f6

Mit dem Angebot zum Bauerntausch gibt Schwarz die Option auf, auf einen Rückgewinn des Bauern zu spielen. Von jetzt an ist er gezwungen, andere kompensatorische Werte zu erlangen, wenn er die Phase der Eröffnung nicht als Verlierer verlassen will.

5.exf6 ♘xf6 6.♕b3 d5 7.♗g5 ♗d7 8.e3 0-0-0 9.♘c3

Über drei logische Entwicklungszüge in Folge ist Weiß seinem Ziel, dem Gegner das Erlangen eines dynamischen Ausgleichs seines materiellen Nachteils zu verwehren, ein gutes Stück näher gekommen.

9...d4

(Oder 9...♗e6 10.♘d4 ♘xd4 11.exd4 ♗g4+ 12.♗e3 c5, wonach Weiß gleich zwei gute Möglichkeiten zur Verfügung hat: 13.♘a4 oder 13.♗e2, jeweils mit besseren Perspektiven.)

10.♘d5 ♕d6 (10... ♕e6? 11.♘xf6+−) 11.♘xf6 gxf6 12.♗f4

Der Nachziehende findet keine Ruhe und muss immer auf aktive weiße Manöver reagieren.

12...♕b4+ 13.c3 dxc3 14.bxc3

Schwarz hat keinen Ersatz für den Minusbauern.

III. 1...b5

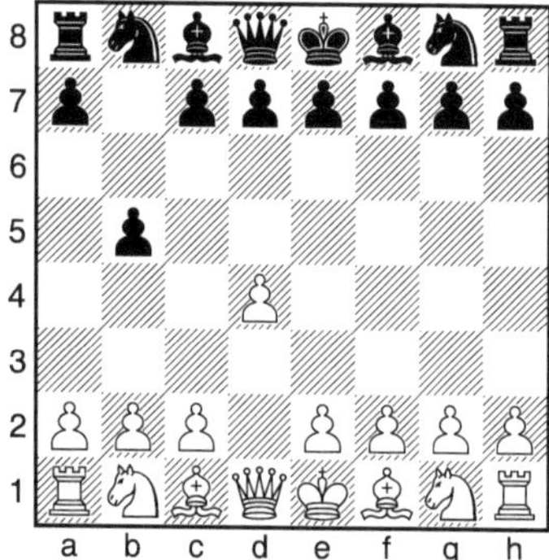

Für diese Spielweise hat sich der Name 'Polnische Verteidigung' etabliert. Wenn sich Weiß nicht überraschen lässt und sich nach den allgemeinen Prinzipien des Eröffnungsspiels aufbaut, kommt er relativ bequem zu einer vorteilhaften Stellung.

2.e4

A) Ein logischer Zug nach dem Freiziehen des Feldes b7 ist dessen Besetzung mit 2...♗b7.

3.♗d3 ♘f6 4.♘d2

Weiß verteidigt seinen Mittelbauern, um sich in der Folge solide um die weitere Aktivierung seiner Kräfte zu kümmern.

4...e6 5.♘gf3 a6 6.0-0 c5 7.dxc5 ♗xc5 8.e5

Inzwischen ist ein klarer Vorteil für den Anziehenden zu erkennen. Wir beschränken uns darauf, die weiteren Möglichkeiten für beide Seiten nur beispielhaft zu skizzieren und bedienen uns dabei der Fernpartie Andraschko–Wagner, BdF-Schachserver 2010.

8...♘d5 9.♘e4 ♗e7 10.a4 b4

(10...♘b4 11.♖e1 ♘xd3 12.♕xd3±)

11.♘fd2!? 0-0 12.♘c4 f5 13.exf6 ♘xf6 14.♘xf6+ ♗xf6 15.♕g4 ♘c6 16.♗f4 a5 17.♖ad1 ♘e7 18.♗d6 ♖f7 19.♖fe1 ♗d5 20.♘e5 ♗xe5 21.♖xe5

Die Chancen von Weiß sind jenen des Gegners eindeutig vorzuziehen,

B) 2...a6 3.♘f3

(Ein anderer Entwicklungsplan setzt auf 3.c4. Über die Fortsetzung 3...♗b7 4.f3 bxc4 5.♗xc4 e6 6.♘c3 usw. kommt Weiß auch dann zu prächtigem Spiel.)

3...♗b7 4.♗d3 e6

(Auf 4...♘f6 5.e5 ♘d5 ist 6.♘g5! stark.)

5.0-0 c5

(Auf 5...♘f6 kann der Anziehende gut mit 6.♖e1 antworten.)

6.c3 ♘f6 7.♖e1 ♗e7

(Wenn Schwarz 7...d5 versucht, ist 8.e5! die richtige Reaktion.)

8.♗g5 d6 9.a4 c4 10.♗c2 ♘bd7

Zu diesem Zeitpunkt kann der Anziehende mit dem Erreichten schon recht zufrieden sein. Er hat sich eine überlegene Zentralstellung aufbauen können, er verfügt über mehrere Ansätze für ein initiatives Spiel und sein König ist schon in Sicherheit gebracht. Wir wollen uns anhand der als Beispiel dienenden Partie Gleizerow–Ionescu, Predeal 2007, anschauen, wie er aus dieser Situation heraus ein schönes Druckspiel entwickeln kann.

11.♘a3 ♕b6 12.d5 e5 13.♗e3 ♘c5 14.♘d2 0-0 15.b4 cxb3 16.♘xb3 ♘fd7 17.♖b1

Das Zwischenziel ist erreicht, denn Weiß übt definitiv Druck auf den Gegner aus und sein Einfluss auf das Spiel übertrifft den von Schwarz erheblich.

IV. 1...c6

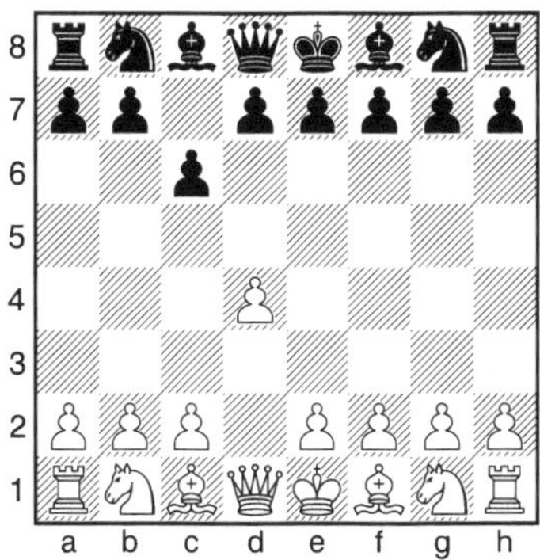

2.c4 b5

Das Navi im Auto würde jetzt „offroad“ anzeigen und der Fahrer müsste sich alleine zurechtfinden. Auch wir sind nun außerhalb der „echten Theorie“ angelangt. Weiß muss gleichfalls seinen Weg mehr oder weniger auf sich gestellt finden, wobei aber die Orientierung an allgemeinen Eröffnungsregeln hilft und auch eine adäquate Behandlung erlaubt.

3.cxb5 cxb5 4.e4 ♗b7 5.♘d2 (5.♗xb5 ♗xe4=)

A) 5...♕b6

Dies leitet eine interessante Variante ein.

6.♘gf3

Weiß deckt seinen Bauern zunächst und setzt in der Folge kontinuierlich seine Entwicklung fort, wie in den folgenden Beispielvarianten gezeigt.

6...e6 7.♗d3 ♘f6 8.0-0 ♘c6 9.d5 exd5

(Nicht viel bringt Schwarz die Fortsetzung 9...♘b4 10.♗b1 und nun 10...exd5 11.e5 ♘e4. In der Partie Van der Sterren–Rogers, Wijk aan Zee 1989, setzte der Anziehende seinen Gegner zunehmend unter Druck.

12.♘b3 a5 13.♗e3 ♕c7 14.a3 ♘a6 15.♗d3 ♗c6 16.♖c1 a4 17.♘bd4 ♕b7 18.e6!

Weiß startet den entscheidenden Angriff. In der genannten Partie führte er über die folgenden Stationen zum Erfolg: 18...fxe6 19.♗xe4 dxe4 20.♘e5 ♗d5 21.♕h5+ und Weiß dringt durch.)

10.e5 ♘g4 11.♕e2 a5 12.h3 ♘h6 13.♘b3 a4 14.♗e3 ♕c7 15.♘bd4 ♘xd4 16.♘xd4

Weiß hat sich ausgezeichnete Gewinnchancen verschafft, Moranda–Praszak, Miedzybrodzie–Zywiec 2011.

B) 5...a6 6.♘gf3 ♘f6 7.♗d3 e6 8.0-0 ♗e7

(Die Alternative 8...♘c6 wird mit 9.d5! beantwortet.)

9.♖e1

Zug um Zug hat Weiß seine Kräfte aktiviert. Soweit er seine zentralen Bauern aufgrund eines gegnerischen Angriffs zu decken hatte, konnte er dies jeweils gut über einen gleichzeitigen Entwicklungszug bewerkstelligen.

9...0-0 (9...d6 10.a4!) 10.a3 d6

Ein Beispiel dafür, wie es in der Partie weitergehen kann, liefert uns die Begegnung Podkriznik–Svensek, Rogla 2002.

11.♘f1 ♘bd7 12.♘g3 ♖e8 13.♗d2 ♘f8 14.h3 ♖c8 15.♘h2 ♘g6 16.♘g4 ♘xg4 17.♕xg4 ♗f6 18.♗e3 ♗c6 19.♘h5 ♗e7 20.f4 ♗f8 21.f5 exf5 22.exf5 ♗d7 23.♕f3

Weiß stand am Königsflügel sehr aktiv, was ihm in die richtige Spur zum späteren Sieg verhalf.

V. 1...b6

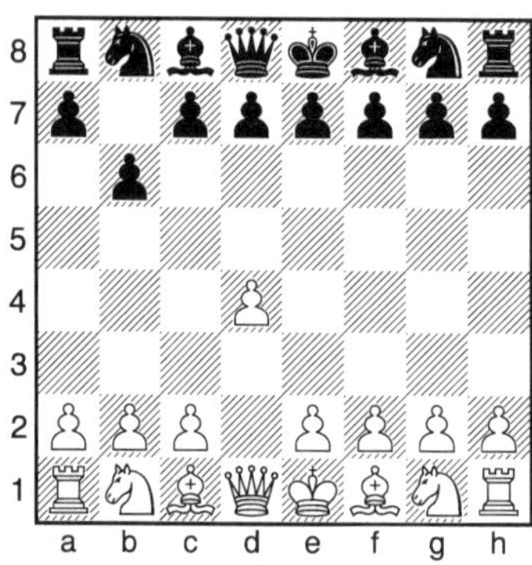

2.e4 ♗b7 3.♗d3

In unserem Buch „1.e4 siegt!“ haben wir hier 3.f3 vorgeschlagen. Der Läuferzug ist aber auch eine gute Wahl.

3...♘f6

A) 4.♘c3!

Diese Springerentwicklung ist unsere Empfehlung an dieser Stelle. Es gibt aber die Alternativen 4.♕e2 (B) und 4.♘d2 (C), die wir nicht unter den Tisch fallen lassen wollen. Unsere folgenden Ausführungen sollen als Einladung und Einstieg für eigene Untersuchungen verstanden werden, ob man unserer Empfehlung folgen oder ob man abweichen will. In unserer Behandlung beschränken wir uns auf Beispiele und in der Kommentierung auf das Notwendigste.

4...e6 5.♘ge2

Ein universeller Zug. In Abhängigkeit von den Entscheidungen des Nachziehenden kann der Springer sowohl nach g3 als auch nach f4 geführt werden.

5...d5 6.e5 ♘e4 7.♗xe4

(Ohne dieses Schlagen kommt Weiß nicht aus. Er muss dies aber nicht sofort machen, denn auch ein vorheriges 7.♘f4 ist möglich. Die Partie Vallejo Pons–De Santis, Condino 2012, zeigt, dass der Anziehende sich auch hier auf einem guten Weg befindet. Es folgte: 7...c5 8.♗xe4 dxe4 9.d5 exd5 10.♘fxd5 ♗e7 11.♗e3 ♗xd5 12.♕xd5 ♕xd5 13.♘xd5 ♗d8 14.0-0-0 mit einem klaren Vorteil für Weiß.)

7...dxe4 8.♗e3

Weiß fixiert den gegnerischen Bauern auf e4, um dessen Vorrücken zu verhindern, was den Einfluss des ♗b7 auf der langen Diagonale verlängern würde.

(8.♘f4 c5 würde in die nach 7.♘f4 entstandene Variante führen.)

8...♘d7 9.♘g3

Schwarz wird seinen ♙e4 nicht halten können. Versucht er ihn mit 9...♕h4 zu verteidigen, reagiert Weiß mit der giftigen Antwort 10.♕d2. Damit wird das Feld g5 eminent wichtig für den Nachziehenden, denn von dort aus könnte Weiß zum Todesstoß auf die schwarze Dame ansetzen.

10...♗e7 11.♘b5

Allem Anschein nach hatte Schwarz in der Partie Greet–Steffens, Penarth 2013, die drohende Gefahr nicht erkannt, denn er spielte 11...♗d8.

(Besser wäre 11...0-0 gewesen und dann z.B. 12.♘xc7 ♖ac8 13.♘b5±.)

12.♘xc7+

Nun ist der völlig überlastete Läufer, der nicht zugleich die Felder c7 und g5 bewachen konnte, vor die Wahl zwischen zwei Übeln gestellt. Er wählte das Übel in der Form von 12...♗xc7, wonach Schwarz durch 13.♗g5 ♕g4 14.h3 seine Dame einbüßte.

B) 4.♕e2 e6

(4...♘c6 5.c3 e5 6.♘f3 d6 7.0-0 ♗e7 8.dxe5 ♘xe5 9.♘xe5 dxe5 10.♘d2 0-0 11.♘c4 ♘d7 12.♖d1 ♗g5 13.♘e3 ♗xe3 14.♗xe3 ♕e7 15.♗c2 ♖fd8 16.f3 ♘f8 17.♗b3±, Paragua–Torre, Boracay 2012)

5.♘f3 ♗e7 6.0-0 c5 7.c3 ♘c6 8.a3 d5 9.e5 ♘d7 10.b4 g5 11.♗e3 h6 12.♘bd2 ♕c7 13.bxc5 bxc5 14.a4 c4 15.♗c2 ♕a5 16.♘b1 ♖b8 17.♗c1 ♗a6 18.♕e3 ♕d8 19.♗a3 ♘a5 20.♗xe7 ♕xe7 21.♘a3 ♘b3 22.♖a2 ♘b6 23.♖b1 ♘xa4 24.♘xc4 ♗xc4 25.♖xa4 mit weißem Übergewicht, Saric–Bacrot, Bastia 2013.

C) 4.♘d2 e6 5.♘gf3

(Nicht schlecht ist 5.♘e2!? c5 6.c3 ♘c6 7.0-0 ♗e7 8.a3 d6 9.♘f3 0-0 10.♘g3 ♖c8 11.♕e2 ♘a5 12.♗f4 ♘b3 13.♖ad1, denn Weiß hat nach Einschätzung von Awruch die besseren Aussichten.)

5...c5 6.c3 ♘c6 7.a3 cxd4 8.cxd4 d6 9.0-0 ♗e7 10.♕e2 e5 11.dxe5 dxe5 12.b4 0-0 13.♗b2 ♘d4 14.♘xd4 exd4 15.♘b3 a5 16.bxa5 bxa5 17.♘xd4

In der Partie Pap–S. Bücker, Bad Wiessee 2013, holte sich Weiß den Bauern und bald darauf den vollen Punkt.

VI. 1...e6

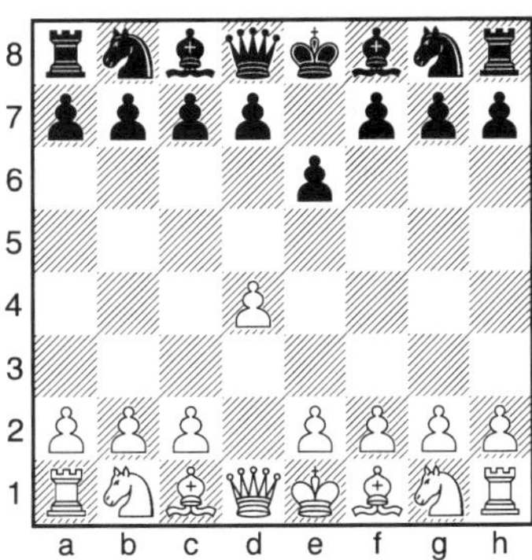

2.c4 b6 3.e4 ♗b7 4.d5

Weiß verhindert damit die sehr komplizierte Variante nach 4.♗d3 f5!.

A) 4...♗c5 ist bequem für Weiß, wie die folgende Beispielvariante zeigt.

5.♘f3 ♘f6 6.♗d3 exd5 7.cxd5 0-0 8.0-0 d6

(Dass sich ein mehr oder weniger „mechanisches" Ausführen eines Zuges schnell rächen kann, erfuhr Schwarz, als er in der Partie Sbarra–Nordstrom, Helsingor 2011, mit 8...♖e8? einen Fehler beging. Es folgte 9.e5 ♘xd5 und nun forciert 10.♗xh7+! ♔xh7 11.♘g5+ ♔g8 12.♕h5 ♖xe5 13.♕xf7+ ♔h8 14.♕h5+ ♔g8 15.♕h7+ ♔f8 16.♕h8+ ♔e7 17.♕xg7+ mit dem Ende aller schwarzen Träume, 1-0.)

9.♘c3 a5 10.a3 ♗a6 11.♗xa6 ♘xa6 12.♗g5

Weiß hat die Initiative.

B) 4...♗b4+ 5.♗d2

(Zu beachten ist 5.♘d2!?.)

5...♗xd2+

(Eine starke Erwiderung ist 5...♕e7!?.)

6.♕xd2 ♘h6 7.♘c3 0-0 8.0-0-0 d6 9.f4 ♕e7 10.♘f3 ♘a6 11.♗d3 ♘c5 12.♗b1 a5

(Infrage kommt auch 12...e5!?, um die Wirkung des auf b1 stehenden Läufers zu beschränken.)

13.b3 f5 14.♘g5 mit weißer Initiative, Ruschukov–Jordanova, Plowdiw 2012.

VII. 1...♘c6

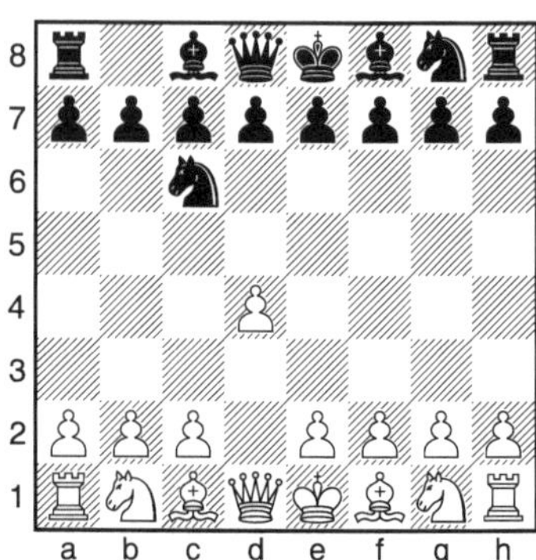

2.d5

Die 'Französische Verteidigung' nach 2.e4 analysieren wir in unserem Buch „1.e4 siegt!".

2...♘e5 3.e4 e6 4.f4 ♘g6 5.dxe6

Nun muss sich Schwarz entscheiden, mit welchem Bauern er zurückschlagen will.

A) 5...dxe6 6.♕xd8+ ♔xd8 7.♘f3

A1) 7...♘f6 8.♗d3

(Awruch empfiehlt hier 8.e5!? mit der möglichen Folge 8...♘d5 9.g3 ♗c5 10.a3 ♗d7 11.♗d3 ♗c6 12.b4 ♗b6 13.♔e2. Die schwarzen Leichtfiguren haben kaum gute Felder und Weiß steht besser.)

8...♗c5 9.♘c3 ♗d7 10.e5 ♘d5 11.♘xd5 exd5 12.♗d2 c6 13.0-0-0 ♘e7

Der Anziehende hat deutlich mehr vom Spiel, denn er steht freier und aktiver. In der Partie Wlasenko–Jorayewa, St. Petersburg 2012, ging das Ringen wie folgt weiter: 14.♘g5 ♔e8 15.♘xh7 ♖xh7 16.♗xh7 g6. Weiß muss nun sehen, dass er seinen Läufer rettet. 17.h4 ♔f8 18.b4 ♗b6 19.h5 Die „Aktion Läuferrettung" ist erfolgreich über die Bühne gegangen und Weiß hat sich eine Gewinnstellung erarbeitet.

A2) Auch die andere Möglichkeit 7...♗c5 verspricht Schwarz keinen Ausgleich. Weitergehen kann es beispielsweise wie folgt: 8.♘c3 ♘f6 9.e5 ♘d5 10.♘e4 ♗b6 11.g3 ♗d7 12.♗d2 mit der Idee 0-0-0 und Weiß ist besser entwickelt.

B) Wohin die Karawane beispielsweise nach 5...fxe6 ziehen kann, wollen wir uns anhand der Partie Kozak-Cernik, Tschechische Republik 2012, anschauen. Nach einem zunächst ruhigen Beginn nahm das Duell dann Fahrt auf.

6.♘f3 ♗c5 7.♘c3 ♘f6

(Auf 7...♘h6 ist der Stich mit 8.f5! sehr stark.)

8.e5 ♘g4 9.♘e4 ♕e7 10.g3 ♗e3

(10...0-0 ist eine Einladung an Weiß, mit 11.♘fg5 zu antworten.)

11.♗d3 b6 12.♗xe3 ♘xe3 13.♕e2 ♘f5 14.0-0-0

In unserer Referenzpartie konnte Weiß die aktivere Stellung für sich reklamieren.

VIII. 1...d6 2.c4

Die 'Pirc-Verteidigung' nach 2.e4 wird ebenfalls in dem Buch „1.e4 siegt!" untersucht.

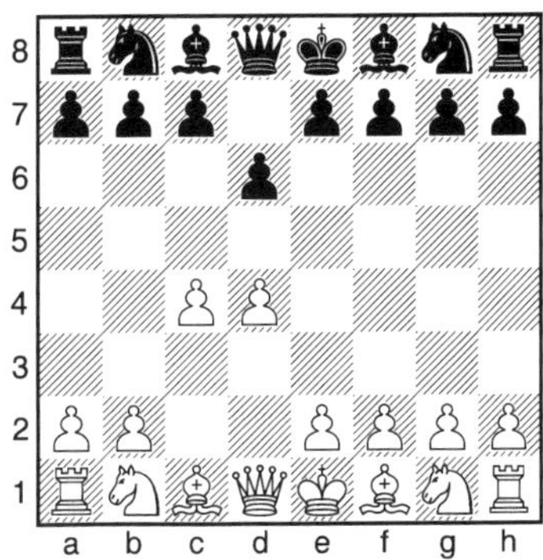

A) 2...♘f6 3.♘c3

Auf diesen für eine Stellung mit dem weißen Bauernduo auf c4 und d4 typischen Entwicklungszug hat Schwarz die Wahl insbesondere zwischen 3...♗f5 und 3...♘bd7.

A1) 3...♗f5

Unter Aktivierung seines Läufers steigert Schwarz seinen Einfluss auf das Feld e4.

4.♘f3 c6

Die Alternative 4...h6!? sollte eine Überlegung wert sein, um die in der Variante folgende Entwicklung auffangen zu können.

5.♘h4 ♗d7 6.e4

Damit hat Weiß dem Spiel zunächst mal seinen Willen aufgezwungen.

6...e5 7.♘f3 ♗g4 8.♗e2 ♕c7

(Schwarz kann auch sofort 8...♘bd7 spielen, wie die Partie Korobow-Jobava, Tromso 2013, zeigt. Hier bedurfte es ein paar weiterer Züge, bis die Lage etwas klarer wurde.

9.♗e3 ♗e7 10.h3 ♗xf3 11.♗xf3 0-0 12.0-0 ♘e8

Die schwarze Stellung ist etwas gedrängt. Weiß hat mehr Raum für seine Aktionen und das Läuferpaar kann noch zu einem wichtigen Vorteil werden. Die Aussichten des Anziehenden sind schon zu diesem Zeitpunkt als etwas besser einzuschätzen.

13.♗g4 exd4 14.♕xd4 ♘c5 15.♖ad1 ♕c7 16.f4 ♘f6 17.♗f3 a5 18.g4 ♘fd7 19.g5 ♖fe8 20.h4 mit aktivem Spiel am Königsflügel.)

9.0-0 ♘bd7 10.♗e3 ♗e7 11.d5 c5

Das Zentrum ist geschlossen, sodass beide Seiten sich nun bemühen werden, ein Flügelspiel zu entwickeln. Es kommt auch darauf an, wem es dabei gelingen wird, früher zum Zuge zu kommen. Am Beispiel der interessanten Turnierpartie Gyimesi–Miladinovic, Sibenik 2008, wollen wir einen Eindruck davon vermitteln, wie beide Seiten ihre Absichten weiter verfolgen können.

12.a3 0-0 13.♘d2 ♗xe2 14.♕xe2 a6 15.♖fc1

Weiß orientiert sich zum Damenflügel.

15...h6 16.b4 ♘h7 17.♘b3 b6 18.bxc5 bxc5 19.♖ab1 ♗g5 20.♖b2 ♗xe3 21.♕xe3 ♖ab8 22.♖cb1

Damit ist es dem Anziehenden gelungen, sich am Damenflügel ein aktives Spiel zu verschaffen.

A2) 3...♘bd7 ist der Auftakt zu einer Phase, in der sich beide Parteien auf eine überwiegend ruhige Aktivierung der eigenen Kräfte konzentrieren können.

4.♘f3 e5 5.e4 g6 6.♗e2 ♗g7 7.0-0 0-0 8.♖e1 a6 9.h3

A2a) 9...♖e8

Den Vorzug verdient wohl 9...exd4 (**A2b**), aber trotzdem ist eine Betrachtung auch dieser Variante wertvoll.

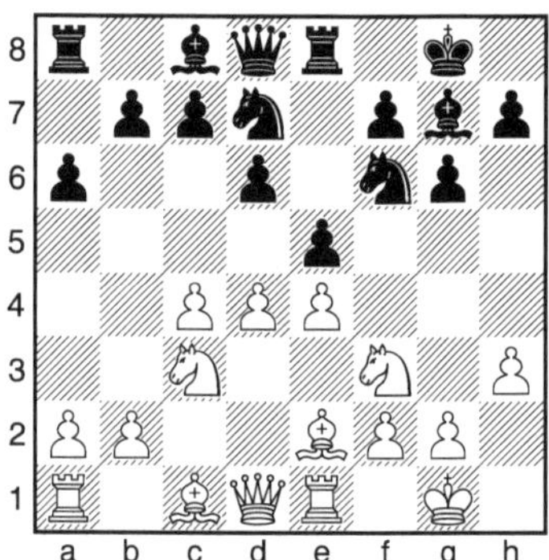

10.dxe5 dxe5 11.♗e3

Es ist nicht leicht, den besten Weg für Schwarz zu finden. Hier sind zwei Beispiele, die auf jeden Fall eine Prüfung verdienen.

11...♘h5

(Nach 11...b6 12.♕c2 ♗b7 Weiß verfügt über die besseren Aussichten. Hier gibt es gleich mehrere Optionen für ihn, aktiv vorzugehen. Ein aussichtsreicher Plan basiert auf ♖e1-d1, c4-c5 und Spiel am Damenflügel.)

12.c5 ♘f4 13.♗c4 ♘f8 14.♕b3 ♗e6 15.♗xe6 ♘8xe6 16.♖ed1±

Im Übrigen wäre 15...♖xe6? ein Fehler wegen 16.♖ad1 ♕c8 17.♘g5!

(Dies ist noch stärker als 17.Sd5 Sxd5 18.exd5 Te8 19.Sd2±.)

17...Te7 18.Lxf4 exf4 19.Sd5 Td7 20.Sxf7! und Weiß gewinnt.

A2b) Nach 9...exd4 10.Sxd4 Te8 11.Ld3 c6 12.Lf4 Sh5 13.Le3 Se5 14.Le2 kann Schwarz mit 14...Dh4 oder vielleicht sogar besser noch mit 14...b5 für eine komplizierte Situation sorgen, die wir mit „unklar“ bewerten möchten.

B) Nach 2...e5 3.Sc3 exd4 4.Dxd4 Sc6 5.Dd2 konzentriert sich die Praxis auf die Antworten 5...g6 und 5...Sf6.

B1) 5...g6 6.b3 Lg7 7.Lb2 Sf6 8.Sf3 0-0 9.e3

Es geht auch eine Entwicklung des Läufers auf die Diagonale a8-h1 usw. im Anschluss an 9.g3.

9...Te8 10.Le2

Weiß hat gute Aussichten; z.B. 10...Lf5 11.0-0 Se4

(11...h6 12.Tfd1 g5 13.Tac1 a6 14.h3 Dd7 15.Ld3 Lxh3 16.gxh3 Dxh3 17.De2 Sh5 18.Sd5 g4 19.Sh2 g3 20.fxg3 Sxg3 21.Dg2 Dxg2+ 22.Kxg2 Lxb2 23.Tc2+−, Scheipl−Jugow, Deutschland 1996)

12.Sxe4 Lxe4 13.Lxg7 Kxg7 14.Se1 mit dem Plan f2-f3 und e3-e4.

B2) 5...Sf6 6.Sf3 (6.b3 a5 mit Gegenspiel) 6...Le7 7.b3 0-0 8.Lb2 Lf5 9.g3

(Nach 9.e3 Se4 10.Sxe4 Lxe4 11.Ld3 sollte Schwarz auf d3 schlagen, denn über die Zugfolge 11...Lxf3 12.gxf3 Lf6 13.Lxf6 Dxf6 14.f4 Dh4 15.0-0-0 nebst Td1-g1 bekommt Weiß aktives Spiel am Königsflügel.)

9...Se4 10.Df4 Sxc3 11.Dxf5 Lf6 12.a3 Te8 13.Dc2 Se4 14.Lg2 a5 15.0-0 Lxb2 16.Dxb2 Df6 17.Dxf6 Sxf6 18.e3 Se4 19.Tfd1 Tab8 20.Sd2 Sxd2 21.Txd2 Se5 22.Tc1

Das auf dem Brett entstandene Endspiel ist für Weiß deutlich bequemer zu führen als für seinen Gegner. Die Partie Drejew−Bologan, Chanty−Mansijsk 2013, sah denn auch den Anziehenden als späteren Sieger.

2.d5

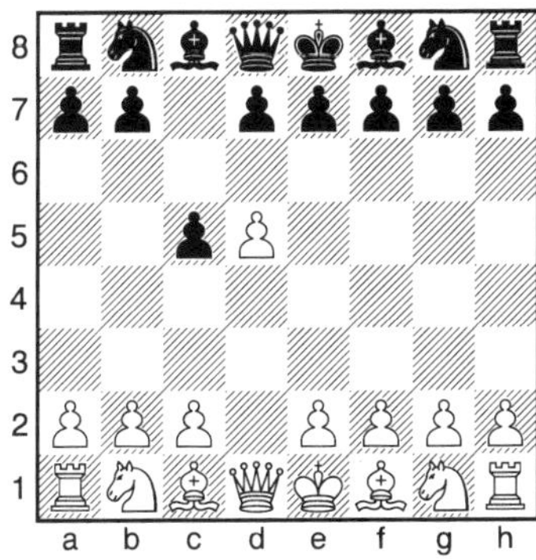

2...e5

Nach 2...e6 3.c4 geht das Spiel in „Modernes Benoni“ über. Zu dieser Eröffnung finden Sie unsere Ausführungen in **Kapitel 8**. Nach dem Textzug entsteht eine komplizierte Stellung. Die strategischen Pläne beider Seiten orientieren sich an der Bauernstruktur im Zentrum. Weiß wird versuchen, den schwarzen Vorposten auf e5 mit f2-f4 anzugreifen. Schwarz dagegen wird sein Gegenspiel auf dem Königsflügel mittels f7-

f5 oder auf dem Damenflügel über b7-b5 zu finden versuchen. Bevor wir uns weiter mit der Hauptvariante beschäftigen, wollen wir einen kurzen Blick auf die Alternativen werfen.

I. 2...f5

Wenn Weiß nicht patzt, ist ihm in dieser Variante ein Eröffnungsvorteil sicher.

3.♘c3

So ist es richtig und zumeist wird auch tatsächlich so gespielt. Die Partienstatistik spricht – bezogen auf das gesamte System – eine deutliche Sprache zu Gunsten des Anziehenden.

3...♘f6 4.♘f3 g6 5.e4 fxe4 6.♘g5 ♗g7 7.♘gxe4 ♘xe4

(Nach 7...♕b6 8.♘xf6+ ♕xf6 9.♗e3 ♕b6 10.♖b1 d6 11.♕d2 kann Weiß kann schon recht zufrieden sein. Er steht aktiver und seine Stellung weist im Gegensatz zu jener seines Gegners kaum ernste Schwächen auf. In einer Partie, die in der Endrunde zu einer Deutschen Fernschachmeisterschaft gespielt wurde, ging es wie folgt weiter: 11...♕b4 12.a3 ♗xc3 13.axb4 ♗xd2+ 14.♗xd2 ♗f5 15.♖c1 cxb4 16.♗xb4 a5 17.♗c3 0-0 18.f3 a4 19.h4 a3 20.♔d2!? und Weiß hatte sich einen klaren Vorteil verschafft. Über die Initialzüge g2-g4 und h4-h5 konnte er alsbald zum Königsangriff schreiten und sich den Sieg im 39. Zug sichern, U. Mehlhorn–W. Lorenzmeier, Fernpartie, Endrunde zur 35. Deutschen Fernschachmeisterschaft 2006.)

8.♘xe4 0-0 9.c3 d6 10.♗d3 ♘a6 11.h4 ♕e8 12.h5 ♕f7 13.hxg6

Hier kann Schwarz entweder 13...♕xd5 oder 13...hxg6 spielen.

A) 13...♕xd5 kann zum folgenden Abspiel führen: 14.♕e2 ♕e6 15.♕h5 h6 16.♗xh6 ♖f5 17.♗g5 c4 18.♗c2 ♘c5 und hier hätte Weiß in der Partie Bronznik–Doll, Deutschland 2007, 19.♕h7+ ♔f8 20.♗h6 spielen sollen – mit Gewinn nach 20...♔e8 21.f3 bzw. 20...♕g8 21.♘xc5 ♖xc5 22.0-0-0.

B) 13...hxg6 14.♕e2 ♗f5 15.f3 wäre ebenfalls vorteilhaft für Weiß. Schwarz wird noch erhebliche Sorgen mit seiner schwacher Königsstellung haben. Weiß wird nun die lange Rochade vorbereiten und vollziehen, um dann am Königsflügel anzugreifen.

II. 2...b5 3.e4

Der Anziehende konzentriert sich zunächst ruhig auf eine feste Position im Zentrum und lässt den Gegner seine Ideen auf dem Damenflügel verfolgen. Erst nach seinem Erfolg im Zentrum stellt er sich Schwarz am Flügel entgegen. Mit dieser Strategie fährt er sehr gut, wie die sich gleich anschließenden Verzweigungen zeigen werden.

3...a6 4.a4 b4

A) 5.b3 d6 6.♗b2 ♘f6 7.♘d2

(Auf 7.♗d3 folgt 7...e6!.)

7...g6 8.♘c4 ♗g7 9.a5 0-0 10.♗d3 ♖a7 11.♘f3 ♗g4 12.h3 ♗xf3 13.♕xf3 ♘bd7 14.0-0

Die gute Entwicklung sowie die aktivere Aufstellung seiner Kräfte sprechen für Weiß. Ein Beispiel aus der Praxis hierzu: 14...♘e8 15.♗xg7 ♔xg7 16.♕g3 ♘df6 17.♖ad1 e6 18.dxe6 fxe6 19.♕e3 ♕e7 20.e5 dxe5 21.♕xe5 und Weiß steht positionell klar besser, Stojanovic–Dragasevic, Kragujevac 2013.

B) 5.♘d2 d6 6.♘c4 ♘f6 7.♗d3 g6 8.♘f3

(Eine vielversprechende Idee, die allemal ein Ausprobieren rechtfertigt, ist 8.♘e2. Es soll dann f2-f4 folgen, verbunden mit einem Raumvorteil im Zentrum.)

8...♗g7 9.a5 ♘bd7 10.h3 ♕c7 11.0-0 0-0 12.♗e3 ♗b7 13.♕d2 ♖fe8

Auch in dieser Variante hat sich der Anziehende ein aktives und harmonisches Spiel gesichert. Die Fernpartie Foulds–Visser, ICCF 2012, veranschaulicht auf lehrreiche Weise, wie er seine Chancen ausbauen kann.

14.♗f4 ♖ad8 15.♖fe1 ♘h5 16.♗h2 ♗a8 17.♖ad1 h6 18.♗e2 ♘hf6 19.♕d3 ♖f8 20.♘fd2 ♘e8 21.f4 ♕a7 22.♗f3 ♘c7 23.e5 dxe5 24.fxe5 mit einem klaren positionellen Vorteil für Weiß.

C) 5.f4 ist fast unser „kleiner Favorit". Der Zug ist zwar verbindlicher, gibt der weißen Offensivkraft aber auch einen besonderen Schub; z.B. 5...d6 6.♗c4 g6 7.♘f3 ♗g7 8.a5 ♘f6 9.e5 ♘g4 10.h3 ♘h6 11.c3 0-0 12.0-0 ♕c7 13.♖e1 und Schwarz steht bereits gehörig unter Druck, nicht zuletzt auch wegen der starken weißen Stellung im Zentrum Rajkovic–Civric, Vrnjacka Banja 2012.

3.c4

Da wir Weiß das Spiel mit einem starken Bauernzentrum empfehlen, ist der Vorstoß mit dem c–Bauern unsere erste Wahl. Nach 3.e4 d6 4.♘c3 entstehen Varianten, die wir hier nicht näher betrachten.

3...d6 4.♘c3 ♘f6 5.e4

Weiß hat eine mächtige Bauernphalanx in der Mitte errichtet.

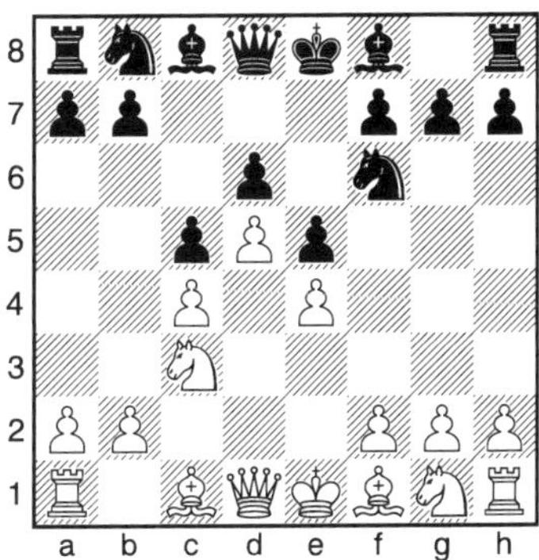

5...♗e7

Diese Fortsetzung führt in das sogenannte „Klassische Benoni". Hier kommt es auch oft zur Anwendung eines anderen Plans mit dem Fianchetto des Königsläufers.

I. 5...g6

Dieser Zug führt in die Gefilde der „Königsindischen Verteidigung".

6.♗e2

Der Zug mit dem Läufer ist in der Praxis sehr populär, weil er Weiß eine große Auswahl an Plänen lässt. Dies allerdings trifft auch auf den Nachziehenden zu, der vor allem die Wahl zwischen folgenden Alternativen hat.

A) 6...h5

Schwarz will seinen schwarzfeldrigen Läufer gegen den gegnerischen Kollegen abtauschen, da ihm sonst bis auf Weiteres ein tristes Schicksal hinter seinen eigenen Bauern droht. Mit h7-h5 führt er die Kontrolle des Abtauschfeldes h6 durch den Turm herbei.

7.♘f3

(Eine aggressive und starke Variante leitet 7.f4! ein, womit Weiß das schwarze Zentrum sofort attackiert, z.B. mit der Folge 7...exf4 8.♗xf4 ♕e7 9.♕c2 a6 10.♘f3 ♗g7 11.0-0 0-0 12.h3 und Weiß kann nun mit ♖a1-b1, a2-a3 den Vorstoß b2-b4 vorbereiten oder das Manöver ♖a1-e1 und folgend e4-e5 umsetzen.)

7...♗h6

(Oder 7...a6 wie in der Begegnung Dely–Koberl, Budapest 1965.

8.0-0 ♗e7 9.a3 h4 10.b4 ♘bd7 11.♘e1

Auf dem Damenflügel hat Weiß inzwischen eine starke und aktive Stellung eingenommen. Er orientiert sich nun zusätzlich auf den Königsflügel. Seine Aussichten, bald auf dem gesamten Brett spielen zu können, sind sehr gut.

11...♘h5 12.♘d3 b6 13.♗e3 ♔f8 14.♖b1 ♔g7 15.♕d2 g5 16.g3 mit dem Plan g3xh4, ♔g1-h1, f2-f4 und Königsangriff.)

8.♗xh6 ♖xh6 9.♕d2 ♖h8 10.0-0-0 mit der Idee ♘f3-e1-d3 und baldmöglichst f2-f4.

B) Betreffs der Möglichkeit 6...♘bd7 haben wir uns die Erfahrungen aus der Partie Psachis–Mestel, Graz 1981, für unsere Ausführungen zu Nutze gemacht.

7.♗g5

(Im Duell Asmajparaschwili–Pons Sastre, Cala Galdana 1994, entschied sich der Anziehende hier zu 7.g4!?. Es ging dann wie folgt weiter: 7...h5 8.g5 ♘h7 9.h4 ♗g7 10.♘b5 ♘b6 11.♗e3 a6 12.♘c3 ♖b8 13.a3 ♘d7 14.b4 b6 15.♖b1 mit aktivem Spiel am Damenflügel. Darüber hinaus steht Weiß die Option offen, auf der anderen Seite aktiv zu werden.)

7...a6 8.a4

Der Anziehende verwehrt seinem Gegner den Vorstoß b7-b5.

8...♗e7 9.♗d2 0-0 10.♗h6 ♖e8 11.g4!?

Ein effektvoller Zug, der nicht nur Schwarz zu Vorkehrungen für die Rettung seines Springers zwingt, sondern auch auf eine Linienöffnung hinwirkt.

11...♔h8 12.♗d2 ♘g8 13.h4 ♗xh4 14.♕c1 ♗e7 15.a5 ♘df6 16.g5 ♘d7

Schwarz kommt nicht zum Aufbau eines aktiven Gegenspiels und kann mehr oder weniger nur auf weiße Aktionen reagieren. Insofern wirkt sein Spiel durchaus leicht paralysiert.

17.♘a4 f6 18.gxf6 ♘gxf6 19.♕c2 ♘g8 20.♖a3 ♗g5 21.♘h3 ♗xd2+ 22.♕xd2 mit ausgezeichneten Angriffsmöglichkeiten.

C) 6...♗g7

Hier wird sich der Läufer – in Abhängigkeit auch von Aktionen des Anziehenden – zumindest eine Weile mit einer passiven Rolle bescheiden müssen.

7.♗g5

(Neben diesem logischen Zug kann Weiß auch 7.♗e3 wählen, z.B. mit der Folge 7...0-0 8.h4 a6 9.g4 ♘bd7 10.h5 und der Anziehende führt die Initiative aus einer aktiven eigenen Stellung heraus. Die Partie Sakajew–Bachin, Krasnojarsk 2003, vermittelt uns einen Eindruck, wie sich das Spiel weiter entwickeln kann bzw. in welcher Richtung beide Seiten ihre weiteren Chancen suchen können. Darin ging es wie folgt weiter: 10...♖b8 11.a4 ♕a5 12.f3 ♘e8 13.♗d3 f6 14.h6 ♗h8 15.♘ge2 ♖f7 16.♗d2 ♘f8 17.♘g3 ♕d8 18.a5 b6 19.axb6 ♕xb6 20.♖a2 ♖fb7 21.♗c2 ♕d8 22.b3 ♘c7 23.♘ce2 ♕e7 24.♔f2 und es war der Anziehende, der das größere Potenzial für weitere aktive Handlungen hatte. Beide Parteien rangen noch eine geraume Weile miteinander, bis Weiß die Partie dann letztendlich im 58. Zug für sich entscheiden konnte.)

7...♘a6 8.h4

(Hier gibt es noch mindestens einen weiteren beachtenswerten Plan. Dieser beginnt mit 8.♘f3, worauf das Spiel den folgenden Verlauf nehmen kann: 8...h6 9.♗d2 ♗g4 10.a3 ♗xf3 11.♗xf3 ♘d7 12.♘b5 ♕e7 13.♕c2 h5 14.h4 ♗h6 15.♗xh6 ♖xh6 16.0-0-0±, Szabó–Panno, Amsterdam 1956.)

8...h6 9.♗e3 h5 10.f3 ♘c7 11.♕d2 ♗d7 12.a3 b6 13.b4

Weiß kann nun auf beiden Flügeln spielen und steht daher besser, Timostschenko–R. Garcia, Arco 2010.

D) 6...a6 7.♗g5 ♗g7

(Nach 7...h6 8.♗e3 h5 9.♘f3 kann Weiß seine Kräfte mittels h2-h3 und ♕d1-d2 entwickeln.)

8.♘f3 0-0 9.♕d2 ♘bd7 10.0-0 ♖e8 11.♘e1 ♖b8 12.a4 ♕a5 13.♘d3

Weiß kann über ♖a1-b1 und b2-b4 Druck auf der b–Linie aufbauen wie auch mittels f2-f4 auf der anderen Seite vorgehen. Ihm sind deshalb gute Aussichten auf den Partieerfolg zu bescheinigen.

6.♗d3

Dies ist ein Element eines logischen Plans, nach dem Weiß seinen Springer auf e2 zu stellen und bei günstiger Gelegenheit f2-f4 zu spielen gedenkt.

6...♘bd7

Es geht auch 6...0-0, was ggf. nur eine Zugumstellung herbeiführt, aber auch eine Entwicklung des Spiels in andere Gewässer einleiten kann. Eine beispielhafte Variante dazu: 7.h3 ♘e8 8.♘f3 ♘d7 9.g4 und nach den weiteren Züge a2-a3 und b2-b4 kann Weiß auf beiden Flügeln spielen.

7.♘ge2

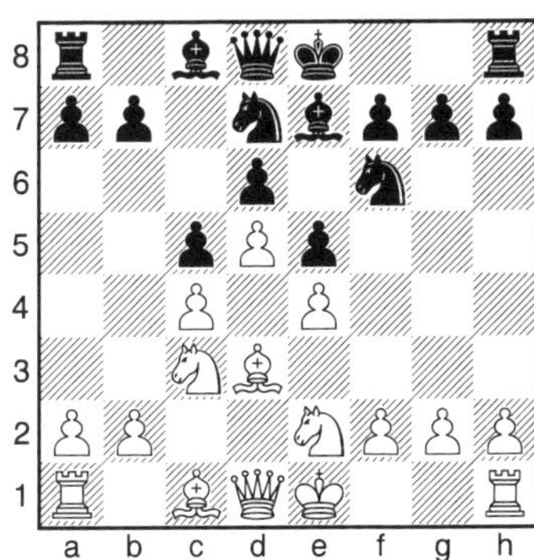

7...0-0

Für den Nachziehenden ist zunächst Sicherheit Trumpf. Seine weiteren Pläne will er erst noch offen oder verdeckt lassen. Weiß muss hier aber auch mit anderen gegnerischen Zügen rechnen, vor allem mit 7...g6, 7...♘h5 und 7...♘f8. Schauen wir uns anhand von Beispielen aus der Praxis an, wohin dann jeweils die Reise gehen kann.

I. 7...g6

In der Praxis sind hier diverse Möglichkeiten für Weiß versucht worden. Wir konzentrieren uns auf die Züge 8.f3 und 8.h4.

A) 8.f3

Weiß plant sein weiteres Vorgehen mit ♗d3, ♕d2 und 0-0-0, um dann seine Bauern am Königsflügel vorrücken zu lassen.

8...♘h5 9.♗e3 ♗g5 10.♕d2 ♗xe3 11.♕xe3 a6 12.h4

Es ist auch möglich, zunächst 12.0-0-0!? zu spielen.

12...♕f6 13.g3 0-0 14.0-0-0

Es ist vollbracht und die angestrebte Aufstellung ist weitgehend erreicht. Die Partie Harikrishna–Sahu, New Delhi 2001, vermittelt einen Eindruck davon, wie es weitergehen kann. Dort geschah: 14...♖b8 15.f4 exf4 16.gxf4 ♖e8 17.e5! dxe5 18.♘e4 ♕e7 19.f5 ♘df6 20.fxg6 fxg6 21.♖dg1 b6 22.♖g5 ♖b7 23.♖hg1! mit Königsangriff.

B) 8.h4 h5

(Auf 8...0-0 kann Weiß gut 9.♗h6 spielen. Der Läuferzug kommt in der Praxis auch als Antwort auf 7...g6 und somit anstelle von 8.f3 und 8.h4 vor. Dort aber ist dann ...♘g4 möglich, gefolgt von h7-h5. An der genannten Stelle gefällt uns der Zug nicht so recht, weshalb wir ihn auch nicht vertieft und um ein Praxisbeispiel ergänzt behandelt haben. Hier aber ist er gut. Es kann folgen: 9...♖e8 10.f3 ♗f8 11.♕d2 mit weißem Angriff.)

9.g3 ♔f8 10.f3 ♔g7 11.♗e3 ♘e8 12.♕d2

Auch hier bilden der schwarzfeldrige Läufer und die Dame auf der Diagonale c1-h6 wieder ein starkes Duo. Der schwarze Königsflügel steht bereits unter Druck.

12...♘c7 13.a3 ♘a6 14.♖b1 ♘b6 15.b3

Die Möglichkeiten des Nachziehenden am Damenflügel sind unter Kontrolle. Weiß kann sich verstärkt dem Königsflügel zuwenden.

15...♗d7 16.♘g1

Der Auftakt zu einem interessanten Springermanöver.

16...♘c8 17.♘h3 ♘c7 18.♘f2 a5 19.f4 mit weißer Initiative am Königsflügel, Wojtaszek–Lopez Martinez, Pamplona 2010.

II. 7...♘h5 8.g4! ♘hf6 9.♘g3

A) 9...♘f8 10.♘f5!? ♗xf5

(Aber nicht 10...g6? wegen 11.♘g7+ ♔d7 12.g5 mit klarem weißem Vorteil.)

11.exf5 h6 12.h4 ♘6d7 13.♕e2 ♗xh4 14.♘e4 ♗e7 15.g5

Der Anziehende hat ausreichend Ersatz für den Bauern und sein Angriff hat beste Aussichten auf Erfolg.

B) 9...g6 10.♗h6

(Eine hochinteressante andere Idee haben wir in der Partie Bazant–Langner, Tschechien 1992, gefunden. Hier entschied sich der Anziehende für 10.h4!?. Es folgte 10...h5 11.g5 ♘h7 12.♗e2 ♘hf8 13.♗d2 ♖h7 14.♕a4 f6 15.gxf6 ♗xf6 16.♘b5 ♔e7 17.0-0-0 a6 18.♘c3 mit Angriffsmöglichkeiten auf beiden Flügeln.)

10...♗f8 11.♗xf8 ♔xf8 12.g5 ♘e8

Schwarz steht sehr beengt und hat große Schwierigkeiten, sein Spiel zu befreien.

13.♕d2 h6 14.h4 hxg5 15.hxg5 ♖xh1+ 16.♘xh1 f6 17.0-0-0 fxg5 18.♖g1 mit weißem Übergewicht.

III. 7...♘f8 8.0-0

A) 8...♘g6

Fast immer wählt der Nachziehende diese Erwiderung. Überwiegend gute Erfahrungen hat Weiß dann mit 9.♘g3 gemacht. Aber auch Schwarz bietet sich Raum für aktive Versuche. Insgesamt ist dieser Bereich der Theorie noch spärlich untersucht. Die Partie D. Meier–M. Iwanow, Augsburg 2003, ist ein anschauliches Beispiel dafür, wie sich beide Seiten weiter orientieren können.

9...♘f4 10.♖e1 ♘xd3 11.♕xd3 g6 12.♗h6 ♘g4 13.♗d2 h5 14.♖ab1 h4 15.♘f1 h3 16.g3 f5 17.b4 cxb4 18.♖xb4 0-0 19.f3 ♘f6 20.exf5 gxf5

(Auf 20...♗xf5 folgt 21.♕e2 mit dem Plan g3-g4, ♘f1-g3. Weiß erobert das Feld e4 und sichert sich ein gutes Spiel.)

21.♘e3 ♘h7 22.f4 b6 23.♕f1 ♕e8 24.♕xh3 und Weiß besitzt einen Mehrbauern.

B) 8...h5

Auch hier können wir nur beispielhaft vorgehen und einen Eindruck davon vermitteln, wie sich die Partie entwickeln kann. Beiden Parteien eröffnet sich hier ein weites Feld für eigene Analysen und die Möglichkeiten sind noch in weitem Rahmen ungeklärt.

9.a3 ♘g6 10.b4 b6 11.f3

(Einen interessanten Plan entwickelte Weiß in der Partie Kohler–Perez Garcia, Eindhoven 1987. Es geschah: 11.♗c2 h4 12.♗a4+ ♗d7 13.♗c6 ♖c8 14.♕a4. Weiß tauschte seinen schwachen Läufer ab und errang später den Sieg.)

11...h4 12.♗e3 ♘h5 13.♕d2 ♘hf4 14.♖fb1 h3 15.g3 ♘xd3 16.♕xd3 0-0 17.g4 ♘h4 18.♗f2 ♘g2 19.♔h1 g6 20.♘g1 ♘f4 21.♕f1 f5 22.gxf5 gxf5 23.♘xh3

In der Partie Uribe Arteaga–Camarena Gimenez, Cullera 2006, gelang Weiß der Sieg, obwohl er seinen Gegner noch bis zum 52. Zug kneten musste.

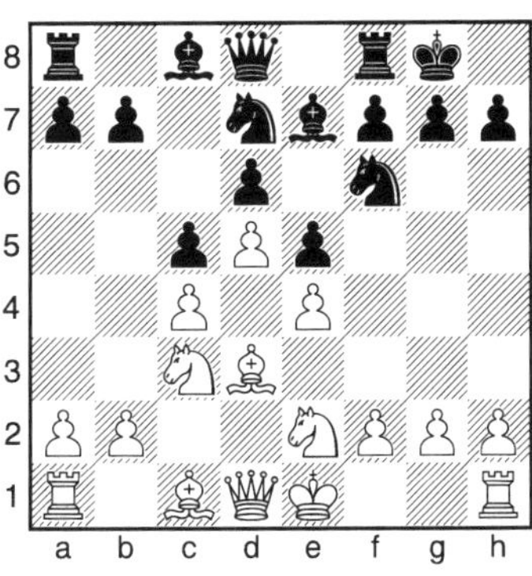

8.0-0

Ein logischer und zugleich elastischer Zug: Seine weiteren Planungen wird Weiß erst festlegen, wenn sein König in die sichere Rochadestellung gebracht ist.

Nach der spannenden Alternative 8.h4!? kann es beispielsweise wie folgt weitergehen: 8...♘e8 9.♘g3 g6

(Schlecht ist 9...♗xh4? wegen 10.♕h5 g5 11.♘f5 ♘df6 12.♕f3 ♗xf5 13.♕xf5 nebst g2-g3 und Weiß erobert den gegnerischen Läufer.)

10.♗h6 ♘g7 11.♕d2 ♗xh4 12.0-0-0 ♗f6 13.♖h2 a6 14.♖dh1 mit Initiative am Königsflügel als Ersatz für den Bauern.

8...♘e8 9.a3 ♗g5 10.b4 ♗xc1 11.♕xc1 b6 12.♖b1 cxb4 13.axb4 a5 14.♕c2 axb4 15.♖xb4 ♘c5 16.♘a4 ♘xa4

Schwach spielte Schwarz im Duell Anand–Korotylew, Moskau 2007, als er zu 16...♗d7 griff. Nach 17.♘xb6 ♖a3 18.♘c3 stand Weiß deutlich vorteilhaft.

17.♖xa4 ♖xa4 18.♕xa4

In unserer Schlussstellung hat Weiß die besseren Aussichten. Der schwarze Bauer auf b6 ist schwach und wird dem Nachziehenden noch erhebliche Sorgen bereiten.

Zusammenfassung: Über unsere dreiteilige Einführung möchten wir Ihnen vermitteln, mit welchen Themen wir uns im Buch beschäftigen. Das Material gliedert sich in insgesamt 11 Theoriekapitel und einen praktischen Teil, für den wir das Kapitel 12 reserviert haben. So objektiv wie möglich haben wir alle Eröffnungen unter die Lupe genommen. Im Ergebnis können wir viele Spielpläne und wichtige Varianten vorstellen, die Weiß unseres Erachtens gute Perspektiven versprechen. In Kapitel 12 finden Sie 51 interessante Partien. Wir empfehlen Ihnen, auch diese konzentriert in Ihre Arbeit mit dem Buch einzubeziehen, denn es ist wichtig, sowohl die Theorie als auch deren Umsetzung in der Turnierpraxis bis zum Ende der Partie zu erlernen.

Kapitel 1

Slawische Verteidigung

1.d4 d5 2.c4 c6

Über diese beiden Eingangszüge ist die Slawische Verteidigung auf dem Brett entstanden. Sie zählt heute zu den beliebtesten Methoden gegen den weißen Aufbau mit d2-d4 und c2-c4. Der Unterschied zum Damengambit liegt darin, dass Schwarz hier c7-c6 statt e7-e6 spielt. Wird der Zug mit dem Königsbauern frühzeitig in der Partie nachgeholt, kann das Spiel in den Bereich der sogenannten 'Halbslawischen Verteidigung' übergehen.

3.cxd5

So hebt Weiß die Spannung im Zentrum auf und verhindert sämtliche Varianten, die mit dem gegnerischen Schlagen auf c4 verbunden sind.

3...cxd5

Die beste Erwiderung. Nach 3...♕xd5 4.♘c3 ♕a5 5.e4 erhält Weiß ein starkes Bauernzentrum und damit einen Raumvorteil.

4.♘c3 ♘f6 5.♗f4

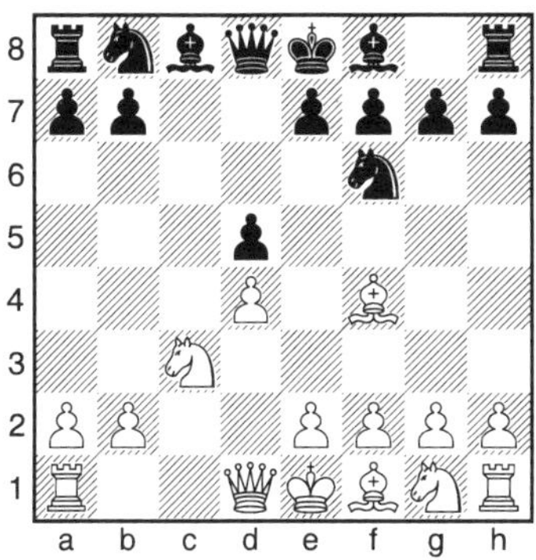

Hier steht der Läufer ideal. Deshalb ist es ratsam, ihn so zu entwickeln, bevor e2-e3 gespielt wird. Andernfalls stünde der Bauer seinem Läufer vor der Nase und würde dessen Entwicklungsmöglichkeit und Wirkung beschränken.

Natürlich geht auch 5.♘f3, was sehr oft unter Zugumstellung zur Hauptvariante führt. Wir wollen es mit der Darstellung von ein paar Beispielen dazu bewenden lassen, weil 5.♗f4 unsere Empfehlung für Weiß ist und wir uns darauf konzentrieren.

A) 5...e6

Nach diesem Zug erinnern wir an unsere oben stehende Anmerkung zur Eröffnungsklassifikation.

6.♗f4 ♗e7

(Auf 6...♘c6 kann Weiß ganz ruhig seine Eröffnungsziele verfolgen und 7.e3 spielen. Mit 7...♘h5 kann der Nachziehende keine Hoffnung auf Vorteil oder zumindest einen sicheren Ausgleich verbinden, wie die folgende Beispielvariante zeigt.

8.♗e5 ♘f6 9.♗d3 ♗d6 10.0-0 0-0 11.♘b5 ♗xe5 12.♘xe5 ♘xe5 13.dxe5 ♘d7 14.f4

Während Weiß seine Entwicklung bereits weitgehend vollendet hat, steckt Schwarz noch mitten darin. Die Mobilisierung seines Läufers macht ihm Sorgen.

14...♘c5 15.♖c1 b6 16.♘d4 ♘xd3 17.♕xd3 ♗d7 18.♖c3 ♖c8 19.♖fc1 ♕e7 20.a3

Der Anziehende steht leicht erkennbar besser, Morozkin–Chetina, Ischewsk 2010.)

7.e3 ♘c6 8.♖c1 a6

Der Bauer soll von a6 aus den gegnerischen Leichtfiguren den Zugang zum Feld b5 versperren.

9.♗d3 0-0 10.h3

Der starke schwarzfeldrige Läufer sollte auf jeden Fall vor einem Abtausch gegen einen feindlichen Springer geschützt werden. Der Bauernzug schafft ein Ausweichfeld für ihn.

10...♘h5 11.♗h2 f5 12.♘e5 ♘f6 13.0-0 ♘d7 14.♘xc6 bxc6 15.♘a4

Weiß nutzt die Gelegenheit für ein aktives Vorgehen und zwingt den Nachziehenden zum Reagieren. Es ist immer vorteilhaft, die aktive Rolle in einer Partie zu spielen. Inzwischen hat er die schwarze Bauernschwäche auf c6 ins Visier genommen.

15...♗b7 16.♕b3 ♖a7 17.♕c3

Im Duell Defrance–Dagnicourt, La Fere 2010, folgte 17...a5 18.a3 ♕e8 19.♗e2 g5 20.♗c7 ♗d8 21.♗xd8 ♕xd8 22.♘c5 ♘xc5 23.♕xc5 mit einem positionellen Vorteil für Weiß, der sich auf der schwarzen Schwäche c6 und dem schon gut in Szene gesetzten Spiel dagegen begründet.

B) 5...♘c6 6.♗f4 ♗f5

(Eine auch aktuell gespielte Alternative ist 6...a6. Sie lässt Weiß mehr Raum für eigene aktive Ideen und ist deshalb eher bequem für ihn. Ein Beispiel dazu bietet die Partie Morosewitsch–Mamedjarow, Peking 2012.

7.♘e5 ♗d7 8.e3 e6 9.♗d3 ♗e7 10.0-0 0-0 11.♗g5 ♘e8 12.♗xe7 ♕xe7

Der bessere der beiden schwarzen Läufer ist nun vom Brett.

13.♘xd7 ♕xd7

Nach dem Abtausch auch des zweiten schwarzen Läufers behält Weiß seinen weißfeldrigen Vertreter gegenüber einem schwarzen Springer. In einer Position wie dieser ist der Läufer einem Springer grundsätzlich überlegen.

14.♘a4 ♕e7 15.♖c1 ♘d6 16.♘c5±)

7.e3

B1) 7...♖c8 8.♕b3

Weiß kann hier natürlich auch ganz „normal" 8.♗d3!? spielen.

8...♘a5

(8...♕b6 ist eine ungünstige Wahl, wie der Partieverlauf Mancebo–Conde, Spanien 1992 belegen mag.

9.♕xb6 axb6

Die mit diesem Doppelbauern verbundenen Felderschwächen, darunter besonders auch b5, wird Schwarz so schnell nicht wieder los. Zudem ist der Doppelbauer auch selbst eine Schwäche.

10.♗b5 e6 11.♘a4 ♗b4+ 12.♔e2 ♘d7 13.a3 ♗e7 14.♘e5 ♗d8 15.♖hc1 ♘dxe5 16.♗xe5 f6 17.♗d6 ♔d7 18.♗b4 ♗c7 19.♖c3 ♖he8 20.♖ac1±

Über eine Kette sehr kraftvoller Züge hat sich Weiß ein klares Übergewicht verschafft; Schwarz konnte jeweils nur mit „einzigen“ Zügen ein sofortiges Unheil abwehren.)

9.♕a4+ ♗d7 10.♗b5 ♖c4 11.♗xd7+ ♘xd7 12.♕d1 e6 13.0-0 ♗b4 14.♖c1 0-0 15.♘d2 ♖c6

Die Stellung ist ausgeglichen, Gosciniak–Brozynski, 1999.

B2) 7...e6 8.♗d3 ♗xd3 9.♕xd3 ♗d6

(Vor der Einladung zum Läufertausch kann Schwarz auch 9...a6 spielen; z.B. 10.0-0 ♗d6 11.♗xd6 ♕xd6 12.♖ac1 0-0 13.♘a4 ♘e4 14.♘c5 ♘xc5 15.♖xc5 ♖ac8 16.♖fc1 ♘e7= und die Chancen beider Seiten sind als etwa ausgeglichen einzuschätzen, Li Chao–Wang Yue, Xinghua 2013.)

10.♗xd6 ♕xd6 11.0-0 0-0 12.♖fc1 ♖fc8

In der Partie Safarli–Mamedow, Baku 2013, erkannten die Kontrahenten die Ausgeglichenheit der Stellung an und einigten sich auf ein Remis. Weiß setzt nun regelmäßig mit 13.h3 fort und hebt damit die vollendete Symmetrie auf, willigt am Ende dann aber ebenso regelmäßig in eine Punkteteilung ein.

5...♘c6 6.e3

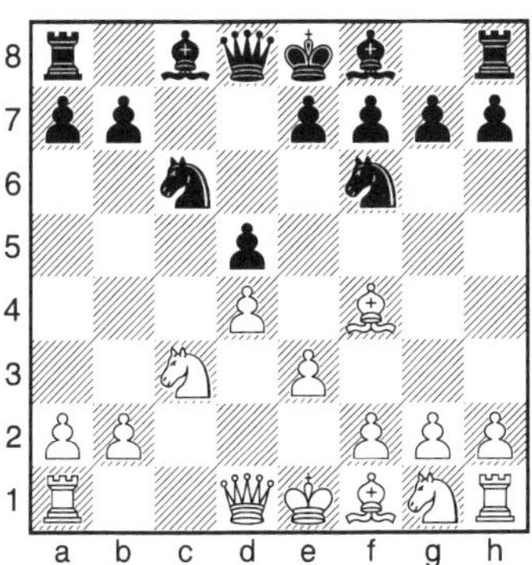

In der Diagrammstellung entscheidet sich Schwarz zumeist für einen der beiden Hauptpläne 6...♗f5 (siehe **Abspiel 1**) oder 6...a6 (siehe **Abspiel 2**). Dies heißt aber nicht, dass der Anziehende nicht auch mit anderen Zügen rechnen muss, denn gelegentlich greift Schwarz auch zu einer der folgenden Alternativen.

I. 6...e6 7.♗d3

Es geht natürlich auch 7.♘f3, worauf die Partie oft unter Zugumstellung in die Textvariante zurückfindet.

7...♗d6

(Der Abtausch der schwarzfeldrigen Läufer gehört zum typischen Verteidigungsarsenal des Nachziehenden. Mit 7...♗e7 spekuliert er darauf, vielleicht ohne den Läufertausch auszukommen. Nach 8.h3, um dem weißen Läufer ein Luftloch auf h2 zu verschaffen, sowie der Folge 8...0-0 9.♘f3 erinnert er sich dann aber wieder an die Verteidigungsidee 9...♗d6. In der Partie Schukowa–Gunina, Rhodos 2013, war die Stellung nach 10.♗xd6 ♕xd6 11.0-0 ♗d7 12.♖c1 ♖ac8 ausgeglichen, woran auch die weiteren Züge 13.♕e2 g6 14.♖fd1 ♖fe8= nichts mehr änderten.)

8.♗xd6 ♕xd6

Ein Nachteil der schwarzen Stellung liegt in dem Problem, den Läufer aktiv in das Spiel zu integrieren. Mit seinem raumgreifenden Bauernzug 9.f4 nutzt Weiß die beste ihm in dieser Stellung zur Verfügung stehende Zugmöglichkeit, mit der er seinen Einfluss auf das Feld e5 untermauert und Schwarz bei der Lösung seiner Aufgaben behindert. Dieser hat hier hauptsächlich drei Antworten zur Auswahl.

A) 9...♗d7 10.♘f3

Ein normaler Entwicklungszug, der Springer verstärkt den Einfluss auf das Feld e5.

10...♖c8 11.0-0

Weiß kann schon recht zufrieden sein. Er ist gut entwickelt, seine Leichtfiguren sind aktiv aufgestellt und die Schwerfiguren werden bald folgen. Sein Läufer ist dem gegnerischen an Wirkung klar überlegen. Er kann sich Chancen auf ein aktives Vorgehen insbesondere am Königsflügel ausrechnen. Schwarz sollte sich nun ebenfalls bemühen, seine Entwicklung abzuschließen. Es wird nicht leicht für ihn sein, ein aktives Gegenspiel aufzubauen. Etwas untypisch, dabei aber durchaus lehrreich, ging es in der Partie Sargissian–Ponkratow, Chanty-Mansijsk 2013, weiter.

11...♘a5

Der Auftakt zu einer zeitraubenden Springerwanderung, die diesen dann bald bis auf das Feld e7 führen wird.

12.♘e5 ♘c4 13.♕e2 ♘b6 14.g4 ♘g8 15.f5

Weiß führt einen kräftigen Angriff und es kommt nun zum Schlagabtausch.

15...exf5 16.♘xd7 ♘xd7 17.♗xf5 ♘e7 18.♕b5 ♖c7 (18...♘xf5 19.♖xf5±) 19.♕a4 a6 20.e4 b5 21.♕b3 dxe4 22.♗xd7+ ♖xd7 23.♕xf7+ ♔d8, und hier hätte Weiß einfach 24.♕xg7 spielen sollen; z.B. 24...♕xd4+ 25.♕xd4 ♖xd4 26.♖ad1 mit Endspielvorteil.

B) 9...a6

Der Zug ist recht universell. Der Nachziehende hat die Absicht, b7-b5 zu spielen, um dann den Läufer nach b7 zu entwickeln. Inwieweit sich Chancen z.B. über das Feld c4 ergeben oder weitere Bauernzüge am Damenflügel möglich oder auch notwendig werden, wird sich in Abhängigkeit von den Entscheidungen des Anziehenden zeigen.

10.♘f3 b5 11.0-0 ♗b7 12.♖c1 ♘e7 13.a4

(Hier verzichtete Weiß auf 13.♗xb5+ axb5 14.♘xb5 usw., was ihm unseres Erachtens einen klaren Vorteil eingebracht hätte.)

13...b4 14.♘a2 0-0

In der Partie Li Chao–Yu Lie, Qingdao 2013, kam der Anziehende nun über die Zugfolge 15.a5 ♖fc8 16.♕a4 ♘g4 17.♖ce1 ♘c6 18.h3 ♘f6 19.♘e5 ♖ab8 20.♖c1 b3 21.♘c3 zu etwas besseren Chancen, die er im weiteren Spiel in einen Sieg umwandelte.

C) 9...0-0 10.♘f3 ♗d7 11.♘e5 ♖fc8 12.0-0 ♗e8

Über mehrere solide Züge hinweg haben sich beide Seiten entwickelt. Die weißen Möglichkeiten für ein aktives Spiel sind allerdings höher einzuschätzen, wie auch die folgenden Schritte in der Partie Aronian–Kamsky, Peking 2012, zeigten.

13.♖f3 g6 14.♖h3 ♘d7 15.♕e1 ♕e7 16.♕g3 f6 17.♘g4 ♕g7

Schwarz kann dem Ausbau der gegnerischen dynamischen Potenziale mehr oder weniger nur passiv begegnen.

18.♘h6+ ♔h8 19.♖f1 f5 20.♕h4 ♘f6 21.g4 ♘e7 22.♔h1 ♖c7 23.♖g1 mit aktivem Spiel am Königsflügel.

II. Die Folgen von 6...♗g4 können wir anhand nur spärlich kommentierter Varianten darstellen, die in sich schon aussagekräftig sind.

7.f3

Auf dem gerade erst erreichten Feld kann sich der schwarze Läufer nicht einnisten. f2-f3 ist auch weniger eine Schwächung der weißen Königsstellung als ein hilfreicher Zug im Sinne der weißen Dynamik. Der Königsspringer kann je nach Fortgang auch gut über e2 oder h3 ins Spiel gebracht werden.

A) 7...♗d7 8.♗d3 g6

(Auf 8...e6 kann 9.g4!? folgen.)

9.♗g5 e5 10.♘ge2 exd4 11.exd4 ♗g7 12.0-0 h6 13.♗h4 ♘e7 14.♕b3 ♗c6 15.f4 ♕b6 16.♕a3 a5 17.♕d6 ♕d8 18.♕e5 ♘h5 19.♕e3 ♘f6 20.f5 g5 21.♗g3 ♕d7 22.h3 ♔f8 23.♗e5 und Weiß steht besser, Vitiugov–Najer, Tschechische Republik 2012.

B) 7...♗f5 8.g4 ♗g6 9.h4

(Oder auch 9.♕b3!? ♕d7 10.h4 mit gleicher kräftiger Initiative.)

9...h6 10.♕b3 ♕d7 11.♖c1 e6

Weiß hat das bessere Spiel und er führt den Dirigentenstab. In der Partie Vaisser–Deviatkin, playchess.com INT 2004, folgte 12.♘h3 ♗e7 13.♗b5 h5 14.g5 ♘h7 15.♘a4 0-0 16.♘c5 ♗xc5 17.♖xc5 ♖ac8 18.♔f2 ♗f5 19.♘g1 ♕e7 20.♗xc6 bxc6 21.♘e2 f6 22.gxf6 gxf6 23.♖g1+ ♔h8 24.♗h6 ♖g8 25.♖xg8+ ♔xg8 26.♘f4 mit offensichtlichem weißem Vorteil.

III. 6...♕b6

A) 7.♗d3

Weiß muss sich nicht beirren lassen, denn der b-Bauer ist nicht wirklich von der Dame bedroht.

7...♗g4 (7...♕xb2 8.♘b5+–) 8.♘ge2

(Hier kann Weiß 8.f3!? dazwischenschalten und auf 8...♗h5 9.♘ge2 folgen lassen.)

8...e6 9.0-0 a6 10.♘a4

Der Angriff auf die ♕b6 macht den Nachteil des frühen Damenausfalls sichtbar.

10...♕a7 11.♕b3

Der Anziehende hat die Entwicklung fast abgeschlossen. Er steht schön aktiv und deshalb besser. In der Partie Grischuk–Kamsky, Moskau 2013 ging es wie folgt weiter: 11...b5 12.♖fc1! ♖c8

(Nach 12...bxa4 13.♕xa4+– fällt der Springer auf c6, da er weder flüchten noch ausreichend gedeckt werden kann.)

13.♖c2 ♗e7 14.♖ac1 ♕b7 15.♘c5 ♗xc5 16.♖xc5 ♘d7 17.♖5c3 ♗xe2 18.♗xe2 0-0 19.a4 und Weiß hat eine gewinnträchtige Stellung erreicht.

B) 7.♕d2 e6

(Oder 7...♗f5 wie in der Partie Morosewitsch–Predojevic, Sarajevo 2008, die sich dann wie folgt entwickelte: 8.f3 e6 9.♖c1 ♗b4 10.h4 h5 11.a3 ♗xc3 12.♖xc3 0-0 13.♗e2 ♖fe8 14.♗d1 e5 15.♗xe5 ♘xe5 16.dxe5 ♖xe5 17.♘e2 ♖ae8 18.♘d4 ♗d7 19.0-0±.)

8.♗d3 a6

(8...♗b4 macht nur Sinn, wenn der Läufer in der Folge gegen den weißen Springer abgetauscht wird, was aber tendenziell eher Weiß die Aufgabe erleichtern dürfte; z.B. 9.♘ge2 ♗d7 10.0-0 0-0 11.a3 ♗xc3 12.♘xc3 ♘d8 13.♖ac1±.)

In der Partie Matwejewa–Chechurin, Perm 2006, folgte 9.♘ge2 ♘b4 10.♗b1 ♗d6 11.a3 ♗xf4 12.♘xf4 ♘c6 13.b4 0-0 14.0-0 ♕d8 15.♘a4 b6 16.♖c1 ♘a7 17.f3 ♗d7 18.♘c3 g6 19.♗d3 ♘c6 20.♕f2 ♔g7 21.h3 a5 22.b5 ♘a7 23.e4 mit positionellem weißem Vorteil.

Abspiel 1

Die Fortsetzung 6...♗f5

1.d4 d5 2.c4 c6 3.cxd5 cxd5 4.♘c3 ♘f6 5.♗f4 ♘c6 6.e3 ♗f5

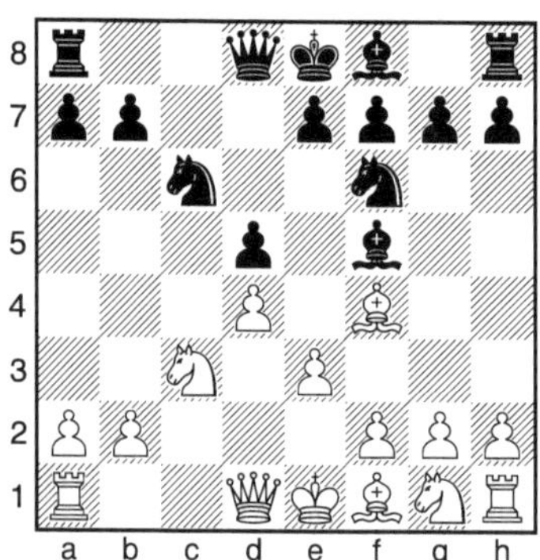

Ein logischer Zug. Bevor Schwarz e7-e6 spielt, entwickelt er seinen Läufer, der so davor bewahrt wird, von seinem Bauern eingesperrt zu werden.

7.♕b3

Weiß hat die strategische Entscheidung getroffen, zunächst den Damenflügel zu entwickeln und leitet die Umsetzung seines Plans mit 7.♕b3 ein. Er nimmt dabei b7 unter Beschuss und beschäftigt seinen Gegner damit erst mal. Die Fortsetzung 7.♘f3 führt zumeist unter Zugumstellung zu weiter unten analysierten Varianten.

Schauen wir uns eine weitere Idee für Weiß an, nämlich 7.♖c1. Wir beschränken uns allerdings auf die Darstellung „im Sparmodus“, denn unsere Hauptempfehlung für Weiß ist der Damenzug nach b3.

7.♖c1 a6 8.♘f3

Hier muss sich der Nachziehende entscheiden. Die sich bietenden Hauptwege sind 8...♖c8 und 8...e6. In deren Anschluss kann sich das Spiel – wenn auch nicht zwangsläufig – in sehr unterschiedlicher Weise entwickeln.

A) 8...♖c8 9.♘e5 ♘xe5

(Auf 9...e6 kann 10.g4!? ♗g6 11.h4 folgen.)

10.dxe5 ♘e4 11.♘xe4 ♖xc1 12.♕xc1 ♗xe4

Hier nun steht Weiß der freche Bauernzug 13.e6!? zur Verfügung, der dem Nachziehenden die Entwicklung und auch die Königssicherung richtig schwer macht. Der Bauer ist gut investiert.

13...♕a5+ 14.♔e2

(Zu beachten ist 14.♕d2!?.)

14...fxe6 15.f3 ♗f5 16.♗e5

(Gut, vielleicht sogar besser ist auch

die Fortsetzung der Läuferhatz mit 16.g4!? ♗g6 und nun 17.♕c8+ ♔f7 18.♕xb7 ♕xa2 19.♔f2 und Weiß besitzt die Initiative.)

A1) 16...♕xa2 17.♕c8+ ♔f7 18.♕xb7

(18.g4!? ♗g6 19.♔f2 ist einen ernsten Versuch wert.)

18...♕c4+ 19.♔f2 ♕c2+ 20.♗e2 ♗d3 und mehr oder weniger plötzlich hat Schwarz Gegenspiel.

A2) 16...h5 17.h4

(Eine andere Idee besteht in 17.♔f2!? ♔f7 18.♗e2 mit Initiative, Gelfand–Bacrot, Moskau 2004.)

17...♔f7 18.♔f2 ♕xa2 19.♗e2

Hier hätte Schwarz in der Partie Schimanow–Hovhannisyan, St. Petersburg 2012, 19...♕a4 spielen sollen, worauf er die Stellung noch weitgehend unter Kontrolle gehalten hätte.

Stattdessen griff er aber zu 19...♖h7? und kam dann auf lehrreiche Weise recht schnell unter die Räder.

20.g4 ♗g6 21.♕c7 ♕b3 22.♖c1 hxg4 23.fxg4 ♖xh4 24.♗d4

Lädt die Dame nach e5 ein.

24...♔g8 25.♕e5 ♗c2 26.♔g3

Es gibt keine Verteidigung mehr gegen den tödlichen weißen Angriff.

26...♖h6 27.g5 ♖g6 28.♗g4 ♗f5 29.♗xf5 exf5 30.♕xf5 ♖c6 31.♖f1 1-0

B) 8...e6

Wie in unserer Hauptvariante ist hier nun 9.♕b3 aussichtsreich. Hierzu drei Beispiele von schwarzen Reaktionen aus der Praxis.

B1) 9...♖a7

Löst das Problem mit dem angegriffenen ♙b7, aber auf a7 ist der Turm nicht gerade ein Bolide auf dem Spielfeld.

10.♗e2 ♗e7 11.0-0 0-0

Nachdem Weiß seine Entwicklung mit den beiden letzten Zügen abgeschlossen hat, wird er am Damenflügel aktiv. Er hat die Schwäche b6 auf seiner Liste.

12.♘a4 ♘e4 13.♕b6 ♕xb6 14.♘xb6 ♗d8 15.♘c8 ♖a8 16.♘d6

Nun ist Schwarz praktisch zum Springertausch gezwungen.

16...♘xd6 17.♗xd6 ♖e8 18.♘e5±, Deviatkin–Adhiban, Mumbai 2012. Das etwas freiere Spiel lässt uns die weißen Aussichten als leicht besser erscheinen.

B2) 9...♗b4 10.♘e5 ♗xc3+ 11.bxc3 ♘xe5 12.♗xe5 0-0 13.♕xb7!

(13.a4 ♕a5 14.♗e2±, Schimanow–Dominguez Perez, St. Petersburg 2012.)

13...♕a5 14.♕b2 ♖fc8 15.f3±

B3) Auf 9...♗d6 muss sich Weiß die Frage stellen, ob er bereit ist, seine Dame gegen Turm, Läufer und Bauer zu opfern, was allerdings nicht jedermanns Sache ist. Möchte er eine solche Entwicklung auf dem Brett nicht, spielt er am besten 10.♗xd6.

Andernfalls geht es rund.

10.♕xb7!? ♘a5 11.♕xa8 ♕xa8 12.♗xd6 ♔d7

(Auf 12...♘c4 kann es weitergehen mit 13.♗xc4 dxc4 14.0-0 ♘d5 15.♗a3 f6 16.♘d2 ♗d3 17.♖fd1 ♔f7 18.♘ce4 wie in der Partie Kotanjian–Mungun-tuul, Moskau 2012. Weiß hat die Initiative.)

13.♗c5 ♖b8 14.♘e5+ ♔e8 15.b3

Die weißen Aussichten sind gut. Sobald es ihm gelungen ist, auch noch seinen weißfeldrigen Läufer weiter ins Spiel einzubinden und er über die Rochade den König ins Asyl und den zweiten Turm aus der Isolation geführt hat, ist an seinem Figurenspiel kaum noch etwas auszusetzen.

7...♘a5

7...♕b6 sollte Weiß einfach mit 8.♕xb6 beantworten. Nach z.B. 8...axb6 9.a3 e6 10.♖c1 liegt dann ein zumindest kleiner Vorteil auf seiner Seite.

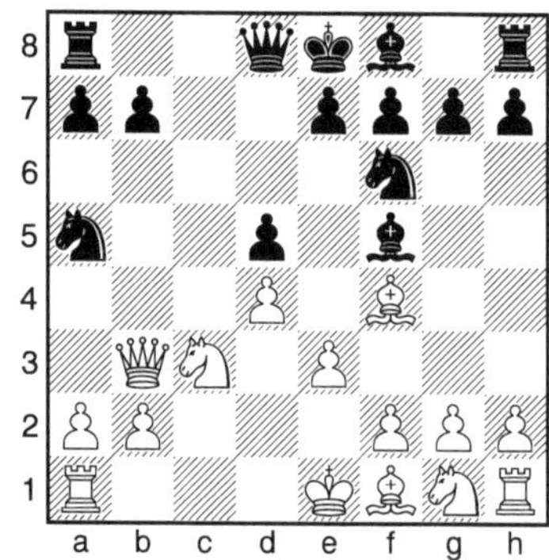

8.♕a4+

Mehr zum Sinn dieses Schachgebotes erfahren Sie in unserer Anmerkung zum 9. Zug. Diese Wahl ist stärker als 8.♗b5+, denn darauf kann Schwarz problemlos Ausgleich erreichen. Der Versuch ist aber praxisrelevant, weshalb wir in unserer folgenden Ausführung mehr als nur die Erfüllung einer „Chronistenpflicht" sehen. Schwarz kann gut 8...♗d7 erwidern, und nach z.B. 9.♕a4 hat er zwei Möglichkeiten.

A) 9...e6 10.♗g5 ♘c4

(10...♗e7?? geht natürlich nicht wegen 11.♗xf6 ♗xf6 12.♗xd7+ und Schwarz verliert entscheidend Material.

Allerdings ist auch 10...♘c6 möglich.)

Nun kann Weiß Kapital aus der leichten Überlastung der gegnerischen Dame schlagen, die nicht zugleich auf f6 zurücknehmen und den ♗d7 decken kann.

11.♗xf6 gxf6 12.♗xd7+ ♕xd7 13.♕xd7+ ♔xd7 14.b3 ♗b4 15.♘ge2±

Wegen der etwas schlechteren Bauernstellung verdient die weiße Position den Vorzug.

B) Der einfachere Weg zum Ausgleich führt über 9...♘c6. Nun kann folgen: 10.♘f3 a6.

(Die Partie Vaisser–Vernay, Chalons en Champagne 2010, zeigt, dass es genauso gut mit 10...e6 geht – nämlich 11.♖c1 a6 12.♗xc6 ♗xc6 13.♕b3 ♘d7 14.♘e5 ♘xe5 15.♗xe5 ♗d6 16.♗xd6 ♕xd6 17.0-0 0-0=.)

11.♗xc6 ♗xc6 12.♕b3 e6 13.♘e5 ♗d6 14.0-0 ♗xe5 15.♗xe5 0-0 16.♖ac1 ♖c8 17.♕b4 ♘g4 18.♗d6 ♖e8 19.h3 ♘h6 20.♗f4 ♘f5 21.♘a4 ♗xa4 22.♕xa4 ♘e7 23.♕b3 ♕d7

Die Stellung ist ausgeglichen, Gunina–Drejew, Moskau 2013. Die zu unserem Urteil führende Zugfolge ist zugegebenermaßen lang, aber auf dem Weg zu unserer Abschlussstellung sehen wir keine Möglichkeit für Weiß, sein Spiel entscheidend zu verstärken.

8...♗d7 9.♕c2!

Die Dame kann das Feld nur deshalb betreten, weil sie zuvor mit dem Zwischenschach auf a4 den gegnerischen Läufer von der Diagonale b1-h7 abgelenkt hat.

9...e6

In der Partie Zhou Weiqi–Ma Qun, Xinghua 2013, folgte 9...♖c8 10.♘f3 g6 11.♗d3 ♗g7 12.h3 b5 13.a3 ♘c4 14.0-0 0-0 15.♖fc1 a6 16.♕e2 ♗f5 17.♘e5 ♘d7 18.♗xf5 gxf5 19.♘d3 e6 20.a4 mit weißem Vorteil.

10.♗d3 ♖c8

Die Fortsetzung 10...♘h5 besprechen wir in der **Partie Nr. 3:** Zhou Weiqi–Ni Hua, Danzhou 2013.

11.♘f3 ♗b4

Der Läuferzug ist nur eine von mehreren Möglichkeiten, mit denen der Anziehende hier rechnen muss. Die Alternativen, die Schwarz nicht mehr als der Textzug versprechen, können wir uns anhand von einigen Varianten anschauen. Diese sind gut nachvollziehbar und bedürfen deshalb keiner besonderen Kommentierung. Bei der Auswahl der zu Grunde liegenden Partien haben wir bei gleich gut geeigneten Beispielen dem aktuellsten den Vorrang eingeräumt.

I. 11...♘c4 12.0-0 ♗e7 13.♘e5 0-0 14.♕e2 ♘d6 15.♕f3 (15.♖fc1 ♘fe4=) 15...♗c6 16.♖ac1±; 11...b5 12.a3 ♘c4 13.0-0 ♗e7 14.h3 a5 15.♕e2 ♘xa3 16.♘xb5 ♘xb5 17.♗xb5±, I. Sokolov–Giri, Boxtel 2011.

II. 11...♗e7 12.h3

(12.0-0 0-0 13.♖fc1 a6 14.♘e5±, Aleksejew–Arslanow, St. Petersburg 2013.)

12...0-0 13.0-0 ♘c4 14.♘e5 ♗c6

(14...b5 15.a3 ♗e8 16.♖fc1 h6 17.♕e2 a6 18.a4±, Smirnow–Codenotti, Rhodos 2013.)

15.♖ac1 ♘d6 16.♕b3 ♕a5 17.♖c2 ♖fd8 18.♘xc6 ♖xc6 19.♖fc1 h6 20.a3 ♘fe8 21.♕b4 mit aktiverem Spiel für Weiß, Swidler–Le Quang Liem, Tromso 2013.

12.0-0 ♘c4

Nach 12...0-0 kam Weiß in der Partie M. Socko–Gunina, Belgrad 2013, auf dem Weg 13.♘e5 ♘e4 14.♗xe4 dxe4 15.♕xe4 ♗xc3 16.bxc3 ♖xc3 17.d5 ♗c8 18.♖ad1 exd5 19.♖xd5 zu einem kleinen Vorteil, den sie bald zu einem Sieg ausbauen konnte. Allerdings half ihr die Nachziehende dabei, indem sie fehlerhaft spielte. In der erreichten Stellung sind die weißen Figuren sehr aktiv aufgestellt und die Initiative liegt auf der Seite von Weiß.

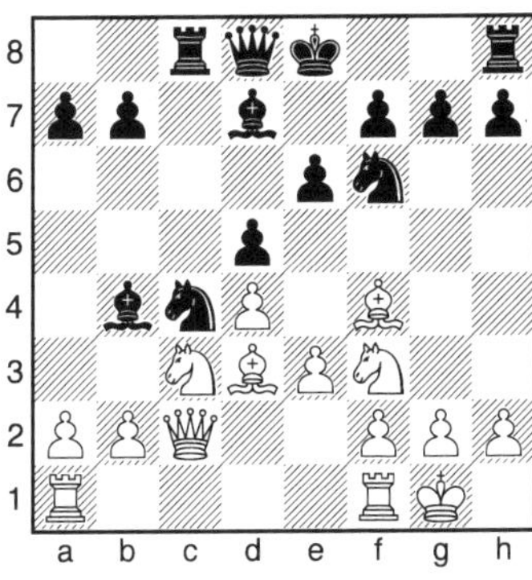

13.♗xc4

Kurz angemerkt zwei Alternativen für Weiß: 13.a3 ♗xc3 14.bxc3 0-0 15.♖fb1 b6 16.♘e5± oder 13.♖fc1 0-0 14.♘e5 ♗xc3 15.bxc3±, I. Sokolov–Yu Yangyi, Jakarta 2012.

13...♖xc4 14.♘e5 ♖c8 15.♕b3 ♕a5 16.♘xd7 ♘xd7 17.a3 ♗xc3 18.♕xb7 0-0 19.bxc3 ♘b6 20.♗c7

Schwarz läuft einem Minusbauern hinterher, was sich zusammen mit dynamischen Aspekten der Stellung als zumindest leichter Nachteil erweist. Die weißen Türme werden am Damenflügel leichter und effektiver eingesetzt werden können als ihre schwarzen Kollegen. Zudem wird sich der Läufer in dieser Art von Stellung dem gegnerischen Springer als überlegen erweisen. Die für Weiß insgesamt guten Perspektiven reichten ihm in der Partie Kramnik–Aronian, Shanghai 2010, zum späteren Sieg.

Zusammenfassung: Der Plan mit 7.♕b3 verspricht Weiß ganz ordentliche Aussichten. Die Entwicklung mit 7.♖c1 ist auch nicht schlecht und verdient ebenfalls Beachtung.

Abspiel 2

Die Fortsetzung 6...a6

1.d4 d5 2.c4 c6 3.cxd5 cxd5 4.♘c3 ♘f6 5.♗f4 ♘c6 6.e3

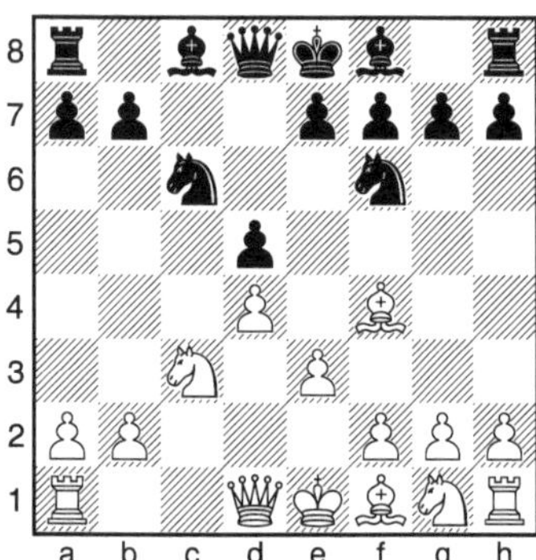

6...a6

Schwarz verfolgt das Ziel, die weißen Leichtfiguren nicht nach b5 zu lassen und bei guter Gelegenheit selbst b7-b5 zu spielen.

7.♗d3 e6

Hier müssen wir uns mit zwei Alternativen beschäftigen.

I. 7...g6 betrachten wir in der **Partie Nr. 4**: Kramnik–Aronian, Istanbul 2012.

II. 7...♗g4 8.♘ge2

A) 8...♗xe2

Die effektive Einbindung des weißfeldrigen Läufers stellt Schwarz in diesem System regelmäßig vor Probleme. Der Abtausch löst diese radikal, aber unter Verzicht auf die „kleine Qualität“ und zum Preis einer gewissen (latenten) Schwächung des eigenen Spiels auf den weißen Feldern.

9.♕xe2 e6 10.0-0 ♗d6 11.♗g5 ♗e7 12.♖ac1 0-0 13.a3

Mit einer vergleichbaren Motivation gespielt wie 6...a6 von Schwarz.

(13.♘a4!? ♘d7 14.♗f4 ♕a5 15.♘c3 ♖fc8 16.a3±)

13...h6 14.♗h4 ♘d7 15.♗g3

Weiß steht etwas aktiver, Tschernin-Videki, Österreich 2008.

B) 8...e6 beantwortet Weiß gut mit natürlichen Entwicklungszügen.

9.♖c1 ♗e7 10.0-0

An dieser Stelle hat die Praxis zwei zu beachtende Möglichkeiten für Schwarz herausgearbeitet, seine Partie weiter anzulegen.

B1) 10...0-0 11.f3

(Es geht auch 11.a3 mit der Idee, b2-b4 folgen zu lassen und damit Aktionen am Damenflügel einzuleiten. In der Partie Colovic–Swetuschkin, Frankreich 2009, hatte Weiß Erfolg damit und kam über die Folge 11...♗h5 12.♘a4 ♘d7 13.b4 ♗g6 14.♗g3 ♘b6 15.♘xb6 ♕xb6 16.♘c3 ♗xd3 17.♕xd3 ♖fc8 18.♘a4 zu einem aussichtsreichen weil initiativen Spiel. Auf dem Weg zu unserer Abschlussstellung drängt sich keine Verbesserung für Schwarz auf, mit der diese Entwicklung grundlegend abgewendet werden könnte.)

11...♗h5 12.♘a4 ♘d7

(12...♗g6 13.♗xg6 hxg6 14.♕b3 ♖a7 15.♘c5 ♗xc5 16.dxc5±)

13.♕b3 ♖a7

Die starke Stellung des weißen Läufers auf der Diagonale h2-b8 zwingt Schwarz bereits zu Konzessionen. (13...♘a5 14.♕c3±)

14.♗g3 ♗g6 15.♘f4

Auch hier hat sich der Anziehende die Initiative gesichert, Granda Zuniga-Gelfand, Chanty-Mansijsk 2010.

B2) 10...♗h5 11.♘a4

(Eine gewisse Bedeutung als Standardzug zur Einleitung von Aktionen am Damenflügel hat 11.♕b3. So ist er auch in dieser Situation möglich, worauf es zur folgenden interessanten Variante kommen kann: 11...♘a5 12.♕a4+ ♘c6 13.♗g3 ♗g6 14.♘f4 ♗xd3 15.♘xd3 ♘d7 16.♕d1 0-0 17.♘a4 ♖c8 18.♘dc5 ♘xc5 19.dxc5±, Wang Hao-Caruana, Taschkent 2012.)

11...♘d7 12.♕b3 ♘a5 13.♕c3 ♘c6

Die in diesem Abschnitt auftretenden Stellungen sind allesamt miteinander verwandt. So kann es leicht zu Zugumstellungen kommen, die beide Seiten deshalb immer als Möglichkeit vor Augen behalten müssen.

14.♗g3 (14.a3 0-0 15.b4±) 14...♖c8 15.a3 ♗g6

Der Läufer soll nur gegen seinen weißen Kontrahenten und nicht gegen den Springer getauscht werden. Deshalb muss er nach g6 geführt werden, bevor Weiß zu ♘e2-f4 kommt.

16.♘f4 ♗xd3 17.♘xd3 0-0 18.♘dc5

Weiß beschäftigt seinen Gegner permanent, sodass dieser nicht nur Entfaltung seiner eigenen Ideen kommt. Währenddessen verbessert er seine Stellung kontinuierlich.

18...♘a5 19.b4 ♘xc5 20.bxc5 ♘c4 21.♕b3 ♕d7 22.♘b6 ♘xb6 23.♕xb6 ♖c6 24.♕a7 mit dem Plan ♖c1-b1 und einem klaren weißen Vorteil, Landa-Wetuschkina, Mühlhausen 2011.

8.♖c1

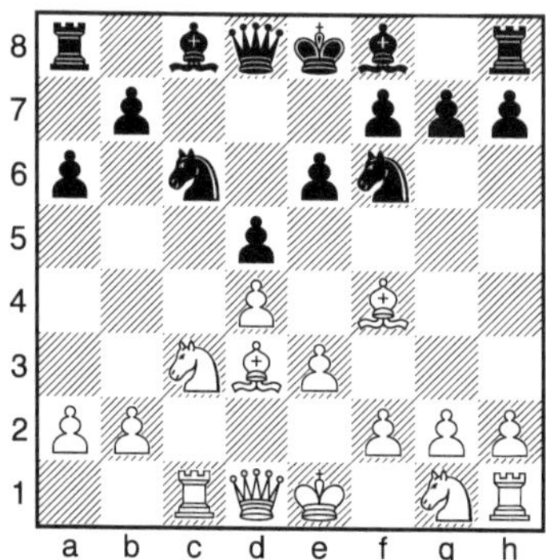

8...♗d6

Schwarz kann auch 8...♗e7 spielen, worauf Weiß die starke Postierung seines Läufer auf der Diagonale h2-b8 mit 9.h3 aufrechterhält und das Feld h2 bedarfsweise für ihn frei macht.

9...0-0 10.♘f3 ♗d7 11.0-0

An dieser Stelle werden drei Möglichkeiten am meisten gespielt.

A) 11...b5 12.♘e5 ♖c8 13.a4 b4 14.♘xd7

(Eine interessante Folge ist 14.♗xa6!? bxc3 15.♗xc8 ♕xc8 16.♖xc3 ♘e4 17.♖c1±, Purajew-Scharikow, Prokopewsk 2012)

14...♕xd7 15.♘b1 ♕b7 16.♕e2 ♖a8 17.♘d2 ♖fc8 18.♘b3

Weiß steht positionell besser, Sarfati-Caoili, Suncoast 1999. Hervorzuheben sind sein starkes Läuferpaar und sein druckvolles Spiel, das sich gegen mehrere schwarze Schwächen richtet.

B) 11...♕a5 12.♘e5 ♖fc8 13.♗g5!?

(Droht ♗xf6, wodurch der schwarze Läufer auf d7 seinen Verteidiger verlieren würde.)

13...♗e8 14.f4±, Mastrovasilis-Argiroudis, Kalamaria 2010.

C) 11...♖c8 12.♕e2 h6 13.a3 b5 14.♘e5±, Le Quang-Kuzubow, Moskau 2008.

9.♗xd6 ♕xd6 10.f4 0-0 11.♘f3 b5 12.0-0 ♗b7 13.♘e5 ♖ac8

13...♘a5 14.♕e1 ♘d7 15.♘a4! ♘c4 16.♘xd7 ♕xd7 17.♘c5±, Knaak-Pelletier, Baden-Baden 1995.

14.♕f3 ♘a5 15.g4

Zu beachten ist auch 15.f5!? mit Initiative.

15...♘c4

Schlecht ist 15...g6 wegen 16.♕h3 ♘d7 (16...♘e4? 17.f5!+–) 17.♕h6 mit weißer Initiative.

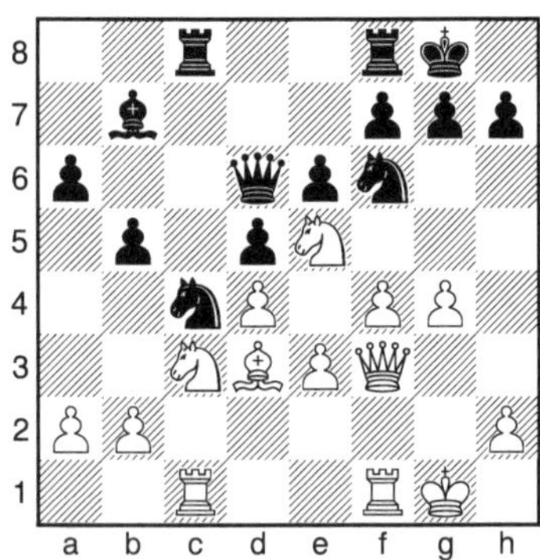

16.g5!

Dies ist viel energischer als 16.♗xc4. Der Läufer wird besser anderweitig eingesetzt, was sich im Verlauf der

Hauptvariante noch zeigen wird. Mit 16.♗xc4 erreicht Weiß keine Verbesserung gegenüber dem Textzug, auch wenn er letztlich ebenfalls einen weißen Vorteil verspricht. Wir wollen uns deshalb nicht allzu intensiv mit ihm beschäftigen. Anhand von zwei langen Passagen aus praktischen Partien werden wir unsere Entscheidung nachvollziehbar und verständlich machen. Sie veranschaulichen sehr gut, welche Richtung das Spiel nach dem Schlagen mit dem Läufer nehmen könnte.

16...bxc4 17.g5 ♘e4

Ganz anders als in der Hauptvariante beherrscht hier Schwarz zurzeit das Feld e4.

18.♘xe4 dxe4 19.♕e2 ♗d5 20.♘xc4 ♕b4 21.b3

Weiß steht besser; materiell liegt er um einen Bauern vorn und um die kleine Qualität hinten. Er hat die besseren Aussichten, obwohl ihm noch einiges an Anstrengung bevorsteht.

21...a5 22.♕e1 ♕xe1

(22...♖c7 23.♕xb4 axb4 24.♘b6 ♖a7 25.♖f2 ♖b8 26.♖c5 ♔f8 27.♘xd5 exd5 28.♖xd5 ♖ba8 29.♖b5 ♖xa2 30.♖xb4 ♖xf2 31.♔xf2 ♖a2+ 32.♔e1 ♖xh2 mit einem vorteilhaften Turmendspiel für Weiß, Battaglini–Ballester, Paris 2004.)

23.♖fxe1 a4 24.♘b6 ♖xc1 25.♖xc1 axb3 26.♘xd5 exd5 27.axb3 f6 28.gxf6 ♖xf6 29.b4 ♖b6 30.♖b1

In der Partie Favarel–Torres, Donostia 2013, gelang es Weiß, seinen Vorteil zum Sieg zu nutzen.

16...♘e4

16...♘d2 wird den unerfahrenen Spieler vielleicht überraschen können, da er sich nun mit einem Qualitätsverlust konfrontiert sieht.

(16...♘d7? Geht übrigens nicht wegen 17.♗xh7+! ♔xh7 18.♕h5+ ♔g8 19.♖f3+–.)

Natürlich ist dies nicht der Fall, denn Weiß spielt einfach 17.♕h3. Nun droht dem Nachziehenden eine tödliche Gefahr auf h7 und auch der ♘f6 hängt. Der einzige Zug, der das Schlimmste noch abwenden kann, ist 17...♘fe4. In der Partie Ezat–Girges, Kairo 2003, in der Schwarz allerdings nicht immer die besten Antworten fand, baute Weiß seinen Vorteil bis zum entscheidenden Angriff aus.

18.♖fd1 ♘c4 19.♘xe4 dxe4 20.♗xc4 bxc4 21.♘xc4 ♕b4 22.b3 ♗d5 23.♕f1 f6 24.gxf6 gxf6 25.♕e1 ♕b8 26.♔h1 ♔h8 27.♕h4 ♕b4 28.♖g1 ♖c7 29.♘e5+–

17.♘xc4 bxc4 18.♘xe4 dxe4 19.♗xe4 ♗d5 20.f5 ♗xe4 21.♕xe4 ♖fe8 22.f6 mit positionellem wie auch materiellem Übergewicht, Stefanova–Gvetadze, Batumi 2012.

Zusammenfassung: Diese Variante stellt Weiß keine besonderen Hindernisse im Streben nach Vorteil in den Weg. Ganz allgemein lässt sich feststellen, dass die Abtauschvariante dem Anziehenden ganz gute Perspektiven gibt. In vielen Abspielen kommt er zu einem Minivorteil, der nicht einfach zu verwerten ist. Schwarz muss aber sehr genau spielen, sonst gerät er leicht in Schwierigkeiten. Weiß spielt ohne größeres Risiko auf einen kleinen Vorteil, der in vielen Fällen zu einem Sieg ausgebaut werden kann.

Kapitel 2

Angenommenes Damengambit

1.d4 d5 2.c4 dxc4

Damit entsteht das 'Angenommene Damengambit' auf dem Brett. Die Idee dieses Zuges ist es eigentlich nicht, den Gambitbauern zu behaupten, sondern Zeit zu gewinnen und ein aktives Gegenspiel im Zentrum zu erhalten. Schwarz ist einverstanden, dass Weiß ein starkes Bauernzentrum bekommt, um dieses dann mittels c7-c5 oder e7-e5 anzugreifen.

3.e4

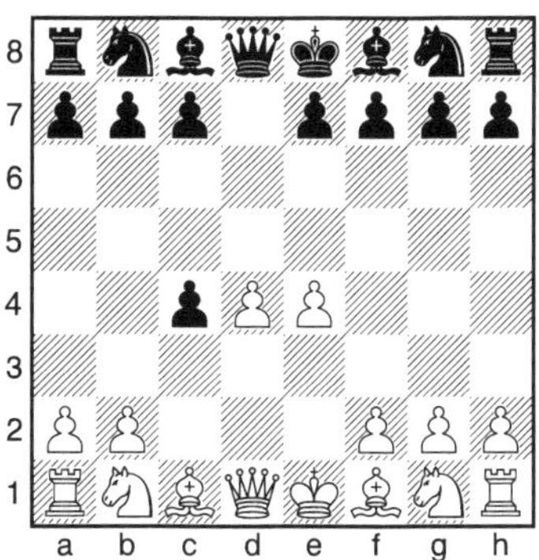

Weiß nutzt die Gelegenheit und baut ein starkes Bauernzentrum auf. Schwarz muss ein aktives Gegenspiel inszenieren. Um die Popularisierung dieser Variante hat sich Ex-Weltmeister Anatoli Karpow sehr verdient gemacht. Er hat den Textzug selbst gespielt.

3...b5

Dem Damengambit wird oft nachgesagt, gar kein richtiges Gambit zu sein. Die Aussage unterstützend heißt es dann, dass Schwarz den Gambitbauern wieder hergeben muss, um nicht das schlechtere Spiel zu bekommen, und dass er dies zumeist auch tut. Mit 3...b5 aber zeigt Schwarz an, dass er den Bauern behalten will.

Die folgenden Abspiele analysieren wir separat.

I. 3...c5 (**Abspiel 1**)

II. 3...e5 (**Abspiel 2**)

III. 3...♘f6 (**Abspiel 3**)

IV. 3...♘c6 (**Abspiel 4**)

4.a4

Die richtige Methode – der „Stützpfeiler" ♙b5 wird sofort angegriffen. Schwarz muss reagieren und zurzeit bleibt ihm die passive Rolle zugewiesen.

4...c6

Verstärkt den ♙b5. Auf 4...♗b7 folgt 5.axb5 ♗xe4 6.♘c3 ♗b7 7.♘f3 e6 8.♗xc4 ♘f6 9.0-0.

A) 9...♘bd7 würde nun eine Situation auf das Brett bringen, in der Weiß seinen Gegner beinahe wie an einem Nasenring durch die Manege führen könnte.

10.♗xe6!?

(Am besten. 10.♕e2 geht auch, ist aber weniger zwingend, z.B. 10...♗e7 11.♘e5± usw.)

10...fxe6 11.♘g5 ♘b6 12.♘xe6 ♕d7 13.♘c5 ♗xc5

(Nach 13...♕c8 14.♖e1+ ♔f7 15.♗g5± bekommt Weiß für die Figur eine starke Initiative.)

14.dxc5 ♕xd1 15.♖xd1 0-0 (15...♘bd5 16.c6+–) 16.cxb6 axb6 17.♖xa8 ♖xa8 18.♗f4 c6 19.bxc6 ♗xc6 20.f3

Weiß hat einen Mehrbauern, wobei die Realisierung des Vorteils im Endspiel mit ungleichfarbigen Läufer nicht einfach wird. Betrachtet man die gerade durchschrittene Zugfolge kritisch, so kommt man zu dem Ergebnis, dass der Nachziehende kaum eine Chance zum Ausscheren hatte, wenn er an verschiedenen Stationen nicht vom Regen in die Traufe kommen wollte. Sehr stringent hat sich Weiß nun eine Gewinnstellung gesichert.

B) 9...♗e7 10.♘e5 0-0 11.♖e1 c5

Mit seinen beiden letzten Zügen ist Schwarz seine bis dahin brennendsten Probleme angegangen. Noch in der Mitte war sein König besonders gefährdet; zudem stand er bedrängt und schlecht entwickelt. Es ist schon schwer, einen rundum befriedigenden Plan zu entwickeln, über den er wirklich ins Spiel kommen könnte. 11...c5 ist ein logischer Versuch, obwohl aus einem Gänseblümchen auch dann keine Rose wird, wenn man es gut pflegt.

12.bxc6 ♘xc6 13.♗a6 ♕c8 14.♗xb7 ♕xb7 15.♘xc6 ♕xc6 16.d5 ♕c8 17.dxe6 fxe6 18.♕e2

Ein weißer Zug nach dem anderen zwingt den Nachziehenden zum Reagieren.

18...♗c5 19.♗e3

Wegen der Bauernschwäche auf e6 steht Weiß besser und wird ein deutlich vorteilhaftes Endspiel führen können, Ribli–Nikolic, Reykjavik 1988.

5.♘c3

Solide und positionell gespielt. Weiß entwickelt seinen Springer und macht Druck gegen den Bauern b5.

Vielleicht ist es aber schon an der Zeit, mit 5.axb5!? cxb5 6.♘c3 ♗d7 7.d5 a5 ein kleines Scharmützel vom Zaun zu brechen. Die aus der Symmetrie gerissene Stellung verspricht Weiß die besseren Optionen auf ein freies und initiatives Spiel, wie die folgenden Beispielvarianten zeigen.

A) 8.♗e3 ♘a6

(Auch nach 8...a4 9.♘f3 ♕a5 10.♗e2 b4 11.♘xa4 ♗xa4 12.♕d4 befindet sich der Nachziehende in einer schwierigen Lage.)

9.♘f3 a4 10.♗e2 ♘c7 11.0-0 f6 12.e5 fxe5 13.♘xe5 ♘f6 14.♗h5+ g6 15.♘xg6 mit entscheidendem Angriff, Todorow–Zahariew, Bulgarien 2012.

B) 8.♘f3 ♕c7 9.e5 e6 10.d6 ♕b7 11.b3 b4 12.♘a4 ♗xa4 13.♖xa4 cxb3

(13...c3 hilft auch nicht, denn nach 14.♗d3 g6 15.♘g5 ♗g7 16.♗e4 ♕a6 startet Weiß die Ernte mit 17.♘xf7!.)

14.♕xb3 ♘d7 15.♗e3 g6 16.♗c4 ♗h6 17.♗xe6!

Nun führt Weiß einen starken Angriff gegen den feindlichen König.

17...fxe6 18.♕xe6+ ♔f8 19.0-0+–

Der weiße Angriff dringt durch. Bemerkenswert an dieser Stellung ist auch, dass der Anziehende nominell zwar eine Figur weniger hat, tatsächlich aber mit einer Mehrfigur spielt. Der ♖h8 und der ♘g8 nehmen nicht am Geschehen teil und können auch nicht schnell aktiviert werden.

B1) 19...♖e8 20.♕a2

Die beiden weit vorgerückten weißen Bauern sind eine tödliche Macht.

20...♘xe5

(Schwarz eliminiert einen der zwei Dornen in seinem Fleisch. Offensichtlich würde es nach 20...♗xe3 21.fxe3 noch luftiger für seinen König.)

21.♘xe5 ♖xe5 22.♗d4

Das macht den Sack zu und Schwarz verliert Material.

B2) In der Partie Aberbach–Edighoffer, Chessfriend.com 2003, folgte stattdessen 19...♕b5 20.♖xa5 ♕xa5.

(20...♖xa5 hilft nicht wegen der erzwungenen Variante 21.♘d4 ♕b7 22.♗xh6+ ♘xh6 23.♕e7+ ♔g8 24.♘e6)

21.♕xd7 ♕a4 22.♕c7 ♕e8 23.d7 ♕d8 24.♕c6 ♔g7 25.♘d4

Nach dem Prinzip „mit jedem Zug eine neue Drohung".

25...♕e7 26.♘e6+ ♔f7 27.♘c7 ♖d8 28.e6+ ♔f8 29.♕f3+ ♘f6 30.♗xh6+ ♔g8 31.♘d5 und Weiß gewann.

5...b4

Der Springer wird aus seiner Position verdrängt.

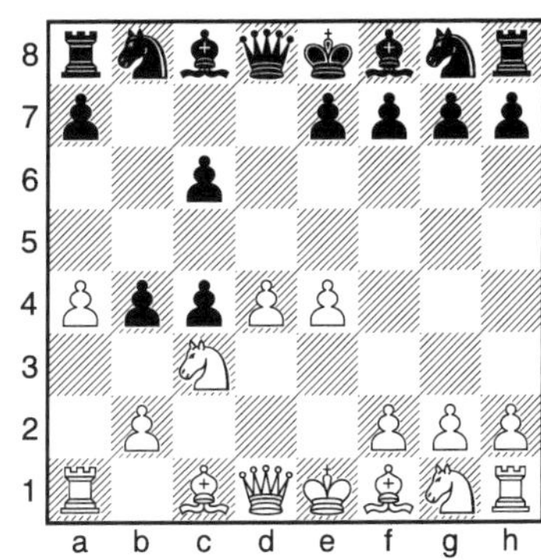

5...♗d7 ist eine passiv orientierte Alternative.

A) 6.♘f3 ♘f6 7.axb5 cxb5 8.e5 ♘g8 9.♘g5

(Zu beachten ist 9.d5!?.)

9...♘h6 10.e6 fxe6 11.♘xh7!

Vermutlich hat der Nachziehende das Unheil kommen sehen; etwas verblüffend aber wirkt das Schlagen des eigentlich gedeckten Bauern auf den ersten Blick doch.

11...♘f7

(Der kecke Springer ist tabu, denn auf 11...♖xh7 kommt es zu 12.♕h5+ g6 13.♕xg6+ ♖f7 14.♗xh6 und Weiß steht klar besser.)

12.♕c2 ♗c6 13.♗e3 b4 14.♘xf8

Ein kluger „Zwischenzug".

14...♔xf8 (14...bxc3? 15.♘xe6+–) 15.♘a4 ♘d6 16.♘c5 ♔f7 17.♗e2 ♗d5

(17...♗xg2 18.♖g1 b3 19.♕b1+–)

18.h4 ♘d7 19.h5 ♘f5 20.♗xc4 ♘xc5 21.dxc5 ♗xc4 22.♕xc4 ♕d5 23.♕g4

Weiß führt einen kräftigen Angriff, Paragua–Olay, Subic Open 2009.

B) 6.d5

Der Anziehende gibt dem Gegner keine Zeit zum Durchatmen.

6...b4 (6...bxa4 7.♗xc4±) 7.♘a2 c5 8.♗xc4

Weiß hat seinen Bauern bei besserem Spiel zurück.

8...♘f6

(Nach 8...g6 9.♖b1 ♗g7 10.b3 ♘f6 11.♗d3 0-0 12.♘f3 ♗g4 13.h3 ♗d7 14.♗e3 ist der rückständige Bauer auf c5 eine Achillesferse im schwarzen Lager. In der Partie Gimmerthal–Maedel, Deutschland 2000, nahm Weiß diese nun aufs Korn. Nach 14...♕c8 15.♖c1 ♕d8 16.♗xc5 a5 17.0-0+– lag er um einen Bauern vorn und hatte alle dynamischen Chancen auf seiner Seite.)

9.e5 ♘g8 10.♕b3 ♕c7 11.♗f4 ♕b6 12.♘f3 h6 13.0-0 a5 14.♖ad1

Der Anziehende schließt seine Entwicklung ab und führt die Partie aus einer Traumposition heraus. Alle Kriterien sprechen für ihn – Entwicklung, Raum, Initiative und Königssicherung. Der Sieg in diesem Duell wird ihm sicher sein, wenn ihm keine schweren Fehler unterlaufen. In der Partie Stojanovic–Purisic, Andrijevica 2012, folgte noch 14...♗g4 15.d6 e6 16.h3 ♗xf3 17.♕xf3 ♖a7 18.♗b5+ ♘d7 19.♘c1 g5 20.♗e3 ♗g7 21.♘d3 ♔f8 22.♗xd7 ♖xd7 23.♘xc5 1-0.

6.♘b1

Das Beste. Der Springer kehrt auf sein Ausgangsfeld zurück, um sich via d2 zentraler aufzustellen. Dem Schwarzen bleibt ein schwacher Bauer c4.

Die Fortsetzungen 6.♘a2 und 6.♘ce2 sind auch spielbar, wie die folgenden Varianten bestätigen mögen.

I. 6.♘a2 ♘f6 7.e5 ♘d5 8.♗xc4

Materiell fängt das beiderseitige Spiel jetzt wieder bei Null an.

8...e6 9.♘f3 ♗e7

(9...a5 10.0-0 ♕b6 11.♗d2 ♗a6 12.♕e2 c5 13.dxc5 ♗xc5 14.♘c1 0-0 15.♘b3 ♘d7 16.♖ac1 ♖fc8 17.♕e4 h6 18.♕g4 ♗xc4 19.♖xc4⩲, Toth–Madl, Decs 2012.)

10.♗d2 a5 11.♘c1 ♘d7 12.♘b3 ♘5b6 13.♗d3 c5 14.dxc5 ♘xc5 15.♘xc5 ♗xc5 16.♕c2 ♗e7 17.♗e4 ♘d5 18.0-0

Die weiße Entwicklung ist abgeschlossen; Schwarz muss dafür noch etwas tun.

18...♗b7 19.♘d4 h6 20.♕d3 0-0 21.♕g3⩲

Weiß steht etwas aktiver, Drejew–Luther, Jurmala 2013.

II. 6.♘ce2 ♘f6 7.♘g3 e5

(7...♗a6 8.♘f3 e6 9.♗g5 ♕a5 10.♗e2 ♘bd7 11.0-0 ♗e7 12.♕c1 ♘b6 13.♘e5 ♖c8 14.♖d1 0-0 15.♘h5 c3 16.♗xa6 cxb2 17.♕xb2 ♕xa6 18.a5 ♘a8 19.♗xf6 gxf6 20.♕c1 ♕e2 21.♕h6+– Van Ketel–Guliyev, Leiden 2012.)

8.♗xc4 ♕xd4

Stellt den alten materiellen Abstand wieder her, der Nachziehende kann den Bauern aber nicht dauerhaft halten und kommt nun kontinuierlich in eine schlechtere Stellung.

9.♕b3 ♕d7 10.♘f3 ♕e7 11.♘g5 ♗e6 12.♘xe6 fxe6 13.♗xe6

Schwarz steht sehr schlecht, denn seine Bauernformation ist eine Katastrophe und Königssicherheit ist nicht gegeben.

13...♘bd7 14.♗e3 g6 15.0-0 h5 16.♖ad1 ♗h6

Auffällig ist das Fehlen wirklich guter Züge für Schwarz.

17.♕c4 c5 18.♗xh6 ♖xh6 19.♗xd7+ ♘xd7 20.♖xd7 1-0, Schischkin–Tugui, Brasov 2011.

6...♗a6 7.♕c2

Im Duell Anand–Lautier, Monte Carlo 1996, wählte Weiß den Plan 7.♗e3, der früher fast ausschließlich gespielt wurde.

7...♘f6 8.f3 e5 9.♘e2 exd4 10.♘xd4 ♕a5

(Nach 10...c5 11.♘b5 ♕xd1+ 12.♔xd1 ♗xb5 13.axb5 ♘bd7 14.♗xc4 ♘e5 15.♘d2 0-0-0 16.♗e2 ♔b7 17.♔c2 ♗e7 18.♘c4 ♘xc4 19.♗xc4 war Weiß in der Partie Schipow–Echavarria, Dos Hermanas 2004, klar im Vorteil.)

11.♘d2 c3 12.♘2b3 ♕c7 13.bxc3 ♗xf1 14.♔xf1 bxc3 15.♖c1 ♗b4 16.♘e2 0-0 17.♘xc3 a5 18.♔f2 ♘bd7 19.♕e2 ♖fe8 20.♘b5 ♕b7 21.♘5d4 c5 22.♘b5 mit besserer Stellung und späterem Sieg für Weiß.

7...♘f6

Schwarz ist gut beraten, seine Entwicklung voranzutreiben und seinen König in sichere Gefilde zu führen. Der Springerzug dient beiden Vorhaben.

In der modernen Praxis kommen allerdings auch andere Versuche vor.

I. 7...♕xd4 8.♘f3 ♕d7 9.♗xc4 e6 10.0-0 ♘f6 11.♗g5 ♗e7 12.♘bd2 h6 13.♗xf6 ♗xf6 14.♖fd1 0-0 15.e5 ♗e7 16.♘e4 ♕c8 17.♗a2 b3? (17...c5!? war wohl stärker.) 18.♗xb3 ♘d7 19.♘d6 ♗xd6 20.♖xd6 c5 21.♖ad1 mit positionellem Vorteil für Weiß, Aronian–Vallejo Pons, Sao Paulo/Bilbao 2011.

II. 7...e5 8.♘f3 b3 9.♕c3 ♕b6

(9...♘f6 10.♗xc4 exd4 11.♕xb3 ♗xc4 12.♕xc4 c5 13.b4 ♘c6 14.♗a3 ♗e7 15.bxc5 ♘xe4 16.♘bd2 ♘xd2 17.♘xd2 0-0 18.0-0 ♕d7 19.♘e4 ♘e5 20.♕a2 ♕xa4 21.♕d5 ♗f6 22.♗b2 ♕c2 23.♗xd4 ♖ad8 24.♘d6+–, Sargissian–Balogh, Ningbo 2011.)

10.a5 ♕b7 11.♗d2 exd4 12.♕xd4 c5 13.♕d5 ♘c6 14.♗xc4 ♘f6 15.♕d3 ♘b4 16.♗xb4 ♕xb4+ 17.♘bd2 ♗xc4 18.♕xc4 ♕xc4 19.♘xc4 ♘xe4 20.0-0 ♗e7 21.♖fe1 f5 22.♖a3 0-0 (22...♖b8 23.♘fe5±) 23.♖xb3 ♖ab8 24.♖xb8 ♖xb8 25.♘fe5 mit Endspielvorteil für Weiß, Le Quang–Felgaer, Caleta 2012.

III. 7...e6 8.♗xc4 ♗xc4 9.♕xc4 ♘f6 10.♗f4 ♘bd7

(Das gefräßige 10...♘xe4? floppt wegen der Riposte 11.♗xb8+–, womit der schwarze ♙b6 seine Deckung verliert und dort nun ein Dameschach mit gleichzeitigem Angriff auf den unvorsichtigen Springer droht.)

11.♘d2 c5 12.♘gf3 cxd4 13.♖c1 ♗c5 14.♘b3 ♖c8 15.♘xc5 ♖xc5 16.♕xb4 ♖xc1+ 17.♗xc1 e5 (17...♘xe4 18.♕xd4±) 18.0-0 ♕b6 19.♕a3 ♘xe4 20.♖e1 f5 21.♕a2 h6 22.♕d5 ♕d6 23.♕xd6 ♘xd6 24.♘xe5

Die Partie Jones–Tischbierek, Caleta

2013, wurde letztendlich von Weiß gewonnen.

8.♘d2

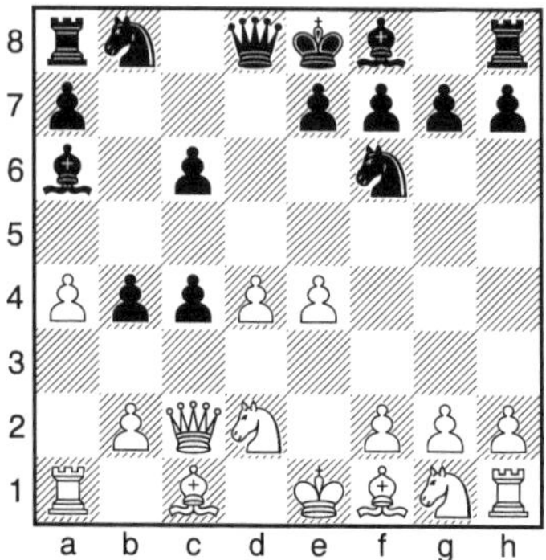

8...♕xd4

Die Folge nach 8...c3 ist vorteilhaft für Weiß.

9.♗xa6 ♘xa6

(Das vorherige Schlagen mit 9...cxd2+ sieht verlockend aus, entpuppt sich aber nach 10.♗xd2 ♘xa6 11.♕xc6+ ♘d7 12.♕xa6± als nachteilige Idee.)

10.bxc3 e6 11.♘gf3 bxc3 12.♕xc3 ♖c8 13.0-0 ♘b4 14.♖e1 ♗e7 15.♘b3 ♘d7

(Auf 15...0-0 ist 16.♘e5! stark.)

16.♗a3 a5 17.♖eb1 ♖b8 18.♗xb4 ♗xb4 19.♕xc6 0-0 20.♖c1

Weiß hat einen Mehrbauern, Onischuk–Caruana, Reggio Emilia 2011.

9.♘gf3 b3 10.♘xd4 bxc2 11.f3 e5 12.♘xc2 c3 13.bxc3 ♗xf1 14.♖xf1 ♘a6 15.♘c4 ♘d7 16.♗e3 f6 17.♘a5 c5 18.♘a3 ♗d6 19.♘b5 ♔e7 20.♖d1

Mit klarem weißem Vorteil, Khairullin–Tarlew, Moskau 2012.

Abspiel 1

Die Fortsetzung 3...c5

1.d4 d5 2.c4 dxc4 3.e4 c5

Schwarz lässt dem Gegner keine Zeit und greift dessen Bauernzentrum sofort mit diesem Vorstoß an.

4.d5

Die beste Wahl für den Anziehenden.

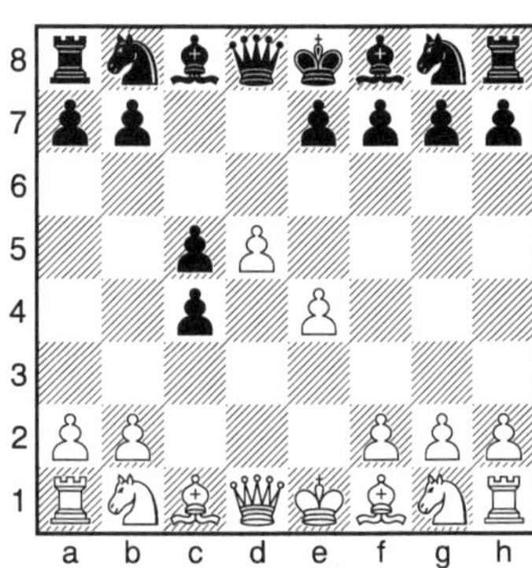

4...♘f6

Diese Fortsetzung kann auf eine Zugumstellung mit 4...e6 hinauslaufen, in Verbindung mit b7-b5 aber auch selbstständige Bedeutung erlangen.

4...e6 5.♘c3

(Hier wird auch 5.♗xc4 ♘f6 6.♘c3 gespielt, was unter Zugumstellung in die Spur der Textvariante führt.)

A) 5...exd5 6.♘xd5 ♘f6 7.♗xc4 ♘xd5

(– Ganz schlecht ist 7...♘xe4?? wegen 8.♕e2+–.

– Und auf 7...♗e7 kann Weiß einfach 8.♘xf6+ spielen. Nach 8...♗xf6 tauscht er mit 9.♕xd8+ die Damen ab und kommt über 9...♗xd8 10.♗e3± in Vorteil.)

8.♗xd5 ♗e7 9.♘e2 0-0 10.0-0 ♘d7 (10...♕b6 11.♗e3±) 11.♘c3 ♘b6 12.♗f4

A1) 12...♗g5 13.♕f3 (13.♗d6 ♗e7 14.e5!±) 13...♗xf4 14.♕xf4 ♕e7 15.a4 ♗e6 16.a5 ♗xd5 17.exd5 ♘c8 18.♖fe1 ♕d7 19.♕c4 ♘d6 20.♕xc5

Weiß hat sich einen Mehrbauern gesichert, Winants-Afek, Frankreich 2002.

A2) 12...♘xd5 13.♘xd5 ♗d6 14.e5 ♗c7

(– 14...♗e7 15.e6 ♗xe6 16.♘xe7+ ♕xe7 17.♗d6 ♕f6 18.♗xf8 ♖xf8 19.♕c2±, Beliawski-Kallai, Nagykanizsa 2009.

– 14...♗b8 15.♕b3 ♗e6 16.♖ad1 b6 17.♗g3±, Greenfeld-Gyimesi, Tel Aviv 2001.)

15.e6 ♗xf4 16.e7 ♗xh2+ 17.♔h1 ♕d6 18.exf8♕+ ♔xf8 19.♕h5 ♗e6 20.♖ad1 ♗e5 21.♖fe1 ♗d4 22.♕xh7

Der Vorteil auf der Seite des Anziehenden ist offensichtlich.

A3) 12...♗f6 13.e5 ♗e7 (13...♘xd5 14.♘xd5±) 14.♗e4 ♕xd1 15.♖fxd1

Die weiße Stellung ist besser entwickelt und seine Figuren haben bereits überwiegend einflussreiche Positionen bezogen. Da sich der Anziehende zudem einen gewissen Raumvorteil gesichert hat und auch die Initiative besitzt, ist ihm das positionell bessere Spiel zu bescheinigen, Khalifman-Vulfson, St. Petersburg 1995.

B) 5...♘f6 6.♗xc4 exd5 7.exd5

B1) 7...a6 8.a4

(8.♗f4 ♗d6 9.♕e2+ ♔f8 10.♕d2 ♗f5 11.♘ge2 b5 12.♗d3 ♗xd3 13.♕xd3 ♗xf4 14.♘xf4 ♕d6 15.♕f3 ♘bd7 16.0-0 ♘e5 17.♕g3 ♖d8 18.♖ad1 ♘g6 19.♘ce2 ♘xf4 20.♘xf4 g6 21.♖fe1 ♔g7 22.h4 mit kompliziertem Spiel und beiderseitigen Chancen, wobei uns die weiße Stellung mit dem vorgerückten d-Bauern und den aktiv aufgestellten Figuren etwas besser gefällt, Scherbakow-Afek, Paris 1993.)

8...♗d6 9.♕e2+ ♕e7 10.♕xe7+ ♔xe7 11.♗g5 ♗f5 12.♘ge2 h6 13.♘g3 ♗g6 14.♗xf6+ ♔xf6 15.0-0 ♔e7 16.f4 ♘d7 17.♖ae1+ ♔d8 18.f5 ♗h7 19.♘ge4 ♗e5 20.d6 ♖f8 21.g4 ♗g8 22.♔g2

Weiß steht deutlich erkennbar besser, Bönsch-Z. Polgar, Stara Zagora 1990.

B2) 7...♗d6 8.♕e2+

(Ein anderer Weg führt über 8.♘f3 0-0 9.0-0 usw.)

8...♗e7

(Auf 8...♕e7 ist 9.♘b5! stark.)

9.d6

(9.♗b5+!? ♔f8 10.♗f4±, Pulkkinen-Jordan, IECC 2003.)

9...♕xd6 10.♘b5 ♕d8 11.♗f4 0-0 12.♖d1 ♗d7

(12...♕a5+!? sollte ernsthaft geprüft werden und ist vermutlich besser.)

13.♘c7 ♘c6 14.♘xa8 ♕xa8 15.♘f3 ♗g4 16.0-0 ♖e8 17.h3 ♗h5 18.♕d3 ♘d4 19.♘xd4! ♗xd1 20.♘e6

(20.♘f5! ♗h5 21.♗b5+-)

20...fxe6 21.♗xe6+ ♔h8 22.♕xd1 b6 23.♖e1 ♗f8 24.♖e3 ♕c6 25.♗f5 ♖xe3 26.♗xe3 ♕d5 27.♕xd5 ♘xd5 28.♗d2

♘b4 29.a3 ♘c6 30.♔f1

Das Endspiel ist vorteilhaft für Weiß, Akobian–Altounian, Los Angeles 2011. Das Läuferpaar ist in diesem Stellungstyp dem gegnerischen Pendant aus Läufer und Springer überlegen.

5.♘c3

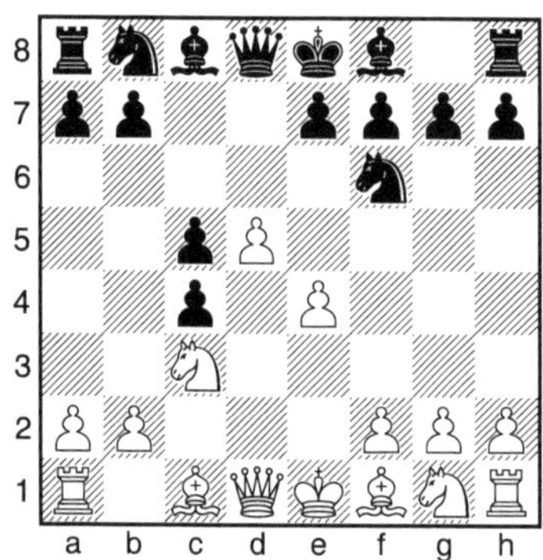

5...b5

Dies ist die einzige Möglichkeit, das Spiel zu verschärfen.

5...e6 führt normalerweise zu den Varianten, die wir bereits analysiert haben.

In der Praxis greift der Nachziehende nur selten zu 5...♕a5. Weiß kommt mit diesem Versuch gut zurecht, wie auch die folgenden Varianten zeigen.

6.♗d2 b5 7.e5

A) 7...♘g4 8.e6 (8.♘f3!?) 8...f5 9.d6 exd6 10.♕f3 b4 11.♕xa8 bxc3 12.♗xc3 ♕b6 13.♗xc4 ♔e7 14.♕f3 ♗xe6 15.♕e2 ♘e5 16.♗xe6 ♔xe6 17.f4+–, Schäfer–S. Hoffmann, ICCF 2000.

B) 7...♘fd7 8.e6 ♘f6 9.d6!

(9.♘e4 ♕b6 10.exf7+ ♔xf7 11.♘g5+ ♔e8 12.a4±, Schott–Nett, IECG Email 2000.)

9...♕b6 (9...♗xe6 10.♕f3+–) 10.exf7+!

(Über die Folge 10.d7+ ♘bxd7 11.exd7+ ♗xd7 12.♘f3 entsteht ein ungleiches Materialverhältnis, das sich wertmäßig aber im Gleichgewicht hält. Weiß hat einen Springer mehr, ist aber um drei Bauern zurück. Die Stellung ist unklar.)

10...♔xf7 11.a4 e6 12.♗f4 b4 13.♘b5 ♘d5 14.♗g3 c3 15.bxc3 bxc3 16.♘f3 mit weißem Übergewicht.

C) 7...♘g8 8.d6 ♘a6 9.a4 b4 10.♕f3 ♖b8 11.♗xc4 f6 12.♘d5 ♗b7 13.♗b5+ ♔d8 14.♕g4

(Es gewinnt auch 14.dxe7+! ♘xe7 15.exf6 ♘xd5 16.fxg7 ♗xg7 17.♗g5+ ♘e7 18.0-0-0+ ♗d4 19.♕f6 usw.)

14...♗c8 15.dxe7+ ♘xe7 16.♘xe7 ♔xe7 17.exf6+ gxf6 18.♕e2+ ♗e6 19.♗xa6 ♖b6 20.♗c4+–, Van Seben–Vaca, IECG 1999. Die schwarze Stellung ist bereits mehr oder weniger aufgabereif. Allenfalls wird noch ein wenig Flickschusterei möglich sein, um für kurze Zeit noch den weißen Drohungen begegnen zu können. Zu einem organisierten Gegenspiel wird der Nachziehende aber nicht mehr kommen.

6.♗f4

Zu kompliziertem Kampf führt 6.e5!? b4 7.exf6 bxc3 8.bxc3, wie die folgenden Varianten zeigen.

A) 8...♕a5 9.♗d2 ♘d7 10.♗xc4 ♘b6 11.♗e2 c4 12.♗f3 ♘xd5 13.♘e2 gxf6

14.0-0♗g7 15.♘f4 ♗e6 16.♗xd5 ♗xd5 17.♘h5 ♗f8 18.♖e1 0-0-0 19.♕g4+ e6

(19...♔b7 20.♖ab1+ ♔a8 21.♗e3±)

20.♘xf6 ♗e7 21.♘xd5 ♕xd5 22.g3 h5

Der Versuchung 22...♕xd2?? sollte Schwarz in einem Anfall von Sorglosigkeit nicht erliegen, denn dieser Materialfraß wäre ein tödlicher Fehler. Weiß antwortet mit 23.♕xc4+ und gewinnt.

23.♕e2

In der Partie Vidarte Morales–Semkov, Sitges 1993, stand Weiß wegen der schwachen schwarzen Königsstellung klar besser.

B) 8...♘d7 9.♕a4 exf6 10.♗f4 ♕b6 11.♗xc4 ♕b2 (11...♗d6 erlaubt Weiß die ruhige und solide Entwicklung mit 12.♘e2 0-0 13.0-0± Granda Zuniga–Vladimirov, Tilburg 1992) 12.♖d1 ♕xc3+ 13.♗d2 ♕e5+ 14.♘e2 ♕c7 15.d6 ♗xd6 16.♗a5 ♕b8 17.♗d5 0-0 18.♗xa8 ♕xa8 19.♖xd6+– Oresek–Joseph, ICCF Email 1997. Der Nachziehende befindet sich materiell im Hintertreffen, auch wenn er im nächsten Zug den weißen Bauern auf g2 nehmen sollte, und hat keinerlei dynamischen Ausgleich. Ganz im Gegenteil wird es ihm äußerst schwer fallen, ein zumindest einigermaßen geordnetes Figurenspiel aufzuziehen.

C) 8...♗a6 9.♗f4

C1) 9...♘d7 10.♕a4 ♕b6 11.♗xc4 ♕xf6 12.♘e2 ♗xc4 13.♕xc4 e5 14.dxe6 ♕xe6 15.♕a4

(15.♕xe6+!? fxe6 16.0-0 e5 17.♗e3±)

15...♗e7 16.♖d1 ♖d8 17.♗e3 0-0 18.♘f4 ♕g4

Und nun hätte Weiß in der Partie Volkov–Chatalbashev, Antalya 2002, 19.♕xa7! spielen sollen.

C2) 9...♕a5 10.♕f3 ♘d7

(10...gxf6 11.d6 ♗b7 12.♕xb7 ♕xc3+ 13.♗d2 ♕xa1+ 14.♔e2 exd6 15.♕xa8 ♕b1 16.♕d5±)

11.fxe7 ♗xe7 12.d6 ♗d8 13.♕e4+ ♔f8 14.♖c1 ♖b8 15.♗xc4 ♗xc4 16.♕xc4 nebst ♘g1-f3 und 0-0 mit guten Aussichten für Weiß.

C3) Nach 9...exf6 10.d6 ♕d7 11.♗e2 ♘c6 12.♗g4 f5 13.♕e2+ ♔d8 (13...♕e6? 14.♗xf5±) 14.♗f3 steht Weiß erkennbar besser.

C4) Zu 9...gxf6 10.♘f3 siehe **I.** 6...♗a6 7.e5 – **A** 7...b4 8.exf6 bxc3 9.bxc3 gxf6 – nach dem Diagramm.)

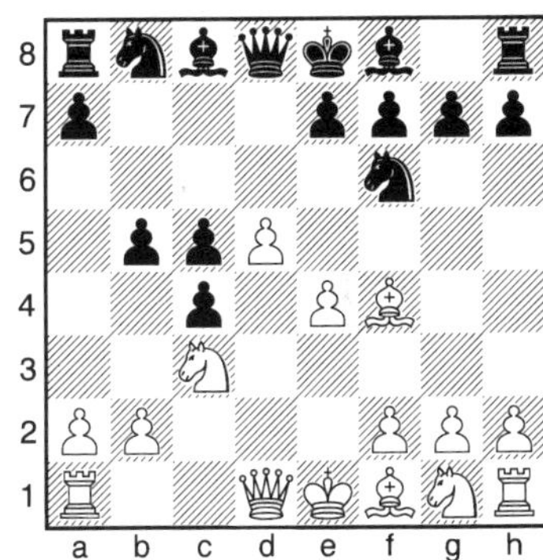

6...♕a5

Der Zug mit der Dame gilt als die beste Erwiderung für Schwarz. Hier ein Blick auf zwei andere Fortsetzungen.

I. 6...♗a6 7.e5

A) 7...b4 8.exf6 bxc3 9.bxc3 gxf6

Der Anziehende kann sein Spiel nun solide weiterentwickeln. Die Schwächen im gegnerischen Lager werden ihm den einen oder anderen Tempogewinn zur Unterstützung seiner dynamischen Absichten erlauben, wie folgende Beispielvarianten zeigen.

10.♘f3 ♕a5

(10...e5 11.♗g3 ♕a5 12.♕c2 ♘d7 13.♗e2 ♗d6 14.0-0 0-0-0 15.♘h4 ♔c7 16.♘f5 ♖he8 17.f4 e4 18.♗h5 ♖f8 19.♖ae1 ♖de8 20.♖xe4 ♖xe4 21.♕xe4 ♕xc3 22.♖e1 ♗b7 23.♘xd6 ♔xd6 24.♕e7+ ♔c7 25.f5+ ♔c8 26.♕e8+! 1-0, Karavade–Meenakshi, Jalgaon 2012.)

11.♘d2 ♘d7

(Die Lust auf Bauernfang sollte Schwarz sich verkneifen, denn nach 11...♕xc3? 12.♕a4+ ♔d8 13.♖b1+- steht er platt.)

12.♕f3 ♗g7 13.♘xc4 ♕a4 14.♘b2 ♕a3 15.d6 0-0

(15...♕xb2 16.♕xa8+ ♘b8 17.♕xb8+! ♕xb8 18.d7+ ♔xd7 19.♗xb8+-)

16.♘c4 ♗xc4 17.♗xc4 exd6 18.0-0 ♘e5 19.♗xe5 fxe5 20.♖ad1 ♖ad8 21.♗d5

Das aktive weiße Spiel wiegt den Minusbauern mehr als auf, Moreno–Wojtyra, ICCF 2009. In der genannten Partie hat sich der Anziehende späterhin den vollen Punkt gesichert.

B) 7...♘fd7 8.e6 ♘b6

(8...♘f6 9.♗xc4! ♕a5 10.exf7+ ♔xf7 11.♗d3 b4 12.♘e4±)

9.exf7+ ♔xf7 10.♕f3 ♔g8 (10...♔e8 11.0-0-0±) 11.♕e4 mit guten Aussichten für Weiß.

II. 6...a6 7.e5 b4 8.exf6 bxc3 9.bxc3 gxf6

(9...♘d7 10.♘f3 ♘b6 11.♗xc4±)

10.♗xc4 ♘d7 11.♕a4 ♗g7 12.♕c6 ♖a7 13.♖b1↑, Markeluk–Juarez, Acasusso 1991.

7.a4

Der Zug sieht logisch aus und ist auch tatsächlich stark. Weiß will die gegnerische Bauernstruktur am Damenflügel zerstören und setzt seinen a-Bauern zu diesem Zweck als Rammbock ein.

Allerdings hat auch die Fortsetzung 7.♗d2!? ihre Anhänger.

A) 7...e5 8.dxe6 ♗xe6

(Auf 8...fxe6 9.e5 ♘fd7 folgt 10.♕g4!.)

9.e5 ♘fd7 10.♕f3 ♘b6 11.a4 b4 12.♘b5 ♘a6 13.♗xc4 ♗xc4

(13...♘xc4 14.♕xa8+ ♕d8 15.♕xd8+ ♔xd8 16.0-0-0+-)

14.♕c6+ ♔e7

Und nun hätte Weiß im Duell Blübaum–Thesing, Bremen 2013, auf die Idee 15.♘d6 kommen sollen, was die Partie für ihn in die Gewinngerade einbiegen lässt; z.B. 15...♗d5 16.♘f5+ ♔d8 17.♗g5+ f6 18.exf6! ♗xc6 19.fxg7+ ♔c8 20.gxh8♕+-.

B) 7...b4 8.e5

B1) 8...bxc3 9.♗xc3 ♕a6

(9...♕c7 10.exf6 exf6 11.♗xc4 ♗d6 12.♕a4+ ♗d7 13.♕a5 0-0 14.♕xc7 ♗xc7 15.♘e2 ♗d6 16.0-0-0 a5 17.♘g3±, Hurme–Parkkinen, Finnland 1999.)

10.exf6 exf6 11.b3 ♗e7 12.♘f3

(12.♗xc4!? nehmen wir in der **Partie Nr. 5:** Schirow–Kramnik, Linares 1993, unter die Lupe.)

12...♕d6 13.bxc4

Wegen seines starken Freibauern auf d5 hat Weiß die besseren Aussichten.

B2) 8...♘g4 9.e6 ♘f6 10.♗xc4 fxe6

(10...bxc3 11.♗xc3 ♕b6 12.♕a4+ ♘bd7 13.♘f3±; 10...♗a6 11.♗xa6±)

11.dxe6 ♗b7

(11...bxc3 12.♗xc3 ♕c7 13.♕a4+ ♘c6 14.♘f3 ♗b7 15.0-0-0 ♘e4 16.♖d7 ♕f4+ 17.♔b1 ♘xc3+ 18.bxc3 ♖b8 19.♔a1 ♗a8 20.♖xa7+–)

12.♘d5! mit weißem Vorteil, Van Wely–Azmaiparaschwili, Istanbul 2000.

7...♘xe4

7...b4 beantwortet der Anziehende am besten mit 8.♘b5. Nach dem für Schwarz sicher verlockenden 8...b3+ und der Folge 9.♗d2 ♕d8 10.f3 a6 11.♘c3 e6 12.♗xc4 kommt es zu weißem Vorteil.

8.♘ge2 ♘d6 9.axb5 ♕b6 10.♘g3

Die Idee, den Läufer gegen den Springer abzutauschen, ist nicht so stark, wenn auch grundsätzlich möglich.

10.♗xd6 exd6

(10...♕xd6 11.♘g3 g6 12.♗xc4 ♗g7 13.0-0 0-0 14.♘ge4±)

11.♘g3 ♗e7 12.♗xc4 0-0 13.0-0 ♗f6 14.♕c2⩲, Beljawski–Kamsky, Linares 1993.

10...♘d7

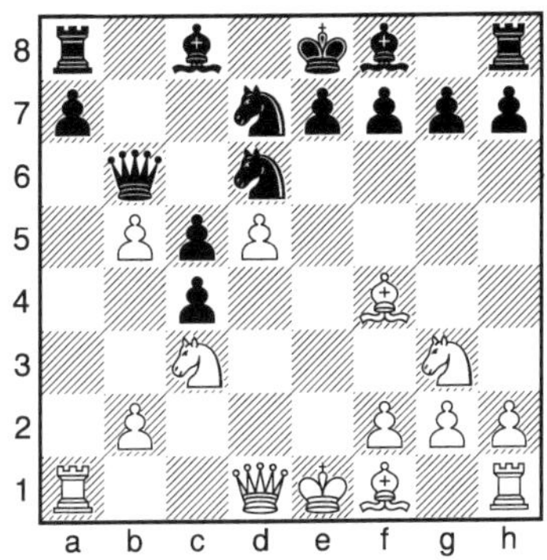

11.♗xd6

An dieser Stelle möchten wir Ihnen eine Empfehlung für weitere eigene Analysen geben. Nehmen Sie für sich mal 11.♕e2!? auf das Analysebrett! Hier gibt es noch einiges an Neuland zu entdecken, mit dem Sie in Ihrer Partie den Gegner auf für ihn unbekanntes Terrain locken können. Wir geben zu diesem Thema ein paar Varianten in groben Zügen.

A) 11...♗b7 12.♘ge4 ♘f5

(12...♘xe4 13.♕xe4 ♘f6 14.♕xc4⩲)

13.♕xc4 ♘d4 14.♘a4 ♕g6 15.♘exc5 e5 16.♘xb7 ♘c2+ 17.♔d2 ♗b4+ 18.♘c3 ♗xc3+ 19.♕xc3 ♘xa1 20.♗e3 0-0 21.♗d3 ♕xg2 22.♖xa1 ♕xd5 23.♕c6 mit weißem Übergewicht, Jegorow–Nemec, Lechenicher Schach-Server 2011.

B) 11...♘xb5 12.♘xb5 ♕xb5 13.♘e4 ♕b4+ 14.♗d2 ♕b8 15.♕xc4 ♘b6

(15...♕xb2 16.♗c3 ♕b6 17.♗d3 a5 18.♕a4 e5 19.dxe6 ♕xe6 20.0-0 ♗e7 21.♖fe1 0-0 22.♘g3 ♘b6 23.♕c2 ♕d6 24.♗xh7+ 1-0, Troia–Joseph, ICCF 2010.)

16.♕xc5 ♕e5 17.♗b5+ ♗d7 18.0-0

♕xd5 (18...♕xe4 19.♕xb6+–) 19.♗xd7+ ♔xd7 20.♖xa7+ ♖xa7 21.♕xb6 ♖c7 22.♗a5 ♖c6

Und nun hätte Weiß in der Partie Sanikidze–Karpatchev, Baden-Baden 2013, den überraschenden Zug 23.♘f6+! spielen sollen. Was immer sein Gegner darauf geantwortet hätte, es hätte nicht gereicht. 23...gxf6 (23...♖xf6 24.♕d8+ ♔e6 25.♖e1+ +– führt ebenfalls auf die Guillotine.) 24.♕d8+ ♔e6 25.♖e1+ mit sofortigem Gewinn.

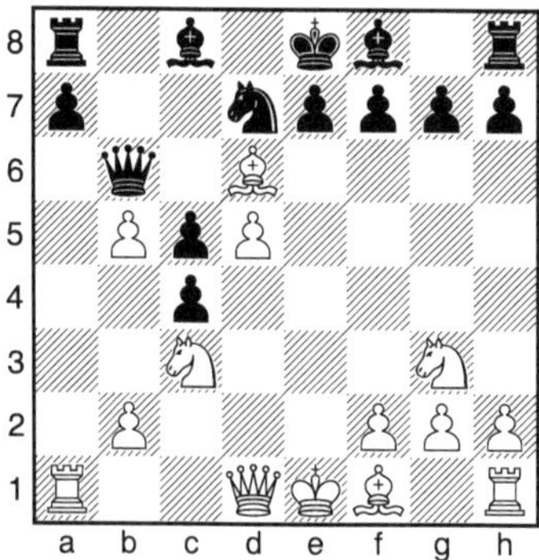

11...exd6

Die Erwiderung 11...♕xd6 ist günstig für Weiß, wie die folgenden Beispielvarianten zeigen.

12.♘ge4

(12.♗xc4!? ist auch spielbar. Nach z.B. 12...g6 13.0-0 ist die Stellung von Weiß vorzuziehen, denn er verfügt – im Gegensatz zum Nachziehenden – über freies Spiel und mehr Raum. Auch liegt die Initiative auf seiner Seite.)

12...♕e5 13.♗e2 g6 14.0-0 ♗g7

A) 15.♖e1 0-0 16.♘d2 ♘b6 17.♘xc4 ♘xc4 18.♗xc4 ♕c7 19.♕e2 ♗f6 20.d6! ♕xd6

(20...exd6 21.♘d5 ♕d8 22.b6 mit aktivem Spiel für Weiß.)

21.♘d5 ♖e8 22.♕f3 ♗e6 23.♘xf6+ exf6 24.♗xe6 fxe6 25.♕xf6

Wegen des schwachen gegnerischen Königsflügels hat Weiß gute Perspektiven. Sein Plan lautet: h2-h4-h5!

B) 15.d6 ♘b6 16.dxe7 ♔xe7 17.♗f3 ♗e6

In der Partie Azmaiparashvili–Granda Zuniga, Groningen 1993, hätte der Anziehende jetzt 18.♖e1! spielen sollen; z.B. 18...♖hd8 19.♕c1 h6 20.♘d2 ♕f4 21.♗xa8 ♖xa8 22.♘f3 ♕xc1 23.♖exc1 mit weißem Vorteil.

12.♕e2+ ♔d8 13.♕xc4 h5 14.♗e2 h4 15.♘ge4 ♘e5 16.♕a4 h3 17.g3 c4 18.0-0 ♗e7 19.♘d2 ♗d7 20.♘xc4 ♘xc4 21.♕xc4 ♗f6 22.♖a6

Das weiße Übergewicht liegt auf der Hand, Morosewitsch–Carlsen, Moskau 2009.

Zusammenfassung: In dieser Variante bekommt Weiß einen klaren Vorteil. Ihm stehen neben der Hauptvariante auch andere interessante Türen offen. 6.e5!? (statt 6.♗f4), 7.♗d2!? (statt 7.a4) oder sogar 11.♕e2!? (statt 11.♗xd6) sind jeweils echte Alternativen.

Abspiel 2

Die Fortsetzung 3...e5

1.d4 d5 2.c4 dxc4 3.e4 e5

Diese energische Reaktion trifft man in der modernen Turnierpraxis häufig an. Schwarz zeigt sich äußerst kämpferisch und will seinen Gegner in dessen elastischer Entwicklung stören.

4.♘f3

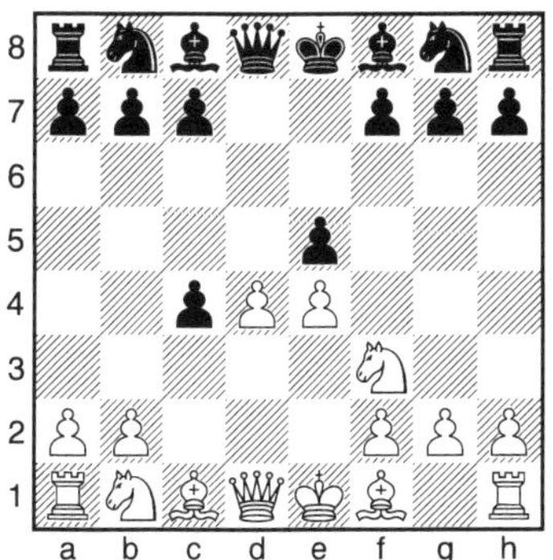

4...exd4

Normalerweise kommt es sowieso zum Tausch auf d4. Deshalb wählt Schwarz oft genau diesen Moment dazu.

Auch populär ist hier 4...♗b4+, woraufhin es zu interessanten Verwicklungen kommen kann.

A) 5.♗d2 ♗xd2+

A1) 6.♕xd2

Mit diesem Zug erklärt sich Weiß mit dem Übergang ins Endspiel einverstanden und vertraut dabei auf seinen nur kleinen Vorteil.

6...exd4

Hier ergeben sich zwei alternative Wege für den Anziehenden:

7.♘xd4 sehen wir uns in der **Partie Nr. 6:** Korobow–B. Socko, Lublin 2012, an;

7.♕xd4 hingegen in der **Partie Nr. 7:** Huang Qian–Ozturk, Astana 2013.

A2) 6.♘bxd2

Eine Variante im Gambitstil. Für den geopferten Bauern bekommt Weiß mehr Raum und Entwicklungsvorteil.

6...exd4 7.♗xc4 ♘c6

(Die Folge 7...♕f6 8.0-0 ♘e7 9.e5 ♕g6 10.♘xd4 ♘bc6 11.♘2f3 0-0 12.♗d3 ♕h5 13.♖e1 ♖d8 14.♘xc6 ♘xc6 15.♕b3 brachte Weiß in der Partie Kuljasevic–Stevic, Opatija 2012, in Vorteil. Er ist besser entwickelt und verfügt über das freiere Spiel. Der bis nach e5 vorgerückte Bauer ist ein starker Vertreter seiner Zunft.)

8.0-0 ♕f6

(Die Möglichkeit 8...♘f6 beleuchten wir in der **Partie Nr. 8:** Navara–Stevic, Legnica 2013.)

9.b4 ♗g4

(Auf 9...♘ge7 sollte der Anziehende mit 10.b5 reagieren – und auf 9...a6 mit 10.♖e1±.)

10.♕a4 ♘ge7 11.e5 ♕h6 12.h3 ♗e6 13.b5 ♘d8 14.♘b3 0-0 15.♘bxd4±, Wojtaszek–Heberla, Lublin 2008.

B) 5.♘c3 exd4

(5...♘f6 6.♘xe5! ist günstig für Weiß.)

6.♘xd4

(Weiß muss nicht mit dem Springer schlagen, denn auch 6.♕xd4 ist möglich. In der Partie Atalik–Heberla, Konya 2010, ging es daraufhin wie folgt weiter: 6...♕xd4 7.♘xd4 ♘f6 8.f3

♗e6 9.♘xe6 fxe6 10.♗xc4 ♔e7 11.a3 ♗xc3+ 12.bxc3 ♘c6 13.♔d1 ♘a5 14.♗a2 c5 15.♔c2 h6 16.♗e3 b6 17.♖ad1 und Weiß steht besser, wobei sich dieses Urteil vor allem auch auf das Läuferpaar stützt.)

B1) 6...♘d7 7.♗xc4 ♘gf6 8.0-0 0-0 9.♗f4!?

(Zu ruhig ist 9.f3 ♘e5 10.♗e2 ♕e7 und der Nachziehende gleicht in etwa aus.)

9...♘b6

(Dem forschungsfreudigen Leser empfehlen wir an dieser Stelle die Prüfung von 9...♗xc3. Nach 10.bxc3 ♘xe4 muss Weiß erst mal beweisen, dass er einen adäquaten Ersatz für den geopferten Bauern hat.)

10.♗b3 c6 11.e5 ♘fd5 12.♘xd5 ♘xd5 13.♗g3 ♘c7 14.♗c2 c5 15.♘f5 ♕xd1 16.♖fxd1 ♗e6 17.♗e4 ♖ab8 18.♘d6

Weiß steht, wie man recht leicht erkennen kann, besser, Uschenina–Yildiz, Astana 2013.

B2) 6...♕e7 7.♗xc4 ♘f6 8.0-0 0-0

(8...♗xc3 9.bxc3 0-0 10.♖e1 c5 11.e5!±)

9.♕b3

(9.♖e1!? sieht unseres Erachtens auch sehr gut aus.)

9...c5 10.♘de2 ♘c6 11.♗g5 ♘a5 12.♕c2 ♘xc4

(Die Variante 12...♗xc3 13.♘xc3 ♘xc4 14.♘d5 ♕e6 15.♗xf6 ♘b6 16.♘e7+ ♔h8 17.♗h4 ist recht bequem für den Anziehenden.)

13.♘d5 ♕e5 14.♗xf6 gxf6 15.♕xc4 ♗e6 16.a3 ♗a5 17.♕xc5 ♗xd5 18.exd5 ♗b6 19.♕b5 ♔h8 20.♘g3±, Rause–Koroljew, UDSJ 1998.

B3) 6...♘e7 7.♗xc4 ♘bc6 8.♗e3 0-0 9.a3 ♗xc3+

(9...♗a5 10.0-0 ♘xd4 11.♗xd4 ♘c6 12.♗c5⩲)

10.bxc3 ♘a5 11.♗e2

Weiß plant die Umgruppierung seiner Figuren nach dem Muster 0-0, ♗e2-d1-c2 und ♖f1-d1. Dieses Manöver verspricht ihm gute Aussichten.

5.♗xc4 ♗b4+

Der Nachziehende entwickelt seinen Läufer a tempo. Diese Wahl ist gut, aber natürlich nicht die einzige denkbare Alternative.

I. 5...c5

Hier kommt Weiß recht forciert zu gutem Spiel.

6.♘e5 ♗e6 7.♗xe6 fxe6 8.♕h5+ g6 9.♘xg6 ♘f6 10.♕h3 hxg6 11.♕xh8 ♘xe4 und nun 12.♘d2 ♕f6 13.♕xf6 ♘xf6 14.a4 ♗h6 15.♘c4 ♗xc1 16.♖xc1 mit Endspielvorteil für Weiß, Sargissian–Ganguly, Wijk aan Zee 2011.

II. 5...♘c6 6.0-0 ♗e6 7.♗b5 ♗c5 8.b4

(Spielbar ist auch 8.♘bd2!?; z.B. 8...♘ge7 9.♘g5 ♕d7 10.♘xe6 ♕xe6 11.♘b3 ♕d6 12.♗f4 ♕xf4 13.♘xc5 0-0 14.♖c1 ♖fb8 15.♕h5!? a6 16.♗c4 ♘g6 17.g3 ♕e5 18.♕g4 ♕e7 19.f4 a5 20.e5 a4 21.♕f3 ♘a5 22.♗d3 ♘f8 23.♕e4 ♘c6 24.♘xb7 ♘b4 25.♗b1 a3 26.b3 f5 27.exf6 ♕xf6 28.♘c5 mit besseren Aussichten für Weiß, Konikowski–Wojtkowiak, Fernpartie 2004-2006, wobei Weiß hier mal nicht als

Autor, sondern als Spieler am Werk war.)

8...♗b6 (8...♗xb4? 9.♕a4±) 9.a4 a6

(9...a5 10.bxa5 ♖xa5 11.♘g5 ♕d7 12.♘d2 ♘ge7 13.♘xe6! ♕xe6 14.♘c4±, Uschenina–Korbut, St. Petersburg 2004.)

10.♗xc6+ bxc6 11.a5 ♗a7 12.♗b2 ♘f6 13.♗xd4

A) 13...0-0 14.♘c3 ♗xd4 15.♕xd4 ♘d7 (15...♕xd4 16.♘xd4±) 16.♘a4 ♕e7 17.♕c3 ♖ab8 18.♖ab1 ♖b5 19.♘d4 ♖h5 20.f4

(20.♕xc6!? ♕h4 21.♘f3 ♕f4 22.♕c1 ♕xe4 23.♕xc7±)

20...c5 21.♘xe6 fxe6 22.b5 axb5 23.♖xb5 ♕d6 24.g3 mit weißem Übergewicht, Thorfinnsson–Kjartansson, Kopavogur 2012.

B) 13...♘xe4 14.♗xa7 ♕xd1 15.♖xd1 ♖xa7 16.♘d4 ♖b7

(– 16...♗d5 17.f3 ♘d6 18.♘c3 ♔d7 19.♘a4 ♖e8 20.♖ac1 g6 21.♔f2±, Noble–Goffin, ICCF 2012.

– 16...c5 17.♘c6 ♖a8 18.f3 ♘f6 19.bxc5 ♘d7 20.♖c1 f6 21.♘d2 ♔f7 22.♖c3 ♘b8 23.♘b4 ♖d8 24.♘e4 ♖d4 25.♖b1 ♘d7 26.♘c6 ♖a4 27.♖b7 ♖a1+ 28.♔f2 ♖a2+ 29.♔g3 h5 30.h4±, Wolkow–Kunin, Bad Wiessee 2011.)

17.♘xc6 0-0

(17...♘d6 18.♘c3 ♔d7 19.♘e5+ ♔c8 20.♖ab1±, Schandorff–Andersen, Helsingor 2012.)

18.f3 ♘d6 19.♘c3 ♗d7 20.♘d5 ♖e8

(20...♗xc6 21.♘e7+ ♔h8 22.♘xc6 ♖e8 23.♖e1±)

21.♖ac1 ♔f8 22.♖c5 ♘b5 23.♔f2 ♗e6 24.♘f4

Das Endspiel ist für Weiß bequemer als für seinen Gegner zu führen. In der Partie Eljanow–Ganguly, Kopenhagen 2010, sicherte er sich letztlich dann auch den vollen Punkt.

6.♘bd2

Möglich ist auch 6.♗d2, was aber sehr oft unter Zugumstellung zu Stellungen führt, die wir bereits nach 4...♗b4+ 5.♗d2 analysiert haben.

6...♘c6

Schwarz muss seine Entwicklung sehr genau vorantreiben. Verfrüht wäre 6...♘e7? wegen 7.♘g5!.

7.0-0

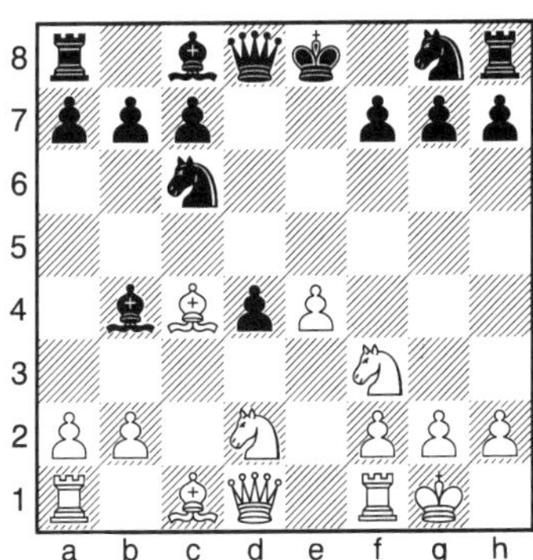

7...♘f6

Nach dem Stand der Theorie ist dieser Springerzug wohl die einzige befriedigende Fortsetzung. Werfen wir dennoch mal einen Blick auf einige Alternativen.

I. 7...♕f6 8.e5 ♕g6

A) 9.♘b3 ♗g4 10.h3

A1) 10...♗xf3 11.♕xf3 ♘ge7 12.a3 ♗a5 13.♗d3 ♕e6 14.♘c5 ♕d5 15.♕xd5 ♘xd5 16.♘xb7 ♗b6 17.♗b5 ♘de7 (17...♔d7 18.♗d2±) 18.♘d6+ ♔f8 19.♘c4 mit weißem Übergewicht. Der Anziehende drückt gegen die feindliche Stellung und verfügt über mehr Raum sowie ein freies Figurenspiel. Er wird seine Türme einfacher aktivieren können als sein Gegner.

A2) 10...♗xh3 11.♘g5 ♗e6 12.♘xe6 fxe6 13.♘xd4 ♖d8 14.♗d3 ♕f7 15.♘xc6 bxc6 16.♕b3 ♗c5 17.♗c4 ♘e7 18.♗xe6 ♕h5 19.♗e3 ♕xe5 20.♗xc5 ♕xc5 21.♖ad1 ♖xd1 22.♖xd1 ♘g6 23.♗f7+ Der Kampf ist entschieden, 1-0, Zhigalko–Chadajew, Moskau 2011.

B) 9.♘h4 ♕g4 10.♘df3 ♗e6

B1) 11.h3 ♕e4 12.♗d3 ♕d5 13.♘g5 ♕xe5 14.♘hf3 ♕d5 15.♗e4 ♕d7 16.♗xc6 bxc6 17.♘xe6 fxe6 18.♘xd4 0-0-0? (⌓18...♘f6) 19.♕a4 ♕xd4 20.♗e3 ♕xb2 (20...♕h4 21.♖ac1±) 21.♖ab1 ♕a3 22.♕xc6! ♘e7

(Auf 22...♗d6 folgt 23.♖b3 nebst ♖f1-b1 und Gewinn.)

23.♕xe6+ ♖d7 24.♖b3 ♕xa2

(24...♕a4 nutzt Weiß mit 25.♖fb1 ♘c6 26.♕e4± zur Turmverdopplung auf der b-Linie.)

25.♕e4 c5 26.♖xb4!

Das Qualitätsopfer zur Räumung der c-Linie macht kurzen Prozess. Zum Sieg führen aber mehrere Wege, z.B. auch 26.♕a8+ ♔c7 usw.

26...cxb4 27.♕a8+ ♔c7 28.♖c1+ ♔d6 29.♕e4 ♘d5 30.♗f4+, 1-0 Bönsch–Tschechow, Halle 1987.

B2) 11.♗xe6 fxe6 12.♕b3 0-0-0

Schwarz bringt erst mal den König aus der Mitte. Die Rochaden in entgegengesetzter Richtung verschärfen die Stellung.

(Nicht jedermanns Sache ist die Idee, den König zumindest bis auf Weiteres in der Brettmitte verharren zu lassen, auch wenn dies in der Partie Van Wely–Piket, Niederlande 2001, über die Zugfolge 12...♘ge7 13.h3 ♕e4 14.♕xe6 h6 15.a3 ♗a5 16.b4 ♗b6 17.♖e1 ♕h7 18.♘d2 d3 19.♗b2 ♗d4 zum Ausgleich führte.)

13.h3 ♕e4 14.♕xe6+ ♔b8 15.a3 ♗e7 16.♘f5 g6 17.♘xe7 ♘gxe7 18.♗g5 ♕d5 19.♕xd5 ♖xd5 20.♖ad1 ♖e8 mit in etwa ausgeglichenen Chancen, Wojtaszek–Granda Zuniga, Pamplona 2010.

II. 7...♗e6 8.♗xe6 fxe6 9.♘b3 ♕d7

A) 10.a3 ♗e7 11.♘bxd4 ♘xd4 12.♕xd4 ♕xd4 13.♘xd4 ♔f7

A1) 14.♘f3 ♗c5

(Zu beachten war 14...♘h6!?, um den ♖h8 schnell ins Spiel zu bringen. Zudem würde im Anschluss auch die künstliche Rochade möglich.)

15.♗f4 ♗b6 16.a4 a5 17.♖ac1 ♖c8 18.♘e5+ ♔e7 19.♘c4 ♘f6 20.♖fe1 h6 21.♖c2 ♖hd8 22.♖ec1±, Naumenko–Dowtschenkow, ICCF 2010.

A2) 14.♗f4 ♗f6 15.♘b5 a6 16.♘xc7 ♖d8 17.♖ad1 ♘e7 18.e5 ♗h4 19.♗g3 ♘f5 20.♗xh4 ♘xh4 21.b4⩲, Petkow–

Weltschew, Sunny Beach 2012.

B) 10.♘fxd4 ♘xd4 11.♕xd4 ♕xd4 12.♘xd4 ♔f7

B1) 13.♘f3 ♘f6 14.a3 ♗c5

(14...♗a5 15.♘e5+ ♔e7 16.♘c4 ♗b6 17.♘xb6 cxb6 18.f3 ♖ac8 19.♗d2 ♖hd8 20.♗c3 g6 21.♖fd1 ♘e8 22.♔f2±, Gombkoetoe–Bodor, Ungarn 1998.)

15.♖e1 ♖he8 16.♗f4 c6 17.♖ac1 ♗b6 18.♘e5+ ♔g8 19.♘c4 ♗d4 20.♗e3 ♗xe3 21.♖xe3

Mit dem jetzt eliminierten schwarzen Läufer verschwinden auch mehrere Tempi vom Brett, die er zuvor geschluckt hatte. Dies ist der Stellung des Nachziehenden anzusehen.

21...♖e7 22.f3 ♖d8 23.♔f2 e5 24.♔e2 ♔f7 25.♖d3

Der kleine Vorteil genügte dem Anziehenden zum späteren Gewinn, Taimanow–Petersons, Moskau 1964.

B2) 13.♗e3 ♘f6 14.f3 ♖hd8 15.♖ac1 c6 16.♘b3 a5 17.♗b6 ♖d3 18.♖fd1 ♖xd1+ 19.♖xd1 a4 20.♘c5 ♗xc5+ 21.♗xc5 mit einem für Weiß günstigen Endspiel, Elsness–Moen, Fagernes 2013.

III. 7...♕e7

A) 8.♘b3 ♗g4 9.♘bxd4

A1) 9...♘xd4 10.♕xd4 ♗xf3 11.gxf3 ♘f6 12.♗g5 h6 13.♗h4 ♗d6

(13...♕c5 14.♕d3 ♖d8 15.♕b3 0-0 16.♖ac1±, Van Beers–Atkinson, Mamaia 1991.)

14.♗g3 ♗xg3

(14...♗c5 15.♕c3 0-0 16.♖ac1±)

15.hxg3 0-0 16.e5 ♘d7 17.♖fe1 mit weißem Übergewicht, Timman–Thorhallsson, Mallorca 2004. Der vorgerückte Bauer strebt nach e3.

A2) 9...♘e5 10.♘xe5! ♗xd1 11.♗xf7+ ♔d8

(Aber nicht 11...♔f8? wegen 12.♘e6+ ♕xe6 13.♗xe6+–, Tukmakow–Avner, Oerebro 1966.)

12.♖xd1 ♗d6 13.♘dc6+ bxc6 14.♘xc6+ ♔d7 15.♘xe7 ♔xe7 16.♗xg8 ♖hxg8 17.♗g5+ ♔f7 18.♖ac1

Das Endspiel ist für Weiß gewonnen, Mertanen–Van Der Heide, Jyvaskyla 2012.

B) 8.a3

B1) 8...♗c5 9.♗d5 ♘f6

(9...♗d7 10.♘c4 ♘f6 11.b4 ♗b6 12.♖e1 0-0 13.♗g5 h6 14.♗h4 und Weiß steht aktiver.)

10.♗xc6+ bxc6 11.♘b3 ♗b6

(11...♗g4 12.♘xc5 ♕xc5 13.♕xd4 ♕xd4 14.♘xd4 c5 15.♘b5±)

12.e5 ♘d5 13.♘bxd4

Weiß steht besser. Die schwarze Bauernstellung ist beschädigt; der weiße e-Bauer ist stark.

B2) 8...♗xd2 9.♗xd2 ♗e6 10.♗d5 ♕d6 11.♗xc6+ ♕xc6 12.♘xd4 ♕xe4 13.♘xe6 fxe6 14.♕h5+ g6 15.♕b5+ ♔f7 16.♗c3 mit hervorragendem Spiel für den Bauern, Stelting–Putzbach, Hamburg 1987.

8.e5 ♘d5 9.♘b3 ♘b6

In der Begegnung Brochet–Cruz Gomez, Las Palmas 2013, zog Schwarz 9...0-0 vor.

10.♘bxd4 ♘xd4 11.♕xd4 ♗e6

(11...♘b6 erlaubt dem Anziehenden 12.♗xf7+ ♔xf7 13.♕xb4 und schenkt ihm eine Gewinnstellung.)

12.♘g5 ♗e7 13.♘xe6 fxe6 14.♕g4 ♕d7 15.♗h6 ♖f7 16.♖ad1 c6 17.♗d3 ♗c5 18.♗g5 ♗e7 19.♗c1 ♖af8 20.♕e4 g6 21.♗h6 ♖e8 22.h4! ♗f8 23.♗c1 ♗g7?

(Richtig war 23...♗c5! 24.h5 gxh5 und Schwarz würde seine Stellung verteidigen können.)

24.h5 ♖f5 25.hxg6 ♗xe5 26.g4 mit weißem Gewinn.

10.♗b5

Heutzutage ist dies der Hauptzug. Früher spielte man hier 10.♗g5.

10...♕d5

Damit zwingt Schwarz den weißen Läufer zur Entscheidung. Hier ein Blick auf zwei beachtenswerte Alternativen.

I. 10...♗d7 11.♗g5 ♗e7 12.♗xe7 ♕xe7 13.♖e1 0-0-0

(Auf 13...0-0 kann Weiß auch 14.♖c1 spielen, verbunden mit der Idee ♘b3-c5.)

14.♖c1 d3 15.♕d2 g6 16.♘c5 ♗e8 17.♗xd3 ♔b8 18.b4 ♘d4 19.♘xd4 ♖xd4 20.♕c3 ♖d8 21.♗e4 ♘d5 22.♕b3 ♕xe5 23.♖cd1 ♗c6 24.♘d3

Schwarz hat sich in große Schwierigkeiten gebracht, Anand–Dominguez Perez, Moskau 2009.

II. 10...0-0 11.♗xc6 bxc6 12.♗g5 ♗e7 13.♗xe7 ♕xe7 14.♕xd4 ♗e6 15.♕c5 ♖fe8 16.♕xe7 ♖xe7 17.♘bd4 c5 18.♘xe6 ♖xe6 19.♖fd1 ♖e7 20.♖ac1

Wegen der Schwäche auf c5 hat Weiß das bessere Endspiel, Tukmakow–Slipak, Andorra 1991.

11.♗xc6+!?

Aus aktueller Sicht scheint das Schlagen mit dem Läufer die beste Wahl für Weiß zu sein.

11...♕xc6

Der Textzug hält die kompakte schwarze Bauernstruktur am Damenflügel aufrecht. Wenn der Nachziehende dies als vernachlässigbar ansieht und das Fahrwasser nach 11... bxc6 als günstiger für sich erachtet, dann antwortet Weiß am besten mit 12.♕xd4. Hier ein Blick auf einige logische Entwicklungsmöglichkeiten.

A) 12...♕xd4 13.♘fxd4 ♗d7 14.♗d2 ♗xd2

(14...a5 15.♖fc1 ♘a4 16.♗xb4 axb4 17.♘xc6 ♗xc6 18.♖xc6 ♘xb2 19.♖xc7 0-0 20.g3 mit einem Mehrbauern im Endspiel, Paulsen–Blauert, Deutschland 1995.)

15.♘xd2 ♘a4 16.b3 c5 17.♘4f3 ♘c3 18.♖fe1 ♗b5 19.e6 ♘e2+ 20.♔h1 f5 21.♘e5 ♔e7 22.a4 ♗a6 23.♘df3 ♘f4 24.♖ad1

Weiß hat sich einen klaren Vorteil erarbeitet, Smith–Buijsman, IECG Email 2000. Sein Spiel ist druckvoll und initiativ; im Lager des Nachziehenden finden sich zahlreiche Schwächen.

B) 12...a5 13.♗d2 ♗xd2 14.♘bxd2 ♗e6 15.♖fc1 ♘d7 16.♕c3 ♖a6 17.♘b3 a4 18.♘bd4 c5 19.♘xe6 ♕xe6 20.♘g5 ♕g6 21.♖d1 h6 (21...♕xg5 22.♕d3+) 22.♘h3 ♕f5 23.♕d2 ♔d8 24.♘f4

Die Lage von Schwarz ist sehr schwierig, Rodshtein–Szabo, Albena 2011. Seinem König ist es nicht gelungen, sich in sichere Gefilde zu flüchten, seine Bauernformation ist arg ramponiert. Während er sich bis auf Weiteres auf passive Reaktionen beschränkt sehen wird, stehen dem Anziehenden alle Türen für ein kreatives Angriffsspiel offen.

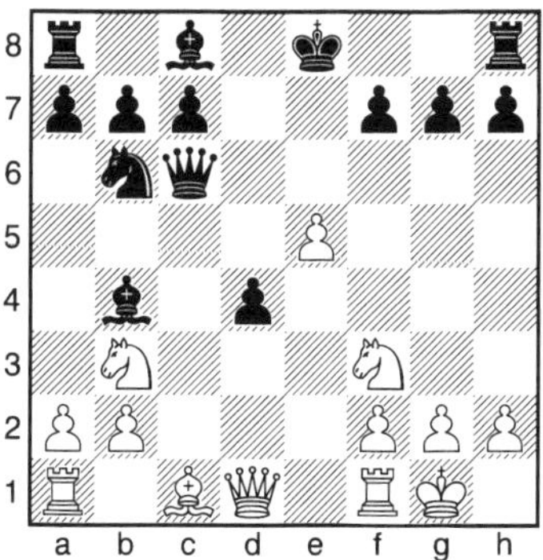

12.♗d2

Dies ist die aktuelle Empfehlung der Theorie.

Zu beachten ist aber auch 12.♗g5!? mit folgenden Möglichkeiten.

A) 12...h6 13.♘bxd4 ♕e4

(13...♕d5 14.♗d2 ♗xd2 15.♕xd2 ♗g4 16.♕c2 c6 17.h3 ♗xf3 18.♘xf3 0-0-0 19.♖fd1 ♕c4 20.♖xd8+ ♖xd8 21.♕h7 ♕e2 22.♕xg7 ♕xb2 23.♖e1 ♕xa2 24.♕xh6 a5 25.♕f4 a4 26.♘g5 ♕d2 27.♕xd2 ♖xd2 28.h4 a3 29.h5 ♘d7 30.♘xf7 a2 31.h6 ♖e2 32.♖a1 ♘xe5 33.♘xe5 ♖xe5 34.♖xa2+–, Janosi–Pecotic, Lechenicher SchachServer 2008.)

14.♗h4 ♗g4 15.♖c1 g5 16.♗g3 c6 17.e6! 0-0-0

(Oder 17...♗xe6 18.a3 ♗e7 19.♖e1 ♕d5 20.♖e5 ♕a2 21.♖xe6! fxe6 22.♕c2 mit entscheidendem Angriff.)

18.♕b3 ♖xd4 19.♘xd4 ♕xd4 20.exf7 ♗d2 21.♖fe1 ♗xe1 22.♖xe1 ♖d8 23.♕a3 ♘d7 24.h3 ♗h5 25.♖e7

In der Partie Grego–Cerveny, ICCF 2011, ließ sich Weiß den Sieg nicht mehr nehmen.

B) 12...♕d7 13.♘bxd4 0-0 14.a3 ♗e7 15.♖c1 c5 16.♗xe7 ♕xe7 17.♘b5 ♗g4 18.♕d6 ♖ae8 19.♖xc5 ♗xf3 20.♕xe7 ♖xe7 21.gxf3 ♘a4 22.♖d5 ♘b6 (22...♘xb2 23.♘xa7±) 23.♖d4 ♖xe5 24.♘xa7 ♘c8

(24...♖a8 25.♖b4 ♖xa7 26.♖xb6±)

25.♘xc8 ♖xc8 26.♖fd1 g6 27.f4 ♖e2 28.♖1d2 ♖xd2 29.♖xd2

Auf dem Brett ist ein für Weiß gewinnbares Turmendspiel entstanden, was in der Partie G. Evans–Prorocic, ICCF 2012, mit dem späteren Sieg auch unter Beweis gestellt wurde.

C) 12...♗g4

Die möglichen Entwicklungen, die in der Partie nun eintreten können, sind im Rahmen eines Buches wie dem unserem nicht abschließend darstellbar. Den Charakter des Spiels aber können wir über die folgenden langen Varianten demonstrieren, die aus gespielten Partien stammen. Sie sind in sich logisch und geschlossen und deshalb auch als mustergültige Beispiele geeignet.

13.♕xd4 ♗xf3

(13...♕c4 14.♕xc4 ♘xc4 15.♖fc1 b5 16.♘fd4 a6 17.a4±)

14.♕xb4 ♘d5 15.♕d2 ♗xg2

(15...h6 16.♘d4 ♕d7 17.♘xf3 hxg5 18.♕xg5±, Mironiuk–Schutte, ICCF 2011.)

16.♖fc1 ♕e6 17.♔xg2 ♕g4+ 18.♔f1 ♕h3+ 19.♔e1 c6 20.♕d4 ♕xh2 21.♔d2 ♕h3 22.♖h1 ♕f5 23.♖ag1

Der weiße Angriff führt zum Erfolg, Aronian–Stevic, Plowdiw 2010.

Die Fortsetzung 12.♕xd4 kann Schwarz gut mit 12...♕c4 oder auch 12...♗e7 mit jeweils vergleichbaren Chancen beantworten.

12...♗xd2

Im Duell Beljawski–Matulovic, Becici 1993, kam Weiß nach 12...♗e7 13.♖c1 ♕g6 (13...♕d7 14.♘bxd4±) 14.♖xc7 ♘d5 15.♖c4 d3 16.♖d4 ♗e6 17.♘e1 0-0 18.♘xd3 ♖ad8 19.♘dc5 ♘b6 20.♘xe6 ♕xe6 21.♗b4 zu einem klaren Vorteil.

13.♕xd2 ♗g4

Nach 13...♕g6 führte Weiß in der Partie Khismatullin–Mastrovasilis, Plowdiw 2012, einen erfolgreichen Angriff.

14.♘fxd4 0-0 15.f4 ♗f5 16.♖ac1 c6 17.♖c3

Der Turm strebt auf den Königsflügel.

17...h6 18.♘c5 ♖ab8 19.♖g3

Alle Züge des Anziehenden sind logisch und im Zuge der Angriffsführung sehr effektiv. Der Nachziehende ist nicht frei in seinen Reaktionen, denn sein Entscheidungspotenzial ist sehr eingeengt.

19...♕h5 20.e6 fxe6 21.♘dxe6 ♖f7 22.♕d4 g6 23.♘d8 ♖g7 24.♖e1 ♘d5 25.♖e8+

Der letzte Akkord steht bevor.

25...♔h7 26.♘de6 ♗xe6 27.♘xe6 Nichts geht mehr, 1-0.

14.♘fxd4 ♕d7

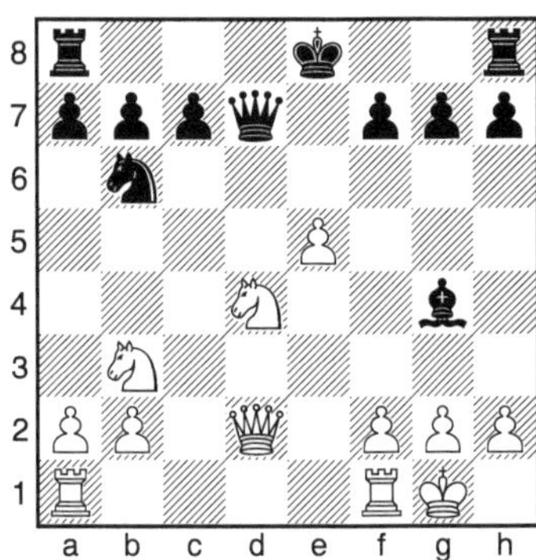

15.♖ac1!?

Ein Vorschlag von Großmeister Huzman. Weiß bringt seinen Turm ins Spiel.

15...0-0

Auf 15...0-0-0 ist 16.♕a5! stark.

Und auf 15...♖d8 folgt stark 16.f3; z.B. 16...♗e6 17.♘xe6 ♕xd2 (17...♕xe6 18.♕a5±) 18.♘xg7+ ♔f8 19.♘xd2 mit weißem Vorteil.

16.f3 ♗e6

Auf 16...♗h5 folgt 17.♖fd1!.

17.♘xe6 ♕xe6 18.♖xc7 ♕xe5 19.♖xb7

Weiß besitzt einen gesunden Mehrbauern.

Zusammenfassung: In diesem Abspiel verfügt Weiß über gute Möglichkeiten, sich einen Vorteil zu verschaffen. Neben 12.♗d2 in der Hauptvariante ist sicherlich auch 12.♗g5!? stark.

Abspiel 3

Die Fortsetzung 3...♘f6

1.d4 d5 2.c4 dxc4 3.e4 ♘f6

Schwarz will das Vorrücken des gegnerischen e–Bauern provozieren.

4.e5

Ungenau ist 4.♘c3 wegen 4...e5! mit gutem Spiel für den Nachziehenden.

4...♘d5

Nach 4...♘fd7 5.♗xc4 muss Schwarz hier 5...♘b6 spielen, verbunden mit dem Übergang in die Hauptvariante.

Als die eigene Entwicklung behindernd und deshalb nicht gut erwies sich 5...e6 in der Partie Santo-D'Emilia, Lechenicher SchachServer 2009. Diese nahm den folgenden Verlauf.

6.♘f3 ♗b4+ 7.♘c3 ♘b6 8.♗d3 ♘d5 9.♕c2 ♗xc3+ 10.bxc3 h6 11.c4 ♘b4 12.♕a4+ ♘4c6 13.0-0 ♗d7 14.♕b3 b6 15.♗a3 ♘e7 16.♖fd1 0-0 17.♗c2

Weiß hat sich eine schöne und auf Angriff ausgelegte Stellung aufgebaut, in der die lange Diagonale b1-h7 eine gewichtige Rolle spielt. Der Läuferzug nach c2 macht das Feld d3 für die Dame frei, die entsprechend gedeckt dann auf h7 einzufallen droht.

17...f5 18.exf6 ♖xf6 19.♕d3 ♘bc6 20.d5 exd5 21.♕h7+ ♔f8 22.cxd5 ♘a5 23.♕h8+ 1-0. Einen Zug vor dem Matt durch ...♘e5 gab der Nachziehende auf.

5.♗xc4

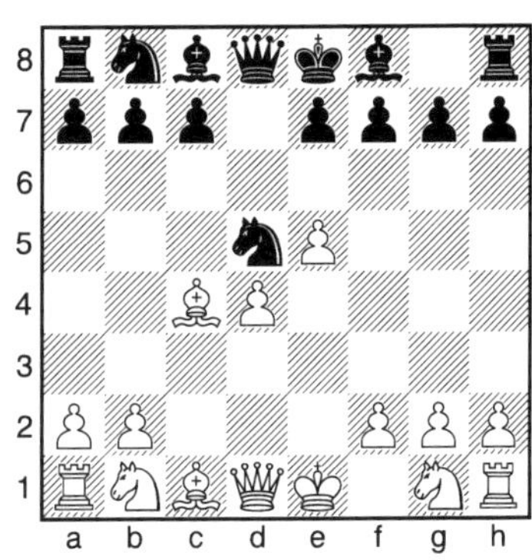

5...♘b6

Der Läufer muss sich nun zurückziehen.

Gelegentlich greift Schwarz an dieser Stelle auch zu dem anderen Springerzug 5...♘c6.

A) 6.♘e2 ist absolut salonfähig.

6... ♘b6 7.♗d3

A1) 7...♗e6

Der Läufer wird auf diesem Feld natürlich nur zwischengeparkt, denn er strebt entweder nach d5 oder auch c4.

8.♘bc3 ♕d7

(Es spricht auch einiges dafür, den Läufer auf das zweite Feld, das ihn zum Ziehen nach e6 motivierte, zu steuern. Nach 8...♗c4 mit der Folge 9.♗xc4 ♘xc4 10.0-0 e6 11.♕b3 ♘b6 12.♖d1 ♘b4 13.a3 ♘4d5 14.♘e4± steht Schwarz zwar etwas beengt, aber durchaus kompakt.)

9.♘e4 ♗d5

(9...♘b4 kann den Anziehenden auch nur kurz belästigen; z.B. 10.♗b1 ♗c4 11.♘c5±.)

10.0-0 e6 11.a3 ♗e7 12.♕c2 f5

(Besser ist wohl 12...0-0-0!? 13.♗e3±.)

13.exf6 gxf6 14.♗e3 f5 15.♘c5 ♗xc5 16.dxc5±, Wolkow–Nikitin, Orel 1997. Es fallen zahlreiche Schwächen im schwarzen Lager auf; seine Bauernstellung ist nicht intakt und dem weißen Läuferpaar winken angesichts der offenen Diagonalen gute Betätigungsfelder.

A2) 7...♗g4 8.♗e3

(8.f3!? nebst ♘b1-c3 hat gegenwärtig auch viele Anhänger und unterstreicht die Sinnhaftigkeit der Springerentwicklung nach e2.)

8...e6

(In der Partie Manor–Anand, Oakham 1990, wählte Schwarz hier die Fortsetzung 8...♕d7, kam aber über die logische Zugfolge 9.♘bc3 ♖d8 10.♗e4 ♗f5 11.♕b1 ♗g6 12.h4 ♕g4 13.h5 ♗xe4 14.♕xe4 ♕xe4 15.♘xe4 ♘d5 16.♘2c3 h6 17.♘xd5 ♖xd5 18.♘c3 ♖d8 19.0-0-0± ins Hintertreffen. Der Anziehende steht freier und verfügt über deutlich mehr Raum.)

9.♘bc3 ♗e7 10.0-0 0-0 11.♕b1 g6 12.♖d1 ♘b4 13.♗e4 ♘4d5 14.♕c2 ♗f5 15.♘g3 c6 16.♗h6 ♖e8 17.♕e2 ♕d7 18.♖ac1

Nach dieser Zugfolge, in der keine bedeutenden Verbesserungen erkennbar sind, stand Weiß in der Partie Wolkow–Karjakin, ACP Blitz 2004, aktiver. Allerdings hat der Nachziehende zu einem sehr kompakten Aufbau gefunden, der nicht leicht zu knacken sein wird.

B) 6.♘c3 ♘b6 7.♗b5 ♗d7

B1) 8.♗e3 e6 9.a3

(9.♘ge2 nebst 0-0 ist auch möglich.)

9...♘e7 10.♗d3

Der Läufer hat zu viel aktives Potenzial, als dass er abgetauscht werden sollte.

10...♗c6 11.♘f3 ♘f5 12.0-0 ♘d5 13.♕e2 ♗e7 14.♖ac1 ♕d7 15.♘e4±

In der Partie Groszpeter–Gy. Horvath, Zalaegerszeg 1992, machte das Gedränge in der Mitte eine Einschätzung kompliziert. Allerdings sehen wir die etwas besseren Möglichkeiten auf der Seite des Anziehenden, dem sich etwas mehr Raum für ein freies Spiel bietet.

B2) 8.♘f3 e6

(8...a6 ist eine naheliegende Alternative. In der Partie Glek–Kozlow, Frunze 1988, folgte 9.♗d3 ♗g4 10.♗e4 e6 11.0-0 ♗e7 12.♗e3 ♗h5.

Bis hier haben beide Seiten mit nachvollziehbaren Zügen an ihrer Entwicklung gearbeitet. Nun leitet Weiß einen Schlagabtausch ein, nach dessen Verlauf ihm ein leichter Vorteil zu attestieren sein wird.

13.d5 ♘xe5 14.dxe6 ♕xd1 15.♖fxd1 ♘xf3+ 16.gxf3 fxe6 17.♗xb7 ♖b8 18.♗c6+ ♔f7 19.b3±

Das anstehende Endspiel dürfte für den Anziehenden etwas leichter zu führen sein.)

9.a3 ♘e7 10.♗d3 ♗c6 11.0-0 ♘g6

(Nach 11...♕d7 kam Weiß in der Partie Topalow–Sadler, Monte Carlo 1998, über die Zugfolge 12.♘e4 ♘g6 13.h4 0-0-0 14.g3 ♕d5 15.h5 f5 16.exf6 gxf6 17.hxg6 hxg6 18.♖e1 f5 19.♗g5 ♖d7 20.♖c1 ♖dh7 21.♗h4 deutlich in Vorteil.)

12.♗e3 ♗e7 13.♖c1 ♘h4 14.♘xh4 ♗xh4 15.♕g4 mit aktivem Spiel für Weiß, Rasuwajew–Fominyh, Stary Smokovec 1990. Schwarz hat nun Schwierigkeiten, sich weiterzuentwickeln, und wird gezwungen sein, neue Schwächen in Kauf zu nehmen.

6.♗d3

Der weiße Läufer kontrolliert die Diagonale b1-h7 und dies ist der Grund dafür, dass dieser Zug gegenwärtig der populärste in der Turnierpraxis ist.

Allerdings ist der Rückzug 6.♗b3 eine starke Alternative. Schauen wir uns kurz die möglichen Folgen an.

6...♘c6 7.♘e2

(7.♗e3 betrachten wir in der **Partie Nr. 9:** Karpow–Speelman, Brüssel 1988.)

7...♗f5

(7...♗g4 8.♘bc3 e6 9.0-0 ♗e7 10.f3 ♗f5 11.♗e3 0-0 12.♘g3 ♗g6 13.f4±)

8.♘bc3 e6 9.0-0 ♕d7 10.♗e3 0-0-0 mit scharfem Spiel und beiderseitigen Chancen. Ein Plan für Weiß basiert auf den Schritten ♕d1-c1, ♖f1-d1, ♘e2-g3 usw.

6...♘c6

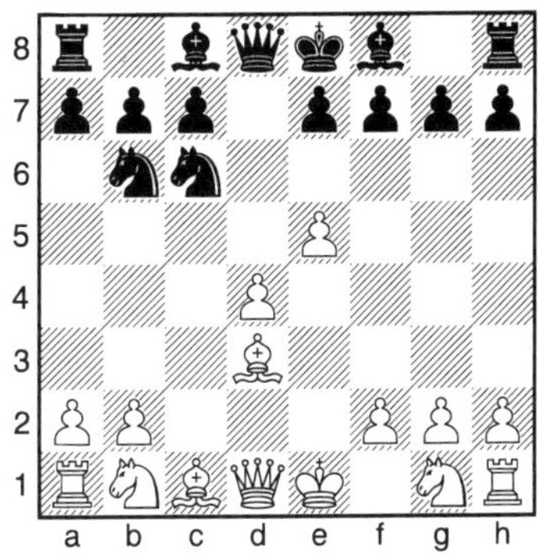

7.♘e2

Den Bauern d4 kann der Anziehende auch mittels 7.♗e3 verteidigen. Um den Folgen dieser Wahl auf die Spur zu kommen, müssen wir ein kleines Variantengeflecht eröffnen.

A) Das Fianchetto des schwarzen Königsläufers nach 7...g6 führt zu deutlich abweichenden Stellungsbildern und ist auch gut spielbar.

8.♘c3

A1) 8...♘b4 9.♗e4 c6 (9...♗f5 10.♘ge2±) 10.♘f3 ♘4d5 11.♗d2 ♗g7 12.0-0 0-0 13.♖e1 f6 14.h3 ♔h8

Dies entfernt den König prophylaktisch von der Diagonale a2-g8 und kann auch als Abwartezug fungieren.

15.♘xd5 cxd5 16.♗d3 ♘c4 17.♗c3 ♘a5 18.exf6 exf6 19.♗b4±, Wojtaszek–Nakamura, Istanbul 2012.

A2) 8...♗g7 9.♘ge2 0-0 10.♗e4 ♘b4 11.♕b3

(11.h4!? ♘4d5 12.h5 mit Angriffsmöglichkeiten am Königsflügel, Portisch–Spraggett, Wijk aan Zee 1985.)

11...a5 12.♘f4! (Es geht um das Feld d5.) 12...e6 13.a3 ♘4d5 (13...♘c6

14.♖d1±) 14.♘fxd5 exd5 15.♗xd5 a4 16.♕a2 ♖a5 (16...♘xd5 17.♕xd5±) 17.♗c4 ♘xc4 18.♕xc4

Weiß hat einen Bauern mehr und steht etwas besser, Timman–Kortschnoi, Pula 1997.

B) 7...♘b4 8.♗e4 f5 9.exf6 exf6 10.♘c3 f5 und hier kommt sowohl 11.♗b1 als auch 11.♗f3!? infrage.

B1) 11...♗d6 12.♘f3 ♗e6

Auf der Diagonale a2-g8 ist der Läufer gut postiert. Indem er sie mit diesem Entwicklungszug frühzeitig besetzt, sichert er auch die Flanke der Königsstellung nach einer geplanten kurzen Rochade und nimmt Weiß die Möglichkeit, sie ohne Weiteres für sich zu reklamieren.

(12...0-0 ist ebenfalls eine ordentlich spielbare Möglichkeit; z.B. 13.0-0 c6 14.a3 ♘4d5 15.♗a2 ♗c7 16.♖e1 ♕d6 17.♗d2 ♔h8 18.♖c1⩲, Ding–Kowaljew, Athen 2012. Wir sehen Weiß leicht im Vorteil, vor allem weil er seine Entwicklung abgeschlossen hat, während der Nachziehende noch etwas Zeit investieren muss.)

13.0-0 ♕d7 14.♖e1 0-0 15.♗d2 ♔h8 16.♘b5 ♘c6 17.♗d3 ♗d5

Beide Seiten haben sich nun gut aufgebaut, wobei die bis auf ein letztes Feld vollgestellte d–Linie interessant aussieht. Die Chancen der Kontrahenten dürften einander in etwa entsprechen. In der Partie Drejew–Iwantschuk, Belfort 2012, folgte 18.♘xd6 ♕xd6 19.♗c3 ♕g6 20.♘h4 ♕g5 21.♘f3 ♕g6 22.♘h4 mit Remis.

B2) 11...♘4d5 12.♘f3 ♘xe3 13.fxe3

(13.♕e2 mit Fesselung des gegnerischen Springers geht auch, führt aber zum Damentausch, wenn der Schritt mit der Dame nicht nur ein Zwischenzug sein soll; z.B. 13...♗d6 14.♕xe3+ ♕e7 15.0-0 ♕xe3 16.fxe3 0-0=, Wolkow–Asgarizadeh, Abu Dhabi 2013.)

13...♗d6

(13...♕e7 14.0-0 ♗e6 15.a4 a5 16.e4 fxe4 17.♗xe4 0-0-0 18.♘e5 ♕b4 19.♘b5 ♔b8 20.♕c2 mit Angriff, Brunello–Godena, Turin 2012.)

14.0-0 0-0 15.e4 c6 16.exf5 ♗xf5 17.♗xf5 ♖xf5 18.♕b3+ ♔h8 19.♖ae1 ♕d7 20.♘e4 ♖af8 21.♘xd6 ♕xd6

Das Spiel ist ausgeglichen, Ding–Karjakin, Peking 2012.

7...♗g4

Mit seinem Läuferzug will Schwarz den Gegner zur Schwächung seiner Stellung durch den einschrittigen Aufzug des f–Bauern veranlassen. Die Hauptidee beinhaltet dann den Rückzug des Läufers auf e6. Beabsichtigt der Nachziehende, dieser Idee zu folgen, ist der Läuferzug nach g4 zu empfehlen.

Lässt er diese Möglichkeit zur Provokation einer Schwächung aus, kann es wie folgt weitergehen:

– 7...♗e6 8.♘bc3 ♕d7 9.♘e4 ♘b4 10.♗b1 ♗c4 11.♘c5 ♕g4 12.h3 ♕xe2+ (12...♕xg2? 13.♗e4±) 13.♕xe2 ♗xe2 14.♔xe2 0-0-0 15.e6±, Kortschnoi–Suetin, Budva 1967;

– Oder auch weiter im Fianchetto–Stil: 7...g6 8.♘bc3 ♗g7 9.a3 0-0 10.♗e3

♗e6 11.0-0♘d5 12.♘xd5♗xd5 13.♘f4 e6 14.♖c1 ♘e7 15.h4 ♖c8 16.b4±, Gallimowa–Barua, Tilburg 1992. Weiß hat das aktivere Spiel und verfügt dabei über mehr Raum als sein Gegner.

8.f3

Geht auf das Vorhaben des Nachziehenden ein und zwingt den gegnerischen Läufer zum sofortigen Rückzug.

Spielbar ist auch 8.♗e3, wie die Praxis zeigt. Hierzu zwei Beispiele von den Turnierbühnen:

– 8...♕d7 9.♘bc3 0-0-0 10.a4

Ein Standardzug, der grundsätzlich die Absicht zur Fortsetzung des Vorstoßes bis a5 in sich trägt.

10...♘xe5 11.♗e4 f5 12.a5 ♘bc4 13.♗xb7+ ♔xb7 14.♕b3+ ♔a8 15.dxe5;

– 8...♗xe2 9.♗xe2 ♕d7 10.0-0 0-0-0 11.a4 a6 12.a5 ♘d5 13.♘c3 e6 14.♗f3 ♔b8 15.♕b3 ♗e7 16.♖fc1±

Weiß hat sich gute Perspektiven für einen Angriff auf die gegnerische Königsstellung erarbeitet, I. Sokolow–Seirawan, Belgrad 1991.)

A) 15...♗xe2 16.♘xe2 ♕d3 17.♕xd3 ♖xd3 18.♘f4

(Zu beachten ist 18.♗d4!? nebst ♗d4-c3.)

18...♖d7 19.♘e6

Weiß hat einen starken Angriff. In der Partie Moissejenko–Mista, Legnica 2013, folgte noch 19...♘xe5 20.♔e2 ♖d6 21.♘xc7+ ♔b7 22.♖hc1 ♘c6 23.♘b5 ♖e6 24.a6+ ♔b8 25.♖a4 h5 26.♖ac4 ♖hh6 27.♔f1, bevor der Nachziehende die Segel strich.

B) 15...♘xe3 16.fxe3 ♗xe2 17.♘xe2 ♕d5 18.♕xd5+ ♖xd5 19.♔f2 g6

(19...♖xe5 20.♖hd1 ♖b5 21.♖ac1±)

20.♖hd1 ♖xd1 21.♖xd1 ♗g7 22.♖d5

Das Endspiel ist günstig für Weiß. Der spätere volle Punkt war in der Partie Radjabow–Ponomarjow, Zug 2013, die für ihn erfreuliche und logische Folge.

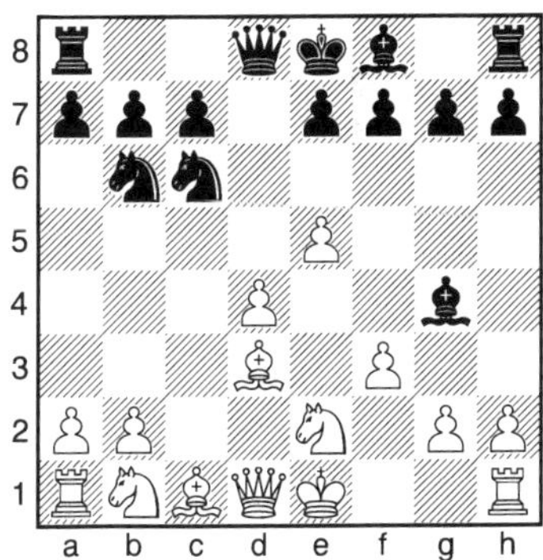

8...♗e6

Die Alternative ist der Läuferrückzug nach h5, den wir aber als schwächer als 8...♗e6 ansehen. Ein paar längerschrittige Varianten sollen zeigen, welchen Charakter die Partie dann annehmen kann und wie beide Seiten ihr Spiel organisieren können. Hier verbergen sich noch einige Möglichkeiten für die Suche nach Verbesserungen, denen wir im Rahmen unseres Buches nicht allesamt nachgehen können. Diese empfehlen wir also Ihnen, unseren Lesern!

8...♗h5 9.♘bc3 e6

A) 10.♗b5 ♕d7 11.h4

Weiß will nicht auf seinem Rochaderecht bestehen und kalkuliert raffiniert das über die gegnerische Provokation mit dem Läufer frei gewordene Feld f2 als Entwicklungsfeld für den König mit ein.

(11.♗g5 ♗g6 12.♖c1 a6 13.♗xc6 ♕xc6 14.0-0±)

11...f6 12.exf6 gxf6 13.♘e4 ♗e7 14.♗f4 ♖g8 15.♔f2 0-0-0 16.♖c1 ♕d5 17.♗xc6 bxc6 18.♕d3 f5 19.♘4g3 ♗f7 20.♕a6+ ♔b8?

Ein Fehler in einer allerdings ohnehin schon äußerst kritischen Situation.

(Nach 20...♔d7 folgt auch 21.♗xc7!.)

21.♗xc7+! ♔xc7 22.♕xa7+ ♔d6 23.♖c5

Der weiße Angriff entscheidet die Partie, Jewdokimow–Papin, Armavir 2011.

B) 10.♗e4 ♗g6 11.0-0

B1) 11...♕d7 12.♗g5 ♗b4 13.♕b3 ♗xc3 14.bxc3 0-0 15.♕c2 ♘a5 16.h4

Die ist wie so oft ein wichtiges Element der weißen Angriffsaktionen.

16...c5 17.h5 ♗f5

(Natürlich nicht 17...♗xh5? wegen 18.♗xh7+ +–.)

18.♘g3 h6 19.dxc5 ♘d5 20.♖ad1 hxg5 21.♘xf5 exf5 22.♗xd5 ♖ae8 23.♖fe1±, Radjabow–Dao Thien Hai, Turin 2006.

B2) 11...♗e7 12.♗e3

B2a) 12...0-0 13.♗f2 ♕d7 14.♘f4 ♖ad8 15.♘ce2 ♗xe4 16.fxe4 ♗g5 17.♘h3 ♗h6 18.♕b3 ♔h8.

Vermutlich nicht das Beste. Vorzuziehen war wohl das sofortige 18...♕e7!?.

19.♖ad1 ♕e7 20.♘hf4 ♖d7 21.♘d3 ♖dd8 22.d5 ♘a5 (22...exd5? 23.♗c5!) 23.♕c3±, Wojtaszek–B. Socko, Warschau 2009.

B2b) 12...♕d7 13.a3 0-0 14.♗xg6 hxg6 15.♕c2 ♖fd8 16.♖ad1 ♕e8 17.g3 ♗f8 18.♘e4 ♖ac8 19.♗g5 ♖d5 20.h4 ♕d7 21.♗e3 ♘e7 22.♘2c3 ♘f5 23.♗f2 ♕c6 24.g4

Weiß hat aktives Spiel am Königsflügel. Der Plan für den weiteren Angriff kann wie folgt aussehen: ♔g1-g2, ♖f1-h1 und h4-h5, Drejew–Romanow, Wladiwostok 2012.

9.♘bc3

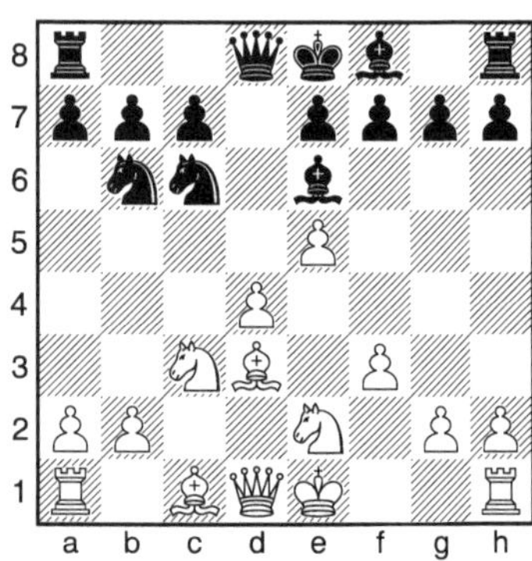

9...♕d7

Schwarz beabsichtigt die lange Rochade. An dieser Stelle gibt es aber eine ganze Reihe von Abweichungen.

I. 9...♗c4 10.♗xc4 ♘xc4

A) 11.e6

Der Bauer opfert sich, um den Nachziehenden an einer geordneten und harmonischen Entwicklung zu hindern sowie Schwächen in seinem Lager zu provozieren.

11...fxe6 12.0-0

(Gut spielbar ist auch 12.♕b3!?, wie die Partie Wolkow–Charlow, Jekaterinburg 1999, unterstreicht.

12...♘b6 13.♕xe6 ♘xd4 14.♕e4 ♘xe2 15.♔xe2 c6 16.♖d1 ♕c8

Der Zugverlauf ist recht gut nachvollziehbar. Schwarz hat auf Erhalt des Mehrbauern gespielt, verbunden natürlich mit dem gleichzeitigen Blick auf die positionellen Konsequenzen im Falle einer Abkehr davon. Weiß hat mit jedem Zug eine Drohung aufgestellt und sich dabei immer besser positioniert.

17.♔f1 e6 18.♗g5 ♗e7 19.♕d4

Weiß hat Vorteil. Wenn der Nachziehende nun den ♗g5 schlagen sollte, nimmt die weiße Dame auf g7 mit einem Doppelangriff auf den ♖h8 und den ♗g5, der dann bereits ein schwarzes Gewand trägt.)

A1) 12...g6 13.♕b3 ♘b6 14.♕xe6 ♕d7

(Wenn Schwarz auf den Gewinn des weißen d-Bauern schielt und 14...♘xd4 spielt, kommt es zu 15.♘xd4 ♕xd4+ 16.♗e3. Über die weitere, zumindest überwiegend zwingende Zugfolge 16...♕f6 17.♕b3 ♕f7 18.♘b5 ♕xb3 19.♘xc7+ ♔d8 20.axb3 ♔xc7 21.♖fc1+ ♔d6 22.♗xb6 ♗g7 23.♗c5+ erlangt Weiß ein für ihn günstiges Endspiel.)

15.♕xd7+! ♔xd7

(15... ♘xd7 ist keine ratsame Alternative wegen 16.d5 ♘b4 17.♘d4±.)

16.d5 ♘b4 17.♖d1 ♗g7

(17...♘c2 sieht auf den ersten Blick verlockend aus, bringt aber nichts wegen 18.♖b1 e6 19.♗f4 ♗c5+ 20.♔h1±. Nun muss sich Schwarz um seinen auf d7 schlecht postierten König kümmern, den zudem die Fernwirkung des gegnerischen Turmes bedroht. Auch sein Springer auf c2 steht labil und erzielt kaum Wirkung.)

18.a3 ♘a6 (18...♘c2? 19.♖a2+–) 19.♗e3±

Der Anziehende steht aktiv, denn bis auf den Turm a1 nehmen seine Figuren allesamt am Spiel teil. Die schwarzen Springer entfalten nur einen Teil der ihnen insgesamt innewohnenden Kraft und beide Türme stehen noch auf ihren Ausgangsfeldern.

A2) 12...♘b6 13.♘e4 g6 14.♘c5 ♕d6 15.♘xb7 ♕d5 16.♗e3 ♗g7 17.♘f4 ♕f5 18.♖c1 ♘xd4 19.♗xd4 ♗xd4+ 20.♕xd4 e5 21.♕b4 ♕xf4 22.♕b5+ c6 23.♕xc6+ ♔f7 24.♘c5

Nach dieser natürlichen Zugfolge, in der an keiner Stelle eine Verbesserung für den Nachziehenden erkennbar ist, stand Weiß in der Partie Morosewitsch–Timofejew, Moskau 2011, erkennbar besser.

B) 11.♕b3 ♘b6

B1) 12.♗e3

Wir veranschaulichen an einem aktuellen Partiefragment aus der Praxis, wohin die Reise nun gehen kann.

12...e6 13.0-0 ♕d7

(In der Partie Edouard–Sumets, Frankreich 2010, folgte stattdessen 13...♘b4.

Der Springer strebt nach d5.

14.f4 ♘4d5 15.♗d2 ♕d7 16.a4 a5 17.♘e4 ♗b4 18.♘c5 ♕c8 19.♗xb4±

Weiß steht nun vor Erfolg versprechenden Angriffsaktionen, die insbesondere auch auf dem Linien öffnenden Bauernvorstoß f4-f5 beruhen. Derweil hat Schwarz seine aktiven Möglichkeiten weitgehend eingebüßt und kaum Aussicht auf ein baldiges Gegenspiel.)

14.♖ad1 ♘b4 15.♘f4 c6 16.♘h5 a5 17.♗g5 h6 18.♗f6 ♖g8 19.a4 ♘4d5 20.♘e4 ♕c7 21.f4 ♘d7 22.♕g3 ♘7xf6 23.♘exf6+ gxf6 24.♕xg8 0-0-0 25.♕g3±, Kasimdshanow–Ismagambetow, Taschkent 2011.

B2) 12.e6

Auch hier folgt der Bauernzug dem Motiv, Schwarz zu stören und Schwächen zu provozieren.

12...fxe6 13.♗e3 ♕d7 14.0-0 0-0-0

Die entgegengesetzten Rochaden befeuern die Dynamik des Spiels.

(Auf 14...g6 kann Weiß 15.♖fd1 bzw. 15.♘e4 spielen.)

15.♖ac1 g6 16.♘e4 ♕d5 17.♕c2 e5

Die Stellung befindet sich in einem dynamischen Gleichgewicht, Drejew-Karjakin, playchess .com 2004. Dass Weiß beim Zählen der Bauern den Kürzeren zieht, ist hier ohne großen Belang.

II. 9...♗d5

A) Spielbar, aber weniger zwingend ist 10.0-0. In der Partie Jussupow–Gulko, Frunze 1981, ließ Schwarz 10...a6 folgen, um das Feld b5 für die gegnerischen Figuren unbetretbar zu machen.

(In der Partie Swetuschkin–Wang Yu, Cappelle–la–Grande 2005, verzichtete der Nachziehende darauf, ohne dass dies unmittelbare Folgen gehabt hätte. Er zog 10...e6 und nach 11.a3 ♕d7 12.♕c2 ♗c4 13.♗xc4 ♘xc4 14.♖d1⩲ stand er recht solide, wenn auch etwas beengt und in der Entwicklung zurück.)

11.a3 ♕d7 12.b4 e6 13.♗e3 ♗e7 14.♕c2 ♗c4 15.♗e4 f5 16.exf6 gxf6 17.♖ad1 f5 18.d5 ♘xd5 19.♘xd5 ♗xd5 20.♗xf5 exf5 21.♘f4 ♘xb4 22.axb4 c6 23.♗d4?

(Hier hätte Weiß 23.♘xd5!? spielen sollen, was ihn nach 23...cxd5 24.♕b3± deutlich in Vorteil gebracht hätte.)

23...0-0 24.♕f2

Wegen der geschwächten gegnerischen Königsstellung hatte Weiß ausreichenden Ersatz für den Bauern.

B) 10.♘xd5 ♕xd5

(10...♘xd5 11.♕b3 ♘b6 12.♗e3 e6 13.0-0 ♘b4 14.♗e4 ♘4d5 15.♗f2 c6⩲, A. Müller–Breier, Deutschland 1995)

11.♗e4 ♕d7 12.e6!

Wieder das schon bekannte Manöver, das den Nachziehenden in der Entwicklung behindert und Schwächen provoziert.

12...fxe6 13.♗xc6 ♕xc6 14.♗f4 ♘d5 15.♖c1 ♕b6 16.♗e5 ♖g8

(Nach 16...♕xb2 und der Antwort 17.♕d3 hat Weiß Initiative für das geopferte Material.)

17.♘c3 c6

(Nach 17...♕xb2 18.♘xd5 exd5 19.0-0⩱ wiegt das weiße Spiel den materiellen Nachteil mehr als auf.)

18.♕e2 g5 19.0-0 ♖g6 20.♔h1±, Barejew–Michaltschischin, Plowdiw 2003.

III. 9...g6

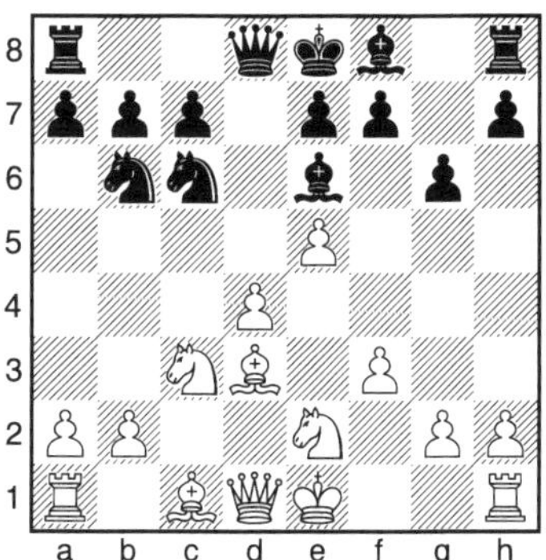

10.♗e4 ♘d5

(10...♗c4 11.♗e3 ♗g7 12.b3 ♗xe2 13.♗xc6+ bxc6 14.♕xe2 0-0 15.0-0 a5 16.♘e4 ♘d5 17.♘c5±, Golod–Jonkman, Ubeda 2001. Schwarz steht passiv und seine Stellung weist zahlreiche Schwächen auf.)

A) Spielbar ist aber auch 11.h4 und nach 11...h5 kann es wie folgt weitergehen.

A1) Die der weißen Stellung innewohnenden Potenziale sind so gut, dass der Anziehende auch auf anderen Wegen Vorteil erhält bzw. behält, z.B. mit 12.♗g5, wie die folgenden Beispielvarianten zeigen.

12...♗g7 13.♕d2 ♕d7 (13...0-0 14.♗h6±) 14.♘xd5!?

Auf 14.0-0 sind die beiderseitigen Aussichten als etwa gleichwertig einzuschätzen. Schwarz wird nun voraussichtlich auf die lange Rochade setzen, worauf das Spiel an Schärfe zu gewinnen verspricht.

14...♗xd5 15.e6

Wie schon so oft geht der e–Bauer voran, aber diesmal muss Schwarz nicht mit seinem f–Bauern schlagen.

15...♗xe6 16.d5 f5 17.♘f4 ♗f7 18.dxc6 ♕xd2+ 19.♔xd2 fxe4 20.cxb7 ♖d8+ 21.♔c2 exf3 22.♖ae1 ♗f8 23.gxf3±

A2) 12.♕b3 ♘a5

(12...♘xc3 ist wegen 13.♕xb7 ♘xe4 14.♕xc6+ ♗d7 15.♕xe4± für Weiß vorteilhaft.)

13.♕a4+ c6 14.♗xd5 ♗xd5 15.♘xd5 ♕xd5 16.♘c3 (16.b3!? Hertneck) 16...♕d8 17.♗d2 ♖c8 18.♖c1 mit dem Plan ♘c3-d1-f2 und gutem Spiel für Weiß.

B) 11.♕b3!

Nun kann Schwarz den Punkt d5 nicht mehr halten, wonach Weiß in Vorteil kommt.

IV. 9...♘b4

A) Weiß sollte seinen Läufer mit 10.♗e4 bewahren.

A1) Nach 10...c6 11.0-0 ♕d7 12.♗e3 f5 13.exf6 exf6 14.♘f4 0-0-0 15.♘xe6 ♕xe6 16.♖e1 bekam Weiß in der Partie Shemeakin–Bardjuzha, Alushta 2006, gute Perspektiven, die er zum späteren Sieg ausbauen konnte.

A2) In welche Richtung sich die Partie auf 10...♘4d5 entwickeln kann, möchten wir anhand des Partieverlaufs

Miles–Fox, Bristol 1982, veranschaulichen.

11.0-0 ♘xc3 12.bxc3 c6 13.a4 ♗c4 14.♗a3 e6 15.♗xf8 ♔xf8 16.♖f2 ♘d5 17.♗d3 ♗xd3 18.♕xd3 g6 19.c4 ♘e7 20.♘c3 ♕c7 21.♕d2 ♔g7 22.♕f4 ♖hd8 23.♖d1 b6 24.♖fd2 a6 25.♘e4 b5 26.♘g5 ♖f8

Der Anziehende hat kontinuierlich seinen Angriff entwickelt. Nun ist es an der Zeit loszuschlagen.

27.♕xf7+!

Auf den ersten Blick ein zunächst überraschender und zugleich vernichtender Zug.

27...♖xf7 28.♘xe6+ 1-0

B) 10.♗b1 c6 11.a3 ♘4d5 12.♘e4 ♕c8 13.0-0 f5 14.♘g5 h6 15.♘xe6 ♕xe6 16.g4 g6 (16...fxg4 17.♘g3±) 17.♘g3 ♖g8 18.♔h1 f4 19.♘e4±, Schabalow–Greenfeld, Pula 1989.

10.♘e4 ♗d5 11.♘c5 ♕c8 12.♗e3 e6 13.♖c1 ♘b4

Eventuelle Gelüste, den Bauern auf a2 mit 13...♗xa2? zu verspeisen, scheitern an 14.b3! a5 15.♗b5 ♗xc5 16.♖xc5 ♘d5 17.♗d2 ♘db4 18.♗xb4 axb4 19.♖xc6! bxc6 20.♗xc6+ ♔e7 21.♗xa8 ♕xa8 22.♕c2 mit der Drohung ♘c1+–.

14.a3 ♘xd3+ 15.♕xd3 ♘d7 16.♘e4 ♕d8 17.0-0 ♗e7 18.f4 ♘b6 19.f5! mit guten Perspektiven für Weiß.

Zusammenfassung: Dieses Abspiel verspricht Weiß ebenfalls gute Aussichten. Statt 6.♗d3 ist 6.♗b3 eine gute Alternative und anstelle von 8.f3 ist auch 8.♗e3 zur weiteren Prüfung zu empfehlen.

Abspiel 4

Die Fortsetzung 3...♘c6

1.d4 d5 2.c4 dxc4 3.e4 ♘c6

Mit seinem Angriff auf den Bauern d4 will Schwarz die elastische Entwicklung von Weiß stören.

4.♘f3

So wird meistens gespielt, obwohl die folgende Fesselung durch den gegnerischen Läufer lästig sein kann.

Eine starke Alternative ist deshalb 4.♗e3!?, womit Weiß seinen Bauern verteidigt, ohne dass der Nachziehende die unangenehme Fesselung durch ♗g4 anbringen kann.

A) 4...e5 ist als Alternative zu beachten.

5.d5 ♘ce7 6.♗xc4 ♘g6 7.♗b5+

(Schirow macht auf 7.♕b3!? aufmerksam.)

7...♗d7 8.♕b3 ♘f6 9.♗xd7+ ♘xd7 10.♕xb7 ♖b8 11.♕c6 ♘h4

(11...♖xb2 ist wegen 12.♘f3 ♗b4+ 13.♘bd2± nicht zu empfehlen.)

12.♔f1 ♗c5

(12...♖xb2 13.g3 ♘g6 14.♘d2±)

13.♗xc5 ♕g5 14.♘d2!

Nun wird es taktisch und das Spiel gerät auf des Messers Schneide.

A1) 14...♕xg2+

Weiß kann davon ausgehen, dass ein überragender Anteil der auf Klubniveau gespielten Partien mit diesem Einschlag der Dame auf g2 fortgesetzt werden wird, zumal auch noch der Gewinn des ♖h1 lockt. Schwarz ist gut beraten, sich die Folgen dieser materiellen Gelüste genau anzusehen und dann die Finger davon zu lassen.

15.♔e2 ♖xb2

(15...♕xh1 16.♘gf3 ♕xa1

Dies ist das Zeug, aus dem unsterbliche Partien erwachsen!

17.♘xe5 ♖d8 18.♘xf7+-)

16.♔d3 ♕xh1 17.♘c4+-

A2) 14...♕xd2 15.♗a3

Deckt den Bauern b2, der Läufer bleibt auf der wichtigen Diagonale a3-f8. Der schwarze König ist in der Mitte wie angekettet.

15...♕d3+ 16.♘e2 ♘xg2 17.♕c3 ♕xc3

(17...♕xe4 18.f3 ♕e3 19.♖c1±)

18.♘xc3 ♘f4 19.♖g1 g6 20.♘e2 ♔d8 21.♖c1

Weiß ist mit Vorteil aus diesem Krimi gekommen und hat die Partie später auch tatsächlich gewonnen, Schirow-Murshed, Brno 1991.

B) 4...♘f6

Schwarz antwortet mit einem natürlichen Entwicklungszug, der den Anziehenden wegen des Angriffs auf den e-Bauern zu einer Reaktion zwingt.

5.♘c3

B1) 5...e5 ist weiterhin eine schwarze Option, z.B. 6.d5 ♘a5.

(Auf 6...♘e7 sollte Weiß am besten mit 7.♗xc4 reagieren.)

7.♘f3 ♗d6 8.♕a4+ ♗d7

(8...c6 9.dxc6 ♘xc6 10.0-0-0! mit guten Angriffschancen für den Anziehenden.)

9.♕xa5 a6 10.♘a4 ♘xe4

(10...b6 wäre unvorsichtig wegen 11.♘xb6 cxb6 12.♗xb6 ♕e7 13.a3 ♘xe4 14.♗xc4 und Weiß hat sich einen Mehrbauern verschafft.)

11.♗xc4 b5

Diese Bauerngabel kann Weiß mit 12.♗d3 ♘f6 13.♘c3 parieren, und weil Schwarz Gefallen an diesem taktischen Motiv gefunden hat, bringt er es gleich noch einmal aufs Brett.

13...e4 14.♗xe4 b4 15.♗c2 bxc3 16.♕xc3 0-0 17.0-0-0

Die weiße Stellung ist vorzuziehen. Der Anziehende verfügt über einen Mehrbauern und auch über mehr Raum und Initiative. Zudem gibt es einige schwache Felder im Lager von Schwarz, die ihm noch erhebliche Sorgen bereiten können.

B2) 5...♘g4 6.♗xc4 e5 7.♕b3 ♕d7 8.0-0-0 exd4 9.♘f3

Der schwarze Bauer auf d4 ist durch den ♖d1 gefesselt und kann deshalb weder den Springer noch den Läufer schlagen – es sei denn, Schwarz möchte seine Dame opfern.

9...♘xe3!?

(9...♗c5 10.♕b5 ♗d6 11.♗xd4 0-0 12.h3! ♘xd4 13.♕xd7 ♗xd7 14.♖xd4 ♘xf2 15.♖f1 ♗e6 16.♗xe6 fxe6 17.♖xf2 ♗c5 18.♖fd2 ♗xd4 19.♘xd4±, Wyschmanawin-Baburin, Gorky 1989.)

10.fxe3 ♘a5

Nach Einschätzung von Baburin kann sich Schwarz gut verteidigen.

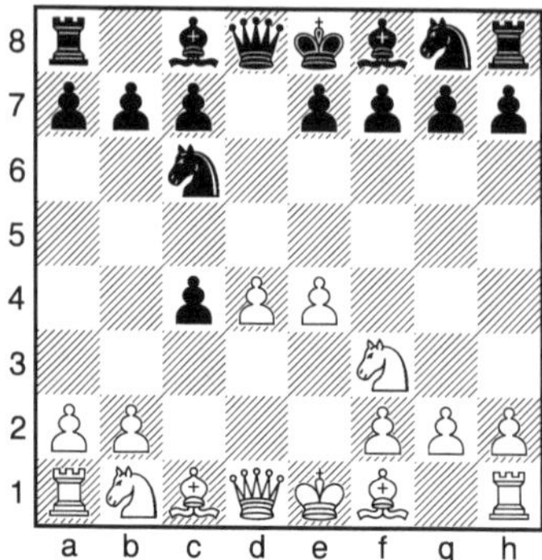

4...♗g4

Dies schon angesprochene Fesselung des ♘f3 mit dem Läufer ist die Hauptidee.

Hier trifft man aber auch auf 4...♘f6, was in der Regel unter Zugumstellung zur Hauptvariante führt. Es kann aber auch anders weitergehen.

5.♘c3 ♗g4 6.d5 ♘e5 7.♗f4 ♘g6 8.♗e3

A) 8...e6 9.♕a4+ ♕d7 10.♕xd7+ ♔xd7 11.♘g5!

Der Anziehende hat sich der Fesselung elegant entzogen und kann den Springer nun schön als Angriffsfigur einsetzen.

(Nicht zu empfehlen ist 11.♗xc4 wegen 11...exd5 12.0-0-0 ♗d6 13.♗xd5 ♘xd5 14.♖xd5 ♗xf3 15.gxf3 c6 16.♖d2 ♔e7=.)

11...exd5 12.♘xf7 ♖g8 13.f3 ♗e6 14.♘g5

A1) 14...c6 sieht auf den ersten Blick auch nicht schlecht aus, hat aber seine Tücken, wie die folgenden Beispielvarianten zeigen.

15.0-0-0 b5

(In der Partie Karpow–Lautier, Monte Carlo 1997, versuchte Schwarz 15...h6?, geriet aber über die Folge 16.♘xe6 ♔xe6 17.♗d4 ♗d6 18.♗xf6 gxf6 19.exd5+ cxd5 20.♖xd5 ♘e5 21.g3 ♗b4 22.♖d4 ♖gd8 23.♗xc4+ ♔f5 24.♗d5+– ins Hintertreffen.)

16.g3 ♗b4 17.♗d4

Ungeachtget eines Minusbauern hat Weiß gute Perspektiven aufgrund der dynamischen Potenziale seiner Aufstellung.

A2) 14...♗b4 15.0-0-0 ♗xc3 16.bxc3 b5 17.g3 c6 18.♗d4 mit ausgezeichnetem Spiel für Weiß, das ihm letztlich den Sieg einbrachte, Sakajew–Jakowitsch, Moskau 2009.

B) 8...e5 9.♗xc4

An dieser Stelle ist es angebracht, sich mit drei Alternativen für Schwarz auseinanderzusetzen, eine in der Mitte, eine am Königs- und eine am Damenflügel verortet.

B1) 9...♘h4

Wegen des angegriffenen ♙g2 muss Weiß reagieren. Aufgrund der Fesselung durch den schwarzen ♗g4 fällt die Möglichkeit, den gegnerischen Springer mit dem eigenen zu schlagen, für Weiß natürlich aus.

10.♖g1 ♘g6

Der Nachziehende könnte sich für diesen Rückzug noch Zeit lassen, obwohl er bald ohnehin anstehen wird.

(10...a6 wäre eine Überlegung wert. Immerhin ist es Schwarz gelungen, seinem Gegner die Möglichkeit zur kurzen Rochade zu nehmen.)

11.♗b5+ ♘d7 12.h3 ♗xf3 13.♕xf3 a6

14.♗xd7+ ♕xd7 15.♕g4 ♗b4 16.♖c1 ♕b5 17.♕e2 ♘f4 18.♗xf4 exf4 19.a3 ♗xc3+ 20.♖xc3 ♕b6 21.g3

Weiß hat die besseren Perspektiven, Caruana–Godena, Spoleto 2011. Seine beiden zentralen Bauern sind stark und seinen Schwerfiguren winken (halb-) offene Linien und damit ein wirksames Spiel. Lösen muss er allerdings noch sein Problem mit der Königssicherung.

B2) 9...a6

Damit wird den weißen Figuren der Zutritt auf das Feld b5 verwehrt.

10.♗e2

Hebt die Fesselung auf und begegnet damit auch schon frühzeitig der Gefahr einer Schwächung der weißen Bauernformation am Königsflügel bei einem allfälligen, allerdings vorbereiteten Schlagen des weißen Springers durch den Gegner.

10...♗d6

(Die Variante 10...♗xf3 11.♗xf3 ♘h4 12.0-0 ♘xf3+ 13.♕xf3 ♗b4 14.♖ac1± unterstreicht die Sinnhaftigkeit des Zuges 10. ♗e2.)

11.♘d2 ♗xe2 12.♕xe2 0-0 13.0-0

Die Fesselung ist vorüber, der König ist gesichert, die ihn schützende Bauernformation ist intakt geblieben – der Anziehende befindet sich auf einem guten Weg.

13...♕d7 14.f3 ♖fc8 15.♖fd1 ♘e8 16.♘b3 h6 17.♖ac1

Die weiße Stellung ist vorzuziehen, Asmajparaschwili–Piket, Wijk aan Zee 1993. Der Anziehende steht aktiver und verfügt über mehr Raum. Es wird keine leichte Aufgabe für Schwarz sein, ein qualifiziertes Gegenspiel zu organisieren.

B3) 9...♗d6 10.♗b5+ ♗d7 11.♕b3 0-0 12.♗xd7 ♕xd7 13.0-0 ♖fb8

Beide Parteien haben eine solide Aufstellung erreicht, wobei Weiß freier steht. Anhand des folgenden Partiefragments möchten wir veranschaulichen, in welche Richtung die beiderseitigen Pläne führen können.

14.a4 c6 15.♗g5 ♘h5 16.♖ad1 ♘hf4 17.♗xf4 ♘xf4 18.g3 ♕h3 19.♘e1 ♘g6 20.♘g2 h5 21.♕c4 ♖c8 22.♕e2 ♗c5 23.♘e3 ♘f4 24.♕f3

(Schwarz lässt hier nicht etwa einen Figurengewinn aus, denn der ♘f4 wäre nicht zu halten: 24.gxf4 exf4 25.♘f5? f3+–)

24...g5 25.♘e2 ♔h7 26.♘f5 cxd5 27.♘xf4 gxf4 28.♖xd5

Weiß hat sich einen positionellen Vorteil gesichert, P. Nielsen–Najer, Internet 2004. Über diese Variante ist das letzte Urteil aber noch nicht gesprochen. Sie ist sehr kompliziert und an mehreren Stellen ist Raum für Abweichungen gegeben. Es kann sich also lohnen, derartige Möglichkeiten intensiv zu prüfen.

5.d5 ♘e5 6.♗f4 ♘g6

Andere Erwiderungen sind günstig für Weiß:

6...♘xf3+ 7.gxf3 ♗d7 8.♗xc4±;

6...♘d3+ 7.♗xd3 cxd3 8.♕xd3±;

6...♗xf3 7.gxf3 ♘d3+ 8.♗xd3 cxd3 9.♕xd3±.

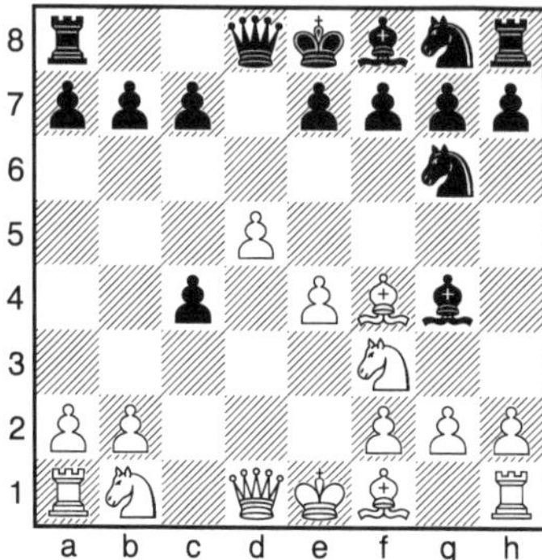

7.♗e3

Hier steht der Läufer wirkungsvoller als auf der Diagonale b8–h2, weil er sowohl die Schräge a7-g1 als auch c1-h6 unter Kontrolle hat.

Der Rückzug 7.♗g3 wird selten gespielt. Die Praxis zeigt auch, dass dieser Zug zu Recht gegenüber der Textvariante zurücksteht. Werfen wir mal einen kurzen und groben Blick auf das, was nach dieser Abweichung folgen kann.

A) 7...e5 8.♗xc4 ♗d6

(8...a6 9.♘c3 ♗d6 10.♗e2 ♘f6 11.♘d2 ♗d7 12.0-0 0-0∞, Najer–Worobiow, Moskau 2002. Auf g3 ist der weiße Läufer weit entfernt von der Aussicht auf eine tragende Rolle in der Partie.)

9.♘bd2 ♘f6 10.♗b5+ ♗d7 11.♗xd7+ ♕xd7 12.0-0 0-0 13.♕b3 ♘h5

(13...c6 14.dxc6 ♕xc6 15.♖ac1 ♕a6 16.♘h4 ♖ac8 17.♘f5 ♗c5 mit etwa gleichen Chancen, Wells–Baburin, Birmingham 2000.)

14.♘c4 ♘hf4 15.♖fe1 f6 16.♖ac1 a5

Wieder steht der weiße Läufer auf g3 passiv. Die Stellung ist etwa ausgeglichen, Fressinet–Rabiega, Berlin 2012.

B) 7...♘f6 8.♘c3

B1) 8...e6 9.♗xc4 exd5 10.♗xd5 c6 11.♕a4 ♗xf3 12.gxf3 ♗e7 (12...♘xd5 13.exd5!) 13.♗b3 0-0 14.e5 b5

(14...♘d7? 15.♖d1 ♕c8 16.♗xf7+!±, Xu Jun–Nikolic, Belgrad 1988.)

15.♕a6 ♕d3! 16.♕xc6 (16.exf6?? ♗b4–+) 16...♖ac8 17.♕xb5 ♕xf3 18.0-0 ♘f4 19.♗xf4 ♕xf4 20.exf6 ♕g4+ mit Dauerschach.

B2) 8...e5 9.♗xc4 ♗d6 10.♕a4+ ♘d7 11.♘d2 0-0 12.♕c2 ♘b6 13.♗e2 ♗xe2 14.♘xe2 c6 15.dxc6 ♖c8 16.h4 ♖xc6 17.♕b3 ♗b8 18.♘f3 ♘f4 19.♗xf4

Nun geht er vom Brett, der Läufer, der Weiß ab dem 7. Zug keine rechte Freude mehr machen konnte.

19...exf4 20.0-0 h6∞

Auch hier ist es dem Anziehenden nicht gelungen, einen Vorteil für sich herauszuarbeiten; Mamedjarow–Najer, Chanty–Mansijsk 2013.

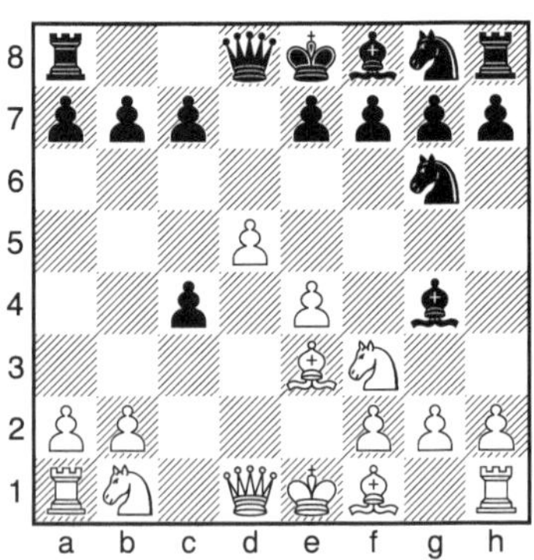

7...♘f6

Schwarz setzt auf die natürliche wei–

tere Entwicklung seiner Stellung und zwar auf eine Weise, dass sich der Anziehende wegen des Angriffs auf den ♙e4 um diesen kümmern muss.

An dieser Stelle greift Schwarz aber gelegentlich auch zu anderen Zügen.

I. 7...b5 8.b3 (8.♘c3!?) 8...e6 9.bxc4 ♘f6 10.♘bd2 exd5 11.cxd5 a6 12.a4 b4 13.g3

Es ist eher zweifelhaft, ob das geplante Fianchetto für Weiß die beste Methode ist. Gute Alternativen sind sicher 13.♕c2 und ♗e2.

A) 13...c6 14.dxc6 ♘xe4?

Nun folgt für den Nachziehenden ein rasches Ende oder aber ein Schrecken ohne Ende.

15.c7!

Vermutlich hat Schwarz in der Partie Postny–Lubbe, Rio (Achaia) 2013, diesen Zug übersehen.

(Natürlich geht nicht 15.♘xe4? wegen 15...♕xd1+ 16.♖xd1 ♗xf3+–.)

15...♕f6

(15...♕d6 16.♘xe4 ♕xd1+ 17.♖xd1 ♗xf3 18.♗xa6+–; 15...♕xc7 16.♘xe4+)

16.♘xe4 ♕xf3 17.♕d5 1-0

B) 13...♗d6 14.♗g2 0-0 15.0-0 ♖e8

(Nach 15...♘e5 spielt Weiß sich frei, beispielsweise über das Abspiel 16.♕c2 ♘xf3+ 17.♘xf3 ♖e8 18.♘d2 a5 19.♗d4 ♘d7 20.f4 f6 21.♘c4, und wird mit einem ausgezeichneten Spiel belohnt.)

16.♕c2 ♕d7 17.♖fe1 ♗xf3 18.♗xf3 ♗e5 19.♖ac1 ♗c3 20.♖ed1

Weiß steht gut. Besonders hervorzuheben ist sein Läuferpaar.

II. 7...e5 8.♗xc4

A) 8...♘h4

Wieder das oben schon gesehene Motiv des Angriffs auf den ♙g2, der wegen der Fesselung des ♘f3 möglich wird.

9.♖g1 ♗d6 10.♘bd2

Nun wird die Dame grundsätzlich frei.

10...♘e7 11.♕b3±, Elsness–Moen, Lillehammer 2013.

B) 8...♗d6 9.♗b5+ ♔f8

(9...♗d7!? könnte einige für den Nachziehenden nun bald auftretende Probleme vermeiden und ist deshalb vorzuziehen. Es bleibt dann allerdings das Eingeständnis, dass Schwarz mit dem Läuferzug nach g4 nicht allzu viel erreicht hat.)

10.0-0 ♘f6 11.♘bd2 h5 12.♕c2 a6 13.♗d3 h4 14.h3 ♗xf3 15.♘xf3 ♘h5 16.♖fc1 ♘gf4 17.♗f1 ♖h6 18.♕b3 b6 19.♖c6 ♔g8

(19...♖g6 sollte hinsichtlich seiner psychologischen Kraft an dieser Stelle nicht unterschätzt werden. Der Zug wird zwar ohnehin gleich noch ausgeführt werden, aber er kann schon hier den einen oder anderen Weißspieler mit schwer beeindrucken.)

20.♖ac1 ♕e7 21.a4 a5 22.♔h1 ♖g6 23.♘d2 ♔h7 24.♘c4 ♗b4 25.d6! cxd6 26.♘xb6±, Van Wely–Milov, Frankreich 1999.

C) 8...a6

(Schwarz will den weißen Läufer nicht nach b5 lassen.

9.♗e2

Beendet die Fesselung und auf c4 hatte der Läufer ohnehin kein geruhsames Plätzchen mehr.

(9.♕b3 b5 10.♗e2 ♗d7 11.0-0 ♘f6 12.♘bd2 ♗d6 13.♖fc1 0-0 14.♖c2 ♕e7 15.♖ac1±, P. Nielsen–Berzinsh, Eretria 2011. Weiß steht aktiver, aber Schwarz hat sich solide aufgebaut.)

9...♘f6 10.♘c3 ♗d6 11.0-0 0-0 12.♘d2 ♗d7 13.g3 b5 14.a4 ♖b8 15.axb5 axb5 16.♕c2±, Bacrot–Mista, Griesheim 2011.

8.♘c3 e6 9.♕a4+ ♕d7 10.♕xd7+ ♘xd7

Hier ist auch 10...♔xd7 anzutreffen. Wir haben diese Möglichkeit bereits analysiert, und zwar nach 4...♘f6 (statt des Hauptzuges 4...♗g4).

11.♘d4

Der Springer wird zentralisiert.

11...exd5

11...e5 führt zu der weitgehend zwingenden Folge 12.♘db5 ♔d8 13.h3 c6

(13...a6 14.♘a3 b5 15.hxg4 b4 16.♘xc4 bxc3 17.bxc3±)

14.dxc6 bxc6 15.♘xa7 ♗e6 16.♘xc6+ ♔c7 17.♘a7 ♗c5 18.♘ab5+ ♔c6 19.0-0-0 und ist vorteilhaft für Weiß.

12.h3 c5 13.♘db5 d4

Im Duell Sivic–Cardenas Huaman, ICCF 2008, geschah 13...0-0-0 14.hxg4 a6 15.♘xd5 axb5 16.a4 ♘e7 17.♘f4 ♘e5 18.axb5 b6 19.♗d2 ♖d4 20.f3 ♖d6 21.♗c3 f6 22.g5 ♘7g6 23.gxf6 gxf6 24.♘xg6 ♘xg6 25.♗xc4 und das Endspiel ist für Weiß gewonnen.

14.hxg4 ♖c8 15.♘xa7 ♖d8 16.♘ab5 ♘de5 17.0-0-0 dxe3 18.♘c7+ ♔e7 19.♘7d5+ ♔e8 20.♘xe3 ♖xd1+ 21.♔xd1 ♘d3 22.♗xd3 cxd3 23.♔d2 ♘f4 24.g3 ♘e6 25.♔xd3 mit einem Mehrbauern im Endspiel, Verhoef–Tait, ICCF Email 2002.

Zusammenfassung: Auch in diesem Abspiel erreicht Weiß gute Aussichten. Zu beachten ist 4.♗e3!? anstelle des Hauptzuges 4.♘f3. Im 7. Zug wird statt 7.♗e3 auch 7.♗g3 gespielt, was wir jedoch nicht favorisieren. Auf g3 steht der Läufer oft schlicht passiv. Deshalb bevorzugen wir 7.♗e3 und empfehlen dies als Hauptfortsetzung.

Kapitel 3

Die Tschigorin–Verteidigung

1.d4 d5 2.c4 ♘c6

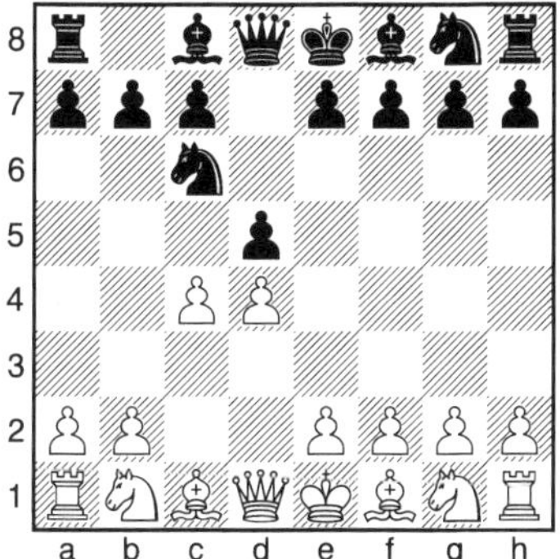

Diese Eröffnung wurde durch den russischen Meister Michail Tschigorin (1850-1908) in die Turnierpraxis eingeführt. Mit dem Springerzug greift Schwarz den Bauern auf d4 an und plant zugleich den Vorstoß e7-e5. Die Verteidigung ist eine sehr interessante Eröffnung, die früher in einem eher zweifelhaften Ruf stand, der man heute aber offener begegnet. Unabhängig davon, ob sie denn nun vollwertig ist oder nicht: Wer als Weißspieler mit dem d–Bauern eröffnet und dem Damengambit nicht aus dem Weg geht, muss sie kennen, denn sonst kann sie ihm als gegnerische Überraschungswaffe sehr gefährlich werden.

3.♘c3

Damit erhöht Weiß den Druck auf den Bauern d5. Die möglichen Alternativen sind 3.♘f3 und 3.cxd5, aber der Textzug ist von besonderem Interesse und wir denken, dass Schwarz danach mit einigen Schwierigkeiten zu kämpfen hat.

3...dxc4

Dieser Bauernzug ist die beliebteste Antwort von Schwarz. Weiß muss allerdings damit rechnen, dass sein Gegner zu einer der Alternativen 3...♘f6, 3...e6 oder 3...e5 greift.

I. 3...♘f6 4.cxd5 ♘xd5 5.♘f3

Hier muss muss der Nachziehende sich erneut entscheiden, wie es weitergehen soll.

A) 5...♗g4 6.e4

Genau die richtige Antwort. Weniger erfahrene Spieler scheuen vor einem Zug wie diesem zurück, da sie die Folgen der damit eintretenden Fesselung des Springers fürchten. Diese kommt hier aber in keiner Weise zum Tragen, sodass Weiß seinen e–Bauern ziehen kann, ohne sich damit Sorgen einzufangen.

6...♘xc3 7.bxc3

Damit kommt der Anziehende zu einem starken Bauernzentrum.

7...e5 8.d5 ♗xf3

(Auf 8...♘e7 folgt stark 9.♖b1!? oder sogar 9.♕b3!?.)

9.♕xf3 ♘a5 (9...♘b8 10.♖b1!) 10.♕g3

Ein unangenehmer Zug für Schwarz. Er muss den angegriffenen e–Bauern decken und kann seinen Läufer wegen des dann verloren gehenden g-Bauern nicht entwickeln.

10...♕d6 11.♗e3

(Es geht auch 11.♗e2!? mit der Idee 0-0, f2-f4 usw.)

11...f6 12.♗e2 g6 13.0-0

Nachdem Weiß die meisten Entwicklungsaufgaben erfüllt hat, kann er sich nun an die Realisierung seiner Angriffsplanungen machen. Er setzt auf ein Vorgehen am Königsflügel, wo er bereits über ein Kräfteplus verfügt.

13...♗g7 14.♔h1 0-0 15.f4 b6 16.h4

Weiß hat eine aussichtsreiche Initiative, McDonald Ross–Cafferty, Portsmouth 1976.

B) 5...e5

Der Bauernzug ist Teil der strategischen Grundidee des Nachziehenden.

6.dxe5 ♗b4

(6...♘xc3 7.♕xd8+± wäre keine gute Idee für Schwarz.)

7.♗d2 ♘xc3 8.bxc3 ♗c5

(8...♗a5 kann Weiß nutzen, um seinen Kontrahenten in Bedrängnis zu bringen.

9.♕a4 0-0 10.e3 ♕e7 11.♗b5 ♕c5 12.♗xc6 bxc6

Damit hat sich Schwarz einen Doppelbauern eingehandelt, der dauerhaft schwach sein und das harmonische Figurenspiel stören wird.

13.0-0 ♗b6 14.c4

Der Läufer soll auf die Diagonale a1-h8 geführt werden. Damit ist das Problem seiner Aktivierung gelöst, und er trägt dazu bei, dass Schwarz sein Bauernminus nicht so ohne Weiteres ausgleichen kann.

14...a5 15.♗c3 ♗e6 16.♘d2 ♖ad8 17.♖ac1

Die weiße Stellung ist deutlich vorzuziehen, P. Jaracz–Barletta, Arvier 2010.)

9.♗f4

Der Anziehende will den Mehrbauern halten und sich dabei weiterentwickeln.

9...0-0

(Die Variante 9...♕xd1+ 10.♖xd1 ♗e6 11.♖d2 ♖d8 12.♖b2± ist eher günstig für Weiß.)

10.e3 ♕e7 11.♗e2 ♗g4 12.0-0 h6 13.♕c2 ♖fe8 14.♖fd1

Die Stellung des Anziehenden ist deutlich vorzuziehen. Er steht aktiver und macht es seinem Gegner weiterhin schwer, den materiellen Gleichstand wiederherzustellen. Dabei gibt es mehrere Ansätze für ihn, aktiv vorzugehen. Hierzu zählen die halboffene b-Linie, ggf. auch unter Vorstoß des a-Bauern, aber auch Potenziale am Königsflügel. In der Partie Martys–Spanton, Lechenicher SchachServer 2006, ging es wie folgt weiter: 14...♖ab8 15.♖ab1 ♗b6 16.♖d5 ♖bd8 17.♖xd8 ♖xd8 18.h3 ♗e6 19.a4. Weiß hat mehr Material, steht kompakt, initiativ und damit insgesamt besser.

C) 5...♗f5 6.♕b3 e6 7.e4 ♘xc3 8.exf5 ♘d5 9.♗d2

(9.a3!? mit der Drohung, auf b8 zu

schlagen, ist eine intensive Prüfung wert.)

9...♕d6 10.♕xb7 ♖b8 11.♕a6 ♗e7

(11...exf5 12.♖c1 ♕e6+ 13.♔d1!+-)

12.♗b5 ♖b6 13.♕a4 0-0 14.♖c1 ♘b8 15.0-0 exf5 16.b3

Laut Awruch steht Weiß, gestützt auf sein Läuferpaar, besser, denn Schwarz hat seine Probleme noch nicht gelöst.

II. 3...e6

Damit deckt Schwarz zwar wirksam seinen Bauern, sperrt dabei aber seinen weißfeldrigen Läufer ein.

4.♘f3 ♗b4

(Nach 4...♘f6 5.♗g5 ♗e7 6.e3 0-0 kann Weiß 7.♖c1 spielen.)

5.♗g5 ♘f6 6.e3 h6 7.♗xf6 ♕xf6 8.♕c2

Dem Nachziehenden bieten sich hier vor allem zwei Fortsetzungen an.

A) 8...dxc4 9.♗xc4 0-0 10.0-0 ♗d6 11.♖ad1

Weiß steht freier und initiativer. Schwarz hat die Aufgabe, seine Kräfte zu aktivieren, noch nicht abgeschlossen, auch verursacht durch die noch unglückliche Rolle des weißfeldrigen Läufers.

11...♖e8 (11...e5 12.♘d5±) 12.♗b5 ♗d7 13.e4 ♕g6 14.♕e2±, Petursson–Reeh, Gausdal 1990.

B) 8...0-0

Die Rochade wird in dieser allerdings selten auf das Brett kommenden Variante zumeist ausgeführt.

9.a3 ♗xc3+ 10.♕xc3

Mit dem bis hier Erreichten kann Weiß schon mal zufrieden sein. Er steht aktiv ohne besondere Schwächen und wird mittels ♗e2 und 0-0 in Kürze seine Entwicklung abschließen. Die Partie Akesson–Matros, Stockholm 1997, nahm den folgenden Verlauf: 10...♖e8 11.♖d1 a5 12.h3 a4 13.♗e2 ♗d7 14.0-0 ♖ec8 15.♘e5 ♗e8 16.♗f3 und Weiß gewann nach zähem Ringen im 59. Zug.

III. 3...e5

Der Nachziehende spielt seinen bei 2...♘c6 geplanten Zug sofort.

4.cxd5 ♘xd4 5.e3 ♘f5 6.♗b5+ ♗d7

A) 7.♕b3!?

A1) 7...♘f6 8.♗xd7+ ♘xd7

(8...♕xd7 9.♕xb7 kostet Schwarz kompensationslos einen Bauern.)

9.♘f3

(9.♕xb7 ♖b8 10.♕c6 ♗b4 11.♘ge2 0-0 12.♕a4 ♘f6 13.0-0 ♘xd5±)

9...♗d6

(Oder 9...♘d6 10.e4 ♗e7 11.0-0 0-0 12.♗e3, wonach die Aussichten von Weiß wegen seines Drucks am Damenflügel als besser einzuschätzen sind.)

10.0-0 ♖b8 11.e4 ♘e7 12.♗e3

Weiß steht frei, initiativ und hat Raumvorteil. Seine Kräfte sind harmonisch aufgestellt und bemerkenswerte Schwächen sind in seinem Lager nicht zu erkennen. Alles zusammen eröffnet ihm ein angenehmes Spiel.

A2) 7...♘d6 8.♗xd7+ ♕xd7 9.♘f3 f6

(9...e4 10.♘e5! ist für Schwarz noch weniger akzeptabel.)

10.e4 g6

(10...♘e7 mit der Idee g7-g5, ♘e7-g6-h4 sieht interessant aus, führte aber in der Partie P. Jaracz–Nygren, Stockholm 2005, nicht zum Erfolg. Dort geschah: 11.0-0 g5 12.♘d2 ♘g6 13.♘c4 ♘h4 14.♘xd6+ ♗xd6 15.♕b5 c6 16.♕e2±.)

11.0-0 ♘h6 12.♘e1 ♘hf7 13.♘d3 b6 14.f4 ♗g7 15.fxe5 fxe5 16.♗e3 0-0 17.♖ac1

Weiß steht aktiver, denn der schwarze Läufer auf g7 spielt erst mal nur eine passive Rolle.

B) 7.♗xd7+ ist für Weiß leichter zu spielen als die zuvor betrachtete Variante mit 7.♕b3.

7...♕xd7 8.♘f3 ♗d6 9.e4 ♘fe7 10.♕b3 b6

Bis hier hatte Schwarz keine große Wahl bei seinen Reaktionen auf die weißen Züge, so dass diese recht gut auszurechnen waren. Der Anziehende kann schon recht zufrieden sein, weil er seine Figuren problemlos in aktive Positionen entwickeln konnte.

11.♗g5

(Auch ein sofortiges 11.♗e3!? ist möglich.)

11...♘g6 12.a4 h6 13.♗e3⩲

Die Partie Melkumyan–Vardanian, Jermuk 2013, ging wie folgt weiter: 13...a6 14.♘d2 ♘f6 15.f3 ♕e7 16.♘e2 ♘d7 17.♘g3 ♘h4 18.0-0 0-0 19.♘c4 mit weißer Initiative.

4.♘f3

Der beste Entwicklungszug.

4...♘f6

Im heutigen modernen Turnierschach ist dies die Hauptfortsetzung. Der Anziehende muss aber damit rechnen, dass sein Gegner eine andere Wahl trifft, insbesondere 4...e6, 4...e5 oder 4...♗g4. Wir wollen es bei einem kurzen Blick darauf bewenden lassen.

I. 4...e6 ist nicht allzu ehrgeizig. Augenfällig ist, dass Schwarz seinen Damenläufer ohne belastbaren Grund einsperrt. Weiß kommt recht bequem zu gutem Spiel, z.B. über die schlichte und zugleich logische Zugfolge 5.e4 ♘f6 6.♗xc4 ♗b4 7.e5 ♘e4 (7...♘d5 8.♗d2⩲) 8.♕c2 ♘xc3 9.bxc3 ♗e7 10.0-0 0-0 11.♕e4. Eine gute Idee ist nun ♗c4-d3 mit Angriffsmöglichkeiten.

II. 4...e5 5.d5 e4 wird zu einer Harakiri–Variante über 6.dxc6 ♕xd1+ 7.♔xd1 exf3 8.exf3 bxc6 9.♗xc4, und wegen seiner besseren Bauernstellung hat Weiß die besseren Aussichten.

III. Spielt Schwarz 4...♗g4, so wird er sich nach der folgenden Variante, die er nicht ohne klaren Nachteil vermeiden kann, wie gerupft fühlen: 5.d5 ♗xf3 (5...♘a5 6.♘e5±) 6.exf3 ♘e5 7.♗f4 ♘d3+ 8.♗xd3 cxd3 9.♘b5 (9.♕xd3!? ist ebenfalls stark.) 9...♖c8 10.♘xa7 ♖a8 11.♘b5 ♖c8 12.♕xd3. Die schwarze Stellung ist kritisch.

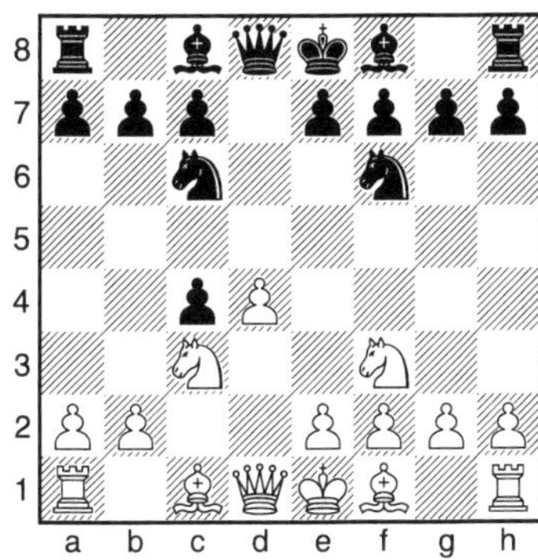

5.♗g5!?

Dieser Läuferzug ist heute sehr modern und auch unsere Empfehlung für Sie.

5...h6

Die sofortige Befragung des Läufers mit dem Bauern ist der Liebling der Theorie, jedoch nicht alternativlos. Wir wollen uns drei andere Wege anschauen.

I. 5...♗g4 ist weniger ratsam, denn Weiß bringt sich ohne große Mühe in Vorteil.

6.d5 ♗xf3 7.exf3 ♘e5 8.♕d4 ♘d3+ 9.♗xd3 cxd3 10.0-0-0

Bis hier konnte der Nachziehende kaum abweichen. Wenn er nun prüft, was er erreicht hat, kommt nicht viel zusammen. Er ist kaum entwickelt und hat im Gegensatz zu Weiß auch sonst keinerlei strategische Werte in der Hand. In der Partie Drozdowski-Babujian, Tromso 2010, ging es wie folgt weiter: 10...h6 11.♗xf6 gxf6 12.♖xd3 ♗g7 13.♖e1 0-0 14.f4 ♕d7 15.♕e4 ♖fe8 16.f5 und der weiße Vorteil war offensichtlich.

II. Im Fall von 5...♘d5 kommt Weiß zu einem starken Bauernzentrum.

6.e4 ♘xc3

(6...♘b6 7.d5 ♘b4 8.♗xc4! ♘xc4 9.♕a4+ c6 10.♕xb4±)

7.bxc3 ♘a5

Die natürliche Entscheidung des Anziehenden in dieser Position ist die Entwicklung seines weißfeldrigen Läufers. Dabei hat er die Wahl zwischen „eher taktisch“ und „positionell“.

A) 8.♗xc4!? ♘xc4 9.♕a4+ c6 10.♕xc4 ♗e6 11.♕e2

Mit seinem taktischen Kniff 8.♗xc4 usw. hat sich der Anziehende einen klaren Eröffnungsvorsprung und ein starkes Bauernzentrum verschafft. Zudem wird Schwarz bei der weiteren Aktivierung seiner Kräfte durch seinen auf e6 stehenden Läufer behindert, was ihn Zeit kosten wird, wie die folgenden Varianten zeigen.

11...g6

(Nach 11...b5 12.d5 cxd5 13.♕xb5+ ♕d7 14.♕xd7+ ♗xd7 15.exd5 hat Schwarz keine Kompensation für den Bauern und steht klar schlechter.)

12.0-0 ♗g7 13.♖fd1

Weiß steht aktiv.

B) 8.♗e2

Unsere „positionelle“ Variante.

8...g6

Schwarz will seine Entwicklungsaufgaben über den Aufbau ♙g6, ♗g7 und 0-0 lösen.

9.0-0 ♗g7 10.♕c1 b6 11.♖d1

Auch hier steht Weiß im Zentrum

stark, ist besser entwickelt und hat gleich mehrere aktive Optionen. In welcher Richtung er seine Chancen suchen kann, wollen wir uns anhand der Partie Henrichs-Ortmann, Vlissingen 2011, anschauen: 11...0-0 12.♕e3 ♖e8 13.h3 ♕d7 14.♗h6 ♕e6?! 15.♗xg7 ♔xg7 16.d5 ♕d6 17.e5 ♕c5 18.♕f4. Weiß hat gute Angriffsperspektiven am Königsflügel, die den Minusbauern mehr als aufwiegen. In der Partie gelang es ihm später dann auch tatsächlich, den Sieg einzufahren.

III. 5...a6 6.d5

(6.e4!? öffnet die Tür für die Variante 6...♗g4 7.d5 ♘e5 8.♗e2, die wir dem innovativen Spieler als aussichtsreiches Forschungsobjekt nahelegen möchten.)

A) Nimmt der angegriffene Springer nun mit 6...♘a5 den Weg nach vorne, muss sich Schwarz wegen dessen labiler Stellung auf seinem neuen Feld einiger offensiver Ambitionen des Gegners erwehren. Dies gelingt ihm aber nicht ohne Schaden.

7.♕a4+ c6 8.b4 cxb3 9.axb3 e6 10.♗d2

(Aber nicht unvorsichtig 10.♕xa5?? wegen 10...♕xa5 11.♖xa5 ♗b4–+.)

10...b6

Nun drohte der Springerverlust und Schwarz musste ihn decken.

11.b4 exd5

(Laut Awruch bekommt Weiß nach 11...♗xb4 12.♕xb4 exd5 13.e3 c5 mit 14.♕b2! ♘c6 15.♘a4 ♖b8 16.♘e5 ♗b7 17.♘xc6 ♗xc6 18.♗xa6 die besseren Perspektiven.)

12.bxa5 b5 13.♕c2

Schwarz hat nur zwei Bauern für die Figur und steht schlechter.

B) 6...♘a7 kann Weiß sehr gut mit 7.e4 beantworten.

(Auch 7.a4!?, wonach der Springer erst mal auf a7 festsitzt, ist eine interessante Alternative.)

7...♘b5 8.♕a4

Der Anziehende nutzt den Umstand der Springerfesselung für die Rückeroberung des Bauern auf c4.

(8.♗xc4!? ♘xc3 9.bxc3 ♘xe4 10.0-0 ist ebenfalls eine Möglichkeit für ihn.)

8...♗d7 9.♕xc4

B1) 9...♘xc3 10.bxc3 h6

(– Die Alternative 10...♗b5 und dann 11.♕d4 ♗xf1 12.♔xf1 sieht besser aus, als sie tatsächlich ist.

12...♘d7

Schwarz will seine Bauernstellung nicht beschädigen lassen und zieht den Springer deshalb vom Schlagfeld des Läufers. Vermutlich ist aber beispielsweise 12...h6 besser.

13.♖d1 f6 14.♗f4 g6 15.♔e2 ♗g7 16.♕c4±, Zakhartsov-Nachtkamp, Bad Wiessee 2011. Weiß steht leicht erkennbar besser.

– Eine andere Möglichkeit, die Schwarz allerdings auch nicht froh macht, ist 10...b5. In Anlehnung an die Partie Cederstam-Barsk, Stockholm 2011, kann es wie folgt weitergehen: 11.♕d4 c5 12.♕d3 g6 13.♗e2 ♗g7 14.0-0 0-0 15.h3 ♕b8 16.♕e3 e5 17.♗xf6 ♗xf6 18.♕xc5 ♖c8 19.♕a3 ♕b6 20.♖ac1 ♕c5 21.♕b2±.)

11.♗f4 e6

(Hier ist für Schwarz der Zug 11...b5!? sehr zu beachten, z.B. 12.♕d3 e6 usw.)

12.♗xc7 exd5 13.exd5 ♕e7+ 14.♗e2 b5

(Aus der Reihe der Alternativen sprechen sich Engines besonders für 14...♗b5 aus, allerdings ist der Zug nach 15.d6 eindeutig günstig für Weiß; z.B. 15...♕xe2+ 16.♕xe2+ ♗xe2 17.♔xe2 ♘d5 18.♖ab1! ♘xc3+ 19.♔d3 ♘xb1 20.♖e1+ ♔d7 21.♘e5+ ♔e6 22.♘g6+.

Ein kurzer Hinweis für den noch lernenden Spieler: Der Springer ist mit Abzugsschach durch den ♖e1 nach g6 gegangen, kann also nicht geschlagen werden.

22...♔d7 23.♘xh8±.)

15.♕d4±

Schwarz hat einen Bauern weniger und keinerlei Kompensation, Iwantschuk–Arencibia, Havanna 2005.

B2) 9...h6

(Der Zug ist besser als 9...♘xc3, aber auch nicht das Tor zum schwarzen Glück.)

10.♗h4 g5 11.♗g3 ♗g7 12.0-0-0 L

aut Awruch gebührt der weißen Stellung der Vorzug.

6.♗h4

Dies ist die ehrgeizigste Fortsetzung. Demgegenüber kommt Schwarz nach 6.♗xf6 und dann 6...exf6 7.e3 ♗d6 8.♗xc4 0-0 zu einer spielbaren Stellung.

6...a6

Der Nachziehende zeigt an, dass er mittels b7-b5 seinen Bauern c4 decken will. In der Beliebtheit bei den Spielern steht der Zug in Konkurrenz zu 6...e6 – und dann gibt es auch noch 6...♗g4 und 6...g5 auf der Turnierbühne. Schauen wir uns kurz an, was Schwarz von diesen Alternativen zu erwarten hätte.

I. 6...e6 7.e3 ♘a5 8.♘e5 a6 9.♕a4+

(9.♘xc4!? ♘xc4 10.♗xc4 mit der Folge 10...♗e7 11.0-0 0-0 12.♖c1 ist wohl auch spielbar.)

9...c6 10.♘xc4 ♘xc4 11.♕xc4 ♕b6 12.0-0-0 ♗d7

Awruch empfiehlt hier nun 13.♗d3 und kommt nach 13...♕a5 14.♕b3 b5 15.♗xf6 gxf6 16.♘e4 zu dem Urteil, dass sich Weiß im Vorteil befindet.

II. Etwas dubios ist 6...g5 7.♗g3 ♗g7 (7...g4 8.♘e5±) 8.e3 ♗e6 9.h4 g4.

(Die Stellung nach 9...♘h5 10.♗h2 g4 11.♘d2 0-0 12.♗xc4 ist günstig für Weiß.)

10.♘d2 ♕d7

(Nach 10...♘d5 11.♗e2 h5 12.♘xc4 steht Weiß gut, denn die kurze Rochade scheint für Schwarz zu gefährlich zu sein.)

11.♗xc4

Weiß hat seinen Bauern zurückerobert und eindeutig mehr vom Spiel.

III. 6...♗g4 7.d5

A) 7...♘a5 8.♘e5 ♗d7 9.e4 c6 10.♘xc4 cxd5 11.exd5 ♖c8 12.♘e5 ♕b6 und nun hätte Weiß in der Partie Kvetny–Fiora, Maribor 2012, einfach 13.♘xd7! spielen sollen; z.B. 13...♘xd7

(Nach 13...♕xb2 14.♘xf6+ exf6 15.♗b5+ ♔d8 16.0-0 kann Schwarz aufgeben. Versucht er noch 16...♖xc3, startet Weiß mit 17.♖b1 ♕a3 18.♕g4 ♕d6 19.♖fe1 seinen entscheidenden Angriff.)

14.♗b5 g5

(14...a6? 15.♗xd7+ ♔xd7 16.♕g4+ +−)

15.♗g3

Schwarz hat allergrößte Sorgen.

B) 7...♗xf3 8.exf3 ♘e5 9.f4 ♘d3+ 10.♗xd3 cxd3 11.♕xd3 c6 12.♗xf6 gxf6 13.0-0-0 ♖c8 14.♖he1 cxd5 15.♔b1

Die schwarze Stellung mit dem im Zentrum vergessenen König ist schwer zu verteidigen, Drejew-Schweiger, Deutschland 1998.

7.e4

Über 7.d5 ♘a5 8.e4 b5 kommen wir unter Zugumstellung zu noch zu analysierenden Stellungen.

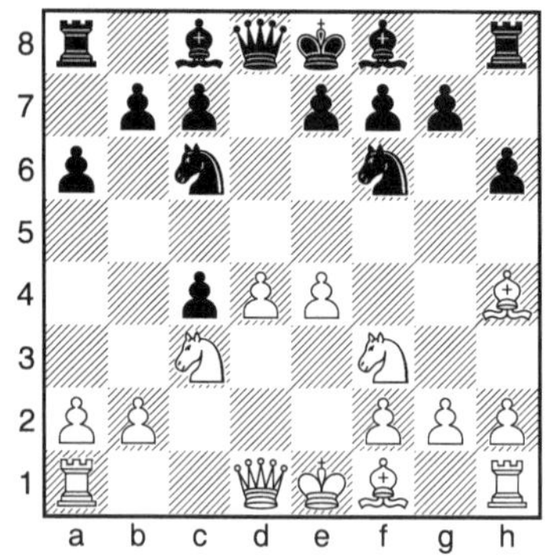

7...♗g4

Dieser Läuferzug stellt eine sofort zu beachtende Drohung auf: Das Schlagen auf f3 und dann auf d4. Den Doppelschritt des b-Bauern und des g-Bauern müssen wir uns als Alternativen besonders anschauen.

I. 7...b5

Schwarz deckt seinen Bauern.

8.d5 ♘a5 9.e5

A) 9...b4 10.exf6

Alternativ geht auch 10.♕a4+!? und dann weiter wie in unseren folgenden Ausführungen.

10...bxc3 11.♕a4+ c6 12.b4 cxb3 13.axb3 exf6

(13...♕xd5 ist keine gute Idee, denn nach der in sich schlüssigen Variante 14.fxe7 ♗xe7 15.♗xe7 ♘xb3 16.♗c4 ♕e4+ 17.♔f1 ♗e6 18.♗xb3 ♕xa4 19.♗xa4 ♔xe7 20.♔e2 hat Schwarz keinen vollen Ersatz für die Figur.)

14.♗d3

Weiß steht besser.

B) 9...g5 10.♗g3 ♘h5 11.e6!

Ein ausgezeichneter Zug, der den Nachziehenden vor kaum noch lösbare Probleme stellt. Es stehen ihm drei grundsätzlich logische Antworten zur Verfügung.

B1) 11...♘f6 12.♘e5

Einen Effekt von 11.e6 nutzt Weiß nun nachhaltig aus – das Feld e5 ist frei für den Springer, der jetzt zusammen mit dem Bauern brutale Gewalt auf f7 ausübt.

12...fxe6 13.♗e2 ♗g7

Verschafft seinem König ein Fluchtfeld auf f8.

14.♗h5+ ♔f8 15.♕f3 g4 16.♘xg4 ♗b7 17.0-0-0 b4

Hier hätte Weiß im Duell Williams–Andersen, Fernpartie 2012, 18.♘xf6! spielen sollen; z.B. 18...exf6 (18...♗xf6 19.♘e4 ♗xd5 20.♗e5+–) 19.♖he1 bxc3 20.♖xe6 cxb2+ 21.♔b1 und Schwarz steht auf Verlust.

B2) 11...fxe6 12.♕c2

(12.♘e5!? ist ebenfalls sehr gut.)

12...♖g8 13.0-0-0 ♘b7 14.♗e5 ♘f6 15.dxe6

Schwarz steht aufgabereif. In der Partie Quinn–Keogh, Uxbridge 2010, gewann Weiß mit seinem 27. Zug.

B3) 11...♘xg3 12.♘e5! ♕d6

(12...♗g7 13.♕f3 f5 14.♘f7+–)

Auch nach 13.♘xf7 ♕b4 14.♕c2 kann der Nachziehende getrost die Partie verloren geben. In der Partie Maki Uuro–Ebeling, Helsinki 2012, entschied er sich für 14...♘xh1, was zwangsläufig ins Matt führt. Es folgte 15.♕g6 c5 16.0-0-0

(Besser ist 16.♘xh8+ ♔d8 17.d6+–.)

16...♘xf2 17.d6! ♘xd1 18.♘xh8+ ♔d8 19.♘f7+

Schwarz befindet sich in einer Situation, die man im Mühlespiel mit „Zwickmühle" bezeichnet.

19...♔e8 20.♘xg5+ ♔d8 21.♘f7+ ♔e8 22.♘e5+ ♔d8 23.♕f7 ♕xb2+ 24.♔xd1 exd6 25.♕xf8+ ♔c7 26.♘d5+ ♔b7 27.♕e7+

Das Matt unmittelbar vor Augen gab Schwarz auf, 1-0.

II. 7...g5 8.♗g3

A) Nun stellt 8...e6 Weiß vor lösbare Aufgaben. Die folgende Variante sollte mitsamt einer Abweichung im Verlauf ein logisches Bild vom möglichen Fortgang zeigen.

9.♗xc4 g4 10.d5 exd5

(10...gxf3 11.dxc6 ♕xd1+ 12.♖xd1 fxg2 13.♖g1 bxc6 14.♗xc7±)

11.exd5 gxf3 12.dxc6 ♕xd1+ 13.♖xd1 fxg2 14.♖g1 bxc6 15.♗e5 ♗e7 16.♖xg2

Die weißen Aussichten für das sich abzeichnende Endspiel sind gut, was sich besonders mit den schwarzen Bauernschwächen begründet.

B) 8...♗g7 9.♗xc4 ♘h5

(9...0-0 10.d5 ♘a5 11.♗e2 b5 12.♕c2±)

10.d5

Dies ist eine gute Antwort.

10...♘xg3 11.hxg3 ♘e5 12.♘xe5 ♗xe5 13.♕d2 ♕d6 14.0-0-0 ♗d7 15.♔b1 0-0-0

Nun ist die Idee ♘c3-e2 und f2-f4 ein guter Ansatz für aktive Maßnahmen im Zentrum und am Königsflügel.

C) 8...g4 9.d5 gxf3 10.dxc6 ♕xd1+ 11.♖xd1 bxc6

(11...fxg2 12.♗xg2 b5 13.♗xc7±)

12.gxf3 führt zu einem klaren Vorteil für Weiß. Anhand einer längeren Zugfolge aus einer modernen Turnierpartie wollen wir uns anschauen, wie er vorgehen kann, um daraus einen vollen Punkt entstehen zu lassen.

12...♖a7 13.♗xc4 ♘h5 14.♗e5 ♗g7 15.♗xg7 ♘xg7 16.♔e2 e5 17.♔e3 ♗e6 18.♖hg1 ♗xc4 19.♖xg7 ♔e7 20.b3 ♗e6 21.♘a4 ♖aa8 22.♘c5 a5 23.♖c1 ♔f6 24.♘xe6 a4 25.f4 (25.b4!?) 25...axb3 26.axb3 ♖hb8 27.fxe5+ ♔xe6 28.♖xc6+ ♔d7 29.♖f6

Das Endspiel ist für Weiß gewonnen, Sachdev–Fomina, Istanbul 2012.

8.d5 ♘e5

Auf 8...♘a5 geht Weiß in der Mitte mit dem Kopf durch die Wand: 9.e5 ♘d7 10.e6! fxe6 11.♗e2. Der schwarze König steht sehr gefährdet, Weiß verfügt über hervorragende Angriffschancen.

9.♗g3

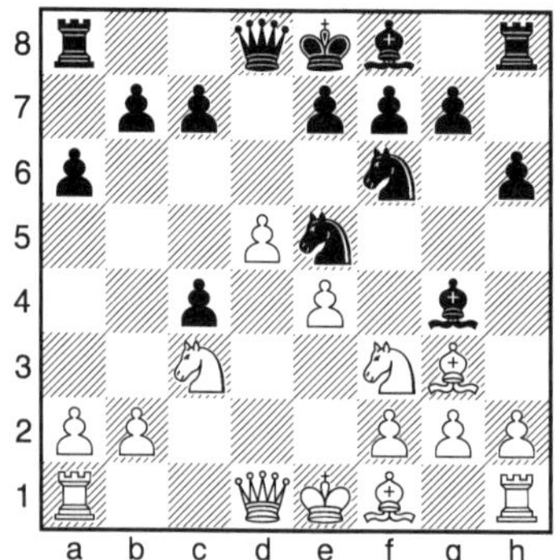

9...♘fd7

Dieser Springerzug mit der Absicht, die Spannung im Zentrum zu halten, ist die beste Wahl. Zwei kurze Beispiele veranschaulichen sehr eindrucksvoll, dass ein Abtausch auf f3 Schwarz schnell die Partie kosten würde.

I. 9...♘xf3+ 10.gxf3 ♗d7 11.♗xc4 b5 12.♗b3 g5?!

Wohl nicht die beste Wahl, für den Ausgang aber nicht entscheidend.

13.e5 ♘h5 14.e6! fxe6?!

Erneut nicht das Beste, aber die Partie ist ohnehin kaputt.

15.♕c2 ♖g8 16.dxe6 ♗c6 17.♖d1 ♕c8 18.0-0 ♘f4 19.♕f5 ♖g7 20.♕f7+!

Der Nachziehende nutzte hier seine letzte Chance, vor dem Matt aufzugeben, Moissejenko–Pasiew, Chanty–Mansijsk 2013.

II. 9...♗xf3 10.gxf3 ♘d3+ 11.♗xd3 cxd3 12.♕xd3 e6 13.0-0-0 exd5 14.e5 ♘h5 15.♘xd5 c6 16.♘f6+! gxf6 17.♕f5 ♘g7 18.♖xd8+ ♖xd8 19.♕xf6 ♖h7 20.♖d1 ♖a8 21.♗h4 und Weiß steht auf Gewinn, Kolosowski–Guerreiro, Matosinhos 2013.

10.♗e2 ♗xf3

A) Wie die Praxis gezeigt hat, ist 10...♘d3+ schlechter. Die Begegnung Hamark–Azizi, Malmö 2012, nahm den folgenden Verlauf.

11.♗xd3 cxd3 12.♕xd3

Der weiße Vorteil liegt auf der Hand.

12...♖c8 13.♘e5 ♘xe5 14.♗xe5 ♗d7 15.0-0 f6 16.♕g3 g5 17.♗d4 ♗g7 18.f4 c5 19.♗e3 ♕c7 20.♖ad1 ♕b8 21.♕f2 b6 22.♕e2

(Zu beachten ist 22.d6! e6 23.fxg5 hxg5 24.♕g3 mit der Drohung e4-e5!.)

22...0-0 23.♕xa6 b5 24.d6 e6 25.f5 exf5 26.exf5

Weiß hat seinen Vorteil in eine Gewinnstellung ausgebaut.

B) 10...♘xf3+ ist ebenfalls nicht zu empfehlen. Nach 11.gxf3 ist die folgende Fortsetzung logisch und somit gut als Beispiel zur Veranschaulichung geeignet.

11...♗h5 12.♗xc4 g5 13.♗e2 ♗g7 14.♕b3 b5

(14...♘e5!? 15.♗xe5 ♗xe5 16.f4 ♗xe2 17.fxe5 ♗f3 18.♖g1±)

15.0-0-0 ♘e5 16.h4

Weiß verfügt über die Initiative und Schwarz muss noch die Lage seines Königs im Zentrum klären. Der weißen Stellung sind damit die besseren Aussichten zu attestieren.

11.gxf3 g5

Schlechte Zeiten warten auf Schwarz, wenn er seinen Erfolg in einer ruhigeren Strategie sucht. Ein Beispiel von der Turnierbühne dazu: 11...g6 12.f4 ♘d3+ 13.♗xd3 cxd3 14.♕xd3 ♗g7 15.0-0-0 ♘c5.

(Auch 15...0-0 16.e5 ist für Weiß besser.)

16.♕c4 ♕d6 17.f5 ♕b6 18.fxg6 fxg6 19.e5 0-0-0 20.♖he1

Der Anziehende steht frei und aktiv; seine Figuren sind in einem harmonischen Angriffsspiel vereint. Es ist nicht zu erkennen, wie Schwarz sich aus seiner passiven Rolle befreien könnte. Weiß ist im Vorteil, Iwantschuk-Tschhibuchtschjan, Jerewan 2004.

12.f4

12.h4 ist nicht ratsam, denn es bringt nichts. Nach 12...♗g7 13.♕d2 e6 14.0-0-0 ♘c5 15.♔b1 ♘ed3 steht Schwarz gut.

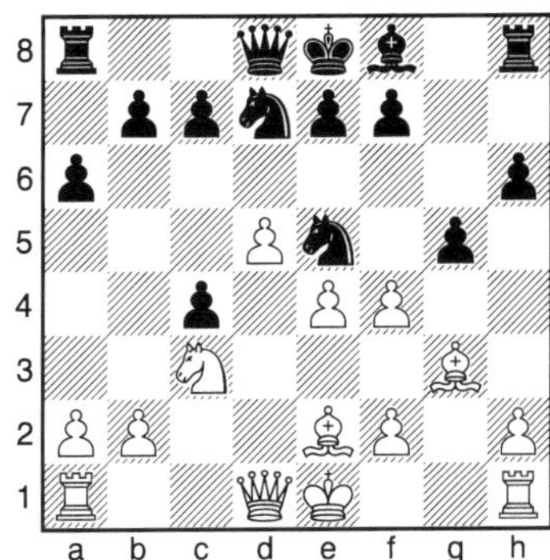

12...♘g6

Weiß muss sich darauf einstellen, dass sein Gegner hier zu der Alternative 12...gxf4 greift. Nach 13.♗xf4 muss er vor allem mit den folgenden drei schwarzen Fortsetzungen rechnen.

A) 13...e6 14.dxe6 fxe6

Nun sollte sich Weiß für 15.♗h5+ entscheiden.

(15.♗xc4 verspricht ihm keinen Vorteil; z.B. 15...♕f6 16.♕h5+ ♔e7 17.♗g3 ♕f3 18.♕xf3 ♘xf3+ 19.♔e2 ♘de5=, Hoffmann-Waard, Fernpartie 2011.)

15...♔e7 16.♗e2

Manche Engine „erwägt" hier auch 16.0-0, was wir aber eher mit Zurückhaltung betrachten.

16...♗g7 17.♗e3

Weiß hat gutes Spiel für den Bauern, Kappes-Fels, Fernpartie 2012.

B) 13...♖g8 14.♕d2 ♘g6 (14...b5 15.0-0-0!) 15.♗g3 kam in einer Fernpartie Morss-Donzellotti im Jahr 2009 auf das Brett. Es folgte: 15...♘b6 16.0-0-0 ♗g7 17.♖hg1 ♖h8 18.♔b1

♕d7 19.f4 und Weiß hatte nicht nur reichlich Spiel für den Bauern, sondern einen klaren Vorteil. Er gewann das Duell mit seinem 51. Zug.

C) 13...♗g7 14.♖g1 ♘g6 15.♗e3 ♗e5 sieht zunächst recht ordentlich aus für Schwarz, lässt ihn aber auch nur das kürzere Ende der Wurst erlangen, wie das folgende Beispiel aus der Praxis zeigt.

16.♕d2 ♘f6

(16...♗xh2 17.♖g2 ♗d6 18.0-0-0 und nachfolgend f2-f4 ist zu gefährlich für Schwarz.)

17.f4 ♗xc3 18.♕xc3 ♘xe4 19.♕d4

(19.♕g7!? ♕xd5 20.♖xg6 0-0-0 21.♖xh6±)

19...♘f6 20.f5

Der weiße Angriff wurde sehr gefährlich für den Nachziehenden, Teske–Bukal, La Laguna 2009. Die Partie endete mit einem Erfolg für Weiß im 35. Zug.

13.fxg5 hxg5 14.♕d4 b5

Ein anderer Versuch, diese Stellung zu verteidigen, ist 14...♖g8 mit der evenuellen Folge 15.♕xc4 ♗g7 16.0-0-0 ♘f4 17.♔b1. Nach Awruch ist die weiße Stellung vorzuziehen, solange wie noch alle Figuren auf dem Brett sind und der schwarze König langfristig keine sichere Zukunft hat.

15.a4

Der weiße Vorteil liegt darin, dass er an zwei Fronten spielen kann.

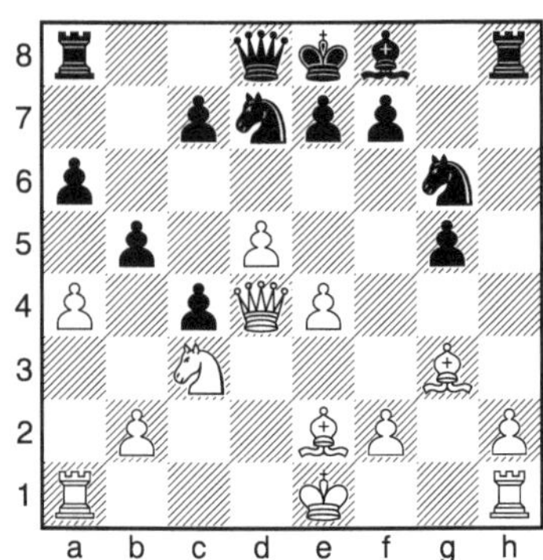

15...e5

Die Alternativen 15...♖g8 und 15...♖h7 sind schwächer, wie die folgenden Varianten belegen sollten.

I. 15...♖g8 16.axb5 axb5 17.♖xa8 ♕xa8 18.♘xb5 ♕a5+ 19.♘c3 ♗g7 20.♕xc4 und Weiß behält einen Mehrbauern, Krush–Marshall, St. Louis 2010.

II. 15...♖h7 16.axb5 axb5 17.♖xa8 ♕xa8 18.♘xb5 ♕a1+

(Auch 18...♕a5+ 19.♘c3 ♗g7 20.♕xc4 führt wieder zu einem weißen Materialvorteil von einem Bauern.)

19.♔d2! ♕xh1 20.♘xc7+ ♔d8 21.♘e6+ ♔e8 (21...fxe6 22.dxe6+–) 22.♕xc4 f6 23.♕c8+ ♔f7 24.♕xd7 ♕xe4 25.♗d3 ♕b4+ 26.♔c1

Für die Qualität hat Weiß laut einer Analyse von Awruch eine starke Initiative.

16.dxe6 fxe6 17.axb5 axb5 18.0-0 ♖xa1 19.♖xa1

Die Initiative von Weiß ist den investierten Bauern allemal wert und die besseren Aussichten liegen auf seiner Seite. In unserer im Fernschach gespielten Referenzpartie, Andersen–

Vale, ICCF 2009, einigten sich die beiden Spieler nach einem zähen Ringen später allerdings auf ein Remis.

Zusammenfassung: Mit dem frühen Springerzug 2...♘c6 greift Schwarz den Bauern d4 an und bereitet zugleich seinen Vorstoß im Zentrum mittels e7-e5 vor. Mit seinem starken Zug 5.♗g5!? erlangt Weiß jedoch ein aktives Spiel und verschafft sich dabei die besseren Aussichten.

Kapitel 4

Abgelehntes Damengambit

1.d4 d5 2.c4 e6

Im Gegensatz zum mit 2...dxc4 eingeleiteten 'Angenommenen Damengambit' (siehe Kapitel 2) verschmäht der Nachziehende hier den angebotenen Bauern und wendet sich eher positionellen Eröffnungswegen zu.

3.♘c3 ♘f6

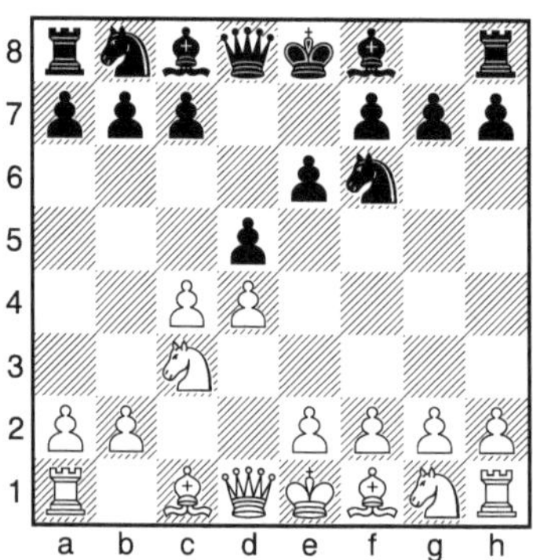

Dieser ganz normale Entwicklungszug ist in der Praxis am häufigsten anzutreffen.

Oft gespielt wird allerdings auch 3...♗e7, womit Schwarz Varianten mit dem Läuferausfall nach g5 vermeiden möchte. Wir analysieren diese Idee in **Abspiel 1**.

4.cxd5

Mit diesem Abtausch befreit Weiß zwar den schwarzen Läufer c8 durch die Öffnung der Diagonale c8-h3, aber dafür sorgt er für eine Stabilisierung der Lage im Zentrum und geht somit vielen komplizierten Varianten aus dem Weg.

4...exd5

Dies ist die übliche Antwort in der Praxis, aber nicht die einzige. So trifft man auch auf 4...♘xd5 mit der normalen Folge 5.e4 ♘xc3 6.bxc3 c5. An dieser Stelle bieten sich Weiß zwei Pläne an.

A) 7.♘f3 cxd4 8.cxd4 ♗b4+

(Auf 8...♘c6 kann der Anziehende seinen Läufer nach c4 bzw. e2 führen.)

9.♗d2 ♗xd2+ 10.♕xd2 0-0 11.♗c4 ♘c6 12.0-0

Weiß verfügt über einen Raumvorteil. Zu diesem Thema empfehlen wir Ihnen das Studium der lehrreichen **Partie Nr. 10:** Grün–Göhring, Bundesliga 1983.

B) Obwohl auch 7.♖b1!? zu beachten ist, wollen wir uns nicht darauf konzentrieren. Mit 7.♘f3 haben wir unseren Favoriten bereits gekürt. Dass die meisten Spieler eher 7.♘f3 ihr Vertrauen schenken, zeigt auch die Statistik, denn der Turmzug steht in der Häufigkeit seines Auftretens sehr deutlich zurück. Wir wollen es bei der Abbildung eines kleinen Variantensystems belassen.

7...♗e7 8.♘f3 0-0 9.♗c4

(9.♗d3!? ♘c6 10.d5±)

9...♘c6 10.0-0 ♕c7 11.♕e2 b6 12.♖d1

(12.d5 ♘a5 13.♗d3 c4 14.♗c2 e5∞)

12...♘a5 13.♗d3 ♗b7 14.d5 c4

(14...exd5? 15.exd5 ♗xd5 16.♗xh7+ ♔xh7 17.♖xd5±)

15.♗c2 e5 16.♗e3 ♗c8 17.h3 ♖d8 18.♖f1 ♗d7 19.♘d2 ♗d6 20.♕h5 f6 21.♗d1!

(21.f4 ♗c5! 22.♗xc5 ♕xc5+ 23.♖f2 exf4 24.e5 f5∞)

21...♗c5 22.♗xc5 ♕xc5 23.♖b4±, Polugajewski–Petrosjan, UdSSR 1970.

5.♗g5

Zwar ist g5 das häufigste Zielfeld des Läufers, aber er kann auch auf f4 postiert werden. Zu diesem Thema verweisen wir auf unser **Abspiel 1**.

5...♗e7 6.e3 c6 7.♗d3 ♘bd7 8.♘ge2

Der tiefere Sinn dieses Zuges liegt darin, dass er die Bildung eines weißen Bauernzentrums mittels f2-f3 und e3-e4 unterstützt bzw. nicht behindert. Von e2 aus kann der Springer nach f4 oder g3 entwickelt werden. Als zusätzliche Option kann Weiß auch lang rochieren und einen Bauernsturm am Königsflügel inszenieren.

Zu ganz anderen Stellungsbildern führt 8.♘f3 0-0 9.♕c2 ♖e8 10.0-0 ♘f8. Weiß kann sich überlegen, ob er einen sogenannten Minoritätsangriff (also einen mit einer Unterzahl von Bauern geführten Angriff) über b2-b4, a2-a4 und b4-b5 usw. versuchen will. Mit dieser Spielweise werden wir uns in diesem Buch allerdings nicht beschäftigen.

8...0-0 9.♕c2 ♖e8

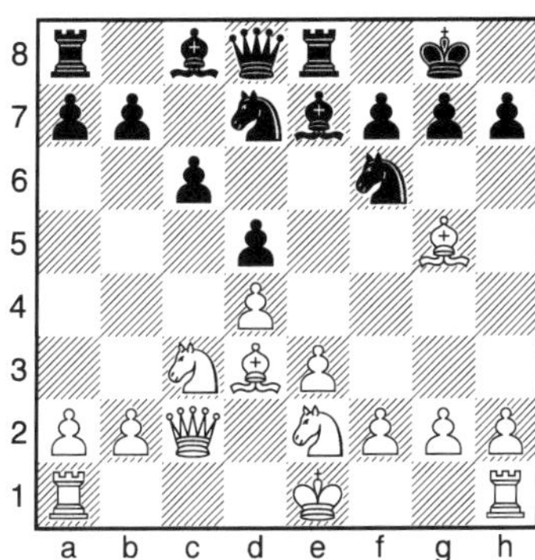

10.0-0-0

Das Spiel mit Rochaden auf unterschiedliche Flügel verspricht einen scharfen Kampf.

Viel ruhiger verläuft die Partie nach 10.0-0. Für diejenigen unter Ihnen, die statt „Power“ auf dem Brett ein eher positionelles Ringen bevorzugen, haben wir ein paar Varianten zu dieser Alternative aufgenommen. Auch hier halten wir uns mit Textkommentaren zurück, da unser eigentliches Ansinnen die Betrachtung des Spiels nach 10.0-0-0 ist.

10...♘f8 11.f3

A) 11...♘h5 12.♗xe7 ♕xe7

(12...♖xe7 13.♕d2 f5 14.♖ae1 ♕e8 15.e4! fxe4 16.fxe4 dxe4 17.♘xe4 und nun ist 17...♖xe4? schwach wegen 18.♗xe4 ♕xe4 19.♘f4 ♕f5 20.♖e5+–)

13.e4 dxe4 14.fxe4 ♗e6 15.♖f2 ♘f6 16.h3 ♘g6 17.♖af1 ♖ad8 18.a3 c5 (18...♖f8!?) 19.e5 ♘d5 20.♘xd5 ♖xd5 (20...♗xd5 21.♘c3±)

21.♗c4 cxd4

(Ein Fehler ist 21...♖dd8? wegen der vielleicht etwas überraschenden aber durchschlagenden Reaktion 22.♖xf7! und dem schnellen Ende für Schwarz nach 22...♗xf7 23.♖xf7 ♕xf7 24.♗xf7+ ♔xf7 25.♕xc5 b6 26.♕c4+ ♔f8 27.e6 1-0, Bernasek–Talla, Tschechische Republik 2007.)

Besser ist 22.♗xd5 ♗xd5 23.♘xd4 ♕xe5.

B) 11...♘g6 12.♖ad1

(Verfrüht ist 12.e4 dxe4 13.fxe4 ♗e6 14.♖ad1 ♘g4 mit Gegenspiel.)

12...♗e6 13.h3 ♖c8 14.a3 b6 15.e4 dxe4 16.fxe4 ♕c7 17.e5 ♘d5 18.♗xe7 ♕xe7 19.♘xd5 cxd5 (19...♗xd5 20.♘c3±) 20.♕d2 ♖f8 21.♕e3

Weiß hat die besseren Aussichten, Sasikiran–Cu. Hansen, Malmö 2005.

C) 11...♗e6 12.♖ae1 ♖c8 13.♔h1 ♘6d7

(13...c5 14.dxc5 ♗xc5 15.♘d4±)

14.♗xe7 ♖xe7

(Auf 14...♕xe7 kann Weiß gut 15.♘f4 folgen lassen.)

15.♘f4 ♖c7 (15...♘f6 16.♕d2±) 16.♕f2 ♘f6 17.e4! dxe4 18.fxe4 ♖cd7

(18...♘g4 19.♕g1 ♘g6 20.♘xe6 ♖xe6 21.♗c4±)

19.d5 cxd5 20.♗b5 ♖c7 21.exd5 ♗d7 22.♗e2 ♖c8 23.♕xa7 mit weißem Vorteil, Kasparow–Andersson, Belfort 1988.

10...♘f8

Der Nachziehende verstärkt die Verteidigung des Punktes h7.

– Nach 10...♘e4 (10...♕a5 siehe weiter unten) 11.♗xe4 bekommt Weiß bessere Aussichten. Soweit wir in den folgenden Ausführungen auf praktische Beispiele zurückgreifen, werden Sie bemerken, dass dabei historisches Material dominiert. Dies mag unterstreichen, dass dieser Zweig im modernen Schach keine besondere Bedeutung hat. Weiß wird allenfalls ausnahmsweise auf diese Spielweise treffen. Schwarz hat sich nun zu entscheiden, welchen der beiden gegnerischen Läufer er vom Brett nimmt.

A) 11...♗xg5 12.♗xh7+ ♔h8

Es ist noch weiter zu untersuchen, ob 12...♔f8!? möglicherweise besser ist.

13.♗d3 ♘f6 14.♔b1 b5

Schwarz sucht seine Chancen folgerichtig am Damenflügel. Wie sich aber bald erweisen wird, kommt er zu spät und seinen Bemühungen mangelt es auch an Durchschlagskraft.

15.♘g3 ♕a5 16.♘ce2

Der Springer macht der Dame den Blick auf den schwarzen ♙c6 frei und stört damit die Bemühungen des Nachziehenden um aktives Spiel.

16...♗d7 17.h4 ♗h6 18.♗f5 ♗xf5 19.♘xf5 ♕c7

Über eine kurze Staffel einfacher und zugleich zwingender Züge hat Weiß die gegnerischen Kräfte zurückgeschlagen bzw. eliminiert.

20.♘xh6 gxh6 21.♕f5

Der weiße Angriff entscheidet den Kampf, Raceanu–Mukhtarov, Oropesa del Mar 1999.

B) 11...dxe4 12.h4

B1) 12...♗xg5 13.hxg5 ♕xg5 14.♘xe4 ♕e7

(Oder 14...♕g6 15.f3 und nun z.B. 15...♘f8 wie in der historischen Partie Nimzowitsch–Spielmann, Bad Kissingen 1928. Hier folgte 16.♘f4 ♕f5 17.♖h5 ♕d7 18.d5 cxd5 19.♘xd5 ♕c6 20.♕xc6 bxc6 21.♘df6+ gxf6 22.♘xf6+ ♔h8 23.♘xe8 ♗g4 24.♘c7+–.)

15.♘2c3

(15.♘4g3 ♘f8 16.♖h2 ♗e6 17.♖dh1 und der Anziehende kam zu einem aussichtsreichen Angriff, Junge–Normann, Bad Elster 1941)

15...♘f8 16.♔b1 a5 17.♘g3 ♗e6 18.e4 b5 19.e5 a4 20.♘ce4 mit Angriffsaussichten für Weiß, Alatortzew–Zamikhowski, Leningrad 1952.

B2) 12...f5 13.♕b3+ ♔h8 14.♘f4 ♘f6

(Einen kurzen Verlauf hatte die Partie Kantorik–Macura, Stare Mesto 2005: 14...♘f8 15.♕f7 ♗xg5 16.hxg5 ♗e6 17.♖xh7+! 1-0.)

15.h5 ♘d5

(15...h6 16.♕f7! ♘g8 17.♘g6+ ♔h7 18.♘xe7 ♖xe7 19.♗xe7 ♕xe7 20.♕xe7 ♘xe7 21.d5+–, Aljechin–Kashdan, Pasadena 1932.)

16.♗xe7 ♘xe7 17.♘g6+! ♘xg6 18.hxg6 ♗e6 (18...h6 19.♕f7+–) 19.♖xh7+ ♔g8 20.d5 und Weiß steht auf Gewinn, Spielmann–Thomas, Karlsbad 1929.

– Nach 10...♕a5 entstehen Verwicklungen anderer Art.

(Auch diese und die in der Folge betrachteten Stellungen kommen nur selten in der Praxis auf das Brett. Es lohnt sich eine nur grundlegende Betrachtung „mit gebremstem Schaum“.

11.♔b1 b5 12.♘g3 h6 13.h4!

Eine typische Aktion: Weiß ist bereit, seinen Läufer für den Angriff zu opfern. Bei der Annahme des Opfers geht es allerdings rund „im Hause Schwarz“.

A) 13...hxg5 14.hxg5 ♘e4

(Die Stellung nach 14...b4 15.gxf6 ♘xf6 16.♘ce2 ist bequemer für Weiß.)

15.♗xe4 dxe4 16.♕xe4 ♘f8 17.♕h4 f6

(17...♘g6 18.♕h7+ ♔f8 19.♕h8+! ♘xh8 20.♖xh8#)

18.♕h8+ ♔f7 19.♖h7! ♘xh7 20.g6+ ♔e6 21.♕xe8 ♗b7 22.d5+ cxd5 23.♕f7+ ♔d6 24.♘xd5 mit entscheidendem Angriff.

B) 13...♘b6 14.♘f5!

(Weniger energisch ist 14.♗xf6 ♗xf6 15.♘f5 ♗xf5 16.♗xf5 ♘c4∞, Miles–Morovic Fernandez, Tunis 1985.)

14...♗xf5 15.♗xf5 b4 16.♘e2

In dieser komplizierten Stellung verfügt Weiß über die besseren dynamischen Chancen. In der Partie Knight–Schischkin, Lechenicher SchachServer 2006, ging es wie folgt weiter: 16...♘e4 17.♗xe4 dxe4 18.♗xe7 ♖xe7 19.♖c1 ♖ee8 20.♕c5 ♕a6 21.♘f4 b3 22.axb3 ♖ac8 23.♕a3 ♕b7 24.♖c5 ♘d5 25.g3 ♖b8 26.♖hc1 ♘xf4 27.gxf4 ♕e7 28.h5 ♕h4 29.♖1c2 und Weiß steht besser. Er drückt stark gegen die schwarzen Schwächen und diktiert das Geschehen.

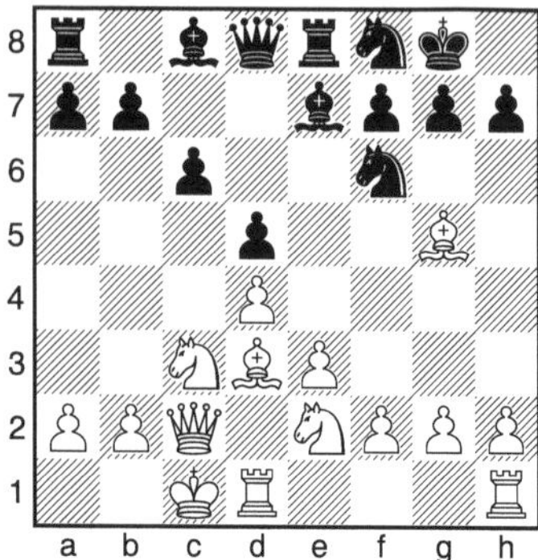

Nun kann das Spiel in zwei Richtungen gehen.

11.h3 analysieren wir in **Abspiel 2** und die im Vergleich seltener gespielte Alternative 11.f3 in **Abspiel 3**.

Abspiel 1

Die Fortsetzung 5.♗f4

1.d4 d5 2.c4 e6 3.♘c3 ♗e7 4.cxd5 exd5 5.♗f4

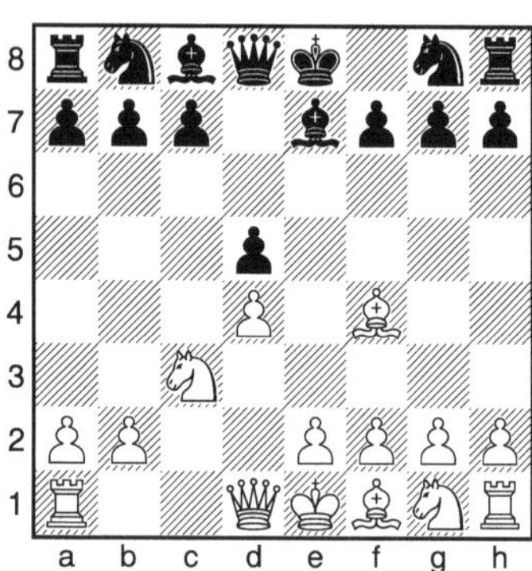

Der Läufer nimmt nun die wichtige Diagonale h2-b8 unter Kontrolle. Dieser Zug ist ein häufiger Gast auf der Turnierbühne und zählt zum Arsenal auch in der Weltspitze.

5...c6

Dies ist die Antwort Nummer 1 für Schwarz.

Nach dem „Vize-Favoriten“ 5...♘f6 kann sich das Spiel nach Mustern entwickeln, die in den folgenden Beispielen gezeigt werden.

6.e3

A) 6...0-0

Dies macht das Tor zu einem weiteren großen Feld der Theorie auf, das in einem Buch wie unserem nicht vollständig beackert werden kann. Wir müssen uns auf bestimmte Abspiele konzentrieren und darüber versuchen, Methoden und Spielweisen so zu veranschaulichen, dass sie Ihnen darüber hinaus helfen können.

7.♗d3 b6

(7...c5 und 7...c6 sind die Hauptalternativen.)

8.♘f3

Mit zwei natürlichen Entwicklungszügen hat Weiß seine Kräfte weiter aktiviert, verstärkt Einfluss auf das Zentrum genommen und die Rochade vorbereitet.

8...c5 9.♘e5 ♗b7 10.0-0 ♘c6 11.♕f3 cxd4 12.♘xc6 ♗xc6 13.exd4

Während die weißen Läufer einflussreiche Positionen gefunden haben, sind ihre schwarzen Kollegen deutlich in der Wirkung beschränkt. Der weiße Druck gegen den Bauern auf d5 behindert Schwarz in seiner freien Entwicklung.

13...♗b4 14.♖ac1 ♗xc3 15.♖xc3

Weiß verfügt nun über den Vorteil des

Läuferpaars. In der Partie Botschanow–W. Zajtschew, St. Petersburg 2005, ging es nun auf diesem Wege weiter: 15...♗d7 16.♗g5 ♗e6 17.♖fc1 a6 18.♕f4 b5 19.h3 h6 20.♗xh6! gxh6 21.♕xh6 b4 22.♗h7+! mit Gewinn.

B) 6...♗f5

Auch dieses Abspiel kommt mit einem nicht minder großen Schweif an Theorie im Schlepptau daher. Unsere Ausführungen zu 6...0-0 gelten in gleicher Weise auch hier.

7.♕b3

(– Es ist auch gut, wenn sich der weiße Läufer seinem Kontrahenten mit 7.♗d3 in den Weg stellt. Eine natürliche Folge ist dann 7...♗xd3 8.♕xd3 c6.

Schwarz will seinen Springer nach c7 führen. Der Bauer macht das Feld frei und stützt zugleich seinen d–Bauern.

9.♘ge2 ♘a6 10.0-0 ♘c7 11.f3

Ein flexibler Zug: Der Bauer nimmt Einfluss auf das Feld e4 und kann, je nach Fortgang, sich auch als eine gute Vorbereitung von e3-e4 erweisen. Weiß hat vor, seinem Läufer die Möglichkeit zu geben, sich auf f2 zu postieren. Dazu musste der f–Bauer das Feld erst räumen.

11...♘e6 12.♗g3 0-0

Das Duell Gratschew–Berkes, Denizli 2013, veranschaulicht, wie sich Weiß in der Folge mit guter Aussicht auf den Königsflügel konzentrieren kann.

13.♖ad1 ♕b6 14.♗f2 ♖ad8 15.♖d2 ♖d7 16.h3 ♕d8

Schwarz will die Läufer abtauschen, wozu der eigene die Unterstützung der Dame auf der Diagonale d8-h4 braucht.

17.♕c2 ♘h5 18.♘c1 ♗h4 19.♘d3 ♗xf2+ 20.♖dxf2 ♖e7 21.g4 ♘f6 22.♖g2

Weiß hat sein frühes strategisches Ziel, am Königsflügel ein aktives Spiel zu erreichen, durchgesetzt.

– Ein anderer gut nachvollziehbarer Plan für Weiß beginnt mit 7.h3!?.

Der Anziehende will g2-g4 folgen lassen und damit den gegnerischen Läufer sofort zu einer Erklärung zwingen. In der Partie Hodgson–Summerscale, Millfield 2000, folgte 7...0-0 8.g4 ♗e6 9.♗g2 c6 10.♘ge2 ♘bd7 11.0-0.

Über mehrere natürliche Entwicklungszüge hat Weiß seine Aufstellung verbessert und sich dabei Flexibilität bewahrt.

11...♘b6 12.♗g3 ♖e8 13.b3 ♖c8 14.♖c1

Weiß hat sich gute Aussichten verschafft.)

7...♘c6

B1) 8.g4!?

Eine kompromisslose Methode, bei der Weiß allerdings auch ein höheres Risiko eingeht.

8...♘xg4

(8...♗xg4 9.♕xb7 ♘b4 10.♖c1±, Aleksandrow–Dobrowolski, Warschau 2008.)

9.♕xd5 ♕xd5 10.♘xd5 0-0-0

(In der Begegnung Wojtaszek–Onischuk, Russland 2012, versuchte Schwarz 10...♗b4+. Nach der weitgehend forcierten Zugfolge 11.♘xb4

♘xb4 12.♖c1 c6 13.a3 ♘d3+ 14.♗xd3 ♗xd3 15.f3 ♘f6 16.♔d2± blieb Weiß die bessere Stellung, allerdings bei ungleichfarbigen Läufern, was die Remisbreite erhöhte und letztlich tatsächlich zum Remis führte.)

11.♘xe7+ ♘xe7 12.♖c1 ♘d5

An dieser Stelle bieten sich mehrere Fortsetzungen für Weiß an, vor allem 13.♗g3, 13.h3 und 13.♘e2. Wir favorisieren 13.♗g3, um im Besitz des Läuferpaars zu bleiben. In der Partie Najer–Azarow, Tschechische Republik 2013, folgte 13...♖he8 14.♘e2 c6 15.♘c3 ♘gf6 16.♗e5 ♘g4 17.♗g3 ♘gf6 18.♗e2 ♘e4 19.♘xe4 ♗xe4 20.♖g1 g5 21.h4 h6 22.♔d2 mit besserer Stellung für den Anziehenden.

B2) Weniger aufs Spiel setzt Weiß mit 8.♕xb7 und auch in dieser Variante kommt er auf geradem Weg zu einem vorteilhaften Spiel. Schwarz antwortet mit 8...♘b4. Aus dem Strauß der weißen Wahlmöglichkeiten empfehlen wir hier 9.♗b5+, worauf für Schwarz allein 9...♔f8 in Betracht kommt.

10.♔d2

Von mehreren gleichwertigen Antwortalternativen nehmen wir speziell diese weiter unter die Lupe.

(10.♖d1 reicht nach einer Analyse von Dutreeuw nur zu einer ausgeglichenen Stellung: 10...♗d6!? 11.♗xd6+ cxd6 mit der Idee ♖a8-b8=.)

10...a6

(Nicht empfehlenswert ist 10...♗d6 wegen 11.♗xd6+ cxd6 12.♗e8 ♕xe8 13.♕xb4. Spielt Schwarz nun 13...♘e4+, so begünstigt dies den Anziehenden. Er antwortet 14.♘xe4 und steht nach z.B. 14...♕xe4 15.♘e2 ♔e7 16.♖hc1 ♖hb8 17.♖c7+ klar besser. Schwarz liegt nicht nur um einen Bauern zurück, sondern seine verbliebenen Fußsoldaten bilden teilweise nur noch eine Ruine. In der Partie Magerramow–Klovans, Russland 1992, folgte 17...♔f8 18.♕xd6+ ♔g8 19.b3 ♖c8 20.♖ac1 ♖xc7 21.♖xc7 ♕xg2 22.♖xa7 ♖f8 23.♕f4+–.)

11.♗a4 ♘d3 12.♗xc7 ♕c8 13.♕xc8+ ♖xc8 14.♗a5 ♘xb2 (14...♘xf2±) 15.♗b3 ♘c4+ 16.♗xc4 ♖xc4 17.♘f3 ♗d6 und Weiß steht besser. In der Partie Marcelin–Serafimow, Paris 2002, folgte 18.♘e5 ♗xe5 19.dxe5 ♘e4+ 20.♘xe4 ♗xe4 21.♖hc1 ♗xg2 22.♖xc4 dxc4 23.♗b4+ ♔e8 24.♖g1 und Weiß ging mit einem Vorteil in die letzte Partiephase.

6.e3

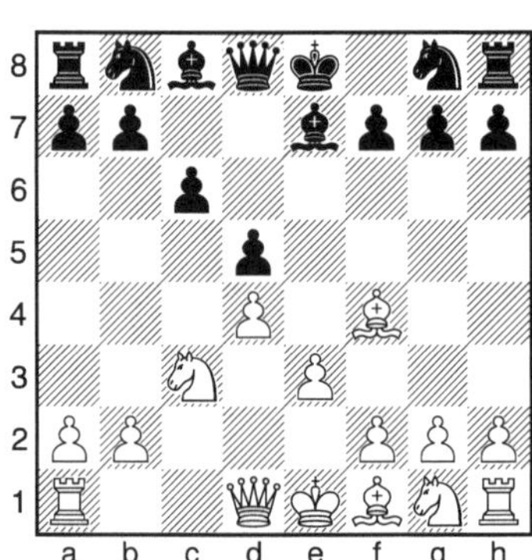

6...♗f5

Schwarz tut es seinem Gegenüber gleich und postiert seinen Läufer ebenfalls aktiv auf einer langen Diagonale.

Andere Züge sind 6...♗d6 und 6...♘f6. Anhand mehrerer Beispiele aus der Praxis wollen wir uns anschauen, welche Richtung das Duell dann nehmen kann.

I. Nach 6...♗d6 muss sich Weiß entscheiden, ob er den Läufer sofort schlagen soll oder nicht. Im weiteren Verlauf kommt es ohnehin regelmäßig zum Abtausch.

A) 7.♘ge2 ♘f6

(In der Partie Morosewitsch–Topalow, Nizza 2008, folgte 7...♘e7 8.♗xd6 ♕xd6 9.♘g3 ♘d7 10.♗d3 ♘f6 11.♕c2 0-0 12.0-0-0 ♗d7 13.♔b1 c5 14.dxc5 ♕xc5 15.e4±. Die weiße Stellung ist leicht vorzuziehen, denn Schwarz kann nun nicht mit 15...dxe4 schlagen, weil er dann über 16.♘gxe4 ♘xe4 17.♗xe4± deutlich in Nachteil geraten würde.)

8.h3 0-0 9.g4 ♖e8 10.♗xd6 ♕xd6 11.♘g3 ♗e6 12.♕c2 a5 13.♗d3 ♘a6 14.a3 g6 15.♘ce2 ♖ac8 16.♕d2 ♖a8 17.♖c1 ♘c7 18.f3 ♖e7 19.♔f2±, Grischuk–Kasimdschanow, Tripolis 2004. Weiß steht solide und hat keine nennenswerten Schwächen.

B) 7.♗xd6 ♕xd6 8.♗d3 ♘e7 9.♕c2

Die Aufstellung mit der Dame auf c2 und dem Läufer auf d3 mit Druck gegen den ♙h7 zählt zu den weißen Standards in diesem System.

9...g6

(9...b6 10.♘f3 ♗a6 11.0-0 ♗xd3 12.♕xd3 0-0 13.e4±)

10.♘ge2

(Es geht auch 10.♘f3 ♗f5 11.♗xf5 ♘xf5 12.0-0 0-0 13.e4 dxe4 14.♘xe4±, So–Tolentino, Tagaytay City 2013.)

10...♗f5 11.♘f4 ♘d7 12.0-0 0-0 13.♘a4

Der König ist gesichert und Weiß wendet sich dem Damenflügel zu.

13...♖fe8 14.♖fc1 ♕f6 15.b4 ♘b6 16.♘c5 ♖ab8 17.a4±

Weiß hat Initiative am Damenflügel und plant einen Minoritätsangriff mittels b4-b5, Malachow–Zhou Jianchao, Ningbo 2010.

II. 6...♘f6 7.♗d3

(Weiß kann auch zunächst 7.♕c2!? spielen.)

Nach dem Textzug kann Schwarz vor allem zwischen drei Wegen wählen.

A) 7...♘bd7

Hinter diesem Zug steckt die interessante, aber auch Zeit raubende Idee, den Springer auf den anderen Flügel zu bringen.

8.h3 ♘f8 9.♘f3

A1) 9...♘e6?! 10.♗e5 g6 (10...♗d6 11.0-0±) 11.♕c2 ♘g7 12.g4 a5 13.0-0-0 ♗e6 14.♔b1 b5 15.♘g5 a4 16.♘xe6 ♘xe6 17.f4 ♖g8 18.f5 ♘f8 19.e4 und Schwarz steht mit seinem unrochierten König im Zentrum sehr schlecht. Der weiße Vorteil ist entscheidend, Zilka–Walek, Tschechische Republik 2012.

A2) Auch nach 9...♘g6 kommt Weiß zu einem besseren Spiel, wie z.B. in der Partie Bernasek–Nedela, Tschechische Republik 2011.

10.♗h2 ♗d6 11.♗xd6 ♕xd6 12.♕c2 0-0 13.0-0-0

Die Rochaden auf unterschiedliche Flügel befeuern die Dynamik des

Spiels. Weiß wird seine Chancen am Königsflügel suchen, Schwarz am Damenflügel.

13...Te8 (13...Ld7 14.g4±) 14.g4 b5 15.Kb1 Tb8 16.Sd2 La6 17.g5 b4 18.Sa4 Lxd3 19.Dxd3 Se4 20.Sxe4 dxe4 21.Da6

Inzwischen agiert der Anziehende auf beiden Flügeln und hat die Initiative.

21...Dd5 22.h4 Se7 23.Tc1 Df5 24.De2 Tb5 25.Thg1 Ta5 26.Sc5 Dd5 27.Dc4

Weiß steht deutlich besser. Schwarz wird größere Probleme zu bewältigen haben, zugleich seine großen Bauernschwächen zu verteidigen und sein eigenes Aktivpotenzial zu verstärken.

B) 7...0-0 8.Dc2 Te8 9.Sge2 Sbd7 10.0-0-0

Während der Anziehende im Begriff ist, seine Entwicklung abzuschließen, steht Schwarz noch einiger Aufwand zur Bewältigung dieser Aufgabe bevor. Auch in dieser Variante sind die entgegengesetzten Rochaden zu beachten.

(Weiß kann aber auch etwas ruhigere Gewässer anstreben und die kurze Rochade versuchen, wie in der Partie Alsina Leal–Lopez Agustench, Badalona 2013: 10.0-0 Sf8 11.h3 Ld6 12.Lg5 h6 13.Lh4 Le7 14.f3 Se6 15.Lf2 c5 16.dxc5 Lxc5 17.Tad1±.)

10...a6 11.Kb1 c5

Die aktivste Möglichkeit für Schwarz, die aber auch ihre schwachen Seiten hat, wie wir gleich sehen können.

12.dxc5

Engines möchten hier gerne 12.Lxh7+ usw. spielen, obwohl der Textzug besser ist.

In unserer Referenzpartie Erturan–Jankov, Skopje 2013, folgte 12...Sxc5 13.Lg5 Sxd3 14.Dxd3 Le6 15.Lxf6 Lxf6 16.Sxd5 Lxd5 17.Dxd5.

Weiß behauptet einen Mehrbauern.

17...Db6 18.Db3 Dc6 19.Sf4 Tad8 20.Sd5 b5 21.Td3 Tc8 22.Thd1

Schwarz sah sich deutlich im Nachteil. Die Partie endete letztendlich mit einem weißen Sieg im 32. Zug.

C) 7...Ld6 8.Lxd6 Dxd6 9.Sge2 ermöglicht Weiß einen soliden Aufbau und gute Aussichten. Will Schwarz mit 9...Lg4 mehr, dann wird es schnell eng für ihn, wie z.B. in der Partie Timofejew–Newerow, St. Petersburg 2012.

10.f3 Lh5 11.0-0

(Zu prüfen ist 11.Dd2!? nebst 0-0-0!. Aber auch sofort 11.e4 verdient Beachtung.)

11...Lg6 (11...Sbd7!?) 12.e4 dxe4

(Sonst kommt immer 13.e4-e5.)

13.fxe4 De7 14.Sf4 0-0 15.e5 Se8 (15...Lxd3 16.Dxd3+−) 16.Sxg6 hxg6 17.Lc4 Sc7 18.Dg4

Weiß führt einen starken Angriff.

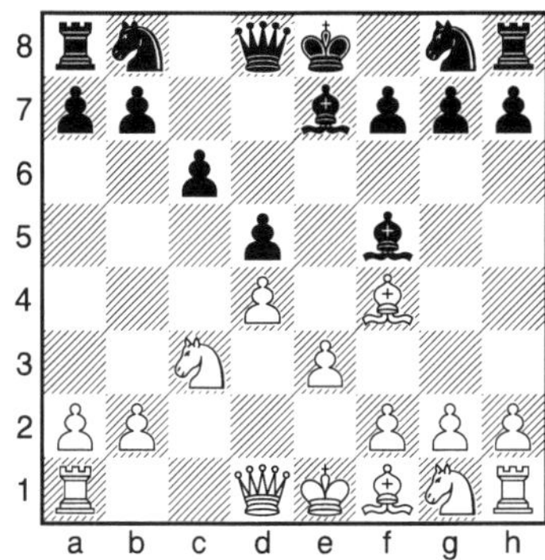

7.g4

Diesen aggressiven Zug wandte erstmals Ex-Weltmeister Botwinnik 1963 im Wettkampf gegen Petrosjan an. Die Idee liegt darin, mit Tempogewinn Raumvorteil am Königsflügel zu erlangen.

Die Alternative 7.♘ge2 mit dem Plan der langen Rochade erörtern wir in der **Partie Nr. 11**: Grigorjants–Maze, Moskau 2005.

7...♗e6

Der Rückzug 7...♗g6 ist schwach wegen 8.h4!. In den Analyseküchen der Schwarzspieler sind drei Gegenstrategien ausgearbeitet worden, die mit 8...h5, 8...♗xh4 bzw. 8...h6 beginnen.

A) 8...h5 9.g5 ♗d6 10.♘ge2

(Weiß kann seinen Springer auch über h3 aktivieren. In Abhängigkeit von den schwarzen Reaktionen kann das Spiel dann in die Variante zurückkehren, oder auch andere Wege nehmen. Die Partie Kurnosow–Jatschenko, Satka 2008, zeigt ein Beispiel mit eigenständiger Bedeutung: 10.♘h3 ♗f5 11.♕b3 ♗xf4 12.♘xf4 ♕b6 13.♕a3 ♘e7 14.♖c1 ♘d7 15.♗e2±.)

10...♘a6 11.♗xd6 ♕xd6 12.♘f4 ♘c7 13.♗e2 ♕b4 14.♕d2 ♘e7 15.♗f3

Über mehrere „normale" Entwicklungszüge hat sich Weiß eine aktive und flexible Aufstellung verschafft.

15...♘e6 16.♘ce2 ♘xf4 17.♘xf4 ♕xd2+ 18.♔xd2 ♗e4 19.♗xe4 dxe4 20.♖ac1 0-0-0 21.♖c5 ♘d5 22.♘xd5 ♖xd5 23.♖hc1

Weiß hat ein vorteilhaftes Endspiel, das er dann in den späteren Sieg umzumünzen verstand, Karpow–Portisch, Linares 1989.

B) 8...♗xh4

Schwarz macht Nägel mit Köpfen und eliminiert den ehrgeizigen Bauern. Bei richtigem Spiel nutzt der Anziehende die damit verbundenen Nachteile, um sich entscheidend in Front zu bringen.

9.♕b3 b6

B1) 10.♘f3!

So ist es richtig! Auf diesen Zug sollte der Weißspieler nicht verzichten, auch wenn die gleich im Anschluss von uns vorgestellte Alternative 10.♖xh4 ebenfalls gewinnt. Nach 10.♘f3 geht es aber einfacher.

10...♗e7

(10...♗f6 führt zu einem taktischen Feuerwerk, an dem nur der Anziehende seine Freude haben dürfte – nämlich: 11.g5 ♗e7 12.♗xb8! ♖xb8 13.♘e5 mit raschem Zusammenbruch der schwarzen Stellung. Hierzu noch etwas Schachkino: 13...♖c8 14.♘xc6! ♖xc6 15.♗b5 ♕d6 16.♕xd5 ♕xd5 17.♘xd5 ♔d7 18.♖c1+–.)

11.♗xb8 (Oder auch 11.♘e5±.) 11...♕xb8

Auch in dieser Variante gibt es kein Happy End für Schwarz.

12.♘e5 ♕b7 13.♘xc6! a6 14.♘e5 ♘f6 15.♗g2 ♖d8 16.f4 h6 17.g5 ♘e4 18.♗xe4 dxe4 19.f5 1-0, Vaisser–Schmidt Schäffer, München 1993.

B2) 10.♖xh4

Dies leitet den zweiten Gewinnweg ein. Es gibt aber auch ein paar Fallstricke, in die Weiß tappen und sich dadurch um den Erfolg bringen kann.

10...♕xh4

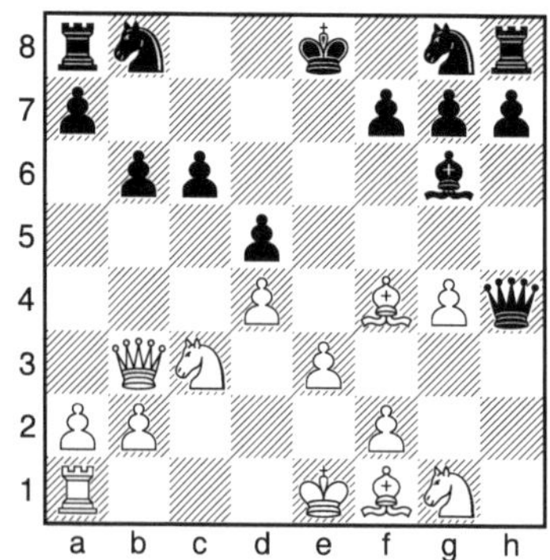

11.♘xd5! cxd5

(11...♘a6 12.♗xa6 cxd5 13.♕xd5 ♖d8 14.♕e5+ ♔f8 15.♗g5+)

B2a) 12.♕xd5 reicht nun grundsätzlich zum Gewinn aus.

12...♘e7

B2a1) In der Partie Brunner–Gosset, Marseille 2001, kam Weiß vom richtigen Pfad ab. Das Drama nahm wie folgt seinen Lauf: 13.♗b5+ ♘bc6 14.♗xc6+ ♔f8 15.♗d6.

(Mit 15.♕d6+– wäre der Anziehende durchaus noch in der Spur geblieben.)

15...♖d8 16.♕e5 ♕f6 17.♕xf6 gxf6 18.♗a3 h5 und Schwarz hatte sich gerettet.

B2a2) Besser als 13.♗b5+ war 13.♕xa8! 0-0 14.♕f3 mit weißem Vorteil.

B2b) Allerdings lag der Knackpunkt noch etwas weiter vorne, nämlich bei 12.♕xd5. Schon hier hätte Weiß dem Gegner mit 12.♗b5+!? jede Chance nehmen können. Nach 12...♘d7 13.♗xd7+ ♔f8 (13...♔d8 14.♕xd5+–) 14.♕xd5+– gehen im Haus des Nachziehenden alle Lichter aus.

C) Auf 8...h6 hat Weiß zwei gute Antworten.

C1) 9.♘f3 ♘d7 10.h5

(10.♗d3 ♗xd3 11.♕xd3 ♘gf6 12.♖g1 ♕a5 13.♘d2 ♘f8 14.f3 ♘e6 15.♗e5±, Knaak–Raicevic, Athen 1992, ist auch möglich.)

10...♗h7 11.♗d3

Weiß verfügt über einen deutlichen Vorteil am Königsflügel.

C2) 9.h5 ♗h7 10.♗d3 ♗xd3 11.♕xd3 ♘f6 12.f3 ♗d6 (12...♕b6 13.0-0-0±) 13.♘ge2 ♗xf4 14.♘xf4 ♕d6 15.0-0-0 ♘bd7 16.♘ce2 0-0-0 17.♘g3 ♖he8 18.♘f5 ♕f8 19.♔b1 und das weiße Spiel ist dem gegnerischen an Aktivität klar überlegen, Witjugov–Zhou Jianchao, Ningbo 2010.

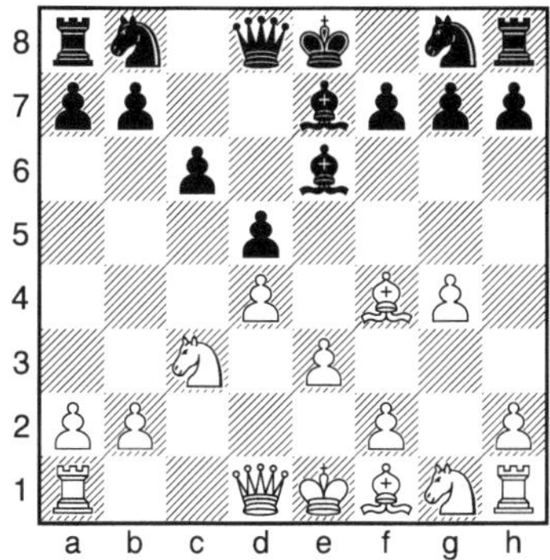

8.h4

Auch dieser energische Bauernvorstoß zum Ausbau des weißen Raumvorteils am Königsflügel stammt von Michail Botwinnik.

Hier steht dem Anziehenden aber auch die etwas ruhigere Variante 8.h3 offen. Wir gehen in unseren Ausführungen nicht mit der gewohnten Tiefe auf diese Möglichkeit ein, weil sie nur unsere Empfehlung „1b" ist. Die folgenden exemplarischen Varianten können aber gut veranschaulichen, wohin die Reise nach 8.h3 geht.

8...♘f6

(Ein interessantes Beispiel mit 8...♘d7 ist die Partie Garcia Roman–Fernandez Borrego, Ciudad Real 2013. Wir bilden sie deshalb in einer außergewöhnlich langen Zugfolge ab: 9.♘f3 g5 10.♗g3 h5 11.gxh5 ♖xh5 12.♘e5 ♘gf6 13.♗g2 ♕b6 14.♕c2 0-0-0 15.0-0-0 ♘e4 16.♗xe4 dxe4 17.d5 ♘xe5 18.♗xe5 ♗f5 19.d6 ♗f8 20.♘d5 ♕a5 21.♘e7+ ♗xe7 22.dxe7 ♖e8 23.♗f6 ♗d7 24.♖xd7! ♔xd7 25.♖d1+ ♔e6 26.♗c3 ♕f5 27.♕d2 ♕d5 28.♕e2+–.)

9.♘f3 0-0 10.♗d3 c5 11.♔f1

(Kasparow merkt an, dass Weiß mit diesem und dem folgenden Zug künstlich die Rochade vollzieht. Im Falle von 11.0–0 h5 12.g5 müsste der Anziehende nach Wegzug des Königsspringers seinen h–Bauern sichern, was nun unnötig ist.)

11...♘c6 12.♔g2

Der Anziehende muss hier vor allem mit den gegnerischen Reaktionen 12...cxd4, 12...c4 und 12...♖c8 rechnen.

A) 12...cxd4 13.♘xd4

A1) 13...♘xd4 wurde Botwinnik im WM–Kampf von Petrosjan vorgesetzt. Im sich anschließenden zähen Ringen gelang es Weiß, einen kleinen Eröffnungsvorteil für sich herauszuarbeiten.

14.exd4 ♘d7 15.♕c2 ♘f6 16.f3 ♖c8 17.♗e5 ♗d6 18.♖ae1 ♗xe5

A1a) 19.dxe5?

Dies hätte den Vorteil vergeben und in eine schlechtere Stellung geführt, wie spätere Analysen zeigten.

19...♘h5

(Oder auch 19...d4 20.exf6 ♕xf6∓.)

20.♗xh7+ ♔h8 21.gxh5 ♕g5+ 22.♔f2 ♕xh5 23.♗d3 d4∓

A1b) Der Partiezug 19.♖xe5! war somit ein Muss. 19...g6 20.♕f2 ♘d7 21.♖e2 ♘b6 22.♖he1±, Botwinnik–Petrosjan, Moskau 1963.

A2) 13...♗d6 14.♗xd6 ♕xd6

Hier, in der Phase des Übergangs von der Eröffnung zum Mittelspiel, ist für keine der beiden Seiten ein nennenswerter Vor- oder Nachteil festzustellen. Anhand eines Beispiels aus der Meisterpraxis wollen wir uns anschauen, in welcher Richtung die Kontrahenten ihr Spiel weiter aufbauen können.

15.♘ce2 ♖fe8 16.♖c1 ♗d7 17.♗b1 ♖ad8 18.♕b3 ♖b8

(Zu beachten war auch 18...♘a5!? 19.♕d3 ♘c4 mit Gegenspiel.)

19.♖hd1 h5!? 20.g5 ♘e4 21.♘f3 ♗xh3+ 22.♔xh3 ♘xf2+ 23.♔g2 ♘xd1 24.♖xd1 ♕c5 25.♖xd5

(25.♔f2!? ♖bd8 26.♘ed4±)

25...♕xe3 26.♕xe3 ♖xe3

Es ist ein in etwa ausgeglichenes Endspiel entstanden, ohne dass die Partie irgendwo an den Rand der Remisbreite gestoßen wäre, Geller-Spasski, Moskau 1967.

B) Auch 12...c4 führt grundsätzlich in eine Remisvariante; z.B. 13.♗b1 ♖c8 14.♘g5 (14.♘e5!?) 14...♗d6 15.♘xe6 fxe6 16.♗xd6 ♕xd6 17.g5 ♘e8 18.♕g4 (18.f4 ♘e7∞; 18.h4!?) 18...g6 19.b3 ♘c7 (19...♘a5!?) 20.bxc4 ♕a3? (Stärker war 20...♕b4! 21.♘e2 ♕xc4 usw.) 21.♘e2 dxc4 22.h4 ♘b4 23.h5 ♘d3 24.♗xd3 ♕xd3 25.e4 ♕d2 26.hxg6 hxg6 27.♖h6 1-0, Bergonzoni-Rezek, IECG E-Mail 2003.

C) 12...♖c8 kommt in der Kommentierung zur **Partie Nr. 12:** Kortschnoi-Karpow, Meran 1981 (13. Matchpartie) ins Scheinwerferlicht.

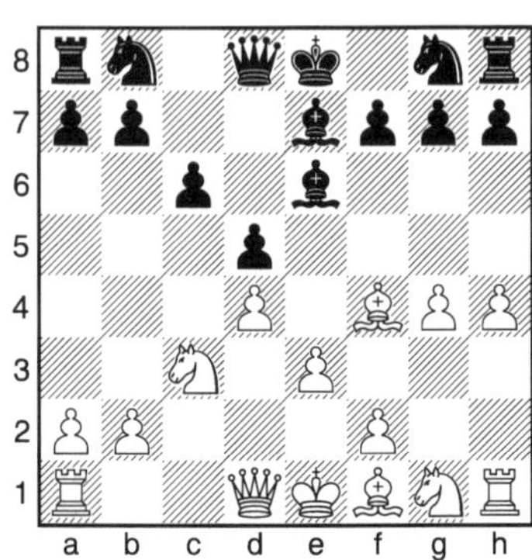

8...♘d7

Zu großen Verwicklungen führt 8... ♗xh4 9.♕b3.

A) 9...g5 10.♗e5

(10.♕xb7 gxf4 11.♕xa8 fxe3∞)

10...f6 11.♗h2 ♗xg4 12.♕xb7 ♕e7! 13.♕xa8 ♕xe3+ 14.♗e2 ♗xf2+ 15.♔f1 ♗h4 16.♕xb8+ ♔f7 17.♘d1 ♗xe2+ 18.♘xe2 ♕f3+ 19.♔g1 ♕xe2

Wir sind der Partie Vaisser-Geller, Sotschi 1982, gefolgt, die nach dieser atemberaubenden Phase in einen völligen Gleichstand eingetreten ist. Es ist auch interessant zu beobachten, wie die beiden damaligen Weltklassespieler weiter versuchten, mehr als ein Remis zu erkämpfen.

20.♗g3

(20.♗d6 ♕e1+ 21.♔g2 ♕e2+ 22.♔g1=)

20...♕g4 21.♔g2 ♕e4+

(21...♘e7 22.♘f2 ♖xb8 23.♘xg4 ♖xb2+ 24.♔f3 ♘f5 25.♗xh4 ♘xd4+ 26.♔e3±)

22.♔h2 ♘e7 23.♕xh8 ♗xg3+ 24.♔g1

Das Duell endete unentschieden.

B) 9...♗c8 10.♘f3 ♗e7 11.♘e5

(Ein lehrreiches Beispiel dafür, wie Weiß überziehen kann, ist die Partie Nobile–Santoro, Italien 1988.

11.♗xb8?

Der Abtausch des Läufers erscheint unmotiviert, vermutlich aber wollte Weiß damit seinen Springerzug nach e5 vorbereiten, da dieser dann nicht von d7 aus von seinem schwarzen Kollegen angegriffen werden konnte. Die Begründung, mit dem Abtausch einen Verteidiger des ♙c6 beseitigen zu wollen, scheidet aus, da der schwarze b–Bauer noch auf seinem Ausgangsfeld steht und die Deckung des c–Bauern erfüllt. Damit fehlt ♘e5 die Drohung gegen diesen feindlichen Bauern und die Zeit zu e3-e4.

11...♖xb8 12.♘e5 ♗e6 13.0-0-0 ♘h6 14.♗e2 f6 15.g5 fxg5

Die weißen Angriffshoffnungen erweisen sich als Luftschlösser. Dies dürfte dem Anziehenden in der Partie bereits hier klar geworden sein, zumal diese im Fernschach gespielt wurde.

16.♖xh6? gxh6 17.♗h5+ ♔f8–+)

11...♘d7 12.♘xd7 ♕xd7 13.0-0-0 mit besseren Aussichten für Weiß.

C) 9...b6 10.♘f3 ♗e7 11.♘e5 (Anders als eben wäre hier 11.♗xb8! gut, denn hier fällt mit dem Abtausch der einzige Verteidiger des schwarzen c–Bauern. 11...♖xb8 12.♘e5 ♗d7 13.e4±.)

C1) 11...♘f6 12.g5

Die weiße Initiative gleicht den investierten Bauern mehr als aus.

12...♘fd7 13.g6 ♘xe5 (13...fxg6 14.♘xg6+–) 14.♗xe5 ♗f6

(14...fxg6 15.♗xg7 ♖g8 16.♖xh7 und Weiß dominiert, Kantor–Hradeczky, Budapest 2011. Mit ♗d3 und der langen Rochade kann er seine Kräfte schnell weiter aktivieren und den Angriff stärken. In der Partie setzte sich Weiß mit dem 38. Zug durch.)

15.♖xh7 0-0

Noch das Beste. Üblicherweise ist die Rochade ein Weg, den eigenen König zu sichern, hier aber kommt er nicht aus der weißen Aktivzone heraus.

16.♗g3 fxg6

(16...♗f5 17.0-0-0 ♗xg6 18.♖h2±)

17.♖h2 ♔f7! 18.0-0-0 ♖h8

Und erneut ist ein üblicherweise hilfreiches Mittel nicht ausreichend wirksam: Schwarz will eine gegnerische Angriffsfigur abtauschen. (18...♘d7 19.e4±) Aber nach 19.♖xh8 ♕xh8 20.e4 erkannte er die Aussichtslosigkeit seines Tuns und gab auf, 1-0 Gulko–Lputjan, Glendale 1994. In dieser Situation scheitert 20...dxe4 an 21.♗c4 und nun 21...♗xc4 an 22.♕xc4+ ♔e7 23.♘xe4 und die Lage von Schwarz wäre aussichtslos.

C2) 11...g5 12.♗g3 ♘f6 13.♗e2 ♕c8 14.♖c1 ♘bd7

Mit 14...♕b7!? konnte die Dame aus der Gegenüberstellung mit dem gegnerischen Turm geführt werden.

15.♘b5 ♘c5

(15...cxb5 16.♖xc8+ ♖xc8 17.0-0±)

16.dxc5 cxb5 17.♕xb5+! ♔f8 (17...♘d7 18.c6+–) 18.♘c6

Die Stellung ist kompliziert, aber Weiß steht als angreifende Partei deutlich besser. Die Kontrahenten mussten in unserer Referenzpartie Jussupow-Lputjan, Baden-Baden 1996, lange Varianten durchrechnen, um die taktischen Verhältnisse zu erfassen.

18...♘e4

(– 18...♗xc5 19.♖xc5 bxc5 20.♕xc5+ ♔g7 21.♗e5 ♕d7 22.♗xf6+ ♔xf6 23.♕d4+ ♔g6 24.♖h6+! ♔xh6 25.♕f6#
– 18...♗d7 19.♘xe7 ♗xb5 20.♘xc8+–
– 18...a6 19.♘xe7 axb5 20.♘xc8 ♖xc8 21.♗e5+–)

19.♘xe7 ♔xe7 20.♗d6+ ♔f6

(20...♔d8 21.♗e5 f6 22.f3 fxe5 23.fxe4+–)

21.♕b4

Weiß hat klaren Vorteil. Augenfällig sind die gefährdete Stellung des schwarzen Königs und der starke c-Bauer auf der Seite von Weiß. Beachten Sie bitte, dass der Versuch, diesen Bauern mit 21...bxc5 vom Brett zu nehmen, an 22.♖xc5 scheitert. Der Turm ist unantastbar, denn 22...♘xc5 führt nach 23.♕d4+ ♔g6 24.♖h6+ ♔xh6 25.♕f6# zu einem schnellen und schönen Matt.

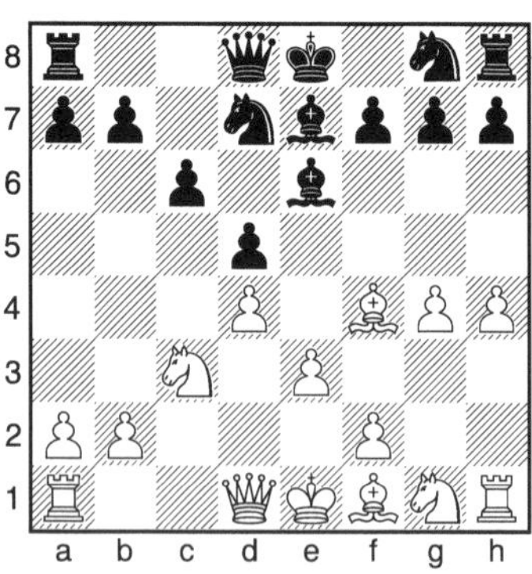

9.h5

Es gibt hier zwei weitere gute Möglichkeiten für Weiß, die wir aber nur kurz anreißen wollen.

I. 9.♗g3 ♘gf6 10.f3 ♘b6 11.♗d3 ♘c4 12.♕e2 c5 13.♗xc4 dxc4 14.d5! ♘xd5 (14...♗c8 15.d6+–) 15.0-0-0 ♕a5 (15...0-0 16.♘xd5 ♗xd5 17.e4+–) 16.♘xd5 ♗xd5 17.♖xd5 ♕xa2 18.♕c2 c3 19.b3 ♕a1+ 20.♕b1 ♕a6 21.♖h2 0-0 22.♖a2 ♕b5 23.♘e2 mit entscheidendem Vorteil für Weiß, Nakamura-Bacrot, Elancourt 2013.

II. 9.g5

Dieser Zug wird im Spitzenschach gegenwärtig häufig gespielt.

9...h6 10.g6 ♘gf6

(10...fxg6 war der schwarze Favorit in der Begegnung Ponomarjow-Sargissian, Chanty-Mansijsk 2013. Über die Zugfolge 11.♗d3 ♘gf6 12.♗xg6+ ♗f7 13.♗xf7+ ♔xf7 14.♘f3 ♖f8 15.♖g1 h5 16.♘g5+ ♔e8 17.♘e6 erreichte der Anziehende eine klare Gewinnstellung.)

11.gxf7+ ♗xf7 12.♗d3 ♘e4 13.♗xe4

(Oder 13.♘xe4 wie in Ponomarjow-Riazantzew, Chanty-Mansijsk 2013: 13...dxe4 14.♗xe4 ♘f6 15.♗f3 0-0 16.♘e2 c5 17.♖g1 ♔h8 18.♗xb7 cxd4 19.♗xa8 ♕a5+ 20.♔f1 ♖xa8 21.♕xd4+–.)

13...dxe4 14.♘ge2 0-0 15.♕c2 ♘f6 16.♖g1 ♔h8 17.♗e5

Weiß steht erkennbar besser. Der schwarze e-Bauer ist schwach und wird fallen. Wir wollen den weiteren Kampfesverlauf noch zeigen, weil er Anhaltspunkte für die mögliche weitere Partieführung beider Seiten bietet. Wegen der schon fortgeschrittenen Partiephase und unter dem Hinweis, dass wir uns nicht in unserer Hauptvariante befinden, belassen wir es aber bei einer rein zugbasierten Darstellung.

17...♕a5 18.♘f4 ♗b4 19.♗xf6 gxf6 20.♕xe4 ♖g8

(20...♗xc3+ 21.bxc3 ♕xc3+ 22.♔e2 ♖g8 23.♕f5 ♕c4+ 24.♔f3 ♗d5+ 25.♘xd5 ♕xd5+ 26.♕xd5 cxd5 27.♖xg8+ ♖xg8 28.♖c1±)

21.♖xg8+ ♖xg8 22.♔d2 f5 23.♕f3 ♗c4 24.♕h5 ♔h7 25.d5 ♗xd5 26.♕xf5+ ♔h8 27.♘g6+ ♔g7 28.♘e7 ♗xc3+ 29.bxc3 ♖d8 30.♕e5+ ♔f7 31.♘f5 ♖d7 32.♘d6+ ♔f8 33.♕e8+ 1-0, Njepomnijaschtschi–Ponomarjow, Riga 2013.

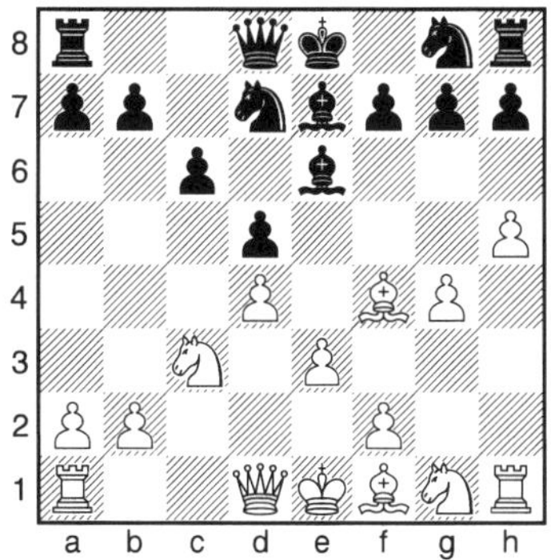

9...♕b6

Schwarz will seinen Damenflügel entwickeln und eventuell lang rochieren. Hier ein Blick auf zwei andere Pläne.

I. 9...♘gf6 10.f3

A) 10...0-0 11.♗d3 c5 12.♕c2 ♔h8 13.♘ge2

(Es geht natürlich auch sofort 13.0-0-0!?.)

13...♖c8 14.0-0-0 h6 15.g5 hxg5 16.♗xg5±, Lopez Martinez–Sargissian, Jerewan 1999.

B) 10...h6 11.♗d3 ♘b6 12.♘ge2 ♗d6 13.♕c2 ♕e7 14.0-0-0

Eine interessante und auf jeden Fall beachtenswerte Idee ist 14.♔f2!?.

14...♗xf4 15.♘xf4 0-0-0 16.♔b1 ♔b8 17.♖hg1 ♘e8 18.♕h2 ♘d6 mit beiderseitigen Chancen, Wojtaszek–Oparin, Jurmala 2013.

II. 9...♘h6 10.♗e2 ♘b6

A) 11.♘h3 f6

(– 11...♗d6 12.♖g1 ♕d7 13.f3 0-0-0 14.♕c2 ♔b8 15.0-0-0 mit beiderseitigen Chancen, Neverov–Sandalakis, Paleohora 2009. In der Partie ging es wie folgt weiter: 15...♗xf4 16.♘xf4 ♕e7 17.♗d3 g5 18.hxg6 hxg6 19.♖h1 g5 20.♘h5 ♘g8 21.♖h3 ♘f6 22.♕h2+ ♔a8 23.♘xf6 ♕xf6 24.♖h1 ♖xh3 25.♕xh3. Mit der eroberten h-Linie stand Weiß aktiver.

– Dagegen führte 11...g5 12.hxg6 hxg6 13.♗g3 ♕d7 14.♘f4 0-0-0 15.♘xe6 ♕xe6 16.♖g1⩲ in der Begegnung Nakamura–Aronian, Sao Paulo/Bilbao 2011, zu einem leichten weißen Chancenplus. Die Partie ging allerdings noch bis in den 79. Zug weiter, ehe es Nakamura gelang, tatsächlich einen vollen Punkt zu erringen.)

12.♗xh6 gxh6

Die schwache schwarze Bauernformation macht diese Stellung nicht erstrebenswert. Weiß kommt ohne nennenswerte Probleme zu einem aktiven und initiativen Spiel.

13.♘f4 ♕d7 14.♘xe6 ♕xe6 15.♕c2 ♘c8 16.0-0-0 ♘d6 17.♖hg1 0-0-0 18.♗d3 ♕f7 19.♔b1 ♔b8 20.e4 dxe4 21.♘xe4 ♘xe4 22.♗xe4 ♖d7 23.♖g3 ♖hd8 24.♖b3

Weiß hat Angriff, Moura–Salvador Marques, Portugal 1988.

B) 11.♖c1 ♗d6

(11...♘c4 12.♗xc4 dxc4 13.♗xh6 gxh6∞ Kasparow)

12.♘h3 ♗xf4 13.♘xf4 ♗d7 14.♖g1 g5 15.hxg6 hxg6 16.♔d2 ♕e7 17.b3 g5 18.♘d3 0-0-0 19.♖h1

Weiß steht etwas besser, auch wenn dies in Kasparow–Karpow, Moskau, 21. Matchpartie 1985, nicht zum Sieg reichte. Die Partie endete mit einem Remis.

10.♖b1 ♘gf6 11.f3 h6

Nach 11...0-0 12.♗d3 c5 13.♘ge2 ♖ac8 14.♔f1 cxd4 15.exd4 ♗d6 16.♕d2 ♘e8 17.♔g2 ♕d8 18.♖be1 ♘b6 19.♗b1 ♘c4 20.♕d3 f5 21.♗c1 ♘f6 22.♘g3 hat Weiß eine gewinnträchtige Stellung erreicht, Beljawski–Geller, UdSSR 1983. In der Partie ging es blitzartig zu Ende: 22...♗xg3 23.♖xe6 fxg4 24.♔xg3 ♘e4+ 25.♘xe4 ♖xf3+ 26.♕xf3 gxf3 27.♘g5 ♘d6 28.♗xh7+ ♔f8 29.♖f1 1–0.

12.♗d3

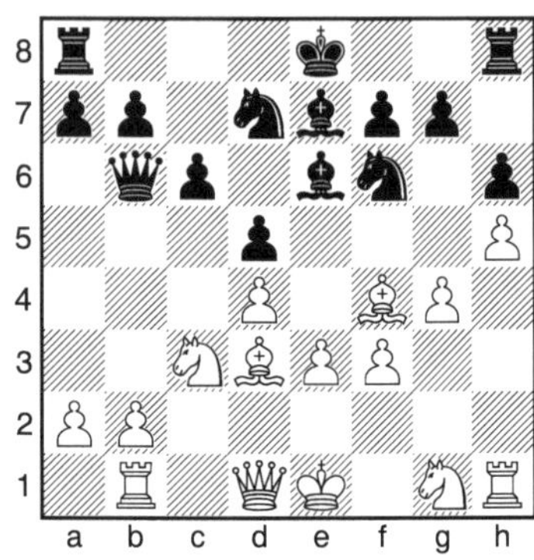

12...0-0

Praxis und Theorie haben an dieser Stelle auch andere Möglichkeiten als den Marsch des Königs ins Rochadeasyl entwickelt. Schauen wir uns an, welche Potenziale Schwarz damit erhält.

I. 12...♕a5 13.♘ge2 b5 14.♘c1

(14.♔f2 geht auch, z.B. 14...b4 15.♘a4 ♘b6 16.♘c5 ♗xc5 17.dxc5 ♕xc5 18.♘d4±.)

14...♕d8 15.♘b3 (15.♕c2!?) 15...0-0 16.♘e2 a5

Hier eröffnen sich dem Anziehenden insbesondere zwei Wege, die aussichtsreich erscheinen.

A) 17.♖c1

Eine gute, aber wohl nicht die beste Wahl. Wir tendieren zu der anschließend gezeigten Alternative 17.g5. Schauen wir aber zunächst auf die sich hier für beide Seiten ergebenden Möglichkeiten.

17...a4 18.♘c5 ♘xc5 19.dxc5 ♘d7

(19...♕a5+ 20.♕d2 b4 21.♘d4 ♗d7 22.♕g2 ♗xc5 23.g5 mit Angriff.)

20.♗b1 ♘xc5 21.♘d4

(Nach 21.♖xc5!? ♗xc5 22.♕c2 ♗b4+ 23.♔f2 f5 24.♕xc6 hat Weiß genügend Ersatz für Qualität und verfügt über die besseren Aussichten.)

21...♕d7 22.♕c2

Weiß hat Angriff.

B) 17.g5 ist die Methode, die bei unerfahrenen Schwarzspieleren eher Fehler provoziert. Sie empfinden eine Situation wie diese, in der sie sich einem heftigen weißen Angriff ausgesetzt sehen, belastend, was ihre Urteilsfindung beeinträchtigen kann.

17...hxg5 18.♗xg5 ♘e8 19.♗xe7 ♕xe7 20.♖c1±

II. 12...c5 13.♘ge2

Das ist universell und gut.

A) 13...c4

Auf diese Weise erhält sich Schwarz am ehesten ordentliche Gegenchancen unter Beschränkung der weißen Ambitionen.

14.♗c2 ♕a5 15.♔f2 b5 16.a3 ♕b6 17.b3

(17.♘g3!? verspricht Aussichten auf einen zumindest kleinen Vorteil nach z.B. 17...a5 18.♘f5 ♗xf5 19.♗xf5 b4 20.♗xd7+ ♔xd7 21.♘e2±.)

17...cxb3 18.♖xb3 a6 19.♕g1 ♖c8 20.♗d3 ♕a5

Bei dem entstandenen zweischneidigen Spiel ist das gesamte Brett einbezogen, Riasantsew–Sanikidze, Dresden 2007.

B) Zu 13...cxd4 liegt aus der Praxis nur das Beispiel Kruppa–Kolesnik, Minsk 2000, vor.

14.exd4 (14.♘xd4!?) 14...♖c8 15.♔f1 ♘f8 16.♘g3 ♗d6 17.♘a4 ♕d8 18.♗b5+ ♗d7 19.♕e2+ ♕e7 20.♗xd6 ♕xe2+ 21.♗xe2 ♗xa4 22.♘f5 ♔d7 23.b3 ♗c6 24.♗xf8 ♖hxf8 25.♘xg7

Weiß hat einen gesunden Mehrbauern auf der hohen Kante,.

C) 13...♖c8 14.♔f1

(Oder 14.♔f2 wie in Knaak–Balaschow, Sotschi 1980: 14...cxd4 15.exd4 a6 16.♖c1 ♕d8 17.♕b3 b5 18.a4 0-0 19.axb5 ♘c5 20.♕d1 ♘xd3+ 21.♕xd3 axb5 22.♘xb5±.)

14...0-0 15.g5 hxg5 16.♗xg5 ♖fe8 17.♕e1 cxd4 18.exd4 ♘h7 19.♗xe7 ♖xe7 20.♕g3

Weiß hat die Initiative, Knaak–Geller, Moskau 1982.

III. 12...♕d8 13.♘ge2 0-0 14.♘g3

(Oder 14.g5 hxg5 15.♗xg5 mit guten Angriffschancen am Königsflügel.)

14...c5 15.♔f1 cxd4 16.exd4 ♕b6 17.♔g2 ♖fe8 18.♖e1

Sehr in Betracht kommt auch 18.♕d2!? mit der Drohung, bei Gelegenheit auf h6 zu schlagen.

18...♖ac8 19.♘f5 ♗b4

Remis, Kruppa–Grigorjanz, Elista 2000.

13.♘ge2

Vermutlich ist sofort 13.g5!? noch besser.

13...c5

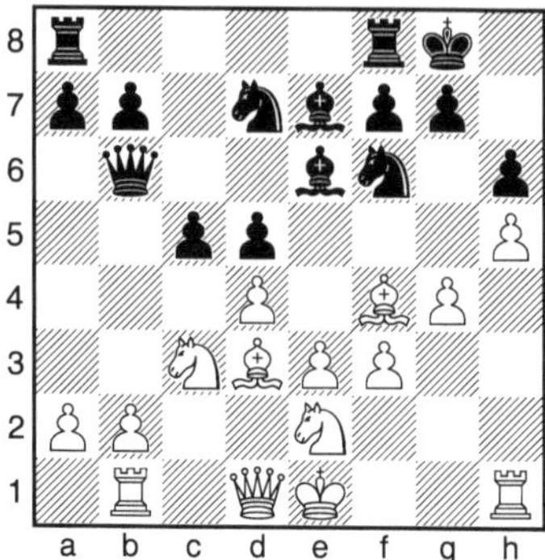

14.g5!

Dies ist viel energischer als 14.♔f1 ♖fe8.

A) 15.g5!? c4 16.♗c2 hxg5 17.♗xg5 ♘g4 18.♗f4 ♘h6 19.e4 (19.b3!?) 19...♘f6 20.♕d2 dxe4 21.fxe4 ♘fg4 22.♖g1 und Weiß bekam ein aktives Spiel am Königsflügel in der Partie Robbiani–Maggiora, Italien 1998.

B) 15.♔g2 ♖ac8 16.♕e1 ♘h7 17.♕f2 cxd4 18.exd4 ♗d6 19.♖he1 ♘g5 20.♖bd1 ♘f6 mit gutem Spiel für Schwarz, Furman–Geller, UdSSR 1975.

14...hxg5 15.♗xg5 cxd4 16.♘xd4 ♘e5 17.f4 ♗g4 18.♗e2 ♗xe2 19.♕xe2 ♘c6 20.♘f5 d4 21.h6 g6 22.h7+ ♔h8 23.♘xe7 ♘xe7 24.♕b5 ♕e6 25.♕e5 ♕xe5 26.fxe5 ♘fd5 27.exd4 mit weißem Vorteil, Kanko–Kilpi, Finnland 1986.

Zusammenfassung: Das System mit der Entwicklung des Läufers 3...♗e7 kann nicht alle schwarzen Probleme lösen. Der weiße Plan mit einer Postierung des Läufers auf f4 gibt ihm gute Angriffschancen. Statt 8.h4 kann der Anziehende ruhiger 8.h3 spielen, was ihm auch gute Perspektiven eröffnet.

Abspiel 2

Die Fortsetzung 11.h3

1.d4 d5 2.c4 e6 3.♘c3 ♘f6 4.cxd5 exd5 5.♗g5 ♗e7 6.e3 c6 7.♗d3 ♘bd7 8.♘ge2 0-0 9.♕c2 ♖e8 10.0-0-0 ♘f8 11.h3

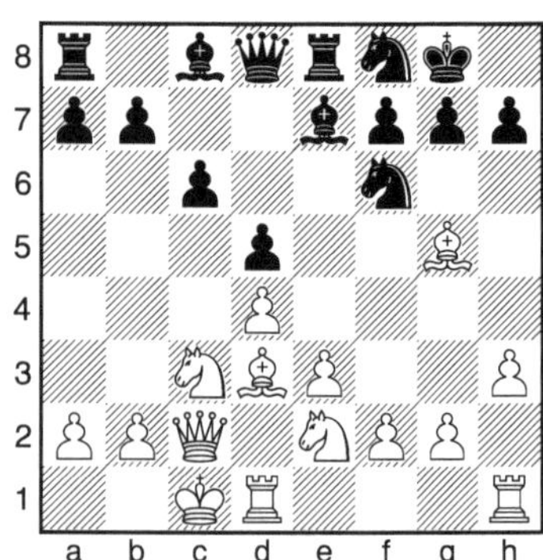

Es geht Weiß nicht schlicht darum, seinem Gegner das Feld g4 zu verwehren. Vielmehr bereitet er mit dem Zug seines h–Bauern den Vorstoß g2-g4 vor, über den er einen Königsangriff organisieren will.

11...a5

Schwarz orientiert sich auf den Damenflügel, wo er sein Gegenspiel suchen will. Dabei schielt er auch darauf, dass hier der weiße König über die lange Rochade seine Zuflucht gesucht hat. Weiß muss vor allem mit drei alternativen Wegen von Schwarz rechnen.

I. Auf 11...b5 kann Weiß mit einer ähnlichen Spielweise wie in der Hauptvariante (also nach 11...a5) reagieren, natürlich ohne dazu gezwungen zu sein.

A) 12.♘g3

Zunächst also ein abweichendes Vorgehen des Anziehenden.

12...a5 13.♔b1

(13.♘ce2!? ♗d7 14.♔b1 ist ebenfalls spielbar.)

13... ♗d7 14.♘f5 ♗xf5 15.♗xf5 a4

Die Aufgabe beider Kontrahenten ist nicht einfach. Sie müssen einerseits ihr aktives Spiel vorantreiben, dürfen aber andererseits ihre Verteidigungsaufgabe nicht vernachlässigen. Ein schwächerer Zug wie z.B. ein Tempoverlust o.ä. kann hier bereits eine erhebliche nachteilige Bedeutung erlangen. Die gewisse Wettlaufsituation findet auch darin ihren Ursprung, dass beide Seiten entgegengesetzt rochiert haben.

16.♖c1 g6 17.♗d3 ♕a5 18.♘e2 ♖ac8 19.h4 b4 20.♗xf6 ♗xf6

In dieser Phase des Übergangs von der Eröffnung ins Mittelspiel haben beide Seiten ihre Chancen. Allerdings sind die weißen Kräfte etwas harmonischer und aktiver aufgestellt. In Martinsen–Thiry, Helsingor 2013 ging es wie folgt weiter: 21.♕c5 ♕xc5 22.♖xc5 ♘e6 23.♖a5 ♖a8 24.♖xa8 ♖xa8 25.♖c1 ♗xh4 26.g3 ♗e7 27.♖xc6 und wegen der schwarzen Bauernschwäche auf d5 hatte Weiß nunmehr bessere Aussichten.

B) 12.g4

Nun tatsächlich wie nach 11...a5.

12...♘6d7

(12...a5, was an dieser Stelle zumeist gespielt wird, und dann 13.♔b1 kann zu der Situation führen, die wir in der Hauptvariante nach 13.♔b1 a4 auf dem Brett haben.)

13.♗xe7 ♖xe7 14.♘g3 ♘b6

In der modernen Turnierpraxis kam diese Position, soweit wir dies feststellen können, genau ein Mal vor, und zwar in der Partie Arnold–Balster, Eupen 2000. Genau dieser werden wir nun weiter folgen, wobei wir natürlich nicht in jede Ecke der abweichenden Zugmöglichkeiten schauen können.

15.♔b1 ♘c4 16.e4

(Ein konsequentes Vorgehen leitet 16.♘f5!? ein, z.B. 16...♖b7 17.h4 a5 18.♘e2 a4 19.♘eg3 mit guten weißen Angriffsaussichten.)

16...♖b8 17.♘ce2 ♖c7 18.♘c1 ♗e6

Die Brettsituation ist komplex und die Aussichten sind verteilt.

19.♘b3 dxe4 20.♗xe4 ♘d6 21.f3 ♘b7 22.♘f5 ♗xf5 23.gxf5 ♕f6 24.♖hg1 ♖d8 25.♖g4 a5?

Ein verständlicher Versuch des Nachziehenden, aber ein Fehler. 25...♘d6 wäre besser gewesen.

26.♖dg1 g6 27.fxg6 fxg6 28.♗xg6! hxg6 29.♖xg6+ ♘xg6 30.♖xg6+ ♕xg6 31.♕xg6+ ♖g7 32.♕e6+ ♔h8 33.♕xc6

Wenige Züge später hat Weiß die Partie gewonnen.

II. 11...♗e6

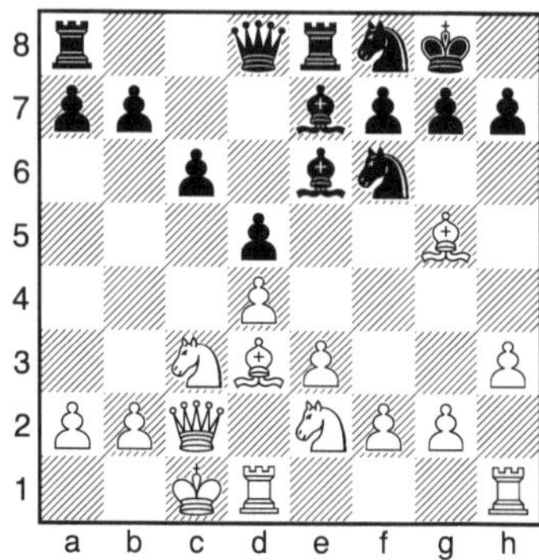

12.g4

Theorie und Praxis bieten Schwarz hier nun vor allem die vier Erwiderungen 12...b5, 12...♕a5, 12...♘6d7 und 12...♖c8 an.

A) 12...b5 13.♔b1 a5 14.♘g3

(Gute Möglichkeiten eröffnet auch 14.♘f4!? a4 15.♘xe6 fxe6 16.♗f4 ♕a5 17.♘e2 ♖ec8 18.g5 ♘6d7 19.e4 b4 20.♕d2 ♘b6 21.♖c1±, Oleksienko-Gharagyozian, Poti 2012.)

14...a4 15.♘ce2 ♖a6 16.♖hg1 ♖b6 17.♘f5 ♗xf5 18.gxf5 ♘e4 19.♗xe7

(Interessant ist 19.♗h6!? ♗f6 20.♖g2 nebst ♖d1-g1 und guten Aussichten für Weiß.)

19...♕xe7 20.♗xe4 ♕xe4 21.♕xe4 ♖xe4 22.♖g4 ♖xg4 23.hxg4 ♘d7 24.♘f4 h6 25.f3 ♔f8 26.♔c2 ♔e7 27.♔d3 mit einem aktiveren Endspiel für Weiß, das dieser in unserer Referenzpartie Dorfman–Spiess, Bad Wiessee 2001, in den späteren Sieg zu führen verstand.

B) 12...♕a5 13.♗xf6 ♗xf6 14.f4 ♖ac8 15.g5 ♗e7 16.f5 ♗d7 17.f6 gxf6 18.gxf6 ♗xf6 19.♖hg1+ ♔h8 20.♖df1 mit guten Chancen für den geopferten Bauern.

C) 12...♘6d7

C1) 13.h4!? leitet eine aussichtsreiche Möglichkeit ein, die wir dem im Anschluss untersuchten Zug 13.♗xe7 vorziehen.

13...c5

Der Zug stammt aus der Partie Mester–Paal, Miskolc 1998. Vermutlich ist er nicht die beste schwarze Wahl. Bevor wir uns an die Erörterung der Folgen machen, wollen wir uns anschauen, was auf 13...♗xg5 passieren kann: 14.hxg5 g6 15.♖dg1 gefolgt von f2-f4 verschafft Weiß einen kräftigen Angriff.

14.dxc5 ♘xc5 15.♗b5 ♘fd7 (15...♘cd7!?) 16.♘xd5 ♗xd5 (16...f6!?) 17.♖xd5 ♖c8 18.♘c3 ♗xg5 19.hxg5 g6 20.♖hd1 mit einer schnellen Niederlage für Schwarz im 25. Zug.

C2) 13.♗xe7 ♕xe7 14.♘g3 b6 15.f4

Mit wenigen schlichten, aber soliden Zügen hat sich der Anziehende ein Übergewicht verschafft.

15...f6 16.♖he1 ♕d6 17.♔b1 ♖ad8 18.♕f2 c5 19.e4 dxe4 20.♘gxe4 ♕xd4 21.♕c2 ♗f7 22.a3

Die gefährliche weiße Initiative wiegt den Minusbauern mehr als auf und Weiß hat ausgezeichnete Aussichten auf den vollen Punkt, Utnasunow–Zchurawlew, Cherepowetz 2001.

D) 12...♖c8 13.♔b1 ♕a5

(13...♘e4 ist eine andere interessante Idee für Schwarz, die zum Abtausch der schwarzfeldrigen Läufer und zweier Springer führt, wie z.B. in der Partie Moissejenko–Schlötzer, Dresden 2010.

14.♗xe7 ♘xc3+ 15.♕xc3 ♕xe7

Weiß steht etwas aktiver, aber der Vorteil ist nur als geringfügig zu bewerten.

16.♘g3 g6 17.♖dg1 f6

Statt dieses Fehlers wäre 17...♗d7 eine tiefgehende Prüfung wert gewesen.

18.♘f5! gxf5 19.gxf5+ ♔h8 20.fxe6 ♘xe6 21.♖g4 ♖g8 22.♖hg1

Mit deutlichem Vorteil für Weiß.)

14.♘f4 c5 15.♗xf6 ♗xf6 16.♘cxd5 ♗g5 17.♕c3 ♕xc3 18.bxc3 ♗h4 19.♖d2 ♖ed8 20.♗e4 b5 21.♖b2

In der beim Deutschen Fernschachbund e.V. gespielten Partie Strocka–Gypser, 2001, hatte Weiß mit seinem Mehrbauern die besseren Karten.

III. 11...♘e4 stellt Weiß im Streben nach einem Vorteil vor keine großen Probleme. Sein König steht nach der langen Rochade noch auf c1, sodass der gegnerische Springer nicht mit einem Schachgebot auf c3 schlagen kann.

12.♗xe7 ♕xe7 13.♗xe4 dxe4 14.g4

Schwarz eröffnen sich hier mehrere Antwortalternativen, von ruhig bis riskant, von denen wir 14...♗e6 und 14...f5 genauer betrachten wollen.

A) 14...♗e6 15.♕xe4 b5 16.♘f4

(16.d5!? mit der möglichen Folge 16...cxd5 17.♘xd5 ♖ac8+ 18.♔b1 ♕c5 19.♘ec3 war eine Überlegung wert.)

16...b4 17.♘a4 ♗xa2 18.♕xe7 ♖xe7 19.♘c5 ♗c4 20.b3 ♗b5 21.♔b2

Die weiße Stellung ist vorzuziehen, Heberla–Wichmann, Dresden 2011. Er verfügt über die bessere Bauernstellung ohne besondere bzw. leicht angreifbare Schwächen und seine Springer stehen aktiv. Seine Türme können – je nach Lage – sowohl voranschreitende Bauern von hinten unterstützen als auch beispielsweise das Spiel in der halboffenen a–Linie suchen.

B) 14...f5 beantwortete Weiß in Heberla–Dias, Torres Vedras 2011, mit 15.♖dg1 und kam wie folgt zu einer starken Initiative am Königsflügel: 15...♕f7 16.gxf5 ♗xf5 17.♘g3 c5 18.d5 a6 19.♘xf5 ♕xf5 20.♖g4 ♘g6 21.♖hg1 ♖ad8 22.f4±.

12.g4 b5

Einen lehrreichen Verlauf hatte die Partie Mirzoev–Delgado Serrano, Sevilla 2013: 12...♘6d7 13.♗f4 ♘b6 14.♔b1 ♗d6 15.♗xd6 ♕xd6 16.g5 ♗d7 17.♘g3 a4 18.a3 c5 19.♘b5 ♗xb5 20.♗xb5 ♖ec8 21.♘f5 ♕d8 22.dxc5 ♘e6 23.h4 ♖xc5 24.♕e2 ♖ac8 25.♗d3 ♕f8 26.♕h5 g6 27.♘h6+ ♔g7 28.♕f3 f5?? (⌓28...♕e7) 29.gxf6+! ♔xh6 30.h5 g5 31.♕f5 ♕f7 32.♕g6+ 1-0.

13.♔b1 a4 14.♘g3

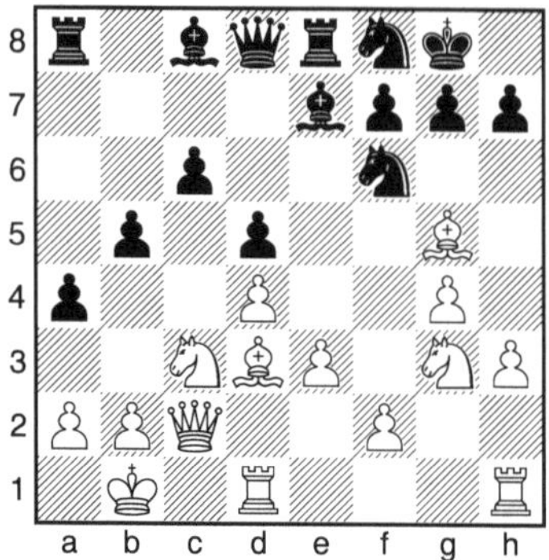

14...♕a5

Schwarz arbeitet an seinem Gegenspiel am Damenflügel, so wie dies auch den strategischen Rahmenbedingungen entspricht.

Mit mehr Risiko ging er in der Partie Popovic–Vigfusson, Reykjavik 2008 vor: 14...a3 15.b3 b4 16.♘a4 ♗e6 17.♘f5 ♗xf5 18.♗xf5 g6 19.♗d3 ♘8d7 20.f3 ♕a5 21.h4 ♖ac8 22.h5. Weiß gewinnt das Wettrennen um einen Angriff.

15.♘ce2 b4 16.♕xc6 ♗d7 17.♕c1 ♗b5 18.♗xb5 ♕xb5 19.♕d2 g6 20.♘f4 ♘e6 21.♘xe6 fxe6 22.♖c1 b3 23.a3 mit weißem Vorteil, Waganjan–Hjartarson, Oviedo 1992.

Zusammenfassung: Der Plan mit h2-h3 und g2-g4 eröffnet Weiß gute Angriffsmöglichkeiten.

Abspiel 3

Die Fortsetzung 11.f3

1.d4 d5 2.c4 e6 3.♘c3 ♘f6 4.cxd5 exd5 5.♗g5 ♗e7 6.e3 c6 7.♗d3 ♘bd7 8.♘ge2 0-0 9.♕c2 ♖e8 10.0-0-0 ♘f8 11.f3

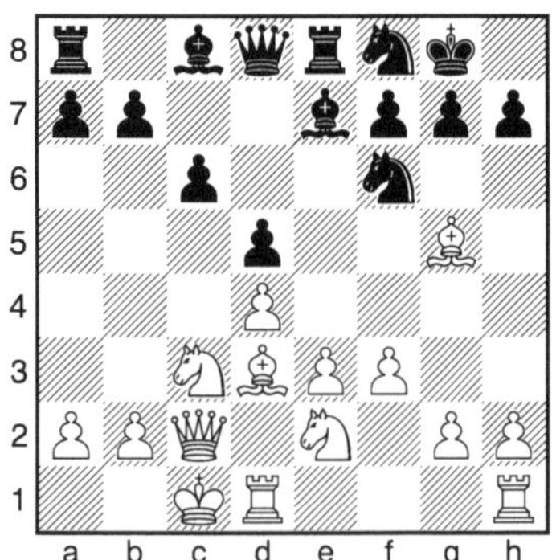

Damit nimmt Weiß den Punkt e4 unter Kontrolle und bereitet die Umsetzung seines Plans vor, der den Vorstoß e3-e4 vorsieht. Die Folgen von 11.h3 haben wir weiter oben betrachtet.

11...b5

Schwarz will am Damenflügel kontern. Sehen wir uns andere Erwiderungen an.

I. 11...♕a5 12.h4

A) 12...b6 13.g4

Schwarz am Damenflügel, Weiß am Königsflügel – so ist hier die Rollenverteilung.

13...♗a6 14.♘f4 ♗xd3 15.♕xd3 ♘6d7 16.♗xe7 ♖xe7 17.♔b1 b5

Die Entwicklung des Spiels bis hierher ging über logische und leicht nachvollziehbare Züge voran. Zweifelsohne gab es einige Möglichkeiten für Abweichungen für beide Seiten, die wir natürlich nicht alle aufnehmen konnten. Die Richtung der Partie nachhaltig verändernde Verbesserungen sind aber nicht ersichtlich.

18.e4

Der richtige Zeitpunkt für Weiß, um sich wieder an seine strategische Grundidee zu erinnern, die Durchsetzung des Bauernvorstoßes e3-e4.

18...b4 19.♘ce2 dxe4 20.fxe4

Das bis auf die vierte Reihe vorgerückte weiße Bauernquartett sieht beeindruckend aus. Über seinen tatsächlichen Einfluss hinaus dürfte es so manchen weniger erfahrenen Spieler verunsichern und zu Fehlern provozieren.

20...♘f6 21.♘g3 ♖ae8

(21...♘xg4 würde den Nachziehenden ins Unglück stürzen wegen 22.♘f5 ♖ee8 23.♖hg1+-.)

22.♖he1 ♘e6 23.♘xe6!?

(In der Partie Murshed–Grynszpan, Sharjah 1985, ließ Weiß diese Möglichkeit aus und spielte stattdessen 23.♘fh5. Unter etwas Mithilfe seines Gegners kam er über die Folge 23...♘xh5 24.gxh5 ♖d7 25.♘f5 ♕d8 26.♕g3 ♔h8 27.e5 ♖g8 28.♘d6± dennoch deutlich in Vorteil.)

23...♖xe6 24.g5 ♘d5 25.♖f1

Weiß entwickelt eine starke Initiative.

B) 12...♗e6 13.♔b1 b5 14.g4 a6

Beide Seiten halten sich an das „Drehbuch", Weiß rechts und Schwarz links, aus der Sicht des Anziehenden.

15.♘g3 c5 16.dxc5 ♖ac8 17.♘f5 ♗xf5 18.♗xf5 ♖xc5 19.♕d2

Weiß befindet sich auf der Gewinnerstraße. Während er seinen Angriff ins Ziel bringt, ist der gegnerische zum Stillstand gekommen. Die Partie Urday Caceres–Celestino, Mar del Plata 1994, fand ein schnelles Ende: 19...g6 20.♘xd5 ♕xd2 21.♘xe7+ ♖xe7 22.♖xd2 gxf5 23.♗xf6 ♖d7 (23...♖xe3 24.♗d4+–) 24.♖g2 1-0.

II. 11...♘h5

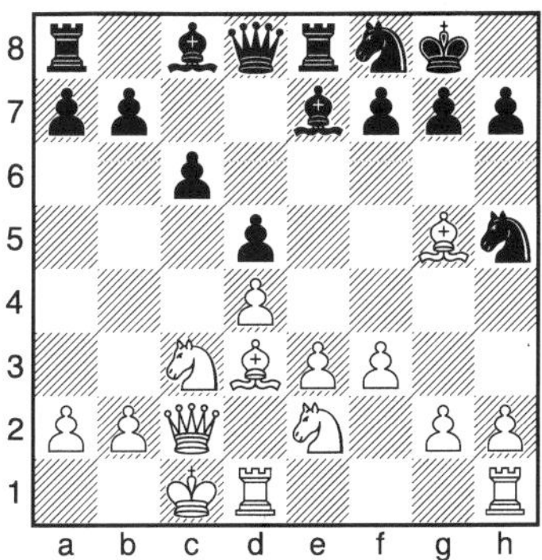

12.h4!?

Dies führt zu scharfem und kompliziertem Spiel. Wir stellen diese Variante für den mutigen und risikofreudigen Spieler vor.

(Dem Spieler, der es eher etwas ruhiger und sicherer mag, empfehlen wir eher die risikofreie Alternative 12.♗xe7; z.B. 12...♕xe7 13.e4 dxe4 14.fxe4 ♕g5+ 15.♔b1 ♕xg2 16.e5 ♘g6 17.♘e4 ♗e6 18.♖hg1 ♕h3 19.♘g5 ♕h4 20.♖df1±, Bulski–Hobber, Helsingor 2011.)

12...♗xg5 13.hxg5 ♕xg5

(Oder 13...g6 14.g4 ♘g7 15.e4 ♕xg5+ 16.♔b1 ♘ge6 17.♖hf1 ♖d8 18.f4! ♕xg4 19.f5 ♘c7 20.e5 ♕g5 21.♖g1 ♕h4 22.♖h1 ♕e7 23.♖dg1 1-0, Hort–Brückner, Bad Neuenahr 1987.)

14.♘f4

(Zu überlegen ist ein Vorgehen mit 14.f4!? ♕g4 15.♖h3 ♘f6 16.♖g1 mit ausreichendem Ersatz für den geopferten Bauern.)

14...♘xf4!?

Dies ist unsere Empfehlung.

(14...♘f6 lässt Weiß mehr Möglichkeiten, Ersatz für den investierten Bauern zu erhalten; z.B. 15.♖de1 ♗d7 16.g4 ♖xe3 17.♖xe3 ♕xf4 18.♕d2 ♖e8 19.♖xe8 ♕xd2+ 20.♔xd2 ♘xe8 21.♔e3 ♘d6 mit einem komplizierten Endspiel, das Weiß aber nicht fürchten muss, Draba–Kablan, Lechenicher SchachServer 2012.)

15.♗xh7+ ♘xh7 16.♕xh7+ ♔f8 17.exf4 ♕xf4+ 18.♖d2 g6

Schwarz steht besser.

III. Auf das ruhige 11...♗e6 antwortet der Anziehende sehr gut mit 12.g4, worauf sich das Spiel vor allem auf zwei Arten entwickeln kann.

A) 12...♖c8 13.♔b1

Zu beachten ist die energische Alternative 13.h4!?.

13...c5 14.♘g3 cxd4 15.exd4 ♕a5 16.♘f5 ♗xf5 17.♗xf5 ♖c7 18.♖he1 und Weiß steht besser, Andersen–Schäfer, Neumünster 1996.

B) 12...♕a5 13.h4 ♖ac8

Wie gehabt: Weiß am Königsflügel, Schwarz am Damenflügel.

14.♔b1

Eine prophylaktische Notwendigkeit.

14...c5 15.dxc5 ♕xc5 16.♘d4 a6 17.♘f5 ♗xf5

(Wohl nicht die beste schwarze Wahl. Der Nachziehende hätte an 17...♗d8 denken sollen oder prinzipieller an 17...b5.)

18.gxf5 ♕b6 19.♖hg1 ♖ed8 20.h5

Weiß hat die Initiative am Königsflügel, O. Müller–M. Müller, Deutschland 2005. Schwarz läuft Gefahr, zunehmend in Passivität gedrängt zu werden und kaum noch Zeit für eigene aktive Aktionen am Damenflügel zu haben.

IV. 11...h6 12.♗h4

Eine alte Variante, die in jüngerer Zeit etwas häufiger gespielt worden ist, ohne dass man ihr die Kategorie „mit Seltenheitswert" streitig machen könnte. Mit einer Ausnahme ist die vorliegende Stellung aber immer unter Zugumstellungen entstanden. Die Antwortalternativen 12...♘6d7 und 12...b5 wollen wir weiter betrachten.

A) 12...♘6d7 13.♗f2

(13.♗xe7 ♕xe7 14.e4 ist eine gute Möglichkeit für eine Erprobung auch in der praktischen Partie.)

13...♗g5 14.♕d2 ♕e7

Als Alternative zu einer Steigerung des Drucks gegen den weißen Bauern auf e3 kommt auch 14...b5 im Sinne der groben strategischen Ausrichtung in Betracht.

15.f4 ♗f6 16.g4 ♘b6 17.f5

Unseres Wissens noch unerprobt, auf

jeden Fall aber viel versprechend ist auch 17.♖dg1!? mit der Idee h2-h4!.

17...♘c4 18.♗xc4 dxc4 19.e4 ♗g5 20.♗e3 ♗xe3 21.♕xe3

Weiß hat sich sehr gute Angriffsaussichten auf der rechten Seite erarbeitet, Schirokow–Chermashentschewa, RCCA 1998. In der Partie griff Schwarz nun zu 21...f6, woraufhin die Folge 22.♘g3 a5 23.h4 dem Angriff zusätzliche Kraft einbrachte.

B) 12...b5 13.g4 ♕a5 14.♖hg1 ♗b7 (14...b4 15.♘a4!) 15.g5 hxg5 16.♗xg5 ♘e6 und nun hätte Weiß in der Partie Cross–Cruz, Figueira da Foz 2005, 17.♘f4!? spielen können; z.B. 17...♘xf4.

(17...♘xg5 18.♖xg5 ♘e4 19.♖xg7+! ♔xg7 20.fxe4 ♖g8 21.♕f2 ♔f8 22.♖f1 mit starkem Angriff.)

18.♗xf4 ♘h5

(18...♔f8 19.♖xg7! ♔xg7 20.♕g2+ mit schnellem Matt.)

19.♗e5+–

Anhand einer Beispielvariante veranschaulichen wir, wie der Anziehende seine Angriffsaussichten nutzen kann: 19...f6 20.♗h7+ ♔h8 21.♕g6 fxe5 22.♕xh5 ♗f6 23.♗g6+ ♔g8 24.♘e4! dxe4 25.♗f7+ ♔f8 26.♗b3 ♕c7 27.dxe5 ♖xe5 28.♕h8+ ♔e7 29.♖xg7+! ♗xg7 30.♕xg7+ ♔e8 31.♕g8+ ♔e7 32.♕f7#.

12.g4 a5 13.♘g3 a4

Auf 13...♘g6 folgt energisch 14.h4 mit einem starken Angriff; z.B. 14...a4 15.♖dg1 ♗d7 16.♘f5 ♕a5 17.h5 ♘f8 18.♘xe7+ ♖xe7 19.h6 b4 20.hxg7 ♔xg7 21.♕h2 ♘g8 22.♗xe7 1-0, Prudnikowa–Botsari, Athen 1989.

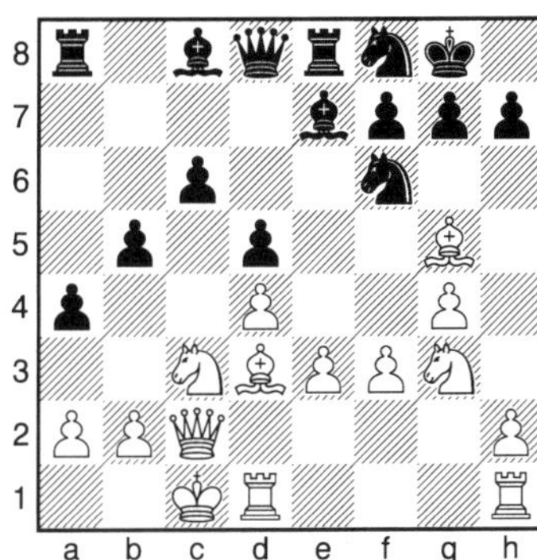

14.♔b1

Dieser Königszug ist in Stellungen dieser Art eine sehr oft gespielte prophylaktische Absicherung. Wir empfehlen ihn auch hier.

Für den innovativen Spieler, der etwas ausprobieren möchte, machen wir auf die Möglichkeit 14.♘f5 aufmerksam. Diese Stellung war noch nicht oft auf dem Brett und es ist noch unklar, wie die Variante nun zu bewerten ist. Dazu ein paar relativ „nackte“ Varianten.

14...♗xf5

(14...♗d7 15.♘xe7+ ♕xe7 16.h4 b4 17.♘xa4 ♖xa4 18.♕xa4 c5 19.♗b5 c4 20.♖he1 ♗xb5 21.♕xb5+–, Kitte–Prudlo, Deutschland 1993.)

15.gxf5 ♕a5

(– 15...♘h5 16.♗xe7 ♖xe7 17.♕f2 ♕a5 18.♘e2 ♘d7 19.♔b1 c5∞

– 15...♔h8 16.♖hg1 ♘h5 17.♗xe7 ♖xe7 18.♕d2 ♕d6∞)

16.♖dg1

Hier kann sich der Nachziehende vor allem zwischen 16...b4 und 16...♔h8 entscheiden.

A) 16...b4 17.♗h6 bxc3

(17...g6 18.fxg6 fxg6 19.♗xg6 bxc3 20.♗xh7+ ♔f7 21.♖g7+ ♔e6 22.♕f5+ ♔d6 23.♗f4#)

18.♖xg7+ ♔h8 19.♖hg1 cxb2+ 20.♔b1 mit entscheidendem Königsangriff.

B) 16...♔h8 17.h4 b4 18.♘b1 c5

(Etwas für die heimische Analyseschmiede bzw. eine Partie, die nicht gerade über Vereinsmeisterschaft oder Turniersieg im Open entscheidet: 18...♘8d7!? 19.♕g2 ♖g8 usw.)

19.♕g2 ♖ac8

(19...c4 20.♗h6 g6 21.fxg6 ♘xg6 22.♗xg6 fxg6 23.h5 mit Angriff.)

20.♗h6 cxd4+ 21.♔d1 g6 22.h5

Schwarz sieht sich einem heftigen Königsangriff ausgesetzt.

14...♕a5 15.♘ce2 a3

A) Nicht zu empfehlen ist 15...♗d7 mit der Folge 16.♘f5 ♗xf5 17.gxf5 a3 18.b3 ♖ac8 19.♖hg1 ♔h8 20.♘f4 ♘8d7 21.e4 c5 22.♕g2 und Weiß sucht die Entscheidung im Königsangriff, Kononenko–Bodnar, Alushta 2005.

B) Gleichfalls eher ungünstig für Schwarz ist 15...b4. Hierzu ein im Fernschach gespieltes Beispiel: 16.♕xc6 a3 17.b3 ♗d7 18.♕c1 ♖ac8 19.♕d2 ♘e4 20.fxe4 ♗xg5 21.h4 dxe4 22.♘xe4 ♗e7 23.g5. Die weiße Situation ist weniger bedrohlich, als dies erscheinen mag. Vielmehr ist es der Anziehende, der auf die deutlich besseren Aussichten bauen kann, Simon–Johansson, Chessfriend.com 2004.

16.b3 ♘xg4 17.♗xe7 ♘xe3 18.♕c5 ♘e6

18...♘xd1 19.♖xd1 ♘e6 macht nur eine Zugumstellung aus.

19.♕b4 ♘xd1 20.♖xd1 ♕xb4 21.♗xb4 ♘g5 22.♘g1 g6

Das Spiel ist sehr kompliziert und bietet beiden Seiten Chancen.

Zusammenfassung: Die Entwicklung des Springers auf e2 gibt Weiß die Möglichkeit, lang zu rochieren, verbunden mit Angriffsmöglichkeiten besonders am Königsflügel. Dabei ist es Weiß unbenommen, mit 10.0-0 ein Spiel mit einem ganz anderen Gesicht einzuleiten. In Abspiel 2 ist es 11.h3 und in Abspiel 3 (welches wir empfehlen) 11.f3 mit dem Plan, mittels e3-e4 im Zentrum aktiv zu werden. Beide Ideen geben Weiß gute Perspektiven. Auch die Entwicklung des Läufers nach f4 ist sehr stark und verspricht dem Anziehenden gute Aussichten. Die Abtauschvariante verleiht Weiß allgemein gute Chancen.

Kapitel 5

Budapester Gambit

1.d4 ♘f6 2.c4 e5

Dieser Zug fand seine Premiere in einer Partie Adler–Maróczy, Budapest 1896. Das Ziel des Gambits ist es, mittels Bauernopfers das weiße Zentrum zu destabilisieren und schnell die Initiative zu übernehmen.

3.dxe5

Die Ablehnung des Opfers mit 3.d5 ist schwach. Nach 3...♗c5 4.♘c3 d6 5.e4 c6 kann sich Schwarz mühelos entwickeln.

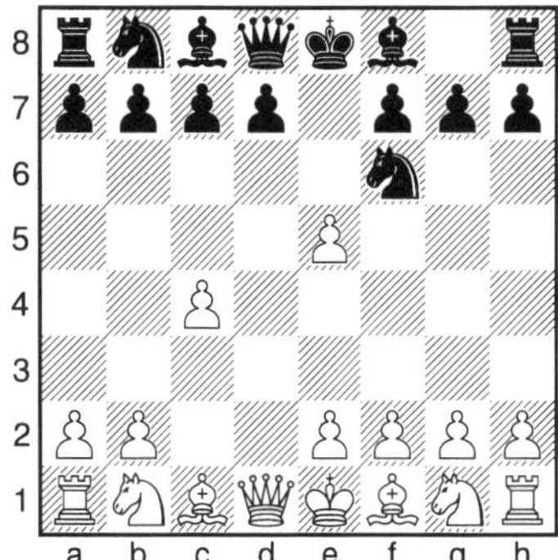

In der Diagrammstellung hat Schwarz die Wahl:

3...♘e4 (**Abspiel 1**);

3...♘g4 (**Abspiel 2**).

Abspiel 1

Die Fortsetzung 3...♘e4

1.d4 ♘f6 2.c4 e5 3.dxe5 ♘e4

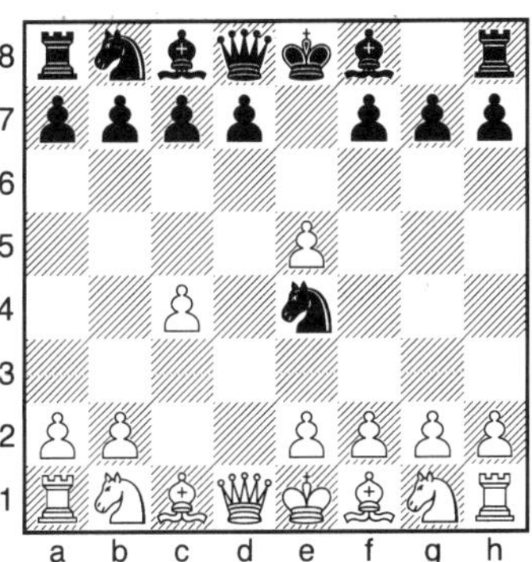

Diese Fortsetzung wird als 'Fajarowicz–Gambit' bezeichnet und ist gegenwärtig ein seltener Gast auf der Turnierbühne. Weiß ist aber gut beraten, das Gambit nicht zu unterschätzen.

4.a3!?

Damit nimmt der Anziehende das Feld b4 unter Kontrolle. In der Folge will er den schwarzen Springer durch einen Angriff mit ♕d1-c2 bzw. ♘b1-d2 zu einer Erklärung zwingen.

4...♘c6

Es gibt einen Strauß an Alternativen, aus dem sich Schwarz bedienen kann. Wir müssen hier also in etliche Töpfe gucken, um nichts Wichtiges aus der Küche des Nachziehenden zu verpassen.

I. 4...b6 5.♘f3

(Nach 4...b6 bietet sich den Materialisten unter den Spielern die ganz große Gelegenheit, einen handfesten Fehler zu machen. 5.♕d5? lässt den Traum vom Figurengewinn durch den gleichzeitigen Angriff auf Springer und Turm des Gegners aufkommen. Schwarz antwortet aber mit 5...♘c5, und wenn Weiß nun mit 6.♕xa8 seine vermeintliche Ernte einzufahren versucht, sieht er seinen Traum nach 6...♗b7 7.♗g5 ♗e7 8.♗xe7 ♔xe7 9.♕xa7 ♘c6 10.♕xb7 ♘xb7∓ wie eine Seifenblase zerplatzen.)

5...♗b7 6.♘bd2

Eine übliche Befragung des auf feindlichem Boden stehenden schwarzen Springers. Praxis und Theorie haben hier drei beachtenswerte Antwortalternativen herausgearbeitet.

A) 6...♘c5 7.b4 ♘e6 8.♗b2

A tempo hat die weiße Entwicklung Fortschritte gemacht.

8...♘c6

(8...a5 9.b5±; 8...d6 spielt Weiß in die Karten. Nach 9.exd6 ♗xd6 empfiehlt sich 10.g3 mit der Postierung des Läufers auf der langen Diagonale a8-h1.)

9.e3

Der Anziehende setzt ruhig und solide die Aktivierung seiner Kräfte fort.

9...♕e7 10.♗e2 0-0-0 11.♕c2

Weiß verfügt über mehr Raum und die Initiative. Schwarz fällt es schwer, seine Entwicklung nachdrücklich voranzutreiben und eine aktive Aufstellung für seine Figuren zu finden.

11...g5 12.b5 ♘a5 13.♘e4 ♗g7 14.0-0 h5 15.♘d4 ♘xd4 16.exd4 d6 17.♘g3 dxe5 18.♘f5 ♕f8 19.dxe5

Weiß steht deutlich besser, Ronka-Hamalainen, Helsinki 2013. Im Köcher trägt er nun die starke Drohung e5-e6.

B) 6...a5

Der Damenspringer soll nach c5 geführt werden. Der Vorstoß des a-Bauern richtet sich gegen ein weißes b2-b4.

7.♘xe4 ♗xe4 8.♗f4

Weiß hat noch den Gambitbauern auf der hohen Kante, und wenn es nach ihm geht, soll es auch so bleiben.

8...♘a6 9.g3 ♘c5 10.♗g2 a4

Die Zwischenbilanz sieht nicht gut aus für den Nachziehenden. Es ist nicht zu erkennen, worin eine Kompensation für den Gambitbauern liegen soll. Weiß wird gleich seine Entwicklung abschließen und hat alle Trümpfe in der Hand, von Material über Raum bis hin zur Initiative.

11.♖c1 h6

(Gegen 11...♗e7 führt Awruch die folgende Analyse an: 12.0-0 0-0 13.♘d4 ♗xg2 14.♔xg2 f6 15.♘f3 ♔h8 16.♕c2 fxe5 17.♗xe5 d6 18.♖cd1 ♕d7 19.♗c3±.)

12.0-0 g6 13.♘d4

Nun verschwindet eine von ohnehin nur zwei aktiven Figuren von Schwarz

13...♗xg2 14.♔xg2 ♗g7 15.h4

Schwarz hat das Ringen um einen Eröffnungsvorteil oder zumindest Ausgleich eindeutig verloren. In der

Fernpartie Rawlings–Jong, ICCF 2011, folgte 15...♕c8 16.♘f3 0-0 17.♕c2 ♖e8 18.♖cd1 ♖e7 19.♖d5 ♕b7 20.♗e3 ♖ae8 21.♗xc5 bxc5 22.♕xa4 ♗xe5 23.♖xd7 ♗xb2 24.♖xe7 ♖xe7 25.e3 ♕e4 26.♖d1. Weiß hat einen Mehrbauern behalten und die Partie kurz darauf gewonnen.

C) 6...♘xd2 7.♗xd2

Der schwarze Problemspringer ist vom Brett und mit ihm gegangen sind auch die Tempi, die er verschluckt hat.

7...♕e7 (7...♘c6 8.♗c3±) 8.♕c2 ♘c6

(– Nicht nachgeben sollte Schwarz eventuellen Gelüsten, mit 8...♗xf3? 9.gxf3 ♕xe5 das materielle Gleichgewicht wiederherzustellen, denn Weiß kontert mit 10.♗c3±.

– Ebenso ist 8...g6? ein Fehler wegen 9.♗g5 ♕e6 10.♗f6±.)

9.♗c3 0-0-0 10.0-0-0 ♕e6 11.e3 ♗e7 12.♗e2

Laut einer Analyse von Awruch ist Weiß im Vorteil.

II. 4...d6 5.♘f3 ♗f5

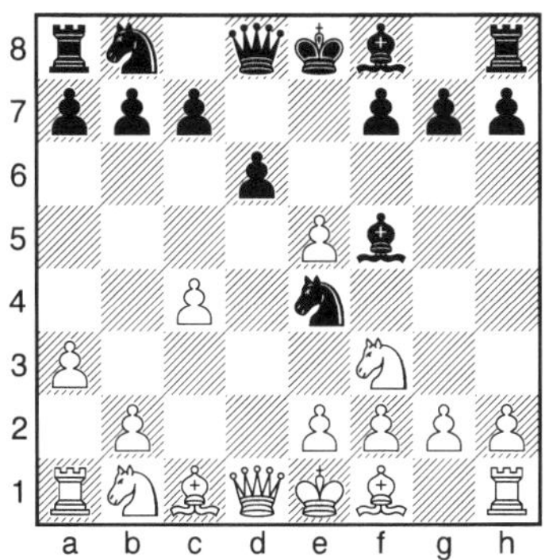

A) 6.♘bd2 ♘c6

(Vielleicht sollte der Nachziehende 6...dxe5!? versuchen, denn nach dem eventuellen taktischen Geplänkel 7.♕b3 ♘c5 8.♕e3 f6 9.b4 ♘e6 10.♗b2 ♘c6 ist die Situation eher unklar. Die wichtigsten Engines neigen zu einer in etwa ausgeglichenen Bewertung.)

7.♘xe4 ♗xe4 8.♘g5 ♗g6 9.e6 fxe6 10.♘xe6 ♕e7 11.♘f4 ♗f7 12.♘d5 ♕d7

Schwarz liegt um einen Bauern hinten und Kompensation dafür ist nicht ersichtlich. In der Begegnung Hertneck–Jäger, Bad Wiessee 2011, folgte 13.e4 ♗e7 14.♗e2 0-0 15.0-0 ♗g6 16.♗g4 ♕d8 17.f3 ♔h8 18.b3 ♗f6 19.♖a2 ♗d4+ 20.♔h1 a5 21.♖d2. Der Anziehende hat seinen Mehrbauern behauptet und sein Spiel ist dem des Gegners in allen Belangen überlegen.

B) 6.g3 ♘c6

(Nach 6...h5 7.♗g2 ♘c6 8.♘d4 ♘xd4 9.♕xd4 ♘c5 10.♕e3 dxe5 kann Weiß nun b2-b4 spielen oder einfach auf e5 schlagen.)

7.♘h4 ♗e6 8.♗g2 f5

(8...♘c5 9.b4 ♘d7 10.exd6 ♗xd6 11.♘d2 0-0 12.0-0±)

9.exf6 ♘xf6 10.b3

(Hier drängt sich auch die Variante 10.♘c3!? ♗xc4 11.♕a4 ♗e6 12.♗xc6+ bxc6 13.♕xc6+ ♗d7 14.♕c4 c6 15.e4 ins Blickfeld, die zu einem klaren weißen Vorteil führt.)

10...d5

(10...♕d7 11.♘c3 0-0-0 12.♘d5±)

11.cxd5 ♗xd5 12.♗xd5 ♕xd5 13.♕xd5 ♘xd5 14.♗b2 0-0-0 15.♘d2

Wiederum hat Weiß einen Bauern mehr und Schwarz keinerlei Kompensation in der Hand (Analyse von Awruch).

III. 4...a5

A) 5.♘d2

Die typische Nötigung des schwarzen Springers, sich zu erklären.

5...♘xd2

(5...♘c5 6.b3 d6 7.exd6 ♗xd6 8.♗b2±)

6.♗xd2 ♗c5

Mit der natürlichen Fortsetzung seiner Entwicklung unterfüttert der Anziehende relativ ungefährdet seinen klaren Vorteil.

7.♘f3 0-0 8.e3 ♘c6 9.♗e2 d6 10.♗c3±, Kniest–Mihasi, Rhodos 2013.

B) 5.♕c2

Das zweite Gesicht der typischen Springernötigung.

5...d5 6.exd6 ♗f5 7.♘c3 ♘xd6 8.e4 ♗g6 9.c5

Weiß hat klaren Vorteil.

IV. 4...♕h4

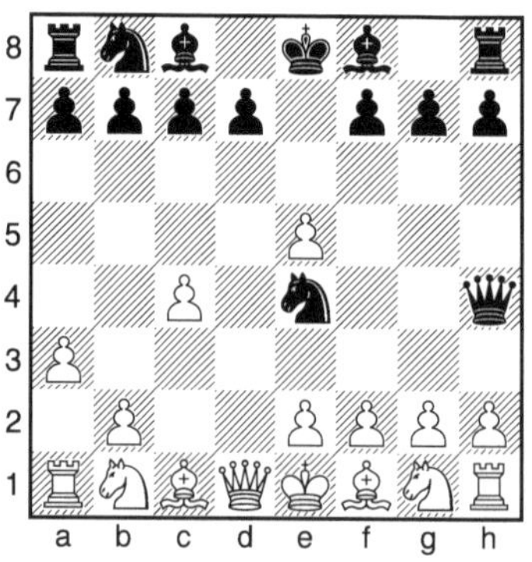

Vermutlich kann diese Alternative zu 4...♘c6 einem weniger erfahrenen Weißspieler Schrecken einjagen. De facto verspricht sie dem Nachziehenden aber nichts.

5.g3 ♕h5 6.♗g2 ♕xe5

Der Gambitbauer ist zurückerobert. Die labile Stellung seiner Figuren macht Schwarz aber Sorgen. Weiß versucht Profit daraus zu gewinnen, indem er sich unter Ausnutzung dieser Schwäche schnell weiterentwickelt.

7.♘f3

Wohin soll Schwarz nun seine Dame ausweichen lassen? Werfen wir einen Blick auf die Erfahrungen, die die Fajarowicz–Jünger mit verschiedenen Zielfeldern gemacht haben.

(Zu beachten ist allerdings auch 7.♕c2!? wie in der Partie Van Wely–Alburt, New York 1994. Dort folgte 7...♘f6 8.♘f3 ♕h5 9.♘c3 ♗e7 10.h3 c6 11.e4 d6 12.b4 ♘fd7 13.♘e2 f6 14.♘fd4±.)

A) 7...♕e7 8.0-0 d6 9.♘d4 c6 10.b4 g6 11.♗b2 ♘f6

(11...♗g7 12.♘xc6!+–. Nach dem Schlagen des frechen weißen Springers ereilt Schwarz das Schicksal auf g7.)

12.♘c3 ♗g7 13.b5 c5 14.♘c2 0-0 15.♘e3 ♗e6 16.♘cd5 ♘xd5 17.♘xd5 ♕d8 18.♗xg7 ♔xg7 19.♕d2

Weiß verfügt aufgrund des – aus schwarzer Sicht – schwachen Punktes d5 über ein klares positionelles Übergewicht, Kutirov–Kurajica, Strumica 1995.

B) 7...♕a5+ 8.♘bd2 ♘c6

(8...♗c5? ist ein Fehler, denn die Bauerngabel 9.b4! wird über 9...♗xb4 10.axb4 ♕xa1 nicht pariert. Vielmehr greift sich Weiß nun den Springer mit 11.♘xe4. Die Stellung ist gewonnen, Liew–Kravitz, E–Mail 1998.)

9.0-0 ♘xd2 10.♗xd2 ♕c5 11.♖c1 a5 12.♗e3 ♕h5 13.♘d4

Weiß steht deutlich besser, Jostov-Laureles, Lechenicher SchachServer 2010. Während sich sein Gegner noch um den Abschluss seiner Entwicklung und die Sicherung seines Königs bemühen muss, ist er aktionsbereit.

C) 7...♕c5 8.♘d4 ♘f6 9.♕d3

(Zu beachten ist 9.0-0!? ♕xc4 10.♘c3 mit Initiative für den Bauern.)

9...d5 10.♘d2 ♗d6?

(10...c6 11.b4 ♕b6 12.0-0±)

11.b4 dxc4

(Da sein Läufer nunmehr auf d6 steht, kann Schwarz nicht mehr anders, als auf diese Weise zu schlagen, denn auf 11.♕b6 würde die Bauerngabel c4-c5 folgen.)

12.bxc5 cxd3 13.cxd6

Weiß gewinnt, Roldan–Benyovszki, Fernpartie 1999.

D) 7...♕f6 8.♕c2 ♘c5 9.♘c3 ♘e6

Inzwischen hat der Springer bereits vier Tempi geschluckt.

10.0-0 ♘c6 11.♘d5 ♕d8

Der Eröffnungskampf ist entschieden und der Anziehende hat sich ganz klar durchgesetzt. Inzwischen ist auch die schwarze Dame wieder auf ihr Ausgangsfeld zurückgekehrt. In der Partie Yrjola–Fossan, Gausdal 1988, nahm das Schicksal wie folgt seinen Lauf: 12.b4 ♗e7 13.♗b2 0-0 14.♖ad1 a5 15.b5 ♘a7 16.♘d4 ♘xd4 17.♗xd4 ♗xa3 18.♗e4 d6 19.♗xh7+ ♔h8 20.♗f5. Weiß hat seinen Vorteil nicht nur zementiert, sondern ihn weiter ausgebaut. Er steht ausgezeichnet.

E) 7...♕h5 8.♕c2 ♘f6 9.♘c3 d6 10.♗g5 ♗e7 11.h4 0-0 12.0-0-0

Mal ein ganz anderer Anblick – Weiß kann auch lang rochieren.

12...♖e8 13.♘d4 c6 14.♔b1 ♘a6 15.e4 ♘g4 16.f3 ♘e5 17.g4

Der Anziehende lässt den Gegner nicht zur Ruhe kommen.

17...♕g6 18.♗xe7 ♖xe7 19.♘f5 ♗xf5 20.exf5 ♕h6 21.g5

Weiß steht auf Gewinn, Babula–Ramik, Tschechische Republik 1998.

5.♘f3 d6

Die Variante 5...a5 6.♕c2 d5 7.e3 ♗e6 8.♘bd2 ♘c5 9.♗e2 ♗e7 10.0-0 0-0 11.♖d1 endet mit einem positionellen Vorteil für Weiß.

6.♕c2

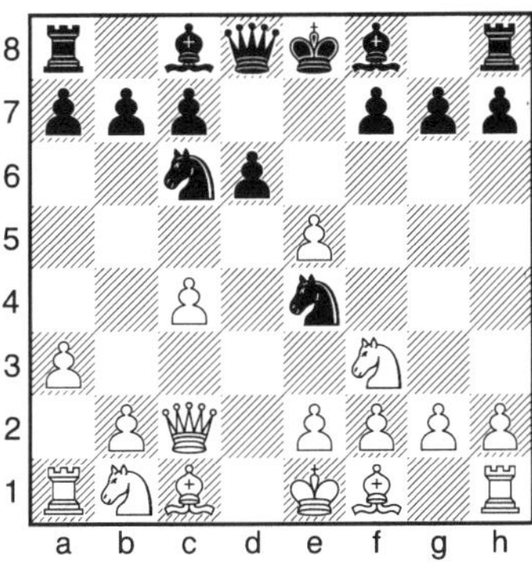

Unabhängig davon, zugunsten welcher Erwiderung sich Schwarz nun entscheidet, sichert sich Weiß ohne große Probleme einen Eröffnungsvorteil. Sehen Sie selbst!

6...d5

Dass andere Versuche nicht mehr bringen, sollte anhand der folgenden Varianten erkennbar werden. Wir verzichten auf eine aufwändige Kommentierung, da die Abläufe von sich aus verständlich sind.

I. 6...f5 7.exf6 ♘xf6±

Weiß behält einen Mehrbauern. In der Partie Alonso Rosell–Sanchez Ibern, Barcelona 2011, folgte 8.g3 g6 9.♗g2 ♗g7 10.0-0 ♗f5 11.♕b3 ♕c8 12.♘c3 0-0 13.♘d5 ♖e8 14.♘xf6+ ♗xf6 15.♗e3 ♔g7 16.♖fd1 ♖b8 17.♖ac1 ♕e6 18.♗f1 ♗e4 19.♘d4 ♕f7 20.f3 ♘xd4 21.♗xd4 ♗xd4+ 22.♖xd4 ♗c6 23.e4±.

II. 6...♘c5 7.b4 ♘e6 8.exd6 ♗xd6 9.♗b2

(9.e3 a5 10.b5 ♘e5 11.♘bd2⩲)

9...0-0 10.e3

Wieder behauptet Weiß einen Mehrbauern.

III. 6...♗f5 7.♘c3 ♘xc3

(– 7...♘xf2 8.♕xf5 ♘xh1 9.e6±

– 7...♘g3 8.e4 ♘xh1 9.exf5 dxe5 10.♗e3±)

8.♕xf5 ♘a4 9.g3 ♗e7 10.♕c2 ♘c5 11.b4 ♘e6 12.exd6 cxd6 13.♗g2

Auch hier hat Weiß einfach einen Bauern mehr, Smejkal–P. Popovic, Novi Sad 1976.

7.e3 ♗g4

Genauso vorteilhaft für Weiß ist 7...♗e6 8.♘bd2 ♘xd2 9.♗xd2 dxc4 10.♗xc4 ♗xc4 11.♕xc4±, Fokin–Betrugow, Russland 2000.

8.cxd5 ♕xd5 9.♗c4 ♕a5+ 10.♘bd2 ♗xf3

Nach 10...♘xd2 11.♗xd2 ♕c5 12.b4 ♕e7 und nun 13.♗a6! verfügt Weiß über einen klaren Vorteil.

11.gxf3 ♘xd2

Im Duell Kantor–Wiander, Budapest 2013, geschah 11...♘g5 12.f4 ♘f3+ 13.♔f1 ♘h4 14.♖b1 0-0-0 15.b4 ♘xb4 16.axb4 ♗xb4 17.♘b3 ♕a4 18.♗e2 ♕d7 19.h3 f5 20.♘d4 ♗a5 21.♕a2 mit entscheidendem weißem Vorteil.

12.♗xd2 ♕xe5 13.♗c3

Mit seinem Läuferpaar steht Weiß klar besser, Fuzishawa–Borwell, Fernpartie 2004.

Zusammenfassung: Das Fajarowicz-Gambit ist ungefährlich für Weiß. Über den ganz einfachen Zug 4.a3!? bekommt er einen klaren Vorteil.

Abspiel 2

Die Fortsetzung 3...♘g4

1.d4 ♘f6 2.c4 e5 3.dxe5 ♘g4

Diese Fortsetzung führt zur Hauptvariante und gilt als die beste Wahl. Schwarz will den Gambitbauern zurückerobern und darüber seinen Königsspringer aktiv auf dem Feld e5 postieren.

4.♘f3

Ein üblicher und hier der stärkste Entwicklungszug. So entsteht das sogenannte 'Springersystem' im Budapester Gambit. Die Hauptalternative ist das über 4.♗f4 eingeleitete Läufersystem.

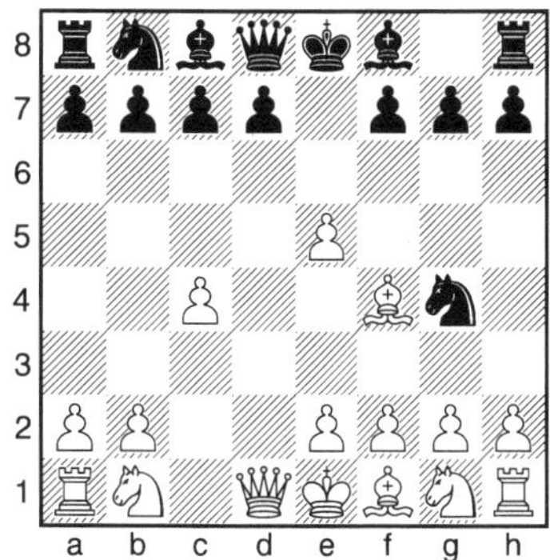

Diese werden wir aber nur kurz erörtern. Wir müssen allerdings darauf hinweisen, dass dieser Zug in einigen Abspielen auch eine Verbindung zu unserem Hauptzug 4.♘f3 aufweist.

A) 4...g5

Diese Entgegnung kommt – auch aktuell – oft auf das Brett, was aus unserer Sicht erstaunlich erscheint. Weiß behauptet relativ sicher einen Eröffnungsvorteil und Schwarz hat sich fortan mit den Schwächen zu beschäftigen, die er mit seinem Bauernvorstoß verursacht hat.

5.♗g3 ♗g7

Hier verzweigt die Theorie in zwei Varianten.

A1) 6.♘f3 ♘c6 7.♘c3

(Stark ist auch 7.h4!. Die damit verbundenen Möglichkeiten schauen wir uns in der **Partie Nr. 13:** Harika-Zwardon, Pardubice 2012, an.)

7...♘gxe5 8.♘xe5 ♘xe5 9.e3 d6 10.h4 g4 11.h5

Die mit Abstand meistgespielte Fortsetzung. Ein Zwischenfazit kann nur positiv für Weiß ausfallen. Er spielt die aktive Rolle, hat bereits einen Eröffnungsvorsprung herausgeholt und sich schon auf die schwarzen Schwächen ausgerichtet. In der Partie Moissejenko-Scerbin, Olginka 2011, ging es wie folgt weiter: 11...♗e6 12.h6 ♗f6 13.♘d5 ♗xd5 14.cxd5 ♕d7 15.♗e2 ♖g8 16.♖c1. Die vorhin gezeichnete Situation ist in erweiterter Form eingetreten. Zu erwähnen ist nun auch das weiße Läuferpaar. Der Anziehende ist deutlich im Vorteil.

A2) 6.h4 ist die direkte Methode, die Nachteile von 4...g5 unter Beweis zu stellen. Wir folgen der Partie Khairullin-Mamedjarow, Chanty-Mansijsk 2013, um daran exemplarisch den möglichen Fortgang zu verdeutlichen.

6...♘xe5 7.♘c3 d6

(7...g4 dürfte etwas besser sein.)

8.hxg5 ♘bc6 9.e3 ♗e6 10.♘d5 ♘a5

Der Nachziehende könnte noch 10...♕d7 mit der Idee, die lange Rochade folgen zu lassen, versuchen. Auch dann aber wäre sein Nachteil deutlich.

11.b3 ♘d7 12.♖c1 c6 13.♘f4

Weiß steht auf Gewinn. In der Partie schien der Nachziehende noch etwas tricksen zu wollen (sie wurde beim FIDE World Blitz gespielt) und zog 13...♕xg5. Die Lichter gingen dadurch aber nur noch etwas schneller aus: 14.♘xe6 fxe6 15.♖h5 ♕d8 16.♕xd6+–.

B) 4...♗b4+ ist eine sehr beliebte Wahl und unseres Erachtens auch eine gute.

5.♘d2

Nun stehen Schwarz zwei viel versprechende Fortsetzungen zur Verfügung.

B1) 5...♘c6 6.♘gf3 ♕e7

(6...d6 wäre nachteilig wegen 7.exd6 ♕f6 8.e3±.)

7.e3 ♘gxe5 8.♘xe5 ♘xe5 9.♗e2 0-0 10.0-0 a5 11.♘b3 a4 12.a3 ♗a5 13.♘d4 ♗b6 14.♘b5 d6 mit beiderseitigen Chancen.

B2) 5...d6 6.exd6 ♕f6 führt zu der interessanten Fortsetzung 7.♘h3 ♘xf2 8.♔xf2 ♗xh3 9.g3 ♗f5. Über die Folge 10.e4 g5 11.exf5 gxf4 12.♕e2+ ♔f8 13.♕e7+ ♕xe7 14.dxe7+ ♔xe7 15.♘e4 ♘d7 kann es dann zu einer weitgehend ausgeglichenen Stellung kommen. Die ungleichfarbigen Läufer unterstützen Gewinnversuche nicht.

C) 4...♘c6 5.♘f3 ♗b4+

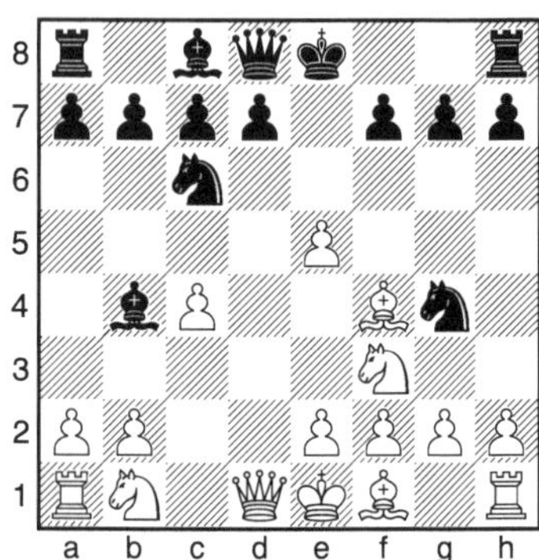

C1) 6.♘c3 kann Schwarz dazu nutzen, seinem Gegner einen Doppelbauern zu verschaffen, der die Investition der kleinen Qualität rechtfertigt.

6...♗xc3+ 7.bxc3 ♕e7 8.♕d5 f6

(8...♕a3 ist ein Irrweg wegen 9.♖c1 ♕xa2 10.h3+–.)

9.exf6 ♘xf6 10.♕d3 d6 11.g3 0-0 12.♗g2 ♗g4 13.0-0 ♖ae8 14.♖fe1

(Oder 14.♖ab1 b6 15.♖be1 ♔h8 16.♗g5 ♗xf3 17.♕xf3 ♘e5 18.♕b7 ♘xc4=, P. Nikolic–Hector, Emsdetten 2010)

14...♔h8 15.h3 ♗h5 16.c5 dxc5 17.♕b5

Die Chancen sind in etwa ausgeglichen, Mahling–Aßmann, Fernpartie BdF-Schachserver 2010.

C2) 6.♘bd2 ♕e7

(6...f6 ist günstig für Weiß, denn nach 7.exf6 ♕xf6 8.e3 ♕xb2 9.♗e2 d6 10.0-0 ♘ge5 entwickelt er über das Manöver 11.c5!? ♘xf3+ 12.♘xf3 ♗xc5 13.♗c4 eine starke Initiative für den Bauern.)

C2a) 7.a3

C2a1) 7...♘gxe5

(Laut IM Otto Borik trägt dieser taktische Kniff den Namen „Kieninger-Falle". Man achte darauf, dass die schwarze Dame dem weißen König vis-à-vis gegenübersteht, nur durch einen eigenen Springer und einen weißen Bauern getrennt, und dass der König eingepfercht ist.)

8.♘xe5

Mit 8.axb4?? tappt der Anziehende voll in die Falle, denn nun kommt 8...♘d3# und der unerfahrene Weißspieler fällt überrascht vom Stuhl.

8...♘xe5 9.e3 ♗xd2+ 10.♕xd2 d6 11.♗e2 0-0 12.0-0 b6 13.b4 ♗b7 14.♖ac1 ♘d7 15.♖fd1

Weiß steht ausgezeichnet, Lazarev–Bricard, Frankreich 2008. Alle seine Figuren sind aktiv im Spiel und er hat keine Schwächen. Er verfügt über das Läuferpaar und steht schon gut in der halboffenen d-Linie.

C2a2) 7...♗xd2+ 8.♕xd2 ♘gxe5 9.♘xe5 ♘xe5 10.c5 0-0 mit der Idee ♖f8-d8 und d7-d6 beantwortet Weiß gut mit 11.e3 ♖d8 12.♖c1 und sichert sich so einen kleinen Vorteil. Er steht aktiver und hat auch hier das Läuferpaar.

C2b) 7.e3 vertraut Weiß in der Praxis fast doppelt so häufig wie der eben betrachteten Alternative 7.a3. Nach 7...♘gxe5 8.♘xe5 ♘xe5 strebt der Anziehende eine ruhige und solide Entwicklung an.

9.♗e2 0-0

(Andere Möglichkeiten sind:

– 9...d6 10.0-0 0-0 11.♘b3 b6 12.a3 ♗c5 13.♘xc5 bxc5 14.b4±;

– 9...b6 10.0-0 ♗xd2 11.♕xd2 ♗b7 12.c5!? bxc5 13.♕a5 ♘g6 14.♗g3 d6 15.b4 cxb4 16.♖ac1 c6 17.♕xb4 ♖d8 18.♖fd1 mit starker Initiative für den Bauern.)

10.0-0

Hier muss der Anziehende insbesondere mit vier schwarzen Antwortalternativen rechnen.

C2b1) 10...d6 11.a3

(11.♘b3 ♘d7 12.a3 ♗c5 13.♘xc5 ♘xc5 14.b4 ♘e6=)

11...♗xd2 12.♕xd2 b6 13.b4 ♗b7 14.♖ac1 ♘d7 15.♖fd1 a5

In dieser Übergangsphase von der Eröffnung zum Mittelspiel sind die Aussichten beider Parteien in etwa gleich. In der Partie Salem–Nadanian, Chanty-Mansijsk 2013, entschied sich Weiß für 16.♕c3. Es folgte 16...axb4 17.axb4 ♖a2 18.♗f1 ♖fa8 mit gleichem Spiel. Dem Anziehenden gelang es aber, die Partie im 41. Zug zu gewinnen.

C2b2) 10...♗xd2

Diese Variante kann leicht in die Gefilde von 10...d6 wie auch 10...a5 übergehen, aber auch – wenngleich bei enger Verwandtschaft – eine eigenständige Bedeutung behalten.

11.♕xd2 d6 12.b4±

C2b3) 10...♘g6 11.♗g3 ♗d6 12.♗xd6 ♕xd6 13.♕c2±

C2b4) 10...a5 11.♘b3

Die wichtigsten Alternativen zu diesem Springerzug sind 11.a3 und 11.♘b1. Zwei Beispiele hierzu:

– 11.a3 ♗xd2 12.♕xd2 d6 13.b4 axb4 14.axb4 ♖xa1 15.♖xa1 b6 16.♗g3 f6 17.h3 ♗e6 18.♕c3 c5 19.♖a6 ♕b7 20.b5±, Gyimesi–Nevednichy, Nagykanizsa 2003;

– 11.♘b1 d6 12.a3 ♗c5 13.♘c3 ♗e6 14.b3 ♘g6 15.♗g3 f5 16.♕d2 ♕f7 17.♘a4 ♗a7 18.♗f3 c6 19.♖fd1± (Analyse von Awruch).

11...a4 12.a3 ♗a5 13.♘d4 ♗b6 14.♘b5 d6 15.♘c3 ♗e6 16.♘xa4

Weiß hatte sich schleichend einen Vorteil verschafft, der ihm zum späteren Sieg ausreichte, Karpow–Budnikow, Moskau 1993.

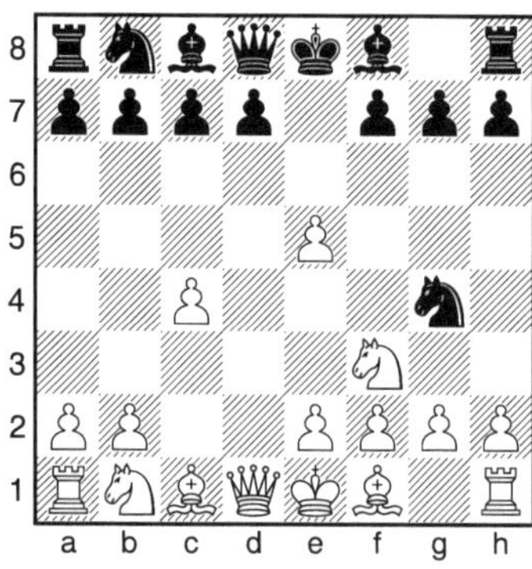

4...♗c5

Das ist die meistens gespielte Fortsetzung. Auf zwei Alternativen müssen wir zusätzlich unser Auge richten.

I. 4...♘c6

Der Nachziehende greift den weißen Bauern ein zweites Mal an und zwingt Weiß so zu einer Reaktion, wenn dieser den Bauern nicht einfach wieder hergeben will.

5.♗f4

Damit kommt es zur eingangs schon angemerkten Möglichkeit der Verbindung zum Läufersystem.

5...♗b4+ 6.♘bd2 f6

(Oder 6...♕e7, was wir bereits oben besprochen haben: Punkt C nach 4.♗f4.)

7.exf6 ♕xf6 8.e3 ♕xb2 9.♗e2 d6 10.0-0 ♘ge5 11.c5!?

Mit diesem ehrgeizigen Zug wird Weiß so manchen Gegner überraschen und ... überfordern können. Drei schwarzen Entgegnungen müssen wir unsere Aufmerksamkeit schenken.

A) 11...♗xc5 12.♘xe5 ♘xe5

(Auf 12...dxe5 nutzt Weiß die gefährdete Stellung der gegnerischen Dame, um sich entscheidend in Vorteil zu bringen. Es folgt 13.♘c4 ♕c3 14.♖c1 ♕b4 15.a3+–.)

13.♖b1 ♕a3 14.♗xe5 dxe5 15.♗b5+ c6 16.♕h5+

Der Anziehende gewinnt im Angriffsstil.

B) 11...dxc5 12.♘xe5 ♕xd2 (12...♘xe5 13.♘e4+–) 13.♗h5+ g6 14.♕b3 ♘xe5 15.♗xe5 ♖f8 16.♖ad1 gxh5 17.♖xd2 ♗xd2 18.♖d1 ♗b4 19.♕d5

Weiß steht auf Gewinn.

C) 11...♘xf3+ 12.♘xf3 ♗xc5 13.♗c4 ♗f5 14.♘h4 ♗d7

(Oder 14...♗e4 15.♕g4 d5 16.♗xd5 ♗xd5 17.♕h5+ ♗f7 18.♕xc5 ♕f6 19.♕b5 0-0 20.♘f3 ♖fc8 21.♖fd1 ♖ab8

22.♘g5 und nach Awruch hat Weiß dank seiner dominierenden Figuren einen angenehmen Vorteil.)

15.♗g5 g6

(15...♘e5 beantwortet Weiß mit 16.♖b1 und es wird eng für Schwarz. Es folgt 16...♕c3 17.♖c1 ♕b2 18.♖c2 ♕b4 19.♕h5+ g6 20.♕h6 mit der Drohung ♕h6-g7!; Weiß gewinnt.)

16.♖b1

(Ebenfalls laut Awruch ist ein sofortiges 16.♕d5!? zu überlegen. 16...♕g7 17.f4 verschafft dem Anziehenden einen starken Angriff.)

16...♕g7 17.♕d5 ♘a5 18.♖xb7! ♘xc4

(Oder 18...♘xb7 19.♕xb7 ♖c8 20.♘f3 mit voller Kompensation für die Qualität.)

19.♕xc4 ♖c8 20.♘f3 ♕f7 21.♕c3 0-0 22.♗h6! ♗c6

(Schwach ist 22...♖fe8? 23.♘g5 ♕e7 24.♘e4 und Schwarz hat gravierende Probleme zu meistern.)

23.♖b4! ♗xb4 24.♕xc6 ♗c5 25.♘g5 ♕e7 26.♕d5+ ♔h8 27.♗xf8 ♖xf8 28.♘e6 c6 29.♕b3 ♖e8 30.♘xc5 dxc5 31.g3

Wegen der schwachen Bauern auf der c-Linie hat Weiß bessere Aussichten. Mit unserer Einschätzung schließen wir eine zugegebenermaßen lange Zugfolge ab, wobei sich immer die Frage stellt, ob nicht eine wichtige Abweichung übersehen und so ein abweichendes Urteil ausgelassen wird. Uns fällt keine Stelle auf, an der sich eine maßgebliche Verbesserung für Schwarz aufdrängt.

II. 4...♗b4+

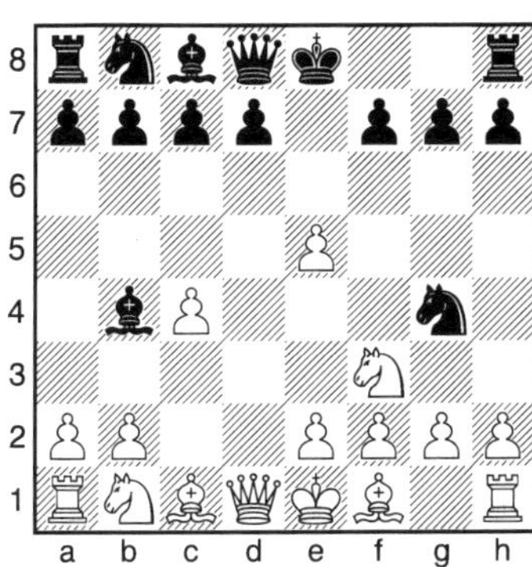

A) 5.♗d2

Damit sichert sich Weiß auf jeden Fall einen Eröffnungsvorteil.

A1) Nach 5...♘c6 6.♗xb4 ♘xb4 7.h3 ♘h6 8.♘c3 0-0 9.e4 hat Schwarz eigentlich keinen Ersatz für den Minusbauern.

A2) 5...♕e7 6.♘c3 ♘xe5 7.♘xe5 ♕xe5 8.a3 ♗e7 9.♘d5 ♗d8

(Ein Fehler in ohnehin prekärer Situation ist 9...0-0? wegen der weitgehend forcierten Folge 10.♗f4 ♕xb2 11.♘xe7+ ♔h8 12.♘xc8 ♖xc8 13.♕c1 1-0, Redman–Cohnen, Brest 2012.)

10.♗c3

Schwarz kommt schwer unter die Räder.

A3) 5...♗xd2+ 6.♕xd2

(6.♘bxd2 lässt die gute Möglichkeit für ein Eröffnungsplus ungenutzt liegen. Es folgt 6...♘c6 7.e3 0-0 8.♗e2 ♘gxe5= mit Gleichstand.)

6...♘c6 7.♘c3 0-0

(Aber nicht mechanisch 7...♘gxe5??

wegen 8.♘xe5 ♘xe5 9.♕e3± und wegen der Fesselung ist der Springer nicht mehr zu halten.)

8.♕f4 d6 9.exd6 cxd6 10.e3

Weiß behält einen Mehrbauern.

B) 5.♘c3. Wir sprechen uns zwar zuvorderst für 5.♗d2 aus, aber auch mit dem Springerzug kommt Weiß gut in der Partie zurecht.

B1) 5...♘c6 6.♗g5 ♗e7 7.♗f4± (Awruch)

B2) 5...♗xc3+ 6.bxc3 ♕e7

Wir folgen der Fernpartie Lührig–Wolff, IECG 2003, die im hohen Leistungsbereich unseres Wissens ein Alleinstellungsmerkmal hat.

7.♕d4 h5

(7...f5 8.♗f4 ♘c6 9.♕d5 ♕a3 10.♖c1±)

8.♗f4 ♘c6 9.♕d5 f6 10.exf6 ♘xf6 11.♕d3 d6 12.♕g6+ ♕f7 13.♕xf7+ ♔xf7 14.♘g5+ ♔g6 15.e3 b6 16.♗d3+ ♗f5 17.e4 ♖ae8 18.f3 ♗d7 19.h4

Weiß steht besser. Beide Seiten haben durchgehend folgerichtig agiert, sodass keine schwerwiegenden und die Aussagekraft des Verlaufs in Frage stellenden Versäumnisse eines Spielers festzustellen sind.

B3) 5...♕e7 6.♗d2 ♘xe5 7.♘xe5 ♕xe5 8.a3 ♗xc3 9.♗xc3 ♕g5 10.h4 ♕h6 11.♖h3 d6 12.♖g3 ♖g8 13.♖e3+ ♗e6 14.♕b3 b6 15.g3 und der Vorteil von Weiß steht außer Frage (Analyse von Awruch).

5.e3 ♘c6 6.♘c3 0-0 7.♗e2 ♘gxe5 8.♘xe5 ♘xe5 9.0-0

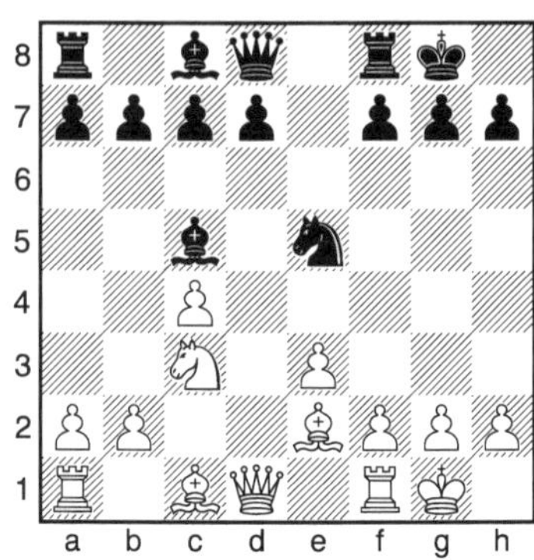

9...♖e8

Dies ist die Hauptfortsetzung. Seltener greift der Nachziehende zu 9...a5 oder 9...d6.

I. 9...a5 10.b3

A) 10...♖e8 führt in unsere Hauptvariante zurück.

B) 10...♖a6 11.f4 ♘g6 12.♔h1 ♖e8 13.e4 b6

(13...♗b4 14.♘d5 ♖xe4 15.f5 ♘e7 16.♕d3±)

14.f5 ♘e5 15.f6 und nach Awruch bedroht Weiß den schwarzen König ernsthaft.

C) 10...d6 11.♗b2 ♖e8 führt zur Anmerkung 11.♗b2 zu 11.♘a4 in der Hauptvariante.

II. 9...d6 10.b3

A) 10...♗f5 11.♗b2

An dieser Stelle gibt es noch viel Raum für eigene Forschungen und Praxistests. Wir versuchen über aussagekräftige Beispiele von der Turnierbühne und aus Analysen den Rahmen dessen abzustecken, worauf sich beide Seiten einrichten müssen.

A1) 11...♖e8 12.e4

(Etwas zurückhaltender agierte Weiß in der Fernpartie Fisher–Jimena Bonillo, ICCF 2011, indem er zu 12.♕d2 griff. Das Duell nahm dann einen eher ruhigen Verlauf über 12...a5 13.♘a4 ♗a7 14.♗d4 h6 15.♖ad1 ♗xd4 16.exd4 ♘c6 17.♘c3 ♕g5 18.f4 ♕g6 19.♗f3 ♗c2 20.♖c1 ♗f5 21.♘d5, und nach dieser langen Passage sah sich der Anziehende zu Recht deutlich im Vorteil.)

12...♗e6 13.♘a4 f6 14.♕d2 ♘c6 15.♔h1

In der Konsequenz des Zuges 12.e4 war der f–Bauer bisher durch Fesselung an sein Ausgangsfeld gebunden.

15...♗f7 16.f3 ♕e7 17.♖ae1 a5 18.♘c3 ♕d7 19.♗d1 ♗d4 20.a3 ♗g6 21.♗c2 ♗c5 22.♘d5 ♖f8 23.b4

Weiß bekam eine aktivere Stellung, M. Hoffmann–Niese, Bad Wiessee 2010.

A2) Nach 11...a6 12.♕d2 ♖e8 13.♖ad1 ♗a7 14.♘d5 ist die Stellung günstig für Weiß. Eine Option zu deren Verbesserung liegt in der Idee ♗b2-d4.

B) 10...♕h4 11.♗b2 ♘g4

(Günstig für Weiß ist 11...♗d7 12.♘d5 c6 13.g3 ♕h3 14.♘f4 ♕f5 15.♕d2 a5 16.a3 mit der Drohung b3-b4 und Vorteil für den Anziehenden.)

12.h3!?

B1) 12...♘xf2 13.♖xf2 ♗xe3 14.♕e1 ♗xh3 15.♘d5

(15.♗f3!? ist zu überlegen.)

15...♗c5 16.b4 ♗xf2+ 17.♕xf2 ♕xf2+ 18.♔xf2 ♗e6 19.♘xc7 ♖ad8 20.♘xe6 fxe6+ 21.♔e3

Angesichts seines Läuferpaars steht Weiß klar überlegen.

B2) 12...♘f6 13.♗f3 ♖e8

(13...♕g5 14.♘b5 ♗b6 15.a4 a5 16.♗d4±)

14.♘b5 ♖e7 15.♗d4

Wegen seines Raumvorteils sind die weißen Aussichten etwas besser (Analyse von Awruch).

10.b3

Eine Standardfortsetzung des Anziehenden nach dem Schema ♗c1-b2, ♕d1-c2 und ♖a1-d1 mit aktivem Figurenspiel.

10...a5

Schwarz spielt mit dem Gedanken, mittels ♖a8-a6 den Turm zum Königsflügel zu überführen.

Eine Alternative ist auch hier 10...d6. Es kann folgen: 11.♗b2 ♖e6.

(Mit 11...♗d7 kann der Nachziehende nicht viel Staat machen. Weiß baut sich „nach Standard" auf und stößt dabei auf wenig Gegenwehr.

12.♕c2 ♗c6 13.♖ad1 ♘g6 14.♘d5 ♘h4 15.g3

Schwarz bleibt hier nur die Feststellung, dass er am Königsflügel nichts erreicht hat und sein Gegner im Vorteil ist.)

12.g3 a5 13.♕c2 ♖h6 14.♖fd1 ♗g4 15.♗xg4 ♘xg4 16.♕f5 ♘xh2 17.♔g2 ♖f6 18.♕e4 ♖e6 19.♕xb7 ♘g4 20.♘d5 ♖a7 21.♕c6

Die schwarzen Bauern am Damenflügel sind schwach. Weiß steht besser (Analyse von Awruch).

11.♘a4

11.♗b2 d6 12.♕c2 ♗d7

(12...♕h4 13.♘d5 ♖e6 14.g3 ♕d8 15.♖fd1±)

13.♖ad1

Noch einmal stimmen wir Awruch zu, der die weiße Stellung vorzieht und dem Anziehenden logischerweise die besseren Perspektiven zuerkennt.

11...♗f8

11...♗a7

So ganz folgerichtig ist der Rückzug nach a7 nicht, weil er den Grund für 10...a5 in Zweifel stellt. Der Läufer wird dem Turm vermutlich nicht nur ganz kurzfristig vor der Nase stehen.

12.♔h1

Der König verlässt die Diagonale a7-g1, um dem Röntgenblick des schwarzen Läufers zu entkommen.

12...d6 13.♘c3

Im Duell Postny–Zoler, Legnica 2013, kam es nun zu 13...f5 14.♗b2 ♗d7 15.♘d5 ♖e6 16.♘f4 ♖e7 17.♕c2 c6 18.♖ad1 ♗c5 19.♘h5 ♕b6 20.f4 ♘g6 21.e4 ♖f8 22.♗d3 mit weißer Initiative.

12.f4 ♘g6

Auf 12...♘c6 folgt 13.♗f3 ♖b8 14.e4 nebst ♗c1-b2.

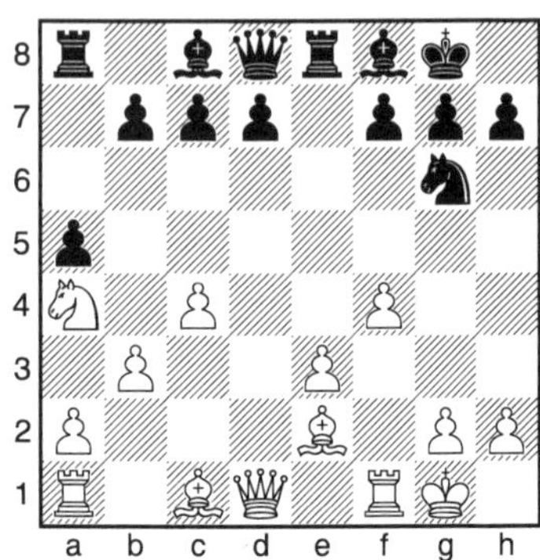

13.♕d3

13.♕d2 spielt in derselben Liga wie der Textzug. Schauen wir uns ein paar Varianten an, die uns zeigen, wie wir uns logische Entwicklungen der Partie vorstellen können.

13...b6 14.♗b2 ♗b7 15.♗f3 ♕b8 16.♖ad1 ♘h4 17.♗d5 ♘f5

(17...♗xd5 18.♕xd5 ♖xe3 19.g3±)

18.♗xf7+!? ♔xf7 19.♕xd7+ ♔g6

(19...♘e7 20.f5 ♕c8 21.f6 mit Angriff.)

20.g4 ♘xe3 21.f5+ ♔g5 22.♕f7 ♘xg4 23.♗c1+ ♔h4 (23...♘e3 24.♖d3+–) 24.♖d3 mit der Drohung 25.♖h3+! nebst Matt.

13...♗e7

Mit dem Ziel, nach ♗e7-f6 den weißen Kollegen auf der Diagonale a1-h8 zu neutralisieren. Hier ein Blick auf andere Erwiderungen.

I. 13...♖a6 14.e4 ♖d6 15.♕c2 ♕e7 16.♘c3 c5 17.♗d3 ♕h4

Dies ist eine Stellung, die – so wie in unserem Beispiel – besonders gut im Fernschach getestet werden kann, weil hier Zeit und Störungen am Brett keine Rolle spielen. Zudem steht im Fernschach die Engine als Hilfsmittel zur Verfügung.

18.e5 ♖c6 19.g3 ♕g4 20.♗f5 ♕h5 21.♗e4 ♖b6 22.♘d5 ♖c6 23.♘e3 ♖ce6 24.♗f3 ♕h3 25.♗g4

Weiß gewinnt, LeSavouroux–Lung, ICCF 2011.

II. 13...d6 14.e4 f5 15.exf5 ♗xf5 16.♕xf5 ♖xe2 17.♕d5+!

(Auf 17.♘c3? folgt 17...♖xg2+!.)

17...♔h8 18.g3 c6 19.♕d3

Weiß steht besser. Seine Figuren sind wirkungsvoller aufgestellt und Schwarz hat sich um mehrere Schwächen am Damenflügel zu kümmern.

III. Nach 13...b6 14.♗f3 ♖b8 15.♖d1 ♗e7 16.♘c3 ♗f6 17.g3 d6 18.♗b2 ♘f8 19.♖e1 ♘e6 20.♖ad1 ♘c5 21.♕c2 ♗b7 22.♗xb7 ♖xb7 23.e4 steht Weiß aktiver, Nijs–Van Overdam, Vlissingen 2010.

14.♗b2 ♗f6

Nach 14...d6 kann Weiß gut 15.♖ad1± spielen.

15.♗xf6 ♕xf6 16.♘c3 d6 17.♖ad1 ♗d7 18.♘d5 ♕d8 19.e4

Weiß steht aktiver.

Zusammenfassung: Das Budapester Gambit ist nicht zu unterschätzen. Wenn der Anziehende die Eröffnung nicht richtig behandelt, kann Schwarz schnell sehr gefährlich auftreten. Normalerweise aber sichert sich Weiß bessere Perspektiven. Wir hoffen, dass unsere Auswahl der Züge und unsere Vorschläge zum Spielaufbau Ihnen helfen werden, dem Gambit erfolgreich entgegenzutreten.

Kapitel 6

Nimzowitsch-Indisch

1.d4 ♘f6 2.c4 e6 3.♘c3 ♗b4

Diese drei Anfangszüge kennzeichnen die Nimzowitsch-Indische Eröffnung, oft auch kurz als Nimzo-Indisch bezeichnet. Sie ist nach Aron Nimzowitsch (1886-1935) benannt, der das moderne Schachspiel durch damals revolutionäre strategische Ansätze prägte. Die Grundidee dieser Verteidigung, die 1914 auf die Turnierbühne kam, liegt darin, Weiß beim Aufbau eines Bauernzentrums zu hemmen, ohne aber selbst Bauern ins Zentrum zu spielen. Der Nachziehende strebt asymmetrische Stellungsbilder an, die ihm ein eigenes aktives Figurenspiel ermöglichen. Sein späteres konkretes Vorgehen macht er davon abhängig, wie sich die Partie angesichts der Entscheidungen des Gegners entwickelt. Eine Option liegt für ihn darin, das gehemmte weiße Zentrum direkt anzugreifen, eine andere in Flügelangriffen.

4.a3

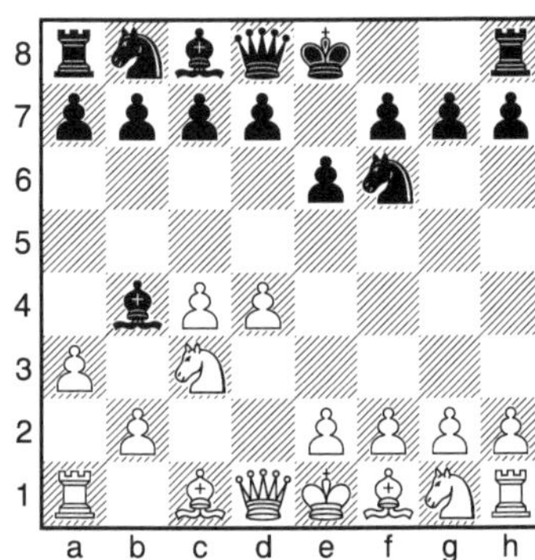

Weiß reagiert radikal auf die Fesselung seines Springers, indem er Schwarz zu einer sofortigen Entscheidung zwingt. Wenn Schwarz den Springer schlägt, handelt sich Weiß einen Doppelbauern auf der c-Linie ein, bekommt dafür aber das Läuferpaar. Ein großer Anhänger dieser Variante war der mehrfache frühere Weltmeister Michail Botwinnik, der sie gegen viele starke Spieler mit Erfolg anwandte.

Der Zug 4.a3 wurde erstmals in der Partie Ferrari-Stalda, 1923, gespielt - und nicht in Norman-Michell, 1924, wie manche Quellen angeben. Bald interessierte sich der deutsche Großmeister Sämisch für die Idee und begann damit, sie zu einem System zu entwickeln, das er dann auch selbst regelmäßig einsetzte. Die erste offizielle Partie mit „seinem System" spielte er 1928 gegen Engel. Seine Verdienste um die Variante haben ihn zu deren Namenspaten gemacht.

4...♗xc3+

Schwarz hat keine wirkliche Alternative zum konsequenten Schlagen der Springers.

Der Rückzug 4...♗e7 ist unlogisch, da Weiß mit 5.e4 eine klare Überlegenheit im Zentrum erlangt. Eine bekannte Fortsetzung sieht wie folgt aus: 5...d5 6.f3 dxe4 7.fxe4 e5 8.d5. Die weiße Dominanz stellt schon jetzt die Sinnhaftigkeit des schwarzen Vorgehens deutlich in Zweifel.

A) Oder 8...c6, worauf beide Seite ihre Entwicklung voranzutreiben versuchen, z.B. mit 9.♘f3 0-0 10.♗d3 ♗g4 11.h3 ♗xf3.

(Der Rückzug 11...♗h5 wäre vorteilhaft für den Anziehenden, der mit 12.g4 antwortet. Er kommt dann über die logische bzw. teilweise auch erzwungene Zugfolge 12...♗g6 13.♘xe5 ♕c7 14.♗f4 ♗d6 15.♘xg6 fxg6 16.♗xd6 ♕xd6 17.♕d2 ♕g3+ 18.♔d1± in Vorteil. Er steht freier, verfügt über mehr Raum und ist auch besser entwickelt, dies alles bei einem Mehrbauern auf der hohen Kante.)

12.♕xf3 a5 13.0-0 ♘bd7 14.♗e3 a4 (14...♘e8 15.♖ad1±) 15.♔h1 ♘e8 16.♗c2 ♘c5

(Aber nicht unvorsichtig 16...♘b6, was Weiß eine taktische Antwort erlauben würde: 17.d6 ♗g5 18.♗xg5 ♕xg5 19.c5 ♘c4 und nach den weiteren Zügen 20.♕e2 ♘e3 21.♖f3 ♘xc2 22.♕xc2 ist der weiße Vorteil offensichtlich.)

17.♖ad1 ♕a5 18.♕f2

Weiß steht aktiver und hat die besseren Aussichten, Schirow-Christiansen, Biel 1991.

B) 8...♗c5 9.♘f3

B1) Auf 9...♘g4 ist 10.♘a4! gut, z.B. gefolgt von 10...♘d7.

(Die Fortsetzung 10...♗f2+ beleuchten wir in der **Partie Nr. 14:** Schirow-Dautow, Daugavpils 1989.)

11.♘xc5 ♘xc5 12.♕c2 f5

(Oder 12...a5 13.h3 ♘f6 14.♗d3 ♕d6 15.♗e3 0-0 16.b3 a4 17.b4 ♘b3 18.♖d1 c5 19.dxc6 bxc6 20.c5 ♕c7 21.0-0 mit weißem Vorteil, Tyomkin-O'Donnell, Internet 2001. Die bessere Bauernstellung und das Läuferpaar sind Faustpfande, die auf mittlere Sicht an Bedeutung gewinnen werden.)

13.h3 fxe4 14.hxg4 exf3 15.b4 f2+ 16.♔xf2 ♘d7

Der Anziehende verfügt über das freiere Spiel, Raumvorteil und das Läuferpaar. Seine Perspektiven sind gut. Anhand eines praktischen Beispiels schauen wir uns an, wie er seinen Vorteil in „klingende Punktmünze“ verwandeln kann.

17.g5 0-0+ 18.♔g1 g6 19.♗d3 e4 20.♗xe4 ♘e5 21.♕c3 ♕e7 22.♗b2 ♕f7 23.♗f3! ♖e8 24.♖e1 und Weiß steht auf Gewinn, denn die Batterie ♗b2/♕c3 wirkt tödlich, z.B. 24...♘xf3+ 25.gxf3 ♖xe1+ 26.♔f2+−, Rinkis-Feldmuss, Lettland 1991.

B2) 9...♗g4 10.h3 ♗xf3 11.♕xf3 ♘bd7

(– 11...c6 wurde in der Partie Berkes-Papp, Zadar 2010, gespielt, woraufhin der Anziehende sich wie folgt einen Vorteil verschaffte: 12.♗g5 ♘bd7 13.0-0-0 h6 14.♗d2 ♕c7 15.♔b1 ♗d4 16.♘e2 c5 17.g4 0-0-0 18.♖c1 ♖df8 19.h4±.

– 11...0-0 ist eine Möglichkeit, die Schwarz Mut machen könnte. Die Variante 12.♗d2 a5 13.♗d3 ♘bd7 14.0-0-0 ♘e8 15.♘e2 ♘d6 16.g4 c6!∓ wäre für ihn von Vorteil.)

12.♗d2 c6 13.0-0-0 0-0 14.♗d3

Diese Stellung hatten wir beinahe schon in der vorhergehenden Variante auf dem Brett. Der einzige Unterschied liegt in den abweichenden Bauernpositionen: a7 statt a5 und c6 statt c7.

14...♗d4 15.♘e2 ♖e8

Es folgt ein intensives Ringen, in dem der Anziehende seinen König sichern muss, bevor er zu Angriffsbemühungen auf der rechten Seite schreiten kann und Schwarz am Damenflügel aktiv wird.

16.♔b1 ♕b6 17.♗c1 ♖ac8 18.♖d2 cxd5 19.cxd5 ♗e3 20.♖c2 ♖xc2 21.♗xc2 ♗xc1 22.♖xc1 ♖c8 23.♖f1

Der weiße Angriffsplan basiert nun auf dem Bauernvorstoß g2-g4, Wolkow-Ghaem Maghami, Moskau 2010.

5.bxc3

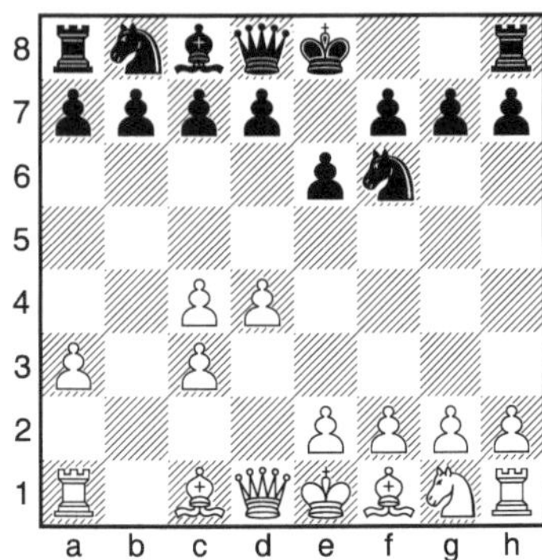

Weiß hat Bauernschwächen am Damenflügel, aber auch das Läuferpaar. Für das weitere Spiel der beiden Parteien bieten sich die folgenden Pläne an: Weiß versucht einen Angriff am Königsflügel aufzuziehen, verbunden mit der Errichtung eines starken Bauernzentrums. Schwarz hingegen verlegt seine Aktivitäten auf die andere Seite, wo er versucht, den Doppelbauern zu erobern. Aus dieser Stellung heraus kann sich das Spiel auf gleich sechs verschiedene Arten weiterentwickeln.

I. 5...c5 (**Abspiel 1**)

II. 5...d6 (**Abspiel 2**)

III. 5...d5 (**Abspiel 3**)

IV. 5...0-0 (**Abspiel 4**)

V. 5...b6 (**Abspiel 5**)

VI. 5...♘e4 (**Abspiel 6**)

Mit anderen Erwiderungen muss Weiß in der Praxis kaum rechnen. Bei unseren weiteren Betrachtungen lassen wir sie deshalb außen vor.

Abspiel 1

Die Fortsetzung 5...c5

1.d4 ♘f6 2.c4 e6 3.♘c3 ♗b4 4.a3 ♗xc3+ 5.bxc3 c5

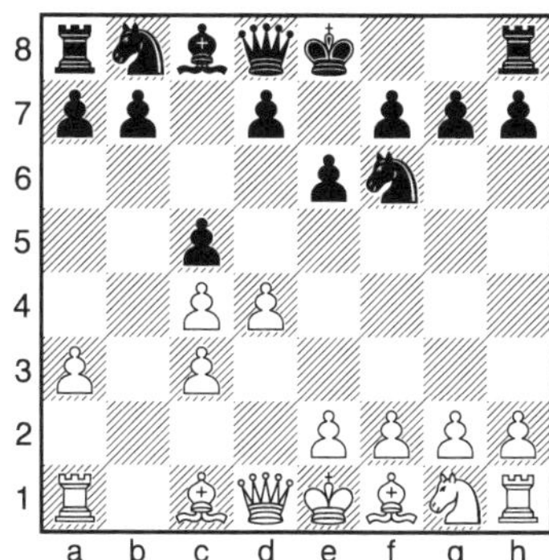

Dies ist gegenwärtig die populärste Methode im Kampf gegen das Sämisch-System. Der Nachziehende attackiert das Zentrum und eröffnet seiner Dame den Weg nach a5, um den Druck auf den gegnerischen Doppelbauern zu verstärken. Daran will er sein Gegenspiel ausrichten.

6.f3

Eine prinzipielle Reaktion, die der Vorbereitung des nächsten Schrittes dient. Weiß plant, sich mittels e2-e4 Raumvorteil im Zentrum zu verschaffen.

Gespielt wird aber auch 6.e3. Schauen wir uns mal an, welche Ideen die Anhänger dieses Zuges verfolgen.

6...♘c6

(Nach 6...♕a5 und der Folge 7.♗d2 ♘e4 8.♗d3 ♘xd2 9.♕xd2 d6 10.f4 ♘c6 11.♘f3 ist das weiße Spiel vorzuziehen. Schwarz wird es noch etwas Mühe bereiten, seine Kräfte frei zu entwickeln.)

7.♗d3

A) 7...d6 ist eine Alternative für Schwarz, die mal nur eine Zugumstellung sein wird und dann auch wieder in eigene Wege führen kann. Die Partie Geller–Lissitzin, Moskau 1955, nahm folgenden Verlauf.

8.♘e2 b6 9.0-0 ♕d7 10.e4 ♗a6 11.♗g5 0-0-0

Die entgegengesetzten Rochaden unterstützen die Dynamik in der Partie.

12.♘c1

(12.♘g3 h6 13.♗xf6 gxf6 14.♘h5 cxd4 15.cxd4 ♘xd4 16.a4 mit der Idee a4-a5 ist eine weitere Option.)

12...♘a5 13.♘b3 ♕a4

(Die Abtauschorgie 13...♗xc4 14.♘xa5 ♗xd3 15.♕xd3 bxa5 16.♖ab1 ist gut für Weiß.)

14.♘xa5 ♕xa5 15.♕c2 h6 16.♗d2

Weiß hat die besseren Chancen. Er verfügt über einen klaren Plan: a3-a4, ♖f1-b1, ♖a1-a2 und ♖b1-b5!.

B) 7...0-0 8.♘e2 d6

(Die Erwiderung 8...b6 betrachten wir in der **Partie Nr. 15:** Milov–J. Polgar, Moskau 2001.)

9.e4 ♘e8 10.0-0 b6 11.f4 ♗a6

(Besser ist 11...f5!?, worauf Weiß mit 12.♘g3 antworten sollte.)

12.f5 e5 13.f6! ♔h8

(Nach 13...♘xf6 14.♗g5 oder 13...gxf6 14.♗h6 ♘g7 15.♘g3 bekommt Weiß jeweils eine starke Initiative am Königsflügel.)

14.d5 ♘a5 15.♘g3 gxf6 16.♘f5 ♗c8 17.♕h5 ♗xf5 18.exf5 ♖g8 19.♖f3 ♖g7

(19...♘g7 20.♕xh7+! ♔xh7 21.♖h3+ ♘h5 22.♖xh5+ ♔g7 23.♗h6+ ♔h7 24.♗f8#)

20.♗h6 ♖g8 21.♖h3 1-0, Bronstein-Najdorf, Budapest 1950.

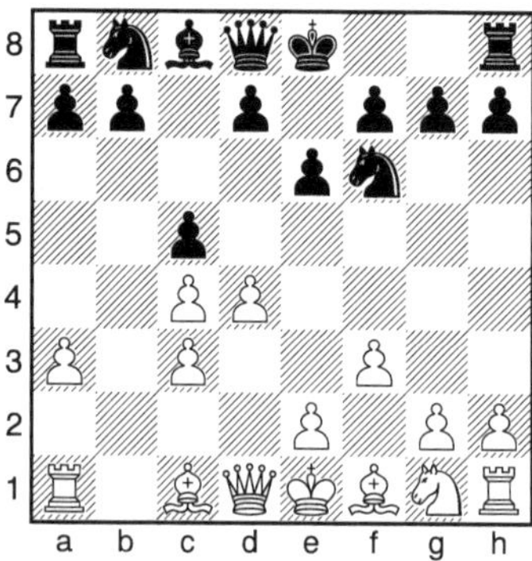

6...d5

Auf radikale Weise verhindert Schwarz den weißen Bauernvorstoß e2-e4. Dabei lässt er aber den Abtausch des Bauern c4 zu und öffnet das Spiel, was nur zu Gunsten von Weiß sein kann, der das Läuferpaar hat. Andere Züge werden an dieser Stelle nur selten gespielt.

I. 6...d6 7.e4 ♘c6

Es geht auch 7...e5 mit Blockade im Zentrum. Mit dieser Idee beschäftigen wir uns in Abspiel 2 genauer.

8.♗g5

A) Auf 8...♕a5 greift Weiß zu 9.d5!?, was angesichts der schwarzen Drohung, unter Schachgebot den Bauern auf c3 zu schlagen, vielleicht etwas überraschend ist.

(Natürlich ist auch die Reaktion 9.♗d2 vollkommen in Ordnung, und dann beispielsweise 9...0-0 10.♗d3 usw.)

9...♘e5

Wenn Schwarz unvorsichtig den verlockenden Einschlag 9...♕xc3+?? umsetzt, wird er mit 10.♗d2+- aus allen Träumen gerissen.)

10.♕b3 0-0 11.♗xf6 gxf6 12.f4 ♘g6 13.g3 ♖e8 14.♔f2

Der König entzieht sich dem Röntgenblick des gegnerischen Turms.

14...♖b8 15.♘f3 ♗d7 16.♕c2 a6

Aus dieser komplizierten Stellung heraus ging Weiß in der Fernpartie Rawlings-Arnljotsson, ICCF 2005, zugleich aggressiv und flexibel weiter vor.

17.♗h3 ♗a4 18.♕d3 e5 19.f5 ♘e7 20.♕e3 ♔g7 21.♖hb1 b5 22.♗f1 bxc4 23.♘d2 ♗c2 24.♖xb8 ♖xb8 25.♘xc4 ♕c7 26.g4 h6 27.h4

Der weiße Plan ist mit einem einzigen Wort gut auf den Punkt zu bringen: Königsangriff.

B) Auf 8...e5 ist 9.d5 mit Blockade des Zentrums ene gute Antwort, wonach die Partie Halfdanarson-Wright, Haifa 1970, den folgenden Verlauf nahm.

9...♘a5 10.♗xf6 gxf6

(Aber nicht 10...♕xf6??, denn die Riposte 11.♕a4+ kostet den Springer auf a5 das Leben.)

11.♗d3 ♗d7 12.♘e2 h5 13.0-0 h4 14.f4 ♕e7 15.f5 0-0-0 16.♔h1 ♖dg8 17.♘g1

♕f8 18.♖a2 b6 19.♖f3 ♕h6 20.♖h3 ♔d8 21.♘f3 ♕f4 22.♖f2 ♔e7

Der Anziehende hat den schwarzen Angriff am Königsflügel abgefangen und wegen des schwachen Bauern h4 hat er die etwas besseren Perspektiven.

C) 8...h6

Im Gegensatz zu den zwei vorangegangenen Alternativen, bei denen Schwarz die etwas unangenehme Fesselung des Springers zunächst ignorierte, schüttelt er sie hier unverzüglich ab.

9.♗e3 b6 10.♗d3 0-0 11.♘e2 ♗a6 12.♘g3

Es hat in dieser Stellung noch keine Eile, ein ruhiges Asyl für den König zu schaffen, denn noch steht er in der Brettmitte sicher. Weiß nutzt deshalb sein Zugrecht erst mal dafür, seine dynamischen Potenziale zu entwickeln.

12...♘a5 13.♕e2 ♕c7 14.d5 ♕d7

Einen spürbaren Vorteil kann keine der beiden Parteien für sich reklamieren. Uns gefällt die weiße Stellung dennoch besser, was wir mit der festen Zentralposition und dem leichten Raumvorteil begründen. Das Läuferpaar wird sich zwar ggf. nicht halten lassen, aber es wird dann zum Preis der Auflösung des Doppelbauern hergegeben. In der Partie J. Schmidt-Beisser, Deutschland 1968, nahm das zähe Ringen den folgenden Fortgang: 15.a4 exd5 16.cxd5 ♗xd3 17.♕xd3 c4 18.♕e2 ♖fe8 19.0-0 ♔h7 20.♕f2 g6 21.♗d4 ♕e7 22.♖ae1 ♘b3 23.f4 und Weiß hatte sich einen Vorteil verschafft.

II. 6...♘c6 7.e4

(Ruhiger und gleichermaßen möglich ist 7.e3!?. Allerdings unterscheiden sich die daraus resultierenden Stellungsbilder erheblich von jenen, die wir weiter berücksichtigen.)

7...0-0

(Oder 7...d6 8.♗g5 und weiter wie zuvor unter Punkt I.)

A) 8.♗e3

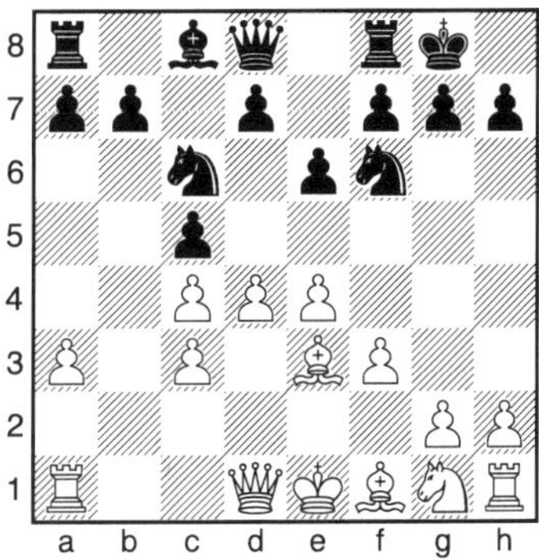

A1) Welche Richtung das Spiel nach 8...d6 nehmen kann, zeigt eine in sich logische lange Variante aus der Partie Petkov–Nikolov, Panagyurishte 2012.

9.♗d3 b6 10.♘e2 ♗a6 11.0-0 ♘a5 12.♗g5 ♗xc4 13.f4 ♕c7 14.♗xf6 gxf6 15.♘g3 ♔h8 16.♗xc4 ♘xc4 17.♕h5 ♖g8 18.f5!?

(Weiß muss am Königsflügel aktiv handeln. Mittels 18.♕h4 erreicht er nach 18...♕d8 19.♖f3 f5 20.♕xd8 ♖axd8 21.exf5 ♖ge8 nichts.)

18...♕e7 19.♕h6

(Es droht nun stark ♘g3-h5 mit Angriff.)

19...♕f8 20.♕xf6+ ♕g7 21.fxe6 ♕xf6 22.♖xf6 fxe6 23.♖xe6

Weiß hat Endspielvorteil.

A2) 8...♕a5 9.♕d2 d6

(9...b6 oder 9...d5 beantwortet der Anziehende gut mit 10.e5.)

10.♗d3 e5 11.d5

Die weißen Aktionen folgen wiederkehrend einem sie einenden Grundmuster.

11...♘b8 12.♘e2 ♘bd7 13.0-0 ♕a4 14.g4 ♘e8 15.♕a2 ♕a5 16.♔g2

Die weitere Spielführung des Anziehenden ist beispielhaft und deshalb besonders lehrreich.

16...♕d8 17.♕d2 b6 18.h4 ♔h8 (18...♕xh4?? 19.♗g5+) 19.♘g3 ♘df6 20.g5 ♘g8 21.a4 a5 22.♖h1 ♖a7 23.♖ab1 ♖b7 24.♗c2 ♘c7 25.♖bf1 ♘e8 26.♕d3 ♘e7 27.h5 f6 28.f4

Weiß hat starke Initiative. Nehmen Sie sein Spiel als Anleitung, wie der Anziehende energisch am Königsflügel handeln sollte, Saidy–Nykopp, Gausdal 1982.

B) 8.d5 ♘a5 9.♗g5

B1) 9...d6 10.♗d3 e5 11.♘e2 h6 12.♗e3

Möglich ist natürlich auch 12.♗h4!?, und uns gefällt diese Alternative sogar besser.

12...b6 13.♘g3 ♖e8 14.♔f2 ♔h7 15.h4 g6 16.♕e2 mit dem Plan h4-h5 und guten Chancen für Weiß, Ding–Wang Yue, Shenzhen 2011.

B2) 9...h6 10.♗h4 d6

(10...♖e8 geht auch, macht Schwarz aber auch nicht unbedingt glücklicher, z.B. 11.♗d3 b5 12.dxe6 ♖xe6 13.cxb5 d5 14.♗xf6 ♕xf6 15.♘e2±.)

11.♗d3

Weiß hat nun gute Aussichten auf ein aktives Spiel am Königsflügel. Er initiiert es über das Springermanöver ♘g1-h3-f2, sodass er das Feld e2 für die Dame erhält. Dorthin gehört sie für den Fall, dass der Nachziehende ♗c8-a6 spielt. Mit der folgenden kurzen Rochade und g2-g4 hat er sein strategisches Zwischenziel erreicht.

III. 6...♘h5 7.♘h3 f5

(Oder 7...♘c6 8.e4 d6 9.f4 g6 10.♘f2 0-0 11.♗e2 cxd4 12.cxd4 ♘g7 13.d5 ♘b8 14.♗b2 mit weißem Vorteil.)

8.e3

(8.♗g5 ♕a5 9.♕d2 wurde auch schon gespielt, aber wir gehen nicht weiter darauf ein.)

8...0-0 9.♗d3 ♕h4+ 10.♘f2 ♘c6 11.f4 ♘f6 12.0-0 b6 13.♖b1 d6 14.d5 ♘a5 15.e4 exd5 16.cxd5 fxe4 17.♘xe4 ♘xe4 (17...♘xd5?? 18.♗c4!+–) 18.♗xe4 ♗a6 19.g3 ♕h3 20.♖e1 ♖ae8 21.♖b2 ♗c4 22.♖f2

Weiß steht aktiver, denn die schwarzen Leichtfiguren nehmen fast nicht am Kampf teil. Weiß hat die Option, auf der Basis von f4-f5 eine Attacke gegen den gegnerischen König einzuleiten, Foisor–Maksimovic, Bulgarien 2008.

IV. 6...0-0 7.e4 d6 8.♗d3 ♘c6 9.♘e2 b6 10.0-0 ♘e8

(Schwarz bereitet f7-f5 vor. Ein anderer Plan basiert auf 10...♗a6 mit der Absicht ♘c6-a5, um Druck gegen den

Bauern c4 auszuüben. Weiß kann dann nach einem eventuellen ♘f6 mit 11.♗g5 den Springer fesseln oder energisch am Königsflügel vorgehen; z.B. 11.f4 ♘a5 12.f5 ♗xc4 13.♗xc4 ♘xc4 14.♕d3 b5 15.♗g5. Für den geopferten Bauern bekommt Weiß ein aktives Spiel.)

11.f4 f5

(Auf 11...♗a6 folgt 12.f5!, z.B. 12...exf5 13.exf5 h6 14.f6 ♘xf6 15.♘g3 cxd4 16.♘f5 ♘e5 17.cxd4 ♘g6. Hier hatte Weiß in der Partie Khairullin–Kravtsiv, Jerusalem 2015, die Chance, 18.♘xh6+! zu spielen, verbunden mit einem starken Angriff, z.B. 18...gxh6 19.♗xh6 ♘h7 20.♗xf8 ♘hxf8 21.♕f3+–.)

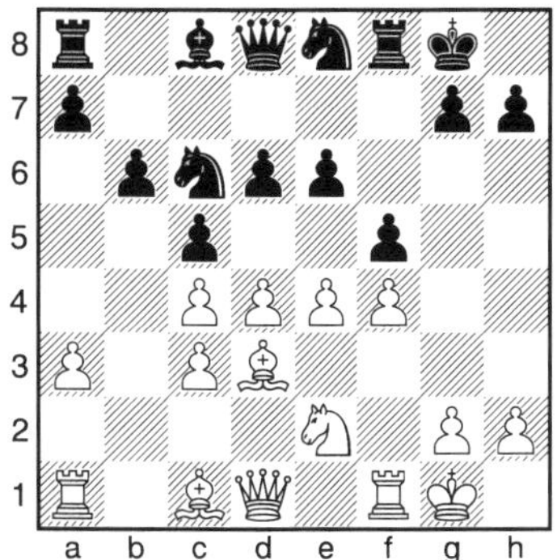

A) 12.♘g3!?

Diese Fortsetzung ist unsere Empfehlung. So lässt Weiß der Dynamik des Spiels ihren Lauf.

12...g6 13.♕f3

A1) 13...♗d7 14.♖a2 ♘g7 15.♖e2 ♕c7 16.♖fe1

(16.d5!? ♘e7 17.exf5 ♘exf5 18.♘e4±)

16...♖ae8 17.d5 fxe4 18.♖xe4 ♘e5 19.♕d1 exd5 20.cxd5 ♘xd3 21.♕xd3 c4 22.♕d4 ♘f5?

(Besser ist 22...♕c5!)

23.♘xf5 gxf5 24.♖4e3 ♔f7 25.♕d1

Weiß steht auf Gewinn, Menacher–Löw, Pfarrkirchen 1997.

A2) 13...♗b7 14.♗b2

(Zu prüfen ist 14.d5!?.)

14...♕c8 15.♖ae1 ♘g7 16.h4 ♕d7 17.h5

Im Zentrum hat Weiß alles unter Kontrolle. So kann er sich der Entwicklung seiner Initiative am Königsflügel widmen, Metge–Sutherland, Auckland 1997.

B) 12.d5 ♘a5

(Nach 12...exd5 13.cxd5 ♘a5 empfiehlt sich 14.♘g3 mit sehr kompliziertem Spiel und beiderseitigen Aussichten.)

13.dxe6 fxe4

(Wenn Schwarz zu 13...♗xe6 greift, empfehlen wir 14.♘g3!?, um die Spannung des Kampfes aufrecht zu halten.)

14.♗xe4 ♗xe6 15.f5!

Weiß folgt dem Gebot, aktiv vorzugehen.

(Im Falle von 15.♗xa8 ♕xa8 16.f5 ♗xc4 kommt es zu einer komplizierten Stellung.)

15...♗xc4 16.♘f4 ♖c8 17.♗d5+ ♗xd5 18.♕xd5+ ♖f7!

(In die Niederlage führt 18...♔h8??. In der Partie Leniart–Bartel, Suwalki 2017, hat Weiß den Weg dorthin demonstriert: 19.♖f3 ♖f6 20.♘g6+ ♖xg6

21.fxg6 ♘f6 22.♕e6 ♕g8 23.♕h3 ♖e8 24.♗g5 ♘e4 25.♗e3 ♘f6 26.♖af1 ♖e5 27.g4 ♘c4 28.g5 1-0.)

19.♘e6 ♕d7 20.♘g5 ♘f6 21.♕xf7+ ♕xf7 22.♘xf7 ♔xf7 mit guten Verteidigungschancen.

7.cxd5

Ganz genau so ist es richtig. Weiß tauscht seinen schwachen Flügelbauern ab und bildet zugleich eine Bauernmehrheit im Zentrum.

7...♘xd5

Mit dem Bauern nimmt der Nachziehende nur selten auf d5 zurück. Passiert dies doch, eröffnet sich ein für Weiß regelmäßig vorteilhafter Variantenfächer. Wir stellen die wichtigsten Varianten dar, bei denen wir uns aus Platzgründen in der Kommentierung beschränken.

7...exd5 8.e3

A) 8...c4 9.♘e2 ♘c6 10.g4

A1) 10...h6 11.♗g2 ♘a5 12.0-0 ♘b3 13.♖a2 ♕c7

(Interessant ist 13...0-0. Den Konsequenzen dieser Wahl gehen wir in der **Partie Nr. 16**: Kasparow–J. Polgar, Tilburg 1997, nach.)

14.♕e1 ♗d7 15.e4 ♘xc1 16.♕xc1 dxe4 17.fxe4 ♘xg4 18.e5

Der Anziehende erfreut sich guter Angriffschancen.

A2) 10...♘a5 11.♗g2 ♘b3 12.♖a2 nebst 0-0 und Vorbereitung von e3-e4.

(Der Anziehende kann auch 12.♖b1!? spielen. Diese Idee stellen wir in der **Partie Nr. 17:** Vidit – Kramnik, Wijk aan Zee 2019, vor.)

Die folgende beispielhafte Entwicklung aus der Fernpartie Tinture–Rümmele, ICCF 2012, zeigt, wie beide Seiten weiter vorgehen können.

12...0-0 13.0-0 ♖e8 14.♘g3 ♘d7 15.e4 f6 16.g5! fxg5 17.f4 ♘xc1 18.♕xc1 gxf4 19.♕xf4

Weiß ist im Vorteil.

A3) 10...0-0 11.♗g2 ♘a5 12.0-0 ♘b3 13.♖a2 ♕a5

(13...b5 wurde in der 9. Matchpartie im WM–Kampf zwischen Anand und Carlsen, Chennai 2013, gespielt. Wir werfen einen vertiefenden Blick auf diese Fortsetzung in der **Partie Nr. 18**.)

14.g5 ♘d7 15.e4

Weiß plant e4-e5, f3-f4 mit Aussichten am Königsflügel ganz nach dem Geschmack des Angriffsspielers, Bernasek–Hera, Hohenems 2012.

B) 8...♕c7 9.♗d2 ♗f5 10.♗b5+ ♘bd7 11.♘e2 0-0 12.g4 ♗g6 13.♘f4 ♘b6 14.h4 cxd4 15.cxd4 ♗c2 16.♕e2 a6 17.♗d3 ♗xd3 18.♕xd3 ♖ac8 19.g5 ♘fd7 20.♔f2 ♖fe8 21.♖ac1

Aus dieser Stellung heraus gelang es Weiß, die Partie zum Gewinn zu führen, Sadzikowski–Swiercz, Warschau 2011.

C) 8...0-0 9.♗d3 b6 10.♘e2 ♗a6

(10...♗b7 11.0-0 ♖e8 12.♘g3 ♘c6 13.♗d2 ♖c8 14.♕a4 cxd4 15.cxd4 a6 16.♕b3±, Euwe–Golombek, Hastings 1938.)

11.0-0 ♖e8 12.♘g3 ♗xd3 13.♕xd3 ♘c6 14.♗b2 c4 15.♕d2 h5 16.♖ae1 h4 17.♘h1 ♖e6 18.♘f2 ♕e7 19.♖e2 ♖e8 20.♖fe1 ♘h5 21.e4

Weiß hat das Übergewicht im Zentrum. Sein Plan stützt sich auf ♔g1-f1 und dann ein Schlagen auf d5 oder e4-e5, f3-f4 usw., Wolkow–Del Rio de Angelis, Vrachati 2011.

D) 8...♗f5 9.♘e2

(Interessant ist 9.g4!? ♗g6 10.♘e2 ♘c6 11.h4 h6 12.♘f4 und Weiß steht klar besser.)

9...♘c6 10.♘g3 ♗g6 11.♗d3 ♗xd3 12.♕xd3 0-0 13.0-0 ♖e8 14.♗b2 ♖c8 15.♖ad1 ♖c7 16.♖fe1 mit dem Plan e3-e4, Gligoric–Germek, Bled 1961.

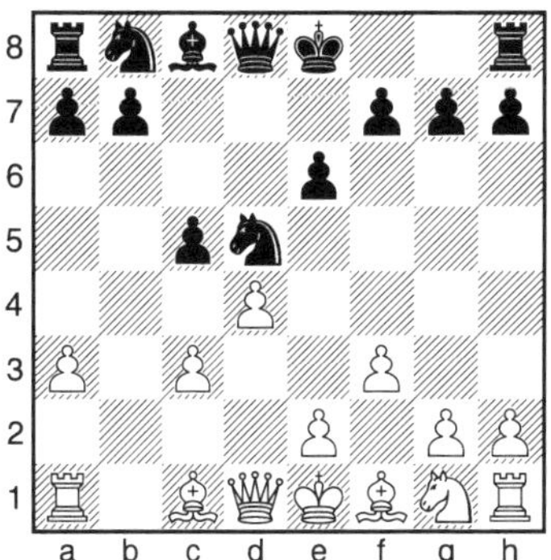

8.dxc5

Diese paradox erscheinende Idee stammt von Paul Keres. Der Anziehende verschlechtert seine Bauernstruktur im Zentrum und beabsichtigt damit, die Linien für seine Läufer zu öffnen.

8...♕a5

Eine leicht verständliche Erwiderung. Die schwarze Dame entwickelt sich unter Angriff auf die geschwächten gegnerischen Bauern am Damenflügel. Zwei Alternativen sind wichtig genug, dass wir sie betrachten müssen.

I. 8...f5

A) 9.♘h3 ist spielbar, aber nicht unser Favorit.

A1) Bisweilen spielt Schwarz vorsorglich 9...0-0, u.a. um seinen König frühzeitig aus der Brettmitte zu bekommen.

10.♘f4 ♘c6

(– 10... ♘xc3 sieht verlockend aus, entpuppt sich aber über die Variante 11.♕b3 ♘d5 12.♘xd5 exd5 13.♗f4 ♘c6 14.♗d6 ♖e8 15.♕xd5+ ♗e6 16.♕d3 ♕f6 17.♖d1 ♖ad8 18.♔f2 als falsche Entscheidung, denn nun verfügt Weiß über einen Mehrbauern und auch das Läuferpaar. Die besseren Aussichten liegen auf seiner Seite.

– Mit 10...♘xf4 kann Schwarz ebenfalls nicht allzu viele Hoffnungen verbinden, wie die folgende Zugfolge unter Beweis stellt: 11.♗xf4 ♕a5 12.♕b3 ♕xc5 13.♖d1 ♕b6 14.♕xb6 axb6 15.♗d6 ♖f7 16.e3 und das weiße Spiel ist vorzuziehen. Der Doppelbauer des Nachziehenden auf der b-Linie sieht krank aus und das weiße Läuferpaar wird seine Kraft bald vollends entfalten können.

– 10...♘a6 11.♘xd5 exd5 12.♕d4 ♕a5 13.♕xd5+ ♔h8 14.♗d2 ♖d8 15.♕c4 ♘xc5 16.♗e3 ♘a6 17.♔f2± mit dem Plan ♗e3-d4, e2-e3, ♗f1-d3 usw.)

11.♘xd5 exd5

Nachfolgend versuchen beide Seiten, unter Ausnutzung der gegnerischen Schwächen die eigenen Kräfte gut ins Spiel zu bekommen.

12.♗f4 ♕f6 13.♕d2 ♘a5 14.♕xd5+ ♗e6 15.♕e5 ♕g6 16.♕c7 ♘b3 17.♖d1 ♖ac8 18.♕xb7 ♕f6 19.♔f2 ♘xc5 20.♕xa7 ♕xc3

Der Anziehende muss nun seine noch passiv stehenden Figuren aktivieren und hat dann gute Aussichten auf den Partieerfolg. Er schafft dies über 21.g3 ♕c2 22.♖d2 ♕c3 23.♗h3 und verfügt dann über einen deutlichen Vorteil, Wolkow–Sargissian, Rijeka 2010. Er hat materiell die Nase vorn und kann auch auf die Kraft seines Läuferpaares setzen.

A2) 9...♕a5 ist die aktivere Vorgehensweise mit der möglichen Folge 10.♘f4 ♘c6 11.♘xd5 exd5 12.♕d3 0-0 13.♗f4 ♕xc5 14.e3 ♗e6 15.♔f2 ♖fc8 16.♗e2 ♘a5.

Diese Stellung kam in der Partie Wolkow–Zachartsow, Irkutsk 2010, auf das Brett. Es ist interessant und lehrreich zugleich, wie der Anziehende auf Vorteil spielt.

17.♗e5

Der Läufer strebt nach d4.

17...♘c6 18.♗d4 ♕d6 19.♖hb1 ♖c7 20.f4

Wir sehen Weiß positionell im Vorteil, auch wenn Engines eine abweichende Bewertung auswerfen. Schwarz hat aber zwei Bauern, die zur Schwäche neigen, und zwar auf d5 und f5. Dies gibt dem Anziehenden einen strategischen Trumpf in die Hand.

B) 9.e4!? ist eine aggressive Antwort und unser Favorit. Für die Öffnung des Spiels opfert Weiß einen Bauern. Er kann es allerdings auch ruhiger angehen lassen und nach 9...fxe4 mit 10.♕c2 fortsetzen.

B1) In ganz andere Bahnen gerät die Partie nach 10...e3 11.♗d3 ♘d7 12.♘e2 ♘xc5 13.0-0 ♗d7.

(Die Variante 13...♘xd3 14.♕xd3 0-0 15.♗xe3 ♘xe3 16.♕xe3 ist eher für Weiß von Vorteil, Pogorelow–Lewin, Lwow 1988.)

14.♗e4 ♖c8 15.♗xd5 exd5 16.♗xe3 0-0

Im Duell Moskalenko–Rogowski, Alushta 1999, führte nun die Folge 17.♘d4 ♘a4 18.♗d2 ♖c4 19.♖fb1 ♕c7 20.♖b4 ♖c8 zu sehr kompliziertem Spiel. Die Partie konnte letztendlich Weiß für sich entscheiden.

B2) 10...0-0 11.fxe4 ♘f4

(Das in der Zugfolge 11...♕h4+ 12.g3 ♕f6 13.♗g2 ♕xc3+ 14.♕xc3 ♘xc3 realisierte schwarze Figurenmanöver ist für den Nachziehenden nicht vorteilhaft. Weitergehen kann es wie folgt: 15.♗f4 ♗d7 16.♖c1 ♘a4 17.♗d6 ♖c8 18.e5 ♗c6 19.♗xc6 ♘xc6 20.♘f3 und Weiß steht leicht erkennbar besser.)

12.♘f3 ♘d7

(12...♘c6 13.♗e3 ♕a5 14.♖b1 ♕xa3 15.♗b5 ♗d7 16.0-0±)

13.♗e3 ♕c7 14.♗c4 ♘xc5 15.0-0 ♗d7 16.♖ae1 b6 mit beiderseitigen Chancen. Das Fragment stammt aus der Partie Timman–Karpow, Reykjavik 1991. Hier kam es dann zu 17.♗d4 ♗a4 18.♕d2 ♘b3 19.♗xb3 ♗xb3, ohne dass sich an der Stellungsbewertung etwas hätte ändern können.

II. 8...♘d7 9.e4 ♘e7 10.♗e3 0-0

A) 11.♗b5

Mit drei kraftvollen Zügen hat der Anziehende seine Lage verbessert.

11...♕a5 12.♕b3 ♕c7 13.♗xd7 ♗xd7 14.♘e2 ♘c6 15.c4 ♖fb8

(15...♘a5 brachte dem Nachziehenden nach 16.♕b4 ♘c6 17.♕c3 ♕a5 18.♖b1 ♕xc3+ 19.♘xc3± kein Glück, Berkes–David, Moskau 2005.)

16.0-0

Auch hier beschränken wir uns auf die Abbildung eines recht langen Partiefragments, um Ihnen einen logischen weiteren Verlauf aus der aktuellen Stellung heraus zu vermitteln.

16...b6 17.cxb6 axb6 18.♖fc1 ♗e8 19.♗f4 e5 20.♗e3 ♘a5 21.♕b4 ♘c6 22.♕b2 ♘a5 23.♘c3!

Weiß polt um und gibt die Verteidigung des Bauern c4 für andere Werte auf.

23...♘xc4 24.♘d5 ♘xb2 25.♖xc7 ♘a4 26.♖ac1

Weiß hat deutlichen positionellen Vorteil, Berkes–Cvitan, Neum 2008.

B) Statt 11.♗b5 kennt die Praxis auch 11.♖b1

Wir können nicht auf alle Facetten dieser Alternative eingehen, möchten sie aber zumindest anhand eines Partiefragments vorstellen.

11...♕a5

(Der Damenzug ist die aktivste schwarze Möglichkeit. Von der Idee 11...♘c6 mit der Entwicklung der Dame nach e7 sollte er wegen 12.♘e2 ♕e7 13.♕d6± die Finger lassen.)

12.♕b3 ♕c7

Es ist ein zähes Ringen entbrannt, in dem sich beide Seiten schrittchenweise um Fortschritte bemühen. Der Angriff von Schwarz auf den Bauern c5 sowie die weißen Bemühungen um dessen Behauptung spielen dabei eine zentrale Rolle.

13.♕c4 ♘c6 14.♔f2 ♘de5 15.♕a4 ♖d8 16.♘h3 ♘a5 17.♘f4 ♗d7 18.♕b4 ♗e8 19.♗e2 ♘d7 20.♖hd1±

Weiß hat seine Ziele durchgesetzt und sich Oberhand verschafft, Chenkin–Guido, Bratto 2003.

9.e4

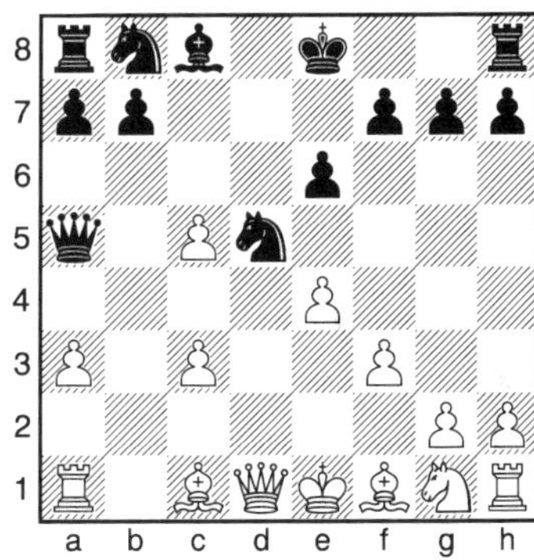

9...♘e7

Aufgrund praktischer Erfahrungen ist dies die Empfehlung der Theorie. Sehen wir uns aber auch die wichtigsten Alternativen an.

I. 9...♕xc3+ 10.♗d2 ♕e5

(10...♕xc5? ist ein Fehler und bringt Schwarz mächtig in die Bredouille. 11.♖c1 ♕xc1 12.♕xc1 ♘e7 13.♗c3 0-0 14.♕b2. Der weiße Vorteil entscheidet, Blondel–Jacon, ICCF 2010.)

11.♘e2 ♘f6

(11...♘e7 12.♗c3 ♕xc5 13.♗xg7 ♖g8 14.♗d4±)

12.♖c1

Angesichts der Doppeldrohung 13.♗c3 und 13. ♗f4 besitzt der Anziehende die Initiative (Analyse von Suetin).

II. 9...♘f6 10.♗e3 0-0

(Schwarz sollte davon Abstand nehmen, mit 10...♕xc3+ den schutzlosen weißen Bauern zu verspeisen, denn nach 11.♔f2 ♘c6 12.♘e2 ♕a5 13.♕d6± findet er sich in einer schlechten Stellung wieder.)

A) 11.♔f2!? ist als Alternative beachtenswert; z.B. 11...♘fd7.

(11...♖d8 12.♕b3⩲, Milov–Z. Almasi, Korsika 2005.)

12.♖b1 ♘a6 13.♗xa6 ♕xa6 14.♘e2 b6 15.♕d6 bxc5 16.♗xc5 ♘xc5 17.♕xc5 ♗d7 18.♖hd1 ♖fc8 19.♕e7 ♗b5 20.♘f4 h6 21.♔g3

In der Partie Aleksandrow–Ibragimow, Izchewsk 2012, machte Schwarz nun den Fehler 21...♕a5?, der bereits sein eigenes Ende einläutete.

(21...♕c6 wäre besser gewesen.)

Aleksandrow dürfte seinen Gegner nun mit 22.♘xe6! überrascht haben. Es folgte 22...fxe6 23.♕xe6+ ♔h8 24.♕e5 ♖ab8 25.c4 ♖e8 26.♕f4 und Schwarz gab auf, 1-0.

B) 11.♕b3 ♘fd7

(11...♘c6 12.♗b5 ♗d7 13.♗xc6 ♗xc6 14.♘e2 überlässt Weiß einen Mehrbauern.)

12.a4 ♕c7 13.♕a3 b6 14.a5 bxc5

(14...♗b7 verhalf Weiß in der Partie Shankland–Onischuk, Saint Louis 2011, über die Züge 15.♘e2 ♘xc5 16.♘d4 ♘bd7 17.♗e2 ♗a6 18.♗xa6 ♘xa6 19.0-0 zu einem schmalen, aber nachhaltigen Vorteil.)

15.a6 c4 16.♕a5 ♕xa5

(16...♘xa6 gibt Weiß die Chance, sich taktisch in Szene zu setzen. In Ding–Leko, Peking 2012, gelang es ihm wie folgt, die Gunst der Stunde zu nutzen: 17.♕xc7 ♘xc7 18.♗xc4 a5 19.♗e2 f5 20.exf5 exf5 21.♘h3 ♗a6 22.c4 ♘e5 23.♗f4 ♖fe8 24.♔f2 ♖e7 25.♖xa5+–. Im bevorstehenden Endspiel darf sich der Anziehende in der Favoritenrolle sehen, denn die Aussichten auf den vollen Punkt liegen auf seiner Seite.)

17.♖xa5 ♘c6 18.♖a2 ♘de5 19.f4 ♘g4 20.♗c1 ♖b8 21.♘h3 ♖b1 22.♔d2 ♖b6

Es ist eine unübersichtliche Stellung mit Chancen auf beiden Seiten entstanden, wobei uns das weiße Lager etwas besser gefällt. Immerhin ist dort auch ein Läuferpaar zu finden, auch wenn es noch nicht so richtig von der Kette gekommen ist. Die Partie Wang Hao–Radjabow, Sandnes 2013, der wir hier gefolgt sind, ist letztlich ohne einen Sieger, also mit einem Remis ausgegangen.

III. 9...♘c7 kann Weiß gut mit 10.♕d4 beantworten.

10...f6

A) 11.f4

Dies ist eine druckvolle Möglichkeit, allerdings auch etwas riskanter als die nachfolgend behandelte Alternative, da der weiße König in der Mitte steht und der Bauernvorstoß auch zu einer gewissen Schwächung führt.

11...♘c6

(Nach einer Analyse von Suetin führt die Variante 11...e5 12.♕b4 ♘c6 13.♕xa5 ♘xa5 14.fxe5 fxe5 15.♖b1 zu einem deutlichen weißen Vorteil.)

12.♕c4 e5 13.f5 b6 14.cxb6 ♕xb6 15.♕a2 ♖b8

Der Anziehende liegt um einen Bauern vorn und verfügt über das Läuferpaar, muss aber noch einiges für seine Entwicklung tun.

16.♗d3 ♗a6 17.♖b1 ♕a5 18.♖xb8+ ♘xb8 19.♗xa6 ♘bxa6 20.♘e2 ♘c5 21.♗e3 ♘xe4 22.♕c4 ♘d6 23.♕c6+ ♔e7 24.0-0

Das Bild hat sich geklärt, Weiß hat sich ein klares Übergewicht verschafft, was sich besonders mit der offenen Stellung des schwarzen Königs begründet, Nyback–Veingold, Finnland 2007.

B) 11.♕b4

Nach dem Tempogewinn 10.♕d4 gelangt die Dame nach b4, wo sie Schwarz zur Entscheidung zwingt.

11...♘c6 12.♕xa5 ♘xa5

Beide Parteien müssen ihre Entwicklung abschließen.

13.♖b1 ♗d7 14.♗d2 0-0-0 15.c4 ♘c6 16.♘e2 e5 17.♘c3 a6 18.♘d5 ♘e6 19.♗e3 ♘cd4 20.♔f2

Weiß führte die Partie zum Sieg, Timofejew–Gutow, Belgorod 2010.

IV. 9...♘xc3 10.♕d2 ♘c6 11.♗b2 ♘a4 12.♕xa5

(12.♗xg7 ♕xd2+ 13.♔xd2 ♖g8∞)

12...♘xa5 13.♗xg7 ♖g8

A) In der Partie Germek–Donner, Bled 1961, folgte 14.♗f6 ♘xc5 15.♘h3 ♗d7 16.♘f4 (16.♖c1 ♘ab3 17.♖c3±) 16...♖c8 17.♖c1 ♗a4 18.♖c3 ♔d7 19.♔f2 ♖c6 20.♘d3 und das Läuferpaar verbürgte Weiß die etwas besseren Aussichten.

B) 14.♗h6 ♗d7 15.♔f2 ♖c8 16.♘e2 ♘xc5 17.♘d4 ♔e7 18.♗e3 a6 19.♗e2 ♔f6 20.g4 ♘a4 21.♖ac1

Die weiße Stellung ist vorzuziehen, Genov–Nikolov, Bulgarien 1991. Die Bauernstellung des Anziehenden ist weniger zersplittert und er hat das Läuferpaar auf seiner Seite.

10.♗e3

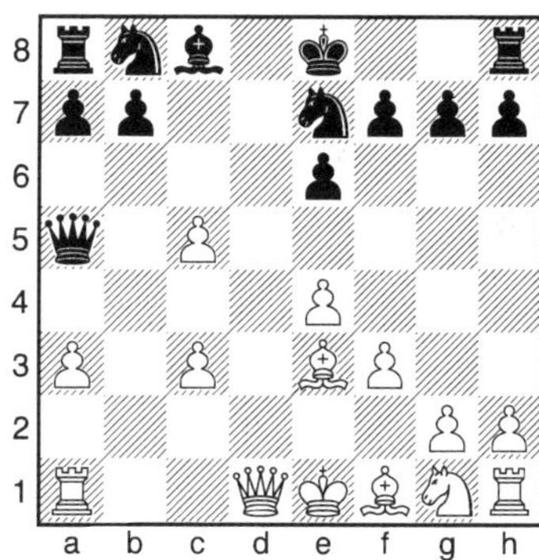

10...0-0

Schwarz will seine Entwicklung beenden.

Im Falle von 10...♕xc3+ 11.♔f2 hat Weiß die besseren Aussichten, was die folgenden Praxisbeispiele bestätigen sollten.

A) 11...0-0

In der Partie am Brett ist damit zu rechnen, dass eine große Zahl von Spielern hier rochieren wird, schon aus dogmatischen Grundsätzen heraus. Daraufhin kann es wie folgt weitergehen: 12.♘e2 ♕a5 13.h4.

(Es ist auch eine gute Option für Weiß, mit 13.♕d2 den Damentausch anzubieten. Geht Schwarz mit 13...♕xd2 darauf ein, bekommt der Anziehende ein gutes Spiel: 14.♗xd2 b6 15.cxb6 axb6 16.♘c3 ♘d7 17.♗e2 ♗a6 18.♘b5±, Jakowitsch–Timoschenko, Podolsk 1989.)

13...e5 14.♕c1 ♗e6 15.h5 ♘bc6 16.♖b1 ♖ab8 17.g4 ♖fd8

(Nach dem energisch anmutenden Vorstoß 17...b5 und dann 18.cxb6 axb6 19.h6 g6 20.♕b2 ist die weiße Stellung aktiver, Pribyl–Timoschtschenko, CSSR 1973.)

18.♘g3 ♖d7 19.♘f5 ♕d8

Es ist interessant zu verfolgen, wie Weiß diese für ihn schon vorteilhafte Stellung in den Gewinnbereich führt, ohne dass seinem Gegner ein erkennbar fehlerhaftes Spiel anzulasten wäre.

20.♗b5 a6 21.♗a4 ♗xf5 22.gxf5 f6 23.h6 g6 24.♕c4+ ♔h8 25.♕e6

Nun ist es soweit, für den Anziehenden stehen alle Zeichen auf Sieg, Fahlstroem–Stolle, Fernpartie 1991.

B) 11...♘bc6 12.♗d3

(Im Duell Daus–Junge, BdF-Schachserver 2009, vertrieb der Anziehende stattdessen mit 12.♘e2 die gegnerische Dame. Es folgte: 12...♕f6 13.♖a2 0-0 14.h4 ♘g6 15.♘d4 ♘ge5 16.♔g1 ♕e7 17.♘b5 f5 18.♘d6 f4 19.♗f2 b6 20.♕c1 bxc5 21.♕xc5 ♖d8 22.♖d2 und der weiße Vorteil hielt sich in Grenzen.)

12...♕f6

(12...0-0 13.♘e2 ♕a5 14.♕b3 ♘e5 15.♖hd1 ♕c7 16.♖ab1 ♖d8 17.♗b5 ♖xd1 18.♕xd1 a6 19.♗a4 ♘7g6 20.♕b3 und Weiß steht aktiver, Habermehl–Rattinger, ICCF Email 2006.)

13.♘e2 ♗d7 14.h4 h6 15.♘f4

Der Springer schielt nach h5.

15...♖d8 16.g4 ♘g6 17.♘h5 ♕c3

Die Dame hatte nichts Besseres. Aus ihrer verletzlichen Position auf c3 kann Weiß allerdings Nutzen ziehen.

18.♖b1 0-0 19.♖b3 ♕a5 20.♕c1 ♘ce5

Weiß steht freier und aktiver und zudem ist er im Besitz des Läuferpaares. Beides ist eine Option auf die Zukunft. Die Fernpartie Noble–Wellen, ICCF 2011, veranschaulicht, in welche Richtung er gehen kann, um sich den Partieerfolg zu sichern.

21.♗e2 ♗a4 22.♖b4 ♘d3+ 23.♗xd3 ♖xd3

Das Läuferpaar ist futsch, jetzt aber geht 24.♘xg7! ♗c6 (24...♔xg7 25.h5!+–) 25.♘h5 ♕xa3 26.♘f6+ ♔h8 27.♕xa3 ♖xa3 28.♗c1 ♖c3 29.♗b2 ♖c2+ 30.♔g3 a5 31.♖b6 ♖d8 32.h5 ♘f8 33.♗e5 ♘h7 34.♘d5+ f6 (34...♔g8 35.♘e7+ +–) 35.♘xf6 und Weiß gewinnt.

11.♕b3

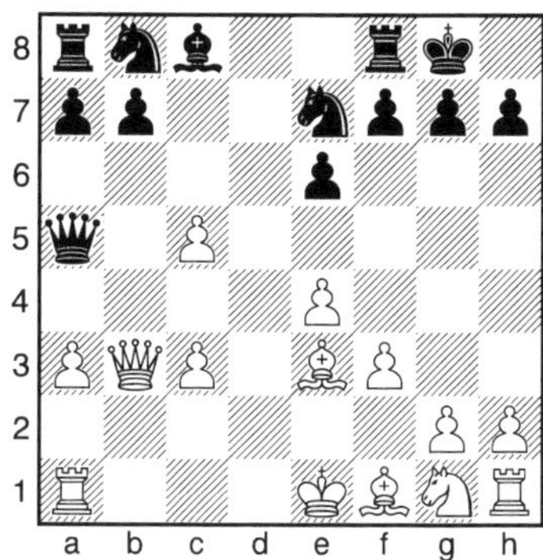

11...♕c7

Schwarz muss sich genau verteidigen und diese Fortsetzung gilt als die Beste. Anhand einiger Varianten wollen wir überprüfen, ob das Urteil der Theorie tatsächlich keine Ausnahmen zulässt.

I. 11...e5 12.♗c4

A) 12...♘a6 13.♘e2 ♘c6 14.♖b1

A1) 14...♕c7 15.♕a2

Um die Springergabel auf a5 und dann den Abtausch des Läufers gegen den Springer zu vermeiden.

15...♘a5 16.♗d5 ♘xc5 17.0-0 ♘d7

(17...♖b8!? ist eine tiefere Untersuchung auf Tauglichkeit wert.)

18.c4 ♘f6 19.♖fc1±, Malaniuk-Komarow, Polen 1989.

A2) 14...♘xc5 15.♕b5 ♕xb5 16.♖xb5 ♘e6 17.♗d5 ♘ed8 18.c4±, Malaniuk-Tolnai, Kecskemét 1989.

B) 12...♕c7 13.♘e2 ♘ec6 14.♗d5 ♘a5 15.♕b2 ♘a6

(15...♗e6 ist taktisch unklug, denn nach 16.♗xe6 fxe6 17.♕a2 ♕c6 spielt Weiß 18.♖d1 mit der Idee ♖d6, was ihm einen klaren Vorteil beschert.)

16.c4 ♗d7

(Die ganze Zeit schon wirkt der Nachziehende daraufhin, den weißen Bauern auf c5 zu erobern. Hier aber sollte er sich noch zügeln und nicht mit 16...♘xc5 zugreifen, denn nach 17.♗xc5 ♕xc5 18.♕xe5± würde er merken, dass die Speise bitter war.)

17.0-0 ♘xc5 18.f4

Die weiße Stellung ist aktiver, Beljawski- Hjartarson, Moskau 1990.

II. 11...♘d7 12.♗b5

A) 12...♘c6 13.♘e2 ♕c7 14.0-0

(Infrage kommt auch 14.♖d1!?.)

14...♘de5 15.♖fd1 ♘a5 16.♕b4 ♘ec6 17.♕a4 e5 18.c4 ♗e6 19.♖d6 ♘b8 20.♕b4

Weiß muss auf ein gegnerisches a7-a6 aufpassen.

20...♘a6 21.♗xa6 bxa6 22.♖xa6 ♘xc4 23.♗f2 ♖fb8 24.♕c3±, Moskalenko-Cruz, Sitges 2006.

B) 12...♘e5 13.♖d1

(Hier gibt es noch einen weiteren schönen Plan für den Anziehenden, und zwar 13.♘h3!? nebst 0-0 usw.)

13...a6 14.♗e2 ♘7c6 15.f4 ♘d7 16.♕c4 e5 17.♘f3 exf4 18.♗xf4

Weiß hat sich ein freies und initiatives Spiel erarbeitet. In der Fernpartie Koskinen-Strengell, ICCF 2005, dürfte der Nachziehende spätestens nach 18...♖e8 19.♗d6 ♘f6 20.e5 ♗e6 21.♕d3 erkannt haben, dass er um ein Remis kämpfen muss und seine Aussichten dabei nicht gerade rosig sind.

III. 11...♘a6 12.♖d1 ♘c6 13.♗b5

A) 13...♖d8 beantwortet Weiß mit 14.♖d6 (oder auch wahlweise mit 14.♖xd8+!? ♕xd8 15.♘e2 usw.) 14...♗d7 15.♔f2 ♘c7 16.c4.

An dieser Stelle griff der Nachziehende in der Partie Leon Barreto–Clarizza, Argentinien 1975, komplett daneben und erlaubte sich den Blackout mit 16...a6?? (⌓16...♘xb5!±). Nach 17.♗d2 ♘xb5 18.♗xa5 wurde er mit dem Verlust der Dame sowie der Partie bestraft.

B) 13...e5 14.♘e2 ♗e6 15.♕b2 ♕c7

(15...♖ac8 16.0-0 ♖fd8 17.c4 f6 18.♖d6 ♗f7 19.♖fd1 und Weiß steht positionell klar besser, Iljuschin–Faizrakhmanow, Samara 2011.)

16.f4 ♘a5 17.c6 exf4 18.♘xf4 ♘xc6 19.0-0 ♖ae8

Der weiße Vorteil ist offensichtlich. In der Partie Braun–Atlas, Pulvermühle 2006, goss er ihn mit dem Manöver 20.♗xa6 bxa6 21.♗c5 ♗c4 22.♗xf8 ♖xf8 23.♖f2 auf taktische Weise in Beton.

IV. 11...♘bc6 12.♖d1

A) 12...♕c7 13.f4 e5 14.f5 führt zu guten weißen Angriffschancen. Der Plan des Anziehenden umfasst folgende Schritte: ♘g1-f3, ♗f1-e2, 0-0 mit der Vorbereitung von g2-g4 usw.

B) 12...e5

Die Konsequenzen dieses Zuges betrachten wir anhand einer langen, aber gut verständlichen Zugserie aus der Fernpartie Habermehl–Hünerfauth, 2006.

13.♗c4 ♕c7 14.♗d5 ♘a5 15.♕b4 ♘ac6 16.♕b1 ♘d8 (16...♕a5 17.♕b3±) 17.♘e2 ♘e6 18.c4 ♖d8 19.♘c3 ♘c6 20.0-0 ♘cd4 21.♕b2 ♘xc5 22.♘b5 ♕e7 23.♘xd4 exd4 24.♗xd4

Der Damm ist gebrochen und Weiß verfügt über einen klaren Vorteil.

C) 12...f5 13.♘h3 fxe4 14.fxe4 ♔h8 15.♗e2 b6 16.♘f2 ♗a6 17.♗xa6 ♕xa6 18.♖d6

(Infrage kam auch 18.a4!? mit der Idee ♕b3-b5!.

18...♘a5 19.♕xe6

(Sicherer war 19.♕a2!?.)

19...♘f5! 20.exf5 ♖ae8

Schwarz hat Gegenspiel, Jurtajew–Kochiew, St. Petersburg 1997.

12.a4

Damit räumt Weiß das Feld a3 für seine Dame.

Eine andere wichtige Idee liegt in 12.♘h3, um möglichst schnell die Entwicklung abschließen zu können. Die Konsequenzen dieser Wahl lassen ein „mittleres Variantengeflecht“ entstehen.

A) 12...♘ec6 13.♖b1 e5 14.♘f2 ♘a5 15.♕a4 ♗e6

(Auf 15...♗d7 lässt Weiß seinen eigenen Läufer dem gegnerischen mit 16.♗b5! die Stirn bieten.

16...♗e6 17.0-0 a6 18.♗e2 ♘d7 19.♕b4 ♖fc8 20.♖fd1 ♖ab8

Diese Stellung stammt aus der Partie Chenkin–Djukic, Budva 2009. Die weiteren Aussichten sprechen für den Anziehenden, was auch die nächstfolgenden Züge zeigen, in denen

Schwarz nicht zu einem nachhaltig konstruktiven Gegenspiel findet.

21.♘d3 ♗a2 22.♖bc1 ♘c4 23.♗f2 ♕c6 24.a4 a5 25.♕b5 ♕xb5 26.axb5

Weiß steht besser: Mehrbauer bei vorgerücktem Bauernduo, Läuferpaar, Raumvorteil.)

16.♗e2 ♘d7 17.♖b5 b6 18.0-0

Der Anziehende kann schon recht zufrieden sein. Er hat seine Entwicklung abgeschlossen und seine Kräfte harmonisch aufgebaut. Zudem kann er bei seinen Plänen auf das Läuferpaar setzen. Und Schwarz läuft auch hier weiterhin dem weißen Mehrbauern hinterher.

18...♘b7

(18...♖fb8 kann stark mit 19.♖fb1! gekontert werden.)

19.cxb6 axb6 20.♕b4 ♘d6 21.♗xb6 ♕c6 22.♗e3 ♖fc8

(22...♘xb5 23.♗xb5 ♕c7 24.c4 ♖fc8 25.♘d3±)

23.♖c1!

(23.♖a5 ♖xa5 24.♕xa5 ♖a8 25.♕b4 ½-½, Jakowitsch–A. Sokolov, Moskau 1990.)

23...♘xb5 24.♗xb5 ♕b7

(Oder 24...♕c7 25.♘d3 mit guten Chancen für Weiß.)

25.c4

Für die hingegebene Qualität hat sich Weiß zwei Freibauern gesichert.

B) 12...e5 13.♘f2 ♘ec6 14.♖b1 ist nur eine in unsere vorhergehende Variante zurückführende Zugumstellung.

C) 12...♘d7 13.a4 ♘xc5 14.♕a3 b6 15.a5 ♗b7 16.♗e2 f5 17.a6

Mit „langen Märschen“ durch zwei Partien veranschaulichen wir, wie sich das Spiel weiterentwickeln kann. Natürlich sind die Zugfolgen nicht zwingend, an zahlreichen Stellen steht beiden Seiten ein Abweichen offen. Sie vermitteln aber sehr schön Anhaltspunkte, wie die Kontrahenten jeweils prinzipiell vorgehen können.

C1) 17...♗c6 unterbricht die Verbindung zwischen Dame und Springer und ist deshalb nachteilig.

18.♗xc5 bxc5 19.♕xc5 fxe4 20.fxe4 ♘g6 21.♘f2 ♘f4 22.♗f3 ♖ab8

In der Fernpartie Mamutow–Bredenhof, ICCF 2011, brachte sich der Anziehende nun auf die folgende lehrreiche Weise entscheidend in Vorteil: 23.c4 e5 24.0-0 ♘e6 25.♕a5 ♕d6 26.♘g4 ♕d4+ 27.♔h1 ♗xe4 28.♖fd1 ♕xc4 29.♘xe5 ♕b4 30.♕a2+–.

C2) 17...♗c8 18.0-0 ♗d7 19.♗xc5 bxc5 20.♕a5 ♕c6 21.♘f2 ♘g6 22.♖fb1 ♖fb8 23.exf5 exf5 24.♗c4+ ♔h8 25.♘d3 ♖xb1+ 26.♖xb1 ♗e6 27.♕b5 ♕xb5 28.♗xb5 c4 29.♘b4

Wegen des schwachen schwarzen c4-Bauern steht Weiß besser, Daus-Elburg, ICCF 2006.

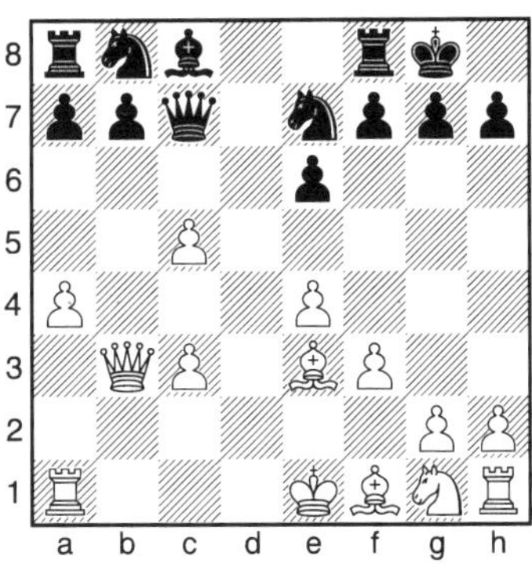

12...♘ec6

Schwarz will seine Kräfte umgruppieren. In der Praxis wird an dieser Stelle aber auch anderen Plänen gefolgt.

I. 12...e5

Der ♗c8 bekommt Luft und Weiß wird ♘g1-h3 verwehrt.

13.♗c4 ♘ec6 14.♕a3

14.♗d5 hat grundsätzlich nur die Bedeutung einer Zugumstellung.

14...♘a5 15.♗d5

A) 15...♗e6 16.♕a2

(Dies ist besser als der Abtausch 16.♗xe6 fxe6, worauf sich unklare Stellungsbilder ergeben, z.B. 17.♗f2 ♘d7 18.♘e2 ♖ac8 19.0-0 ♘xc5 20.♖fd1 b6∞.)

16...♗xd5 17.exd5 ♘d7 18.♖d1 (18.♘e2?! ♘xc5=) 18...♖fd8 19.d6 ♕c6 20.♔f2

In diesem Abspiel haben wir genau diesen Schritt mit dem König schon oft gesehen. Er zählt hier zu den Standardmethoden der weißen Spielführung.

20...♕a6 21.♘h3 h6 22.♖he1 ♖ac8 23.f4

In dieser dynamischen Stellung verfügt Weiß gut erkennbar über die besseren Perspektiven. In der Partie Daus–Strautins, ICCF 2007, hat er sich später dann auch folgerichtig den Sieg gesichert.

B) 15...♘a6 16.♖b1

(Die Stärkung des ♗d5 mit 16.c4!? führt über die Zugfolge 16...♗e6 17.♖c1 ♖ac8 18.♘e2 ♘xc5 19.0-0 b6 20.♖fd1 ♖fd8 zu einer sehr komplizierten Position mit beiderseitigen Chancen.)

16...♗e6 17.♗xe6 fxe6 18.♕a2 ♘xc5 19.♗xc5 ♕xc5 20.♕xe6+ ♔h8 21.♘e2

B1) 21...♖ad8 22.♖b5 ♕a3

(Eine sehr interessante Variante wird nach 22...♕e3 möglich: 23.♖xa5 ♖d2.

Weiß braucht schon gute Nerven, um diese Situation ohne Pulsrasen durchzustehen.

24.♕c4 ♖xe2+ 25.♕xe2 ♕xc3+ 26.♕d2 ♕a1+ 27.♔f2 ♕xh1 28.♕d6 ♖g8 29.♕xe5

Das schwarze Strohfeuer ist erloschen und Weiß steht auf Gewinn, Gilimshin–Villar, ICCF 2001.)

23.♔f2!?

Und noch einmal möchten wir Ihre Aufmerksamkeit auf diesen Standardschritt lenken.

23... ♕xa4 24.♖xe5±

B2) 21...♕e3 22.♕xe5 ♖ad8

(Auf 22...♘c6 folgt 23.♕g3! nebst ♕g3-f2 usw.)

23.♕xa5

In der Partie Gelfand–De Firmian, Moskau 1990, zeigten sich beide Kontrahenten des Kampfes müde und einigten sich hier auf ein Remis. Schauen wir uns mal kurz an, wie es hätte weitergehen können: 23...♖d2 24.♕b5 ♖fd8 25.♕c4 ♖8d3 26.♕c8+ ♖d8 27.♕c4 ♖8d3 mit Zugwiederholung und eben tatsächlich unentschiedenem Ausgang.

II. 12...♘d7 13.a5 (13.♕a3 f5!) 13...♘c6

(Nach 13...♘xc5 kommt Weiß recht direkt zu einem nachhaltigen Vorteil: 14.♕c4 ♘a6 15.♕xc7 ♘xc7 16.♗c5

♖e8 17.♗d6 ♘a6 18.♗b5 ♘c6 19.e5 ♗d7 20.♘e2±.)

14.♗b5

A) 14...♘ce5 15.♕b4

(Oder 15.♕a3!? f5 16.exf5 exf5 17.♘h3±.)

15...f5 16.exf5 ♘f6 17.♗d4 ♘d5 18.♕b1±, Joppich-Grabliauskas, ICCF 2007.

B) 14...♘xa5 15.♕a3 b6 16.♘e2 ♗b7 17.0-0 ♖fc8 18.cxb6 axb6 19.♕e7 ♘c5 20.♕xc7 ♖xc7 21.♖fd1

Weiß hat die etwas besseren Aussichten auf seiner Seite, Iwantschuk-Prusikin, Fägen 2006.

13.f4 ♘a5

Auf 13...e5 folgt natürlich 14.f5±.

14.♕a3 b6 15.♘f3 ♘d7

In der Partie Milov-Soffer, Budapest 1993, vertraute Schwarz dem Läuferzug 15...♗a6 und konnte nach der sich anschließenden Fortsetzung 16.♗b5 ♗xb5 17.axb5 ♘c4 18.cxb6 ♕b7 19.♕c1 axb6 20.♖xa8 ♕xa8 21. 0-0 ♕xe4 22.♗d4 ♘d7 23.♕b1 ♕xb1 24.♖xb1 f6 zufrieden sein, denn ihm war ein gleiches Spiel zu bescheinigen. Ein Argument, dass der Zug des Läufers dem Textzug generell vorzuziehen sein könnte, ist für uns aber nicht zu erkennen.

16.cxb6 axb6 17.♘d2

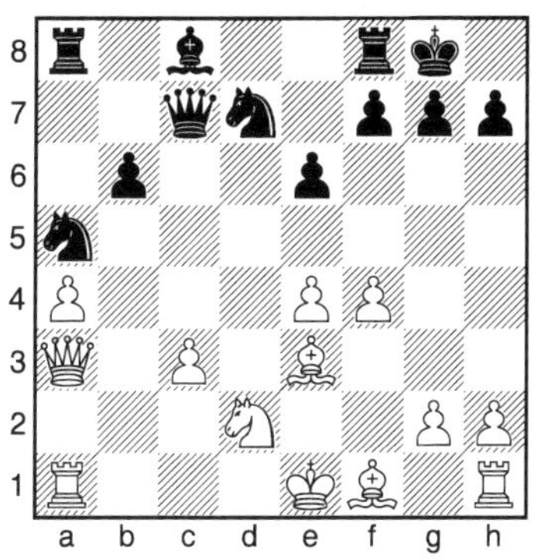

17...♗a6

Wenn Schwarz der Konfrontation seines Läufers mit jenem des Gegners aus dem Weg geht und 17...♗b7 spielt, gibt dies eher dem Spiel des Anziehenden neue Fantasie. Es kann folgen: 18.♗e2 ♖fc8 19.0-0 ♕xc3 20.♖fb1! ♕xa3 21.♖xa3 ♘c5 22.e5 ♗c6 23.♖xb6 ♘xa4 24.♖b1 und aus diesem Gemisch aus Ringen und Schlagen kommt Weiß mit der Option heraus, ♖b1-a1 bzw. ♖b1-c1 folgen zu lassen und dann die Initiative zu besitzen.

18.♗xa6 ♖xa6 19.0-0 ♖fa8 20.♕b4 ♘b7 21.♖a2 ♕c6 22.♖fa1 ♘dc5

Das Spiel steht etwa gleich Spiel, Kalifman-Van der Wiel, Wijk aan Zee 1991.

Zusammenfassung: Bei genauem Spiel kann Schwarz Ausgleich erreichen. Für Weiß gibt es noch die starken Alternativen 6.e3 (statt 6.f3) und 12.♘h3 (statt 12.a4).

Abspiel 2

Die Fortsetzung 5...d6

1.d4 ♘f6 2.c4 e6 3.♘c3 ♗b4 4.a3 ♗xc3+ 5.bxc3 d6

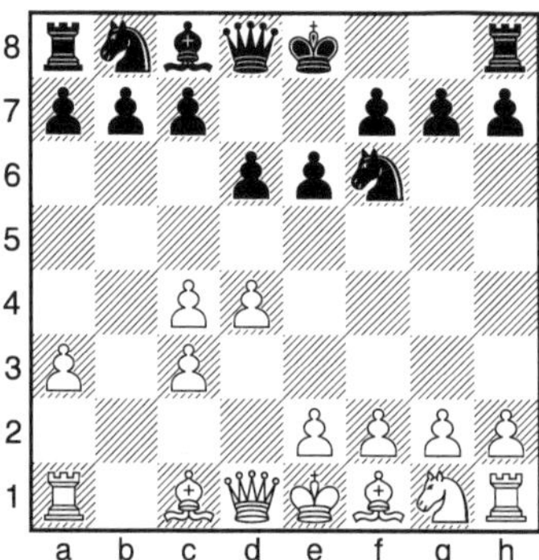

Schwarz folgt dem Plan, das weiße Bauernzentrum mittels e6-e5 zu bekämpfen. Der geschlossene Charakter des Spiels ist günstig für ihn, weil Weiß im Besitz des Läuferpaars ist und sich die Läufer in offenen Stellungen wohler fühlen als in geschlossenen.

6.f3

Der Anziehende zeigt an, dass er e2-e4 folgen lassen will.

Hier empfehlen wir Ihnen zu prüfen, ob die starke Alternative 6.e4!? in Ihr Repertoire passt.

A) 6...e5 7.♗d3

Der Läufer entwickelt sich, ohne den Springer zu blockieren. Dieser soll dann nach e2 gezogen werden, verbunden mit der kurzen Rochade und baldigem f2-f4.

7...♘c6 8.♘e2 0-0 9.0-0 ♖e8 10.♕c2 ♕e7 11.f4

Damit hat Weiß den angestrebten Aufbau erreicht. In der Partie Cruz-Cruz, Mollet del Valles 2011, ging es nun wie folgt weiter: 11...exd4 12.cxd4 ♘xe4 13.d5 ♘c5.

(Auf 13...♘a5 kommt der Anziehende über 14.♘d4 f5 15.♗b2 zu aktivem Spiel für den Bauern.)

14.♗xh7+ ♔f8

Inzwischen hat Weiß freie Diagonalen für sein Läuferpaar.

15.♖f2 ♗g4

(15...g6 16.f5+–; 15...♘a5!?)

16.dxc6 ♗xe2 17.cxb7 ♖ab8 18.♗b2 ♗h5 19.♕c3 f6 20.♕h3 ♗f7 21.♗f5 ♖xb7 22.♕h8+ ♗g8 23.♗g6

Weiß ist deutlich im Vorteil.

B) 6...♘xe4 7.♕g4

(7.♗d3!? ist eine Empfehlung zur praktischen Erprobung; über die Fortsetzung 7...♘f6 8.♘f3 0-0 9.0-0 h6 10.♖e1 erhält Weiß Initiative für den hingegebenen Bauern.)

7...f5 8.♕xg7 ♕f6 9.♕xf6 ♘xf6 10.f3 ♘c6 11.♗d3 ♔f7 12.♖b1 b6 13.♘h3

Mit seinem Läuferpaar hat Weiß ein Faustpfand auf Vorteil in der Tasche.

C) Auf 6...c5 kann es wie folgt weitergehen: 7.♗d3 0-0 8.♘e2 e5 9.d5 ♘bd7.

(9...♘e8 10.0-0 f5 11.f4 fxe4 12.♗xe4 ♘d7 13.♘g3 ♘ef6 14.♗d3±, Marsalek–Svetlik, Chocen 1950.)

10.0-0

Weiß wählt den gleichen Aufbau seiner Figuren wie nach 6...e5.

10...♖e8 11.f3 h6 12.♕e1 ♘f8 13.♕f2 ♘g6 14.g3 ♗d7 15.♗e3 ♖b8 16.h4

Kontinuierlich verbessert der Anziehende seine Position auf dem Königsflügel.

16...♕a5 17.a4 ♖f8 18.g4 ♖be8 19.♕g3 ♘h7 20.♔f2

Eine interessante Idee! Der König will bis d2 wandern.

20...b6 21.♔e1 f6 22.♔d2 ♕a6 23.♖g1

Weiß verfügt über ein aktives Spiel auf dem Königsflügel und ein entsprechendes Gegenspiel ist für Schwarz nicht erkennbar. In der Fernpartie Christov–Bergmann, ICCF Email 2002, hat sich der Anziehende letztlich den vollen Punkt gesichert.

6...♘h5

Mit diesem Springerzug schafft Schwarz die Drohung ♕d8-h4+, womit er die gegnerische elastische Entwicklung mit e2-e4 behindern will. Die Praxis hat mehrere Alternativen hervorgebracht. Hier ist ein Blick auf die wichtigsten davon.

I. 6...♘c6 7.e4 e5 8.♗e3

(In der Partie Gutman–Kurajica, Thessaloniki 1984, kam der weiße Läufer erst nach dem Intermezzo 8.♗g5 h6 9.♗e3 auf e3 zu stehen. Schwarz wählte dann mit 9...♘d7 beginnend einen anderen Aufbau. Nach 10.♗d3 ♕h4+ 11.♗f2 ♕e7 12.♘e2 war das weiße Spiel leicht vorzuziehen.)

8...0-0 9.♗d3 b6 10.♘e2 ♘a5 11.♘g3 c5 12.d5 a6 13.♕e2 ♕c7 14.a4 ♘d7 15.♘f5

In der Partie Dimitrov–Emiroglu, Kocaeli 2013, hatte sich der Anziehende nun auf dem Königsflügel ein aktives Spiel verschafft.

II. 6...0-0 7.e4 ♘h5

Der Springer macht den Weg für den f–Bauern frei.

8.♘h3 f5 9.♗d3 e5 10.exf5 exd4 11.g4 ♕h4+ 12.♘f2 ♘f6 13.cxd4 ♖e8+

Der weiße König steht verwundbar, aber Schwarz kann dies nicht effektiv ausnutzen. In der Partie Yang Kaiqi–Sukandar, Ho Chi Minh City 2012, gelang es dem Anziehenden, seinem Oberhaupt bald ein sicheres Domizil zu konstruieren.

14.♔f1 ♘c6 15.d5 ♘e5 16.♗f4 ♘fd7 17.♗g3 ♕e7 18.♔g2 ♘c5 19.♖e1

Es ist alles in Ordnung für Weiß und er steht klar besser. Neben seinen positionellen Vorteilen hat er auch einen Bauern mehr, und seine Speerspitze f5 ist besonders unangenehm für den Gegner.

III. 6...♘fd7 7.e4 ♘c6

(Auf 7...c5 ist 8.f4!? zu beachten.)

8.♗d3

(Spielbar ist wohl auch 8.f4!?, worauf das Spiel wie folgt weitergehen kann: 8...♕h4+ 9.g3 ♕e7 10.♘f3 b6 11.♗d3 ♘a5 12.0-0 ♗a6 13.♕e2 ♘b3 14.♖b1 ♘xc1 15.♖bxc1 und Weiß verfügt über deutlich mehr Raum.)

8...b6 9.f4 ♘a5 10.♗e3 ♕e7 11.♘f3 ♗a6 12.♕e2 c5 13.e5 h6 14.♗f2 ♗b7 15.0-0

Weiß hat gute Aussichten Brilla Banfalvi–Jezek, Fernpartie 1981. Dem weißen Raumvorteil und dem damit verbundenen freieren Spiel hat Schwarz nicht allzu viel entgegenzusetzen. Zudem kann sich in der Zu–

kunft auch noch das Läuferpaar positiv bemerkbar machen.

IV. 6...e5 7.e4 0-0

(Oder 7...c5 8.♗d3 ♘c6 9.♘e2 b6 10.♗e3 ♘a5 11.♘g3 ♕c7 12.0-0 ♗a6 13.♕e2 0-0-0 14.f4 und durch die Öffnung der f–Linie übernimmt Weiß die Initiative, Golenischtschew–Steinsapir, UdSSR 1955.)

8.♗g5 (8.♗d3!? ♘h5 9.♘e2±) 8...♖e8

(Nach 8...♘c6 wird die von Taimanow angegebene Variante 9.♘e2 b6 10.g4 ♗a6 11.♘g3 h6 12.♗e3 ♘d7 13.♗d3 ♘a5 14.♕e2 möglich. Weiß hat das Zentrum fest in der Hand und kann nun am Königsflügel aktiv werden. Seine Aussichten sind vorzuziehen.)

9.♘e2 h6 10.♗e3 c5 11.d5 ♘h5 12.g4 ♘f4

(12...♕f6 beantwortet Weiß mit 13.♘g3. Auf 13...♘f4 spielt er 14.♕d2 gefolgt von h2-h4, und dann geht die Post ab in Richtung Königsangriff!)

13.♘xf4 exf4 14.♗xf4 ♕f6 15.♕d2 ♗xg4 16.♗g2±

Der Anziehende hat mehr vom Spiel. Er steht aktiver und hat Raumvorteil. Und für den Fall, dass er sich offene Diagonalen verschaffen kann, hat er auch noch die Aussicht, das Läuferpaar in die Waagschale werfen zu können.

7.♘h3

Der Springerzug ist die beste Wahl für Weiß, um den gegnerischen Drohungen zu begegnen.

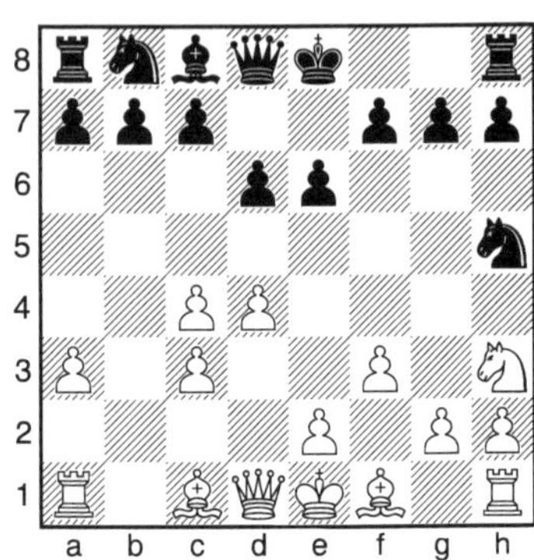

7...f5

Die Theorie spricht sich für diesen Vorstoß aus.

Auf 7...e5 reagiert der Anziehende am besten mit 8.♘f2. Nach der natürlichen Fortsetzung 8...0-0 9.e4 ♘c6 10.g4 ♘f6 11.♗e3 b6 12.♗d3 ♗a6 13.♕e2 hat Weiß einen klaren Positionsvorteil. Er plant h2-h4-h5, was ihm ein aktives Spiel am Königsflügel verspricht.

8.e3

Eine sehr energische Fortsetzung ist hier 8.e4!?, woraufhin Schwarz sich entscheiden muss, ob er diesen Bauern vom Brett verweist oder nicht.

8...0-0

(8...fxe4 analysieren wir in der **Partie Nr. 19:** Jobava–Sanikidze, Tiflis 2010.)

Die Fortsetzung 9.♗e3 erlaubt zwar 9...f4, schließt aber nach 10.♗f2 die Flanke des Königs.

10...♕e8 11.c5 ♔h8

(Auf 11...dxc5 ist 12.♗c4! stark.)

12.cxd6 cxd6 13.g4 ♘f6 14.♗d3 ♘c6 15.♘xf4 ♘xg4 16.fxg4 ♖xf4 17.♗g3 ♖f7 18.♗xd6 e5 19.d5 ♕d8 20.♗c5

♕h4+ 21.♔d2 ♗xg4 22.♕e1 ♕h3 23.♕g3

Weiß hat Vorteil, Deze–Csom, Vrsac 1969. Die Partie endete allerdings mit einem Remis nach dem 43. Zug.

8...0-0 9.♗d3 e5

9...♕h4+ ist verlockend, aber nach 10.♘f2 ♕e7 11.0-0 e5 12.f4 ♘f6 13.fxe5 dxe5 14.a4 ist es der Anziehende, der die besseren Aussichten für sich reklamieren kann. Hervorzuheben sind seine starke Zentralstellung und auch das Läuferpaar.

10.0-0 f4

Auf 10...♕e8 kann 11.f4 folgen.

11.♘f2 fxe3 12.♗xe3 ♘f4 13.♗xf4 exf4

13...♖xf4? ist nur etwas für Spieler, die das Paradies im Leiden suchen, denn es folgt 14.dxe5+–.

14.♕c2 ♕h4

14...g6 15.♖fe1 begünstigt allein die weißen Aussichten.

15.♖ae1 ♘c6 16.♖e2 ♗d7 17.♖fe1 ♖ae8

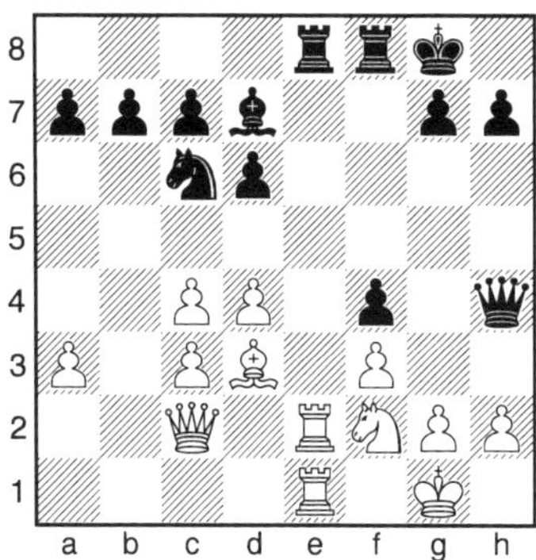

18.c5!

Weiß setzt zu einem Manöver an, das ihm eine Verbesserung seiner Bauernstellung erlaubt.

In der Partie Mc Entee–Caldwell, Parsippany 2013, ließ er diese Gelegenheit aus und spielte 18.♗e4. Anhand einer langen Zugfolge wollen wir einen Blick auf die Erfahrung werfen, die er damit machte.

18...♘d8 19.♕d2 ♕f6 20.♘d3 c6 21.♘f2 ♘f7 22.♕b2 ♘d8 23.♕b1 g6 24.♕b4 ♔g7 25.♕a5 a6 26.♗d3 ♖xe2 27.♖xe2 ♗f5 28.♘e4 ♗xe4 29.♖xe4 ♖f7 30.c5 dxc5 31.♕xc5 ♘e6 32.♕b4 ♖d7 33.♖e5

Weiß verfügt über das bessere Spiel.

18...dxc5 19.♕b3+ ♔h8 20.♕d5

Es folgt ♕d5xc5 und wegen der schwarzen Schwäche f4 hat Weiß bessere Aussichten.

Zusammenfassung: In diesem Abspiel stehen Weiß zwei interessante Alternativen zur Auswahl: Statt 6.f3 ist 6.e4!? gut und statt 8.e3 kommt 8.e4!? in Betracht.

Abspiel 3

Die Fortsetzung 5...d5

1.d4 ♘f6 2.c4 e6 3.♘c3 ♗b4 4.a3 ♗xc3+ 5.bxc3 d5

Diese energische Methode, das weiße Bauernzentrum zu bekämpfen, führt ein wahres Variantenmonster auf das Brett. Wir werden versuchen, es zu zügeln, ohne es zu sehr einzusperren.

6.f3

Der Anziehende bereitet e2-e4 vor,

womit er ein starkes Bauernzentrum errichten will.

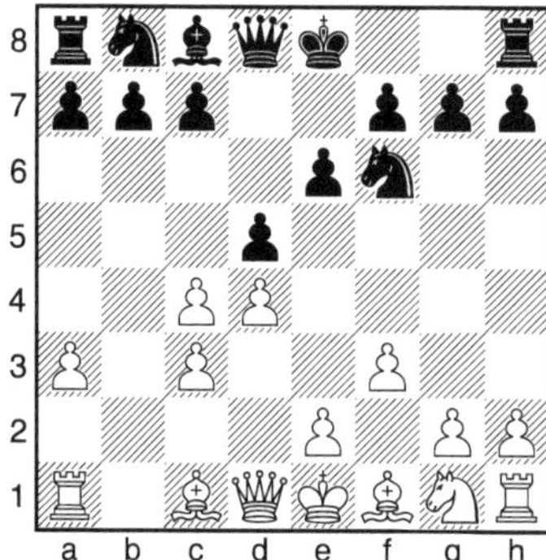

6...0-0

Gleich zu Beginn dieses Kapitels können wir Ihnen im Detail anzeigen, was wir mit unserem einleitenden Hinweis zur Variantenfülle meinen. Es gibt an dieser Stelle vier zu behandelnde Alternativen für Schwarz, die allesamt in eine erhebliche Tiefe geführt werden müssen, um die jeweiligen Besonderheiten und Konsequenzen darzustellen.

I. 6...c6 7.e4!?

(Eine scharfe Fortsetzung mit guten Möglichkeiten für Weiß. Er kann aber auch ruhigere Gewässer ansteuern, indem er 7.e3 spielt.)

7...dxe4 8.fxe4 e5 9.♘f3

A) 9...♘xe4 sieht verlockend aus, erlaubt es Weiß aber, sich sehr gut zu entwickeln und eine Angriffsstellung aufzubauen.

10.♕c2 f5 11.♗d3 0-0 12.0-0 exd4

(12...♘d7 beantwortet der Anziehende mit 13.♗xe4, und wenn sich nach 13...fxe4 14.♕xe4 exd4 15.♗g5 ♕e8 16.♕xd4 der erste Pulverdampf verzogen hat, kann er mit dem Zwischenergebnis bereits zufrieden sein. Er ist besser entwickelt und verfügt über ein freies Spiel, wie sich in der Partie Dinstuhl–Thesing, Schwetzingen 2013, zeigte.

16...c5 17.♕d6 ♕g6 18.♕d5+ ♕f7 19.♕d3 ♕g6 20.♕d2

Schwarz strebt den Abtausch der Damen an, der die weißen aktiven Möglichkeiten reduzieren würde, Weiß lässt sich natürlich nicht darauf ein.

20...h6 21.♗h4 ♘b6 22.♘e5 ♖xf1+ 23.♖xf1 ♕e8 24.♕d6 mit der starken Drohung ♗h4-e7 und weißem Gewinn.)

13.cxd4 ♗e6 14.♗b2 ♘d7 15.♖ae1

Der Anziehende hat bereits ein schönes aktives Spiel erreicht, seine Figuren wirken harmonisch zusammen.

15...♘df6 16.♘e5

Der Springer besetzt eine hervorragende Schaltstelle.

16...h5 17.h3 ♕c7 18.♖e3 ♘d7 19.♘g6 ♖fe8

Natürlich ist Schwarz in dieser Phase nicht auf die hier gewählten Züge festgelegt, aber es ist schwer, Verbesserungen für sein Spiel zu finden. Zumindest sind keine Alternativen zu erkennen, die sich aufdrängen würden.

20.♗xe4 fxe4 21.♖xe4 ♕g3 22.♖ef4 ♘f8 23.♘e5 ♘d7 24.♖4f3 ♕g5 25.♘xd7 ♗xd7 26.♕f2 mit der tödlichen Drohung d4-d5, Jakovljevic–

Kurajica, Zadar 2012.

B) 9...♕a5 10.♕d3

B1) 10...exd4 gibt Weiß die Möglichkeit, mit einer Zugserie zu kontern.

11.♗d2

Damit ist die Fesselung des c-Bauern aufgehoben und die Auflösung des Doppelbauern durch das Schlagen auf d4 wird möglich, wenn Schwarz nicht entgegenwirkt.

11...dxc3 12.♗xc3 ♕c5 13.♗b4 ♕b6 14.e5 ♘g4 15.c5

Schwarz bekommt keine Zeit für ein Durchatmen.

15...♕c7 16.♕d4 0-0 17.♗c4 ♕d7 18.e6 ♕xd4

(18...fxe6 geht nicht, weil der ♘g4 hängt.)

19.exf7+ ♔h8 20.♘xd4 ♘a6 21.♗xa6 bxa6 22.0-0

Weiß hat klaren Vorteil, Wolkow-Hou Yifan, Moskau 2008.

B2) 10...♘bd7 11.♗d2 b6 12.♕c2

Die Dame räumt das Feld d3 für den Läufer.

12...0-0 13.♗d3 ♘e8 14.0-0

Weiß schließt seine Entwicklung ab und steht ausgezeichnet. In der Partie Iwantschuk-A. Sokolov, 22. ECU Club Cup 2006, ging es nun schnell.

14...♘d6 15.c5 ♘e8 16.c4

Das weiße Spiel ist unwiderstehlich und der Nachziehende wird regelrecht rasiert.

16...♕a6 17.cxb6 axb6 18.c5 b5 19.a4 ♘c7 20.d5 cxd5 21.exd5 ♘xd5 22.♗xh7+ ♔h8 23.♘g5 ♘7f6 24.♗e4 1-0

II. 6...b6

A) 7.♗g5 betrachten wir als etwa gleichwertige Alternative zu 7.cxd5 (siehe B).

7...♗a6

(– Auf 7...♗b7 kann Weiß mit 8.e3 reagieren und dann auf 8...♘bd7 9.♗d3 folgen lassen.

– Greift der Nachziehende hingegen zu 7...h6, empfiehlt sich 8.♗h4 usw.)

8.e4!?

(Natürlich kann sich Weiß hier auch wieder an 8.cxd5 erinnern – und somit an seine erste Idee in dieser Variante. Anhand eines Fragments aus der Partie Casas-Obregoso, Buenos Aires 1961, schauen wir uns an, wie die Zukunft der beiden Kontrahenten nach dieser Weichenstellung aussehen kann.

8...exd5 9.♘h3 0-0 10.e4 ♗xf1 11.♖xf1 ♕e8 12.♗xf6 gxf6 13.♔f2 ♘c6 14.♘f4 ♘e7

Die Züge beider Seiten sind bisher logisch und bedürfen zum Verständnis keiner Erläuterungen. Es folgt nun sogar eine Fortsetzung, in der für Schwarz keine Möglichkeit zu erkennen ist, ohne sofortigen gravierenden Nachteil abzuweichen.

15.♘h5 ♕c6 16.♕d2 ♔h8 17.♕h6 ♖g8 18.♕xf6+ ♕xf6 19.♘xf6 ♖gd8.

Und hier stellte der Anziehende seinen klaren Vorteil mit 20.a4 ♖d6 21.e5 ♖dd8 22.♔e3± unter Beweis.)

8...♗xc4

(8...dxe4 9.fxe4 h6 10.♗xf6 ♕xf6

11.♘f3 ist auch nicht schlecht für Weiß; z.B. 11...♕g6 12.♕a4+ c6 13.♕c2 ♘d7 14.♗d3 e5 15.0-0±.)

9.♗xc4 dxc4 10.♕a4+ ♕d7 11.♕xc4 ♘c6

(Oder 11...♕c6 12.♕d3 ♘bd7 13.♘e2 ♖d8 14.0-0 mit besserem Spiel für die weiße Seite, Lilienthal–Capablanca, Hastings 1934/35.)

12.♘e2 h6 13.♗h4 ♘a5 14.♕d3 ♕c6 15.0-0 0-0-0

(Die entgegengesetzten Rochaden befeuern die Dynamik des Spiels. Wir beschränken uns auf eine exemplarische Darstellung zur Frage, wie es weitergehen kann.)

16.♖ab1 g5 17.♗f2 ♘d7 18.♖b4 e5 19.♖fb1 ♘b8 20.♘g3 ♕d7 21.♘f5

Angesichts des starken Bauernzentrums und der aktiven Figurenstellung steht Weiß klar besser, Weresow–Judowitsch, Leningrad 1934.

B) 7.cxd5 ♘xd5

(Auf 7...exd5 baut sich der Anziehende zunächst am besten nach den allgemeinen Eröffnungsprinzipien solide auf und schaut dabei auch darauf, was von gegnerischer Seite nun passiert.

8.e3 0-0 9.♗d3 c5 10.♘e2 ♖e8 11.0-0 ♗a6 12.♘g3 ♗xd3 13.♕xd3 cxd4 14.cxd4

Inzwischen hat der Anziehende schon einiges erreicht. Er ist weitgehend entwickelt und hat Anspruch auf die Herrschaft im Zentrum. Auch hat er einen agilen Läufer sowie die Aussicht auf offene Diagonalen für diesen. Zudem kann Schwarz in eine Situation geraten, in der er unter Beweis stellen muss, dass sein Bauer auf d5 überlebensfähig ist.

14...♘bd7 15.a4 g6 16.♗a3 h5 17.♘e2 ♕c8 18.♘c3 a6 19.e4 ♕b7 20.e5 ♘h7 21.f4 ♘hf8 22.f5

Weiß führt einen aussichtsreichen Angriff, Kisic–Hros, Prag 2012.)

8.c4 ♘e7 9.e4 ♗a6 10.♗b2 0-0 11.♗d3 ♘d7 12.♘e2 c5 13.d5 exd5 14.exd5

Als Zwischenfazit lässt sich feststellen, dass sich der Anziehende das bereits jetzt stark eingesetzte Läuferpaar gesichert hat und über ein aktives Spiel verfügt. Nicht zu vernachlässigen ist auch der bis d5 vorgerückte Freibauer. Allerdings ist die Lage seines Königs noch nicht geklärt.

14...♘g6 15.f4 ♕h4+ 16.g3 ♕e7 17.♕d2 ♖fe8 18.0-0-0 ♘f6 19.♘c3

(Gut ist auch 19.♖he1 mit der eventuellen Folge 19...♕e3 20.♕xe3 ♖xe3 21.♗xf6 gxf6 22.♘c3±.)

19...♕e3 20.♕xe3 ♖xe3 21.♖he1 ♖ae8 22.♔d2

Aufgrund des starken Freibauern auf d5 und des Läuferpaars ist Weiß im Vorteil, Crickmore–Grünwald, Berlin 2003.

III. 6...h6

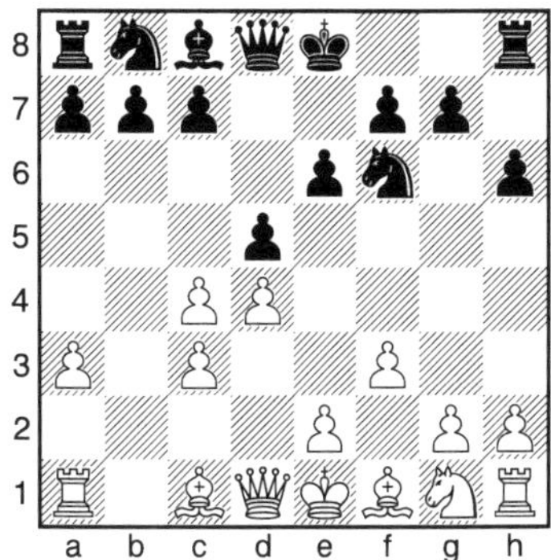

A) Die logische Fortsetzung mit 7.e3 ist ein Kind der Praxis, wenn auch nicht unser Favorit. Anhand der Partie Timofejew–Mukhamadejew, Tomsk 2012, wollen wir einen Blick auf die Gewässer werfen, in die das Spiel dann Fahrt aufnehmen kann.

7...b6 8.cxd5 exd5

(Zu weißem Vorteil führt auch 8...♘xd5, und dies recht stringent über 9.c4 ♘f6 10.♗d3 0-0 11.♘e2±.)

9.♗d3 ♗b7 10.♘e2 0-0 11.g4!?

Der Anziehende setzt den Auftakt für einen typischen Königsangriff.

(Es geht auch 11.0-0, wonach die Auseinandersetzung natürlich einen ruhigeren Verlauf nimmt, zumindest bis auf Weiteres.)

11...c5 12.h4 ♘e8 13.♖a2

Das Ziel des Turms ist das Feld h2, wo er sich mächtig in den Angriff einbringt.

13...♘d6 14.♘f4 ♖e8 15.g5

Zum Preis eines Bauern geht der Anziehende die Linienöffnung an.

15...hxg5 16.hxg5 ♕xg5 17.♖ah2 ♔f8 18.♔f2 ♕f6 19.♖h8+ ♔e7 20.♘h5 ♖xh8 21.♘xf6 ♖xh1 22.♘g8+ ♔f8 23.♕xh1 ♔xg8

Die vergangenen Züge des Anziehenden ergeben in sich eine beinahe schulmäßige Angriffsführung, die es sich für Sie, liebe Leserinnen und Leser, zu verinnerlichen lohnt.

24.♕h7+ ♔f8

Der weiße Vorteil ist bereits entscheidend. Ohne weitere Kommentierung schauen wir uns an, wie der Anziehende die Ernte nun abschließend einfährt.

25.e4 dxe4 26.♕h8+ ♔e7 27.♗g5+ ♔e6 28.♗c4+ ♔f5 29.♕h5 ♘xc4 30.♕xf7+ ♔xg5 31.♕xg7+ ♔f5 32.♕xb7 e3+ 33.♔e2 cxd4 34.cxd4

Endlich erkannte Schwarz die Aussichtslosigkeit seiner Anstrengungen und stellte den Kampf ein, 1-0.

B) 7.cxd5 exd5 8.e3 0-0

Schwarz will zunächst seinen König in Sicherheit bringen.

(Die populäre Fortsetzung 8...♗f5, die man in vielen Abspielen dieses Kapitels antrifft, ist auch hier möglich. Wir widmen uns ihr etwas genauer in der **Partie Nr. 20:** Wagner–P. Nikolic, Solingen 2017.)

9.♗d3

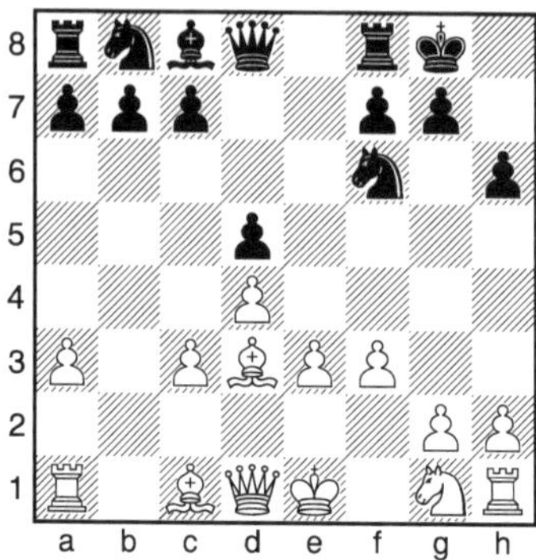

9...♖e8

(Den energischen Angriff auf das Zentrum mit 9...c5 besprechen wir in der **Partie Nr. 21:** Bajarani–Djavadov, Canakkale 2016.)

10.♘e2 b6

(Die Variante 10...♘bd7 11.0-0 ♘f8 12.♘g3 b6 13.e4 dxe4 14.fxe4 ♗g4 15.♕c2 c5 16.♕f2 cxd4 17.cxd4 endet mit einem positionellen weißen Vorteil, Lima–Farias, Teresina 2016.)

11.0-0

Mit dem typischen Aufbau ♗d3, ♘e2 und 0-0 hat sich Weiß sprungbereit entwickelt.

11...♗a6 12.♘g3

(Spielbar ist auch 12.♗xa6!? ♘xa6 13.♕d3 ♕c8 14.♘g3 c5 15.e4 und Weiß steht aktiver. Es droht e4-e5 nebst f3-f4-f5-f6 mit Königsangriff, Moskalenko–Benitez Perez, Barcelona 2007.)

12...♗xd3 13.♕xd3 ♘bd7 14.♗b2 c5 15.♖ae1

Die weiße Stellung ist aktiver und beinhaltet die Option zur nachhaltigen Beherrschung des Zentrums.

15...♖c8 16.e4 cxd4 17.cxd4 dxe4 18.fxe4 ♘e5 19.♕d1 ♘c4 20.♗a1

Die Lage im Zentrum ist geklärt und das Intermezzo schwarzer Anrempelungen ist ausgestanden. Der Anziehende kann sich nun um die Organisation seines Angriffs kümmern.

20...♖c7 21.♖f5 ♘d6 22.♖f4 ♘h7 23.e5

Die Bauern beginnen zu laufen.

23...♘c4 24.d5 b5 25.♘f5 ♘f8 26.♘xg7! ♔xg7 27.e6+ ♔h7 28.♕d4

Weiß hat entscheidenden Angriff, Durakovic–Tutic, Neum 2012.

IV. 6...♘h5 7.♘h3 0-0 8.e3 c5 9.♘f2 ♘c6 10.♗e2 ♘f6

(Nach 10...f5 11.0-0 b6 12.cxd5 exd5 13.e4 dxe4 14.fxe4 ♘f6 15.♗f3 steht Weiß besser, was sich insbesondere mit seinem Zentrumseinfluss und seinem Läuferpaar begründet.)

11.0-0 ♖e8 (11...b6 12.♗b2! e4⩲) 12.♖a2!

Dies führt zur Aktivierung des Turms.

12...b6

(Nach 12...♘a5 13.cxd5 exd5 macht 14.♗d3 den Weg für ♖e2 frei, was dem Anziehenden einen kleinen Vorteil sichert.)

13.cxd5 exd5 14.♗b5 ♖e6

(– 14...♕d6 15.e4 cxd4 16.cxd4 dxe4 17.d5! ♘xd5 18.fxe4+–

– 14...♗d7 15.♗d3 ♖c8 16.♖e2 Δ♗b2⩲)

15.e4! cxd4 16.cxd4

A) 16...dxe4 17.fxe4 ♘xd4

(17...♕xd4 18.♗xc6 ♕xd1 19.♖xd1 ♖xc6 20.♖d8+ +–)

18.♖d2 ♖d6 19.e5+–

B) 16...a6 17.♗a4 b5 18.♗b3 ♘a5

(Auf 18...dxe4 schlägt Weiß nicht sofort zurück, sondern erst nach dem Zwischenzug 19.d5! ♖d6 20.fxe4±.)

19.e5 ♘xb3

(Lässt Schwarz die Gelegenheit zum Abtausch aus und spielt 19...♘e8, so nutzt Weiß die Zeit zum Rückzug 20.♗c2 und kommt nach 20...♘c4 21.f4 zu sehr gutem Spiel. Er will den f-Bauern nach f5 vorziehen, was ihm gute Angriffschancen vermittelt und das Stellungsurteil „±" erlaubt.)

20.♕xb3 ♘e8 21.♖c2

Weiß hat Vorteil, Ilincic–Jevtic, Jugoslawien 1992.

7.cxd5 exd5 8.e3

Es ist eine für diese Variante typische Stellung entstanden. Weiß hat das Läuferpaar und strebt die Öffnung der Stellung mittels e3-e4 an. Schwarz wird versuchen, genau dies nicht zuzulassen.

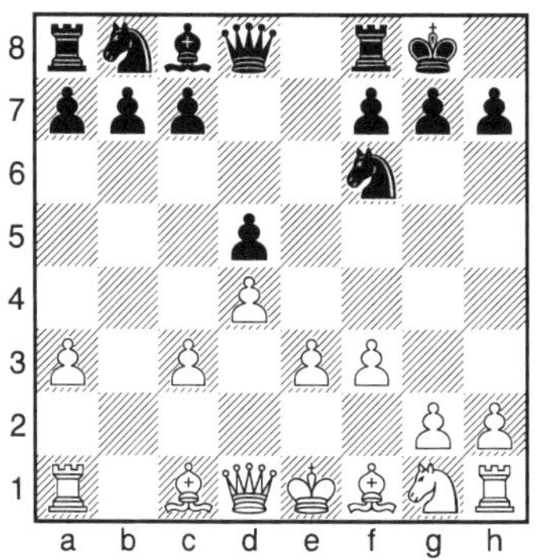

8...♗f5

Zwecks Kontrolle über e4 soll der Läufer die schwarze Präsenz verstärken. Es gibt vier Alternativen.

I. Nach 8...c5 entsteht unter Zugumstellung eine Stellung, die wir in **Abspiel 1** analysiert haben.

II. Die Möglichkeit 8...♖e8 behandeln wir anhand der **Partie Nr. 22:** Hammer–Zubarjew, Eretria 2011.

III. 8...♘h5

A) 9.g3 b6

Auf 9...c5 empfehlen wir die klassische Entwicklung mit 10.♗d3 nebst ♘g1-e2 usw.

10.♗d3

(Einen interessanten Entwicklungsplan hat Weiß in der Partie Moskalenko–Gonzalez Garcia, Sant Marti 2010, umgesetzt: 10.♖a2 c5 11.♖f2 cxd4 12.cxd4 ♗a6 13.♗xa6 ♘xa6 14.g4 ♘f6 15.♘e2 mit großen Komplikationen und einem späteren weißen Sieg.)

10...f5

(10...♗a6 ist für den Anziehenden forciert von Vorteil. Es folgt am besten 11.♗xa6 ♘xa6 12.♕d3 ♘b8 13.♘e2⩲.)

11.♘e2 ♗a6 12.♗xa6 ♘xa6 13.♕d3 ♕c8 14.c4 c6 15.0-0 ♘c7 16.cxd5 ♘xd5 17.♗d2

Der Anziehende schließt seine Entwicklung ab und kann sich gleich an die Klärung der Lage im Zentrum machen.

17...♘hf6 18.e4 fxe4 19.fxe4 ♕h3 20.♖f2 ♘c7 21.♖af1

Die Aussichten von Weiß sind leicht vorzuziehen, denn er hat den größeren Einfluss auf die wichtigen Zentralfelder, Gheorghiu–Awerbach, Mar del Plata 1965.

B) 9.♘e2 f5

(Die Erwiderung 9...♖e8 haben wir in der **Partie Nr. 23:** Wolkow–B. Socko, Stockholm 2014, analysiert.

Die ruhige Fortsetzung 9...♘d7 ermöglicht Weiß ein energisches Vorgehen mit seinem g-Bauern. In der Fernpartie Stieger–Janosi, ICCF 2012, entwickelte er nach 10.g4 ♕h4+ 11.♔d2 ♘hf6 12.♕e1 ♕h6 13.♘f4 ♘b6 14.h4 einen vielversprechenden Angriff.)

10.c4 c6

(Nach einer Analyse von Suetin bekommt Weiß über die Zugfolge 10...dxc4 11.♘g3 ♕h4 12.♗xc4+ ♔h8 13.0-0 ♘xg3 14.hxg3 ♕xg3 15.d5 ♘d7 16.♗b2 die Initiative für den geopferten Bauern. Die dynamischen Chancen der Stellung liegen zuvorderst auf seiner Seite.)

11.♕b3 ♔h8 12.♔f2 dxc4 13.♕xc4 ♘d7 14.♘c3 ♘b6 15.♕c5 ♗e6 16.♖b1 ♘f6 17.♗e2 ♘fd5 18.♘xd5 ♗xd5

Die Stellung macht bei einer oberflächlichen Betrachtung einen relativ ausgeglichenen Eindruck. Allerdings steht Weiß aktiver, was seine Aussichten begünstigt. In der Partie Taimanow–Awerbach, Moskau 1958, gelang es ihm, sich den Sieg zu sichern, ohne dass Schwarz „echte“ Fehlzüge unterlaufen wären. Werfen wir ohne weitere Kommentare einen Blick auf den Rest der Partie: 19.♖d1 ♘a4 20.♕c2 b5 21.♔g1 ♘b6 22.e4 ♗c4 23.d5 ♗xe2 24.♕xe2 fxe4 25.fxe4 ♘c4 26.♗e3 ♕e7 27.♗d4 cxd5 28.♖xb5 ♖fd8 29.♖e1 ♕xe4 30.♕f2 1-0.

IV. 8...c6 9.♗d3

A) 9...♗e6 ist eine etwas passive Alternative, bei der Schwarz seinen Läufer auf die Diagonale h3-c8 entwickelt, ohne seinen ♘b8 zu beeinträchtigen.

10.♘e2 ♘h5

Der Springer macht den Weg für den Bauernvorstoß f7-f5 frei.

11.♕c2

(Eine einfache Methode für Weiß, einen Vorteil nachzuweisen, besteht in 11.0-0!? und auf 11...f5 dann 12.♖b1±.)

11...f5 12.♗d2 g6 13.0-0 ♘d7 14.e4

Auch hier wieder das typische Vorgehen im Zentrum.

14...fxe4 15.fxe4 dxe4 16.♗xe4

In der Partie Hajenius–Lie, Dresden 2013, verkannte der Nachziehende die Gefahr, in der er sich befand, und zog 16...♘b6?.

Er hätte besser 16...♗c4 versuchen sollen. Das hätte ihn zwar auch nicht rundum glücklich gemacht, Weiß aber vor mehr Probleme gestellt.

17.♗xg6! hxg6 18.♕xg6+ ♘g7 19.♗h6 ♕d7 20.♗xg7 ♗f5 21.♕g5 ♕xg7 22.♖xf5 ♘d5 23.♖af1 und Weiß gewinnt.

B) 9...♖e8 10.♘e2 b6 11.0-0 ♕d6 12.♘g3 c5 13.♕d2 ♘c6 14.♗b2 ♗b7 15.♖ad1 ♖ad8 16.♕f2

Über eine Folge natürlicher Züge hat der Anziehende seine Figurenstellung kontinuierlich verbessert. Die Stellung wartet auf das Vorrücken des e-Bauern.

16...♖d7 17.♗f5 ♖de7 18.e4 cxd4 19.cxd4 ♘d7 20.e5

Inzwischen beherrscht Weiß das Spiel völlig.

20...♕b8 21.♗d3 ♘a5 22.♘f5 ♖e6 23.f4 ♖c8 24.♕g3 g6 25.♘h6+ ♔g7 26.f5

Weiß hat entscheidenden Angriff, Richter–Haugsrud, Fagernes 2011.

9.♘e2

Weiß möchte g2-g4 spielen und danach seinen Springer auf g3 stellen.

Ein sofortiges 9.g4? scheitert an 9...♘xg4! 10.fxg4 ♕h4+ 11.♔d2 ♗e4 12.♘f3 ♕f2+ 13.♗e2 ♗xf3 und Schwarz behauptet einen Mehrbauern.

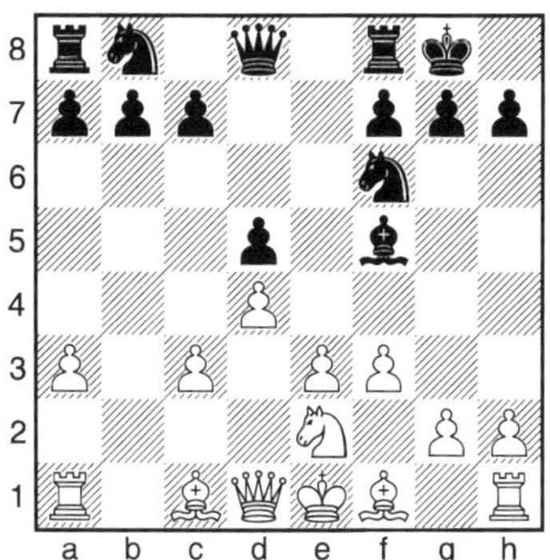

9...c5

Dieser Angriff auf das weiße Zentrum ist die Hauptvariante des schwarzen Spiels. Die Praxis hat jedoch mehrere Alternativen hervorgebracht.

I. 9...h5 10.♘g3 ♗g6 11.♗d3 ♗xd3 12.♕xd3 ♖e8 13.0-0

A) 13...♘bd7 14.♖a2

Der Turm wird Richtung Zentrum mobilisiert.

(Einen Versuch wert ist auch 14.c4!?, z.B. 14...c6 15.a4 usw.)

14...c5 15.♖e2 ♖c8 16.♘h1

Weiß plant e3-e4. Der Springer betritt das Feld h1 nur zur Durchreise bis f2, von wo aus er Einfluss auf das Feld e4 nimmt.

16...♖c6 17.♘f2 ♘b6 18.e4 ♕c7 19.exd5 ♘bxd5 20.♖xe8+ ♘xe8 21.c4 ♘df6 22.d5 ♖a6 23.♘e4 ♘d7 24.♖d1 ♘e5 25.♕c3 f6 26.♗f4

Mit seinem starken Freibauern steht Weiß klar besser, Albrecht–Arndt, Berlin 2006.

B) 13...♘c6 14.♖b1

(14.c4 dxc4 15.♕xc4 mit Vorbereitung von e3-e4 ist auch spielbar.)

14...♖b8

(Auch wenn Schwarz seinen angegriffenen Bauern nicht deckt, sondern ihn über das Vorrücken mit 14...b6 schützt, greift Weiß am besten gleich zu seiner typischen Waffe 15.e4, worauf es in der Fernpartie Daus–M. Böcker, BdF 2008, wie folgt weiterging: 15...h4 16.♘f5 dxe4 17.fxe4 ♖xe4 18.♗g5 ♖e6 19.♖be1 ♘e5 20.♖xe5 ♖xe5 21.♘h6+ gxh6 22.♗xf6 ♕d5 23.♗xe5 1-0.)

15.e4 h4 16.♘f5 dxe4 17.fxe4 ♘xe4

(17...♖xe4 wird mit 18.♗g5! gekontert, woraufhin Schwarz sich vor erhebliche Probleme gestellt sieht.)

18.♕f3 ♕f6 19.♖b2 ♘d6 20.♘h6+ ♔h7 21.♕xf6 gxf6 22.♘g4 ♘e4 23.♘xf6+ ♘xf6 24.♖xf6 ♖e1+ 25.♖f1 ♖xf1+ 26.♔xf1

In der Fernpartie Troia–Catozzi, ICCF 2012, verfügte der Anziehende über die etwas besseren Endspielchancen.

II. 9...♘bd7

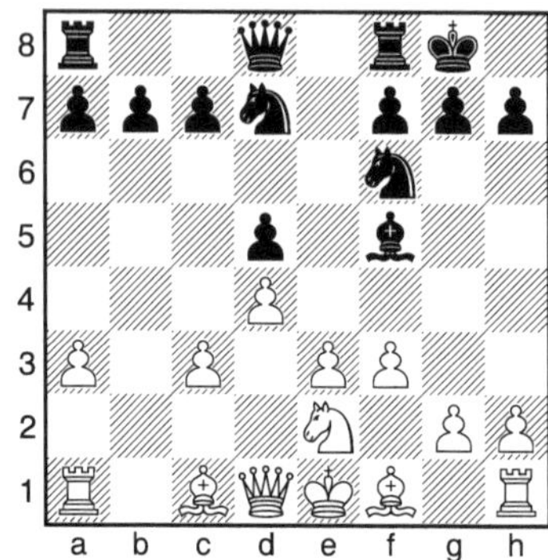

A) Gut (wenngleich etwas schwächer als die Alternative B) ist in unseren Augen hier der allgemein in diesem Variantengetümmel oft gesehene Zug 10.♘g3. Dieser gibt dem Nachziehenden mehr Luft für aktive Ziele bzw. lässt die folgenden weißen Aktionen als weniger stringent erscheinen, wie sich in der Partie Champion–Boni, IECG 2002, zeigte.

10...♗g6 11.♗d3 ♘b6

(– 11...♗xd3 12.♕xd3 ♖e8 13.0-0 c5 14.♖a2 c4 15.♕b1 ♕a5 16.♗d2 b5 17.e4 dxe4 18.fxe4⩲, Cebalo–Rest of the World, www.chessolympiad 2006.

– 11...c5 12.0-0 ♖e8 13.♗xg6 hxg6 14.♖e1 ♕c7 15.e4 cxd4 16.cxd4 ♖ac8 17.♖a2 ♖e6 18.e5 ♘b6 19.♖ae2 ♘h7 20.f4 mit weißer Initiative, Tal–Sevcak, Prag 1960.)

12.0-0 ♖e8

Es ist nicht so ganz einfach festzustellen, wie Weiß nun am besten weiterkommen kann. Es bieten sich besonders die Fortsetzungen 13.♖e1 und 13.♗xg6 an. Wir konzentrieren uns auf die Partiefolge und empfehlen die Alternative zur weiteren Überprüfung.

13.♗xg6 fxg6 14.♖a2

Die Aktivierung des Turms über die zweite Reihe.

14...♘c4 15.♖e2 c6 16.e4 ♕a5 17.♕b3 ♕b6 18.♕c2 c5 19.♕d3 ♖ac8 20.♖fe1 cxd4 21.♕xd4 ♕xd4+ 22.cxd4 dxe4 23.fxe4 ♖c7

Die Fronten sind weitgehend geklärt. Wir wollen uns aber noch ein paar Züge anschauen, um zu zeigen, wie beide Seiten ihr künftiges Spiel planen können.

24.a4 ♖ce7 25.♖c2 ♘b6 26.e5 ♘fd5 27.a5 (27.♗a3!?⩲) 27...♘b4

In dieser komplizierten Stellung hat Weiß die etwas besseren Aussichten. Er verfügt über das starke Bauernduo in der Mitte und sein langschrittiger Läufer dürfte sich in der Folge gegenüber dem gegnerischen Springer als nützlicher erweisen.

B) 10.♘f4

Es geht nicht darum, dass sich der Springer hier lange einnisten kann. Er verbessert vor allem seine Position und zielt im Falle einer Anrempelung auf das Feld d3, wo er einen erheblichen Einfluss auf das Zentrum hat.

10...♖e8

(Auf 10...c5 ist 11.g4 möglich oder sogar 11.♗e2 nebst 0-0 usw.)

11.g4 g5 12.♘d3 ♗g6 13.h4

In einer Stellung dieser Art, die für das ganze System typisch ist, muss sich Weiß nicht allzu sehr um die noch offene Stellung seines Königs sorgen. Es geht im Moment um die schnelle Entwicklung der dynamischen Chancen, und diesem Zweck dient der Vorstoß mit dem h-Bauern gut. Allerdings muss der Anziehende auf der Hut bleiben, dass er nicht plötzlich mal eine taktische Möglichkeit des Gegners übersieht. Auch ist es nicht jedermanns Sache, den Röntgenblick des schwarzen ♖e8 auf den eigenen König zuzulassen. Das Feld f2 bietet sich dann als Zuflucht an.

13...gxh4 14.♖xh4 ♘e4

Der Springer kann nicht geschlagen werden, da Schwarz nun mit seiner Dame den ♖h4 angreift.

15.♖h2 ♘d6 (15...♘xc3? 16.♕b3±) 16.♔f2 c6

Die beiderseitigen Aussichten in dieser Stellung wurden in der Fernpartie Jambrich-Simoncic, ICCF 2010, ausgelotet. Angesichts des erreichten Stadiums verzichten wir auf eine breite Kommentierung.

17.a4 ♘b6 18.♔g1 ♘bc4 19.♘e5 ♘xe5 20.dxe5 ♘c4 (20...♖xe5? 21.f4±) 21.f4 ♗e4 22.♗d3 ♖e6 23.♗xe4 dxe4 24.♕d4 ♕d5 25.♖b1 ♖d8 26.♖b4 ♘a5 27.♖d2 ♕xd4 28.exd4 ♖h6 29.♖h2 ♖g6 30.♖h4 c5 31.♖b5 ♖a6 32.e6 fxe6 33.♖xc5 ♘b3 34.♖g5+ ♔h8 35.♗e3 ♖xa4 36.f5 exf5 37.♗f4

Weiß hat Vorteil, den er auch bis in seinen späteren Sieg ausbaute.

III. 9...♘c6 10.g4

(Auch hier ist das uns inzwischen mehrfach begegnete Manöver der Turmüberführung zum Königsflügel möglich: 10.♖a2 ♕d6 11.g4 ♗d7 12.♘g3 ♘a5 13.♗d3 h6 14.♖g2 ♔h8 15.h4 und der Anziehende erfreut sich eines aktiven Spiels.)

A) 10...♗d7

In Gutman-Gurgenidze, Beltsy 1977, beschloss Schwarz, seinen Läufer auf diese Weise zurückzubeordern.

11.♘g3

Die Alternative 11.h4!? ist sehr in Erwägung zu ziehen.

11...♘e7 12.♗d3 c5 13.0-0 ♖c8 14.a4

Der Bauer macht sein Standfeld für den schwarzfeldrigen Läufer frei.

14...♔h8 15.♗a3 ♖e8 16.g5 ♘fg8 17.f4 cxd4 18.cxd4 ♘g6

Weiß hat eindeutig mehr vom Spiel und die besseren Aussichten. In der genannten Partie versuchten nun beide Seiten, die Wirkung der eigenen Figuren durch Umgruppierung zu verbessern.

19.♗c1 ♘f8 20.♗d2 ♖c6 21.♖f2 f6 22.h4 ♘e7 23.♖c1 ♖xc1 24.♗xc1 ♘c8 25.♔g2 ♘d6 26.♗a3 ♘e4 27.♗xe4 dxe4 28.gxf6 gxf6 29.♗b2

Weiß plant d4-d5 mit guten Angriffsmöglichkeiten.

B) Nach 10...♗g6 11.♘f4 h5 12.g5 ♘d7 13.h4 ♘b6 14.♖a2 ♖e8 15.♔f2 ♕e7 16.♗g2 ♖ad8 17.♖e1 ♘c4 18.♔g1 ♕d6 19.e4 ♘e7 20.♖ae2 ist die weiße Stellung vorzuziehen, Van Cappellen-Van Houtte, Charleroi 2013. Das Zentrum des Anziehenden ist stark und er steht zudem aktiver.

IV. 9...♖e8 10.♘g3 ♗g6 11.♗d3 c5 12.0-0

A) 12...cxd4 13.cxd4 Sc6 14.Te1 Lxd3 15.Dxd3 Dd7

(In der Variante 15...Tc8 16.Ld2 Sa5 17.Tab1 Dc7 18.e4 Sc4 19.Lg5 dxe4 20.fxe4 Sd7 21.Sf5 erreicht Weiß ein aktives Spiel am Königsflügel.)

16.Lb2 Sa5 17.e4 Sc4 18.Lc3 h6 19.e5 Sh7

Weiß ist mit einem Vorteil aus der Eröffnung gekommen. Anhand eines Fragmentes aus der Partie Kantorik–Bazantova, Teplice 2011, veranschaulichen wir, wie er aus dieser Grundsituation einen Erfolg versprechenden Angriff entwickeln kann.

20.f4 Tac8 21.f5 Tc6 22.Sh5 g5 23.f6 Tec8 24.Lb4 Dg4 25.Sg3 Sb2 26.De3 Sc4 27.Df2 a5 28.Sf5 Dh5 29.Se7+ Kh8 30.Lc5

Weiß hat eine Gewinnstellung erreicht.

B) 12...Sc6 13.Tb1 b6 14.Tb2 Dd7 15.Te2 Lxd3 16.Dxd3 Tad8 17.Lb2

Die Eröffnungsphase ist abgeschlossen und beide Seiten haben ihre Chancen. Allerdings lässt sich die weiße Stellung besser spielen, was auch die folgende Partie Rychagow–Khabarow, Paleochora 2011, unterstreichen mag.

17...h5 18.Td1 De6 19.Tde1 Dd7 20.Db1

Prophylaktisch gespielt, allerdings scheint der Zug nicht das Beste zu sein.

20...g6 21.Sh1 cxd4

(21...c4 bringt Schwarz wegen 22.e4 Sa5 23.Lc1± nur Sorgen ein.)

22.cxd4 Sa5 23.e4 dxe4 24.fxe4 Sc4 25.d5 Sg4 26.h3 Sge5 27.Lc1 Dd6 28.Db3 Dc5+ 29.Sf2 b5 30.Kh1 a6 31.Sd3 Sxd3 32.Dxd3 Dd6 33.Df3 Se5 34.Dg3 Sc4 35.Dh4 f6 (35...Sxa3? 36.e5+−) 36.Tf1

Weiß hat starken Druck gegen die schwarze Königsstellung und steht besser.

10.g4

Dies ist energisch und mutig gespielt.

Weniger ehrgeizig ist 10.Sg3 Lg6 11.Ld3 Sc6 mit etwa gleichen Chancen.

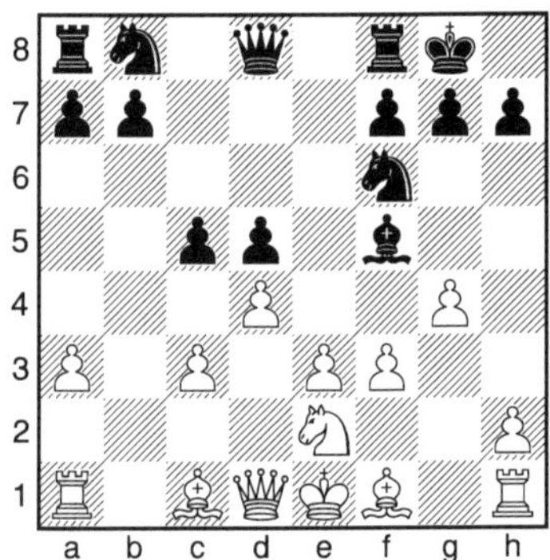

10...Le6

Hier hat die Praxis auch anderen Möglichkeiten von Schwarz auf den Zahn gefühlt. Man hat den Eindruck, dass nicht zuletzt die Fernschachspieler an dieser Stelle ihren Findungsreichtum auf die Probe gestellt haben.

I. 10...Sxg4 11.fxg4 Dh4+ 12.Kd2

A) 12...cxd4 13.Sxd4 Le4 (13...Lxg4 14.De1!±) 14.Tg1 Dxh2+ 15.Le2 Sd7 16.De1 1-0, Sachdev–Eichab, Ekurhuleni 2011.

B) 12...Le4 13.Tg1 Dxh2

Schwarz hat zwei Bauern als Ersatz für die hingegebene Figur, zudem diktiert er momentan das Geschehen. In der Fernpartie Joppich–Siigur, ICCF Email 2006, reichte dies allerdings nicht zum Erfolg aus. Letztendlich musste er die Segel streichen, allerdings erst nach einem turbulenten weiteren Verlauf.

14.♕e1 ♘d7 15.♕g3 ♕h6 16.♕f4

(Infrage kommt 16.♔e1!?, um dann mit ♗c1-d2 den Bauern auf c3 zu decken.)

16...♕c6 17.♘g3 ♖fe8 18.a4 cxd4 19.exd4 ♖ac8 20.♖a3 ♘b6 21.♗b5 ♘c4+ 22.♔e1 ♕b6 23.♖a2 ♖e6 24.♗xc4 ♗d3+ 25.♖e2! ♗xc4 26.♖xe6 fxe6 (26...♕xe6+ 27.♔f2±) 27.♕e5 ♖f8 28.♖g2 ♕b1 29.♕xe6+ ♔h8 30.♕e3 ♕g6 31.♖f2 ♖e8 32.♔d2 h6 33.♕f3 ♕c6 34.♗a3 ♕xa4 35.♕f7 ♗d3 36.♕xe8+! 1-0

II. 10...♗g6

A) 11.♘f4 ♘c6

(Auf 11...♘bd7 ist 12.h4!? stark.)

12.h4 h6

(Auch 12...h5 ist wieder das Resultat eines im Fernschach entwickelten Gedankens: 13.g5 ♘e8 14.a4 ♘c7 15.dxc5 ♕e7 16.♔f2±, Kochemasow–Buse, ICCF 2011.)

13.♗d3 ♕d6 14.♔f2 ♗xd3 15.♕xd3 ♘d7

In der 2009 im Deutschen Fernschachbund gespielten Fernpartie Rohde–Hirmer erreichte Weiß in der Folge eine Gewinnstellung.

16.a4 ♘e7 17.g5 ♖ac8 18.♗a3 ♘g6 19.♘h5 ♖fe8 20.gxh6 gxh6

Der auf h6 entstandene isolierte Bauer ist ein geborenes Angriffsziel für Weiß.

21.♖ag1 ♔h8 22.♕d2

Mit dem Zug seiner Dame nimmt der Anziehende den schwachen Fußsoldaten auf h6 ins Visier.

22...♔h7 23.♗c1 ♘f6 24.e4 ♘xh5 25.♕xh6+ ♔g8 26.e5 ♕b6 27.♖g5 cxd4 28.♖xh5 dxc3+ 29.♗e3 d4 30.♗c1

Weiß hat entscheidenden Angriff. Dieser basiert auf einer Reihe logischer bzw. natürlicher Züge und ist nicht durch eine Ausnutzung sich bietender besonderer Gelegenheiten zu Stande gekommen. Dies kann als Beleg für die Potenziale gelten, die unsere Ausgangsstellung dem Weißen bietet.

B) 11.h4 h5 12.g5 ♘fd7 13.♘f4 cxd4 14.cxd4

In zwei Fernpartien reagierte Schwarz hier unterschiedlich.

B1) 14...♘b6 15.a4 ♘c6 16.♔f2 ♘c8 17.♗d3 ♕d7 18.♗xg6 fxg6 19.♘xg6 ♖f5 20.f4 ♘8e7 21.♕xh5 ♘xg6 22.♕xg6 mit weißem Übergewicht, Rawlings–Borowiec, ICCF Email 2007.

B2) Die Alternative 14...♘c6 kam in Fraenken–Bremecker, Freechess.de 2012, auf das Brett und führte über die Folge 15.♗d2 ♘b6 16.♕b3 ♕d6 17.♗b5 ♖ac8 18.0-0 ♖fe8 19.♖ac1 ♗f5 20.♔g2 zu einem schmalen aber nachhaltigen Vorteil für Weiß.)

III. 10...♗d7

A) 11.♗g2

Hier ist dieser für unser Stellungsmuster eher untypische Zug durchaus erwägenswert. Dazu mal eine bis weit in die Partie geführte Variante.

11...♗c6

(11...♘c6 12.0-0 cxd4 13.cxd4 ♖c8 14.♘f4 ♘a5∞)

12.0-0 ♘bd7 13.♘g3 ♘b6 14.dxc5 ♘a4 15.♕d4 ♕a5 16.g5 ♘e8

Der materielle Vorteil von Weiß ist nur flüchtig, seine dynamischen Chancen lassen uns aber seine Stellung vorziehen.

17.♘f5 ♕xc5 18.♕xc5 ♘xc5 19.a4 ♘c7 20.♗a3 ♘7a6 21.♘e7+ ♔h8 22.c4 ♗xa4

(22...dxc4 23.♘xc6 bxc6 24.♖ac1±)

23.cxd5 ♖fe8 24.d6 ♖ad8 25.♗b2

Hier hätte der Nachziehende in Moskalenko–Lopez Martinez, Paretana 1999, 25...♖f8 ziehen sollen.

Der „seelische Druck", den der bis auf d6 vorgerückte Bauer, der zudem nicht direkt gedeckt ist, ausgelöst hat, war aber vermutlich groß, sodass Schwarz froh war, ihn auslöschen zu können. Nach 25...♖xd6? 26.♗xg7+ ♔xg7 27.♘f5+ ♔g6 28.♘xd6 ♖xe3 29.f4 stand Weiß auf Gewinn.

Allerdings hätte er auch nach der Entscheidung zu 25...♖f8 keine allzu große Freude an der Partie gehabt. Die Variante 26.♘f5 f6 27.gxf6 gxf6 28.e4 macht den weißen Vorteil deutlich.

B) 11.♘g3 ♕a5 12.♗d2 ♗a4 13.♕b1 ♘c6 14.g5 ♘e8 15.♗d3 g6 16.h4 mit Angriffsmöglichkeiten, Partos–Kovacevic, Luzern 1982.

11.♘g3 ♘c6 12.♗d3 ♖e8 13.0-0 ♘a5

Im Duell Wladimirow–Arulaid, Moskau 1967, geschah 13...♘e7 14.♖a2 ♕a5 15.♗d2 ♖ac8 16.♕e1 mit besseren Aussichten für Weiß.

14.♖a2 ♘c4 15.g5 ♘d7 16.f4

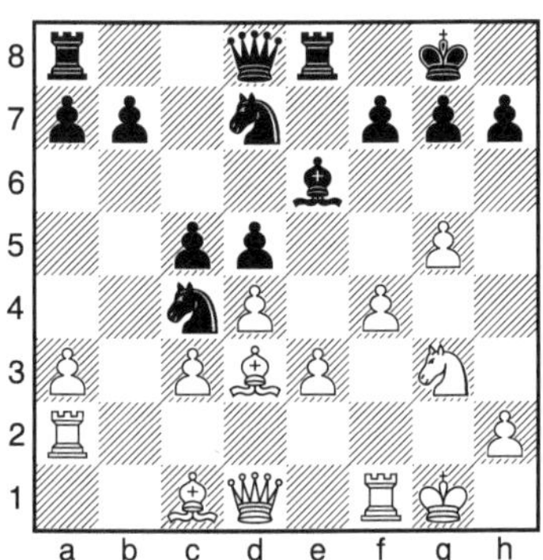

16...♘f8

Ein Fehlgriff ist 16...g6? wegen 17.f5 gxf5 und dann 18.♗xc4 f4 19.♖xf4 dxc4 20.d5 ♘f8 21.e4 ♘g6 22.♖ff2 ♕d7 23.♘h5 1-0, Hausner–Jozefek, Liptovsky Mikulas 2013.

17.f5 ♗d7 18.♗xc4 dxc4 19.d5 ♕a5

Nicht gut ist 19...♕xg5? wegen 20.♖g2 mit einem gefährlichen Angriff auf der g-Linie.

20.♕e1

Weiß lässt e3-e4 mit klarem Raumvorteil folgen und hat daher die besseren Aussichten.

Zusammenfassung: In diesem Abspiel hat Weiß klar bessere Perspektiven als sein Gegner.

Abspiel 4
Die Fortsetzung 5...0-0

1.d4 ♘f6 2.c4 e6 3.♘c3 ♗b4 4.a3 ♗xc3+ 5.bxc3 0-0

Bevor Schwarz sich an die Verfolgung anderer Ziele macht, führt er zunächst seinen König aus der Mitte. Dieses solide Vorgehen ist eine gute Handlungsalternative.

6.f3

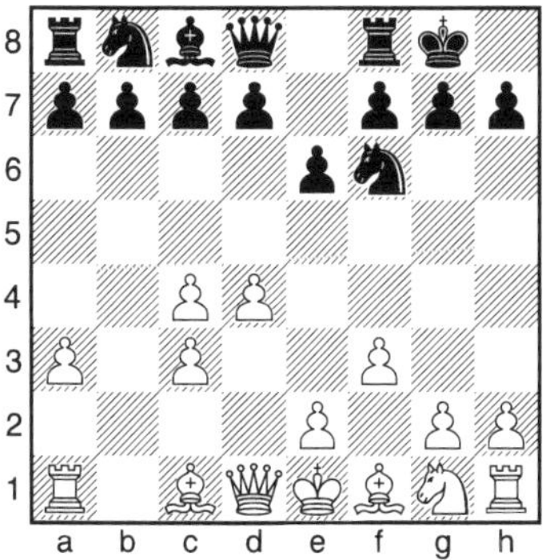

Wie wir schon an anderer Stelle erklärt haben, bereitet Weiß mit diesem Zug den Aufbau eines starken Bauernzentrums vor.

Es steht ihm hier auch die ruhigere Fortsetzung 6.e3 zur Verfügung, die wir jedoch nicht behandeln.

6...♘e8

Schwarz verhindert die Fesselung des Springers durch ♗c1-g5 und bereitet den Bauernvorstoß f7-f5 vor. Weiß muss sich darauf einrichten, dass sich sein Gegner an dieser Stelle für die Wahl einer der zahlreichen alternativen Zugmöglichkeiten entscheidet.

I. 6...c5

Der Aufzug des c-Bauern ist auf jeden Fall logisch und beachtenswert. Weiß reagiert am besten mit 7.e4, worauf es folgende Abspiele gibt.

A) Die in der Praxis anzutreffende Möglichkeit 7...d6 kann Weiß gut mit seiner Standardentwicklung ♗d3, ♘e2 etc. beantworten.

8.♗d3 ♘c6

(8...e5 erwies sich in der 1964 gespielten Fernpartie Arzumanyan-Zilberberg nicht als Schlüssel zu einem initiativen schwarzen Spiel. Weiß entwickelte sich einfach „plangemäß" weiter und kam relativ unangefochten in Vorteil.

9.♘e2 ♘c6 10.0-0 ♘e8 11.♗e3 b6 12.f4

Der Anziehende beansprucht die Initiative, Schwarz gerät nach und nach in die Position des Reagierenden, wobei es auch eine Rolle spielt, dass ihm kein einfacher Abschluss seiner Entwicklung möglich ist.

12...♕d7 13.d5 ♘a5 14.♘g3 ♗a6 15.♕e2 f6 16.a4 g6 17.h4 ♘g7 18.f5 gxf5 19.♘xf5 ♘xf5 20.♖xf5 ♕g7 21.♖f3 ♔h8 22.♖af1

Weiß plant ♕e2-f2 mit starkem Druck gegen den Punkt f6 und steht klar besser.)

9.♘e2 ♕c7 10.♗e3 b6 11.♘g3 ♗a6 12.♕e2

Inzwischen haben beide Seiten ihre Entwicklung weitgehend abgeschlossen. Die weiße Stellung ist kompakter und der Einfluss auf die wichtigen Zentralfelder ist deutlich höher.

12...cxd4 13.cxd4 ♘a5 14.♖c1 ♘d7 15.0-0 ♖ac8

Die weißen Optionen liegen auf dem Königsflügel. In der Partie Ganguly–Tukhaev, Chalkis 2010, folgte nun 16.f4 f6 17.♕g4 ♖ce8 18.a4 ♗xc4 19.f5 und mit wenigen Zügen hatte der Anziehende eine starke Initiative entwickelt.

B) 7...♘c6 8.d5 ♘a5 9.♗g5 d6 10.♗d3

(Wieder die Einleitung zur Standardentwicklung mit folgendem ♘e2 und ♔f2 bzw. 0-0.)

10...e5 11.♘e2 h6 12.♗e3

(Den kaum gespielten Rückzug 12.♗h4 lassen wir unbeachtet.)

12...b6 13.♘g3 ♖e8 14.♔f2 ♔h7 15.h4 g6 16.♕e2 ♕d7 17.a4

Weiß bereitet h4-h5 mit aktivem Spiel am Königsflügel vor, Ding–Wang Yue, Shenzhen 2011.

II. Schwarz kann auch auf ein frühes f7-f5 setzen, um damit unter anderem Einfluss auf das Zentrum zu nehmen und sich gegen einen Aufzug des gegnerischen e-Bauern auf e4 zu stellen. Der Zug 6...♘h5 bereitet die Umsetzung dieser Idee vor.

7.♘h3

Weiß bereitet die Aktivierung ♗c1–g5 vor.

7...f5

A) Auch wenn 8.♘f2 in der Praxis vorkommt, geben wir der folgenden Alternative B) den Vorzug.

8.♘f2

Dies gibt der Entwicklung mit 7.♘h3 einen anderen Sinn.

8...d6

(8...♘c6 führte in Mamedjarow–Fedortschuk, Villarrobledo 2008, in eine schnelle Niederlage.

9.e4 d6 10.♗d3 fxe4 11.♗xe4 ♘f6 12.♗c2 e5 13.0-0 b6 14.♗g5 h6 15.♗h4 ♕e8 16.♕d3

Zug um Zug erhöht der Anziehende den Druck auf die schwarze Stellung.

16...♕f7 17.♘g4 ♘e7 18.♗xf6 ♗f5 19.♕d2 1-0

Die Aufgabe erfolgte nicht zu früh, denn Schwarz verliert entscheidend Material.)

9.e4 fxe4 10.♘xe4 ♘c6 11.g3

(Es geht auch die normale Entwicklung mittels 11.♗d3!? nebst 0-0 usw.)

11...h6 12.♗d3

(12.f4 ♘f6 13.♘xf6+ ♕xf6 14.♗e3 b6 15.♗d3 ♘a5 16.0-0 ♗a6 17.♕e2 d5∞, Indjic–Jankovic, Sarajewo 2013. Die Stellung ist hinsichtlich der weiteren Aussichten beider Parteien schwer einschätzbar. Festzustellen ist aber auf jeden Fall, dass keine Seite über einen klaren Vorteil verfügt.)

12...e5 13.d5 ♘a5 14.0-0 ♗f5 15.♕e2 ♘f6 16.♖b1 b6

Auch in dieser zweischneidigem Stellung gelingt es uns nicht, einen nennenswerten Vorteil für den Anziehenden nachzuweisen. Er wird sein Spiel auf dem Königsflügel suchen können. 17.g4 dürfte Chancen haben, würde zugleich aber das Urteil der Zweischneidigkeit bestätigen.

B) 8.♗g5 ♕e8 9.g4

(Es geht auch ruhiger mit 9.e3 d6

10.♗d3 e5 11.0-0±, Mamedjarow-Eljanow, Moskau 2008.)

9...fxg4 10.fxg4 ♘f6 11.♕d3

(Der Abtausch des Läufers gegen den ♘f6 ist generell ein Motiv für Weiß in dieser Variante. So kann er dieser Idee auch sofort folgen und den Verteidiger als einzige bemerkenswert entwickelte Figur eliminieren.

11.♗xf6 ♖xf6 12.♗g2 ♘c6 13.♕d3 ♘e7 14.♗e4

Weiß baut kontinuierlich die eigene Stellung aus und nimmt dabei dem Nachziehenden Freiheit in der eigenen Zugwahl, indem er ihn zu Reaktionen zwingt bzw. durch das Aufstellen von Drohungen Entwicklungszüge verhindert.

14...g6 15.g5 ♖f7 16.♘f2 d5 17.♗f3 e5 18.cxd5 exd4 19.cxd4 ♗f5 20.♕b3±, Khairullin-Adams, Rijeka 2010.)

11...d6 12.♘f2 e5 13.♗g2 ♘c6 14.♗xf6 ♖xf6 15.0-0 ♔h8 16.♘e4 ♖g6 17.h3

Weiß steht freier, initiativer und er verfügt über mehr Raum sowie den größeren Einfluss auf das Zentrum. Einen kurzen weiteren Verlauf nahm die Partie Carlsen-Morosewitsch, Moskau 2009: 17...♗d7 18.♖f2 ♘d8 19.d5 b6 20.♖af1 ♘b7 21.♕e3 ♔g8 22.♘g5 ♘c5 23.♘e6 ♗xe6 24.dxe6 c6 25.e7 ♘e6 26.♖f8+ 1-0.

III. 6...d5 ist recht bequem für Weiß. Er löst seinen Doppelbauern auf und kommt über eine ruhige Entwicklung zu einem komfortablen Spiel.

7.cxd5 exd5 8.e3

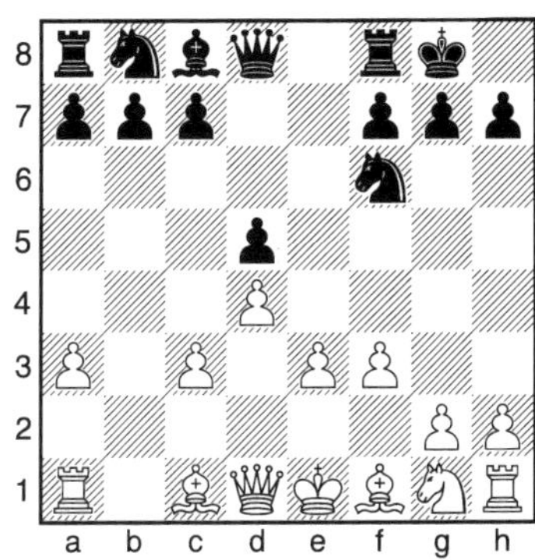

A) 8...♗f5 gibt dem Anziehenden die Möglichkeit, die Stellung des Läufers für eigene Zwecke auszunutzen.

9.♘e2 ♖e8 10.♘g3 ♗g6 11.♗d3 c5

(Nach 11...♘bd7 12.0-0 ♘b6 und der bereits bekannten Turmaktivierung mit 13.♖a2 folgte in der Partie Wolkow-Takrory, Dubai 2013 ♗xd3 14.♕xd3 ♘c4 15.e4 c6 16.e5 ♘d7 17.f4 ♕b6 18.♖af2± und Weiß stand leicht erkennbar gut.)

12.0-0 ♘c6 13.♖b1 b6 14.♖b2 ♕d7 15.♖e2 ♗xd3 16.♕xd3 ♖ad8 17.♗b2 h5 18.♖d1

Weiß bereitet e3-e4 vor und hat gute Aussichten.

B) 8...c5 9.♘e2 h5

(– Auf 9...♘c6 kann 10.♘g3 nebst ♗f1-d3, 0-0 usw. folgen.

– Und nach 9...c4 10.g4 ♘e8 11.♘g3 ♕a5 12.♗d2 ♘d6 13.♗g2 ♖e8 14.0-0 ♗d7 15.e4 ♗a4 16.♕c1 hatte Weiß in der Partie Budde-Dressel, BdF 1999, positionellen Vorteil.)

10.♘f4 ♘c6 11.♗d3 h4 12.0-0 ♖e8 13.♕e1 ♘h7 (13...g5 14.♘e2±) 14.♕f2 mit dem Plan ♗c1-b2, ♖a1-e1 und Vorbereitung von e3-e4.

IV. 6...d6 ist ebenfalls recht bequem für den Anziehenden. Er antwortet am besten sofort mit 7.e4 und nach 7...e5 können sich folgende Abspiele ergeben.

A) 8.♗g5 ♖e8

(– Oder 8...c5 9.d5 ♘bd7 10.♗d3 h6 11.♗e3 ♖e8 12.♘e2 ♘f8 13.0-0 ♘g6 14.♕d2 mit der Idee g2-g4, ♘e2-g3-f5 usw.

– 8...♘c6 9.♘e2 b6 10.g4 ♗a6 11.♘g3 h6 12.♗e3 ♘d7 13.♗d3 ♘a5 14.♕e2 ♕h4 15.♗f2 exd4 16.cxd4 ♖fe8 17.♘f5 und Weiß steht ausgezeichnet, Caprano–Schneider, ICCF 1982.)

9.♘e2 h6 10.♗e3 c5 11.d5

Nun ist das Zentrum fest und Weiß kann sich ganz der Organisation seines Spiels am Königsflügel widmen, wo er mit raumgreifenden Bauernschritten auf den Ausbau seines Vorteils hinarbeiten wird.

11...♘h5 12.g4 ♕f6

(Die interessante Abweichung 12...♘f4 13.♕d2 nehmen wir in der **Partie Nr. 24:** Tal–Matanovic, Bled 1961, ins Visier.)

13.♘g3

(13.gxh5? geht natürlich nicht wegen 13...♕xf3 und Angriff der Dame auf zwei ungedeckte Figuren, sodass Weiß materiell auf der Strecke bleibt.)

13...♘f4 14.h4↑

Weiß hat sich die Initiative gesichert und ist im Vorteil.

B) 8.♗d3 c5

(8...♘c6 9.♘e2 ♘e8 10.0-0 f5 11.exf5 ♗xf5 12.♗xf5 ♖xf5 13.♖b1 ♖b8 14.♗e3±)

9.♘e2 ♘c6 10.d5 ♘e7 11.0-0

Es ist wieder der weiße Standardaufbau mit ♗d3, ♘e2 und 0-0 auf dem Brett.

(11.g4 mit dem Plan h2-h4 usw. ist eine sehr zu beachtende Alternative.)

11...♘g6 12.♗e3 ♗d7 13.♕d2

Über die Zukunft der weißen Ambitionen wird bald am Königsflügel entschieden. Die Kräfte des Nachziehenden richten ihre Wirkung folgerichtig nach dorthin aus.

13...♖b8 14.a4 b6 15.♘g3 ♘e8 16.♗c2 ♘e7 17.♖ae1 f6 18.h3 ♕c8 19.♔h2 g5 20.h4 gxh4 21.♘h5 ♘g6 22.f4

Weiß hat aktives Spiel am Königsflügel, Cebalo–Zakharov, Arvier 2006.

7.e4 b6

Mit dem typischen Plan ♗c8-a6 und Belagerung des Bauern auf c4.

8.♗d3

Eine andere Entwicklungsidee, die wir allerdings schon in einer früheren Variante kennen gelernt haben, ist 8.♘h3!? mit der Folge ♗c1–g5 im Hinterkopf.

8...♗a6 9.e5 ♘c6 10.♗g5 f6 11.exf6 ♘xf6 12.♗d3

Schon jetzt hat Weiß mehr vom Spiel. Zu beachten ist auch sein Läuferpaar, das eine erhebliche Wirkung entfaltet.

12...e5 13.0-0 h6 14.♗h4 exd4 15.cxd4 ♘xd4 16.♗e4 ♘e6

(16...♘c6 17.♗d5+ ♔h8 18.♘f4±)

17.♗xa8 ♕xa8

Der Wert des Läuferpaares ist verlo–

ren, er ist aber in neuen Werten aufgegangen.

18.♗xf6 ♖xf6 19.♕xd7 ♗xc4 20.♖fe1 ♖f7 21.♕d2

Weiß ist im Mehrbesitz der Qualität und verfügt über die besseren Aussichten.

8...♗a6

Auf 8...♘c6 kann der Anziehende 9.♘h3 spielen mit Übergang zur Hauptvariante.

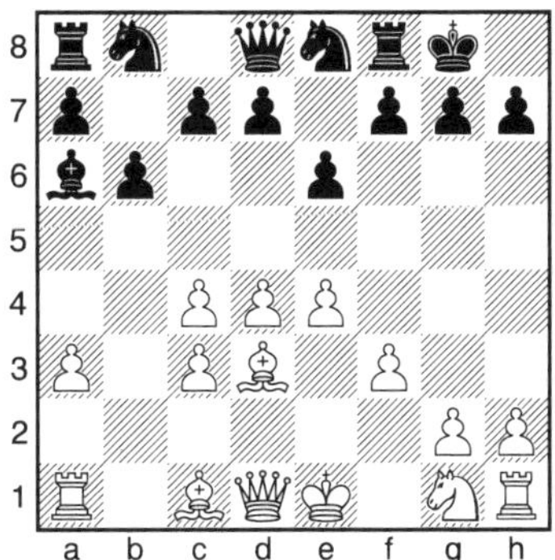

9.♘h3

Weiß will seine Entwicklung beenden.

In dieser komplizierten Stellung kann er auch 9.f4!? wählen, womit insbesondere auch GM Timofejew in jüngster Zeit experimentiert hat. Die Folgen lassen sich nicht endgültig einschätzen und es gibt viel Raum für weitere eigene Recherchen, wie die folgenden Abspiele zeigen.

9...♘c6 10.♘f3 ♘a5

Der Druck gegen den weißen Bauern auf c4 zählt zu den schwarzen Standardmotiven in diesem System und so auch hier.

11.♕e2 c5 12.d5

A) 12...f6 ist eine Alternative aus der Praxis.

13.e5 (13.0-0!?)

Wie leicht der Nachziehende in dieser – wegen der bedrängten und beengten eigenen Lage – auch psychologisch bemerkenswerten Stellung straucheln kann, zeigt die Partie Timofejew–Suchanow, Tomsk 2012, in der es nach 13...d6 (13...exd5!?) stetig und steil bergab ging.

14.dxe6 dxe5 15.fxe5 ♘b3 16.0-0 ♘xc1 (16...♘xa1 17.♘g5!+–) 17.♖axc1

Weiß befindet sich bereits auf der Siegerstraße.

17...f5 18.g4 fxg4 19.♕e4 g6 20.♘h4 ♘g7

(20...♕xh4 21.♖xf8+ ♔xf8 22.♖f1+ ♔g8 23.♕xa8 ♕e7 24.♕c6+–)

21.♖xf8+ ♔xf8 22.♘xg6+ hxg6 23.♕xg6 ♔g8 24.♕h7+ 1-0

B) Nach 12...f5 13.e5 d6 14.dxe6 g6 15.0-0 steht Weiß eindeutig besser. Auch hier begnügen wir uns mit der Darstellung der nicht mehr weiter kommentierten Restzüge der Partie Timofejew–Caprio, Cappelle-la-Grande 2013, um den denkbaren weil logischen weiteren Verlauf des Spiels zu skizzieren.

15...♘g7 16.♗e3 ♘xe6 17.♖ad1 ♕e8 18.exd6 ♖d8 19.♖fe1 ♖xd6 20.♗f2 ♕b8 21.♕e5 ♘c6 22.♕e3 ♖e8 23.♘g5 ♘c7 24.♕h3 ♖xe1+ 25.♖xe1 ♖d7 26.♗e4 ♘a5 27.♗d5+ ♘xd5 28.cxd5 ♘c4 29.♗h4 ♗b7 30.♘e4 1-0

9...♘c6

Auf 9...c5 hat Weis die Wahl zwischen unserem Favoriten 10.d5 und der kurzen Rochade 10.0-0, die wir zunächst betrachten.

A) Auf 10.0-0 kann sich das Spiel wie folgt entwickeln.

10...♘c6 11.♗e3

Beispiele aus der Praxis zu 11.e5!? machen wenig Mut, es genau damit zu versuchen. Allerdings ist dieser Winkel der Theorie noch viel zu unerforscht, als dass schon ein festes Urteil möglich wäre. Die Alternative sollte deshalb weiter geprüft und auch ausprobiert werden.

11...♘a5 12.♕e2

A1) 12...f6 beantwortete Weiß in der Partie Ezat-Hillarp Persson, Turin 2006, mit 13.f4.

Wir möchten auch hier wieder auf 13.e5!? als gut aussehende weitere Wahl hinweisen.

Nach 13...♖c8 14.dxc5 ♘b3 15.♖ad1 ♘xc5 nahm die Begegnung dann einen ungewöhnlichen, aber schlüssigen Verlauf.

16.♗c2 ♕e7 17.e5 f5 18.♘g5 h6 19.♘f3 ♘e4 Es ist in dieser komplizierten Stellung sehr schwer, eine eindeutige Aussage zum Vergleich der Chancen beider Parteien zu treffen, aber wir tendieren zur Bewertung mit „unklar". In unserer Referenzpartie ging es dann lange Zeit auf des Messers Schneide weiter, bis der Anziehende letztendlich im 44. Zug gewinnen konnte. Dies geschah allerdings unter einer gewissen Mithilfe von Schwarz, sodass man mit der Bewertung des Ergebnisses vorsichtig sein sollte. Schauen wir uns den Kampf noch über ein paar Züge hinweg an: 20.♗xe4 fxe4 21.♘d2 d5 22.exd6 ♘xd6 23.♗d4∞.

A2) 12...♖c8 13.d5

Weiß hat einen klaren Plan: Er will unter Beschädigung der schwarzen Königsstellung Linien und Diagonalen öffnen, um seinen für den Königsangriff ausgezeichnet positionierten Figuren freie Bahn zu verschaffen.

13...f6 14.dxe6 dxe6 15.e5 f5 16.g4 g6 17.gxf5 gxf5

Innerhalb von nur fünf Zügen hat sich das Stellungsbild nachhaltig verändert. Der schwarze König ist freigelegt und kann jetzt heftig attackiert werden.

18.♔h1 ♕h4 19.♖g1+ ♔h8 20.♕g2 ♗xc4 21.♗g5 ♕h5 22.♗f6+, 1-0 Moskalenko-Larios Crespo, La Roda 2004.

B) 10.d5 ♘d6

(Auf 10...exd5 antwortet Weiß unter Auflösung seines Doppelbauern mit 11.cxd5 und erlaubt dabei dem Gegner den ihn entlastenden Abtausch der Läufer mit 11...♗xd3 12.♕xd3. Weiß steht nun aktiver, er hat mehr Raum und die Kontrolle über das Zentrum. Sein Läufer wird dem schwarzen Springer überlegen sein. Schwarz ist in seinen Aktionen auch sehr davon abhängig, was Weiß macht. Die Aussichten des Anziehenden sind zweifellos vorzuziehen.

12...d6 13.0-0 ♘d7 14.♗g5 f6 15.♗h4 ♘e5 16.♕e2 c4 17.a4 ♘c7

Über wenige natürliche Züge hinweg

ist es dem Anziehenden inzwischen gelungen, seinen Vorteil deutlich auszubauen. Schwarz wird sich lange um seinen schwachen Bauern auf c4 kümmern müssen.

18.♗g3 b5 19.axb5 ♘xb5 20.♘f4 ♕d7 21.♕c2 ♖fc8 22.♖a5 ♖ab8 23.♖fa1±

In der Partie Semcesen–Daurelle, Cappelle-la-Grande 2013, folgte 23...♖b7 24.h3 ♘d3 25.♘e6 ♘c5 26.♘xc5 ♖xc5 27.♖a6 mit weißem Druckspiel.)

11.♕e2

Auch hier kommt Schwarz nicht ohne das Schlagen mit dem e-Bauern aus, was wiederum zur Auflösung des Doppelbauern und zum Läuferabtausch führt.

11...exd5 12.cxd5 ♗xd3 13.♕xd3 ♕h4+ 14.♘f2 c4 15.♕d4 ♘a6

In der Partie L'Ami–Efimenko, Wijk aan Zee 2009, kam Weiß nun über 16.♕e5 ♘b7 17.0-0 ♖fe8 18.♕f5 ♘ac5 19.♗f4 zu einem aktiven Spiel.

10.e5

Der Anziehende ist nicht gezwungen, jetzt schon im Zentrum aktiv zu werden. Er kann auch erst noch abwarten und mit 10.0-0!? seinen König sichern. Diese Alternative ist für uns allerdings nur ein zu beachtender Nebenweg, denn unsere Nummer 1 ist das Voranschreiten des e-Bauern. Deshalb beschränken wir uns darauf, Ihnen die beiderseitigen Möglichkeiten anhand von Partiefragmenten zu zeigen, ohne diese besonders zu kommentieren.

10...♘a5 11.♕e2 c5

A) 12.e5 f5 13.d5 ♕c7 14.d6

(14.♘f4 ♘b3 15.♖b1 ♘xc1 16.♖bxc1 exd5 17.cxd5 ♗xd3 18.♘xd3 c4 19.d6 ♕c6 20.♘b4 ♕c5+ 21.♔h1 a5 22.♘c2 g6 23.♖b1 b5 24.a4 bxa4 25.♖b7 mit klarem weißem Übergewicht.)

14...♕c6 15.a4 ♘b3 16.♖a2 ♘xc1 17.♖xc1 g6 18.♕e3 ♔g7 19.♗e2 h6 20.f4 ♔h7 21.♕g3 ♗b7 22.♗f3 ♕c8 23.♕h4 ♗xf3 24.gxf3 ♕d8 25.♕xd8 ♖xd8 26.a5 ♘g7 27.axb6 axb6 28.♖b1 mit Endspielvorteil für Weiß, Ipatow–Cruz, Sabadell 2009.

B) 12.♖a2 ♖c8 13.♖c2 d5 14.exd5 exd5 15.cxd5 ♗xd3 16.♕xd3 ♕xd5 17.♘f4 ♕c4 18.♕xc4 ♘xc4 19.♘d5 ♖d8 20.♘e7+ ♔h8 21.dxc5 bxc5 22.♘c6 ♖d7 23.♖e1 ♘ed6 24.♘e5 ♖b7 25.♘xc4 ♘xc4 26.♖e4 ♘a5 27.♗f4 h6 28.♖d2 ♔h7 29.h4 f5 30.♖a4 ♘b3 31.♖d5 mit einem vorteilhaften Endspiel für Weiß und einem späteren Sieg, Chenkin–Kosten, Andorra 2007.

10...♘a5 11.♕e2 f6 12.0-0 c5 13.♗f4 cxd4 14.cxd4

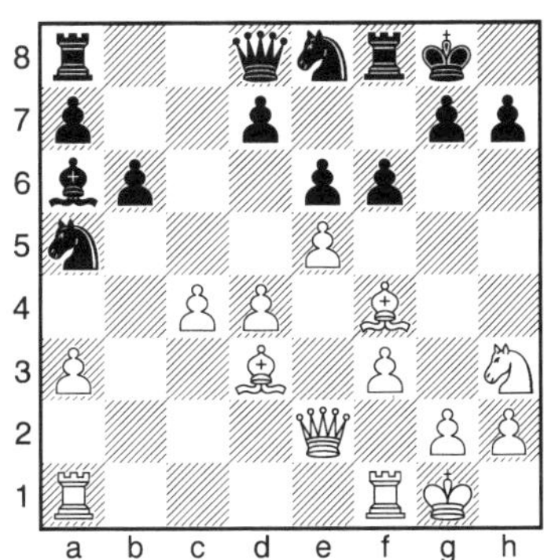

14...♖c8

Es sieht danach aus, dass Schwarz

nach 14...d5!? gute Chancen zum Ausgleich hat.

15.exd6

(15.cxd5 ♗xd3 16.♕xd3 ♕xd5=, Pérez Fernández–Moise, ICCF 2010)

15...♘xd6 16.♕xe6+ ♘f7 17.♕e4 g6 18.♖fe1 ♖e8 19.♕xe8+ ♕xe8 20.♖xe8+ ♖xe8=, Wolkow–Ibrahimov, Nakhchivan 2011.

15.♖ac1 ♕e7 16.♖c3

Einen interessanten Verlauf nahm eine Fernpartie Muukkonen–Meissner, ICCF Email 2007.

16.♖fe1 ♕xa3 17.♕c2 g6?

(17...h6!? war zu überlegen.)

Der schwarze Fehler ermöglichte nun den Einschlag 18.♗xg6!.

Ohne intensive weitere Kommentierung zeigen wir die Partie bis zu deren Ende, da sie neben dem schon erwähnten interessanten Verlauf auch die aussichtsreiche Spielführung insbesondere auf weißer Seite veranschaulicht.

18...hxg6 19.♕xg6+ ♔h8 (19...♘g7 20.exf6+–) 20.♕h6+ ♔g8 21.♕g6+ ♔h8 22.exf6 ♘xf6 (22...♖xf6 23.♗e5+–) 23.♕h6+ ♔g8 24.♖e5 ♘c6 25.♖g5+ ♔f7 26.♖g6 ♔e8 27.♖xf6 ♖xf6 28.♕xf6 ♕f8 29.♕g6+ ♕f7 30.♕h6 ♕f8 31.♕h5+ ♕f7 32.♕h4 ♕g7 33.♔h1 ♘e7 34.♗e5 ♘f5 35.♕e4 ♕h6 36.♗f4 ♕f8 37.d5 ♗b7 38.♖e1 ♕f6 39.♘g5 1–0

16...d5 17.exd6 ♘xd6 18.c5 ♗xd3 19.♕xd3 bxc5 20.dxc5 ♘f7 21.♕a6 ♘b7 22.c6 ♘bd6 23.♘f2 ♖c7 24.♘d3 e5 25.♗e3 e4 26.♘b4 exf3 27.♘d5 ♕e5 28.♕d3 ♖cc8

Die einzige spielbare Möglichkeit. Nach fehlerhaftem Spiel wurde Schwarz in der Partie Wolkow–Pashikian, Moskau 2008, alsbald zur Aufgabe gezwungen.

28...fxg2? 29.♖e1 ♘g5

(29...♖cc8 30.♗f2 ♕h5 31.♘e7+ mit Materialgewinn.)

30.♗d2 ♘de4 31.♗xg5 fxg5 32.♕xe4 1-0

29.gxf3

Der freie c-Bauer verleiht Weiß die besseren Perspektiven.

Zusammenfassung: Schwarz steht mit 14...d5!? anstelle von 14...♖c8 eine interessante Verteidigung zur Verfügung, die ihm recht gute Ausgleichschancen bietet. Weitere Analysen empfehlen wir hingegen für die beiden starken weißen Alternativen 9.f4!? (statt 9.♘h3) und 10.0-0!? (statt 10.e5).

Abspiel 5

Die Fortsetzung 5...b6

1.d4 ♘f6 2.c4 e6 3.♘c3 ♗b4 4.a3 ♗xc3+ 5.bxc3 b6

Schwarz folgt dem Plan, seinen Läufer auf a6 zu postieren und mittels ♘b8-c6-a5 den schwachen weißen Bauern auf c4 anzugreifen.

6.f3

Der Anziehende hat genügend Zeit, um das von ihm angestrebte starke Bauernzentrum vorzubereiten. Mit diesem programmatischen Zug bereitet er ganz nach Plan seinen Bauernvorstoß e2-e4 vor.

6...♗a6 7.e4 ♘c6

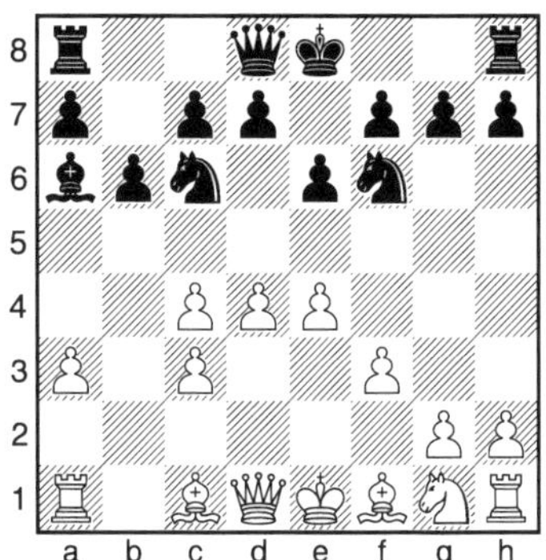

8.♗d3

Weiß will schnell seine Entwicklung des Königsflügels vorantreiben.

Eine energische Fortsetzung ist 8.e5!? ♘g8.

(Auf 8...♘h5 folgt 9.♘h3 mit der Drohung g2-g4!.)

9.♘h3 ♘a5

(Nach einer Analyse von Taimanow kommt Weiß nach 9...f6 und dann 10.f4 ♘a5 11.♗d3!? ♗xc4 12.♕h5+ ♔f8 13.♗xc4 ♘xc4 14.f5 ♕e8 15.♕e2 ♘a5 16.0-0 zu einer starken Angriffsstellung für den geopferten Bauern.)

10.♕a4

A) 10...h6

Schwarz will schlicht das Feld g5 für die gegnerischen Leichtfiguren sperren.

11.♗d3 ♘e7 12.♘f4 0-0 13.h4!?

Ein ehrgeiziger Zug, mit dem Weiß seine Ambitionen am Königsflügel unterstreicht. Auf mittlere Sicht will er hier Linien für seine Figuren öffnen. Erstrangig dient der Bauernzug genau diesem Vorhaben. Er könnte auch einen ruhigen Aufbau mit 13.0-0 wählen. Nun aber ergibt sich für den Nachziehenden eine Gabelung mit drei Alternativen.

A1) 13...d5 führt zur Eroberung des Bauern auf c4, allerdings zu einem hohen Preis, denn Weiß kommt zu ausgezeichneten Angriffschancen.

14.♗b1 ♗xc4 15.♕c2 ♘f5 (15...g6!?) 16.g4 ♗b3 17.♕f2 ♘e7

Während die weißen Kräfte ihre Wirkung geballt auf dem Königsflügel konzentrieren, ist Schwarz dort dramatisch unterrepräsentiert. Die Stellung ruft nach einem forcierten weißen Königsangriff.

18.♘h5 ♔h8 19.♗xh6

Damit wird die schwarze Verteidigungsstellung völlig zerrüttet. Schauen wir uns an, wie Weiß seine Gewinnstellung in der Partie Gutman–Lewtschenkow, UdSSR 1976, weiter behandelte.

19...gxh6 20.♕d2 ♘g8 21.♘f6! ♔g7 22.g5! ♘e7 23.♘h5+ ♔g8 24.g6! fxg6 (24...♘xg6 25.♕xh6+–) 25.♕xh6 ♔f7 (25...gxh5?? 26.♕h7#) 26.♕g7+ ♔e8 27.♘f6+ ♖xf6 28.exf6 ♔d7

(28...♘f5 beantwortet Weiß mit 29.♗xf5 und der Idee f7+–.)

29.fxe7 ♕xe7 30.♕xe7+ ♔xe7 31.♗xg6

Schwarz ist hoffnungslos verloren.

A2) 13...f5 beantwortete der Anziehende in der 1997 gespielten Fernpartie Schreiber–Liermann mit 14.0-0 und hatte letztlich auch Erfolg damit.

Eine zu beachtende Alternative war

auch 14.♔f2!? mit ähnlichen Möglichkeiten wie in der Partie und zusätzlich der Option der Linienöffnung am Königsflügel durch Bauernvorstoß und dann Königsangriff mit den Schwerfiguren von hinten heraus.

14...♗c8 15.d5 d6 16.♖e1

Weiß hat schon viel erreicht. Er kontrolliert die wichtigen Felder im Zentrum und lässt sich diese auch nicht im Fall eines Bauernabtausches nehmen. Er verfügt über das Läuferpaar, hat insgesamt mehr Raum und auch die Initiative.

16...exd5 17.♘xd5 ♘xd5 18.cxd5 dxe5 19.♖xe5

Der Anziehende steht klar besser und gewann dann auch konsequent wie folgt: 19...♕d6 20.♗f4 ♗d7 21.♕c2 ♕f6 22.♖ae1 ♕xh4 23.g3 ♕h5 24.♔g2 ♕f7 25.♖e7 ♕xd5 26.♖1e5 ♕d6 27.♕e2 c5 28.♖xf5 ♕c6 29.♕e5 1-0.

A3) 13...d6

Dies leitet eine sehr komplizierte Variante ein. Es kann keine Rede davon sein, dass die beiderseitigen Chancen geklärt sind. Auf jeden Fall bietet sie Weiß viele praktische Chancen. Besonders in Blitzpartien bzw. im Schnellschach ist die Variante wohl sehr gefährlich für Schwarz. Als Rückgrat für unsere Betrachtung wählen wir die Fernpartie Golyak-Horwitz aus dem Jahr 1989, die der Anziehende gewann, obwohl sie noch viel Raum für weitere Forschungen eröffnet.

14.♗b1 dxe5 15.♕c2 ♘f5

(15...g6 16.dxe5 ♗xc4 17.h5 führt zu weißen Angriffschancen.)

16.dxe5 ♗xc4 17.g4 ♗b3 18.♕h2 ♘d4 19.0-0 ♗c4 20.♗e3 ♘ab3 21.cxd4 ♘xa1 22.♖c1 b5 23.g5 ♕e7

(23...hxg5 24.hxg5 ♕xg5+ 25.♘g2+-)

24.gxh6 g6 25.h5 ♕xa3 26.♖e1 g5 27.♕g3 1-0

B) 10...c5 11.♘g5 ♘e7 12.♘e4 ♘c8

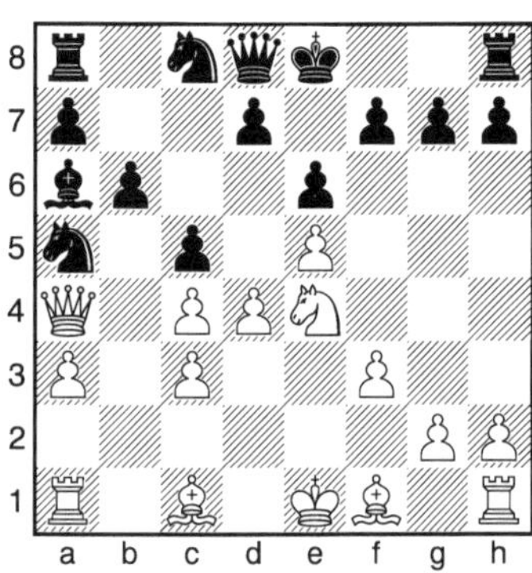

B1) 13.♗g5 ♕c7 14.♖d1 ♕c6 15.♕c2

(Zu beachten ist 15.♕xc6!?.)

15...cxd4 16.♖xd4 ♗xc4 17.♗xc4 ♘xc4 18.0-0 ♘xe5 19.f4 ♘g6 20.f5 exf5 21.♖xf5 0-0 22.♖f6 ♕b5 23.c4 ♕a5 24.♖d5 ♕xa3 25.♖f3 ♕a1+ 26.♖f1 ♕a3 27.♖f3 ♕a1+ 28.♗c1 ♕a6 29.♗b2 f6 30.♖xd7 b5 31.♕d3

(Zum Gewinn führte 31.♘xf6+!.)

31...♕e6 32.♘g5

(32.♖xg7+! ♔xg7 33.♘xf6+-)

32...♕xc4 33.♕xc4+ bxc4 34.♘e6 ♘ce7 35.♘xf8 ♖xf8 36.♖xa7 (36.♗a3!?) 36...♖b8 37.♗a3 ♘c6

Das Endspiel steht etwa gleich, Gutman-Balaschow, Lwow 1973.

B2) 13.♗f4 0-0 (13...♕c7 14.d5!) 14.♖d1 cxd4 15.♖xd4 und Weiß verfügt über starke Drohungen, Wladimirow-Schaschin, Leningrad 1968.

C) 10...♘e7

Weiß muss damit rechnen, dass der Nachziehende hier andere Wege beschreitet. Zu beachten sind dabei besonders zwei Bauernzüge, und zwar das etwas verhaltene Vorgehen mit 10...h6 und das aggressive mit 10...c5.

11.♗d3

(11.♘g5!? h6 12.♘e4±)

11...0-0 12.♗g5 h6 13.♗h4 d5 14.♗b1 g5

(14...♗xc4 15.♕c2 g6 16.♗f6 ♔h7 17.♕d2! ♘b3 18.♘g5+! ♔g8 19.♕f4 ♘xa1 20.♕h4 h5 21.♕xh5! gxh5 22.♗h7#; 14...f6 15.♘f4±)

15.♕c2 ♘g6 16.♘f4!

C1) 16...♕e8 17.♘h5 ♕e7

(Oder 17...♕c6 18.cxd5 exd5 19.♗g3 mit der starken Drohung h2-h4.)

18.♗f2 ♗xc4 19.h4 ♘b3 20.♖a2 ♘a5 21.♘f6+ ♔g7 22.hxg5 ♗xa2 23.gxh6+ ♔h8 24.♗xa2 ♕xa3 25.♗e3 c5 26.♗c1 1-0, Prilleltensky-Molner, Philadelphia 2011.

C2) 16...gxh4 17.♘xg6 ♖e8 18.♘h8! ♖e7 19.♕h7+ ♔f8 20.f4 ♘xc4 21.f5 exf5 22.0-0 ♗c8 23.♗xf5 ♗xf5 24.♖xf5 ♔e8 25.♖xf7 ♔d7 26.♕f5+ ♔c6 27.♕f6+ ♔d7 28.e6+ ♔c6

(Nach 28...♔d6 29.♖xe7 ♕xe7 30.♘f7+ fällt die schwarze Dame.)

29.♖xe7 ♕xh8 30.♖xc7+! ♔b5

(30...♔xc7 31.♕e7+ ♔c8 32.♖f1+-)

31.♕e7 a5 32.♕d7+ ♔a6 33.♖b1 1-0, Kotow-Keres, Budapest 1950.

8...♘a5 9.♕e2

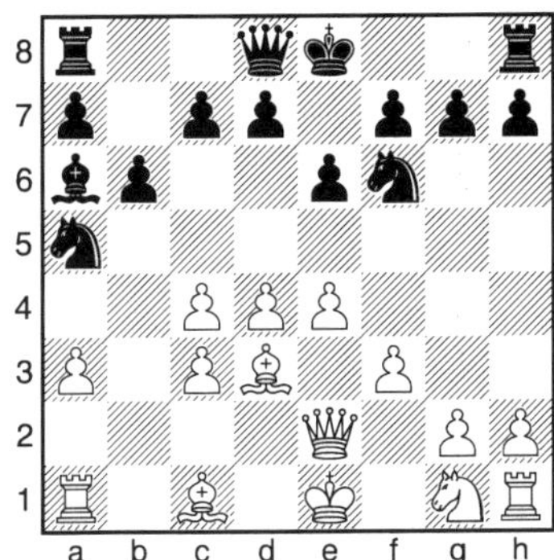

9...d6

Weiß muss damit rechnen, dass sein Gegner an dieser Stelle abweicht, besonders auch mit 9...♘b3 oder 9...c5.

I. 9...♘b3 10.♖b1 ♘xc1 11.♖xc1 ♕e7

Weiß hat sein starkes Zentrum etabliert. Sein Plan geht in die Richtung, seine Entwicklung zu beenden, seinen König dabei ins sichere Asyl zu führen und dann darauf zu spielen, zentrale Bauern laufen zu lassen. Sein ♙a3 hängt.

12.♘h3

Bei der Eroberung des weißen Bauern wird Schwarz Zeit verlieren, die Weiß für den Ausbau seiner dynamischen Potenziale nutzen kann.

12...♕xa3 13.0-0 ♕e7 14.e5 ♘g8 15.♗e4 c6 (15...♖b8 16.♖a1±) 16.♖a1 ♗b7 17.f4

Über eine Serie von natürlichen Zügen haben sich die weißen Aussichten positiv entwickelt.

17...f5 18.♗f3 ♘h6

A) 19.♖a2 0-0

(19...♕d8 20.♖b1 0-0 21.♘f2 ♕c7 22.♘d3 mit aktivem Spiel für Weiß.)

20.♖fa1 a5 21.♖b2 ♖a6 22.♖ab1 ♕d8 23.♘f2

Der weiße Druck bietet ausreichenden Ersatz für den investierten Bauern.

B) 19.c5 bxc5 20.♖fb1 ♗c8 21.♕c4

Auch hier hat Weiß aktives Spiel für den Bauern, Bosiocic–Smith, Zagreb 2012.

II. 9...c5 10.♗e3

An dieser Stelle kommen mehrere Fortsetzungen für Schwarz in Betracht. Wir beschränken uns auf jene von Bedeutung, die aus der Praxis entwickelt worden sind.

A) 10...cxd4 11.cxd4 d6 12.♘h3 ♖c8 13.♖c1

Mit dem bis hier Erreichten kann Weiß zufrieden sein. Sein Zentrum ist stark und er steht kurz vor dem Abschluss seiner Entwicklung.

13...♕d7

Wohl nicht die beste Wahl von Schwarz.

14.0-0

(14.e5 dxe5 15.dxe5 ♘g8 16.0-0 ♘e7 17.♘g5 ♘f5 18.♖fd1±)

14...♕a4 15.c5 ♗xd3 16.♕xd3 bxc5 17.dxc5 d5 18.♗g5

(18.♕a6!? ♖c6 19.♕xa7 0-0 20.♘f2 ♕xa3 21.♗d4 ♘c4 22.♕xa3 ♘xa3 23.♗xf6 gxf6 24.exd5 exd5 25.♖fd1 ♖d8 26.♘e4 mit Endspielvorteil für Weiß.)

18...♘b3

In der Partie Kelires–Stamatopoulos, Achaea 2012, folgte 19.♖cd1 ♖xc5 20.♖b1 ♖b5 21.♗xf6 gxf6 22.exd5 0-0 23.dxe6 fxe6 24.♔h1 ♖fb8 25.♖be1 ♘c5 26.♕d6 ♕a5 27.♘f4 ♕d8 28.♕xd8+ ♖xd8 29.♘xe6 ♘xe6 30.♖xe6 mit einem vorteilhaften Endspiel für Weiß.

B) 10...♖c8 11.♖c1

(11.d5 d6 12.♘h3 0-0∞)

11...0-0 12.♘h3 d6 13.e5 cxd4 14.cxd4 dxe5 15.dxe5 ♘d7 16.f4 f5 17.exf6 ♘xf6 18.♘g5 ♕d6 19.0-0 h6 20.♘f3 ♕xa3 21.♘e5 mit aktivem Spiel für den Bauern, Alonso Roselli–Salgado Lopez, Linares 2007.

C) 10...0-0 11.♘h3

(Ein Dazwischenschalten von 11.e5!? ♘e8 und dann 12.♘h3 ist zu untersuchen.)

11...cxd4 12.cxd4 d6 13.0-0 ♖c8 14.♖ac1 e5 15.d5 ♘d7 16.♕a2 ♘c5 17.♗e2 ♕d7 18.♖c3 ♖c7 19.♘f2 ♖fc8

Schwarz steht ausgezeichnet, Dimitrow–Mekhitarian, Warna 2013.

10.f4

Der Bauer macht das Feld f3 für den Springer frei und unterstützt zugleich den Bauernvorstoß e4-e5, der Weiß einen klaren Raumvorteil im Zentrum sichert.

Kurz vorstellen möchten wir an dieser Stelle auch die Springerentwicklung 10.♘h3, auf die Schwarz in der Partie Bocharow–Predojevic, Moskau 2011, sogar mit der langen Rochade reagierte. So ist dies eine gute Gelegenheit, auch einen schnellen Blick auf die möglichen Folgen einer langen schwarzen Rochade insgesamt zu werfen.

10...♕d7 11.♖b1 0-0-0

Ungewöhnlich, aber sicher eine Überraschung für Weiß.

(11...0-0 ist die bessere Methode, den König zu sichern. Das Spiel bleibt dann in den schon bekannten Gewässern.)

12.♘f2

Damit erreicht Weiß eine Deckung des Läufers auf d3, sodass der ♙c4 zum Laufen kommen kann.

12...e5 13.c5! ♗xd3 14.♘xd3 exd4 15.cxb6 axb6 16.cxd4

Das Zwischenfazit sieht für den Anziehenden ausgezeichnet aus. Das Zentrum ist komplett in seiner Hand, halboffene Linien am Damenflügel bieten sehr gute Optionen für einen Angriff mit den Schwerfiguren und der Läufer wird in diesem Stellungstyp einem schwarzen Springer überlegen sein. Demgegenüber ist es nicht ersichtlich, wie Schwarz schnell genug ein ausreichendes Gegenspiel aufziehen könnte. Er wird sich eher auf ein Reagieren auf weiße Aktionen einrichten müssen.

16...♔b7 17.0-0 ♖a8 18.♗e3 ♘c4 19.♗f2 ♘xa3 20.♖b3 ♕a4 21.♕b2 ♘c4 22.♕c3 ♘a5 23.♖b4 ♕c6 24.♕b2 ♖a6 25.♖c1

Kontinuierlich hat Weiß seine Stellung verbessert und sich dabei Vereinfachungsversuchen seines Gegners entzogen.

25...♕d7 26.d5

Weiß führt einen starken Angriff, der ihm den Sieg verspricht.

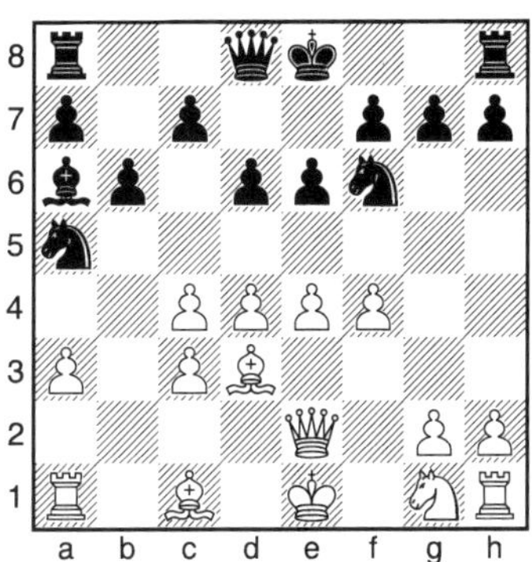

10...♘b3

Mit dem Abtausch des Läufers kann der Nachziehende den gegnerischen Druck etwas mildern. Die beiden folgenden Beispiele zeigen, dass er sehr genau spielen muss, da er sonst große Probleme bekommt.

I. 10...♘d7 11.e5 ♕e7 12.♘f3 0-0-0

Weiß wird kurz rochieren. Die entgegengesetzten Rochaden werden die Dynamik des Spiels weiter befeuern, was angesichts von Raumvorteil und Läuferpaar eher für die weiße Seite von Vorteil sein dürfte.

13.0-0 f6 14.exf6 gxf6 15.♗e3

Der Läufer strebt auf die Diagonale e1-h4.

15...♔b8 16.♗f2 ♖he8 (16...♖hg8!?) 17.♗h4 ♕g7 18.♘d2 ♖g8 19.♗g3

Weiß steht klar besser und den schwarzen Versuchen geht die Puste aus. In der Partie Kisic-Murdochy, Budva 2013, steigerte sich der Vorteil des Anziehenden innerhalb kurzer Zeit, wobei allerdings Schwarz etwas mitgeholfen haben dürfte: 19...h6 20.♕xe6 ♖de8 21.♕f5 ♗c8 22.♕h7 ♕g4 23.♖ae1 ♖xe1 24.♖xe1 ♘f8 25.♕xh6 mit weißer Gewinnstellung.

II. 10...c5 11.♘f3 cxd4 12.cxd4 ♖c8 13.e5 ♘d7 14.0-0 ♗xc4 15.f5 ♗xd3 16.♕xd3 dxe5 17.fxe6 fxe6 18.♘g5 ♘c5 19.♕f3 ♕xd4+ 20.♗e3 ♕d7 21.♕h5+ g6 22.♕h6 ♘c4 23.♖f7 ♘xe3 24.♕g7 ♕xf7 25.♘xf7 ♖f8 26.♘d6+, 1–0 Semcesen–Bae, Schweden 2013.

11.♖b1 ♘xc1 12.♖xc1 e5 13.fxe5 dxe5 14.♘f3

14.dxe5 ♘d7 ist günstig für Schwarz.

14...♘d7 15.0-0 0-0 16.a4 ♖e8 17.a5

Weiß hat einen kleinen Vorteil, weil er wichtige Felder im Zentrum kontrolliert.

Zusammenfassung: Zu beachten ist ein aktiver Plan, der über 8.e5!? führt und bei dem Weiß gute Angriffschancen bekommt. Alllerdings muss er zum Opferspiel bereit sein, um sein Ziel zu erreichen. Weniger Schärfe hat der Hauptzug 8.♗d3.

Abspiel 6

Die Fortsetzung 5...♘e4

1.d4 ♘f6 2.c4 e6 3.♘c3 ♗b4 4.a3 ♗xc3+ 5.bxc3 ♘e4

Mit diesem interessanten Springermanöver verhindert Schwarz den Zug f2-f3, da hierauf das Schachgebot mit der Dame auf h4 käme. Zugleich strebt er den Bauernvorstoß f7-f5 an, der die Kontrolle über das Schlüsselfeld e4 verstärkt. Die Weiß fehlende Möglichkeit, seinen f-Bauern zu bewegen, ist nicht von Dauer. Wenn sie aufgehoben ist, hat Schwarz allerdings bereits dafür gesorgt, dass sein Springer weichen kann, ohne den f-Bauern wieder zu verstellen.

6.♕c2

Dies ist die natürliche Reaktion. Weiß deckt seinen Bauern c3 und nimmt zugleich den Kampf um das Zentralfeld e4 auf.

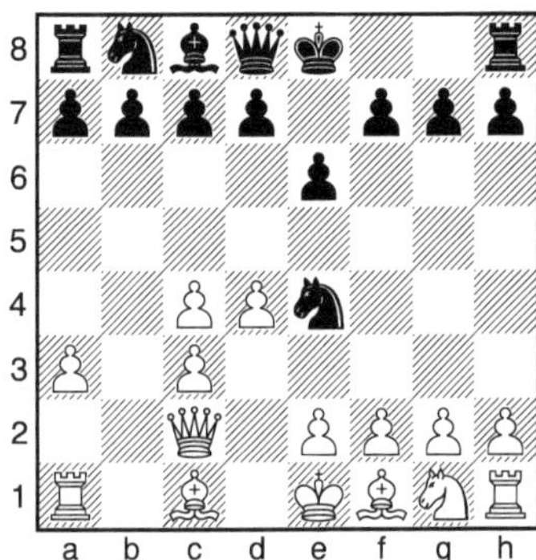

6...f5

Konsequent nach Plan gespielt – der Nachziehende verstärkt den Punkt e4.

Seltener greift er zu 6...d5. Nach 7.♘f3 haben sich die Führer der schwarzen Steine in der Turnierpraxis experimentierfreudig gezeigt und einiges ausprobiert.

A) 7...b6 8.cxd5

Durch Auflösung des Doppelbauern kommt Weiß recht bequem zu gutem Spiel.

(Weiß ist nicht gezwungen, sein Stre–

ben nach Vorteil sofort auf diese Weise fortzusetzen. Er kann auch eine verhaltenere Variante wählen und zunächst 8.e3 spielen, wie es in der Partie Fichtner–Alkhazashvili, Deutschland 2001, vorgekommen ist.

8...0-0 9.♗d3 ♗b7 10.0-0 ♘d7 11.a4 f5 12.a5 ♗a6

Der Anziehende hat zunächst seine Entwicklung vorangebracht und die Situation am Damenflügel in seinem Sinne geklärt, bevor er seinen Doppelbauern auflöst und dabei auch den Abtausch der beiden weißfeldrigen Läufer zulässt.

13.cxd5 ♗xd3 14.♕xd3 exd5 15.c4 ♘df6 16.♘e5±

Weiß hat den größeren Einfluss auf das Zentrum und wird diesen kurzfristig bis in eine dominierende Rolle ausbauen können. Sein Läufer ist stärker einzuschätzen als ein gegnerischer Springer. Zudem hat er die Fäden für ein initiatives Spiel in der Hand.

8...exd5 9.e3 0-0 10.♗d3 ♖e8 11.0-0 ♗f5

Weiß hat bis hierher schon viel erreicht und sich einen Vorteil verschafft. Er hat die aktive Rolle übernommen und sein Läuferpaar wird sich auf Dauer bezahlt machen.

12.c4 c6 13.♘e5 f6 14.♘f3 g5 15.♘e1 ♕d7

Nun hätte Weiß in der Partie Ubaldo Suarez–Marrero Lopez, Havanna 2010, 16.c5! ziehen sollen, was seinen Vorteil deutlich gesteigert und stabilisiert hätte.

B) 7...c5 ist ein interessanter und mutiger Versuch, die Initiative an sich zu reißen und Weiß im soliden Aufbau zu stören. Die schwarze Attacke kommt aber über die Wirkung eines Strohfeuers nicht hinaus, was die folgende Variante veranschaulichen mag.

8.e3 ♕a5 9.♗b2 cxd4 10.exd4 ♘d7

(Die alte Fortsetzung 10...f5 kam schon in der Partie Najdorf–Tartakower, Venedig 1948, vor, brachte dem Nachziehenden aber kein Glück.

11.♗d3 0-0 12.0-0 ♘c6 13.♖fe1 ♗d7

Beide Parteien haben weiter ihre Entwicklung verfolgt und dabei die Könige in Sicherheit gebracht.

14.♕b3

Weiß übt einen starken Druck auf die gegnerische Stellung aus. Zudem steht er freier und initiativer und er verfügt über das Läuferpaar. Deshalb sind seine Aussichten klar besser als jene von Schwarz. Eine seiner Aufgaben besteht darin, sein Läuferpaar in eine aktivere Rolle zu bringen.

14...♘f6 15.cxd5 exd5 16.c4 ♔h8 17.♘e5 dxc4 18.♗xc4 ♘xe5 19.dxe5 ♘e4 20.e6 ♗c6

Über alle jüngsten Züge hinweg konnte der Nachziehende nur auf die weißen Aktionen reagieren. Eindrucksvoll ist auch, wie die Kraft des weißen Läuferpaars gestiegen ist. Weiß hat sich eine Gewinnstellung erarbeitet, die er in der Zugfolge 21.♗d4 ♕d2 22.♖ad1 ♕g5 23.f3 ♘d6 24.♗d5 in die Aufgabereife für Schwarz entwickelte.)

11.♗d3 f5 12.0-0 b6 13.cxd5 exd5

Weiß steht erkennbar klar besser. Im Duell Chilingirova–Koen, Vratsa 2006, wehrte sich der Nachziehende nach Kräften, stand allerdings auf verlorenem Posten. Es folgte 14.♘e5 ♘xe5 15.dxe5 ♗d7 16.f3 ♗a4 17.♕e2 ♘c5 18.c4 ♘xd3 19.♕xd3 ♕c5+ 20.♔h1 dxc4 21.♕xf5 ♗d7 22.♕e4 ♗c6 23.♕g4 0-0 24.♗c3 ♖fe8 25.e6 ♕e7 26.♖fe1 mit weißem Gewinn.

C) 7...0-0 gibt Weiß die Möglichkeit, über eine ruhige Entwicklung in ein bequemes und vorteilhaftes Spiel zu gelangen.

8.e3 ♘d7 9.♗d3 f5 10.0-0 b6 11.cxd5 exd5 12.♗b2

Die Kräfte sind mobilisiert, der Doppelbauer ist aufgelöst und Schwarz hinkt mit seiner Entwicklung hinterher. Damit ist Weiß ein Eröffnungsvorteil bereits sicher. Sein Plan richtet sich auf die Durchsetzung der Bauernzüge c3-c4, f2-f3 und e3-e4.

12...♗b7 13.♖ae1 ♘d6 14.♘d2 b5 15.a4 bxa4 16.c4 dxc4 17.♘xc4 ♘xc4 18.♗xc4+ ♔h8 19.f3 a5 20.e4 fxe4 21.fxe4

Das Zwischenziel ist erreicht und mit der Verwirklichung seines Plans hat sich Weiß ein starkes Bauernduo im Zentrum verschafft. Er verfügt über die deutlich besseren Perspektiven. Nach den weiteren Zügen 21...♗a6 22.♖xf8+ ♘xf8 23.d5 ♗xc4 24.♕xc4 a3 25.♗xa3 ♘d7 26.♖f1 ♕g5 27.♗c1 ♕d8 28.♕d4 ♕e7 29.♗b2 ♖e8 30.e5 stand Weiß in der Partie Davila–Zelaya, Mexiko 1997, auf Gewinn.

D) 7...h6

Der Bauer soll dem Anziehenden das Feld g5 verwehren. Danach nahm die Partie Harnandan–Shashidhar, Chennai 2012, den folgenden Verlauf.

8.e3 0-0 9.♗d3 ♘f6 10.cxd5 exd5 11.0-0

Der Anziehende hat auch hier sein Standardvorgehen gezeigt: ♕c2, ♗d3, 0-0 und Auflösung des Doppelbauern. Nun gilt es noch, f2-f3 und e3-e4 durchzusetzen, und die Zukunft sieht gut aus.

11...♗g4 12.♘e5 ♘bd7 13.♘xg4 ♘xg4 14.f3 ♘gf6 15.e4 dxe4 16.fxe4 c6 17.e5 ♘d5 18.♖f3

Die schwarze Stellung ist nun schwer zu verteidigen.

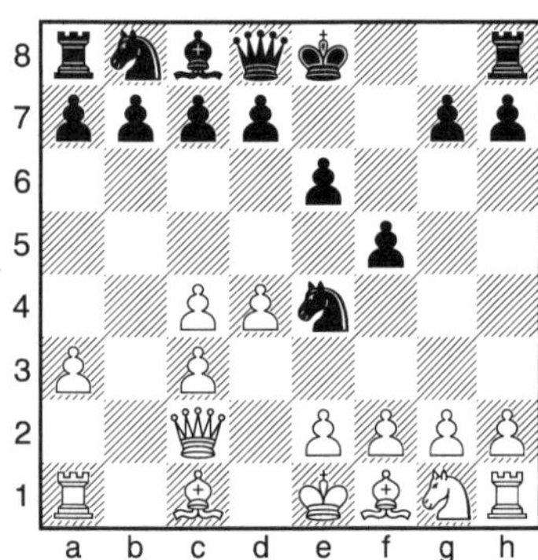

7.♘h3

Der Zug ermöglicht die Abdrängung des schwarzen Springers durch f2-f3.

Einen anderen Charakter nimmt das Spiel nach 7.e3 an, soweit ♘h3 nicht nachgeholt wird. Da unsere Empfehlung für Weiß aber dieser Springerzug ist, sind unsere weiteren Ausführungen zu 7.e3 als Einladung zu verstehen, diese Möglichkeit zu prüfen und auszuprobieren. Wir beschränken uns auf wesentliche Beispiele aus der Praxis.

7...b6 8.♗d3

Weiß kann sich, beginnend mit ♗d3, gut nach dem Standardplan entwickeln. ♘e2 und 0-0 sollen folgen, worauf der Weg für den bekannten Aufzug f2-f3 und dann gelegentlich e3-e4 bereitet sein wird.

8...♗b7

Der Nachziehende kann auch auf seinen „Musterzug" 8...♗a6 setzen, um damit einleitend den weißen ♙c4 ins Visier zu nehmen und vielleicht auch einen Abtausch der weißfeldrigen Läufer zu erreichen.

9.♘e2

A) In der Fernpartie Umberg–Abolins, ICCF 1995, entschied sich Schwarz für den naheliegenden Ausflug 9...♕h4. Ein gefährlicher Angriff konnte sich daraus allerdings erkennbar von vornherein nicht ergeben, weil es ihm an Unterstützung mangelte.

10.0-0 0-0 11.f3

Mit der Ausführung eines der bekannten Schlüsselzüge wird Schwarz zurückgeworfen und auch deplatziert, während Weiß den Ausbau seiner Dominanz im Zentrum angeht.

11...♘g5

(11...♘d6 hilft nichts wegen 12.c5 bxc5 13.dxc5 ♘f7 14.♖b1 ♗c6 15.♘d4±.)

12.♗d2 ♘c6 13.♗e1 ♕h6 14.♗g3 d6 15.♖ab1±

B) 9...0-0 10.0-0 d5

(– Auf 10...c5 setzte Weiß in Padevsky–Herrmann, Dortmund 1989, mit 11.a4 fort. Er hätte sich aber beispielsweise auch für die übliche Methode mit 11.f3 usw. entscheiden können. Die Folgen der Wahl können wir natürlich nur exemplarisch darstellen, da sich zahlreiche Möglichkeiten für Abweichungen ergeben und sich eine umfassende Untersuchung an dieser Stelle ausschließt. In der genannten Partie hatte Weiß nach 11...d5 12.♘f4 ♕e8 13.cxd5 exd5 14.c4 dxc4 15.♗xc4+ ♔h8 16.♘e6 ♖f6 17.d5 ♖f7 18.♗b2 ♗a6 19.♖fd1 ♗xc4 20.♕xc4 ♘d6 21.♕f4 eine Gewinnstellung erreicht.

– Über die Zugfolge 10...d6 11.f3 ♘f6 12.♗d2 ♘bd7 13.♘g3 ♕e7 14.e4 fxe4 15.fxe4 kam der Anziehende in der Partie Papavlasopoulos–Kopalidis, Peristeri 2010, in bewährter Manier zu seinem starken Zentrum. Freie Linien sowie aussichtsreiche Diagonalen für sein Läuferpaar verbürgen ihm sehr gute Aussichten für ein freies und initiatives Spiel. Nach der kurzen weiteren Folge 15...e5 16.♖f3 ♘g4 17.♘f5 ♕e8 18.♖g3 ♘gf6 19.♗h6+– war seine Stellung als gewonnen einzuschätzen.)

11.f3 ♘d6 12.cxd5 exd5 13.♘g3 g6 14.♗d2 ♘d7 15.e4

Die Stellung ist reif für den „Themazug".

15...dxe4 16.fxe4 fxe4 17.♘xe4 ♘xe4 18.♗xe4 ♗xe4 19.♕xe4

Nach diesen Abtauschhandlungen bleibt Weiß entscheidend im Vorteil.

In der Partie Guk–Neschetny, Wyschny 2011 folgte noch 19...♔g7 20.♖ae1 ♖xf1+ 21.♖xf1 ♕e8 22.♕h4 ♕d8 23.♗g5 ♕g8 24.♗h6+ ♔h8 25.♕e7 ♖d8 26.♖f7 1-0 und das Spiel war aus.

7...0-0

Es wird auch 7...d6 8.f3 ♘f6 gespielt. Hier ist Weiß ein solider Aufbau zu empfehlen, z.B. nach dem Muster der 2003 gespielten Fernpartie Clauss–Schülert.

9.e3 0-0 10.♗d3 c5 11.0-0 ♕e8

(11...♘c6 kann Weiß gut mit 12.♘f4 beantworten; z.B. 12...♕e8 13.♗d2 ♖b8 14.♗e1 e5 15.♘d5 cxd4 16.exd4 exd4 17.♗g3 ♕d7 18.cxd4 ♘xd4 19.♕f2 ♘c6 20.♖ad1 ♘h5 21.c5 ♘xg3 22.♕xg3 ♕e6 23.♗c4 ♔h8 24.♖fe1±, Sage–Driessen, ICCF 2006.)

12.e4

Auch hier wieder ist die Zeit gekommen, die Situation im Zentrum im Sinne des Anziehenden zu klären.

12...fxe4 13.fxe4 cxd4 14.cxd4 ♘c6 15.♗b2

Weiß hat ein Übergewicht im Zentrum erreicht und ein bereits in Position gebrachtes Läuferpaar. Generell sind seine Figuren harmonisch und wirkungsvoller als die schwarzen Kontrahenten aufgestellt. In der Partie münzte Weiß seinen Vorteil wie folgt in den Sieg um: 15...e5 16.♘g5 exd4 17.e5 ♕xe5 18.♗xh7+ ♔h8 19.♕d2 ♗g4 20.♗d3 ♔g8 21.♖ae1 ♕c5 22.h3 ♘e5 23.♖xf6 gxf6 24.hxg4 fxg5 25.♕xg5+ ♔f7 26.♗c1 ♕c7 27.♖xe5 dxe5 28.♕g6+ ♔e7 29.♗g5+ ♔d7 30.♕g7+ ♔d6 31.c5+ ♕xc5 32.♗e7+ ♔d5 33.♗xc5 1-0.

8.f3 ♘f6 9.e3

Weiß muss schnell seine Entwicklung beenden. Keinen Vorteil verspricht 9.c5. Der Zug ist aus der 18. Matchpartie im WM–Kampf Botwinnik–Tal, Moskau 1960, bekannt. Hier kam es zu 9...b6 10.cxb6 cxb6 11.e3 ♕c7 12.♗d2 ♘e8 13.c4 ♗a6 14.♖c1 ♘d6 15.♕a4 ♕c6 16.♕xc6 ♘xc6 17.♗b4 ♘xb4 18.axb4 ♗xc4 19.♗xc4 ♖fc8 20.♗xe6+ dxe6 21.♔d2 ♔f7 mit Ausgleich.

9...♕e7

9...b6 beantwortete Weiß in der Partie Avram–Spiller, Aspen 1968, mit einem soliden Aufbau, beginnend mit 10.♗d3, bevor er dann im Zentrum aktiv wurde.

10...♗b7 11.0-0 d6 12.♘f4 ♕e7 13.d5 exd5 14.cxd5 g6 15.e4 fxe4 16.fxe4

Mit dem Zwischenfazit kann der Anziehende zufrieden sein. Er steht freier und aktiver, verfügt über das Läuferpaar in einer sich zunehmend öffnenden Stellung und kontrolliert einen wesentlichen Teil des Zentrums.

16...♘g4 17.♗d2 ♘a6 18.♘e6 ♖xf1+ 19.♖xf1 ♘c5

Nun hätte Weiß allerdings 20.♗g5 spielen sollen, z.B. 20...♕d7 21.♘xc5 bxc5.

(21...dxc5 22.♕e2 ♘e5 23.♗b5 ♕c8 24.♕f2+–)

22.♕b3

Weiß ist klar im Vorteil.

10.♗d3 d6 11.0-0 ♘c6 12.♘f2 ♗d7 13.e4 fxe4 14.♘xe4 h6 15.♗e3

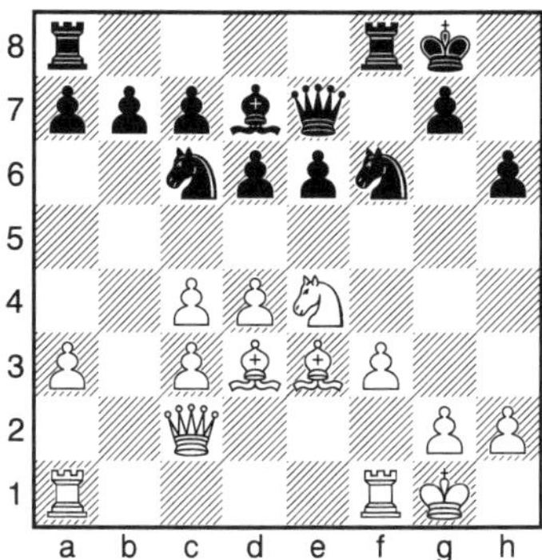

15...♘xe4

15...b6 leitet eine lange bekannte alternative Spielweise ein, die aber Seltenheitswert hat. Sie vermittelt zudem grundsätzlich Weiß die Chance, sich die besseren Chancen zu sichern. Weil die Fortsetzung in der Praxis keine große Bedeutung hat, beschränken wir uns auf eine auf das Notwendigste beschränkte Darstellung. Wir orientieren uns dabei zunächst an einer Partie, die in den 30er Jahren des 20. Jahrhunderts gespielt wurde.

16.♘g3 ♗e8 17.♖ae1 ♘h5 18.♘xh5 ♗xh5 19.♗e4 ♗e8 20.f4 ♖d8 21.d5 ♘a5 22.♗d4 c5 23.dxc6 ♘xc6 24.♗d5 ♘xd4 25.cxd4

A) 25...♗d7 ist nicht besser, wie die besagte Partie Eliskases–Andersen, Bad Nauheim 1935, zeigte.

26.f5 ♖de8 27.♕e4 ♔h8 28.fxe6 ♗c8

(Nach 28...♖xf1+ 29.♖xf1 geht nicht 29...♗xe6 30.♗xe6 ♕xe6 wegen 31.♖f8+! mit Eroberung der schwarzen Dame und weißem Gewinn.)

29.♖f7 ♕g5

(Nach 29...♕xf7 30.exf7 ♖xe4 31.♖xe4 g5 32.♖e7 ist das Endspiel für den Anziehenden gewonnen.)

30.♖xf8+ ♖xf8 31.e7 ♖e8 32.♗c6 ♗f5 33.♕e3 ♕g6 34.♗xe8 ♕xe8 35.♖f1 1-0

B) 25...♗f7 26.f5 e5 27.f6 ♕c7! 28.fxg7 ♔xg7 29.♗xf7 ♖xf7 30.♖xf7+ ♕xf7 31.dxe5 dxe5 32.♖xe5

Weiß hat einen Mehrbauern im Sack, der ihm in dieser offenen Stellung die besseren Aussichten vermittelt.

16.♗xe4 ♘a5 17.♕e2 e5 18.♕d3

Weiß verfügt über das Läuferpaar und steht aktiver.

Zusammenfassung: Allgemein ist das Sämisch–System für Weiß eine starke Waffe gegen Nimzowitsch-Indisch. Er bekommt nach 4.a3 das Läuferpaar und ein starkes Bauernzentrum, das aussichtsreiche Angriffsoperationen am Königsflügel und im Zentrum ermöglicht. Schwarz bemüht sich um Gegenspiel am Damenflügel, indem er den weißen Doppelbauern unter Druck setzt. Als Abweichung von der Hauptvariante 7.♘h3 ist in diesem Abspiel 7.e3 interessant. Diesen Zug empfehlen wir einer weiteren Erforschung und für einen Test im Praxiseinsatz.

Kapitel 7
Wolga-Gambit

1.d4 ♘f6 2.c4 c5 3.d5 b5

Damit haben wir das Wolga-Gambit auf dem Brett, das auch unter den Namen Benkö-Gambit und Wolga-Benkö-Gambit bekannt ist. Es hat heutzutage viele treue Anhänger, weil es zu einem dynamischen Spiel führt und Schwarz dabei gute Perspektiven gibt. Deshalb haben viele Weltklassespieler das Gambit in ihr Repertoire aufgenommen.

Schwarz opfert einen Bauern, um am Damenflügel offene Linien (a- und b-Linie) zu erhalten. Darauf will er ein möglichst lang anhaltendes Druckspiel fußen lassen. Die Zielrichtung des Gambits ist strategischer Natur. Unmittelbare taktische Drohungen gibt es hier, anders als in den meisten anderen Gambits, nicht. Mit seinem aktiven Plan kann Schwarz die weißen Kräfte fest binden, sodass der Anziehende keine Initiative auf der anderen Seite entwickeln kann. Wenn es dem Nachziehenden jedoch nicht gelingt, für das geopferte Material ausreichende Kompensation zu erlangen, und Weiß materiell im Vorteil bleibt, bedeutet dies meist den Verlust der Partie.

Woher stammt der Name? Im 2. Heft der Zeitschrift „Schachmaty w SSSR" (Schach in der UdSSR) 1946 wurde ein Beitrag von B. Argunow aus Kuibyschew/Wolga über 3...b5!? veröffentlicht. Deshalb bürgerte sich die Bezeichnung „Wolga-Gambit" vor allem in der russischsprachigen Schachliteratur ein, wurde aber auch in vielen Ländern Europas übernommen. Ende der 60er-Jahre des 20. Jahrhunderts wurde das Gambit durch den in den USA lebenden ungarischen Großmeister Paul Benkö verbreitet und mit vielen neuen Ideen bereichert. Besonders in den englischsprachigen Ländern tauchte danach auch die Bezeichnung „Benkö-Gambit" auf. Und manchmal werden eben auch beide Namensquellen kombiniert.

4.cxb5

Den Gambitbauern zu schlagen ist die prinzipielle Antwort.

4...a6

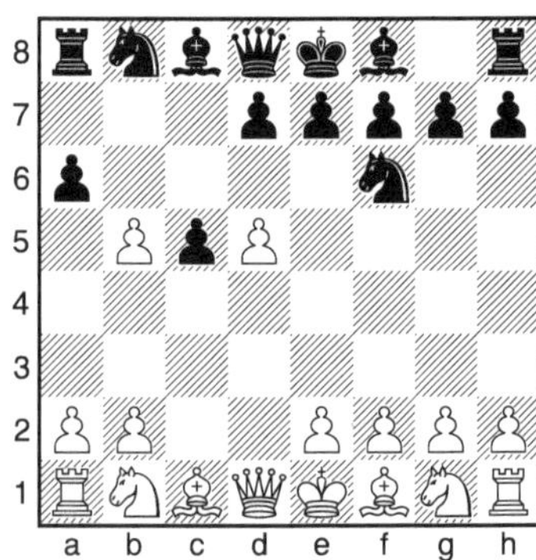

5.b6

Eine solide Fortsetzung, weil Weiß damit die zahlreichen komplizierten

Varianten vermeidet, die nach 5.bxa6 entstehen würden. Der Textzug basiert auf drei Grundideen.

1. Die Stellung am Damenflügel möglichst lange geschlossen halten, um das schwarze Gegenspiel auf der a-und b-Linie zu vermeiden bzw. zu schwächen.

2. Den Bauer a6 auf dem Brett lassen – im Gegensatz zu den Varianten nach 5.bxa6 wird dadurch der Turm a8 vorläufig vom Spiel ausgeschlossen.

3. Wegen der weniger heftigen Drohungen am Damenflügel kann Weiß auf dem anderen Flügel einen Angriff gegen den gegnerischen König starten.

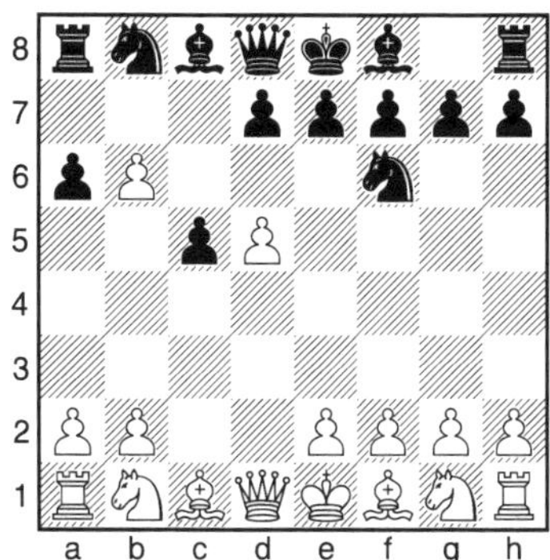

Hier muss Schwarz sich für eine der folgenden Fortsetzungen entscheiden.

I. 5...a5 (**Abspiel 1**)

II. 5...e6 (**Abspiel 2**)

III. 5...d6 (**Abspiel 3**)

IV. 5...♕xb6 (**Abspiel 4**)

V. 5...♗b7 (**Abspiel 5**)

Sehr oft trifft man auch auf den Zug 5...g6, der normalerweise unter Zugumstellung zu Abspiel 3 bzw. 4 führt. Wir kommen in den folgenden Abschnitten nicht umhin, Ihnen auch intensive Variantengeflechte zuzumuten. Dabei hoffen wir darauf, dass Sie diese spätestens dann als Gewinn wahrnehmen, wenn sie Ihr bester Kompass in Ihren eigenen Vorbereitungen oder (Fernschach-) Partien werden!

Abspiel 1
Die Fortsetzung 5...a5

1.d4 ♘f6 2.c4 c5 3.d5 b5 4.cxb5 a6 5.b6

Dieser Zug reagiert unmittelbar auf das schwarze strategische Vorhaben und wird mit der Absicht gespielt, am Damenflügel selbst Aktivitäten zu entfalten, bei denen (wie in der Benoni-Verteidigung) das Springermanöver ♘g1-f3-d2-c4 helfen kann.

5...a5

Schwarz möchte nach ♗c8-a6 den weißfeldrigen Läufer tauschen, um die Rochade des Anziehenden zu verhindern. Anderseits wird jedoch das Feld b5 schwach, das von den weißen Figuren problemlos erobert werden kann. Bei genauem Spiel kann Weiß den gegnerischen originellen Plan in Frage stellen. Deshalb wird diese Fortsetzung im Prinzip nur selten in der Turnierpraxis angewandt.

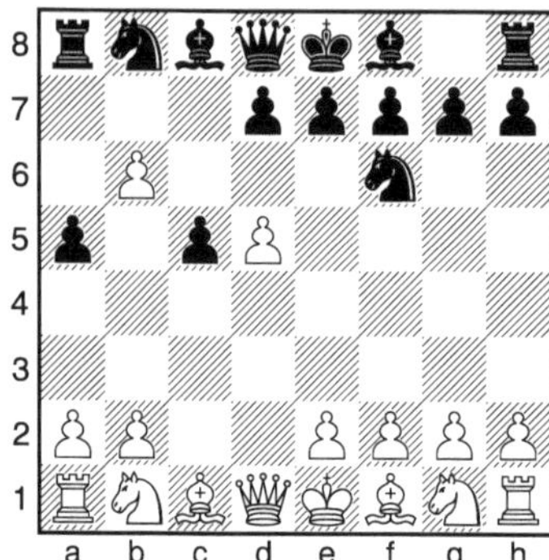

6.♘c3

Der beste Zug: Der Springer nimmt die zwei wichtigen Zentralpunkte d5 und e4 unter Kontrolle. Weiß plant nun e4, um das Zentrum zu besetzen.

6...♗a6

Schwarz hält sich konsequent an seinen Plan.

Auf der Suche nach Verstärkungen hat die Turnierbühne hier aber auch schon andere Versuche gesehen, allerdings nicht im Fernschach. Das Vertrauen der besonders intensiven Tüftler unter den Spielern haben die folgenden zwei Abweichungen bisher nicht gewinnen können.

I. 6...d6

Es wird sich nun bald zeigen, dass Schwarz seine mit dem Gambit verbundenen Absichten auf diesem Weg nicht durchsetzen kann.

7.f4 g6 8.e4 ♘fd7 9.e5!? ♗g7

(Nach 9...dxe5 gerät der Nachziehende ebenfalls gehörig unter Druck: 10.fxe5 ♘xe5 11.♗b5+ ♗d7 12.♗f4 ♗g7 13.♕e2 f6 14.♗xe5 fxe5 15.♘f3 ♕xb6 16.♗c4↑ und Weiß verfügt nachhaltig über die Initiative.)

10.e6 ♘xb6 11.♗b5+ ♔f8

Der Nachziehende kann immer nur reagieren und die dynamischen Akzente setzt alleine Weiß.

12.f5 gxf5 13.♕h5 fxe6 14.♘f3

(Stark ist auch 14.♘h3!? mit dem Plan ♘h3-f4.)

14...h6 15.♘h4 exd5 16.♘g6+ ♔g8 17.♘xh8 ♔xh8 18.♗xh6 ♕f8 19.♗xg7+ ♔xg7 20.♕g5+

Die weißen Figuren finden beinahe wie von selbst die für sie besten Felder.

20...♔f7 21.0-0 e6 22.♖ae1 ♘8d7 23.♕h5+ ♔f6 24.♕h4+ ♔f7 25.♕h7+ ♔f6 26.♖e3 ♘e5 27.♖g3 ♗d7 28.♗xd7 ♘bxd7 29.♘xd5+!

Dies raubt dem schwarzen Bauern auf f5 auf brutale Weise seinen Verteidiger auf e6, wonach der weiße Angriff entscheidend ist, Giffard–Kiselew, Cappelle–la–Grande 2011.

II. 6...♕xb6 kam in einigen Turnierpartien auf das Brett. Weiß antwortet am besten mit 7.e4, worauf es wie folgt weitergehen kann: 7...d6 8.♗b5+ ♗d7 9.a4 g6 10.♘f3 ♗g7

(10...♗xb5 11.axb5 ♗g7 12.♘d2 0-0 13.♘c4±)

11.e5 (11.♘d2!?) 11...dxe5 12.♘xe5 0-0 13.0-0 ♗f5 14.♕e1 ♕d6 15.♘c4 ♕c7 16.h3 ♘a6 17.d6! exd6 18.♗f4 ♖fd8 19.♖d1 und Weiß steht klar besser.

III. 6...a4 7.e4 d6 8.♗b5+ ♗d7 9.b7 ♖a5 10.♗d3 ♕b6 11.♘f3 ♕xb7 12.0-0 g6 13.e5

(13.♗c2!? ist eine bemerkenswerte

Idee. Nach 13...Lg7 14.Te1 beinhaltet sie das Schlagen des schwarzen a–Bauern durch Lc2xa4.)

13...dxe5 14.Sxe5 Lg7 15.Te1 0-0 16.Df3

Weiß steht aktiver.

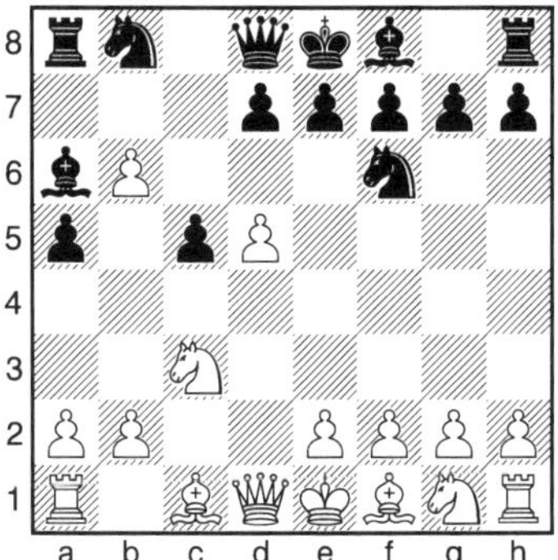

7.f4

Der Bauernzug erfüllt gleich mehrere Funktionen. So hilft er bei der Kontrolle wichtiger Felder in der Mitte, er erlaubt den Springerzug Sg1-f3 ohne ein Verstellen eben des f–Bauern und bereitet dadurch die Idee vor, mit dem Turm auf f1 zurückzuschlagen, wenn der Nachziehende dort den Abtausch vornimmt.

Es gibt allerdings zwei gute Alternativen für Weiß.

I. 7.Sf3 d6

An dieser Stelle verzweigt sich das Spiel für Weiß in drei Richtungen.

A) 8.Da4+ Sbd7

(Der Sb8 ist besser für ein Dazwischenziehen geeignet als sein Kollege auf f6, was die folgende Variante belegen mag.

8...Sfd7 9.e4 Lxf1 10.Kxf1 Dxb6 11.g3

Dies gibt dem König einen Unterschlupf frei.

11...g6 12.Kg2 Lg7 13.h4↑

Nun liegt die Initiative auf der Seite des Anziehenden.)

9.g4!? h6

(In der Partie Barkhagen–Ramesh, Duisburg 1992, versuchte Schwarz den naheliegenden Zug 9...Dxb6. Die Begegnung nahm daraufhin den folgenden Fortgang, der in sich logisch und gut nachvollziehbar ist.

10.g5 Sh5 11.Lh3 Td8 12.e4 Db4 13.Dc6 Db7 14.Ld2 e5 15.Lf1 Ta8 16.Sb5 Dxc6 17.dxc6 Lxb5 18.Lxb5 Sb6 19.c7+ Ke7 20.Le3 Ke6.

Es drohte Sxe5. Nach den weiteren Zügen 21.Sd2 Sf4 22.Sc4 Sxc4 23.Lxc4+ Kd7 24.Lxf7 hatte sich der Anziehende einen kleinen Vorteil erarbeitet.)

10.h4 Dxb6 11.a3

Sperrt das Feld b4 für den Gegner.

11...Tb8 12.Lh3

Entbindet die Dame von der Deckung des Bauern auf g4.

12...Lb5 13.Dd1 h5 14.g5 Sg4 15.g6 f6

(15...fxg6 wäre ein Fehler wegen 16.Dc2 und Schwarz käme am Königsflügel unter die Räder.)

16.0-0 Lc4 17.Lf4 Db3 18.Dd2

Ein Tausch der Damen wäre nur für den Nachziehenden günstig.

18...Sb6 19.Tfd1 e5 20.dxe6 Lxe6 21.Dd3 Sc4 22.De4 Sce5 23.Sd5

Weiß hat Vorteil, Gareev–Boas, Orlando 2011.

B) 8.e4 ist eine schon recht lange bekannte Fortsetzung. Die älteste uns bekannte Partie stammt aus dem Fernschach.

8...♗xf1 9.♔xf1 ♕xb6

(9...♘bd7 reichte Schwarz in Van Roosmalen–Blees, Fernpartie 1991, aus, um – begünstigt durch mehrere Ungenauigkeiten des Gegners – mit einem Remis aus der Partie zu kommen. Bei genauem weißen Spiel wäre ihm dies wohl schwergefallen.)

10.e5 dxe5

(Auf 10...♘fd7 ist 11.e6! stark.)

11.♘xe5 g6 12.♕a4+ ♘fd7 13.♗g5 ♗g7 14.♘xd7

(Zu einem klaren weißen Vorteil führt auch die Fortsetzung 14.♘c4 ♕b4 15.a3 ♕xa4 16.♘xa4±. Allerdings sind die Damen vom Brett verschwunden, was nicht jedem Angriffsspieler liegt.)

14...♘xd7 15.♖e1 ♗f6

(15...f6 16.♗c1± ist gut für Weiß.)

16.h4

Der Anziehende plant ♖h1-h3 und ist deutlich im Vorteil (Analyse von Pinski).

C) Auch nach 8.g3 ist es der Nachziehende, der einen schweren Stand hat. Er ist weit davon entfernt, seine Ziele zu erreichen, die ihm bei der Wahl des Wolga-Gambits vorschwebten. Wir folgen der ältesten uns zu dieser Variante bekannten Partie Siniavsky–Alburt, Riga 1975.

8...♘bd7

(Wenn Schwarz über 8...g6 den schnellen Weg seines Königs in die Rochadestellung einleitet und es über die Folge 9.♗h3 ♗g7 10.♕a4+ ♘bd7 11.0-0 0-0 zur Umsetzung seines Plans kommt, ist der Schwenk der weißen Dame zum Königsflügel 12.♕h4 stark. Nach 12...♘xb6 13.♖d1 a4 14.♗h6 hat der Anziehende die Initiative an sich gerissen, Kornukow–Arshajew, Taganrog 2013.)

9.e4 ♕xb6 10.♗d3 g6 11.0-0 ♗g7 12.h3 0-0 13.♖e1 ♗xd3 14.♕xd3 a4 15.♖b1±

II. 7.e4 ♗xf1 8.♔xf1 d6

A) 9.f4

Dieser Bauernvorstoß gefolgt von e4-e5 ist hier ein Kernmotiv des weißen Spiels.

9...♘bd7

(9...♕xb6 geht auf eine Partie Feldman–Tate, New York 1933, zurück. Dort ging es wie folgt weiter: 10.e5 ♘fd7 11.♘f3 e6 12.g3 dxe5 13.fxe5 ♗e7 14.♔g2 0-0 15.♕e2 ♕b7 16.♖d1 ♖a6 17.♗f4 ♖b6 18.b3 ♖e8 19.d6 ♗f8 20.♕e4 und Weiß hatte sich einen kleinen, aber nachhaltigen Vorteil verschafft. Er verfügt über das freiere Spiel und mehr Raum.)

10.e5

(10.♕a4!? ist eine zu beachtende Alternative, bei der e4-e5 noch kurz zurückgestellt wird; z.B. 10...e6 11.dxe6 fxe6 12.e5±, A. Rodriguez–P. Gonzalez, Costa Rica 1996)

10...dxe5 11.fxe5 ♘xe5 12.♗f4 ♘fd7

Peu à peu hat sich das Spiel des Anziehenden verbessert. Schwarz hingegen steht passiv und ohne klare

Aussicht auf Gegenspiel. Zahlreiche Schwächen in seinem Lager werden ihm mindestens auf lange Zeit das Leben schwer machen. Wir folgen der Partie Kuzubow–Pliasunow, St. Petersburg 2004, um zu veranschaulichen, wie Weiß seinen Vorteil in den Sieg führen kann.

13.♕a4 f6 14.♗xe5 fxe5 15.♘f3 ♕xb6 16.♖e1 0-0-0 17.♘g5 g6

(17...♕f6+ ist eine verlockende Idee, führt aber über 18.♔g1 ♕xg5 19.♕c6+ ♔b8 20.♘b5 ♖c8 21.♕xd7+– in die Katastrophe.)

18.♘e6 ♖e8 19.♕c4

Infrage kommt auch 19.h4!? nebst ♖h1-h3 mit der Überführung des Turms auf den Damenflügel.

19...♗h6 20.g3 ♕xb2 21.♖e2 ♕b4 22.♕a6+ ♕b7 23.♕xa5 ♕b6 24.♕a4 ♘b8 25.♔g2 ♕a6 26.♕e4 1-0

B) 9.b7

Weiß wartet noch mit dem Vorstoß seines f–Bauern und versucht erst die Lage um die Rückgabe seines Gambitbauern zu verändern.

9...♖a7 10.f4 e6 (10...♘bd7 11.e5±) 11.dxe6

(11.♘f3!? ist eventuell vorzuziehen. Es kann folgen: 11...exd5 12.e5 dxe5 13.fxe5 ♘e4 14.♘xd5 ♖xb7 15.♕a4+ ♖d7 16.♗f4 c4 17.e6 fxe6 18.♘c7+ ♔e7 19.♕xc4 ♖d1+ 20.♔e2 und in der Partie Remlinger–Schroer, Pasadena 1992, hatte Weiß nun eine Gewinnstellung auf dem Brett.)

11...fxe6 12.♘f3 ♕d7

(12...♖xb7 ist nicht besser, wie die folgende Analyse zeigt: 13.e5 dxe5 14.♕xd8+ ♔xd8 15.♘xe5 ♗d6 16.♘c4 ♗c7 17.♗e3 ♘bd7 18.♖d1 ♔e7 19.♔e2±.)

13.♕e2 ♖xb7

(13...♕xb7 14.♘g5 ♕d7 15.f5±)

14.e5 dxe5 15.♘xe5 ♕c8 16.♘e4 ♗e7 17.♘xf6+ ♗xf6 18.♘c4 ♗e7 19.♗d2

Weiß sind die besseren Aussichten zu attestieren, Brenninkmeijer–Kaidanov, New York 1993.

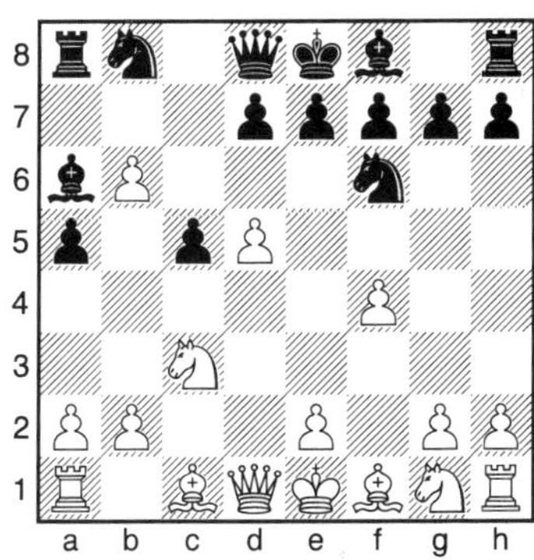

7...d6

Schwarz will schnell seinen Damenspringer ins Spiel bringen, wofür er das Feld d7 braucht.

Hier ein Blick auf andere Fortsetzungen.

I. 7...♕xb6

Diese Möglichkeit nehmen wir anhand der **Partie Nr. 25:** Divljan–Ganguly, Guelph 2005, unter die Lupe.

II. 7...e6 ist ein noch seltenerer Gast auf der Turnierbühne als die vorhergehende Variante. Diese Entwicklung stellt Weiß kaum vor Probleme, wie die folgenden Varianten zeigen.

8.e4 ♗xf1 9.♔xf1 ♕xb6 10.♘f3 exd5 11.♘xd5

(11.e5!? ist zu prüfen. In der Gunst der Engines liegt diese Alternative in etwa gleichauf mit 11.♘xd5.)

11...♕a6+ 12.♔g1 ♘xd5 13.♕xd5

Das Zentrum ist fest in weißer Hand.

13...♗e7 14.♗d2 0-0 15.♗c3 ♘c6 16.a3

In der Partie Schlecht–Philippe, Deutschland 1998, wollte der Anziehende das Feld b4 für den Gegner sperren.

(Eine gute Idee war aber auch 16.h4!? mit dem Vorhaben ♖h1-h3-g3 und guten Angriffsaussichten.)

16...♘d4 17.♘xd4 cxd4 18.♗xd4 ♕e2

Seine zersplitterte Bauernstellung wird Schwarz noch Probleme bereiten.

19.h4 ♖a6 20.e5 ♖h6 21.♕f3 ♕d2

(Wenn Schwarz die Einladung zum Abtausch mit 21...♕xf3 annimmt, kommt er relativ forciert weiter ins Hintertreffen: 22.gxf3 ♖xh4 23.♖xh4 ♗xh4 24.♖d1±.)

22.♖d1 ♕c2

Es ist interessant zu beobachten, wie der Anziehende seinen Vorteil in der Folge geltend macht.

23.♕d3 ♕a4 24.♖c1 ♖xh4 25.♖xh4 ♗xh4 26.♕c4 ♕xc4 27.♖xc4 ♗g3 28.♗c3 ♖a8 29.♔f1 ♔f8 30.♔e2

Der Anziehende hat die besseren Chancen im jetzt anstehenden Endspiel.

III. Ganz andere Wege nimmt die Partie, wenn Schwarz seinen Königsläufer fianchettiert.

7...g6 8.♘f3

(Es geht auch 8.e4 mit einer ähnlichen Folge wie in der vorstehenden Variante II. Nach 8...♗xf1 9.♔xf1 nahm die Partie Karr–Adrian, Clichy 1997, den Fortgang 9...d6 10.♘f3 ♗g7 11.g3 0-0 12.♔g2 ♕xb6 13.♖e1± und erlaubte dem Anziehenden ein freies und initiatives Spiel.)

8...♗g7 9.e4 ♗xf1 10.♖xf1 0-0

(Nach 10...d6 ging Weiß in der Partie Lemanczyk–Römhild, Deutschland 1995, sehr aggressiv vor und hatte letztlich auch Erfolg damit.

11.e5 ♘fd7 12.b7 ♖a6 13.e6 fxe6 14.♘g5 ♘f8 15.dxe6 ♕c7 16.♕a4+ ♖c6 17.♘b5 ♕xb7 18.♘f7 ♕b6 19.♗d2 d5 20.♗xa5 ♖xe6+ 21.♘e5+–

Schwarz hat bis hierher keine Gelegenheit erhalten, ein einziges Mal kurz durchzuatmen. Inzwischen ist er entscheidend im Nachteil.)

11.e5 ♘e8 12.♕b3

(Spielbar ist auch 12.f5!?, wie das folgende Fragment aus der Partie Daus–Zenner, freechess.de 2006, beispielhaft belegen kann: 12...gxf5 13.♕b3 ♘a6 14.♘a4 d6 15.e6 ♗f6 16.♘g5 ♗xg5 17.♗xg5 fxe6 18.dxe6 ♘g7 19.a3 ♕e8 20.♘c3 ♘b8 21.b7 ♖a7 22.♘d5 a4 23.♕b6 ♖a6 24.♕c7 ♘xe6 25.♕xe7 ♕xe7 26.♗xe7 ♖f7 27.0-0-0+–.)

12...♘a6 13.♔f2 ♘b4 14.♘a4 d6 15.a3 c4 (15...♘a6 16.♗d2±) 16.♕xc4 ♖c8 17.♕b3 ♘c2 18.♖b1 dxe5 19.b7

Weiß ist klar im Vorteil, Belotelow–Pinski, Budapest 1997.

8.♘f3

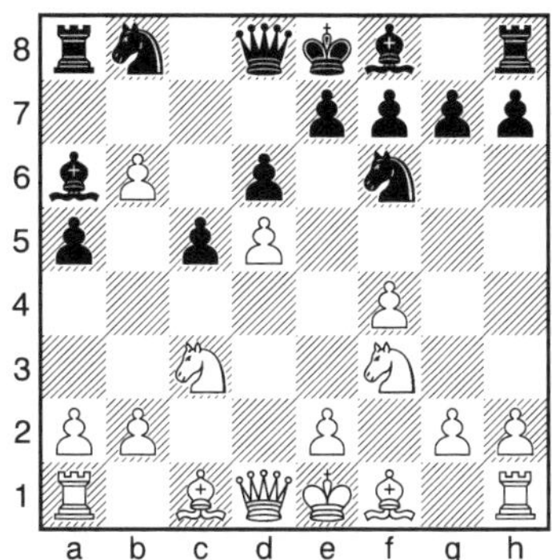

8...♘bd7

Schwarz will zunächst seine Entwicklung vorantreiben. Den gegnerischen b-Bauern kann er sich auch später noch mit Springer bzw. Dame abholen. In der Praxis gibt es so gut wie keine Konkurrenz für den Textzug.

Mehr aus Gründen der Vollständigkeit als aufgrund einer echten Relevanz sind aber zwei Alternativen zumindest kurz zu erwähnen.

I. 8...♕xb6 9.e4 ♗xf1 10.♖xf1

An dieser Stelle muss Weiß mit drei Gegenzügen rechnen, die ihm aber allesamt keine Furcht einflößen können.

A) 10...e6 11.dxe6 fxe6 12.♘g5 ♕c6 13.♕e2 ♕d7 14.e5 ♘d5 15.exd6 ♘xc3 16.bxc3 ♗xd6 17.f5 0-0 18.fxe6 ♖xf1+ 19.♔xf1 ♕b7

Nun machte Weiß in der Partie Brenninkmeier–De Vreugt, Leeuwarden 1995, mit 20.♗f4! klar, dass die Geschichte für den Gegner zu Ende geht.

20...♗e7 (20...♗xf4 21.e7+–) 21.♕h5 ♕b5+

Nur noch ein Racheschach.

22.♔g1 1-0

B) 10...g6 11.e5 dxe5

(Nach 11...♘fd7 kommt es zum Manöver 12.e6 fxe6 13.♘g5±, das wir in ähnlicher Stellung schon kennen gelernt haben.)

12.fxe5 ♘fd7 13.e6 fxe6 14.♘g5 ♗g7 15.♘xe6 ♗f6

Hier hätte Weiß in der Partie Rogers–Claesen, Ostende 1992, 16.♕e2!? mit der Idee ♗c1-f4! ziehen sollen.

Er griff aber zu 16.d6 und kam ebenfalls zu Vorteil, und zwar über die Fortsetzung 16...♘a6 17.♘d5 ♕xd6 18.♘xf6+ ♘xf6 19.♕xd6 exd6 20.♘g7+ ♔e7 21.♗g5 ♖hf8 22.0-0-0 ♖f7 23.♖de1+ ♔d7 24.♖xf6 ♖xg7 25.♖d1±.

C) 10...♕b4 11.a3 ♕c4 12.♘d2

Nun ist 12...♕a6 notwendig, um zumindest zunächst weiter zu überleben.

(In der Partie Mikhalevski–Jones, Queenstown 2009, war aber 12...♕d4? für den Nachziehenden der Zug seines Vertrauens, woraufhin er nach 13.♕e2 c4 14.♘xc4 ♕a7 15.e5 unterging, 1–0.)

13.e5 dxe5 14.fxe5 ♘fd7 15.♕a4

Es sieht nicht so aus, als ob Schwarz sich noch lange halten könnte.

II. 8...♘fd7 9.e4

A) 9...♕xb6 10.♗xa6 ♘xa6

(10...♕xa6 11.♔f2 g6 12.♖e1⩲)

11.♕e2

Weiß hat die besseren Perspektiven.

B) 9...♗xf1 10.b7 ♖a7 11.♖xf1 ♘b6 12.e5 ♖xb7 13.e6 fxe6 14.dxe6 g6 15.f5 ♕c8 16.♕e2 ♘c6 17.fxg6 hxg6 18.♕e4 ♖g8 19.♘g5 ♘d4 20.♕f4 ♘f5 21.g4 ♗h6 1-0, Seifert–Kunin, Bad Wörishofen 2002.

9.e4

9.b7!? ist auch hier wieder eine zu beachtende Alternative, wie die folgenden Varianten zeigen.

A) 9...♖a7 10.e4 ♗xf1 11.♖xf1 ♘b6 12.e5 ♘fd7 13.e6 fxe6 14.dxe6 ♘b8 15.♕b3

(Über die Folge 15.♘g5!? ♕c7 16.♘f7 ♖g8 17.♘b5+– kommt Weiß auf jeden Fall in Vorteil; sie ist also immer auch eine Empfehlung.)

15...♕c7 (15...♖xb7 16.♕b5+ +–) 16.♘b5 ♕xb7 17.♘xa7 ♕xa7 18.♕b5+ ♔d8 19.♗d2 1-0, Leyer–Dausch, Deutschland 1998.

B) 9...♖b8 10.e4 ♗xf1 11.♖xf1 ♘b6 12.e5! dxe5 (12...♘fd7 13.e6!+–) 13.fxe5 ♘fxd5 14.♘g5 ♕d7

Der Nachziehende wandelt fortlaufend am Abgrund und hat keinerlei Möglichkeiten, dem Spiel einen eigenen Stempel aufzudrücken.

15.♘xf7 ♖g8 16.♘xd5 ♕xd5 17.♕c2 ♖xb7 18.♕xh7 ♘c4 19.♗g5

(Zum Sieg führt auch 19.♖f3!, worauf der Nachziehende wie an einem Nasenring durch die Manege gezogen wird. Nach 19...♘xe5 20.♘xe5 ♕xe5+ 21.♖e3 ♕d5 22.♕g6+ ♕f7 23.♕c6+ ♖d7 24.♖d3 kann er aufgeben.)

19...g6 20.♖f2 ♖g7 21.♕h3 ♕e4+ 22.♔f1 ♖d7 23.e6 ♖d5 24.♖e1 ♕d3+ 25.♕xd3 ♖xd3 26.♖c1 ♖d4 27.b3 ♘d6 28.♖xc5 ♘xf7 29.exf7+ ♔d7 30.♗h6 ♖xf7 31.♖xf7 ♗xh6 32.♖e5

Weiß steht auf Gewinn, Seirawan–Z. Polgar, Monte Carlo 1994.

9...♗xf1

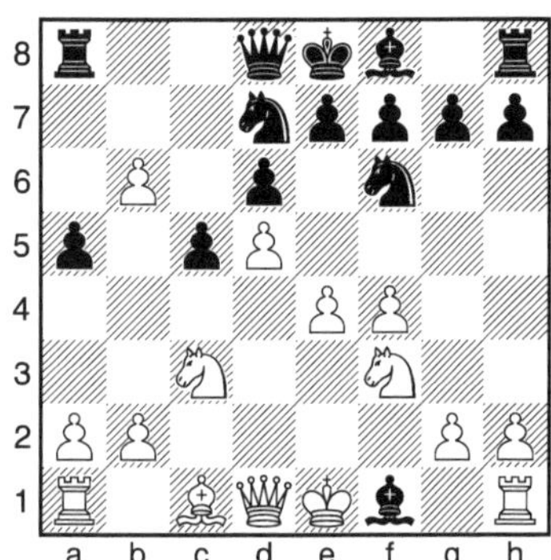

10.b7!

Dieser Zwischenzug ist sehr stark, denn er sorgt dafür, dass die schwarze Verteidigung gänzlich ihre Organisation verliert.

Eine Alternative hierzu ist 10.♖xf1. Die Konsequenzen dieser Wahl beleuchten wir an der **Partie Nr. 26:** Atalik–Knoppert, Tilburg 1993.

10...♖b8 11.♖xf1 ♘b6

Die Alternativen 11...♕c7, 11...♕b6 und 11...g5 helfen auch nicht wirklich weiter. Werfen wir mal einen kurzen Blick auf die aus ihnen resultierenden Möglichkeiten.

I. 11...♕c7 12.e5 dxe5 13.fxe5 ♘xe5 14.♗f4 ♘d3+ 15.♕xd3 ♕xf4 16.♕b5+ ♔d8

(Oder 16...♘d7 17.♕c6 ♔d8 18.♘b5 ♘f6 19.♔d1! mit der Idee d5-d6!.)

17.♖f2

(17.♕xa5+!? ist auch direkt und gut; z.B. 17...♕c7 18.♕xc7+ ♔xc7 19.♘e5 ♖xb7 20.♘xf7 ♖g8 21.0-0-0±.)

17...♕c7 18.♘g5 ♖xb7

(18...e5 19.dxe6 ♖xb7 20.♘xf7+ ♕xf7 21.♖d1+ ♔c8 22.exf7 ♖xb5 23.♘xb5+)

19.♘xf7+ ♔c8 20.♕c6 ♖g8 21.♖xf6! 1-0, Blees-Markus, Hoogeveen 1999.

II. 11...♕b6 12.e5

Es sind immer wieder die gleichen Mechanismen, über die Weiß den Erfolg sucht.

12...dxe5 13.fxe5 ♘g4 14.e6 fxe6 15.♘g5 h5 16.dxe6 ♖xb7

(16...♘df6 17.♕a4+ ♔d8 18.♘f7+ ♔c7 19.♘d5+ ♘xd5 20.♕d7#)

17.exd7+ ♖xd7 18.♕b3 1-0, Delemarre-Nieuwenhuis, Niederlande 1995.

III. 11...g5 12.♘xg5 ♖xb7 13.♕e2 ♕b8 14.♔f2 ♗g7 15.♔g1 0-0 16.♘f3 ♘e8 17.♔h1 ♔h8 18.♖e1 ♘c7 19.e5 mit weißem Vorteil, Bosboom-Lisanti, Deutschland 1996.

12.e5!

Mit diesem typischen Schlag in der Mitte schwächt der Anziehende brutal die gegnerische Verteidigung.

12...dxe5 13.fxe5 ♘fxd5 14.♘g5

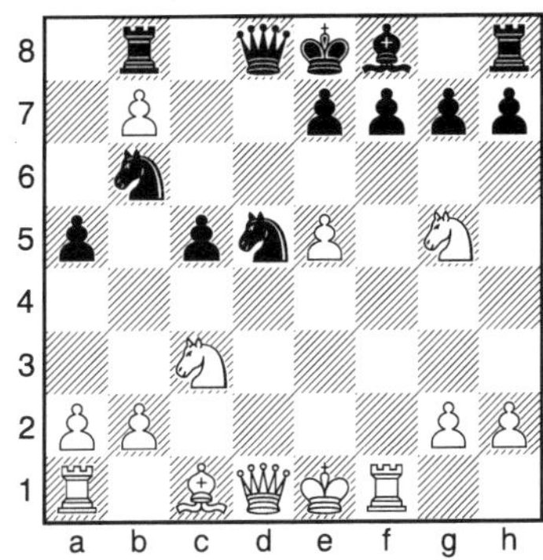

14...♘b4

Auch andere Versuche führen auf logischen Pfaden, die keiner besonderen Kommentierung bedürfen, ins Unglück.

I. 14...♘xc3 15.♕xd8+ ♖xd8 16.♘xf7 ♖b8 17.bxc3 ♖g8 (17...♖xb7 18.♘xh8+-) 18.♖b1 ♖xb7 19.e6 g6 20.♖f3 ♗g7 21.♖d3 ♖b8 22.♖xb6! mit Gewinn für Weiß.

II. 14...f6 15.♘e6 ♕d7 16.♘xd5 ♕xb7

(- 16...♕xd5 17.♘c7+ mit Damengewinn.

- 16...♖xb7 17.♘xf8 ♖xf8 18.♘xb6 mit Materialgewinn.)

17.♘dc7+ ♔f7 18.♘g5+ ♔g8

(18...♔g6 löst eine Treibjagd aus und führt über 19.♕d3+ ♔h5 20.g4+ ♔xg4 in das schöne Matt 21.♕h3#.)

19.♕g4 ♕c8

(19...♕c6 wäre auch fruchtlos: 20.♕e6+ ♕xe6 21.♘gxe6+-.)

20.♕xc8 ♖xc8 21.♘ge6 ♘c4 22.exf6 exf6 23.b3 ♘e5 24.♗d2

Weiß steht auf Gewinn.

III. 14...♕d7 haben wir in der Nebenvariante nach 9.b7!? (Punkt B) analysiert.

15.♕xd8+!

Dies ist stärker als 15.♘xf7 ♕xd1+ 16.♔xd1 ♖g8 17.a3 ♘4d5 18.♘xd5 ♘xd5 19.♗d2 ♖xb7 20.♔c2±, Wachinger–Limmer, Deutschland 1996.

15...♖xd8 16.♘xf7 ♖b8 17.♘xh8 ♘c2+ 18.♔e2 ♘xa1 19.♘e4 ♖xb7

19...♘c2 20.♘xc5 ♘d7 21.♘e6 ♖xb7 22.♘f7+–

20.♘xc5 ♖c7 21.♗e3+–

Zusammenfassung: Es ist schwierig für Schwarz, in dieser Variante Ausgleich zu erreichen. Der Plan von Weiß ist einfach: f2-f4, Entwicklung des Springers nach f3 gefolgt von e2-e4 mit Vorteil im Zentrum. Schwarz hat zu wenig Gegenspiel auf dem Damenflügel, um diesem Plan entgegenzuwirken. Statt 7.f4 sind auch die Alternativen 7.♘f3 und 7.e4 stark.

Abspiel 2

Die Fortsetzung 5...e6

1.d4 ♘f6 2.c4 c5 3.d5 b5 4.cxb5 a6 5.b6 e6

Mit dem Angriff auf den Bauern d5 will Schwarz die Lage im Zentrum sofort klären. In dieser Variante entstehen völlig andere Stellungsbilder als in anderen Abspielen.

6.♘c3

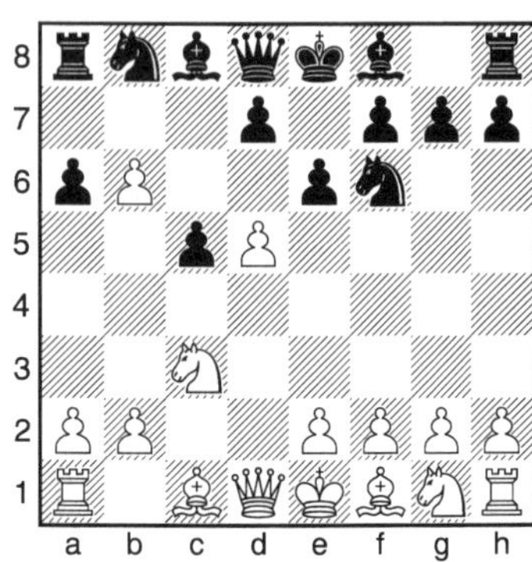

6...♘xd5

Nur Zugumstellung bedeutet 6...exd5.

Schwarz kann allerdings mit 6...♗b7 die Spannung halten. Schauen wir uns dazu einige Varianten an.

7.e4 exd5

(7...♕xb6 8.♗c4 ♗e7 9.♘f3 0-0 10.0-0±)

8.exd5 d6

A) Die interessante Idee 9.g4!? stammt aus der Partie Rajkovic–Kisic, Cetinje 2012.

Der Bauernvorstoß trägt nicht nur Unruhe ins gegnerische Lager, sondern gibt dem weißen Spiel auch neue Entwicklungsmöglichkeiten.

9...h6 10.h3 ♗e7 11.♗g2 ♘bd7 12.♘ge2 0-0 13.0-0 ♘xb6 14.♘g3

Der Springer ist nur auf der Durchreise. Sein zurzeit endgültiges Ziel ist das Feld e3, von wo aus er als Stütze des Bauern auf d5 fungiert. Und das Feld g3 ist eine schöne Option für den schwarzfeldrigen Läufer, denn von hier aus kann er gegen die Schwäche d6 drücken.

14...♘e8

(Vielleicht nicht das Beste. 14...♖e8 verdient als schlichte Alternative Beachtung.)

15.♘f5 ♗f6 16.♗f4 ♗c8 17.♘e3 a5 18.♕c2 a4 19.♖fe1 a3 20.b3 ♗d4 21.♗g3 ♘c7 22.♖ad1

In dieser komplexen Stellung hat Weiß die besseren Aussichten. Seinem schon recht harmonischen Figurenspiel bieten sich einige Schwächen im schwarzen Lager als Angriffsziele an. Schwarz wird beweisen müssen, dass er in der Lage ist, ein ordentliches Gegenspiel zu organisieren.

B) 9.a4

Je nach schwarzer Reaktion verzweigt das Spiel hier in zwei Richtungen.

B1) 9...♕xb6 10.♗c4

(Weiß kann erst 10.a5!? dazwischenschalten. Die folgende längere Variante aus der Partie Knaak–Mainka, Deutschland 1991, zeigt, wie es dann weitergehen kann.

10...♕c7 11.♗c4 ♗e7 12.♘ge2 0-0 13.0-0 ♘bd7 14.f4 ♕d8 15.♕d3 ♘e8 16.g4

Während der Anziehende kontinuierlich nach vorne strebt, hat Schwarz Probleme, ein freies Spiel zu erreichen.

16...♘c7 17.♗d2 ♖e8 18.g5 ♗f8 19.h4 ♖b8 20.♘g3 ♗c8

Mit Ausnahme der beiden Springer haben sich inzwischen alle schwarzen Figuren wieder auf der Grundlinie eingefunden. Und auch die beiden Rösser sind in ihrer Wirkung eher Klappergäule.

21.b3 g6 22.♘ce4 f5 23.gxf6 ♘xf6 24.♘g5 ♗g7 25.♖ae1 h6 26.♕xg6!

Eine schöne Pointe!

26...hxg5 27.fxg5

Weiß hat entscheidenden Angriff.)

10... ♘bd7

(10...♗e7 11.♘f3 0-0 12.0-0 ♘bd7 13.♖e1 ♖fe8 14.♕d3± und ohne jede spektakuläre Aktion hat sich der Anziehende in die bessere Position geschoben.)

11.f4!

Der Bauernzug verdeutlicht dem Nachziehenden seine Probleme, sich aussichtsreich zu entwickeln. Mit seiner Wahl des Wolga-Gambits hatte er sicher andere Vorstellungen von der Partie als das, worin er sich jetzt gefangen sieht.

11...♗e7 12.♘ge2 0-0 13.0-0 ♖ab8 14.a5 ♕a7 15.♘g3 ♕a8 16.b3 ♘e8 17.♗b2 ♗f6 18.♖a2 ♗d4+ 19.♔h1

Die weißen Figuren sind den gegnerischen an Wirkung deutlich überlegen.

19...g6 20.♗a1 ♘c7 21.♖d2 ♗xd5 22.♘xd5 ♘xd5 23.♖f3 ♘5f6 24.♗xd4 cxd4 25.♖xd4 d5 26.♗xd5 ♘xd5 27.♖xd5.

Weiß hat seinen Vorteil zementiert, inzwischen auch materiell in Form eines Mehrbauern, Schirow–Andruet, Val Maubuee 1989.

B2) 9...a5 10.♗b5+ ♘bd7 11.♘ge2

(Eine aktive Möglichkeit ist auch 11.♗g5; z.B. 11...♗e7 12.♘f3 0-0 13.0-0 ♘xb6 14.♗c6 ♗xc6 15.dxc6 ♖c8 16.♕b3 ♖xc6 17.♕b5 ♕a8 18.♖fe1 ♘c8 19.♕d3 ♕b7 20.♖e2 ♘h5 21.♘d5 mit aktivem Spiel für den Bauern, De Blecourt–Puuska, Batumi 1999.)

11...♗e7 12.0-0 0-0 13.♖e1 ♘xb6 14.♘f4 ♖c8

(14...♘fd7 mit der Idee, den Läufer auf das freigezogene Feld f6 zu ziehen, ist weniger ratsam wegen 15.♖a3 ♗f6 und nun 16.♘e4 ♗e5 17.♖h3 und Weiß entwickelt einen Angriff.)

15.♕f3 ♘fd7 16.♗d2 ♘e5 17.♕e4 ♗g5 18.♖ad1 g6 19.♕c2 ♗e7 20.♘e4 ♖a8 21.♗c3

Weiß hat die Initiative, Drejew–Kutuzovic, Sibenik 2006.

7.♘xd5 exd5 8.♕xd5 ♘c6

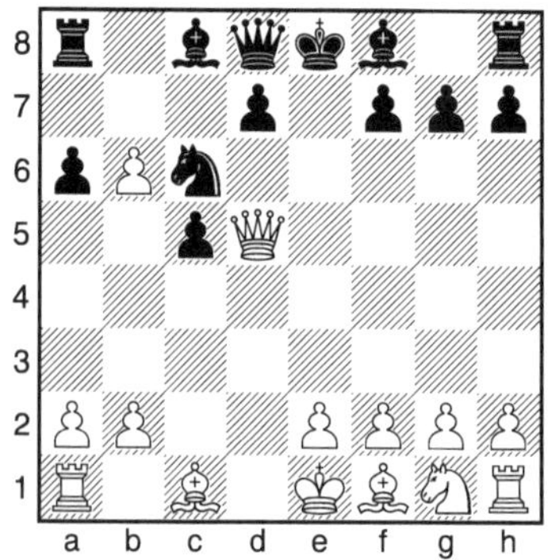

9.♘f3

Am stärksten, da Weiß nun unangenehm ♘f3-e5 droht.

9...♖b8

Hier hat der Nachziehende in der Praxis sein Heil auch schon oft in Alternativen gesucht, die aber im Ergebnis heute ebenso alle als schwächer gelten als jene, die aus den Küchen der Theoretiker stammen. Schauen wir uns mal an, was auf diesen Nebenwegen insgesamt alles so möglich ist, soweit wir es nicht als unwichtig ansehen können.

I. 9...♕xb6 ermöglicht Weiß 10.♘e5 mit einem tödlichen Blick auf das Feld f7.

10...♘xe5 11.♕xa8 ♕c7

Nun muss Schwarz den Beweis antreten, dass er ausreichend Kompensation für den materiellen Nachteil hat oder bekommt.

A) 12.♗d2 c4

(12...♗e7 13.e3 0-0 14.♗xa6±)

13.♕e4 ♗b7 14.♕c2 ♗e7 15.♗c3 0-0 16.0-0-0

Weiß hat eine solide Position eingenommen und ist unseres Erachtens klar im Vorteil. Mit 12.♗d2 müsste Weiß also den schwarzen Ausgleich vereiteln können.

B) 12.♗f4 ♗d6 13.0-0-0

(13.♕e4!? mit einer ähnlichen Idee wie in der vorangegangenen Variante sieht ebenfalls gut aus; z.B. 13...0-0 14.♕c2 ♗b7 15.e3⩲.)

13...♘d3+ 14.♖xd3 ♗xf4+ 15.e3 0-0 16.♕d5 ♗e5 17.♖d2 d6 18.♗c4 ♗e6 19.♕e4 ♗d7 20.♖hd1

Auch hier behält Weiß einen klaren Vorteil, Van Wely–Garcia Ilundain, Las Palmas 1993. Somit kann er auch mit 12.♗f4 seinen Gegner wegen dessen zu großem Optimismus im 9. Zug in die Schranken weisen.

II. 9...♗e7 sieht logisch aus, macht dem Anziehenden aber ebenfalls keine Probleme.

10.♘e5

(Der Springerzug ist zielgerichteter als die ebenfalls in der Praxis erprobte Alternative 10.e4, indem Schwarz keine wirkliche Alternative bleibt, einen Doppelbauern auf der c-Linie hinzunehmen.

10.e4

Dies erlaubt es Schwarz, die vordringlichsten Probleme loszuwerden.

10...0-0 11.♗c4 ♗b7 12.♕d1 ♕xb6 13.0-0 ♖ad8

Natürlich ist Schwarz weit davon entfernt, seine ursprüngliche Absicht, im Gambitstil in Vorteil zu kommen, zu verwirklichen, er hat aber noch Chancen. In der Partie Pisulinski-Pinski, Polanica Zdroj 1995, ging es wie folgt weiter: 14.♗f4 ♘d4 15.♘xd4 cxd4 16.♕e2 ♖fe8 17.♗d3 ♗d6 18.e5 ♕a5 19.♗xh7+ ♔xh7 20.♕d3+ ♔g8 21.exd6 ♕d5 22.f3⩲.)

10...0-0 11.♘xc6 dxc6

Der nun entstandene Doppelbauer ist eine schwere Hypothek für das schwarze Spiel.

12.♕xd8

Der Nachziehende muss sich entscheiden, mit welcher Figur er zurückschlagen will. Für beide Alternativen haben wir ein Beispiel aufgenommen.

A) 12...♗xd8 13.e3

(Spielbar sind auch 13.♗d2!? bzw. 13.♗f4!?.)

13...♖b8

(13...♗f6 14.♗d2 ♖b8 15.♗a5 ♗xb2 16.♖b1 ♗f6 17.♗d3 ♗e6 18.a4±)

14.b7!

Deplatziert den schwarzen Läufer und verschließt vorübergehend die b-Linie für den Turm.

14...♗xb7 (14...♖xb7 15.♗xa6±) 15.♗d2 ♗f6 16.♖b1 ♗c8 17.b3

Wegen des schwarzen Doppelbauern auf der c-Linie hat Weiß die besseren Aussichten, Kumaran-Waitzkin, Oakham 1992.

B) Die Konsequenzen der Wahl 12...♖xd8 beleuchten wir anhand der **Partie Nr. 27:** Karpow-Christiansen, Wijk aan Zee 1993.

III. 9...♗b7 10.♘e5 ♕e7

(10...♘xe5 scheitert natürlich an 11.♕xb7±.)

11.♗f4

Hier hat der Nachziehende die Wahl vor allem zwischen dem kompromisslosen Zug 11...g5 und der ruhigeren Alternative 11...♘d8. Beide Züge können Weiß jedoch nicht in Verlegenheit bringen, was die folgenden Varianten bestätigen mögen.

A) 11...g5 12.♗g3 ♘d8

(12...♗g7 ist nicht ratsam, weil es Weiß forciert in Vorteil bringt, wie z.B. in der Partie Becker-Stock, St. Ingbert 2001.

13.♘c4 0-0 14.♗d6 ♕f6 15.♗xf8 ♖xf8 16.e3 ♘d4 17.♕xb7 ♘c2+ 18.♔d2 ♕xf2+ 19.♗e2 ♘xa1 20.♖xa1+-

Der materielle Rückstand des Nachziehenden entscheidet die Partie in einer für ihn ohnehin trostlosen Stellung.)

13.♕d2 f5 14.f4 ♗g7 15.♘c4 d5 16.♘a5 ♕e6 17.♖d1 ♕xb6 18.♘xb7 ♘xb7

Weiß hat die intermezzoartige Drangperiode seines Gegners überstanden und kann nun das Zepter wieder in die Hand nehmen.

19.♕e3+ ♔f7 20.♖xd5 ♕b4+ 21.♕d2

In der Fernpartie Rost–Nicholls, ICCF Email 1997, folgte 21...♕e4 22.♕d3 ♕xd3 23.♖xd3 ♖hd8 24.e3 mit weißem Vorteil.

B) 11...♘d8 12.♕d2 d5

(Die Folge nach 12...g5 besprechen wir unter Punkt A.)

13.♕c2 ♕e6 14.♕a4+ ♔e7 15.e4

Weiß behauptet seine Initiative, A. Sokolov–Onischuk, Jurmala 1991.

IV. Nach 9...♕f6 erhält Weiß bequemes Spiel.

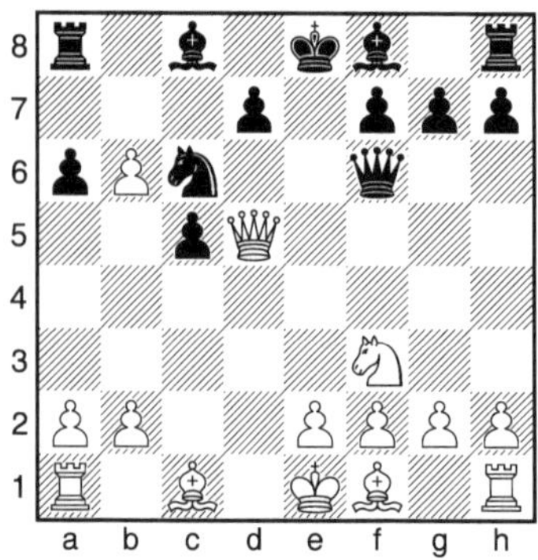

Er antwortet am besten mit 10.♗g5, worauf für den Nachziehenden nur 10...♕e6 wirklich in Betracht kommen kann. Die Variante wird selten gespielt, sodass es kaum Material aus der Praxis gibt. Zwei in dieser Stellung erprobte weiße Fortsetzungen möchten wir Ihnen kurz vorstellen.

A) 11.0-0-0 ♖b8 12.e4 ♖xb6 13.♗c4 ♘b4 14.♕xe6+ fxe6 15.♗f4

(Infrage kommt auch 15.♖d2!? nebst ♖h1-d1.)

15...♗e7 16.♗c7 ♖c6 17.♗e5

Das weiße Spiel ist freier und initiativer und deshalb dem gegnerischen vorzuziehen. Schwarz muss präzise spielen, wenn er nicht schnell ins Hintertreffen geraten will. Ins Straucheln geriet er nach 17...d6 in der Partie Caetano–Vieira, Maringa 2011.

18.♗g3 ♖b6 19.a3 ♘c6 20.♗xd6

Schwarz verlor Material in nunmehr bemitleidenswerter Stellung mit einer nicht mehr real vorhandenen Bauernformation. Die weiteren Züge zeigen wir Ihnen unkommentiert, denn sie sprechen für sich.

20...♘a5 21.♗xe7 ♘xc4 22.♖d8+ ♔xe7 23.♖xh8 ♗b7 24.♖xh7 ♖xb2 25.♖xg7+ ♔f6 26.♖g4 ♖xf2 27.♖d1 ♘e3 28.♖f4+ ♔e7 29.♖d7+ ♔xd7 30.♘e5+ ♔d6 31.♘f7+ ♔e7 32.♖xf2+−

B) 11.e4 ♕xd5 12.exd5 ♘b4 13.0-0-0 f6 14.♗c4! ♗d6 (14...fxg5 15.d6!) 15.♖he1+ ♔d8 16.♗e3 a5 17.♘g5! ♖f8 18.♘e4 ♗e5 19.♘xc5 1-0, Schulz–Mollier, Deutschland 1999.

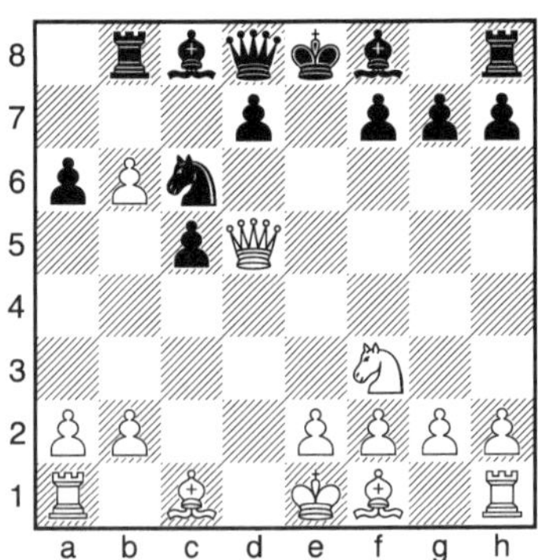

10.e4

Zwar ist dies nicht die einzige Möglichkeit für Weiß, aber der Zug hat sich als bester in der Einschätzung der Theorie durchgesetzt. Ein ernster Mitbewerber um die Gunst der Spieler ist aber 10.♗d2!?. Er folgt der Grundidee, den Läufer auf das ideale Feld c3 zu bringen, wo er aktiv gegen den schwarzen König wirken kann. Schauen wir uns die wichtigsten Varianten an.

A) 10...♖xb6 11.e4

(Es geht auch sofort 11.♗c3!?.)

11...♗e7!?

(Die mit diesem Zug eingeleitete Variante zhlt zu jenen, die uns 10.e4 den Vorzug gegenüber 10.♗d2 geben lassen.

11...d6 erlaubt 12.♗c3, woraufhin Schwarz Mühe hat, sich einigermaßen sinnvoll weiterzuentwickeln.

12...♘b4 13.♕d2 ♕e7 14.♗e2 ♕xe4 15.0-0

In der Folge kann der Anziehende mehrfach unter Tempogewinn seine Position verbessern.

15...♗e6 16.a3 ♘d5 17.♗a5 ♖c6 18.♖fe1 ♕f4 19.♕c2

In der Partie Berdichesky-Tsvetkov, Argentinien 1998, folgte 19...♗e7 20.♗d2 ♕f6 21.♗g5 ♕g6 22.♗d3.

Wie von selbst finden die weißen Figuren immer die besten Felder. Inzwischen ist ein schwarzer Materialverlust unvermeidbar.

22...♕h5 23.♗c4 0-0 24.♗xd5 ♗xd5 25.♗xe7 ♗xf3 26.gxf3 ♖fc8 27.♕d1 Weiß behält eine Mehrfigur.)

12.♗c4 0-0 13.0-0 d6 14.♗c3 ♗e6=

B) 10...♕xb6 11.♗c3

Auf c3 deckt der Läufer zwar seinen Bauern auf b2, kaum unwichtiger aber ist sein unangenehmer Druck auf den schwarzen Königsflügel.

11...d6

(Nach 11...♘e7 12.♕d2 d5 13.e3 f6 14.♗e2 ♔f7 15.0-0 verfügt Weiß aufgrund der unglücklichen Stellung des schwarzen Königs auf f7 über gute Angriffsaussichten, Neganow-Woloslan, RCCA 2002.)

12.e4 ♗e6 13.♕d1 f6 14.♘d2

Ein universeller Zug. Er macht das Feld c4 für den Läufer betretbar und ermöglicht den Bauernvorstoß f2-f4.

14...♘e5 15.f4 ♘d7 16.♗c4 ♗xc4 17.♘xc4 ♕c6 18.0-0

Der Anziehende ist deutlich im Vorteil. Er droht sehr stark ♕d1-g4 oder sogar e4-e5 mit gefährlichem Angriff, De Souza-Dianda, Americana 2000.

C) 10...♗e7 11.♗c3 0-0 12.e4 ♘d4 leitet eine Abtauschsequenz ein, die eher für den Anziehenden vorteilhaft ist.

(Zu 12...♖xb6 siehe **Abspiel I.** 12.♗d2!? - **Punkt B** nach dem nächsten Diagramm.)

13.♘xd4 ♗b7 14.♕b3 cxd4 15.♗xd4 ♗xe4 16.♗xa6 ♗f6 17.♗e3 ♗xg2 18.♖g1 ♗e4

In der Partie Drejew-Soloschenkin, Elista 1996, machten die weiteren Züge die besseren dynamischen Chancen von Weiß deutlich.

19.a4 d5 20.a5 ♕d6

(20...d4 sieht nur auf einen schnellen Blick gut aus. Dass es nichts hilft, wird über die Variante 21.♗f4 ♕e7 22.♔f1 ♖bd8 23.♗d3± deutlich.)

21.♗d3

10...♗e7 11.♗c4 0-0

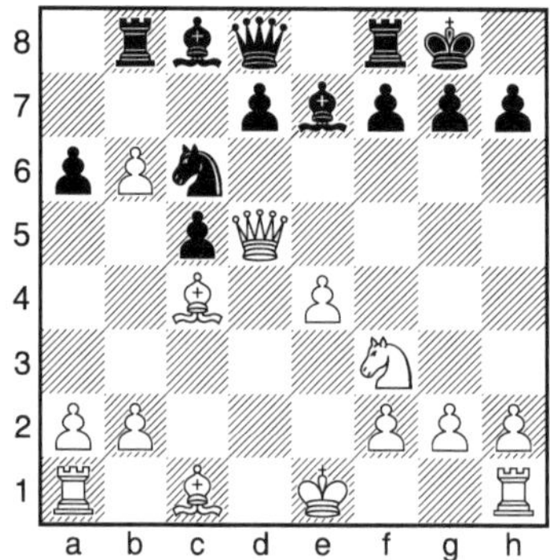

12.0-0

Bei allen Blicken nach vorn muss der Anziehende rechtzeitig an die Sicherheit seines Königs denken.

I. 12.♗d2!? ist allerdings eine weitere starke Möglichkeit für Weiß. Schwarz kann nur dann auf Erfolg in seinem Kampf um Ausgleich hoffen, wenn er weiter sehr präzise spielt. Dabei gibt es etliche Fallstricke, in die er unter Turnierbedingungen am Brett geraten kann. Auch an dieser Stelle müssen wir unsere Aufmerksamkeit einem kleinen Variantengeflecht widmen.

A) 12...♕xb6 13.♗c3 ♘b4 14.♕d2 ♕g6 15.0-0

A1) 15...d6

Schwarz verschmäht den Bauern auf e4 und verfolgt positionelle Ziele.

16.a3 ♘c6

(16...♗g4 17.♗e2 ♘c6 18.♖fe1± oder 16...♕xe4 17.b3 ♘c6 18.♗d5 mit Springergewinn.)

17.♕f4

Angesichts der schwarzen Bauernschwäche auf d6 ist Weiß ein positioneller Vorteil zu bestätigen, Drejew-Fominyh, Maikop 1998.

A2) 15...♕xe4 ist die gefräßige Alternative in dieser Stellung, in der es dem Bauern auf e4 an den Kragen geht.

16.♗b3 ♗b7 17.♖ae1 ♕g4 18.♖e3 d6 19.♕e2 ♗d8 20.♖d1 ♗c7 21.h3 ♕f4 22.a3 ♘c6 23.♗d5

Mit einer Reihe natürlicher Züge hat sich Weiß einen ausreichenden Ersatz für den Minusbauern verschafft. Er steht klar besser.

A3) 15...♗b7 führt nach 16.♘e5 und 16...♕xe4 zu einem späteren Fall des e-Bauern. Nach 17.f3 ♕h4 18.g3 ♕h5 19.♕xd7 ♗f6 20.♖ae1 ist das materielle Gleichgewicht bei weißem Stellungsvorteil wieder hergestellt.

B) 12...♖xb6 13.♗c3 ♘b4

(Auf 13...d6 sollte der Anziehende am besten zunächst den König mit 14.0-0 sichern.)

14.♕d2 ♗b7

(14...d5 erwies sich in Rowson-Ledger, Hove 1997, als zu gefährlich für Schwarz. Die Partie fand ein baldiges Ende, ohne dass er sich noch einmal hätte erholen können.

15.exd5 ♗b7 16.0-0 ♕a8 17.♖ad1 ♖d8 18.♖fe1

In wenigen Schritten hat Weiß eine Traumstellung erreicht.

18...♗f6 19.♗xb4 ♖xb4 20.b3 a5 21.♕e3 ♕c8 22.d6 g6 23.d7 ♕c6 24.♕e8+

Nun war die Sache für den Nachziehenden ausgestanden, 1-0.)

15.0-0-0

B1) 15...d6 16.♕f4 a5 17.♔b1 ♗f6

(17...♕a8 18.♖he1±, Roos–Lazarev, Arco 2000.)

18.e5

(Aber nicht 18.♗xf6? ♕xf6 19.♕xf6 wegen 19...♗xe4+ und Schwarz hat dem Spiel eine Wende gegeben.)

18...♗e7 19.exd6 ♖xd6 20.♖xd6 ♗xd6 21.♕g4

(Ehrgeizigen weißen Plänen nicht zuträglich ist 21.♗e5, denn nach 21...♗xe5 22.♘xe5 ♗xg2 23.♖g1 ♗d5 wird er sich wohl mittels 24.♕h6 g6 25.♘xg6 hxg6 26.♖xg6+ fxg6 27.♕xg6+ mit einem Dauerschach zufrieden geben müssen.)

21...g6 22.♖d1 ♗c8 23.♕g5 ♕xg5 24.♘xg5 ♗f5+ 25.♔c1 ♗f4+ 26.♗d2 ♗d3 27.♗xd3 ♘xd3+ 28.♔c2 ♗xd2 29.♖xd2 ♘e1+ 30.♔c3 ♘xg2 31.♖d7

Weiß hat aktives Spiel für den Bauern. Die Stellung befindet sich im Gleichgewicht. Natürlich haben wir diese Schlussstellung über eine lange Zugfolge erreicht. Allerdings drängen sich für keine der beiden Seiten Züge auf, die klar als eine Verbesserung anzusehen wären. Im Gegenteil müssen etliche von ihnen als erzwungen angesehen werden.

B2) 15...♗xe4 16.♕xd7 ♗g5+

(16...♕xd7 17.♖xd7 ♗f6 18.♖e1 ♗g6 19.♘e5±, Krush–Gunnarsson, Torshavn 2000; 16...♗xf3 17.gxf3±)

17.♘xg5 ♕xg5+ 18.♖d2 ♗f5

(18...♗g6? war in der Partie Rachmanow–Nepomnjaschtschi, Moskau 2010, der Einstieg in die sich anschließende Katastrophe: 19.♖e1 ♖bb8 20.g3 ♕h5 21.a3 ♖bc8 22.f4 ♕f3 23.♕d6 ♖ce8 24.♖xe8 ♖xe8 25.axb4 cxb4 26.♕e5 ♕h1+ 27.♖d1 ♖xe5 28.♗xe5 1-0.)

19.♕c7 ♖c6 20.♕g3 ♕xg3 (20...♕h6!?) 21.hxg3 ♗e6 22.b3 ♗xc4 23.bxc4 ♖c7 24.a3 ♘c6 25.♖d5 ♘d8 26.♔c2 ♘e6 27.♖b1

Weiß steht aktiver, aber Schwarz hat gute Rettungschancen.

II. 12.♕h5 verspricht Weiß keinen Vorteil, wie die folgenden Varianten zeigen.

12...♖xb6 13.0-0 d6

(13...♗b7 14.♗d5 ♘b4 15.♗xb7 ♖xb7 16.♗d2 ♕b6 17.♗c3 ♕e6 18.b3 ♘c2 19.♖ac1 ♕xe4 20.♖fd1 mit ausreichendem Ersatz für den geopferten Bauern, Kanep–Lejarre, Cappelle-la-Grande 2011.)

14.b3

Dies ist am besten.

14...♗e6

(Auf 14...♗f6 ist 15.♘g5± zu empfehlen.)

15.♗xe6 fxe6 16.♕g4

Der Angriff auf den e–Bauern zwingt Schwarz zur Wahl des Mittels für seine Verteidigung.

A) 16...♕c8 17.♗b2 ♗f6

(Eine andere Möglichkeit ist 17...e5 18.♕xc8 ♖xc8 19.♘d2 ♘d4 20.♘c4. Zu dieser Stellung wird bisweilen die Ansicht vertreten, dass Weiß wegen seiner sicheren Kontrolle des Feldes c4 in Verbindung mit der Möglichkeit zum Bauernvorstoß f2-f4 in Vorteil sei. In der Partie Schabalow–Bartholomew, Philadelphia 2007, kam Schwarz aber über 20...♖b5 21.♖ae1 a5 22.♗c3 ♖a8 23.♘b2 ♗g5 24.♔h1 ♖b7 25.♖d1 ♘b5 zu einem ausreichenden Gegenspiel.)

18.♗xf6

(Mit 18.e5 gelang es Weiß in Bagirow–Vuckovic, Istanbul 2000, nicht, einen Vorteil herauszuarbeiten. Es folgte 18...dxe5 19.♖ae1 ♖b4 20.♕g3 e4 21.♗xf6 ♖xf6 22.♘d2 ♖g6 23.♕c3 ♖d4 24.♘xe4 ♖d5 25.♘xc5 ♘d4 26.b4 a5 27.a3 ♕c6 28.f3 ♘b5 29.♕e3 ♘xa3 30.♕xa3 axb4 31.♕xb4 ♕xc5+ 32.♕xc5 ♖xc5=.)

18...♖xf6 19.♘d2 (19.♖ad1 ♖g6=) 19...♕f8!? 20.♘c4

(20.f4 verspricht ebenfalls nicht mehr als gleiches Spiel: 20...d5 21.♖ae1 ♘d4 22.exd5 exd5 23.g3 ♖be6=.)

20...♖b7 21.f4 ♖bf7 22.g3 d5

Mit Ausgleich in der Partie Gleizerow–Tregubow, Krasnojarsk 2003. Die schwarzen Figuren sind aktiv und harmonisch aufgestellt und lassen Weiß keinerlei Raum für irgendwelche Ansprüche auf Vorteil.

B) 16...♖f6 17.♗e3 ♖g6 18.♕h3 ♖b4 19.♘d2 ♘e5 20.♖ad1 ♕d7 mit Ausgleich, Drazic–Vuckovic, Vrnjacka Banja 2010.

12...♖xb6

Der Bauer wird liquidiert, was als die beste Fortsetzung gilt.

Hier ein Blick auf andere Versuche.

I. 12...♘a5 13.♗d3 ♖xb6 14.♗d2 ♗b7 15.♕h5 ♖d6 (15...♖e6 16.♖fe1±) 16.♖ad1 ♘c6 17.♗f4 ♖g6 18.♗c4 d6 19.h3 mit dem Plan, die Türme auf der d–Linie zu verdoppeln mit Druck gegen den Bauern auf d6, Drejew–Banikas, Panormo 2001.

II. 12...h6 ist hier unangebracht. Der Zug bedeutet nur Zeitverlust und schwächt zugleich die schwarze Königsstellung.

13.a3

(13.♖d1 ♖xb6 14.b3 d6 15.♕h5 ♗e6 16.♗xe6 fxe6 17.♕g4 ♔h8 18.♕xe6±, Palsson–Finnlaugsson, Reykjavik 1998.)

13...♖xb6 14.♖d1 d6 15.♕h5 ♘a5 16.♗d5 ♕c7 17.♗xh6! gxh6 18.♕g6+ ♔h8 19.♕xh6+ ♔g8 20.♖d3 c4 21.♘g5 ♗xg5 22.♖g3 ♕e7 23.♖xg5+ ♕xg5 24.♕xg5+ ♔h7 25.♕e7

Und Weiß gewinnt, Iniyan–Tomasi, Maribor 2012.

III. Nach 12...Dxb6 13.Sg5 Sb4 14.Df5 Lxg5 15.Dxg5 Lb7 16.Lf4 Tbc8 17.Tad1 steht Weiß ausgezeichnet.

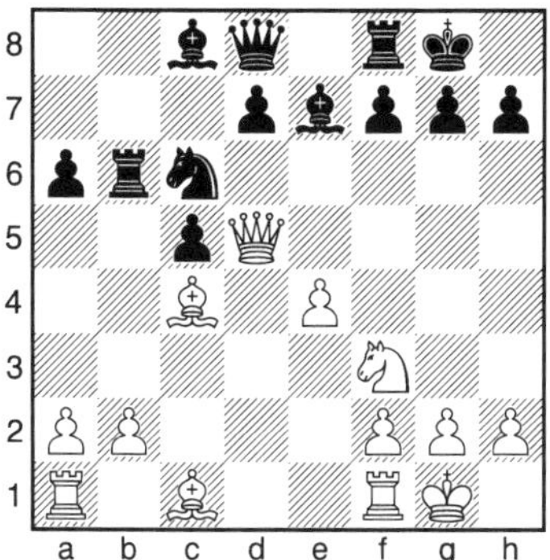

13.Ld2

Mit dem klaren Plan, den Läufer auf der Diagonale a1-h8 zu postieren.

Nicht zu empfehlen ist Weiß 13.b3. Stohl beurteilt ihn als ambitionslos für den Anziehenden („Dieser Zug sollte Weiß keinerlei Vorteil vermitteln"). Schwarz antwortet am besten mit 13...Sa5!. In der Partie Awruch–Berg, Groningen 1993, nahm er alsbald das Heft in die Hand.

14.Lf4 Lb7 15.Dd3 Sxc4 16.bxc4 Te6 17.Sd2 Lc6 18.f3 Lg5 19.Ld6 Le7 20.Lg3 Lh4 21.Tab1 (21.Ld6=) 21...Lxg3 22.hxg3 Dg5 23.Kf2 f5

Die Initiative liegt auf der Seite des Nachziehenden.

13...d6

Es ist für Schwarz elementar wichtig, seine Entwicklung voranzutreiben. Zu gefährlich für ihn ist der Versuch, jetzt mit 13...Txb2 auf einen materiellen Vorteil zu spielen.

14.Lc3 Tb6

Mit dem Ausweichen auf b6 verbindet Stohl die Idee d7-d6 und Le6 für den weiteren schwarzen Aufbau.

15.Tad1 d6 16.Dh5 Lf6

(– Nun wäre 16...Le6 im Sinne Stohls schlecht wegen 17.Lxe6 fxe6 18.Dg4±.

– Auch 16...De8 würde zur Niederlage führen, wobei die damit verknüpfte Variante richtig etwas für das ästhetische Auge des Spielers wäre. Weiß spielt unerwartet 17.Txd6! und legt dem Nachziehenden nach 17...Lxd6 18.Sg5 h6 mit 19.Dg6+– die Schlinge um den Hals.)

17.e5 g6 18.Dh6 Lg7 19.De3 Te8 20.Df4 Le6 21.Txd6 Db8 22.Lxe6 fxe6 23.Sg5 Sd8 24.Tdd1

Weiß steht auf Gewinn. In der Partie Thorfinnsson–Züger, Ohrid 2001, verkürzte der Nachziehende den Ablauf mit dem Fehler 24...Lh6? und wurde mit 25.Txd8! geschockt, 1-0.

14.Lc3

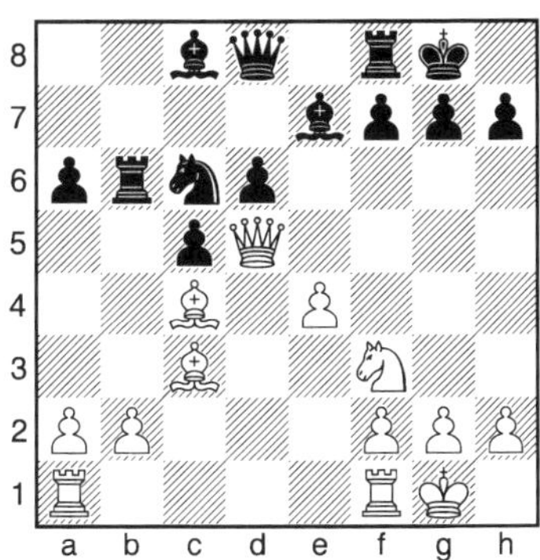

14...Le6

Schwarz will damit den Druck der weißen Figuren auf der Diagonale a2-g8 neutralisieren.

Hier ein Blick auf andere Versuche.

I. 14...♗f6

A) 15.♖ad1 ♗e6 16.♕d3

In hochklassigen Partien kam diese Stellung bisher nur selten auf das Brett. Die Punktausbeute von 75 Prozent für den Anziehenden deutet an, dass er sich eine begründete Hoffnung auf den Sieg machen kann.

Zwei schwarze Erwiderungen verdienen eine tiefere Betrachtung.

A1) 16...♗xc3 17.bxc3

Nun sollte Schwarz mit dem weiteren Abtausch der Läufer noch mehr Luft aus der Stellung nehmen und dabei die gegnerische Dame von der d-Linie locken.

A1a) In der Partie Esen–Calzetta Ruiz, Rijeka 2009, ließ der Nachziehende diese Gelegenheit aus und hatte dann auch sogleich größere Klippen zu umschiffen.

17...♕f6 18.♗xe6 ♕xe6 19.♕xd6 ♘d4 20.♕xe6 ♘xf3+ 21.gxf3 fxe6 22.♔g2 e5 23.♖d5 ♖g6+ 24.♔h1 c4 25.♖c5 ♖xf3 26.♖xc4±

Bis hier ist der Verlauf plausibel und der weiße Vorteil hält sich trotz des Mehrbauern in Grenzen. Nun aber gelingt ihm die Befreiung aus der gegnerischen Umklammerung am Königsflügel und in der Folge die Entwicklung einer gewinnbaren Endspielstellung.

26...h6 (26...♖g4!?) 27.♖g1 ♖gf6 28.♖c8+ ♔h7 29.♖c7 ♖f7 30.♖xf7 ♖xf7 31.♔g2 ♖b7 32.♖d1 ♖b2 33.♖d5 ♖xa2 34.♖xe5±

A1b) 17...♗xc4!? 18.♕xc4 ♕f6

Ein offenkundiger Vorteil ist keiner der beiden Seiten zu attestieren; die Situation ist unklar.

A2) 16...♘b4 mit der Idee 17.♕e2 ♘xa2? funktioniert nicht wegen 18.♗xa2 ♗xa2 19.♗a5 ♖xb2 20.♕xb2 ♗xb2 21.♗xd8 ♖xd8 22.♖d2 ♖b8 23.♖xd6 h6 24.♖fd1±, K. Georgiev–Vaisser, Ohrid 2001.

B) In der Partie Vernay–Tregubow, Mühlhausen 2010, wählte Weiß 15.♕d2 und machte gute Erfahrungen damit.

15...♗g4 16.♘e1 ♗xc3 17.♕xc3 ♘e5 18.f3 ♘xc4 19.♕xc4 ♗e6 20.♕c3 ♕f6 21.♕xf6 gxf6 22.♖f2 f5 23.exf5 ♗xf5 24.♖d2 a5 25.b3 a4 26.bxa4 c4 27.♖c1

Weiß hat das günstigere Endspiel, das er später dann auch siegreich zu führen verstand.

II. Ein Außenseiterzug ist auch 14...♗g4. Aus dem Turnierschach sind nur zwei Partien bekannt, die im höheren Leistungsbereich gespielt worden sind. In beiden Fällen setzte Weiß mit 15.♖ad1 fort und hatte jeweils Erfolg damit (Sieg und Remis sprangen dabei heraus). Eine Partie liegt uns aus dem Fernschach vor. Der Nachziehende kann keine große Hoffnung darauf setzen, mit dem Läuferzug viel erreichen zu können.

A) 15...♕c8 16.♘g5 (16.♕d3!?) 16...♗xg5

(Natürlich nicht 16...♗xd1?? wegen 17.♘xf7 und die Partie ist für Schwarz kaputt.)

17.♕xg5 ♘e5 18.♗xe5 dxe5 19.♖d2 ♗e6

A1) Nach 20.♖c1 ♗xc4 21.♖xc4 ♕e6 (21...♖b4!?) 22.♖xc5 ♕xa2 23.h3 ♕b1+ würde sich ein in etwa ausgeglichenes Endspiel abzeichnen.

A2) 20.♗d5 ♗xd5 21.exd5 ♕b8 22.b3 f6 23.♕e3 ♕d6 24.f4 und das Schwerfigurenendspiel ließe sich für Weiß etwas einfacher führen, Cade–Tew, IECC Email 2005.

B) 15...♘b4 16.♗xb4 ♖xb4 17.b3 ♕c8

Vielleicht sollte Schwarz hier besser den eben noch ausgelassenen Zug 17...♗e6!? Nachholen.

18.♕d3 a5 19.♖fe1 ♖b6 20.h3 ♗xf3 21.♕xf3 ♗f6 22.♖d5 ♗e5 23.♖ed1 g6 24.a4 ♕c7 25.g3 ♔g7 26.♕e3 ♔g8 27.h4 ♖bb8 28.h5

Trotz der ungleichfarbigen Läufer hat sich Weiß die besseren Aussichten verschafft und die Partie später dann auch tatsächlich gewonnen, Drejew–P. Cramling, Caleta 2005.

Auf dem Weg zu unseren jeweiligen Schlussstellungen sind natürlich für beide Seiten etliche Abweichungen denkbar und prüfenswert. Indem wir uns eng an die Referenzpartien halten, können wir eine logische Entwicklung aus der Anfangsstellung heraus zeigen, nicht aber alle Alternativen auf ihre Potenziale abklopfen.

15.♕d3

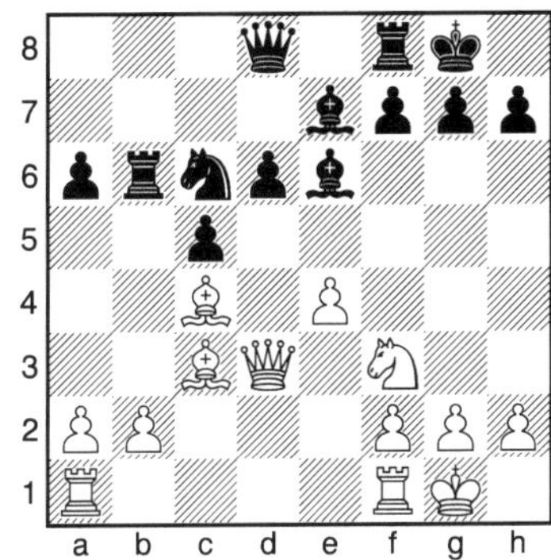

15...♗xc4

Einen etwas anderen Weg nimmt die Partie nach 15...♘b4 16.♕e2 ♗xc4 17.♕xc4 d5 18.exd5 ♕xd5 19.♘e5. Hier muss der Anziehende mit drei aus der Praxis bekannten Erwiderungen rechnen.

A) 19...♖d6 20.a3 ♘d3

(20...♘c2 21.♕xd5 ♖xd5 22.♘c6 ♗g5 23.♖ad1 ♖xd1 24.♖xd1 ♖e8 25.g3±)

21.♖ad1 ♕xc4 22.♘xc4 ♖d7 23.♖fe1 ♖fd8 24.♘b6 ♖b7 25.♖e3

Wegen des schwachen schwarzen Bauern auf c5 erreichte Weiß ein günstiges Endspiel, das später dann auch folgerichtig mit einem Sieg endete, Stefanova–Pogonina, Solin 2007.

B) 19...♕xc4 20.♘xc4 ♖e6 21.♖fe1 ♘d3 22.♖xe6 fxe6 23.♖d1 ♘f4 24.♗e5 ♘d5 25.g3 mit einem bequemen Endspiel für Weiß, Sahl–Eames, Staverton 2013.

C) 19...♖e6 20.♖fd1

Laut Stohl ist dies der einzig wirklich in Betracht kommende Zug. Dem Urteil ist zuzustimmen. Eine gleichwertige Alternative hinsichtlich des Ausbaus der weißen dynamischen Chancen ist nicht zu erkennen, auch wenn hier nun mit der Dame die beste Angriffsfigur abgetauscht werden wird.

20...♕xc4 21.♘xc4 ♖e8

(21...♗f6 22.♗xf6 ♖xf6 23.♘e3 ♖b8 24.♖d2 ♖fb6 25.b3 a5 26.♖c1 ♘a6 27.♘c4 ♖b5 28.♖d6±, Iotov–Ntiloudi, Kalamaria 2008.)

22.g3

(22.♔f1!? ♗g5 23.g3±, Satici–Leconte, ICCF Email 2002.)

22...h5 23.a3 ♘c6 24.♔g2

Weiß hat die etwas bessere Stellung, Sasikiran–Ghaem Maghami, Kelamabakkam 2000.

16.♕xc4 ♗f6 17.♖ad1 ♗xc3 18.♕xc3

Kein besseres Spiel verspricht 18.bxc3; z.B. 18...♕f6 19.♖d3 ♖e8 20.♖fd1 ♘e5 21.♘xe5 ♖xe5 22.f3 mit Remis, Landa–Tregubow, Mühlhausen 2011.

18...♕e7 19.♖fe1 ♖e8 20.b3 h6 21.h3 ♘e5 22.♘xe5 ♕xe5 23.♕a5 ♖c6 24.♕a4 ♖b6

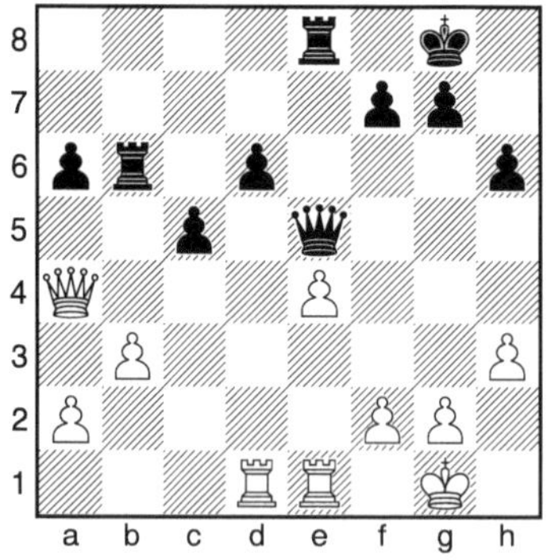

25.f4!?

Dies Fortsetzung, für die es in der Praxis noch kein Beispiel gibt, ist unsere Empfehlung in dieser Stellung.

In der Partie Khurtsidze–Pogonina, Batumi 2012, spielte Weiß 25.♖d5 und hatte letztlich auch Erfolg damit, wobei sie aber von einem schweren Fehler der Gegnerin profitierte. Um Ihnen die Möglichkeit zu geben, unsere Empfehlung 25.f4!? auch anhand eines zumindest einfachen Vergleichs mit der wohl wichtigsten Zugalternative in Augenschein zu nehmen, bilden wir den weiteren Verlauf der genannten Partie ab. Unsere Kommentierung beschränken wir dabei aus Platzgründen auf das Notwendigste.

25...♕e7 26.f3 ♖c8 27.♖ed1 ♕c7 28.♕c4 ♖e8 29.♕d3 ♖e6 30.f4 ♖b4 31.e5 ♖xf4??

(Das ist der Verlustzug. Notwendig war 31...♖d4! – z.B. 32.♖xd4 cxd4 33.♕xa6 dxe5 34.♕a8+ ♔h7 35.♕e4+ g6 36.fxe5 ♖xe5 37.♕xd4 ♖e2 38.♕f6 ♕b7 39.♕f3 ♕xf3 40.gxf3 ♖xa2 41.♖b1 ♔g7 42.b4 ♖a6 43.b5 ♖b6 44.♔f2 ♔f6 mit ausgeglichenem Turmendspiel.)

32.exd6 ♕d7 33.♖xc5 ♖e8 34.♕xa6 ♖fe4 35.♕c6 ♕a7 36.d7 ♖d8 37.♕xe4 ♕xc5+ 38.♔h1 1-0.

25...♕e6 26.e5

Die weißen Aussichten sehen gut aus.

Zusammenfassung: Nach der Überführung seines Läufers auf das Feld c3 hat Weiß Raumvorteil und volle Kontrolle über die wichtigen zentralen Punkte.

Abspiel 3

Die Fortsetzung 5...d6

1.d4 ♘f6 2.c4 c5 3.d5 b5 4.cxb5 a6 5.b6 d6

Schwarz stellt das Schlagen des ♙b6 zurück, um sich zunächst der Aufgabe zu widmen, seine Kräfte bequem aufzustellen.

Gegenwärtig wird erst 5...g6 gespielt, was aber normalerweise nicht mehr als eine Zugumstellung auslöst.

6.♘c3

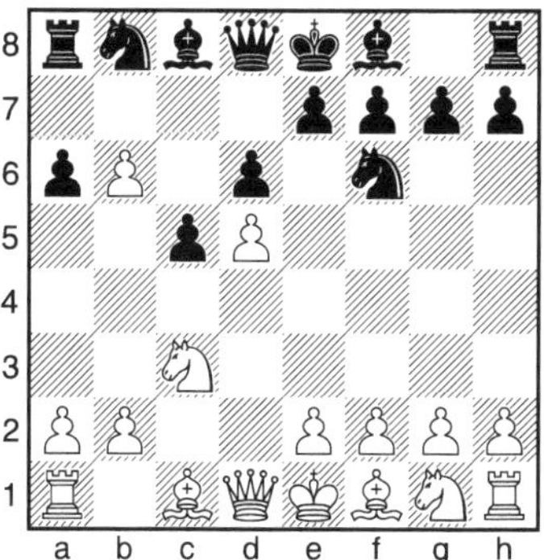

6...g6

Weiß muss sich darauf einstellen, dass er hier auf vor allem zwei schwarze Alternativen treffen kann, die in der Praxis sehr verbreitet sind. Wir kommen nicht darum herum, zum Teil auch tief in Varianten einzusteigen, wenn wir die daraus entstehenden Perspektiven angemessen darstellen wollen. Trotzdem werden wir versuchen, das Variantengeflecht auf das Notwendigste zu begrenzen. So bitten wir um Verständnis, wenn wir unsere Eisenbahn durch die Theorie nicht an jeder Milchkanne halten lassen.

I. 6...♘bd7

Hier hat Weiß vor allem die Wahl zwischen 7.e4 und 7.a4.

A) 7.e4 ♖b8

(7...♘xb6

Einerseits rückt Schwarz etwas von seinem ursprünglichen Plan ab, zunächst seine Entwicklung voranzutreiben und erst dann auf b6 zu schlagen, andererseits aber ist b6 ein natürliches Ziel des ♘d7, sodass der Spielaufbau logisch bleibt. In der folgenden Partie Karpow-Zawadzki, Koszalin 1998, gelang es Weiß in Vorteil zu kommen.

8.a4 a5 9.f4

Der Anziehende setzt auf den Ausbau seines Einflusses auf das Zentrum.

9...g6 10.♘f3 ♗g7 11.♗b5+ ♗d7 12.e5 dxe5 13.fxe5 ♘g4 14.♗f4

Mit einer Reihe logischer Züge, bei denen die Figuren beinahe selbst die für sie besten Felder zu finden scheinen, ist es Weiß gelungen, ein deutliches Übergewicht aufzubauen.

14...♗xb5 15.axb5

In einer Stellung wie dieser fällt es Schwarz am Brett nicht schwer, schnell den einen oder anderen Fehler zu machen, was im Turnierschach ein nicht außer Acht zu lassender Aspekt ist. Der Anziehende hat auf jeden Fall schon jetzt das deutlich bequemere Spiel.

15...h5

Vielleicht nicht das Beste, allerdings drängt sich keine Alternative vehement auf.

16.0-0 0-0 17.♕d2 ♘d7 18.♖ae1 ♔h7 19.e6

Weiß steht vor einem siegreich zu führenden Angriff.)

8.f4 ♖xb6 9.♘f3 g6 10.♗c4 ♗g7 11.0-0 0-0 12.♕e2 ♘e8 13.a4 ♖b4 14.a5 ♘c7 15.♖d1

Weiß hat sich die Herrschaft im Zentrum verschafft und plant e4-e5 mit guten Aussichten.

B) 7.a4 a5

Diese schwarze Entgegnung ist gebräuchlich und wohl auch am besten. Schwarz will dem Gegner keinen Raumgewinn erlauben, der dann ihn selbst in der Entwicklung behindern würde.

(Es gibt aber auch Stimmen, die Aufmerksamkeit auf die Alternativen 7...♕xb6 und 7...♘xb6 richten.

– 7...♕xb6 8.a5 ♕b4 9.♖a4 ♕b7 10.f4 g6 11.e4 ♗g7 12.♘f3 0-0 13.♗c4 ♘e8

Der Nachziehende steht schon recht beengt und hat Schwierigkeiten, ein gutes Gegenspiel aufzuziehen. Die Umgruppierung seiner Figuren kostet Zeit.

14.0-0 ♘c7 15.♕d3 ♖b8 16.♖a3±.

– 7...♘xb6 8.a5 ♘bd7 9.e4 ♖b8 10.♘f3 g6 11.♗c4 ♗g7 12.0-0 0-0 13.h3 ♘e8 14.♕e2 ♘c7 15.♗f4 ♖b4 16.♖fd1 mit dem Plan e4-e5 und gutem Spiel.)

8.e4 g6 9.♘f3

(Nicht selten wird hier auch 9.♗b5 gespielt. Die möglichen Folgen dieser Wahl betrachten wir anhand der **Partie Nr. 28:** Rogozenko–Seitaj, Elista 1998.)

9...♗g7

Hier stellt sich für Weiß die Aufgabe, für seinen ♗f1 das beste Entwicklungsfeld zu finden.

B1) 10.♗b5 0-0 11.0-0 ♘xb6 12.♗f4

(Es geht auch 12.♖e1 ♘e8 13.♗f4 mit der Idee e4-e5.)

12...♗b7

Die strategischen Pläne des Anziehenden basieren auf einem Vorstoß seines e–Bauern, den es nun vorzubereiten und durchzusetzen gilt.

13.♖e1 ♘e8 14.e5 ♘c7 15.exd6 exd6 16.♗c6

Weiß steht freier und verfügt über mehr Raum, was ihm einen Vorteil vermittelt. In der Partie Soffer–Caspi, Acre 2013, baute der Anziehende seinen Vorteil in nur wenigen Zügen in ein deutliches Übergewicht aus: 16...♖b8 17.♘e4 ♘bxd5 18.♗xd5 ♗xd5 19.♗xd6 ♗b3 20.♕d2 ♖e8 21.♘xc5±.

B2) 10.♗e2

Die kurze Entwicklung des Läufers folgt der Idee, das Feld b5 für den Springer frei zu lassen.

10...0–0 11.0-0 ♘xb6

Dies ist die mit Abstand meistgespielte Fortsetzung.

(Nur sporadisch kommt 11...♕xb6 auf das Brett, was wir in der **Partie Nr. 29:** Tscheparinow–Iwantschuk, Chanty Mansiysk 2005, betrachten.)

12.♗f4

Die weiße Strategie sieht wie folgt aus: Zunächst werden die gegnerischen Möglichkeiten am Damenflügel limitiert, dann geht es an die Entwicklung eines aktiven Spiels am Königsflügel. Der Vorstoß f2-f4 zählt dabei zu den wichtigsten Optionen.

12...♘e8 13.♕d2 ♗g4

Bei der Entwicklung des Läufers auf g4 schwingt der Plan mit, ihn gegen den weißen Springer abzutauschen, um damit die Möglichkeiten des Anziehenden zu beschränken, am Königsflügel aktiv zu werden.

14.♖fe1 ♘c7 15.h3 ♗xf3 16.♗xf3 ♘c4 17.♕c2 ♘a6 18.♘b5 ♘e5 19.♗e2 ♘b4 20.♕d2

Der Scheitelpunkt der kurzfristigen schwarzen Störungen ist überschritten, nun kann sich Weiß mehr der Umsetzung seines strategischen Plans widmen. Die Vorgehensweise des Anziehenden in der Partie Shaked–Schirow, Tilburg 1997, veranschaulicht sehr schön, wie er seine Aufgabe angehen kann.

20...♕d7 21.♗g3 ♕b7 22.♖ad1 ♔h8 23.f4 ♘d7 24.♗c4 ♘b6 25.b3 ♖ad8 26.♗h4 ♖d7 27.f5

Weiß hat Initiative am Königsflügel.

II. 6...♕xb6

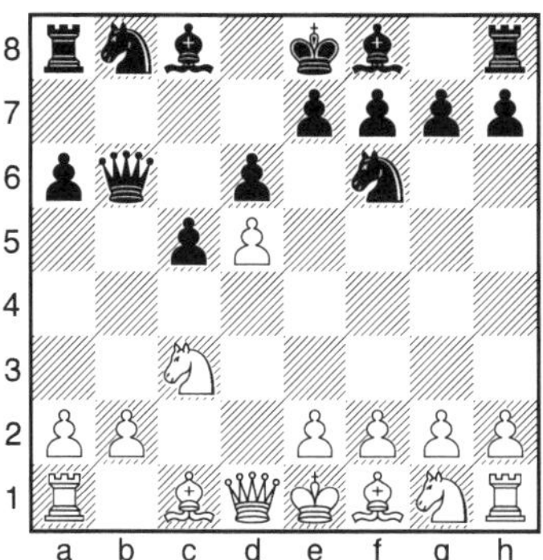

7.a4

(Es geht auch 7.e4 g6 8.♘f3 ♗g7 9.♘d2 0-0 10.♘c4 ♕d8 11.♗e2 a5 12.a4 usw.)

7...g6 8.a5 ♕b7 9.e4 ♗g7 10.♗c4 0-0

(Auf 10...♗d7!? mit der Idee ♕b7-b4 und ♗d7-b5 sollte Weiß am besten mit 11.♕d3 reagieren.)

11.♘ge2 ♘e8 12.0-0 ♘c7

Die Praxis hat nun die beiden weißen Alternativen 13.♕d3 und 13.h3 als beste Reaktionen herausgearbeitet. Beide führen zu einem sehr engen Spiel. Wir kommen nicht umhin, die wichtigsten Varianten in eine große Tiefe zu führen, um Aussagen zu den beiderseitigen Möglichkeiten auf lange Sicht treffen zu können.

A) 13.♕d3 ♗d7

(Zu beachten ist ein weiterer Standardplan für Schwarz in dieser Variante: 13...♘d7!? und nach weiterem 14.f4 ♘f6 15.h3 folgt 15...♗d7 nebst ♘c7-b5 usw.)

14.f4

Der typische Aufzug des f–Bauern.

14...♗b5 15.b3 ♘d7 16.♖a2 ♖ad8

Beide Seiten sind ordentlich aus der Eröffnung gekommen und jetzt, im Übergang zum Mittelspiel, verfügen sie auch beide über praktische Chancen. Uns sagt die weiße Situation etwas besser zu, besonders auch wegen der Lage im Zentrum, aber weil der Weg ins Endspiel noch weit ist, kann auch noch viel passieren. Um zu veranschaulichen, wohin die Reise führen kann, richten wir den Blick über die folgenden Varianten ganz weit nach vorne.

17.♗b2 ♘f6 18.♗a1 e6 19.h3 ♖fe8 20.♘g3 ♖d7

(20...exd5 21.exd5 ♖e7 22.♘ge4±)

21.dxe6 fxe6

(21...♗xc4 22.bxc4 ♘xe6 23.♖b2±)

22.f5

A1) 22...d5 23.♗xb5 ♘xb5 24.e5! ♘xc3

(24...♘e4 25.fxe6 ♖xe6 26.♘cxe4 dxe4 27.♕c4 ♕d5 28.♘xe4±)

25.exf6 ♘xa2 26.fxg6 hxg6 27.♕xg6 ♖f8 (27...♖f7 28.♘h5+–) 28.♗e5! ♕xb3 29.fxg7 ♖xf1+ 30.♘xf1+–

A2) 22...gxf5 23.exf5 d5 24.♗xb5 axb5 (24...♘xb5 25.♘a4±) 25.fxe6 ♖xe6 26.♕f3 ♘a6 (26...b4 27.♘a4±) 27.♖e2 ♖xe2 28.♕xe2 mit weißem Vorteil. Z.B. geht nun nicht 28...d4? wegen 29.♖xf6! ♗xf6 30.♕e8+ ♔g7 31.♘f5#.

A3) 22...♗xc4 23.bxc4 exf5

(23...d5 24.fxg6 d4 25.♘a4+–)

24.exf5 g5 25.♖b2 ♕a8 26.♖b6 g4

(26...d5 27.♘a4! d4 28.♘xc5 ♖e3 29.♕d2 ♖xg3 30.♖xf6±)

27.hxg4 ♘xg4 28.♘ce4! ♗xa1 29.♖xa1 ♖de7 30.♖e1 d5 31.♕d1! dxe4

(31...h5 32.♖g6+ +–; 31...♖g7 32.♘h5+–)

32.♕xg4+ ♖g7

(32...♔h8 33.f6 ♖f7 34.♘f5+–)

33.♕f4 ♕d8 34.f6

Weiß sicherte sich den vollen Punkt im 44. Zug, Schirow–Hodgson, Hastings 1991.

B) 13.h3 ♘d7 14.f4

Auch hier wieder dieser Standardzug.

14...♘f6 15.♖a2

Eine Empfehlung zu einer intensiven Prüfung ist auch 15.♕d3!? Wert.

15...♘b5 16.♗e3 ♗d7 17.♕d3 e6 18.dxe6 ♗xe6 19.♗xe6 fxe6

Erneut lässt sich für keine der beiden Parteien ein Vorteil objektiv begründen, denn beiden Seiten sind eigene Chancen eröffnet. Wiederum bedienen wir uns einer Art „Hubble–Technik“, indem wir – wie das Weltraumteleskop in die Tiefen des Alls – einen Blick in die Tiefen der sich nun anschließenden Möglichkeiten für Weiß und Schwarz wagen.

20.f5 exf5 21.exf5 gxf5 22.♖xf5 ♘xc3 23.♘xc3 ♘d7?

(Besser ist 23...♖ae8!=.)

24.♖g5! ♖ae8 25.♖a4 ♘e5

(25...♕xb2 26.♖h4 ♘f6 27.♘d5±)

26.♕xd6 ♔h8 (26...♕xb2 27.♕xc5±) 27.♕xc5! ♕xb2 (27...♘d3 28.♕d4!+–) 28.♖xg7! ♔xg7 29.♖e4 ♖f5

(29...♘g6 30.♕d4+ ♔g8 31.♕d5+ ♔g7 32.♕d7+ +–)

30.♗d4 ♕c1+ (30...♖g5 31.♖g4!+–) 31.♔h2 ♔g6 32.♕d6+ ♖f6 33.♕d5 ♖f5 34.♗xe5 ♖fxe5

(34...♖exe5 35.♕g8+ ♔f6 36.♘d5+ ♖xd5 37.♖e6#)

35.♖g4+ ♖g5 36.♕d3+ ♔f7

(36...♔g7 37.♕d7+ ♔f8 38.♕d6+ +–)

37.♕xh7+ ♔f6 38.♘d5+ ♖xd5 39.♕g6+ 1-0, Schirow–Adams, Hastings 1991.

7.e4

Ein Zug von prinzipieller Bedeutung: Weiß kämpft um den Vorteil im Zentrum.

Möglich ist auch 7.Sf3, was normalerweise unter Zugumstellung zur Hauptvariante führt.

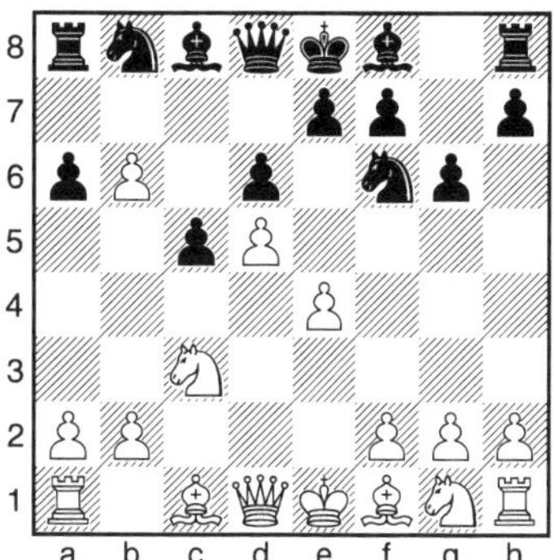

7...Lg7

Bevor Schwarz andere Aufgaben ins Visier nimmt, will er erst seinen Königsflügel entwickeln.

In der Turnierpraxis ist auch 7...Sbd7 eine feste Größe. Eine mögliche Folge ist 8.a4.

(8.Sf3!? ist eine ernste Prüfung wert.)

A) 8...Sxb6 9.a5 Sbd7 10.f4!

Auch hier wieder ist der Bauernvorstoß Kernelement der weißen dynamischen Optionen.

10...Lg7 11.Lc4 0-0 12.Sf3

Nun kann der Springer ins Spiel geführt werden, ohne dass er seinem f-Bauern vor die Nase gestellt wird.

12...Se8 13.0-0 Sc7 14.Dd3

(Im Duell Kasparow–Illescas Cordoba, Barcelona 1984, geschah 14.Ta2 Sb5 15.Se2 Sf6 16.Dd3 e6 17.Sg3 exd5 18.exd5 Sg4 19.b3 Sd4 20.h3 Sxf3+ 21.Dxf3 Ld4+ 22.Kh1 Dh4 23.Se4.

In dieser Stellung ist Schwarz gut beraten, mit seinem Springer nach f6 zurückzukehren. Stattdessen griff er zu dem Fehler 23...Te8? und wurde konsequent bestraft.

24.Sxd6 Te3 25.Lxe3 Sxe3 26.Sxc8 Sxf1 27.Dxf1 Txc8 28.Lxa6

Als der Pulverrauch verzogen war, blieb für den Anziehenden ein satter materieller Vorteil zurück.

28...Te8 29.Te2 Txe2 30.Lxe2 Dd8 31.a6

Weiß hat das Endspiel gewonnen.)

14...Sb5 15.Ld2

(Spielbar ist auch 15.Le3!?.)

15...Sd4 16.Sxd4 cxd4 17.Sa4! Sc5 18.Sxc5 dxc5 19.b4

Weiß hat positionellen Vorteil.

B) 8...Dxb6 9.a5 Db4

(Oder 9...Db8 10.Sf3 Lg7 11.Le2!? mit der Idee Sd2-c4 und guten Aussichten für Weiß.)

10.Ta4 Db7 11.f4

Nachdem der f-Bauer in den Kampf um das Zentrum eingegriffen hat, kann auch der Königsspringer entwickelt werden.

11...Lg7 12.Sf3 0-0 13.Lc4 Se8 14.0-0

Mit der kurzen Rochade schließt Weiß eine vierzügige Standardmethode zur Entwicklung in diesem System ab.

14...Sc7 15.De2 Sf6

Unsere Referenzpartie Nyschnyk-Tukajew, Moskau 2013, nahm nun den folgenden Verlauf.

16.♖a3

Der Turm drängt auf die b-Linie.

16...e6 17.♖b3 ♕a7 18.dxe6 ♗xe6 19.♖d1 ♖fe8 20.♖b6

Weiß steht erkennbar besser. Die beiden schwarzen Bauern auf a6 und d6 sind dankbare Angriffsziele.

20...♗xc4 21.♕xc4 ♘b5 22.e5 dxe5 23.fxe5 ♘d7

(23...♘xc3 dürfte etwas besser sein, ohne aber auszureichen.)

24.♖xa6! ♕xa6 25.♖xd7 ♕e6 26.♕xe6 ♖xe6 27.♘xb5

Das Endspiel ist für Weiß gewonnen.

8.♘f3

Weiß folgt der Devise, seine Kräfte möglichst rasch mobilzumachen.

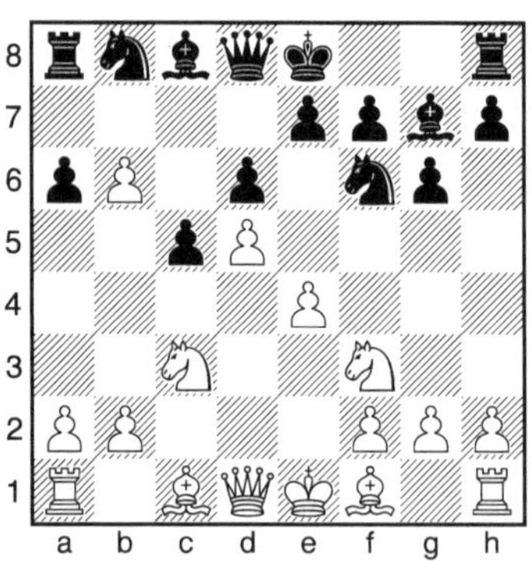

8...0-0

Es gibt Stimmen, nach denen die Rochade an dieser Stelle kritisch zu sehen sein soll, weil sie den Anziehenden in die Lage versetze, Schwarz größere Schwierigkeiten bei der Rückeroberung des Bauern zu machen. Allerdings sehen wir in den beiden folgenden Alternativen, die zusammen die wichtigsten abweichenden Möglichkeiten für Schwarz sind, keine prinzipiell besseren Methoden.

I. 8...♕xb6 beantwortet Weiß gut mit 9.♘d2. Der Springer strebt nach c4, von wo aus er der gegnerischen Dame das Standfeld nehmen kann.

9...0-0

(9...♘bd7 10.a4 0-0 11.a5 ♕b7 12.♘c4 kann Weiß nicht aus der Ruhe bringen. Er verfolgt stur das Ziel einer soliden Entwicklung. Nach 12...♘e8 13.♗d3 ♘c7 14.0-0 ♘b5 15.♘a4 ♖b8 16.♘ab6 ♘xb6 17.♘xb6 ♗d7 18.♖b1 e6 19.♗f4 steht Weiß aktiv, Rogozenko-Heinemann, Hamburg 1998. Der auf b6 platzierte Springer ist unangenehm für Schwarz.)

10.♗e2

Je nach schwarzer Wahl teilt sich das Spiel hier in zwei Varianten.

A) 10...a5 11.♘c4 ♕c7 12.♗f4

Weiß drückt gegen den Bauern d6 und verhindert ein einfaches e7-e6.

(12.0-0 ♗a6 13.♕c2 ♘bd7 14.a4 ♖fb8 15.♘a3 ♗xe2 16.♕xe2±)

12...♗a6 13.0-0 ♘bd7 14.h3 ♗xc4 15.♗xc4 ♘b6 16.♗b5 ♖fb8 17.a4±, Van Wely-Gourdier, Kuppenheim 2004.

B) 10...♘bd7 11.♘c4 ♕c7 12.♗f4 ♘b6 13.♘e3 ♗b7

(13...♘fd7 war Thema in der Partie Karpow-Belotti, Frankreich 1993, erwies sich aber nicht als besser. Es folgte 14.♖c1 a5 15.a4.

Stoppt nicht einfach den schwarzen a–Bauern, sondern setzt auch einen Anker auf b5.

15...♘b8 16.♘b5 ♕d8 17.b3 ♘a6 18.0-0 ♘b4 19.♕d2 ♗a6 20.♖fd1±)

14.0-0 ♖ad8 15.a4 ♔h8 16.a5 ♘c8 17.♘c4 ♘d7 18.♕d2 ♘a7 19.♘e3

Weiß steht besser. Er hat einen positionellen Druck auf die gegnerische Stellung aufgebaut und in ihrer Gesamtheit sind seine Figuren besser aufgestellt. Auffällig ist die passive Position des Läufers auf b7. Unser Fragment stammt aus der Partie Schabalow–Miton, Moskau 2002.

II. 8...♘bd7

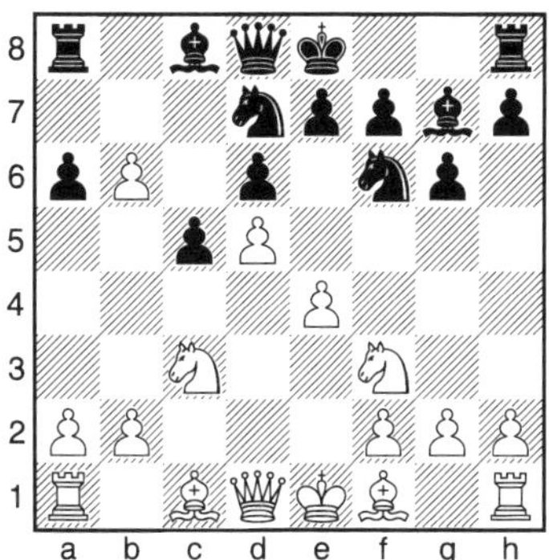

9.a4

Dies ist hier der Zug der Wahl. Die Stellungen in diesen Bereichen unseres Kapitels sind einander oft sehr ähnlich. Das Spiel kann deshalb leicht unter Zugumstellung von der einen in die andere Variante übergehen. So sind die beiden wichtigsten Alternativen für Weiß an dieser Stelle auch „alte Bekannte“.

A) 9...a5 10.♗b5 0-0 11.0-0 ♘xb6

(11...♕xb6 kam in der Partie Lüchtermeier–Rohde, Baunatal 1999, auf das Brett. In der Folge gelang es dem Nachziehenden nicht, das Spiel in die Waage zu bekommen.

12.♖e1 ♕b8

Wohl nicht die beste schwarze Wahl. Der Zug mit der Dame richtet sich gegen ein weißes e4-e5.

13.♗f4 ♘g4 14.♗g5 ♗f6 15.h3 ♗xg5 16.♘xg5 ♘gf6 17.f4

Prinzipiell und auch hier richtig. Weiß will e4-e5 durchdrücken.

17...♗a6 18.e5 dxe5 19.fxe5 ♘xe5 20.♗xa6 ♖xa6 21.♕e2 h6±.)

12.♖e1 ♘e8 13.♗f4 f6 14.♗c6 ♖b8 15.♘b5 ♘c7 16.♕d2

Weiß steht besser, Kacheishwili–Felgaer, Ubeda 2000. Er verfügt über mehr Raum und seine Figuren sind aktiver. Ein schwarzes Gegenspiel wird nicht leicht aufzuziehen sein.

B) 9...♕xb6 10.a5 ♕b8

(– Nach 10...♕a7 sollte Weiß zunächst seine Entwicklung fortsetzen und seinen König aus der Mitte führen.

11.♗e2 0-0 12.0-0 ♖b8 13.♕c2 ♘e8

Nun folgte in der Partie Tkachiew–Piket, Cannes 2000, 14.♗g5 ♘e5 15.♘xe5 ♗xe5 16.♘a4 ♘f6 17.♘b6 ♗d4 18.♖ab1 ♗d7 19.♖fd1 und Weiß hatte ein deutliches Übergewicht erreicht. Stark positioniert ist besonders auch sein Springer auf b6.

– Nach 10...♕b4 11.♖a4 ist Schwarz keinen Schritt weiter.)

11.h3 0-0 12.♗c4

Hier entschied sich Schwarz in der Partie Tschiburdanidze–Slobodjan, Lippstadt 2000, zu 12...♘e8. Wir folgen dem Verlauf dieses Duells, um einen Eindruck davon zu vermitteln, in welche Richtung sich die beiderseitigen Aufgaben entwickeln können.

(Eine zu beachtende Alternative war auch 12...♕c7.)

13.0-0 ♘c7 14.♕d3 ♖a7 15.♗d2 ♖b7 16.♘a4 ♘b5 17.♖ab1 ♘d4 18.♘xd4 ♗xd4 19.♕e2 ♕a7 20.b3 ♖b8 21.♔h1 ♔g7 22.f4 f6 23.♘b2 ♕c7 24.♘d3

Weiß bekam gute Chancen im Zentrum und am Königsflügel, Schwarz hingegen kein Gegenspiel am Damenflügel. Weiß führte die Partie dann letztendlich auch zum Sieg.

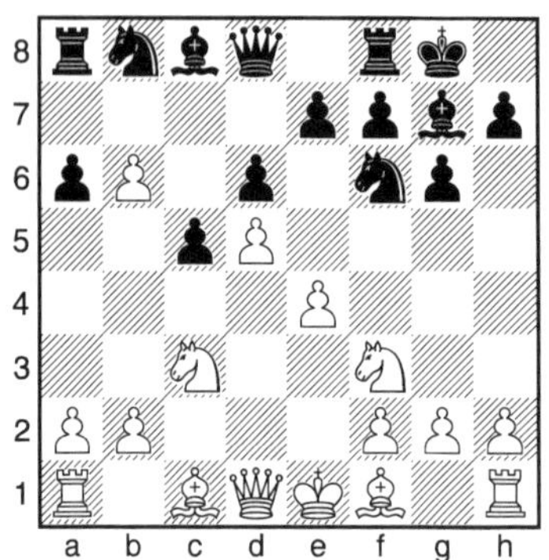

9.♗e2

Weiß muss seine Entwicklung vorantreiben.

– Es geht auch 9.a4, woraufhin der Weg unter Zugumstellung zu besprochenen Varianten führt.

– Eine interessante Idee ist auch 9.♕b3!? ♗b7 und jetzt 10.♘d2. Da unsere Zugempfehlung 9.♗e2 ist und wir 9.♕b3!? nur als beachtenswerten Weg in innovative Gefilde einer besonderen weiteren Prüfung anempfehlen möchten, beschränken wir uns auf die exemplarische Darstellung von Umsetzungen in der Turnierpraxis.

A) 10...♘bd7 11.♘c4 a5 12.f3 ♕b8

(12...♗a6 13.♘a4 ♗xc4 14.♗xc4 ♖b8 15.b7 ♘e5 16.♗a6 c4 17.♗xc4 ♘xc4 18.♕xc4 ♖xb7 19.♗d2 ♕d7 20.♖c1 e6 21.dxe6 fxe6 22.♕c6 ♕e7 23.0-0 ♘h5 24.♗c3±, Lenderman–Lommers, Dieren 2011.)

13.♗f4 h6 14.♘a4 ♘h5 15.♗d2 e6 16.dxe6 fxe6 17.0-0-0! d5 18.exd5 exd5 19.♘xa5 ♘hf6 20.♗b5 ♘e5 21.♗c3

Weiß hatte eine Gewinnstellung erreicht, Alfredsson–Kristjansson, ICCF 2005.

B) 10...a5 11.♗e2 ♘bd7 12.♘a4 ♖e8 13.0-0 e6 14.dxe6 ♖xe6 15.♗c4 ♖e7 16.f3!?

(16.♖d1 schauen wir uns in der **Partie Nr. 30:** Van Wely–Iwantschuk, Prag 2002, an.)

16...♖b8 17.♖d1 ♘e5

(17...♗c6 18.♗b5 ♗xb5 19.♕xb5 ♘xb6 20.♘xb6 ♕xb6 21.♕xb6 ♖xb6 22.♘c4±)

18.♗f1 ♘c6 19.♘c4 ♘d4 20.♖xd4! cxd4 21.♘xa5 ♗a8 22.♗f4 ♘h5 23.♗g5 ♗f6 24.♗xf6 ♘xf6 25.♕b4

Weiß hat ein aktives Spiel als Ersatz für die geopferte Qualität.

9...♘bd7

Das Schlagen mit der Dame auf b6 führt zu Positionen aus dem nächsten Abspiel.

10.0-0

Konsequent nach Plan: Weiß setzt seine Mobilisierung fort.

10...♘xb6 11.h3

Dieser Bauernzug ist sehr nützlich, denn er verhindert ♗g4, worauf dem Nachziehenden das Spiel erleichtert würde.

11...e6

Auch richtig, Schwarz muss sich aktiv um das Zentrum kümmern.

12.dxe6 ♗xe6 13.a4

Ein Vorschlag von Großmeister Drejew. Das Ziel ist klar: Weiß möchte den Springer b6 auf ein schlechteres Feld treiben.

13...a5

Schwarz kann die Schwächung des Feldes b5 natürlich auch vermeiden und 13...d5 versuchen; z.B. 14.a5 ♘c8

(14...dxe4 15.axb6 exf3 16.♗xf3 ♖b8 17.b7±)

15.exd5 ♘xd5 16.♘e4 ♕c7 17.♘eg5 und Weiß hat bessere Perspektiven.

14.♗g5

Weniger aktiv ist 14.♗f4. Die Partie Delemarre–Hendriks, Wijk aan Zee 2000, ging daraufhin wie folgt weiter: 14...d5 15.e5 ♘fd7 16.♖e1 h6 (16...d4!?) 17.♖c1 ♖b8 18.♗b5 ♕e7 19.♗g3 ♖fd8 20.♖e2 ♖bc8 21.♗a6 ♖b8 22.♗b5 ♖bc8 23.♗a6 ♖b8 24.♗b5 ♖bc8 25.♘b1 mit Remis.

14...h6 15.♗e3

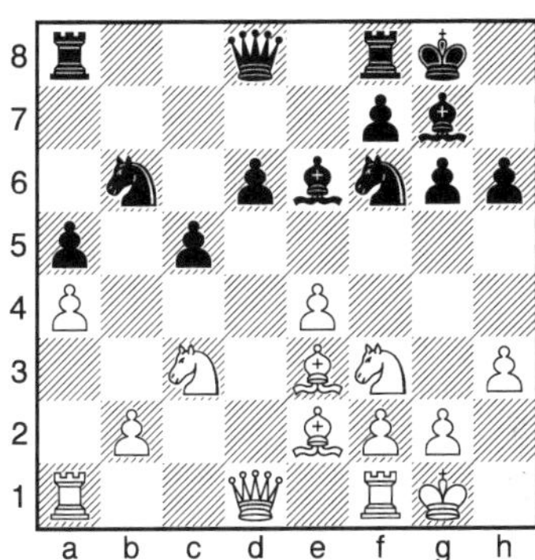

15...♕e7

Schwarz muss sorgfältig bleiben. Auf 15...♘c4 käme 16.♗f4! ♘xb2.

(– 16...♕b6 beantwortet Weiß mit 17.♘b5.

– Und auf 16...♘h5 folgt 17.♗h2 ♘xb2 18.♕c2 ♘c4 19.♖ad1 mit positionellem Druck.)

17.♕c1 g5 18.♗h2 ♘c4 19.♖d1

Für den investierten Bauern hat Weiß nun einen positionellen Vorteil erhalten. Schwarz muss ständig damit rechnen, dass seine schwachen Bauern Angriffsobjekte der gegnerischen Figuren werden können.

16.♕c1 ♔h7 17.♖e1 ♖fd8 18.♗f4 d5 19.e5 ♘e4 20.♘b5 c4 21.♗d1 ♘c5 22.♗c2 ♗d7 23.♘fd4 ♘bxa4 24.♘c7 ♖ac8 25.♘xd5 ♕f8 26.♘f6+ ♗xf6 27.exf6 ♘d3 28.♗xd3 cxd3 29.♕d2 ♗e8 30.♘f3

Angesichts der Bauernschwächen auf

a5 und d3 verfügt Weiß über die besseren Aussichten, Bruns–Ketelhöhn, Freechess.de 2012.

Zusammenfassung: Es sieht so aus, als ob der in diesem Kapitel verfolgte Plan die beste Möglichkeit für Schwarz ist, um das Spiel auszugleichen. Indem er auf b6 mit dem Springer oder der Dame nimmt, vollendet er seine Entwicklung. Nach Drejews Empfehlung 13.a4 muss er allerdings sehr sorgfältig spielen, um das Spiel in der Balance zu halten.

Abspiel 4

Die Fortsetzung 5...♕xb6

1.d4 ♘f6 2.c4 c5 3.d5 b5 4.cxb5 a6 5.b6 ♕xb6

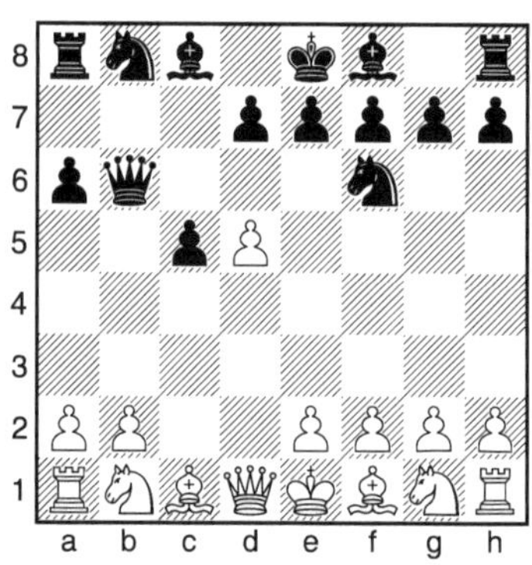

Damit wird das Schicksal des weißen Bauern besiegelt. Der Nachteil des Zuges liegt darin, dass Schwarz sich zu früh festlegt, wie er auf b6 schlägt.

6.♘c3 g6 7.e4

– Einige Spieler bevorzugen hier 7.a4, was normalerweise unter Zugumstellung zur Hauptvariante führt.

– Es geht auch 7.♘f3 d6 8.♘d2 ♗g7 9.e4 0-0 10.♗e2 und weiter wie in der Hauptvariante.

7...d6 8.♘f3

Weiß setzt die Entwicklung seines Königsflügels fort. Neben unserer Empfehlung 8.♘f3 ist 8.a4 ein häufig anzutreffender Zug. Der Anziehende führt ihn mit dem Ziel aus, Schwarz mit a4-a5 weiter einzuengen. Auch wenn diese Alternative von unserer Hauptempfehlung abweicht, möchten wir zumindest ein paar beispielhafte Verläufe dazu zeigen. Und natürlich können einige der folgenden Stellungen auch nach 8.♘f3 entstehen, solange der Anziehende die Möglichkeit zu a2-a4 hat.

A) 8...a5 9.♗b5+ ♘fd7 10.♘f3 ♗g7 11.♗g5 h6 12.♗h4 ♗a6 13.♕e2 ♗xb5 14.axb5

Die nun entstandene halboffene a-Linie ist potenziell besser für Weiß als für den Gegner.

14...♕d8 15.0-0 0-0 16.♖a3 ♖e8 17.♖fa1 ♕c7 18.♗g3

Wegen des schwachen schwarzen Bauern a5 steht Weiß besser, Benjamin–Anderson, USA 1991.

B) 8...♗g7 9.a5 ♕b4

(Auf 9...♕b7 ist 10.♗c4 am besten; z.B. 10...0-0 11.♘ge2 usw.)

10.♖a4 ♕b7 11.♘f3 ♗g4 12.♗e2 ♗xf3 13.♗xf3 ♘bd7 14.0-0 0-0 15.♗e2 ♖fb8 16.f4 ♖a7 17.♗c4 ♘e8 18.♕d3 ♘c7 19.b3 ♘b5 20.♘e2 ♕c7 21.♗d2 ♖ab7 22.♔h1 ♕d8 23.h3 h5 24.e5!

Das typische Manöver: Weiß opfert den Bauern, um die f-Linie für den

Angriff zu öffnen. Ein sofortiges f4-f5 wäre unlogisch, denn Schwarz hätte dann das Feld e5 für seinen Springer frei. Nun wird dieses Feld durch den eigenen Bauern blockiert.

24...dxe5 25.f5 ♔h7?

(Notwendig war 25...e4!.)

26.fxg6+ fxg6 27.♕xg6+! 1-0, Rogers–Mensch, Deizisau 2001.

C) 8...♕b4! 9.♗d3 ♗g7 10.♘ge2 0-0 11.0-0

(11.a5 e6 12.0-0 exd5 13.exd5 ♘bd7 14.♗c2 ♖e8=, Glek–Lorenz, Deutschland 1991.)

11...e6 12.♗f4 exd5

(Nach 12...e5 13.♗d2 c4 14.♗c2 geht 14...♕xb2? nicht wegen 15.♖b1 ♕a3 16.♘b5 axb5 17.♗b4+–.)

13.exd5 ♖e8 14.♗xd6 ♘bd7 15.♘g3 ♘e5 16.♖e1 ♗g4 17.♕c2 ♘xd3 18.♕xd3 ♕d4

Die Stellung befindet sich in einem dynamischen Gleichgewicht (Schirow).

8...♗g7

Auf 8...♗g4 kann Weiß mit 9.♕a4+! Reagieren. In der Partie K. Bischoff–Hargens, Deutschland 1991, folgte 9...♗d7 (9...♘bd7? 10.♘d2±) 10.♕b3 ♕xb3 11.axb3 ♗g7 12.♗c4 0-0 13.0-0 ♖a7 14.e5 ♘e8 15.exd6 ♘xd6 16.♖e1 ♗f5 17.♗f1 ♖b7 18.♗g5 ♗f6 19.♗xf6 exf6 20.♘d2 und Weiß stand besser.

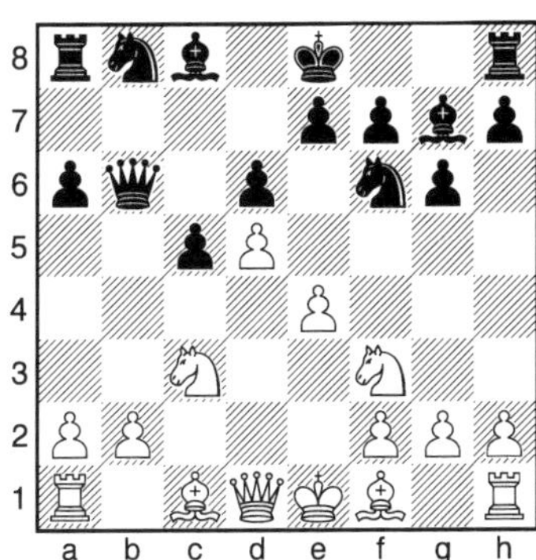

9.♘d2

Der Springer beginnt seine typische Wanderung nach c4, von wo aus er die Kontrolle wichtiger Zentralfelder (besonders e5) übernimmt. Zugleich vermeidet Weiß die Fesselung ♗c8-g4.

9...♘bd7

Mancher Schwarzspieler bevorzugt hier 9...0-0, was allerdings zumeist nicht mehr als eine Zugumstellung bedeutet. Die folgenden Varianten ermöglichen eine Vorstellung dessen, wohin die Reise gehen kann.

A) 10.♘c4 ♕c7

Es kommt auch 10...♕d8!? infrage, um das Manöver ♘f6-e8-c7-b5 vorzubereiten.

11.♗e2 ♘bd7 12.♗f4 ♖b8

(12...♘b6 haben wir in der **Partie Nr. 31:** Karpow–Belotti, Frankreich 1993, analysiert.)

13.0-0 ♘e5

(13...♘b6 14.♘e3

Der Springer wird gebraucht und sollte nicht abgetauscht werden.

14...♗d7 15.♖c1 ♘c8 16.b3 ♘a7 17.a4 ♘c8

Die Stellung ist kompliziert, Weiß sollte aber die besseren Aussichten haben. Seine Figuren stehen aktiver und Schwarz kann aufgrund der gewissen Enge, unter der er steht, nicht so, wie er will. Die Aktivierung wie auch Umgruppierungen werden ihm schwerer fallen als seinem Gegner. Die weiteren Möglichkeiten verfolgen wir anhand der Partie K. Georgiev–Perez Mitjans, Roquetas de Mar 2012.

18.♖e1 ♘h5 19.♗xh5 gxh5 20.♘f5 ♗xf5 21.exf5 ♖b4 22.♘e4 ♕b7 23.♖e3 ♘b6 24.♕xh5 ♖xe4 25.♖xe4 ♘xd5 26.♗h6 ♔h8 27.♗xg7+ ♔xg7 28.♕g5+ ♔h8 29.♖g4 1-0)

14.♘xe5 dxe5 15.♗e3 ♗d7

(15...♖xb2 sieht verlockend aus, ist aber nicht ratsam wegen 16.♘a4 ♖b4 17.f3 c4 18.♕c2±.)

16.b3

Wegen der schwachen schwarzen Bauern steht Weiß besser.

B) 10.♗e2

Zunächst will Weiß seine Entwicklung abschließen, bevor er zu anderen Aktionen wie dem Springerzug nach c4 oder einem Vorstoß seines a-Bauern greift.

10...a5

Eine im Sinne des Gambits konsequente Fortsetzung, die aber auch ihre Schattenseiten hat. Schwarz schwächt das Feld b5 und zudem hätte er sein Zugrecht auch für seine noch offene Entwicklung nutzen können.

11.♘c4 ♕d8

(Auf dem Feld c7 stünde die Dame schlechter, weil sie dort von einem gegnerischen Springer von b5 aus angerempelt werden kann. Ein praktisches Beispiel dazu bietet die Partie Schipow–Urban, Cappelle-la-Grande 1997.

11...♕c7 12.a4

Hier zeigt sich der zu 10...a5 angesprochene Nachteil, die Schwächung des Feldes b5.

12...♘bd7 13.♖b1 ♘b6 14.b3 ♖b8 15.♘b5 ♕d7 16.♕c2 ♘xc4 17.bxc4 ♕d8 18.f3 e5 19.dxe6 fxe6 20.0-0 ♘e8 21.♗e3 ♖f7 22.♖bd1±

Weiß hat alle Trümpfe in der Hand.)

12.0-0 ♘bd7 13.♗g5!?

Die Läuferentwicklung nach g5 ist zu Recht der Liebling der Theorie, da sie logischer ist als die Alternative nach f4. Weiß beabsichtigt das Vorrücken seines f-Bauern und konsequenterweise lässt er den Weg dafür frei.

13...a4 14.♕c2 ♘b6 15.♘e3 ♗a6

Zu einer vorangehenden Stellung ist die Aussage Schabalows bekannt, dass der Abtausch der weißfeldrigen Läufer Schwarz nicht allzu viel hilft. Hier aber dürfte dieses Ansinnen die beste Möglichkeit sein. Wirklich gute Entwicklungsfelder gibt es für den Läufer nicht und sein weißer Kollege ist ihm an Kraft überlegen.

16.♗xa6 ♖xa6 17.f4

Der positionelle Vorteil von Weiß ist offensichtlich, Schabalow–Fedorowicz, Seattle 2003.

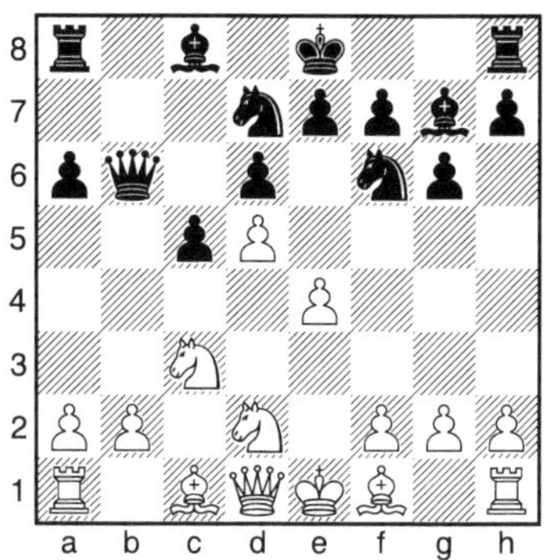

10.Le2

Dies ist unser Hauptzug. Unsere Empfehlung für Weiß lautet: Zunächst die Entwicklung abschließen über Le2 und 0-0 und dann – je nach neuer Lage – die offensiven Optionen der Stellung nutzen, also Sc4, a4 und bei Gelegenheit f4.

Spielbar ist auch 10.Sc4. Da wir uns auf 10.Le2 festgelegt haben, beschränken wir uns bei der Darstellung dieser Alternative auf Varianten unter einem weitgehenden Verzicht auf Textkommentare.

10...Dc7

(10...Dd8!? 11.Le2 Sb6 12.Se3 0-0 13.a4 Tb8∞)

11.Le2 Sb6 12.Se3

A) 12...e6 13.dxe6 fxe6 14.a4 0-0 15.a5 Sbd7 16.Sc4 Se8 17.0-0 Sdf6 (17...Lb7 18.Lg4±) 18.Sb6 Tb8 19.Lc4±

B) 12...0-0 13.a4 a5 14.0-0 La6 15.Lxa6 Txa6 16.Ld2 Taa8

(16...e6 17.dxe6 fxe6 18.Db3 c4 19.Db5 Taa8 20.Tac1±)

17.Tc1 Dd7 18.b3 e6 19.Sc4! Sxc4 20.bxc4 exd5 21.exd5 Tfe8 22.Dc2 Sg4 23.h3

B1) 23...Sh6 24.Sb5

(24.Lxh6 Lxh6 25.Tce1 Txe1 26.Txe1 Te8 27.Txe8+ Dxe8 28.De4 Kf8±)

24...Sf5 25.Lc3 Lxc3

(25...Sd4 26.Lxd4 cxd4 27.Tfd1±)

26.Dxc3 h5 27.Tfe1 Txe1+ 28.Txe1

Wegen der schwarzen Schwäche auf a5 steht Weiß besser.

B2) 23...Se5 24.Se4 f5

(24...Dd8 25.f4 Sd7 26.Sxd6+-; 24...Dc7 25.Tb1±)

25.Sg5 Lf6 26.Tb1

Hier sollte Weiß 26.Se6! erwägen.

26...Sf7 27.Se6 Sd8 28.Sf4 Sf7±

(28...Ld4? 29.Tfe1 Txe1+ 30.Txe1 und Weiß steht ausgezeichnet, Knaak-Hertneck, Bad Lauterberg 1991.)

10...Dc7

Die Fortsetzung 10...0-0 kann zur Hauptvariante führen, aber auch eine selbstständige Bedeutung erlangen. Hier ein paar Beispiele aus Theorie und Praxis.

11.Sc4

(11.0-0 ist die Einladung zurück in die Hauptvariante.)

A) 11...Dc7 12.Lf4

Oder 12.Lg5!?, um dem f-Bauern freie Bahn zu lassen.

12...Tb8

Auf 12...a5 antwortet Weiß gut mit 13.a4! und betreibt damit die Okkupation des wichtigen Feldes b5.

13.0-0 Sb6 14.Se3

Wie schon an vergleichbarer anderer Stelle angemerkt: Der Springer wird noch gebraucht und dem Abtauschgesuch des Nachziehenden wird nicht zugestimmt.

14...♘e8 15.♕d2 ♕a7 16.a4

Einer der bekannten Standardzüge.

16...♘c7 17.♗g5 ♖e8 18.f4

Nachdem der schwarzfeldrige Läufer das Feld f4 geräumt hat, kann der Bauer marschieren.

18...a5 19.f5 ♘d7 20.♗b5 ♘xb5 21.♘xb5 ♕b7 22.♘c4±

Giorgadse–Zlotschewski, Bad Wörishofen 1998. Die schwarzen Figuren stehen beengt und haben in der Mehrheit keine den weißen vergleichbare Wirkung. Der ♙a5 ist schwach und wird irgendwann fallen.

B) 11...♕b8

So richtig glücklich steht die Dame auch an dieser Stelle nicht, denn sie nimmt ihrem Turm ein potenzielles Entwicklungsfeld.

12.0-0 ♘b6 13.♘e3

Die übliche Verweigerung des Springertausches.

13...e6 14.a4 exd5 15.exd5 a5 16.♘b5 (16.♗b5!?) 16...♗b7 17.♗f3

Weiß steht gut. In seiner Planung steht die Postierung seines schwarzfeldrigen Läufers auf der Diagonale a1-h8 ganz oben.

C) 11...♕d8

Dies ist wohl auch hier die beste Möglichkeit für Schwarz, wenngleich mit den gewöhnlichen Nachteilen verbunden, wenn eine schon entwickelte Figur zurück ins Körbchen muss.

12.♗f4 ♘b6 13.♘e3 ♘e8 14.0-0 ♘c7 15.a4 a5 16.♖c1

Die weißen Kräfte haben elastische Aufstellungen gefunden und garantieren dem Anziehenden sehr gute Perspektiven.

11.0-0 0-0 12.a4

Dieser Bauernzug ist in zweifacher Hinsicht sehr planvoll. Weiß verfolgt das klare Ziel, seinen Fußsoldaten bis a5 weiterlaufen zu lassen. Von dort aus hindert er einen gegnerischen Springer daran, das Feld b6 zu besetzen. Dies wiederum erlaubt es ihm, seinen Springer wirkungsvoll auf c4 zu platzieren, ohne dass er von seinem schwarzen Kollegen von b6 aus gestört werden kann. Die Alternatividee baut darauf, dass Weiß das Feld b5 vereinnahmt, wenn Schwarz den Bauern durch ein eigenes a6-a5 am weiteren Vorrücken hindert.

(12.♘c4 ist hier nicht ratsam wegen 12...♘b6!.)

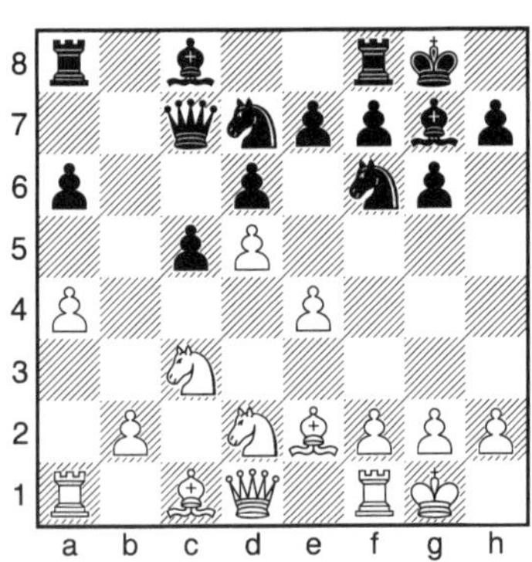

12...♖b8

Dies ist der beste Plan für Weiß, was die folgenden Ausführungen zu den unseres Erachtens schwächeren Alternativen bestätigen mögen.

I. 12...♘e8

Der Springer soll zum Damenflügel geführt werden.

13.a5 ♕d8

Räumt das Feld c7 für den Springer.

14.♘c4 ♘c7 15.♘a4 ♖b8 16.♖b1

Hier teilt sich das schwarze Spiel vornehmlich in zwei Varianten.

A) 16...♘f6 17.f3 ♘b5 18.♘ab6 ♘d7 19.♗e3 ♘xb6 20.♘xb6

Nun sitzt der Springer wie ein Stachel im Fleisch tief in der schwarzen Stellung. Dies gefährdet auch den schwachen Bauern auf a6, der nun nicht mehr von a8 aus gedeckt werden kann.

20...♗d7 21.♕d2

(Zu überlegen ist 21.♗c4!? ♕d1-d3 und b2-b4.)

21...♘d4 22.♗xa6 ♘b3 23.♕e1 ♗e8

(Von 23...♘xa5? sollte der Nachziehende die Finger lassen, auch wenn es ihn noch so reizen mag. Es folgt nämlich 24.♘xd7 ♕xd7 25.♕xa5 ♕a7 26.b4 und er kann aufgeben.)

24.♗d2 f5

(24...♘xd2 25.♕xd2 ♖xb6 26.axb6 ♕xb6 27.♗c4 ♗b5 28.b3 ♖b8 29.♕d3±)

25.exf5 ♖xf5 26.♗c4 ♗d4+ 27.♔h1 ♖e5 28.♕d1 ♘xd2 29.♕xd2

Mit einem klaren Vorteil für Weiß, Giorgadse–Adams, Jerewan 1996.

B) 16...♘b5 17.♘ab6 ♘d4 18.♗d3± (Analyse von Giorgadse).

II. 12...♗b7

(12...a5 13.♗b5 ♗a6 14.♕e2 ♗xb5 15.♘xb5±)

13.♘c4

13.a5 sollte weitere Untersuchungen wert sein.

13...♘b6 14.a5 ♘xc4 15.♗xc4 ♖fe8

(Mit der Idee e7-e6. In der Partie I. Sokolow–Tzermiadianos, Korfu 1991, erreichte Weiß nach 15...♘d7 16.f4 ♗d4+ 17.♔h1 f5 18.♘e2 die besseren Aussichten.)

16.♗g5

Weiß steht gut. Seine Figuren stehen aktiver als ihre schwarzen Widersacher, was besonders auch für die Läufer gilt. Anhand von zwei schwarzen Bauernfortsetzungen wollen wir uns anschauen, wie es in einer Partie weitergehen kann.

A) 16...e6

Diese Aufrollaktion ist immer ein möglicher Handlungsansatz.

17.dxe6 fxe6 18.♕f3 ♕f7

(18...♘d7 nutzt Weiß zur brutalen Antwort 19.♕h3!.)

19.♖ad1 ♖ad8 20.♕d3±

Nun erobert Weiß den Bauern auf a6 und baut damit seinen Vorteil aus.

B) 16...h6

Schwarz will den lästigen gegnerischen Läufer zurückdrängen, nimmt dafür aber eine Schwächung seiner Königsstellung in Kauf.

17.♗f4 ♘h5 18.♗e3 ♘f6

Auf e3 steht der weiße Läufer ebenfalls nicht schlecht, zumal er von hier aus auch das wichtige Feld d4 im Auge hat.

19.h3 ♖ad8 20.♕d3 ♖a8 21.f4

Der typische Vorstoß mit dem f-Bauern.

21...♔h7 22.♖fd1 ♖eb8 23.♖a2

Der Damenflügel ist aus der Warte des Anziehenden gesichert und bei Bedarf kann er jederzeit nachjustieren. Er selbst hat nun Zeit und Raum für seinen Angriff im Zentrum und am Königsflügel. In der Fernpartie Storkebaum-Kobs, 2001, folgte 23...♗c8 24.g4 ♖b4 25.♘a4 ♘d7 26.♗d2 ♖bb8 27.♗c3 ♗xc3 28.♘xc3 ♖b4 29.b3 ♖ab8 30.e5! dxe5 31.f5 ♘f6 32.d6 exd6 33.fxg6+ fxg6 34.♖f2 mit entscheidendem weißem Vorteil.

13.♘c4

Über die Variante 13.a5 ♘e8 14.♘c4 ♕d8 15.♗g5 f6 16.♗h4 ♘c7 17.f4 ♘b5 18.♗d3 kommt Weiß nur zu einem minimalen Vorteil, Drejew-Wang Zili, Peking 2000.

13...♘b6 14.♘a3 ♘fd7 15.♗d2 ♗b7 16.♖e1 ♖be8 17.a5 ♘c8 18.♘c4

Weiß steht positionell besser, Portisch-Malachatko, Istanbul 2000. Die Partie wurde bei der 34. Schacholympiade gespielt, also zu einem großen Anlass. Sie zog sich noch bis zum 59. Zug hin, bis sich Weiß den vollen Punkt endgültig sichern konnte.

Zusammenfassung: Das frühe Schlagen mit der Dame auf b6 eröffnet Weiß die besseren Aussichten. Es ist wichtig für ihn, in einem günstigen Moment zu ♘d2-c4 zu kommen.

Abspiel 5

Die Fortsetzung 5...♗b7

1.d4 ♘f6 2.c4 c5 3.d5 b5 4.cxb5 a6 5.b6 ♗b7

Eine seltene und wenig erforschte Fortsetzung. Es sieht allerdings danach aus, dass sich Schwarz mit diesem Zug zu früh zum Postieren des Läufers auf b7 entscheidet. In vielen Varianten kann er besser nach g4 oder anders aktiviert werden.

6.♘c3

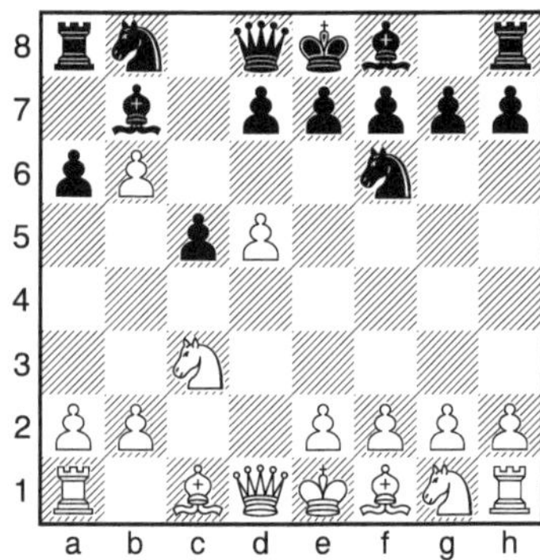

6...e6

Schwarz will die Lage im Zentrum rasch klären und zudem seinem gerade erst auf die lange Diagonale gezogenen Läufer Ausblick verschaffen.

Zwei wichtige Alternativen sind die Bauernzüge 6...g6 und 6...d6. Unabhängig davon, zu welchen der beiden Möglichkeiten Schwarz greift, bleibt das Spiel ähnlich, denn er kommt jeweils kaum ohne das Nachziehen auch des anderen Bauern aus. So ist hier ständig mit dem Auftreten von Zugumstellungen zu rechnen.

I. 6...g6 7.e4 d6 8.f4

A) 8...♘bd7 9.a4 ♘xb6 10.a5 ♘bd7

Weiß kann mit dem bisher Erreichten zufrieden sein. Er steht im Zentrum stark und insgesamt freier als der Nachziehende. Seine weitere Planung sieht wie folgt aus: Vollendung der Entwicklung und Spiel auf den Zentrumsvorstoß e4-e5.

11.♘f3 ♗g7 12.♗c4 0-0 13.0-0

Weiß steht aktiv und initiativ und Schwarz wird so leicht kein konstruktives Gegenspiel erreichen können. Die besseren Chancen liegen auf der Seite des Anziehenden, wie z.B. in der Partie Gnaede–Malhas, Hamburg 1999.

13...♕b8 14.♕e1

Die Dame soll auf den Königsflügel gebracht werden. Der Zug dient dieser Überführung und nicht zuvorderst der Vorbereitung von e4-e5.

14...♔h8

Vielleicht hier noch etwas zu vorsichtig: Der König entzieht sich der Gefahr, nach einem weißen Bauerndurchbruch im Zentrum Probleme mit dem weißen ♗c4 zu bekommen.

15.♖a3 ♕c7 16.♕h4 ♖fb8! (16...♖ab8!? 17.♖e1±) 17.♘g5 ♔g8 18.e5! dxe5 19.♘xf7! ♖f8

(19...♔xf7? 20.d6+ mit Damengewinn.)

20.♘g5+–

B) 8...♗g7 9.♘f3 0-0 10.a4 ♕xb6 11.a5 ♕d8

Der weiße Plan entspricht jenem in der vorhergehenden Variante: Vollendung der Entwicklung und Zentrumsvorstoß.

12.♗c4 ♘bd7 13.0-0 ♖b8 14.♔h1 ♗c8 15.♕d3 ♖a8 16.♗d2 ♘b8 17.e5

Der thematische Schlag in der Mitte.

17...dxe5 18.fxe5 ♘g4 19.♖ae1 ♗f5 20.♕e2 ♘d7 21.♗f4

Das weiße Übergewicht hat bereits ein entscheidendes Maß angenommen, Kasparow–Royal Automobile Club, London 1993.

II. 6...d6

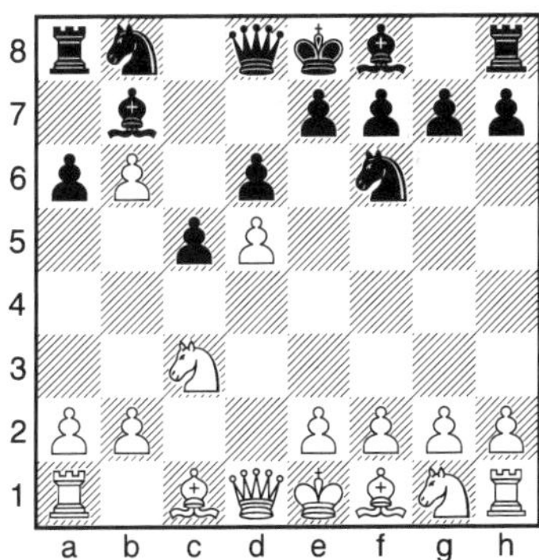

A) 7.a4 a5

In dieser Variante lässt sich der Nachziehende Zeit mit der Rückeroberung des Gambitbauern.

(Auf 7...♕xb6 spielt Weiß 8.a5 ♕c7 9.e4 g6 10.f4 ♗g7 11.♘f3 0-0 12.♗c4 usw. Bitte beachten Sie, dass sich unsere Variante so entwickelt hat, dass die vorliegende Stellung beinahe jener aus der vorhergehenden entspricht. Der einzige Unterschied liegt darin, dass die schwarze Dame dort nicht auf c7 sondern auf d8 stand. Wenn also Schwarz hier auf 8.a5 mit 8...♕d8 zurückweicht, könnten beide Varianten wieder zusammenlaufen.)

8.e4 ♘bd7 9.♘f3

Der Anziehende spielt auf den Durchbruch e4-e5.

9...g6 10.♗b5

Der Läufer fesselt den ♘d7, einen Verteidiger des Feldes e5.

10...♗g7 11.e5

Der Zeitpunkt für den Durchbruch ist richtig gewählt, da er nach einer schwarzen Rochade schwieriger durchzusetzen wäre.

11...dxe5 12.♘xe5 0-0 13.♘c6 ♗xc6 14.♗xc6

(14.dxc6 ♘xb6 15.♕xd8 ♖axd8 16.♗e3±)

14...♖a6 15.b7 ♘b8 16.♗b5 ♖b6 17.0-0 ♖xb7 18.♗e3

Wegen der Schwäche der schwarzen Bauern auf a5 und c5 ist Weiß deutlich im Vorteil, Akobian–Jasik, Rimavska Sobota 1996.

B) 7.e4 ♘bd7 8.a4 ♕xb6 9.a5 ♕c7 10.♘f3 g6 11.h3 ♗g7 12.♗c4 0-0 13.0-0

(Eine der weißen Standardformationen ist vollendet: Bauern auf d5 und e4, Springer auf c3 und f3 sowie ein Läufer auf c4. Auch in dieser Variante liegt das strategische Ziel für Weiß in der Durchsetzung des Bauernvorstoßes e4-e5. Für die weitere Erörterung haben wir das Praxisbeispiel Petrik–Pinter, Banska Stiavnica 2007, ausgesucht, das die beiderseitigen Methoden gut veranschaulicht, ohne dass es in der Phase unserer Betrachtung tatsächlich zum Durchbruch kommt.)

13...♘e8 14.♖e1 ♘e5 15.♘xe5 ♗xe5 16.f4 ♗d4+ 17.♗e3 ♗xe3+ 18.♖xe3 ♘g7 19.♕d2 ♗c8 20.♘a4 ♗d7 21.♘b6

Von diesem Ehrenplatz wird sich der Springer nur schwer vertreiben lassen und das schwarze Spiel nachhaltig stören.

21...♖a7 22.♖b3±

7.e4 ♕xb6

Schwarz hat sich dazu entschlossen, diese frühe Gelegenheit, sich den Gambitbauern zurückzuholen, zu nutzen.

Eine weitere Idee liegt darin, zunächst mittels 7...exd5 die Lage in der Mitte zu klären. Die Partie nimmt dann ein deutlich anderes Gesicht an, z.B. 8.exd5 d6.

(In der Partie Vaisser–Leroy, Aubervilliers 2000, machte Schwarz keine gute Erfahrung mit dem Versuch, die Idee der schnellen Eroberung des Bauern wieder aufleben zu lassen. Es folgte also 8...♕xb6 und dann 9.♗c4 d6 10.♘f3 ♘bd7 11.0-0 ♘g4 12.♖e1+ ♘ge5 13.♘xe5 dxe5 14.♘e4±. Auf recht einfachem Weg ist Weiß zu einem klaren Vorteil gekommen. Die schwarzen Bauernschwächen sind ein gutes Faustpfand für einen weißen Partieerfolg.)

9.a4 a5

Nach 9...♕xb6 entstehen Positionen, die wir in den Abspielen 3 und 4 analysiert haben.

10.♗b5+ ♘bd7 11.♘f3 ♗e7 12.♘h4

Der Springer soll nach e3 geführt werden, von wo aus er den ♙d5 stützt, solange Schwarz noch mit seiner Entwicklung und der Rückeroberung des Gambitbauern beschäftigt ist.

12...0-0 13.♘f5 ♘xb6 14.♘e3 ♘fd7 15.0-0 ♗f6

In der Partie Moussard–Luco, Belfort 2012, folgte nun 16.♕d2 ♕c7 17.♖d1 c4 18.♕c2 ♖fc8 19.♘e4 ♗e5 20.♘f5 und der weiße Vorteil war offensichtlich.

8.♘f3

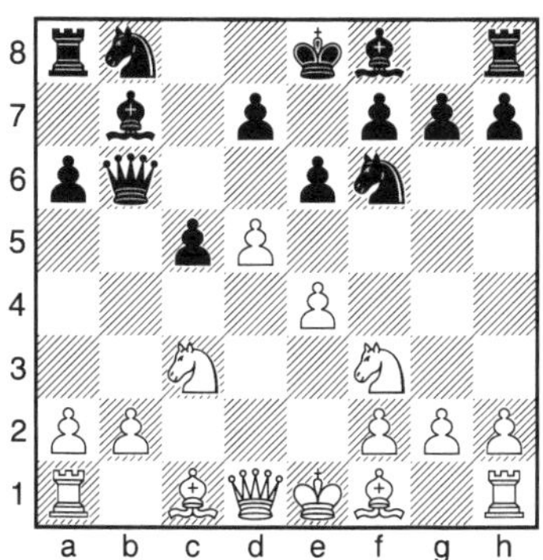

8...♕a5

Schwarz will die elastische Entwicklung der weißen Kräfte stören: Aufgrund der Fesselung des ♘c3 droht das Schlagen auf e4.

Ein anderer Versuch für den Nachziehenden ist 8...g6, wonach sich das Spiel wie folgt entwickeln kann.

9.♗e2 (9.♗c4!?) 9...♗g7

(Schwach ist 9...exd5? wegen 10.e5! ♘e4 11.♘xd5 ♕a5+ 12.♔f1 ♗g7 13.♗c4 mit entscheidendem Angriff.)

10.0-0 0-0

(10...exd5? ist ein Fehler wegen 11.e5 mit der Idee ♘xd5±.)

11.♗e3 exd5

(– Nach 11...d6 12.dxe6 fxe6 13.♘g5 ♖e8 14.♗c4 ♗c8 15.e5 dxe5 16.♘a4 ist die Lage von Schwarz sehr schwierig.

– Und auch 11...♘g4 12.♗f4 exd5 13.exd5 d6 14.♘a4 ♕d8 15.h3 ♘e5 16.♘xe5 dxe5 17.♗e3 ♘d7 18.♖c1 ist günstig für Weiß.)

12.e5 ♘g4 (12...♘e4 13.♘xd5+–) 13.♘a4 ♘xe3 14.♘xb6 ♘xd1 15.♖fxd1 ♖a7 16.♖ac1±

Die schwachen schwarzen Bauern im Zentrum werden weiße Angriffsobjekte. Weiß hat die besseren Aussichten auf den Partieerfolg.

9.♗d2

Der beste Zug: Weiß entwickelt seinen Läufer, löst die Fesselung auf und droht bei erster Gelegenheit mit dem Angriff gegen die schwarze Dame.

9...♕b6

Mit 9...d6? handelt sich der Nachziehende wegen 10.dxe6 fxe6 11.♗c4 echte Schwierigkeiten ein.

10.♗d3 ♗e7

Der weiße b–Bauer ist vergiftet. Wenn der Nachziehende dies übersieht und sich mit 10...♕xb2?? zu gefräßig zeigt, stürzt er nach 11.♖b1 ♕a3 12.♖xb7+– in den Abgrund.

(Die mit 10...exd5 verbundenen schwarzen Absichten besprechen wir in der **Partie Nr. 32:** Schirow–Mork, Bergen 2001.)

11.0-0 0-0 12.♖e1

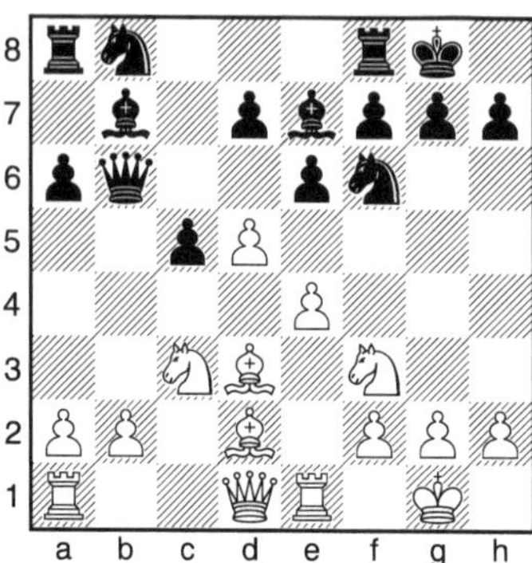

12...♗c8

Schwarz muss mit d7-d6 und ♘b8-d7 seine Entwicklung beenden. Der Läufer kehrt nach c8 zurück, um den Punkt e6 zu verteidigen.

Nicht gut wäre sofort 12...d6?, denn Weiß erlangt dann auf einem direkten Weg eine Gewinnstellung. Es folgt 13.♘a4 ♕d8 14.dxe6 fxe6 15.♘g5 ♗c8 16.♗c4 d5 17.exd5 exd5 18.♗a5 ♕xa5 19.♗xd5+ mit Gewinn wegen des Doppelangriffs auf König und Turm.

13.♕c2 d6 14.dxe6 ♗xe6

Nach 14...fxe6 15.e5 dxe5 16.♘xe5 gibt es am weißen positionellen Vorteil nichts zu zweifeln. Von einer geordneten schwarzen Bauernstellung kann nicht mehr gesprochen werden. Weiß hat in den gegnerischen Bauernschwächen ausgezeichnete Angriffsobjekte.

15.♘d5 ♗xd5 16.exd5 ♖e8

16...♘xd5?? 17.♗xh7+ ♔h8 18.♗e4 wäre das Ende für Schwarz.

17.♗g5 ♘bd7

Auch nach 17...♔f8 18.♗xh7 ♘xd5 19.♕c4 ♘c7 20.♗xe7+ ♖xe7 21.♖xe7 ♔xe7 22.♖e1+ ♔f8 (22...♘e6 23.♘g5+–) 23.♘g5 d5 24.♕f4 f6 (24...♕f6 25.♕xc7+–) 25.♕f5 wäre die schwarze Stellung hoffnungslos.

18.♗xh7+ ♘xh7 19.♗xe7

Weiß hat sich einen Mehrbauern erkämpft und steht deutlich besser.

Zusammenfassung: Die Variante 5.♗c8-b7 ist nicht empfehlenswert für Schwarz, denn Weiß bekommt ohne große Probleme einen Vorteil. Unser ganzes Kapitel zusammenfassend ist festzustellen, dass die Fortsetzung 5.b6 eine starke Waffe gegen das Wolga–Gambit ist. Vor allem vermeidet der Anziehende komplizierte und weit ausanalysierte Varianten, die nach 5.bxa6 entstehen, und lenkt das Spiel in für das Wolga–Gambit untypische Stellungen. Der Spieler mit Schwarz, der in dieser Eröffnung normalerweise die Initiative am Damenflügel anstrebt, wird in diesem System mit ganz anderen Ideen konfrontiert. Weiß diktiert das Tempo des Spiels und bestimmt die Bilder des Kampfes auf dem Brett.

Kapitel 8

Modernes Benoni

1.d4 ♘f6 2.c4 c5

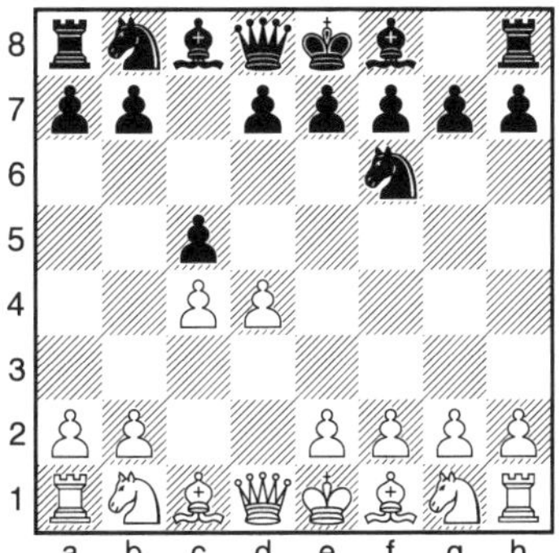

Schwarz entscheidet sich für die Benoni-Verteidigung, die den Indischen Verteidigungen zugerechnet wird. Der Name Ben-Oni, der aus dem Hebräischen stammt und einen biblischen Hintergrund hat, wird mit „Sohn der Trauer" übersetzt.

3.d5 e6

Diese Spielweise wird als „Moderne Benoni-Verteidigung" bezeichnet.

4.♘c3 exd5 5.cxd5 d6 6.e4

Es ist eine asymmetrische Bauernstellung entstanden, die dem beiderseitigen strategischen Streben den Stempel aufdrückt. Weiß sieht seine Chancen üblicherweise in seiner Bauernmajorität im Zentrum, die er zum Durchbruch nutzen möchte, sowie am Königsflügel. Schwarz hingegen wird den Schwerpunkt seiner Offensivbemühungen regelmäßig auf den Damenflügel verlegen, wo er ein Übergewicht an Bauern hat. Hinzu kommt für ihn die halboffene e-Linie, über die er Druck auf die weiße Stellung aufbauen kann.

6...g6 7.f3

Weiß entwickelt seine Kräfte im Sinne des Sämisch-Systems in der Königsindischen Verteidigung.

7...♗g7

Auf 7...a6 kann Weiß mit dem gegen b7-b5 gerichteten 8.a4 gefolgt von 8...♗g7 9.♗g5 fortfahren – oder auch 9. ♗e3 spielen.

8.♗e3

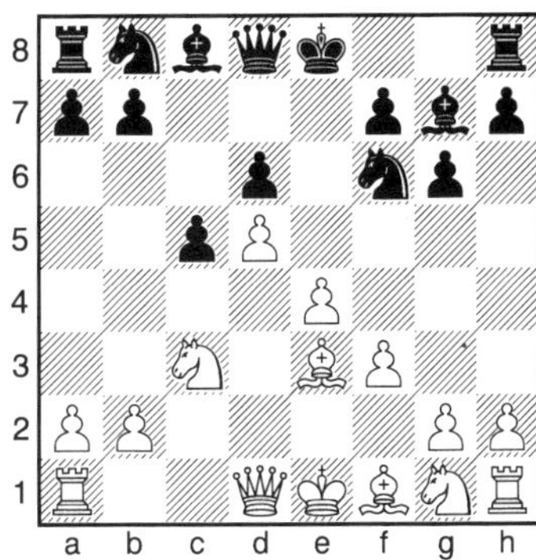

8...0-0

Schwarz verfolgt das Ziel, seine Kräfte schnell zu entwickeln. Die Praxis hat insbesondere drei Alternativen hervorgebracht.

I. 8...a6 9.a4

Auch hier wieder zur Verhinderung eines sofortigen Bauernaufzuges b7-b5.

9...♘bd7

(Auf 9...♕a5 kann Weiß 10.♗d3!? 0-0 11.♘ge2 nebst 0-0 spielen.)

A) Eine interessante Idee ist hier 10.♗d3 mit der Absicht, den Königsspringer nach e2 zu entwickeln und die kurze Rochade folgen zu lassen. Wir kennen diesen Aufbau bereits aus anderen Systemen, die wir in diesem Buch behandelt haben. Der Springer wird über das Feld e2 aktiviert, wenn der Läufer bereits sein Ausgangsfeld verlassen hat, sodass er sich diesem nicht vor die Nase stellt. Die Partie Thompson–Prods, Australien 1973, nahm folgenden Verlauf.

10...0-0 11.♘ge2 ♘e5 12.0-0 ♖b8 13.a5

Der Anziehende rechnet mit dem gegnerischen Bauernvorstoß b7-b5. Durch das Vorrücken seines a-Bauern verlegt er das Schlagfeld von b5 nach b6, sodass Schwarz beim Abtausch nicht zu einer verbundenen Bauernmasse am Damenflügel kommt.

13...b5 14.axb6 ♕xb6 15.b4!?

Weiß nutzt sofort die Fesselung des schwarzen c-Bauern aus.

15.♗c2!? ist hier aber wohl vorzuziehen.

15...♘fd7

(– 15...♘xd3!? wäre ratsam gewesen, wobei sich in dieser komplizierten Stellung ein etwa ausgeglichenes Spiel ergeben hätte.

– Natürlich nicht 15...♕xb4?? wegen 16.♖b1.)

16.bxc5 ♘xc5 17.♘a4 ♕c7 18.♘xc5 dxc5 19.♖c1 c4 20.♗b1

Weiß steht erkennbar besser.

B) Solider als 10.♗d3 dürfte 10.♘h3 sein, wobei der Springer über f2 nach d3 geführt werden soll und der Läufer dieses Feld deshalb frei lässt.

10...0-0

(Oder 10...♘e5 11.♘f2 h6 12.♕d2 g5 13.♗e2 ♘g6 14.0-0 ♘h5 15.♖fc1.

Untypisch für Benoni konzentriert sich Weiß hier nun auf den Damenflügel.

15...♘hf4 16.♗f1 h5 17.♖ab1 ♘e5 18.♘e2

Weiß ist besser entwickelt und steht daher besser, Foisor–Lupu, Hajduszoboszlo 1991.)

11.♗e2 ♕c7 12.0-0 ♖b8 13.♕d2 ♖e8 14.♘f2 h5 15.♔h1 b6 16.♖fc1

Auch hier wendet sich Weiß dem Damenflügel zu.

16...♘e5 17.h3 ♕e7 18.♖ab1 ♘ed7 19.b4 cxb4 20.♖xb4 ♘h7 21.♘d3

Weiß hat einen positionellen Vorteil am Damenflügel, Meessen–Beckmann, Deutschland 2003.

II. Auf die Springerentwicklung 8...♘bd7 kann der Anziehende sofort mit 9.♘h3 antworten, wonach die Partie Galopoulos–Nagy, Porto Carras 2010, folgenden Verlauf nahm.

9...0-0 10.♘f2 a6 11.a4

Im Unterschied zu unserer vorhergehenden Variante steht der Läufer hier noch auf f1, der Springer ist aber schon nach f2 weitergezogen. Ansonsten sind die Stellungen identisch. Die beiden Varianten können in den Folgezügen grundsätzlich auch wieder zusammengeführt werden, sodass dann nur eine Zugumstellung vorliegt.

11...b6

(Nach 11...♖e8 12.♗e2 b6 13.♕d2 ♕c7 14.g4 h5 hätte Weiß in der Partie Zahn–Hohn, Lichtenrade 2008, einfach 15.g5 mit der Folge 15...♘h7 16.f4 spielen sollen.)

12.♗e2 ♖b8 13.♕d2 ♘e5 14.0-0 ♖e8 15.♔h1 ♕c7 16.g4 h5 17.gxh5 gxh5 18.♖g1

Weiß hat heftigen Königsangriff.

III. 8...h5 ist ein unseres Wissens neuer Versuch. Er kam in der Begegnung Fluxa–Figueroa, La Plata 2012, auf das Brett, fand aber im Spitzenschach bisher noch keine Nachahmer.

9.♕d2 a6 10.a4 ♕a5 11.♘b1 ♕c7 12.a5 ♘bd7 13.♘a3 0-0 14.♖c1 b5 15.axb6 ♕xb6 16.♘c4 ♕b8 17.♘e2 ♘b6

Hier ließ Weiß die Chance zu 18.♘a5 ungenutzt, worauf es wie folgt hätte weitergehen können: 18...♗d7 19.♘c3 ♖e8 20.♗e2 mit aktivem Spiel für den Anziehenden.

In der Partie zog er 18.♘c3 und verlor mit dem 36. Zug.

9.♕d2

Stattdessen ist hier auch 9.♘ge2 möglich. Da unsere Hauptempfehlung 9.♕d2 ist, belassen wir es zu diesem Springerzug bei ein paar grundlegenden Anmerkungen und einer Beispielpartie.

9...a6

(– Den möglichen Folgen von 9...b6 widmen wir uns in der **Partie Nr. 33:** Cerveny–Eisenbeiser, Pardubice 2005.

– Für Schwarz ist ein Vorgehen mit 9...♘bd7 zu beachten; z.B. 10.♘g3 h5 11.♗e2 h4 12.♘f1 ♘h7 13.♘d2 a6 14.a4 f5 15.exf5 gxf5 16.0-0 ♘e5 17.♔h1 f4 18.♗f2 h3 19.g4 fxg3 20.hxg3 ♗f5 mit beiderseitigen Chancen.)

10.a4 ♘bd7 11.♘g3 h5 12.♗e2

Mehrere aktuelle Beispiele aus der Turnierpraxis führen über die nunmehr erreichte Stellung.

A) 12...♘e5 13.0-0 ♘h7

(13...♖e8 14.♕d2 ♘h7 15.♖f2 ♖b8 16.♘f1 ♗d7 17.h3 b5 18.axb5 ♗xb5 19.♘xb5 axb5 20.♖a6 ♘f6 21.b3±, Morosewitsch–Kamsky, Peking 2012.)

14.♕d2 h4 15.♘h1 f5 16.♘f2 ♕f6

(16...♗d7 17.♔h1 ♕e7 18.exf5 gxf5 19.♘h3 ♖ae8 20.♖ae1 ♕f6 21.♘f4±, Caruana–Vachier-Lagrave, Biel 2010.)

17.f4 ♘f7 18.exf5 gxf5 19.♔h1 ♗d7 20.♘h3 ♔h8 21.♗h5 ♘h6 22.♘g5

Weiß hat Vorteil, Ponomarjow–Moranda, Warschau 2010.

B) 12...h4 13.♘f1 ♘h7 14.♘d2 f5 15.exf5 gxf5 16.0-0 ♖e8 17.♗f2 ♘e5 18.♘c4 ♘f8 19.f4 ♘xc4 20.♗xc4 ♘g6 21.g3 ♗d7 22.a5 ♖b8 23.♘a4 ♗b5 24.♗xb5 axb5 25.♘b6 ♕e7 26.♖e1 ♕f7 27.♕b3 ♖e4 28.♕xb5 ♖be8 29.♖xe4 fxe4 30.♘c4± mit späterem Gewinn, Krajew–Danin, Samara 2004.

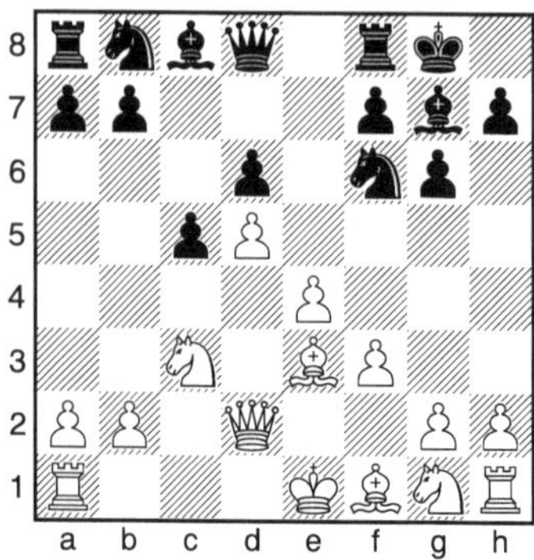

Unsere Untersuchung setzen wir nun in drei Abspielen fort.

I. 9...a6 (**Abspiel 1**)

II. 9...♖e8 (**Abspiel 2**)

III. 9...h5 (**Abspiel 3**)

Abspiel 1

Die Fortsetzung 9...a6

1.d4 ♘f6 2.c4 c5 3.d5 e6 4.♘c3 exd5 5.cxd5 d6 6.e4 g6 7.f3 ♗g7 8.♗e3 0-0 9.♕d2 a6

Stellungsgemäß bereitet Schwarz das Manöver b7-b5 vor.

10.a4

Um b7-b5 zu verhindern.

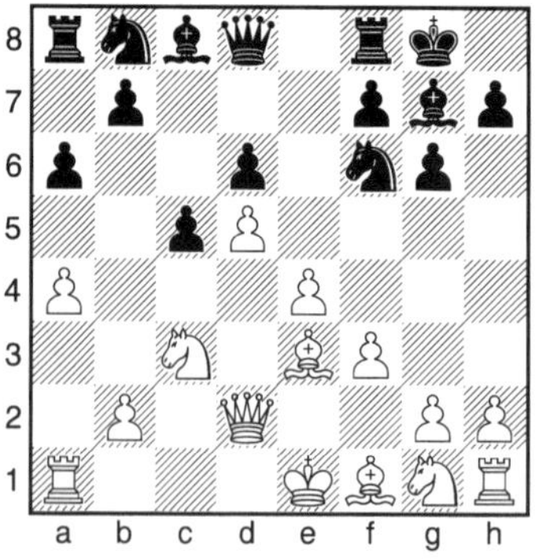

10...♘bd7

Der Nachziehende folgt dem Plan, seine Figuren am Damenflügel schnell ins Spiel zu bringen und den Vorstoß b7-b5 durchzudrücken. Werfen wir auch einen Blick auf die wichtigsten Alternativen.

I. 10...♖e8 analysieren wir in **Abspiel 2**.

II. 10...h5 11.♗e2

(11.♘ge2 ♘h7 12.♘f4 erscheint ebenfalls gelegentlich auf der Turnierbühne.)

11...♘h7 12.f4

Mit 12.a5!? würde Weiß seine Absichten noch offen lassen und frühzeitig der Absicht von Schwarz entgegenwirken, über den Abtausch seines b-Bauern gegen den weißen a-Bauern verbundene Bauern zu erhalten.

12...f5 13.♘f3

(Interessant und wohl auch besser ist 13.e5!? dxe5 und nun ist sowohl 14.fxe5 als auch 14.♘f3!? stark.)

13...fxe4 14.♘xe4 ♖e8 15.♘c3

Die Chancen für Weiß dürften geringfügig höher einzuschätzen sein als jene von Schwarz. Er ist besser entwickelt und steht aktiver; Schwarz hat allerdings die solidere Bauernstellung. Ab hier werden die Karten neu gemischt. Schauen wir uns mal an, wie eine logische Entwicklung der Partie aussehen kann.

15...♕e7 16.♗f2 ♗xc3

(Schwach ist 16...b5?, wie die Partie Foisor–Alexandrowa, Dresden 2004 belegt: 17.axb5 ♗d7 18.♗h4 g5 19.♗xg5 ♘xg5 20.♘xg5 ♗g4 21.♘e6 ♗xe6 22.dxe6 ♕xe6 23.0-0+–.)

17.bxc3 ♘f6 18.♗h4 ♗f5 19.♗xf6 ♕xf6 20.0-0 ♘d7 21.a5

Weiß hat einen kleinen positionellen Vorteil. Inzwischen ist er derjenige mit der besseren Bauernstellung.

III. 10...♘fd7

Dieser Versuch vermag nicht wirklich zu überzeugen. Er erlaubt Weiß ein forsches Vorgehen am Königsflügel.

11.h4 h5 12.g4 ♘e5

(12...hxg4 13.h5 verhilft Weiß zu einem aussichtsreichen Angriff.)

13.gxh5 gxh5 14.♗h6

Nach dem Schlagen auf g7 hat Weiß die besseren Aussichten, Davis–Mitchell, Wanganui 2007.

IV. 10...♕a5 11.♘ge2

Zu beachten ist 11.♖a3!?, was zur Deckung des Turms führt und b7-b5 verhindert.

11...b5 12.♘d1 ♕xd2+ 13.♔xd2 ♗b7 (13...b4!?) 14.♘c1 b4 15.♘b3 ♘bd7 16.♘a5 ♖fb8 17.♗f4 ♘e8 18.♘c4 ♗f8 19.a5 f6 20.b3 ♗c8 21.♘db2

Weiß ist positionell im Vorteil, Gunina–Ju Wenjun, Ningbo 2010. Sie hat mehr Raum und das aktivere Spiel.

11.♘h3 ♘e5

Auf 11...♕a5 ist 12.♖a3! stark. Bitte vergleichen Sie hierzu auch unsere Anmerkung zu diesem Zug in der Variante zuvor.

12...♖e8

(Oder 12...♘e5 13.♘f2 ♕b4 14.♗e2 ♖b8 15.0-0 und nun nicht 15...b5? wegen 16.axb5 axb5 17.♕c1 ♘c4 18.♘d3 1–0, Wang Rui–Xie Jianjun, Wuxi 2005.)

13.♘f2 ♘b6 14.♗f4 ♗f8 15.♗e2 ♘h5 16.♗e3 ♗g7 17.0-0

Weiß hat aktives Spiel.

12.♘f2 ♗d7

Gut spielbar ist auch die Variante 12...♖b8 13.♗e2 ♗d7 14.a5

Der schon bekannte Gedanke: Der Anziehende will beim Abtausch des eigenen a–Bauern gegen den schwarzen b–Bauern dem Gegner keine verbundenen Bauern am Damenflügel erlauben und verlegt das Schlagfeld deshalb auf b6.

14...b5 15.axb6 ♕xb6 16.♖xa6 ♕xb2 17.♕xb2 ♖xb2 18.♘fd1

Weiß hat Vorteil, Kaszowski–Orzech, Ustron 2003.

13.♗e2

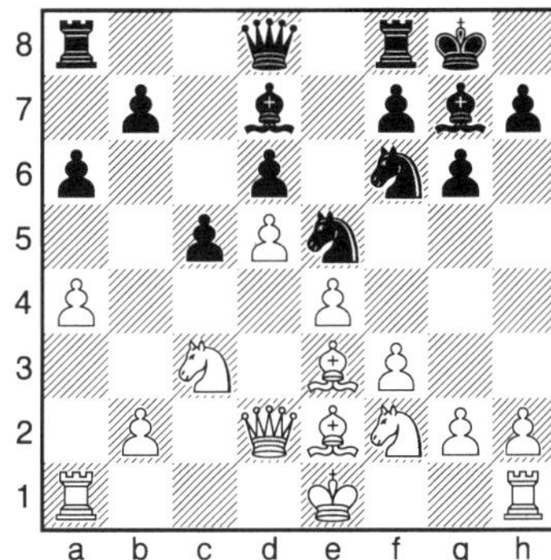

13...b5

Schwarz ist bereit, im Kampf um die Initiative einen Bauern zu opfern.

14.axb5

Mit 14.0-0 kann Weiß die Spannung aufrechterhalten.

A) 14...b4 15.♘cd1

(Infrage kommt auch 15.♘b1 mit der Idee ♕d2-c1, ♘b1-d2-c4 usw.)

15...♖e8 16.b3 ♘h5

In der Fernpartie Cortes Olivares-Bartsch, ICCF 2006, entschied sich Weiß zugunsten des soliden Vorgehens 17.♘b2, woraufhin es wie folgt weiterging: 17...f5 18.exf5 gxf5 19.♗g5 ♕c7 20.♗h6 ♗xh6 21.♕xh6 ♘f7 22.♕d2 ♕d8 23.♘c4 ♕h4 24.♖fe1 ♖ad8 25.♗f1 ♕f4 26.♕xf4 ♘xf4 27.♖xe8+ ♗xe8 28.♘e3 und Weiß steht erkennbar positionell besser.

B) 14...♖b8 15.♗g5 ♘c4 16.♗xc4 bxc4 17.♘fd1 ♖b4 18.a5 ♖e8 19.♕c2 h6 20.♗d2 ♘h7 21.♘e2

Der schwarze Bauer auf c4 ist schwach, Weiß steht besser, Knaak-Von Gleich, Deutschland 1992.

14...axb5 15.♖xa8 ♕xa8 16.♘xb5 ♗xb5 17.♗xb5 ♖b8

Die Konsequenz des Bauernopfers: Der Turm wird nun gegen den Bauern b2 drücken. Im Duell Fahnenschmidt-Warthmann, Deutschland 1994, wählte Schwarz stattdessen 17...♕a2 und nach 18.♘d1 hätte er besser 18...♖b8 nachgeholt.

Er spielte aber 18...c4? und bezahlte einen hohen Preis für sein Versäumnis: 19.0-0 ♘d3 20.♕c2 ♖c8 21.♗d4 h5 22.♕c3 ♘e8 23.♗xg7 ♘xg7 24.f4 ♕a7+ 25.♔h1 ♕c5 26.♗a6 ♖c7 27.b3 mit einem klaren Vorteil für Weiß.

18.♗e2

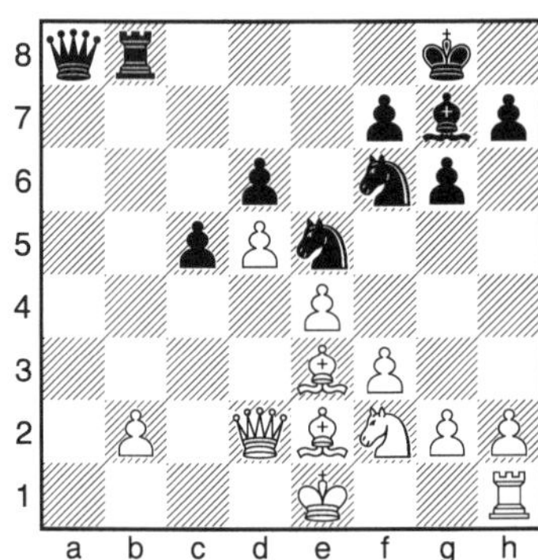

18...♘fd7

In der Partie Fernandez-Arias, Panama City 2011, versuchte der Nachziehende 18...♕a1+ 19.♘d1 ♘e8 20.♕c1 ♕a5+. Angesichts der (materiellen) Situation auf dem Brett hätte ein Tausch der Damen nur Weiß begünstigt.

21.♗d2 ♕b6

Nun bringt Weiß seinen König aus der Schusslinie und verstärkt seine Offensivkraft bei einer gleichzeitigen Zurückdrängung der gegnerischen Figuren.

22.0-0 ♘c7 23.f4 ♘d7 24.♗c3

Er hat nun eindeutig die besseren Perspektiven. Sein Mehrbauer ist ein entscheidender Vorteil. In der Partie gelang es ihm, mit dem 54. Zug den vollen Punkt zu erringen. Dabei spielten die Bauernverhältnisse die maßgebliche Rolle.

19.♘d1 ♕a4 20.♕c1 ♘b6 21.♗d2 f5 22.exf5 ♕h4+ 23.♘f2 gxf5 24.0-0 ♘xd5 25.f4 ♘f7 26.♗f3 ♘b4 27.♕b1 ♕f6 28.♗c3 ♕g6 29.♘d3

Die Stellung ist materiell ausgeglichen, aber Weiß steht aktiver und hat daher bessere Aussichten, Seirawan-Sax, Biel 1985.

Zusammenfassung: Der Plan des Nachziehenden, über b7-b5 eine schnelle Aktion am Damenflügel zu versuchen, stellt Weiß vor keine besonderen Probleme. Statt 14.axb5 kann er auch 14.0-0 spielen. Der Schlag mit dem Bauern und die kurze Rochade vermitteln ihm beide gute Chancen.

Abspiel 2

Die Fortsetzung 9...♖e8

1.d4 ♘f6 2.c4 c5 3.d5 e6 4.♘c3 exd5 5.cxd5 d6 6.e4 g6 7.f3 ♗g7 8.♗e3 0-0 9.♕d2 ♖e8

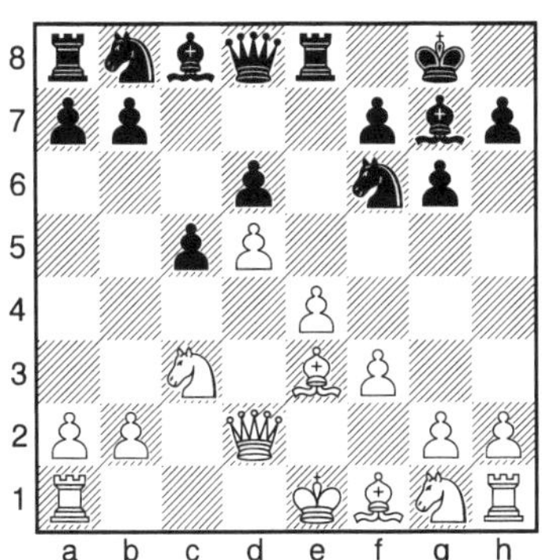

Der Turm steht auf der halboffenen e-Linie aktiv und für den Moment optimal. Weiß muss vorsichtig sein, dass sein noch im Zentrum verharrender König nicht plötzlich in einen starken Angriff gerät.

10.♘ge2

Von hier aus kann der Springer sowohl zum Damen- als auch zum Königsflügel wandern. Wie wir bald sehen werden, konzentriert sich Weiß in diesem kurzen Abspiel auf den Damenflügel. Der Springerzug steht nicht im Widerspruch zu Aussagen von uns an anderen Stellen, in denen wir einer Entwicklung des ♗f1 vor der Springerentwicklung nach e2 den Vorzug gegeben haben, denn dieser verweilt nicht lange auf diesem Feld, sondern zieht bald weiter.

10...♘bd7

Auf 10...♘a6 ist 11.♘f4 ♘c7 12.a4 gut möglich.

11.a4

Hier geht auch 11.♘c1, was dann normalerweise unter Zugumstellung zur Hauptvariante führt.

11...a6

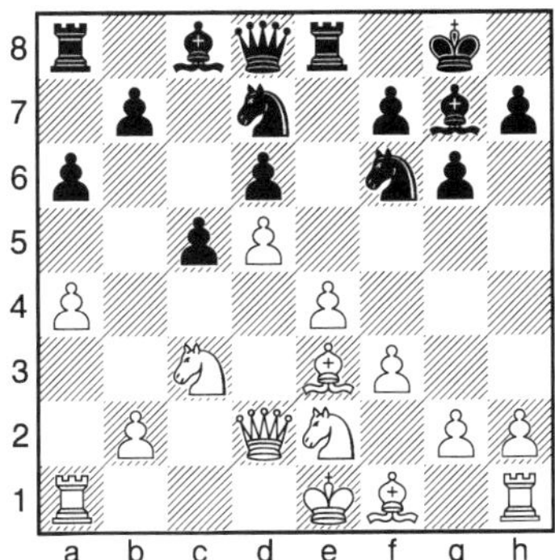

12.♘c1

Wir konzentrieren uns auf diesen Springerzug.

Einen kurzen Ausflug möchten wir

aber auch in die Gefilde der Alternative 12.♘g3!? machen. Wählt Weiß diesen Weg, dann nimmt die Partie ein gänzlich anderes Gesicht an.

12...h5

(– Ein anderer Plan basiert auf 12...♖b8!? mit Vorbereitung von b7-b5.

– Versucht wurde auch schon 12...♘h5, was von vornherein als etwas suspekt erscheint. Schon nach 13.♘xh5 gxh5 sieht die schwarze Königsstellung ziemlich kaputt aus, ohne dass sich dynamische Chancen erkennen lassen, die ein solches Zugeständnis rechtfertigen könnten. Weiß kann sich nun weiter seiner Entwicklung widmen und dabei die schwarzen Schwächen am Königsflügel ins Visier nehmen.

14.♗e2 f5 15.0-0 ♘e5 16.♔h1 ♖f8 17.f4 ♘g4 18.e5 dxe5 19.♗xc5 ♖e8

Schwarz hat auf dem Weg bis hierher keine Chance gehabt, das Spiel auszugleichen. In der Partie Szabo-Schneider, St. Veit 2013, folgte nun 20.♗xg4 hxg4 21.fxe5 ♗xe5 22.♖ae1 mit ausgezeichneten Chancen für Weiß.)

13.♗e2 h4 14.♘f1

Je nach Reaktion des Nachziehenden teilt sich das Spiel nun in vier Hauptzweige.

A) 14...h3 15.g4!

Nun entwickelt sich ein kompliziertes Spiel mit Aktionen auf beiden Brettseiten.

15...♘e5 16.♘g3 ♗d7 17.0-0 b5

Die Rollen sind klar verteilt: Weiß sucht seine Offensivchancen am Königsflügel, Schwarz unter Einsatz seiner Bauernübermacht am Damenflügel.

18.g5 ♘h7 19.f4

A1) 19...b4 ist ein auf den ersten Blick gut aussehender Versuch aus der Partie J. Wallace-Hebden, Hastings 1995. Die damit verbundene weitere schwarze Partieanlage konnte dann allerdings im weiteren Verlauf ihre Qualität nicht unter Beweis stellen.

20.♘d1 ♘g4 21.♔h1 ♘xe3 22.♘xe3 ♘xg5

Der Nachziehende investiert Material, um seine dynamischen Möglichkeiten zu verbessern. Ohne diese Entscheidung läuft er Gefahr, ohne Gegenspiel zur Passivität verurteilt zu werden.

23.fxg5 ♕xg5 24.♗c4 (24.♕c1!?) 24...♗d4 25.♖ae1 ♗xa4 26.♕f2 ♖a7 27.b3 ♗b5 28.♕f3±

A2) Nach 19...♘c4 20.♗xc4 bxc4 21.e5!? dxe5 22.f5 liegt die Initiative bei Weiß.

B) 14...♘e5 15.♗g5 h3 16.g4 ♕a5 17.♖a3±

C) 14...♖b8 kann Weiß gut sowohl mit 15.♗h6 als auch mit 15.♗g5 beantworten.

D) 14...♘h7!?

(Dies scheint Schwarz die besten Möglichkeiten zu geben. Es entwickelt sich ein zähes Ringen mit beiderseitigen Chancen, die nicht sicher durchkalkuliert werden können. Wir wollen anhand von langschrittigen Varianten einen Eindruck davon vermitteln, wohin die Reise gehen kann.

15.♕c2 ♕e7

(– 15...♕a5 16.♘d2 ♘e5 17.0-0 ♕b4 18.a5 b5 19.axb6 ♕xb6 20.♖fb1 ♕c7 21.♕a4 ♕e7 22.♖a3 f5 23.b4 cxb4 24.♕xb4 ♕f6 25.f4 ♘g4 26.♗xg4 fxg4 27.♕a4 ♖d8 28.♖b6 ♕f7 29.♘b5 ♗f8 30.♘d4 und Weiß steht aktiver. Die schwarzen Läufer sind nicht gut postiert und entwickeln nur wenig Wirkung, Djukic–Kacakovski, Skopje 2012.

– Oder 15...♘e5 16.♘d2 f5 17.0-0 ♗d7 18.a5 ♖c8 19.♔h1 ♔h8 20.f4 ♘f7∞, Vall de Vilaramo–Baches Garcia, Castellar 1999.)

16.♘d2 f5 17.0-0 f4 18.♗f2 ♘e5 19.♔h1 ♕g5 20.a5 ♘f6 21.♘a4 ♘h5

Schwarz hat sich Gegenspiel erarbeitet, Cooke–Gladyszew, Budapest 2000.

12...♘e5

Es geht auch 12...h5 mit Übergang zu **Abspiel 3**.

13.♗e2 ♗d7

Auf 13...♘h5 14.0-0 f5 kann Weiß zwischen 15.exf5 ♗xf5 16.♗f2 und 15.a5 fxe4 16.♘xe4 ♘f6 17.♘c3 wählen.

14.0-0 ♖b8

14...h5 15.♖b1 h4 16.b4 c4 17.a5 ♖c8 18.♘1a2 ♘h5 19.f4 ♘g4 20.♗xg4 ♗xg4 21.♗d4 ist gut für Weiß.

15.a5 ♗c8

Oder 15...b5 16.axb6 ♕xb6

(16...♖xb6 17.♖xa6 ♖xa6 18.♗xa6 ♕b6 19.♗e2 ♖b8 20.b3±)

17.♖xa6 ♕xb2 18.♖xd6 c4 19.♕xb2

(Eine gute Alternative ist 19.f4!? ♘eg4 und nun 20.e5 ♘xe3 21.♕xe3 mit Vorteil.)

19...♖xb2

Und nun hätte Weiß in der Partie Kostic–Saulin, Moskau 1996, 20.♖a6! (statt 20.♖b6?!) spielen sollen. Nach beispielsweise 20...♖c2 21.♘b1 hätte er einen klaren Vorteil errungen.

16.♘a4 ♘ed7 17.♘b3 ♕c7

Die Variante 17...b5 18.axb6 ♘xb6 19.♘a5 wäre nur für Weiß günstig.

18.♖a3

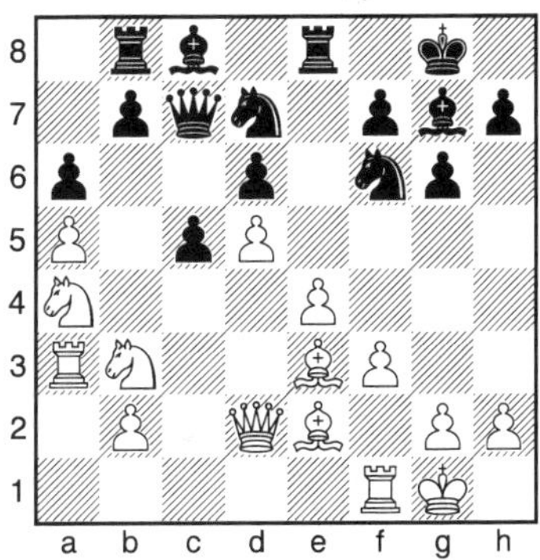

18...h5

Schwarz gibt zu erkennen, dass er auf dem Königsflügel agieren will.

Weiß muss aber damit rechnen, dass sein Gegner auch seine Chancen auf dem Damenflügel sucht, wie z.B. 18...b5 19.axb6 ♘xb6 20.♘c3

(20.♘axc5!? dxc5 21.♗f4 ♕a7 22.♗xb8 ♕xb8 23.♘xc5±)

20...♘fd7 21.♘a5 ♘e5 22.♗h6 mit der Idee h2-h3, f3-f4 und besseren Aussichten für Weiß.

19.♖c1 ♕d8 20.♗g5

Weiß hat mehr Raum für die eigenen weiteren Aktionen und steht daher besser.

Zusammenfassung: In diesem Abspiel richtet Weiß seine Ambitionen zuvorderst auf den Damenflügel. Zu beachten ist aber auch ein Plan, der sich auf den Königsflügel ausrichtet und mit 12.♘g3!? eingeleitet wird.

Abspiel 3

Die Fortsetzung 9...h5

1.d4 ♘f6 2.c4 c5 3.d5 e6 4.♘c3 exd5 5.cxd5 d6 6.e4 g6 7.f3 ♗g7 8.♗e3 0-0 9.♕d2 h5

Der Bauernvorstoß leitet eine Spielweise ein, die im modernen Spitzenschach nur selten gewählt wird. Schwarz wird zunächst am Königsflügel aktiv und stellt ein Vorgehen am Damenflügel erst mal zurück.

10.♘ge2 ♘bd7

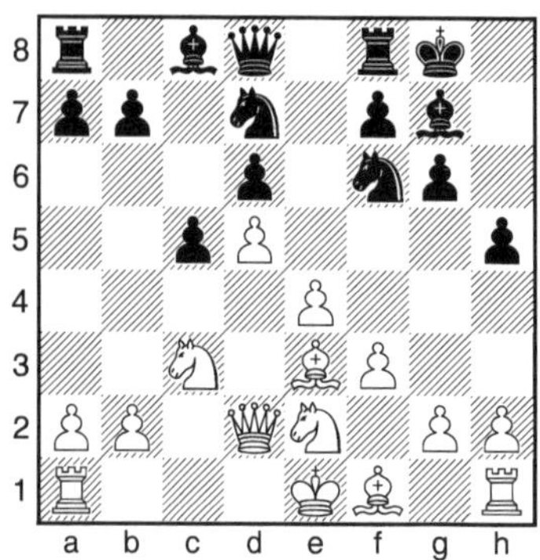

Der Springer soll auf e5 in Stellung gebracht werden.

Die Fortsetzungen 10...♘a6 und 10...a6 sehen ebenfalls logisch aus, versprechen Schwarz aber kaum eine Verbesserung gegenüber der Hauptvariante. Welche Entwicklungen jeweils möglich sind, können wir nur anhand von zwei aktuellen Beispielen aufzeigen. In diesem Bereich der Theorie gibt es auf jeden Fall noch sehr viel Raum für weitere Forschungen und die Erprobung eigener Ideen.

I. 10...♘a6

Der Springer soll von c7 aus das Feld b5 abdecken und Druck gegen den weißen Bauern auf d5 ausüben.

11.♘c1 ♘c7 12.a4 b6 13.♗e2 a6 14.0-0 ♗d7 15.♗f4±, Di Berardino–Madeira, Manaus 2013. Weiß hat mehr Einfluss auf das Spiel. Das ursprüngliche Vorhaben des Nachziehenden, seine aktiven Möglichkeiten zunächst am Königsflügel zu suchen, ist etwas untergegangen.

II. 10...a6 11.a4 ♘h7 12.♘f4 ♘d7 13.♗e2 ♘e5 14.0-0 ♗d7±

Die weißen Figuren sind deutlich aktiver aufgestellt. In der Partie Rajkovic–Nenezic, Pozarevac 2012, folgte 15.♔h1 ♖b8 16.♖fb1 ♘f6 17.b4 g5 18.♘h3 ♗xh3 19.gxh3 cxb4 20.♖xb4 ♘h7 21.♖g1± mit aussichtsreichem Angriff und Gewinn im 52. Zug.

11.♘c1

Der Springer wird am Damenflügel aktiv.

Als „zweites Standbein" möchten wir Ihnen 11.♘f4!? vorstellen. Mit diesem Zug verbindet der Anziehende die Absicht, seinen Erfolg im Spiel auf dem Königsflügel zu suchen. Es gibt nur wenige Beispiele aus der Praxis.

In diesen hat Schwarz entweder mit 11...a6 oder mit 11...♘e5 geantwortet. Rückschlüsse aus der Partienstatistik verbieten sich hier, da einerseits die Datenbasis zu schmal ist und andererseits die Resultate mehrfach mit einer guten oder schwächeren Spielweise erst jenseits der Eröffnungsphase zu begründen waren.

A) 11...a6 12.♖c1 ♘e5 13.b3 b5

Schwarz hegt auf beiden Flügeln Ambitionen.

14.♗e2 ♖e8 15.0-0 ♗d7 16.♔h1 ♕e7 17.♖fe1 h4 18.♘d1 a5

(Sulipa gibt 18...g5 19.♘d3 g4 20.♘xe5 ♕xe5 21.♗f4 ♕h5 22.♘f2± an.)

19.♘f2 b4

Und nun hätte Weiß in der Partie Sulipa–Renet, Groningen (open) 1991, 20.♘4h3! spielen sollen; z.B. 20...a4 21.♗g5 ♗xh3 22.♘xh3 ♘ed7 23.♗b5± mit deutlichem Vorteil, denn Weiß hat das Spiel auf dem Damenflügel unter Kontrolle und kann im Zentrum mittels ♘h3-f2, f3-f4 usw. aktiv vorgehen.

B) 11...♘e5

Der Unterschied zu 11...♘e5 (gleich im Anschluss in unserer Hauptvariante) liegt darin, dass dort der weiße Springer auf c1 steht. Die schwarze Stellung ist völlig identisch. So kann es nicht schaden, immer wieder mal einen vergleichenden Blick nach vorne zu werfen.

12.♗e2 a6 13.a4 b6

(– Zu beachten ist 13...♗d7!? 14.0-0 ♖b8 15.a5 ♕e8 mit der Idee ♗d7-b5. – Und auch 13...♕a5 14.0-0 ♗d7 15.♖fc1 ♖fc8 mit dem Plan ♗d7-e8, c5-c4, ♘f6-d7, ♘d7-c5 usw. ist von Interesse.)

14.0-0 ♖b8

(Oder 14...♗d7 15.♖ab1 mit der Idee b2-b4.)

15.♔h1 c4 16.♖ab1 ♘fd7

(16...b5 17.axb5 axb5 18.b4±)

17.♘h3 (17.b4!?) 17...♘c5 18.♘f2 ♘b3 (18...b5!?) 19.♕d1 b5 20.axb5 axb5 21.f4 ♗h6

In dieser komplizierten Stellung haben beide Seiten Chancen. Wir können uns nicht zugunsten der einen oder anderen Partei aussprechen.

In der Partie Portisch–Arachamia Grant, London 1996, machte Schwarz nun den Fehler 21...♘d7? und wurde dann mit 22.♘xb5! ♖xb5 23.♗xc4 ♖b4 24.♗xb3 aus allen Träumen gerissen. Weiß ist materiell und damit auch insgesamt deutlich im Vorteil.

11...♘e5 12.♗e2

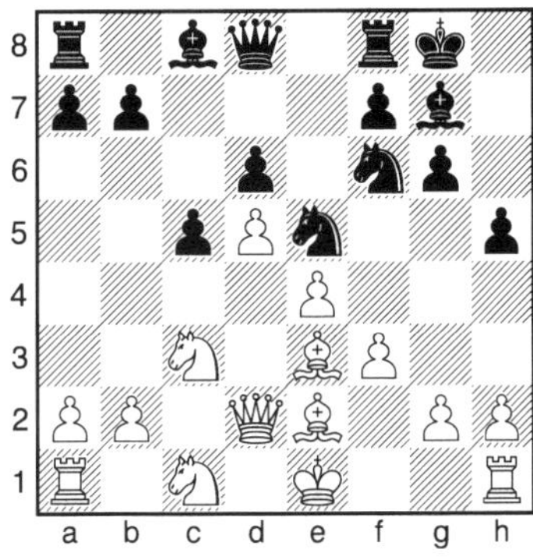

12...♖e8

Dieser normale Entwicklungszug dürfte auf eine Partie Cabalo–Tal, Taxco 1985 zurückgehen. Dies ist zumindest das älteste Beispiel aus der Praxis, das wir finden konnten. Seitdem hat es mehrere Versuche gegeben, das schwarze Spiel zu verstärken, allerdings ohne bahnbrechende Ergebnisse, wie die folgenden Varianten bestätigen.

I. 12...h4 13.0-0 h3 14.g3 a6 15.a4 ♖e8 16.♘1a2 ♘h7 17.b4 c4 18.a5±

II. 12...a6 13.a4 ♗d7

(13...♘h7 14.0-0 f5 15.f4 ♘f7 16.e5 dxe5 17.♗xc5 ♖e8 18.♘d3 e4 19.♘e1 ♘d6 20.♘c2±, Czerwonski–Markowski, Bielsko Biala 1991.)

14.0-0 ♘h7 15.♖b1 ♖c8 16.♘1a2 f5 17.b4 mit aktivem Spiel am Damenflügel.

III. 12...♘h7 13.0-0 f5 14.f4! ♘f7

(14...♘g4 15.♗xg4 hxg4 16.e5 dxe5 17.♗xc5 ♖f7 18.fxe5 ♗xe5 19.♘d3 ♗g7 20.♖ae1±, Truskawetski–Glek, Wladimir 2004.)

15.e5! dxe5 16.♗xc5 ♖e8 17.♘d3 e4 18.♘e1 (18.♘f2=) 18...♘f6 19.♘c2±, Jussupow–Dolmatow, Wijk aan Zee 1991.

13.0-0 ♘h7

Auf 13...a6 sollte Weiß 14.a4 spielen.

14.♗h6

Spielbar ist auch 14.♖b1!?; z.B. 14...f5 15.b3 (15.b4 c4∞) 15...a6 16.a4 fxe4 17.♘xe4 ♘f6 18.♘d3 usw.

14...♗h8 15.♘d3 ♘c4

15...a6 beantwortet Weiß typisch mit 16.a4.

16.♕c1 ♗d7

In der Variante 16...f5 und nun 17.♘xc5! dxc5 (17...♘xb2 18.♘b3+–) 18.♗xc4 sichert sich Weiß einen Mehrbauern.

17.♘f2 b5 18.♘xb5 ♗xb5 19.♗xc4 ♗xc4 20.♕xc4 ♗xb2 21.♖ab1 ♗d4 22.♗d2

Weiß steht etwas besser. Optionen für ihn sind die Verdoppelung der Türme auf der b–Linie bzw. der Tausch des Läufers nach ♗d2-c3 usw.

Zusammenfassung: In diesem Abspiel hat Weiß im 11. Zug die Wahl zwischen zwei Wegen: 11.♘c1 und 11.♘f4!?. Das von uns vorgeschlagene System hat sehr viel Ähnlichkeit mit dem Sämisch–System gegen die Königsindische–Verteidigung.

Kapitel 9

3.f3 gegen die Grünfeld-Verteidigung

1.d4 ♘f6 2.c4 g6 3.f3

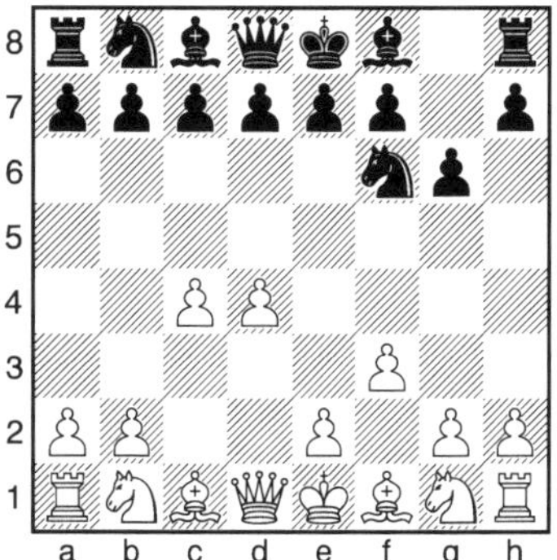

Wenn Schwarz auf 3.♘c3 mit 3...d5 antwortet, haben wir die Ausgangsposition der Grünfeld-Verteidigung (auch Grünfeld-Indisch genannt) auf dem Brett. Diese Eröffnung trachtet so mancher Weißspieler zu vermeiden, weil sie dem Nachziehenden ein gutes und dynamisches Spiel verspricht. Mit dem Textzug kann Weiß dem aus dem Wege gehen und das Spiel in eine andere Richtung lenken.

In der Theoretischen Einführung (Teil 2) haben wir eine Folge nach 3.♘c3 d5 4.cxd5 ♘c3 5. ♘a4!? vorgestellt, um den Lesern des Buches die Möglichkeit zu geben, doch eine Variante gegen die Grünfeld-Verteidigung vorzubereiten.

3...d5

Dies ist die in der Praxis meistgesehene Erwiderung. Die Folge 3...♗g7 4.e4 d6 führt zur Königsindischen Verteidigung (Sämisch-Variante), deren Behandlung wir in unserem Buch das Kapitel 10 gewidmet haben. Werfen wir mal einen Blick auf das, was sich Schwarz sonst noch so hat einfallen lassen, um möglichst chancenreich auf den weißen Anzug mit dem f-Bauern zu reagieren.

I. 3...♘c6 4.d5 (4.e4 e5!=) 4...♘e5 5.e4 d6 6.♘c3 ♗g7

(Auf 6...c6 7.f4 ♘ed7 8.♗e3 e5 9.dxe6 fxe6 kann Weiß zu 10.♕e2!? mit der Idee 0-0-0 usw. greifen.)

7.f4 ♘ed7 8.♘f3

(Eine andere Idee von GM Alexander Grischuk ist 8.♘h3!?. Wir gehen mit der **Partie Nr. 34:** Berczes-Papp, Budapest 2013, auf sie ein.)

8...0-0 9.♗d3

A) 9...e6 10.0-0 exd5 11.cxd5 c6 12.dxc6 bxc6 13.h3 ♕b6+ 14.♔h2 ♘c5 15.♗c2 ♗a6 16.♖e1 ♖ad8 17.♖b1 ♖fe8 18.♗e3

(18.b4 ♘e6 19.f5 ♘c7∞)

18...♕b4 19.♘d4

Weiß verfügt – und zwar wegen der schwarzen Bauernschwächen – über die besseren Perspektiven, Ravelo Gil-A.Gomez, San Cristobal 2012.

B) 9...c6 10.0-0 cxd5

(Nicht überzeugend ist 10...♕b6+, denn nach 11.♔h1 ♘c5 12.♗c2 cxd5 kann Weiß 13.e5! antworten und kommt dabei deutlich in Vorteil.

13...♘e8 14.♘xd5 ♕d8 15.b4 ♘d7 16.♗b2

Weiß steht aktiv und hält eindeutig die Initiative. Zudem erlaubt sein Raumvorteil ein freies Spiel, während sich der Nachziehende auf engstem Raum und auf Reaktionen beschränkt wiederfindet.

16...♘b6 17.♘e3 ♗e6 18.♕e2 ♕c8 19.♗b3 dxe5 20.fxe5 ♘c7 21.♘g5±, Luukkonen-Kauppila, Oulu 2013.)

11.cxd5

(Es geht auch 11.exd5!? mit der denkbaren Folge 11...♘c5 12.♗c2 e6 13.♗e3 exd5 14.cxd5 ♖e8 15.♗d4 ♘fe4 16.♗xg7 ♔xg7 17.♕d4+ ♕f6 18.♘b5 ♘a6 19.♗xe4 ♕xd4+ 20.♘fxd4 ♖xe4 21.♖ae1 ♖xe1 22.♖xe1 ♔f8 23.♘xd6, wonach die weiße Stellung vorzuziehen ist, Plachetka-Z. Polgar, Stary Smokovec 1984.)

11...e6

(11...b5 sollte der Anziehende am besten mit 12.a3 beantworten.)

12.dxe6 fxe6 13.♗c4 d5 14.exd5 ♘b6 15.♗b3 ♘bxd5 16.♘e5 ♕b6+ 17.♔h1 ♘xc3 18.bxc3 ♘e4 19.♕e1 ♗xe5 20.♕xe4 ♗xc3 21.♖b1 ♕d4 22.♕c2 ♕g7 23.♗a3 ♖e8 24.♖bc1 ♗f6 25.♕e4 ♔h8 26.♗d6 ♗d7 27.♕xb7

Weiß hat sich seinen Bauern zurückgeholt und wurde mit dem besseren Spiel belohnt, Melkumyan-Tikkanen, Albena 2012.

II. 3...e5 4.dxe5 ♘h5 5.♘h3 ♘c6 6.♗g5 ♗e7 7.♗xe7 ♕xe7 8.♘c3

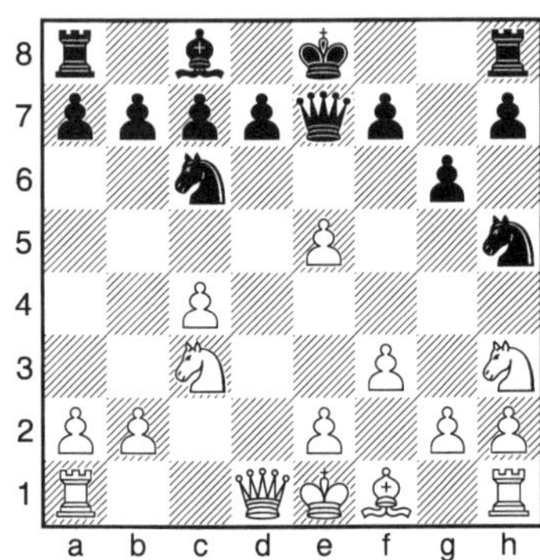

A) 8...♕xe5 9.g4 ♘f6 10.f4

(Infrage kommt 10.♕d2!? nebst 0-0-0.)

10...♕c5 11.g5 ♘g4 12.♕d5 ♕e3 13.♕d2 ♘e7 14.♗g2 d6 15.♗f3 h5 16.♘e4 ♘f5 17.♘hf2 ♘xf2 18.♕xe3 ♘xe3 19.♔xf2 ♘g4+ 20.♔g3 ♗e6

Beide Seiten haben Chancen, Sharma-Khachiyan, Los Angeles 2013.

B) 8...0-0 9.e4 ♕xe5

(Auf 9...♘xe5 ist 10.f4 eine starke Antwort. 10...♘c6 11.♕d2 d6 12.♘f2 mit dem Plan 0-0-0 führt dann für Weiß zu gutem Spiel.)

10.♕d2 d6 11.g4 (11.♘f2 f5∞) 11...♘g7

(Falls der Nachziehende 11...♘f6 probiert, entscheidet sich Weiß am besten für die lange Rochade, um dann den Angriff auf den gegnerischen König zu forcieren; z.B. 12.0-0-0 ♕c5 13.♔b1 ♘e5 14.g5 ♘h5 15.♘d5 und nun geht nicht 15...♘xf3?? wegen 16.♕c3 ♘e5 17.b4 und die Dame ist gefangen.)

12.0-0-0 ♗e6 13.f4

(13.♘d5!?± ist zu prüfen.)

13...♕c5 14.f5 ♗xc4 15.♕h6

B1) 15...♘e8 16.♘g5 ♘f6 17.♗xc4! ♕xc4 18.♔b1 ♘e5 19.fxg6 ♘exg4

(19...fxg6 20.♘d5 ♘exg4 21.♘xf6+ ♘xf6 22.e5! dxe5 23.♖d7+-)

20.gxh7+ ♔h8 21.♕h4 mit weißem Vorteil.

B2) 15...f6 16.fxg6 hxg6 17.♗xc4+ ♕xc4 18.♘f4! ♘e5

(18...b5 19.♔b1 b4 20.♘cd5 ♕xe4+ 21.♔a1 ♘d4 22.♘e7+! ♕xe7 23.♖xd4 ♕e3 24.♕xg6 ♖ae8 25.♖xb4 ♕e1+ 26.♖xe1 ♖xe1+ 27.♕b1 ♖xb1+ 28.♔xb1 mit dem besseren Endspiel für Weiß.)

19.♘xg6 ♘xg6 20.♕xg6 ♖ae8 21.♖d5! (21.h4 b5∞) 21...♖e5 22.♔b1

Die weiteren Perspektiven sprechen für den Anziehenden. Seine eigene Königsstellung ist relativ sicher, während sein Angriff auf das, was vom gegnerischen Palast noch übrig geblieben ist, hohen Druck ausübt.

C) 8...♘xe5 9.♘d5 ♕d6

(9...♕d8 10.♕d4 f6 11.g4 c6 12.gxh5 cxd5 13.♕xd5 ♕c7 14.b3 ♖b8 15.♖g1 b5 16.f4 ♘c6 17.c5±, Pitkanen-Zanolin, ICCF 2009.)

10.c5 ♕xc5 11.g4 ♘g7 12.f4 ♘c4 13.b4 ♕d6 14.♕d4 b5 15.♘g5!

(Der Dameneinschlag im Harakiristil mit 15.♕xg7!? und dann 15...♕xd5 16.♖d1 ♕xh1 17.♘g5 ist eine interessante Alternative.)

15... ♔f8 16.♘e4 ♕c6 17.♗g2

Als Kompensation für den Bauern hat sich Weiß eine starke Initiative erarbeitet, Schukowa-Serban, Aix-les-Bains 2011.

III. 3...c5 lässt Bauernstrukturen entstehen, die man sonst im Wolga-Gambit bzw. auch in der Benoni-Verteidigung findet.

(Darauf gehen wir in der **Partie Nr. 35:** Khismatullin-Nechepurenko, Luschki 2004, genauer ein.)

Häufig greift Schwarz zunächst zu 3...e6, wonach über 4.e4 c5 unter Zugumstellung dieselbe Stellung entsteht.

A) 4.dxc5

So nimmt Weiß die Dynamik aus dem Spiel.

4...e6

(Spielbar ist auch 4...♕a5+ mit der möglichen Folge 5.♘c3 ♕xc5 6.e4 ♗g7 7.♕d3 ♘c6 8.♗e3 ♕a5 und etwa gleichen Chancen.)

5.♗e3 b6 6.cxb6

(Auf 6.♘c3 folgt 6...♗a6. Mit 7.cxb6 verschafft sich Weiß einen Mehrbauern, den er aber nicht dauerhaft halten wird, wie sich z.B. in der Partie Caruana-Grischuk, Baku 2014, zeigte.

7...axb6 8.♗g5 h6 9.♗h4 g5 10.♗f2 ♗xc4

Damit ist das materielle Gleichgewicht wiederhergestellt.

11.e4 ♗xf1 12.♔xf1 ♘c6 13.♘ge2 ♗c5 14.♘d4 ♕e7 15.♘cb5 ♔f8 16.a3 ♘xd4 17.♘xd4 ♔g7 18.b4 ♗xd4 19.♗xd4

Nun investierte Schwarz mit 19...e5

einen Bauern und bekam über die weiteren Züge 20.♗xb6 ♕e6 21.♗e3 d5 22.♕b3 ♖hb8 hierfür ein aktives Spiel. Es gelang ihm später die Partie zu gewinnen.)

6...axb6 7.♗g5 h6 8.♗h4 d5 9.cxd5 exd5 10.e3

Es ist nicht so ganz einfach für Weiß, Fortschritte in der Entwicklung zu erzielen. Schwarz kann diesbezüglich schneller vorankommen, spielt aber mit einem Minderbauern und einer ramponierten Bauernstellung.

10...♗c5 11.♗b5+ ♗d7 12.♗xd7+ ♘bxd7 13.♘c3 0-0 14.♘ge2

(Nach 14.♘xd5 g5 15.♗f2 ♘xd5 16.♕xd5 ♗b4+ 17.♔f1 ♘c5 erlangt Schwarz die Initiative. Die weißen Figuren am Königsflügel sind unentwickelt.)

14...♕e8 15.♗f2 ♗xe3 16.♗xe3 ♕xe3

Materiell ist das Spiel wieder ausgeglichen, aber die schwarzen Bauernschwächen sind geblieben.

17.♕d4 ♕e7 18.0-0 ♖fc8

Die Situation ist kompliziert. Der Isolani d5 machte Schwarz in der Folge einige Sorgen, Shankland-Swidler, Hoogeveen 2018.

B) 4.d5

Dies ist die bestmögliche Wahl. Der Schritt des Bauern verändert den Aufbau so wesentlich, dass es zu erheblichen Unterschieden zur Theorie des Wolga-Gambits bzw. der Benoni-Verteidigung kommt.

4...♗g7 5.e4 d6 6.♘c3 0-0 7.♗e3 e6 8.♕d2 exd5 9.cxd5

Es ist eine feste Position entstanden, die wir in Kapitel 8 (Modernes Benoni) behandeln.

4.cxd5 ♘xd5

Unklar ist das Bauernopfer in der Zugfolge 4...c6 5.dxc6 ♘xc6 6.e3 e5 7.dxe5.

(Zu beachten ist 7.♘e2!?; z.B. 7...♗g7 8.♘bc3 0-0 9.dxe5 ♘xe5 10.♕xd8 ♖xd8 11.♘d4 mit einem Mehrbauern auf der hohen Kante des Anziehenden.)

7...♕a5+ 8.♘c3 ♕xe5 9.♗b5 ♗c5 10.♘ge2 0-0

(Oder 10...♗xe3 11.♗xc6+ bxc6 12.♗xe3 ♕xe3 13.♕d6 ♕e6 14.0-0-0 mit weißem Übergewicht.)

11.♗xc6 bxc6 12.e4 ♗b6 13.♘a4 ♖d8 14.♕c2 ♕a5+ 15.♘ec3 ♗d4!

(15...♘d5? ist ein Fehler, wie Weiß in der Partie Zhao Xue-Lahno, Naltschik 2011, nachweisen konnte.

16.exd5 ♗f5 17.♕d2 ♖e8+ 18.♔d1 ♗e3 19.♕xe3 ♖xe3 20.♗xe3 cxd5 21.♔e2 ♗c2 22.b3 d4 23.♗xd4 ♕g5 24.♔f1 ♕d2 25.♗f2

Weiß hat letztlich weitgehend unangefochten die Oberhand behalten und den vollen Punkt eingefahren.)

16.♗d2 ♗a6 17.0-0-0 ♕e5 18.f4 ♕e7

Schwarz hat gute Konterchancen.

5.e4 ♘b6 6.♘c3

Dies ist die bestmögliche Fortsetzung in dieser Stellung.

Nach 6.a4 a5 7.♗e3 ♗g7 8.♘c3 0-0 steht Schwarz gut, denn das Feld b4 ist – aus der Sicht des Anziehenden – schwach geworden und Schwarz kann es mit seinem Springer auf dem Weg ♘b8-c6-b4 besetzen.

6...♗g7 7.♗e3

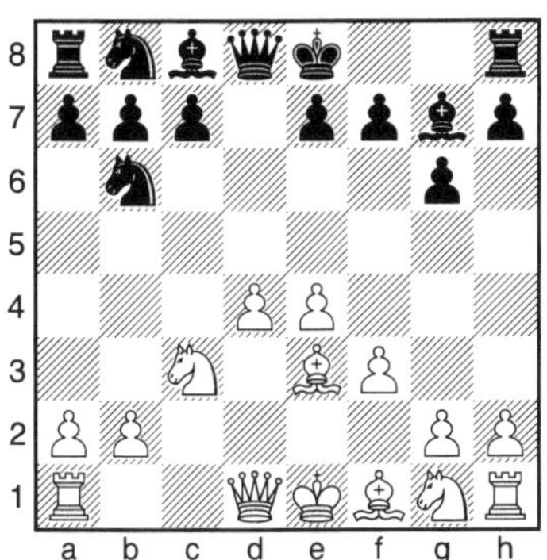

7...0-0

Alternativ wird hier auch 7...♘c6 gespielt, worauf Weiß zwei gute Entgegnungen zur Auswahl stehen.

A) 8.♗b5 0-0 9.♘ge2 ♗d7 10.0-0 ♘a5 11.b3 ♗xb5 12.♘xb5 ♕d7 13.♘bc3 ♖ad8 14.♕d2 ♘c6 15.♖ad1 (15.d5!?) 15...♕c8 16.♕c1 e6 17.♗g5 f6 18.♗h6 ♕d7 19.♗xg7 ♕xg7 20.d5 exd5 21.exd5 ♘e7 22.♘d4 mit der Drohung ♘d4-e6 und weißem Vorteil, Navara-Ftacnik, Tschechische Republik 2013.

B) 8.d5 ♘e5

B1) 9.♗d4 0-0 10.f4 ♘g4 11.♗xg7

(Nach 11.♘f3 ♘f6 12.♕d2 e6 13.dxe6 ♗xe6 14.0-0-0 c5 15.♗e5 ♕xd2+ 16.♖xd2 ♖fd8 17.♗d3 ♘g4 18.♗xg7 ♔xg7 19.♖e1 ziehen wir die Stellung von Weiß geringfügig vor, Anand-Caruana, São Paulo/Bilbao 2012. Es muss ihm allerdings gelingen, seinen Königsflügel möglichst „geschmeidig“ zu entwickeln.)

11...♔xg7 12.♕d4+ ♔g8 13.♗e2 c6 14.♗xg4 ♗xg4 15.h3 ♗d7 16.♘f3 cxd5 17.exd5 e6 18.d6 ♗c6 19.0-0 ♘d5

Die Stellung ist ausgeglichen. Um zu zeigen, wie sich das Spiel weiterentwickeln kann, möchten wir noch ein Stückchen der Partie Caruana-Swidler, Taschkent 2012, zeigen.

20.♘xd5 (20.♘e4!?) 20...♗xd5 21.♘e5 f6 22.♘g4 ♔g7 23.♘e3 ♕xd6 24.♖ad1 ♖fd8 25.♘xd5 exd5 26.♖f3 b6 27.♖fd3 ♖ac8 28.♕xd5 ♕xd5 29.♖xd5 ♖xd5 30.♖xd5 ♖c2 31.♖d7+ ♔g8 32.♖xa7 ♖xb2

Keine der beiden Parteien hat es geschafft, für sich einen Vorteil herauszuarbeiten.

B2) 9.f4! ♘g4 10.♗d4

(Oder auch sofort 10.♗b5+!?.)

10...♘f6 11.♗b5+ ♗d7 12.♗xd7+ ♕xd7 13.♘f3

Der Anziehende hat sich einen erheblichen Raumvorteil verschafft.

13...0-0 14.0-0 c6

B2a) Weniger aussichtsreich für Weiß ist nun 15.dxc6 ♕xc6 gefolgt von 16.♕e1 ♖fd8 17.♖c1 ♖ac8 18.e5 (18.b3!?) 18...♘fd7 19.♕h4 ♘f8 20.♖ce1 ♘e6, denn Schwarz steht gut, Gelfand-Timofejew, Eilat 2012.

B2b) 15.♘e5!? ♕c7 16.dxc6 bxc6 17.♖c1 und auf 17...♖fd8 folgt 18.♕b3! ♖xd4 19.♕xf7+ ♔h8 20.♘b5! mit Gewinn.

8.♕d2

Der Zug ist logisch und lässt die Absicht zur langen Rochade erkennen.

8...♘c6

In der Turnierpraxis seltener anzutreffen ist 8...e5 9.d5.

(9.0-0-0!? ist auch spielbar.)

9...c6 10.h4

(Swetushkin schlägt 10.♖d1!? vor und begründet dies damit, dass seines Erachtens der weiße König auf dem Damenflügel zu unsicher steht und zudem die besten Angriffschancen des Anziehenden nicht in der h-Linie liegen, sondern mit dem vorgerückten Freibauern verbunden sind. Seine Idee soll darauf den Schwerpunkt des weißen Spiels richten und zugleich das schwarze Gegenspiel unterbinden.

10...cxd5 11.exd5 ♘a6 12.h4

Seinen ♘g1 möchte er über h3 nach f2 entwickeln und g2-g4 folgen lassen. Dieser Spielaufbau ist auf jeden Fall interessant und hält für den innovativen Spieler einiges zu entdecken bereit.)

10...cxd5 11.exd5 ♘8d7 12.h5 ♘f6 13.hxg6 fxg6 14.0-0-0 ♗d7 15.♔b1

Prophylaktisch gespielt. Auf der offenen c-Linie kann der König ohnehin nicht bleiben und so strebt er zum für ihn sichersten Feld a1.

15...♖c8 16.♔a1 ♘a4 17.♘ge2 e4 18.♗d4 ♕a5 19.♘xe4 ♕xd2 20.♘xf6+ ♖xf6 21.♖xd2 ♖d6 22.♗xg7 ♔xg7 23.b3 ♘b6

Weiß hat sich Luft verschafft gegenüber dem schwarzen Angriffsspiel.

24.♘f4 ♗e8 25.♗d3 ♗f7

(25...♘xd5?? verliert wegen 26.♗e4!.)

26.♗e4 ♘d7

Weiß hat materiell die Nase um einen Bauern vorn und es ist nicht ersichtlich, welcher Gegenwert im schwarzen Lager dies kompensieren könnte.

27.g4 ♖e8 28.♖dh2 ♘f6 29.g5 ♘h5 30.♘xh5+ gxh5 31.♔b2

Weiß spielt das Endspiel aus einer vorteilhaften Stellung heraus, Vitiugov-Timofejew, Loo 2013.

9.0-0-0

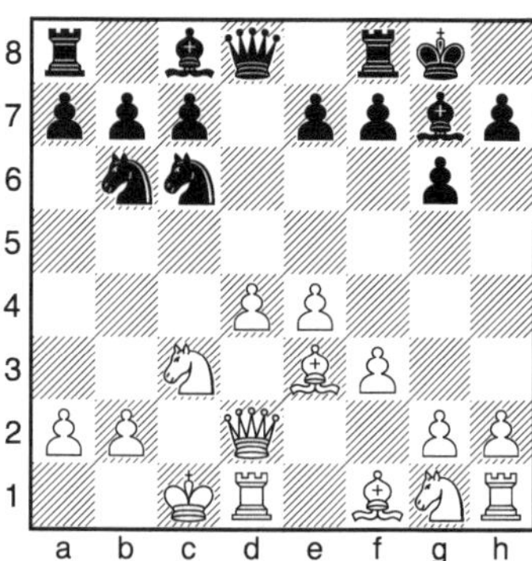

Der Anziehende kann schon recht zufrieden sein. Er hat seinen Damenflügel entwickelt, seinen König gesichert und sich damit gute Chancen erarbeitet. Nun muss er noch seine Kräfte auf dem rechten Flügel entwickeln. Schauen wir uns mal an, über welche Alternativen der Nachziehende nunmehr verfügt.

I. 9...♕d6 (**Abspiel 1**)

II. 9...f5 (**Abspiel 2**)

III. 9...e5 (**Abspiel 3**)

Zu anderen Zügen greift Schwarz hier nur selten. Wir möchten diesen deshalb nicht allzu viel Raum in unserem Buch einräumen und skizzieren die Lage anhand mehrerer Partiefragmente, die wir zum Teil nur sporadisch mit Anmerkungen versehen.

IV. 9...♘a5 10.b3

Das Feld c4 wird für die schwarzen Springer gesperrt.

A) 10...♘c6 11.d5

(11.♔b1 a5 12.d5 ♘b4 13.♗d4 ♗xd4 14.♕xd4 e6 15.a3 ♘a6 16.♔b2±, Ward–Knott, West Bromwich 2003.)

11...♘e5

(11...♘b4 12.♗d4 c5 13.♗xg7 ♔xg7 14.h4 h5 15.g4 hxg4 16.h5 ♖h8 17.h6+ ♔h7 18.a3 ♘a6 19.fxg4 ♗xg4+–)

12.h3 a6 13.♗d4 f6 14.f4 ♘f7 15.♘f3 e6 16.♗c5 ♖e8

A1) 17.♕f2

(Kleine Randbemerkung: Schwarz darf nicht übersehen, dass seine Dame nun, nur durch einen gegnerischen Bauern getrennt, einem weißen Turm gegenübersteht.)

17...♘d7 (17...exd5!?⩲) 18.dxe6 ♖xe6 19.♗c4±, Gluckie–Moran Venegas, Edmonton 2009.

A2) 17.dxe6 ♕xd2+ 18.♖xd2 ♗xe6 19.♘d4 ♗c8 20.a4 ♘d7 21.♗a3 c6 22.♗c4 ♘b6 23.♗xf7+ ♔xf7 24.♖hd1 mit positionellem Vorteil auf der Seite von Weiß. Schwarz kann seine Läufer nicht wirklich aktiv ins Spiel bringen.

B) 10...♘d7 11.h4 h5 12.♘h3

(Weiß kann auch sofort einen typischen Königsangriff einleiten: 12.g4! hxg4 13.h5 usw.)

12...b6 13.♔b1 ♘b7 14.♗e2 c5 15.d5 ♘e5 16.♘f2 f6 17.g4 ♔f7 18.gxh5 gxh5 19.♖hg1 ♖h8 20.♖g2 ♘d6 21.♖dg1

Der schwarze König steht schwer unter Druck, Yordanova–Vasileva, Bulgarien 2010.

C) 10...♕d6 11.♘b5 ♕c6+ 12.♔b1 a6 13.♘a3 ♘a4 14.bxa4

(Zu prüfen ist 14.♕xa5!? ♘c3+ 15.♔c2 ♘xd1+ 16.♔xd1 ♖d8 17.♘e2 usw.)

14...♕xa4 15.♘c2 c5 16.d5

Weiß sollte den gegnerischen Angriff parieren können und mit besseren Aussichten aus dem Scharmützel hervorgehen, Bartosek–Katetov, Prag 1943.

V. 9...a6

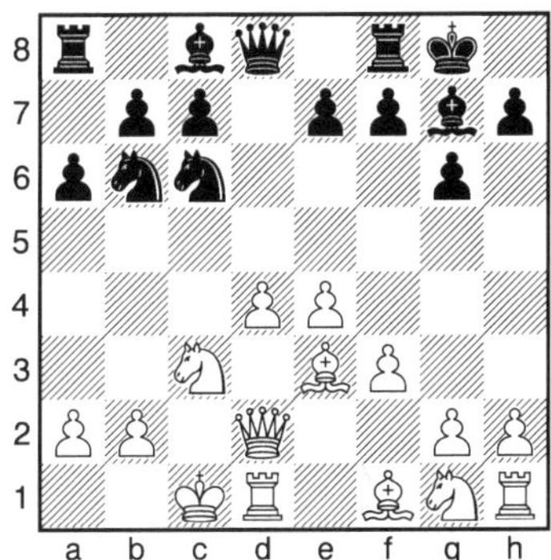

A) 10.h4

Das Ziel heißt Linienöffnung für den Königsangriff.

10...h5 (10...♕d6 11.h5!) 11.g4! hxg4 12.h5 mit Angriff.

B) 10.f4 ♘a5 11.b3 ♕d6 12.♘f3 ♖d8 13.h3 ♘c6 (13...♕b4!?) 14.g4

Die weiße Bauernphalanx lässt für den Nachziehenden nichts Gutes ahnen.

14...♕a3+ 15.♔b1 ♘b4 16.♗g2 c5 17.♕b2 ♕xb2+ 18.♔xb2 c4 19.d5 ♘d7

20.bxc4 ♘xa2 21.♔xa2 ♗xc3 22.e5 ♗a5 23.♘d2 (23.c5!?) 23...♗b6 24.♖he1 ♗xe3 25.♖xe3 ♘c5 26.♘b3 ♘xb3 27.♖xb3

Hier darf man sich nicht von der nackten Königsstellung von Weiß irritieren lassen. Er steht klar besser und hat die Partie letztlich auch für sich entschieden, Parotte-De Geradon, Fernpartie (Belgien) 1995.

VI. 9...a5 10.h4

Dies ist auch hier der Standardzug für den weißen Angriff.

(Eine Alternative ist 10.♔b1 a4 11.♘b5.

Der Aufzug des schwarzen a-Bauern hat das Feld b5 geschwächt. Dies nutzt Weiß aus, um darüber den Springer nach a3 zu führen, von wo er mithilft, das Feld c4 zu kontrollieren.

11...♘a5 12.♘a3 c6 13.h4

Und wieder heißt es „h-Bauer voran!".

13...♗e6 14.h5 ♘bc4 15.♗xc4 ♘xc4 16.♘xc4 ♗xc4 17.♕c1 ♗e6

Während die Angriffsbemühungen des Nachziehenden ins Stocken geraten sind, ist Weiß im Begriff, seine Vorbereitungen abzuschließen und einen kräftigen Angriff gegen den gegnerischen König zu führen.

18.♘e2 ♖e8 19.hxg6 hxg6 20.♗h6±, Kayser-Kamanel Zamora, ICCF 2012.)

A) 10...a4 11.h5

Weiß hat noch die Zeit für diesen Vorstoß, der die Linienöffnung anstrebt.

11...♘a5 12.hxg6 fxg6 13.♗h6

(Der Abtausch des Läufers gegen den schwarzen Verteidiger auf g7 ist stärker als 13.♗g5 c6 14.g4 ♖f7 15.♕h2±.)

13...♖f7 14.♗xg7 ♖xg7 15.g4±, Magalashvili-Ates, Budva 2003.

B) 10...e6 11.h5 a4 12.g4 a3 13.b3 ♕e7 14.hxg6 fxg6 15.♕h2 ♗h8 16.f4 ♖f7 17.♘f3 ♕b4 18.♔c2 ♖a5 19.e5 ♕e7 20.♘g5 ♖g7 21.♘ce4 mit einem entscheidenden weißen Vorteil, L. Evans-D. Byrne, New York 1964.

Abspiel 1
Die Fortsetzung 9...♕d6

1.d4 ♘f6 2.c4 g6 3.f3 d5 4.cxd5 ♘xd5 5.e4 ♘b6 6.♘c3 ♗g7 7.♗e3 0-0 8.♕d2 ♘c6 9.0-0-0 ♕d6 10.♘b5

Abwartend und prophylaktisch motiviert ist hier 10.♔b1!?. In der **Partie Nr. 36:** Aronian-Caruana, Moskau 2012, gehen wir auf diese Alternative ein.

Eine scharfe Idee ist 10.h4!?. Damit geht es an die Öffnung der h-Linie. Zu diesem Thema empfehlen wir Ihnen die **Partie Nr. 37:** Piorun-Swidler, Baden-Baden 2013.

10...♕d7

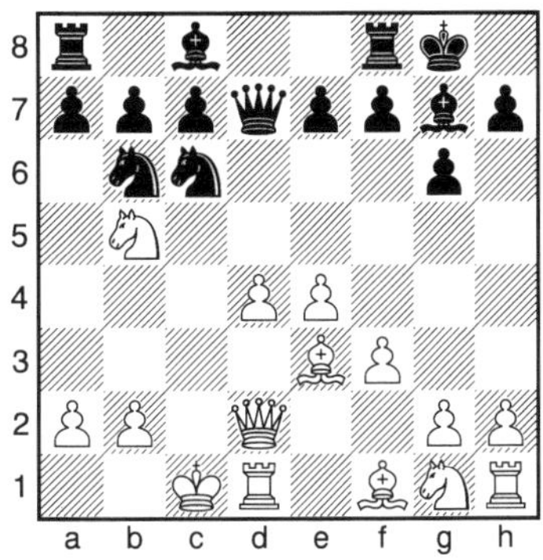

11.♗h6

Konsequent will Weiß den starken gegnerischen Läufer g7 mittels Tausch vom Brett verbannen und danach über h2-h4-h5 die Stellung am Königsflügel für den Angriff öffnen. Es gilt, gleich drei starke andere Möglichkeiten für den Anziehenden zu beachten und auszuprobieren.

I. 11.f4 ♕e6 12.♘c3 ♘c4 13.♕e2

A) 13...♘6a5 14.♘f3 c5 15.e5

(15.d5 ♕b6 führt zu unklaren Verhältnissen.)

15...cxd4 16.♘xd4 ♕b6 17.♘f5 ♘xe3 18.♘xe3 ♘c6 19.♘ed5 ♕d8 20.g3 ♗e6 21.♗g2 ♖c8 22.♔b1 ♕a5 23.♖d2 ♖fd8 24.♖hd1 ♔f8

Mit kompliziertem Spiel in der Partie Karjakin–Giri, Wijk aan Zee 2013.

B) 13...♘xe3 14.♕xe3 ♘b4 15.♔b1 ♖d8 16.♘f3 b5 17.a3 ♘a6 18.♗xb5 ♕b6 19.♘e5 ♗xe5 20.fxe5 ♖b8 21.♖d2 ♕a5 22.♗xa6 ♗xa6 23.♘d5 und Weiß gewinnt, Wang Hao–Swidler, Sandnes 2013.

II. 11.♔b1 ♖d8

(11...a6 12.♘a3 e5 13.d5 ♘d4 14.h4 c6 15.♕a5 ♕d8 16.dxc6 bxc6 17.♘e2 ♖b8 18.♘xd4 exd4 19.♗f4 ♖b7 20.♗d3 c5 21.♖d2 ♗e6 22.♕xa6 ♕a8 23.♖c1 ♕xa6 24.♗xa6 ♖a7 25.♗d3 ♖xa3 26.bxa3 c4 27.♖b2 ♘a4 28.♖b4 ♘c3+ 29.♖xc3 dxc3 30.♗xc4

Die weiße Stellung ist gewonnen, Rodshtein–Popilski, Skopje 2013.)

12.d5 a6

(12...♘e5 13.♕c2 c6 14.♘xa7 ♖xa7 15.♗xb6 ♖a8 16.♘e2 ♖e8 17.♘c3 ♕d6 18.♗e3 ♗d7 19.dxc6 ♕xc6 20.♗b5 ♕e6 21.♗xd7 ♘xd7 22.♕b3 ♕xb3 23.axb3 ♘e5 24.♘d5 mit weißem Übergewicht angesichts des Raumvorteils und freien Spiels, Anand–Mamedyarov, Ajaccio 2011.)

13.♘c3

A) 13...♕e8 14.♕e1

(14.♕c1 ♘a5 15.h4 e6 16.♗f4 ♕e7 17.♗g5 f6 18.♗e3 exd5 19.♗xb6 cxb6 20.♘xd5 ♕f7 21.h5 ♗e6

Die erreichte Stellung ist sehr schwer einzuschätzen, wir müssen sie als unklar bezeichnen, Rodshtein–Bok, Biel 2012.)

14...♘a7

(14... ♘e5 15.♗e2 e6 16.♗xb6 cxb6 17.f4 ♘d7 18.dxe6 ♕xe6 und nun hätte Weiß in der Partie Aronian–Caruana, Moskau 2012, 19.♗f3 spielen sollen.)

15.h4 ♘b5 16.♘ge2 ♘c4 17.♗d4 ♘xd4 18.♘xd4 ♘b6 19.h5

Mit weißer Initiative in der Partie Gelfand–Caruana, Zürich 2013.

B) 13...♘e5 14.♕c1 ♕d6 15.h4 h5 16.♗h6 ♗xh6 17.♕xh6 ♕f6 18.♕c1 c6 19.g4 cxd5

(Nach 19...hxg4 20.f4 ♘ec4 21.h5 führt Weiß den Dirigentenstab.)

20.gxh5 ♗e6 21.f4 ♘g4 22.e5 ♗f5+ 23.♔a1 ♕c6 24.♖d4 ♘c4 25.♖h3 ♕c5 26.♘ge2 gxh5

Mit sehr kompliziertem Spiel in der Partie Wojtaszek–Areschchenko, Warschau 2013.

III. 11.♘a3

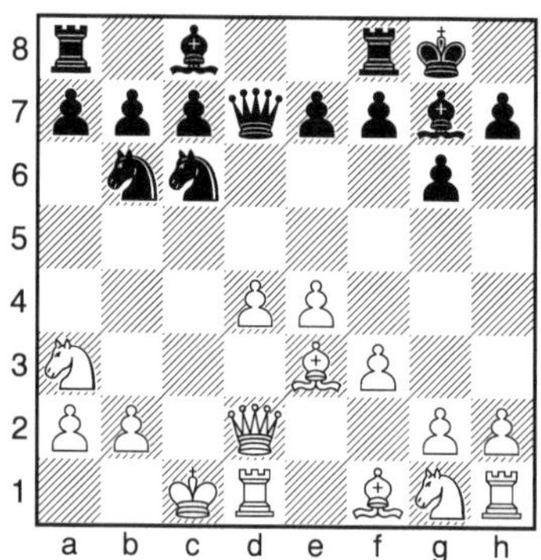

A) 11...♖d8 12.♘e2 ♕e8 13.♕e1 f5 14.h3 fxe4 15.fxe4 ♗e6 16.d5 ♘e5 17.♗d4

(Oder 17.dxe6 ♖xd1+ 18.♕xd1 ♖d8 19.♕c2 ♘d3+ 20.♔b1 ♘xb2 21.♘c1 mit sehr kompliziertem Spiel.)

17...♗f7 18.♕g3 ♘bd7 19.♔b1 c6 20.♘f4 e6 21.dxc6 bxc6 22.♗e2 ♕e7 23.h4 h6 24.♘c4 ♘xc4 25.♗xc4 ♗xd4 26.♖xd4 ♘e5 27.♖xd8+ ♖xd8 28.♗b3 ♕d6 29.♖d1

In der Partie Ganguly–Safarli, Paks 2009, spielte Schwarz 29...♕c7?? und kam dann unter die Räder.

(Stärker war 29...♕b8!.)

30.♘d3 ♖xd3 31.♖xd3 ♕a5 32.♖d1

Weiß sicherte sich den Sieg.

B) 11...e5 12.d5 ♘d4 13.♔b1 c6 14.dxc6 bxc6 15.♕a5 ♕b7 16.♘e2 ♖b8 17.♖d2 ♘d5 18.exd5 ♗f5+ 19.♔a1 ♗c2 20.♕c3 cxd5 21.♘xd4 ♖fc8 22.♗c4 ♗a4 23.♘b3 e4 24.♗d4 ♗f8 25.♕e3 dxc4 26.♘c5 ♕c6 27.♘xe4 f5 28.♘f6+ ♔f7 29.♘b1 und Schwarz hat keinen Ersatz für das geopferte Material, Iwantschuk–Sutovsky, Ningbo 2011.

11...♗xh6

Schlechter ist 11...♖d8?, wie sich in der Partie Sadler–Hawkins, Hinckley 2013, zeigte.

12.♗xg7 ♔xg7 13.d5 a6 14.♘c3 ♕e8 15.h4 f6 16.h5 e5 17.hxg6 ♕xg6 18.♕f2 ♘d4 19.f4 c5 20.♘f3 ♗g4 21.fxe5 fxe5 22.♘xe5 ♕g5+ 23.♕d2 ♕xe5 24.♕h6+ ♔g8 25.♕xh7+ ♔f8 26.♖d2 ♕g5 27.♔b1 ♖d7

(27...♕xd2 28.♕h8+ ♔e7 29.♖h7+ ♔d6 30.e5#)

28.♖f2+ ♔e8 29.♕h6 ♕xh6 30.♖xh6 ♘c8 31.♖h8+ ♔e7 32.♖h4 1-0

12.♕xh6 a6 13.♘c3 ♘xd4 14.f4

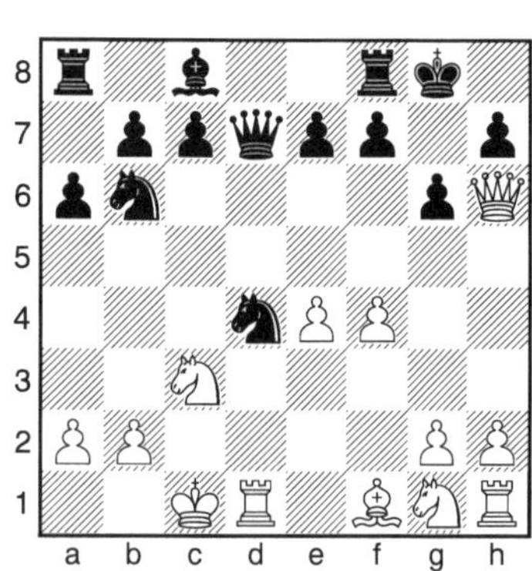

14...f6

Der Zug dient der Vorbereitung des Bauervorstoßes e7-e5.

Eine interessante weitere Möglichkeit liegt darin, mittels 14...c5!? den Springer auf seinem Standplatz d4 zu befestigen. Nun kann Weiß nach zwei alternativen Plänen weiter vorgehen.

A) 15.h4 ♕c6 16.♘f3 ♕f6 17.e5

(Nicht viel erreicht der Anziehende über die Zugfolge 17.h5 ♘e6 18.hxg6 ♕xf4+ 19.♕xf4 ♘xf4 20.gxh7+ ♔g7 usw.)

17...♕g7 18.♕xg7+ ♔xg7 19.♘xd4 cxd4 20.♖xd4 ♗e6 21.♗e2 ♖ac8 22.♔b1 ♘c4=, Mamedjarow–T. Petrosjan, Antalya 2004.

B) 15.♘f3 f6 16.h4 ♕e8

(16...♕g4 17.h5 g5 18.fxg5 ♘xf3 19.gxf6 ♕g5+ 20.♕xg5+ ♘xg5 21.fxe7 ♖e8 22.♖d6 ♘d7 23.♘d5 ♘xe4 24.♖e6 ♘g5 25.♖e3 b5 26.h6 ♗b7 27.♖h5 ♘f7 28.♘c7+–, Hammer–Erdos, Achaea 2012.)

17.h5 ♗g4 18.♘xd4 cxd4

(18...♗xd1 19.♘e6 ♕f7 20.♘xd1 ♕xe6 21.hxg6+–)

19.hxg6 ♕xg6 20.♖xd4 ♖ac8

Mit in etwa ausgeglichenem Spiel in der Partie Jones–Aronian, London 2012.

15.♘f3 e5 16.fxe5

Oder 16.h4 ♕g7 17.♕xg7+ ♔xg7 18.♘xd4 exd4 19.♖xd4 ♗d7 20.♗e2 ♗c6 21.♖hd1 f5 22.g3 fxe4 mit Remis, Jones–Erdos, Bratto 2013.

16...fxe5 17.♘xe5 ♕d6 18.♘f3 c5 19.♘g5 ♕e7 20.♘d5 ♘xd5 21.♗c4 ♔h8 22.exd5

Zu versuchen war 22.♗xd5!?.

22...♕g7 23.♕xg7+ ♔xg7 24.d6 ♗f5 25.b4 b6 26.♖he1 ♖fe8 27.♖e7+ ♖xe7 28.dxe7 ♖e8 29.bxc5 bxc5 30.♖e1 ♘c2 31.♖e2 ♘d4 32.♖e3 ♘c2 33.♖e2 ♘d4 34.♖e3 ♘c2 35.♖e2 ½-½ Swidler–Caruana, Thessaloniki 2013.

Zusammenfassung: In der Hauptvariante nach 11.♗h6 ist es für Weiß nicht einfach, in Vorteil zu kommen, ein genaues Spiel des Nachziehenden vorausgesetzt. Wir sprechen deshalb unsere Empfehlung aus, den ehrgeizigen Anspruch über die von uns angegebenen Alternativen im 11. Zug zu verfolgen. Auf jeden Fall stark ist dabei auch die abwartende Fortsetzung 10.♘b1!?, die allemal in der praktischen Partie einen Versuch wert sein sollte, oder auch das scharfe 10.h4!?.

Abspiel 2

Die Fortsetzung 9...f5

1.d4 ♘f6 2.c4 g6 3.f3 d5 4.cxd5 ♘xd5 5.e4 ♘b6 6.♘c3 ♗g7 7.♗e3 0-0 8.♕d2 ♘c6 9.0-0-0 f5

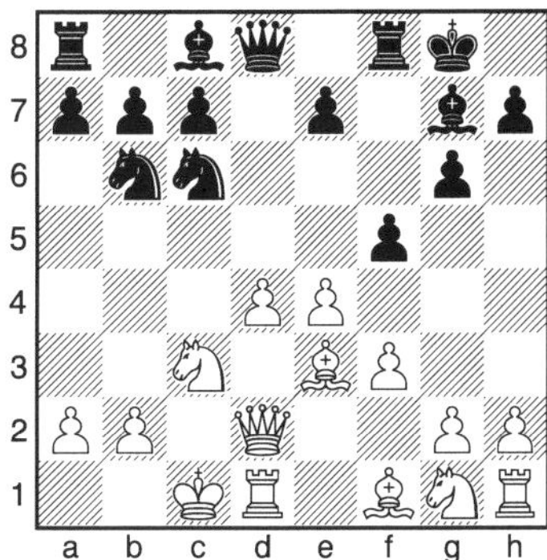

Schwarz greift zu einer besonders aggressiven Alternative, um den gegnerischen Aufbau zu erschüttern.

10.h4

Dieser logische Zug ist nicht nur gut, sondern am besten. Weiß hat lang rochiert und folgt seinem Plan, im Angriff am Königsflügel den Erfolg zu suchen.

10...fxe4

Oder 10...e5 11.d5 ♘d4 12.h5 f4 13.♗f2 c6 14.hxg6 hxg6 15.♘ge2±, Conquest–Hoffmann, Fürth, 1999.

11.h5

Zeit spielt eine ganz wichtige Rolle in diesem scharfen Abspiel: Weiß opfert einen Bauern.

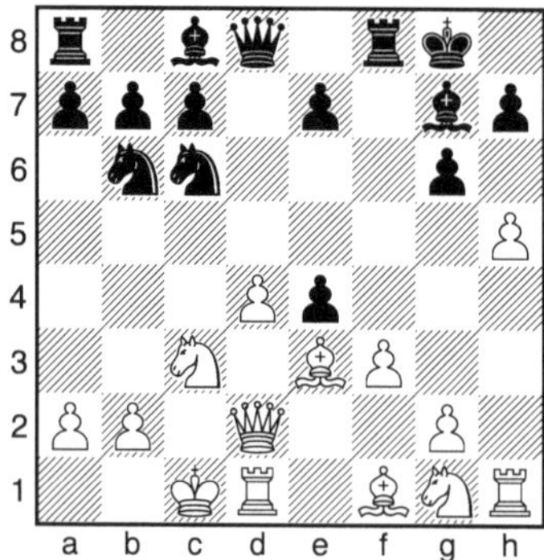

11...gxh5

Diese schwarze Wahl ist Stand der Theorie. Das Schlagen mit dem Bauern gilt als die beste schwarze Erwiderung.

Demgemäß sind andere Züge schwächer, was wir mit den folgenden Varianten bestätigen möchten.

I. 11...exf3

A) 12.♘xf3 ♗f5 13.♗h6

(13.hxg6 ♗xg6 14.♗h6 geht auch.)

13...♕d6 14.♗xg7 ♔xg7 15.d5 ♘b4 16.a3 a5 17.h6+ ♔g8 18.♕d4 e5

(18...♖f7 19.axb4 axb4 20.♘b5 ♖a1+ 21.♔d2 ♖xd1+ 22.♔xd1 ♕xd5 23.♘xc7 ♕xd4+ 24.♘xd4+-)

19.dxe6 ♕xd4 20.♘xd4 ♘c6 21.♘xf5 ♖xf5 22.♗d3 ♖e5 23.♗b1 mit dem Plan ♖h1-e1

Weiß hat das bessere Spiel.

B) Nach 12.hxg6 hxg6 13.♘xf3 ♕d6 14.♗h6 ♗f5 15.♗xg7 ♔xg7 16.d5 ♘e5 17.♕h6+ ♔f6 18.♕g5+ ♔g7 19.♘xe5 ♕xe5 20.g4 ♕f6 21.♕h6+ ♔f7 22.♕h7+ ♔e8 23.gxf5 ist Weiß entscheidend im Vorteil, Ward–Liss, Isle of Man 1997.

II. 11...e5 12.d5 ♘d4 13.hxg6 hxg6 14.fxe4

A) 14...c6 15.♘f3 ♘xf3 16.gxf3 cxd5

(16...♖xf3 17.♗g5 ♗f6 18.♗h6±)

17.exd5 ♖xf3 18.♔b1 ♗f5+ 19.♔a1 ♕d7 20.d6 e4 21.♗e2 ♖g3 22.♗d4 e3

(22...♕xd6 23.♘b5 ♕d5 24.♕f4 ♗e6 25.b3 ♕g5 26.♕d6 ♗xd4+ 27.♕xd4 ♖h3 28.♘c7+-)

23.♕e1

Der Anziehende steht deutlich besser.

B) 14...♗g4 15.♖e1

(15.♘f3 ♖xf3 16.gxf3 ♗xf3 17.♗d3 ♗xh1 18.♖xh1 ♕e7 19.♕g2 ♖f8 20.♕xg6 ♖f3 21.♗xd4 exd4 22.e5 ♖xd3 23.♘e4 ♘xd5 24.♘g5 ♕c5+ 25.♔b1 ♘c3+ 26.♔a1 1-0, Kuzmin–Koster, Amsterdam 2004.)

15...♕e7 16.♗d3 c6 17.♔b1 ♖ac8 18.♘h3 ♕b4 19.♘f2 ♗d7 20.♗h6 ♕e7 21.♘fd1 cxd5 22.♘xd5 ♘xd5 23.exd5

♗f5 24.♘c3 ♗xh6 25.♖xh6 ♔g7 26.♗xf5 ♘xf5 27.♖h3

Der schwarze König kann sich in seinen Gemächern nicht so recht sicher fühlen, denn es ist recht luftig um ihn herum. Deshalb steht Weiß besser, Barsov–Barbeau, Montreal 2002.

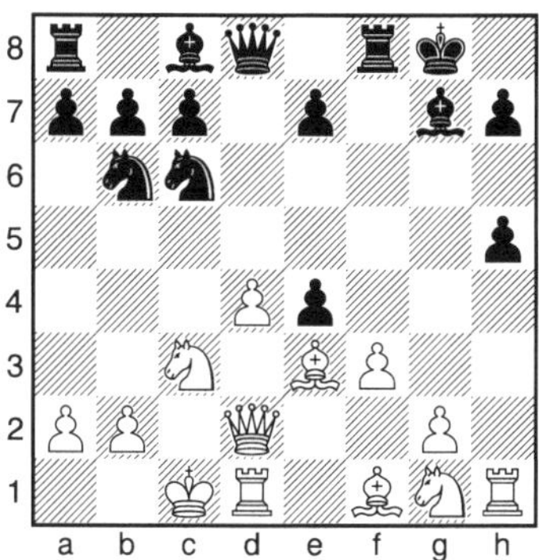

12.♖xh5

Wahrscheinlich ist dies der beste Zug.

Problematisch ist 12.d5, wie die folgenden Varianten zeigen.

12...♘e5

(12...♘a5 13.♗h6 ♗xh6 14.♕xh6 ♕d6 15.♖xh5 ♕xh6+ 16.♖xh6 ♘ac4 17.♖e1 ♗f5 18.fxe4 ♗g6±, Kuzmin–Danin, St. Petersburg 2004.)

13.♗h6

A) 13...♖f7 14.♗xg7 ♖xg7

(14...♔xg7 15.♕d4 ♖f5 16.g4 hxg4 17.fxg4 ♖g5 18.♘xe4+–)

15.♖xh5

(Zu beachten ist 15.♘xe4 h4 16.♕d4 ♘g6 17.♘e2± usw.)

15...♘bc4

(15...♘f7 16.♘xe4 e6 17.dxe6 ♕xd2+ 18.♖xd2 ♗xe6 19.♘f6+ ♔h8 20.♗d3 h6 21.b3±)

16.♕d4 b5

(– 16...♕e8 17.♖xe5 ♘xe5 18.♕xe5 exf3 19.♘xf3+–

– 16...c5 17.♕xe4 ♕e8 18.♖xe5+–)

17.♖xe5

(Nicht schlecht ist 17.♘xb5!? c6 18.♘c3 ♗a6 19.♖xe5 ♘xe5 20.♕xe5 und Weiß steht auf Gewinn.)

17...♘xe5 18.♕xe5 exf3

(18...♕d6 19.♕xe4 b4 20.♘b5+–)

19.♘xf3 ♕d6 20.♘xb5 ♕xe5 21.♘xe5

Das Endspiel ist gewonnen für Weiß, Sakajew–Timofejew, Istanbul 2003.

B) 13...♘ec4! 14.♕g5 ♖f7 15.♗xc4 ♘xc4 16.♗xg7 ♖xg7 17.♕xh5 exf3 18.gxf3 (18.♘xf3? ♗g4!) 18...♕f8 19.♘ge2 ♗f5 20.♘d4 ♗g6 21.♕h2 ♕f6

In dieser komplizierten Stellung wäre 22.♕xc7? nicht gut für Weiß wegen 22...♘d6! und er hätte Probleme (Analyse von Awruch).

12...♗f5

Auf 12...e5 13.d5 ♘d4 kann 14.♗h6! folgen und der Anziehende könnte Hoffnung in seine guten Angriffschancen setzen.

13.♖g5

Der Turmzug ist nach der Theorie die beste weiße Fortsetzung.

Nichts bringt dem Führer der weißen Steine 13.d5 ♗g6.

(13...♘e5 14.♗h6 ♗xh6 15.♕xh6 ♘f7 16.♕e3 ♗g6 17.♖h3 exf3 18.♘xf3 ♕d6 19.♗d3±)

A) 14.♗h6 ♗xh5 15.♗xg7 ♔xg7

16.♕g5+ ♗g6 17.dxc6 ♕c8 18.♕xe7+ (18.♘xe4 bxc6 19.♕xe7+ ♔g8∓)

18...♔g8

(18...♖f7 19.♕e5+ ♔g8 20.♘xe4 ♗xe4 21.♕xe4 bxc6 22.♕xc6 ♕f5∓, Hillarp Persson-Howell, St. Helier 2005.)

19.♘xe4 bxc6 20.♘h3 ♗xe4! 21.♕xe4 ♕f5 22.♕xc6 ♖ad8

Schwarz hat ziemlich offensichtlich die besseren Chancen (Analyse von Awruch).

B) 14.♖h3 ♘e5 15.fxe4 ♘bc4 16.♗xc4 ♘xc4 17.♕e2 ♘xe3 18.♕xe3 ♕d6 19.♘ge2 a6

Das schwarze Läuferpaar ist mächtig und vermittelt dem Nachziehenden gute Gegenchancen.

13...♗g6

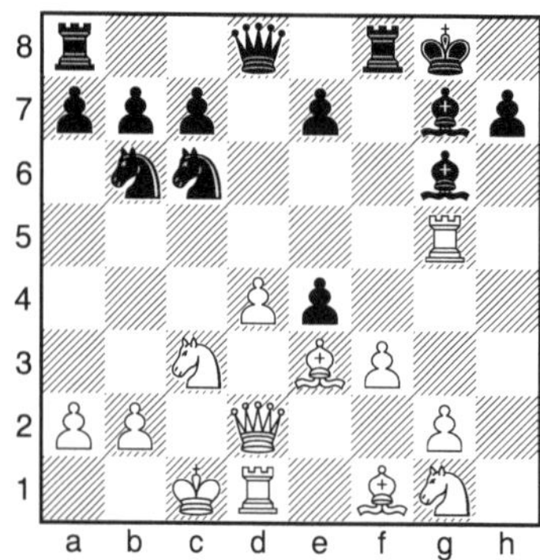

14.♗e2

So wird üblicherweise gespielt.

In der Partie Vallejo Pons-Navara, Wijk aan Zee 2009, versuchte Weiß 14.♘xe4 und über die Folge 14...e5 15.d5 (15.dxe5 ♕xd2+ 16.♗xd2 ♘xe5=) 15...♘d4 16.♘c3 c6 17.dxc6 ♕c7! 18.cxb7 ♖ab8 kämpfte sich Schwarz in eine aktive Stellung. Die Partie endete mit seinem Sieg.

14...e5

Andere Züge scheinen schwächer zu sein, denn sie geben dem Anziehenden mehr Möglichkeiten, sich einen Eröffnungsvorteil zu sichern.

– 14...exf3 15.♘xf3 e5 16.d5

(16.dxe5 ♕xd2+ 17.♖xd2 ♔h8= Awruch)

16...♘d4 17.♗d3±

– 14...e6 15.fxe4 ♘xd4 16.♗xd4 ♗xd4 17.♖xg6+ hxg6 18.♕xd4 ♕xd4 19.♖xd4 ♖f2 20.♗f3±

15.d5 ♘d4

Ein Fortsetzen der Partie mit 15...exf3 ist günstiger für, wie die folgende Variante zeigt.

16.♘xf3 ♘d4 17.♗d3

(Golod empfiehlt hier 17.♘h4!? ♕f6 18.♘xg6 hxg6 19.♗d3 mit weißer Initiative.)

17...♘f5 18.♗c5 ♖f7 19.♖h1 ♘d7 20.♗a3

Weiß hat ausreichenden Ersatz für den Bauern.

16.fxe4 c6

Wenn Schwarz im Spiel bleiben will, muss er aktiv handeln.

17.dxc6 ♘xc6

Im Duell Laznicka-Jansa, Tschechische Republik 2006, geschah 17...bxc6 18.♘f3 ♕e7 19.♘h4 ♖ad8 20.♗d3 ♖d6 21.♘f5 ♗xf5 22.exf5 ♕f7 23.♘e4 ♕xa2 24.♗xd4 ♖xd4 25.f6 ♖f7 26.fxg7 ♕a1+ 27.♔c2 ♕a4+ 28.♔b1 ♖xe4 29.♗c2 1-0.

18.♕e1

Nach der Variante 18.♘f3 ♕xd2+ 19.♖xd2 ♘d4 steht Schwarz gut. Wenn sich der Anziehende seine Chance auf Vorteil bewahren möchte, dann muss er dafür sorgen, dass die Damen auf dem Brett bleiben.

18...♕f6 19.♖g3 ♖ac8

Oder 19...♘d4 20.♘f3 ♘xe2+ 21.♕xe2 ♖ac8 22.♔b1 ♘c4 23.♗g5 ♕a6 24.♔a1 nebst ♘f3-h4 mit gutem Spiel für Weiß.

20.♔b1

20.♗g4 ♖cd8 21.♖f3 ♕e7 22.♖xf8+ ♖xf8 23.♘f3 ♘d4 24.♔b1

(Das Liquidieren des Läufers mit 24.♘h4!? ist zu beachten.)

24...♕b4

Mit seinem starken Springer auf d4 steht Schwarz keinesfalls schlechter (Analyse von Awruch).

20...♘d4

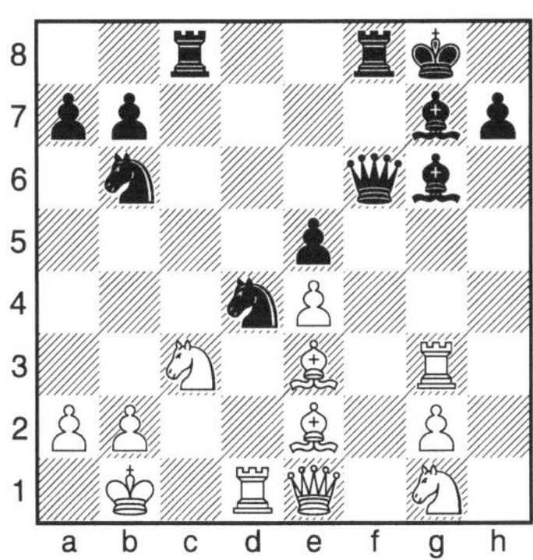

21.♗d3!?

Wir halten diesen Zug für die beste Wahl für Weiß, um weiter um Vorteil kämpfen zu können.

Die Alternative 21.♘f3 ♘c4! ist problematisch.

(Die Finger lassen sollte Schwarz von 21...♖xc3?, denn nach 22.bxc3 ♗xe4+ 23.♗d3 ♗xd3+ 24.♖xd3 ♘f5 25.♖g4 steht er bescheiden.)

22.♗xd4 exd4 23.♘xd4 ♕b6

Nach Awruch hat Schwarz dank seines schwarzfeldrigen Läufers langfristige Kompensation für den Bauern.

21...♘c4

– Auf 21...♕e6 ist 22.♘f3 stark.

– Auch auf 21...♗h5 sollte Weiß mit 22.♘f3 reagieren, Nach der plausiblen Folge 22...♘xf3 23.gxf3 ♗xf3 24.♗e2 ♗xe2 25.♕xe2 ♔h8 26.♖h1 hat er volle Kompensation für den Bauern.

22.♘d5 ♕d6 23.♘f3 ♘xe3 24.♕xe3

Die weißen Aussichten am Königsflügel sind gut. Schwarz muss ♘f3-h4 mit Abtausch des Läufers auf g6 befürchten, was seine Königsstellung weiter schwächt.

Zusammenfassung: In dieser komplizierten Variante eröffnen sich Schwarz viele gute Wege, um das Spiel auszugleichen. Wir meinen jedoch, dass der Anziehende mit 21.♗d3!? gute Chancen hat, um sich in der Eröffnung einen gewissen Vorteil zu sichern. Diese Variante bedarf allerdings noch einer intensiven Überprüfung in der Praxis.

Abspiel 3

Die Fortsetzung 9...e5

1.d4 ♘f6 2.c4 g6 3.f3 d5 4.cxd5 ♘xd5 5.e4 ♘b6 6.♘c3 ♗g7 7.♗e3 0-0 8.♕d2 ♘c6 9.0-0-0 e5

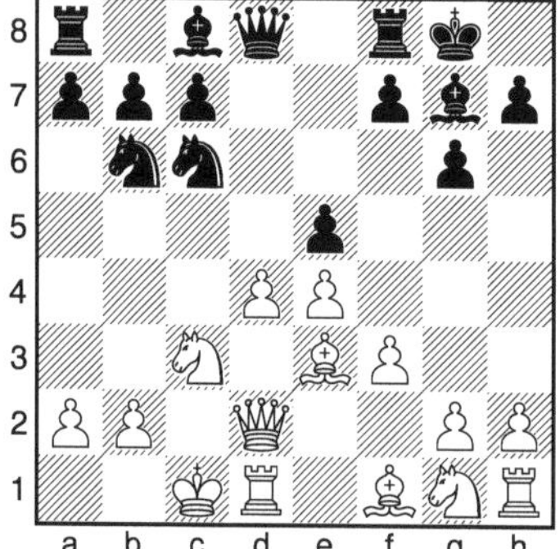

Mit diesem Speerstich in der Mitte will Schwarz nicht allein das gegnerische Zentrum angreifen, er will vielmehr vor allem auch seinen Springer auf d4 spielen und setzt hiermit einen Anker.

10.d5 ♘d4

10...♘a5 sieht man in der Praxis kaum. Weiß kann den schwarzen Ambitionen auch ohne allzu große Mühe einen Strich durch die Rechnung machen, wie z.B. in der Partie Rustemov–Illescas Cordoba, Dos Hermanas 2005.

11.♗xb6

(Einen Versuch wert ist 11.b3!?, um das Feld c4 für den Gegner zu sperren; z.B. 11...c6 12.♔b1 usw.)

11...axb6 12.b4 ♕d6 13.♘b5 ♕e7 14.bxa5 ♖xa5 15.♔b1 ♗d7 16.d6 cxd6 17.♕xd6 ♖xb5+ 18.♗xb5 ♕xd6 19.♖xd6 ♗xb5 20.♘h3 ♗c6 21.♖hd1

Weiß hat das Endspiel letztlich siegreich gestaltet.

11.f4 c5

11...♗g4 führt mit Zugumstellung zu den Varianten, die wir nach 12...♗g4 analysieren.

12.fxe5 ♗g4 13.♖e1 ♗xe5

Auf 13...♖c8 folgt am besten 14.h3, wonach die Partie Larsen–Scholl, Siegen 1970 folgenden Verlauf nahm.

14...♗d7 15.♘f3 ♘a4 16.♔b1 ♘xf3 17.gxf3 ♗xe5 18.♘xa4 ♗xa4 19.♖c1 ♕b6 20.h4 ♕b4

(20...♗d7 beantwortet Weiß mit 21.h5!.)

21.♕xb4 cxb4 22.♗c4 b5 23.♗d3 b3 24.f4 ♗g7 25.e5 ♖fd8 26.d6

Der Anziehende hat für sich einen klaren Vorteil herausgearbeitet.

14.h3

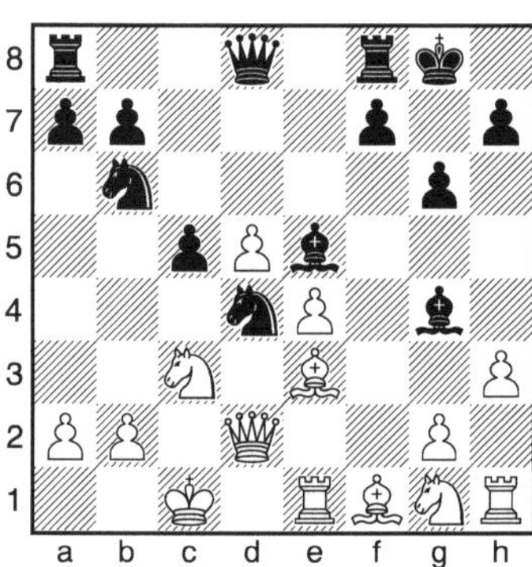

14...♕h4

Nach 14...♗d7 und der Folge 15.♘f3 ♘xf3 16.gxf3 kann sich das Spiel fächerartig entwickeln.

A) 16...♖e8 17.h4 ♖c8 18.h5 mit Königsangriff, Kozul-Rogulj, Zagreb 2012.

B) 16...f5 17.♗g5

(Unklar ist 17.h4 fxe4 18.fxe4 ♗g4 usw.)

17...♕c7 18.f4 ♗xc3 19.♕xc3 fxe4 20.♖xe4 ♖f7 (20...♘xd5 21.♗c4+-) 21.♖e5 c4 22.♕d4 ♕d6 23.♖h2 ♖c8 24.♖c2 ♕c5 25.♕xc5 ♖xc5 26.♗g2 ♔g7 27.d6 ♖xe5 28.fxe5 ♖f5 29.♗e3 ♗e6 30.♗xb7+-, Postny-Mekhitarian, Barcelona 2008.

C) 16...♘a4 17.♘xa4 ♗xa4 18.f4 ♗g7 19.h4 ♖c8 20.h5 c4 21.♗d4 ♗xd4 22.♕xd4 ♕c7 23.♕f6

(23.♗h3!? ♕xf4+ 24.♔b1 ♖ce8 25.hxg6 fxg6 26.♗e6+ ♖xe6 27.dxe6+-)

23...♕d8 24.♕c3 ♕d6 25.♗h3 ♕xf4+ 26.♔b1 ♖ce8 27.♕xc4 b5 28.♕d4 ♕f3 29.e5 ♖d8 30.d6 ♖fe8 31.h6 b4 32.e6 f6 33.♖ef1

Mit weißem Gewinn in der Partie Yrjola-Ebeling, Helsinki 1988.

D) 16...♕e7 17.h4 c4

(– Auf 17...h5 empfiehlt sich 18.♗d3±. – Und auch mit 17...f5 muss der Anziehende rechnen. Nach z.B. 18.♗g5 ♕f7 und dann 19.h5± fängt er den Vorstoß ab und kontert mit einer Verstärkung seines Angriffs.)

18.♗d4 ♘a4 19.♗xe5 ♕xe5 20.f4 ♕c7 21.e5 ♘c5 22.h5 ♗f5 23.hxg6 fxg6 24.♗xc4 ♘a4 25.♕d4

Weiß steht klar besser, I. Sokolov-Krasenkow, Wijk aan Zee II 2002.

15.♗d3 ♖ac8

Der Nachziehende spielt diesen Entwicklungszug mit der Absicht, sich die Option auf Gegenspiel am Damenflügel offen zu halten.

Hier ein Blick auf andere Pläne.

I. 15...f5 16.♗g5 ♕h5 17.exf5 ♗g3 18.hxg4! ♕xh1 19.♖f1 ♖ae8 20.♘e4

In der Partie Bernasek-Konopka, Brno 2006, setzte Schwarz hier fehlerhaft mit 20...♘c4? fort und kam unter die Räder.

(Stärker war 20...♕h2!?.)

21.♗xc4 ♖xe4 22.d6+ ♔h8 23.d7 ♘c6 24.♗f6+ ♖xf6 25.d8♕+ ♘xd8 26.♕xd8+ ♔g7 27.♕g8+ ♔h6 28.g5+ ♔xg5 29.♘f3+ 1-0

Der weiße Angriff kann als ebenso brachial wie auch feinsinnig bezeichnet werden.

II. 15...♗g3 16.♖f1 f5 17.hxg4 ♕xh1 18.♘h3 ♕h2

(18...♕xf1+ 19.♗xf1 fxg4 20.♘f4 g5 21.♗xd4 ♗xf4 22.♗e3 ♗xe3 23.♕xe3 ♖xf1+ 24.♘d1 h6 25.♕d3 ♖h1 26.e5 ♖f8 27.e6 ♖ff1 28.♕g6+ ♔h8 29.e7 ♖xd1+ 30.♔c2 ♖de1 31.e8♕+ ♖xe8 32.♕xe8+ ♔g7 33.d6+-)

19.♗g1 fxg4 20.♗xh2 ♖xf1+ 21.♗xf1

Weiß steht auf Gewinn, Poluljahow-Stambulian, Krasnodar 2002.

III. 15...♖fe8 16.♗g5

(16.♖f1 ♗d7 17.♘f3 ♘xf3 18.gxf3 ♕e7 19.♗g5 f6 20.♗h6±, Postny-Lorscheid, Budapest, 2000.)

16...♕h5 17.♗f4 ♗d7 18.♘ge2 ♘xe2+ 19.♗xe2 ♗xf4 20.♕xf4

Mit etwas besseren Chancen für Weiß in der Partie Dzindzichashvili-Kudrin,

USA 1999. Seine Figuren stehen freier und auch der Raumvorteil spricht für ihn.

16.♔b1

Dieser Königsschritt ist in vielen Varianten sehr nützlich.

Im Duell Dao Thien Hai–Isaev, Doha 2003, verzichtete Weiß darauf und spielte stattdessen 16.♖f1 ♗d7 17.♗h6 c4 18.♗b1 ♖fe8 19.♗g5 ♕g3 20.♘f3 f6 21.♘xe5 fxe5 22.♗e3; belohnt wurde er mit einem vorteilhaften Spiel.

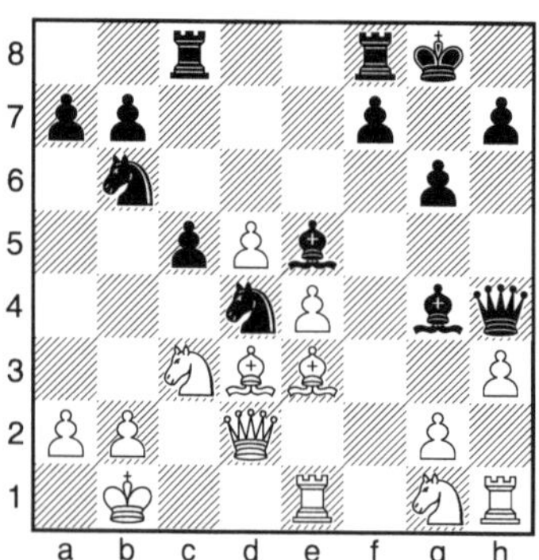

16...f5

Schwarz konzentriert sich nun doch zunächst auf den Königsflügel und wird hier aktiv.

Die Praxis hat mehrere Alternativen hervorgebracht.

I. 16...♖fe8 17.♖f1

A) 17...♗h5 18.♘f3 ♘xf3 19.gxf3±

B) 17...f5 18.♗g5 ♕h5 19.hxg4 ♕xh1 20.♘h3

(20.♘f3!? ♘xf3 21.gxf3 ♕h2 22.♕xh2 ♗xh2 23.exf5 c4 24.♗e4 gxf5 25.♗xf5 ♖c7 26.f4 ♔g7 27.♖h1 ♗xf4 28.♗xf4+– Hillarp Persson–Konguvel, Barcelona 2004.)

20...♕h2 21.gxf5±

C) 17...c4 18.♗xd4 cxd3

(Der Alternative 18...♗xd4 widmen wir uns ausführlich in der **Partie Nr. 38:** Golod–Vokarev, Linares 2001.)

19.♗xe5! ♘c4 (19...♖xe5 20.♕f4+–) 20.♕f4 ♘xe5 21.♘f3+–

II. 16...♗h5 17.♗g5 ♕g3 18.h4

A) 18...♖fe8 19.♘h3 ♕g4

(Auf 19...f6 folgt 20.♗e3 und nun ist 20...♕xh4 riskant wegen 21.♘f4 ♕g4 22.♘xh5 gxh5 23.♖h3 h4 24.♖eh1 ♗g3 25.♗xd4 cxd4 26.♘e2 ♘c4 27.♕h6 ♘e5 28.♘xg3 ♘xd3 29.♘f5 und Weiß gewinnt.)

20.♗e3 ♘d7 21.♖ef1 b5 22.♔a1 a6 23.♘g5 f6 24.♘f3 b4 25.♘a4 c4 26.♘xe5 fxe5 27.♗b1 ♘e2 28.♖f2 ♘g3 29.♖e1 ♘xe4 30.♗xe4 ♕xe4 31.♕xb4 ♕xd5

In dieser noch unentschiedenen Stellung einigten sich die Spieler in der Partie Schyndel–Skerlik, ICCF 2012, tatsächlich auf ein Remis. Die beiderseitigen dynamischen Chancen hätten aber mehr Kampfgeist verdient gehabt; das Ergebnis ist offen.

B) 18...f6 19.♗e3 ♖fe8 20.♘h3 ♗g4 21.♗f4 ♗xf4 22.♘xf4 c4 23.♗c2 ♘xc2 24.♔xc2 ♖e5 25.h5 ♗xh5 26.♘xh5 gxh5

(26...♖xh5 27.♖xh5 gxh5 28.♖f1±)

27.♖h3 ♕g6 28.♔b1 ♔h8 29.♖f3

Die Stellung ist kompliziert. Auffällig sind aber die schwachen schwarzen Bauern am Königsflügel. Wir sehen deshalb die besseren Perspektiven für Weiß, Bossenbroek–Sadowski, LSS 2007.

III. 16...f6

A) 17.Bf2 Qg5

(17...Bg3?? 18.Bxg3 Qxg3 19.hxg4+–)

18.Qxg5 fxg5 19.Be3 Bd7 20.Nge2 (20.Bxg5 Rf2⇄) 20...g4 21.h4 h5 22.Rhf1

Die weiße Stellung gefällt uns besser.

B) 17.Rf1 f5

(17...Bh5 18.Nf3 Bxf3 19.gxf3 c4 20.Bc2 Nxc2 21.Kxc2±)

18.hxg4 Qxh1 19.exf5

Der Anziehende liegt materiell um die Qualität im Hintertreffen, hat dafür aber eine starke Initiative, Baumgartner–Gomez Celdran, ICCF WS 2005.

17.Bg5 Qh5

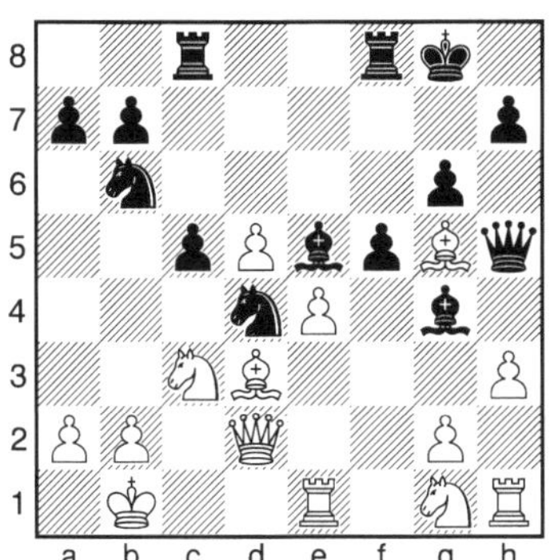

18.hxg4!

Weiß opfert die Qualität, um die Initiative an sich zu reißen.

18...Qxh1 19.exf5 Qh2 20.Nh3

– An dieser Stelle möchten wir kurz innehalten. In der Fortsetzung unserer Hauptvariante kommt Schwarz im Anschluss zu g6xf5. Weiß erringt ein Übergewicht, aber dennoch empfehlen wir, zunächst 20.fxg6 einzuschalten und erst danach die Entwicklung des Springers auf h3 umzusetzen.

– Auch 20.Bh6!? kommt infrage.

A) 20...Rfe8 21.Nh3 gxf5 22.gxf5 Kh8 23.Rf1 Nd7 24.d6 Qg3

(24...Bxd6 25.f6 Bf8 26.Bg7+! Bxg7 27.fxg7+ Kxg7 28.Qg5+ Kh8 29.Qh4+–)

25.Ne4 Qh4 26.Nhg5! Bf6

(26...Qxh6 27.Nf7+ mit Damengewinn.)

27.g3 Qh5 28.g4 Qh4 (28...Qxg4 29.Qh2+–) 29.Qg2 Rxe4 30.Nf7+ Kg8 31.Bxe4 1-0, Martin–Parushev, ICCF WS 2004.

B) 20...Rf6 21.fxg6 hxg6 22.Ne4 Rf4 23.Bxf4 Qxf4 24.Qxf4 Bxf4 25.Nh3 Bh2 26.Nc3 Bg3 27.Re7 mit weißem Vorteil, Vennemann–Hoegerl, DESC Email 2005.

20...gxf5

Weil Weiß im 20. Zug nicht auf g6 genommen hat (siehe oben), kann Schwarz nun so spielen.

Schlecht ist 20...Rce8? 21.fxg6 hxg6 22.Bxg6 Qg3 23.Ne4 Qxg4 24.Bxe8 Rf1 25.Nhf2 Qxg2 26.Rxf1 Qxf1+ 27.Qd1 Qc4 28.Qd3 Qxd5 29.Nc3 Qe6 30.Qg6+ Qxg6+ 31.Bxg6 und Weiß kommt mit einer Mehrfigur aus dem Gerangel heraus, Postny–Greenfeld, Givataim 2000.

21.Bh6 Rfe8 22.gxf5

Weiß hat Übergewicht.

Zusammenfassung: Das Qualitätsopfer 18.hxg4! verschafft dem Anziehenden in dieser Variante die besseren Aussichten. Auch allgemein gibt die Idee mit 3.f3!? Weiß gute Perspektiven. Als Vorteil dieses Zuges besonders hervorzuheben ist aber, dass Weiß durch seine Wahl viele komplizierte Varianten vermeiden kann. Für Spieler, die keine Lust haben, gegen die Grünfeld-Verteidigung zu spielen, ist der Zug 3.f3!? eine gute Alternative.

Kapitel 10

Königsindische Verteidigung

1.d4 ♘f6 2.c4 g6 3.♘c3 ♗g7 4.e4 d6 5.f3

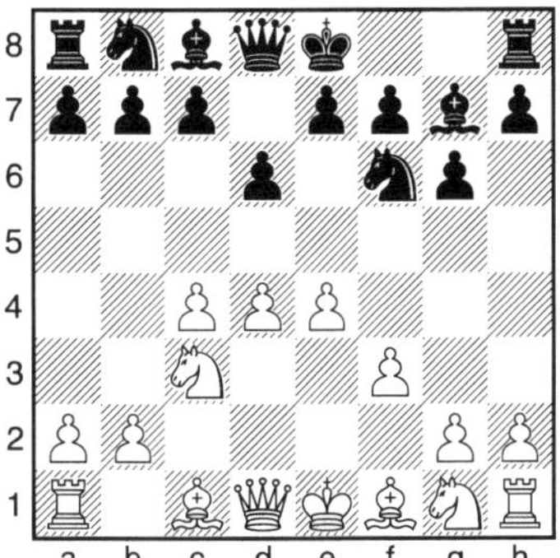

Dieser unscheinbare Zug, eine Idee des deutschen Großmeisters Friedrich (Fritz) Sämisch (1896-1975), ist eine der schärfsten Waffen gegen die Königsindische Verteidigung. Weiß baut ein starkes Bauernzentrum auf und verfolgt einen aggressiven Plan: Er will sich mit ♗c1-e3, ♕d1-d2, 0-0-0 nebst g2-g4 und h2-h4-h5 aufbauen und so einen starken Angriff am Königsflügel führen. Schwarz kämpft um Gegenspiel, indem er das weiße Zentrum unter Beschuss nimmt, etwa mit den Gegenschlägen c7-c5 bzw. e7-e5. Er kann auch am Damenflügel seine Hoffnung auf den Vorstoß b7-b5 setzen. Dabei hat er im Auge, dass der weiße König zumeist Schutz auf diesem Flügel sucht. Weil die beiden Könige in der Regel gegensätzlich rochieren, der eine kurz und der andere lang, entsteht oft ein scharfes Spiel.

5...0-0

Die Hauptfortsetzung: Der Nachziehende sichert zunächst seinen Monarchen und will seine Pläne noch nicht offenlegen.

Hier ein Blick auf einige Alternativen, die in der Turnierpraxis ebenfalls von Bedeutung sind.

I. 5...c5 6.dxc5

(Öfter wird hier dem Plan gefolgt, die Spannung mittels ♘g1-e2 zu halten. Wir analysieren diese Variante in **Abspiel 2**.)

6...dxc5 7.♕xd8+ ♔xd8

A) 8.e5 ist verpflichtender und zieht f3-f4 nach sich, scheint dem Nachziehenden aber keine Furcht einflößen zu können. Nach 8...♘fd7 9.f4 f6 10.♘f3 kann sich das Spiel auf verschiedenen nachvollziehbaren Wegen entwickeln.

A1) 10...♘a6

(Das Feld a6 soll für den Springer nur das Sprungbrett nach b4 sein. Dieses Feld könnte er grundsätzlich aber auch nach 10...♘c6 erreichen.)

11.exf6 exf6 12.♗e3 ♖e8 13.♔f2 ♘b4 14.♖d1 b6

(Nach 14...♔c7 kann der schwarze Monarch zum Wandergesellen werden; z.B. 15.a3 ♘c6 16.♘b5+ ♔b6 17.♗e2 a6 18.♘d6 und Weiß steht erheblich besser. Während sich der Nachziehende selbst im Weg steht, hat sich Weiß schon aktiv und harmonisch aufgestellt.)

15.♖d2 f5 16.♗e2

(Der weißfeldrige Läufer scheint noch etwas das Problemkind zu sein. Der Anziehende hat die Absicht, ihn auf die lange Diagonale h1-g8 zu führen, wo er bärenstark werden kann.)

16...♗xc3 17.bxc3 ♘c6 18.♘e5

Konsequent nach dem Plan gespielt.

18...♘a5

(18...♘cxe5 bringt nichts wegen 19.fxe5 ♖xe5 20.♗g5+ ♔e8 21.♗f3+–. Auf jeden Fall ist für Schwarz die Qualität verloren, denn im Fall des Wegzuges würde der ♖a8 auf b8 zu stehen kommen und dort in einer Diagonale mit seinem Kompagnon stehen, sodass der weiße ♗g5 den Vorteil abfischen kann.)

19.♖hd1 ♖e7 20.♗f3 ♖b8 21.♗c6 1-0, Alterman–Makropoulou, Komotini 1992.

A2) 10...♘c6

Der Springer ist auf c6, von wo aus er den Druck auf den gegnerischen ♙e5 unterstützt, gut postiert.

Schwächer ist 11.♗e3 fxe5 12.♘g5 exf4 mit etwa ausgeglichenen Chancen. In der Partie Florescu–Moldovan, Calarasi 1995, der wir diese Fortsetzung entnommen haben, sicherte sich der Anziehende allerdings den vollen Punkt.

B) 8.♗e3

Ein solider Entwicklungszug, verbunden mit dem Angriff auf den gegnerischen c–Bauern, sodass Schwarz reagieren muss.

8...♘fd7

B1) Für den mutigen Spieler, der sich von einer demolierten Bauernstellung in seinem Königsdomizil nicht nervös machen lässt, ist die lange Rochade eine Alternative.

9.0-0-0 ♗xc3

(9...b6 10.f4 ♗xc3 11.bxc3 ♗b7 12.♘f3 ♔e8 13.e5 ♗xf3 14.gxf3 f5 15.exf6 ♘xf6 16.f5! ♘c6 17.fxg6 hxg6 18.♗g5 ♔f7 19.h4±, Spasski–Gheorghiu, Moskau 1971.)

10.bxc3 b6 11.h4

(Der h–Bauer versucht sich – wie so oft in diesem System – in der Rolle des Stoßbauern.)

11...h6 12.e5 e6 13.f4 h5 14.♘f3 ♗b7 15.♘g5 ♔e7 16.♖d6

Das weiße Spiel ist aktiver und verdient deshalb den Vorzug, Ringoir–Rijnaarts, Amsterdam 2013.

B2) 9.♘ge2 b6

(9...♘c6 ist weniger flexibel, z.B. 10.0-0-0 b6 11.f4 e6 12.g3 ♔e7 13.♗g2 ♘a5 14.b3±, O.Matras–Suran, Tschechische Republik 2013. Die weißen Figuren genießen mehr Freiheit für ihr Spiel, was auch mit dem leichten Raumvorteil in Verbindung steht.)

10.0-0-0 ♘a6

Von hier aus kann der Springer auch das Feld c7 anstreben, was vorhin nach 9...♘c6 nicht mehr möglich war.

11.g3 ♘c7 12.f4 e6 13.♗h3

(13.e5 ist gut für Schwarz wegen 13...♗b7 14.♖g1 ♔e7=.)

13...♔e7 14.♖hf1 h6 15.e5 ♗b7 16.g4 ♖ad8 17.♘g3 f6 18.♘ce4

(Zu einer unklaren Stellung führt 18.exf6+ ♘xf6 19.♖de1 h5.)

18...fxe5 19.f5! ♗xe4 20.♘xe4 gxf5 21.gxf5 ♘f6

Es ist eine sehr komplizierte Stellung auf dem Brett entstanden, in der sich die beiderseitigen Chancen in etwa entsprechen, Spasski–Fischer, Sveti Stefan/Belgrad 1992, 2. Matchpartie.

II. 5...e5

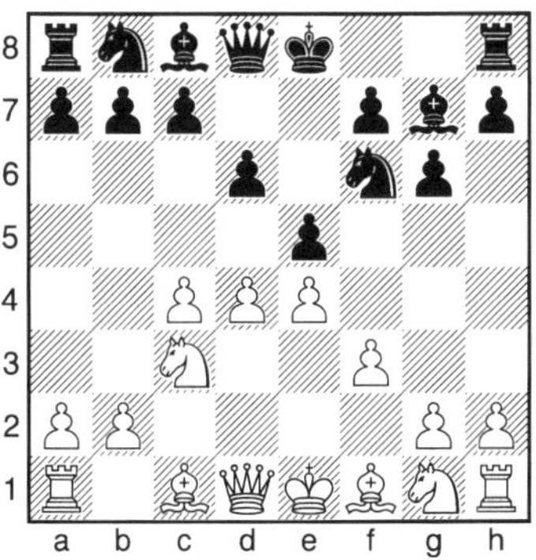

A) 6.d5 ♘h5

(Auf 6...c6 kann Weiß 7.♗e3 versuchen und damit die weitere Folge 7... 0-0 8.♘ge2 cxd5 9.cxd5 ♘e8 10.♕d2 f5 11.0-0-0 anstreben. Sein Plan fußt auf dem Bauernvorstoß h2-h4-h5, der ihm aktives Spiel am Königsflügel verspricht.)

7.♗e3 f5

A1) 8.♕d2 ♕h4+

(Ein hohes Ansehen genießt auch 8...0-0. Dieser Alternative widmen wir eine relativ aktuelle und sehr spannende Partie aus der höchsten Meisterpraxis, **Partie Nr. 39:** Giri–Carlsen, Wijk aan Zee 2013.)

9.♗f2 ♕f4 10.♘ge2 ♕xd2+ 11.♔xd2 ♗h6+ 12.♔c2 a5 13.a3 0-0 14.♘g3 ♘f4 15.c5 ♗d7 16.h4 ♘a6

Soweit es um die weiteren Aussichten in der Partie geht, befinden sich beide Kontrahenten auf Augenhöhe, Dubna 2007.

A2) 8.exf5 gxf5 9.♕c2 ♕h4+ 10.♗f2 ♕f6 11.0-0-0 0-0 12.♘ge2 a6 13.g3 ♗d7 14.h3 ♗e8 15.♗g2 ♗g6 16.f4 ♗h6 17.♗e3 ♖e8 18.♗d2 exf4 19.gxf4 ♘d7 20.♗f3 ♘c5 21.♖dg1 ♘g7 22.h4

In der Partie Zakharchenko–Lysak, Kiew 2002, war Weiß mit seinen Aktionen auf der Königsseite schneller als Schwarz auf der anderen Seite. In der Königsindischen Verteidigung spielt es generell eine entscheidende Rolle, wer das Rennen um Angriff gewinnt.

B) 6.dxe5 dxe5 7.♕xd8+ ♔xd8 8.♗e3

B1) 8...c6 macht das Feld c7 für den König frei, hat aber die Schattenseite, dass der Zug die weitere Entwicklung behindert.

9.0-0-0+ ♔c7 10.g3 ♗e6 11.b3 ♘bd7

Ein typischer Entwicklungszug – der Springer macht den Weg für den ♖a8 in die Mitte frei, sucht aber selbst noch weiter nach seinem nächsten Zielfeld.

(11...♘fd7 12.♗h3 ♖e8 13.♗xe6 ♖xe6 14.♘h3 ♘a6 15.♔c2 ♖e7 16.♘f2±, Gerhardt–Bierwisch, Dresden 2001.)

12.♘h3 h6 13.♘f2 ♖ad8 14.♘d3 mit dem Plan ♗f1-e2, ♖d1-d2, ♖h1-d1 und guten Perspektiven für Weiß, De la Calle–Yui Pineda, Fernpartie 2009.

B2) 8...♗e6 9.0-0-0+ ♘fd7 10.g3 ♘c6 11.♗h3 ♘d4 12.f4 c5 13.♗xe6 fxe6 14.♘ge2 ♗h6

Schwarz hat ausreichend Gegenspiel. Die Stellung ist etwa ausgeglichen.

C) 6.♘ge2 0-0 7.♗e3 schauen wir uns im **Abspiel 3** an.

III. 5...c6 6.♗g5

(– Populärer ist 6.♗e3. Die aus dieser Idee resultierenden Konsequenzen analysieren wir – nach der schwarzen Rochade – in **Abspiel 4**.

– An dieser Stelle erlaubt uns die Fortsetzung 6...a6 7.♕d2 b5, eine sehr lehrreiche Partie in unser Buch aufzunehmen. Werfen Sie mal einen intensiven Blick auf **Partie Nr. 40:** Spasski–L. Evans, Warna 1962.)

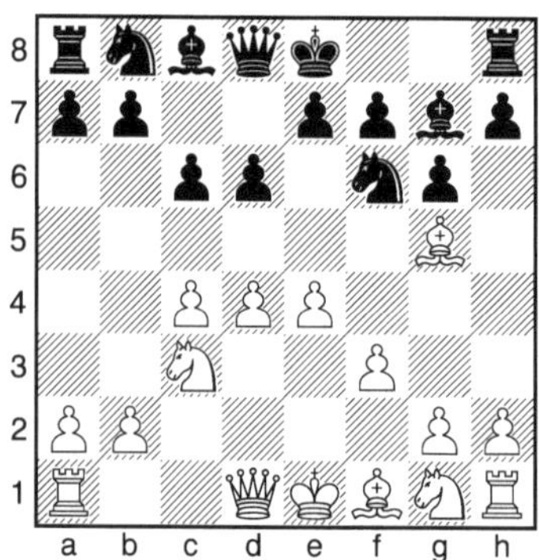

A) 6...♘bd7 7.♕d2 0-0

A1) 8.♘ge2 hat sich in der Praxis als Alternative angeboten.

8...a6

(8... ♕a5!? ist eine Alternative, auf die wir Ihre Aufmerksamkeit richten möchten.)

9.a4 e5 10.d5 c5

Das Zentrum ist festgelegt und Weiß hat freie Fahrt für einen kräftigen Königsangriff, wie sich in der sehr gut nachvollziehbaren Partie J. Adamski–Pietsch, Polanica Zdroj 1968, zeigte.

11.g4 ♕e8 12.♘g3 ♔h8 13.h4 ♘g8 14.h5 ♗f6 15.♗e3 ♕d8 16.g5 ♗e7

Die Rollenverteilung ist eindrucksvoll – Weiß ist aktiv und greift an, Schwarz ist passiv und kann immer nur auf die gegnerischen Aktionen reagieren.

17.♗h3 ♖e8 18.hxg6 fxg6 19.♗e6 ♔g7 20.0-0-0

Die Rochade verhilft dem zweiten Turm ins Spiel.

20...♘f8 21.♘f5+! ♔h8

(21...gxf5 hilft nichts wegen 22.exf5+–.)

22.♖dg1 b5

Jedes Hinauszögern des Untergangs wie über diesen Zug verlängert nur das Leiden. Die Stellung ist aufgabereif, daran ändert beispielsweise auch 22...♗xe6 nichts, was jede Engine dem Zweifelnden demonstrieren wird.

23.♗f7 gxf5 24.g6 ♗f6 25.♕h2 1-0

Der Nachziehende hat sich die Niederlage zeigen lassen und hier dann die Segel gestrichen.

A2) 8.♘h3 ♕a5 9.♗e2 c5 10.d5 ♘e5 11.f4 ♘eg4 12.♘g1

Der Springer wandert über sein Ausgangsfeld in einen neuen Einsatzbereich. 8.♘h3 war nicht zwingend erforderlich, um diese Stellung zu erreichen. Dies sollte die Bewertung der

Alternativen im 8. Zug befeuern können.

12...♔h8

(Der König macht g8 als Rangierfeld frei, vor allem für Springermanöver.

Vermutlich aber sollte Schwarz an dieser Stelle aktivere Lösungen suchen, z.B. in Richtung 12...♘h5 oder 12...a6.)

13.h3 ♘h6 14.♘f3 ♘hg8

Das eben freigezogene Feld wird besetzt, aber Schwarz steht schon sehr passiv.

15.0-0 ♘h5 16.♗h4 ♗h6 17.♘g5 ♘g7 18.g4

Die weiße Bauernformation wirkt erdrückend.

18...f5 (18...f6!?) 19.exf5 gxf5 20.♘xh7!

Kein wirkliches Opfer, sondern kühle Berechnung.

20...♔xh7 21.g5 ♕d8 22.♖ae1 ♗d7 23.♔h2 ♕e8 24.♖g1 ♗xg5 25.♖xg5

Weiß führt einen starken Angriff, Diaz-Granara Barreto, Buenos Aires 2003.

B) 6...a6

B1) 7.a4

Diese gegen b7-b5 gerichtete Maßnahme hinterlässt ein tiefes Loch auf b4.

7...a5 8.♕d2 ♘a6 9.♘ge2

(In der Partie Zhou Jianchao–Li Shilong, Xinghua Jiangsu 2011, griff Weiß zu 9.♖d1, kam aber über die Zugfolge 9...0-0 10.♗d3 e5 11.♘ge2 exd4 12.♘xd4 ♕b6 nur zu weitgehend ausgeglichenen Chancen.)

9...0-0 10.♖d1 ♘b4

Schwarz nimmt das Feld, das ihm der Anziehende mit 7.a4 „angeboten" hat, dankend mit seinem Springer an.

11.♘c1 ♗e6 12.d5 cxd5 13.cxd5 ♗d7 14.♘b3 ♕b6 15.♗b5 ♗xb5 16.♘xb5 ♖fc8

Schwarz hat Gegenspiel und wird nun beweisen müssen, dass es genügend Potenzial hat, das weiße Offensivspiel auszugleichen oder gar zu übertreffen, Haba–Smilek, Pilsen 2012.

B2) 7.♕d2 b5 8.0-0-0

(An dieser Stelle möchten wir Ihr Augenmerk auf 8.♗d3 richten, womit Weiß seinen Läufer gut ins Spiel bringt und seinem ♘g1 die Entwicklung auf das Feld e2 anbietet, ohne dass dies den Läufer dann noch beeinträchtigen könnte. Nach 8...♘bd7 9.♘ge2 hat der Anziehende beide Figuren entwickelt. In der Partie Sharif–Chabanon, Toulouse 1995, folgte 9...bxc4 10.♗xc4 d5 11.♗b3 ♘b6 12.e5 ♘g8 13.♖c1 mit einem deutlichen Stellungsplus für Weiß.)

8...♕a5

(Auf a5 steht die schwarze Dame gut.

Sie kann aber auch verzögert dorthin streben, wie das folgende Fragment aus der Partie Adorjan–Romanischin, Indonesien 1983, zeigt: 8...0-0 9.♗h6 b4 10.♘ce2 ♕a5 11.♔b1 d5 12.♗xg7 ♔xg7 13.♘g3±.)

9.e5 b4

Nun folgt ein taktisches Gemetzel, das viel Spannung aus der Stellung nimmt.

10.exf6 bxc3 11.fxg7 cxd2+ 12.♗xd2 ♕xd2+ 13.♖xd2 ♖g8 14.♗d3 ♖xg7 15.♘e2

Weiß steht nur geringfügig besser. Am augenfälligsten ist dabei sein Plus an Raum.

IV. 5...♘c6 6.♗g5

(Die Entwicklung des Läufers auf das Feld e3 und des Springers von g1 auf e2 analysieren wir in **Abspiel 1**.)

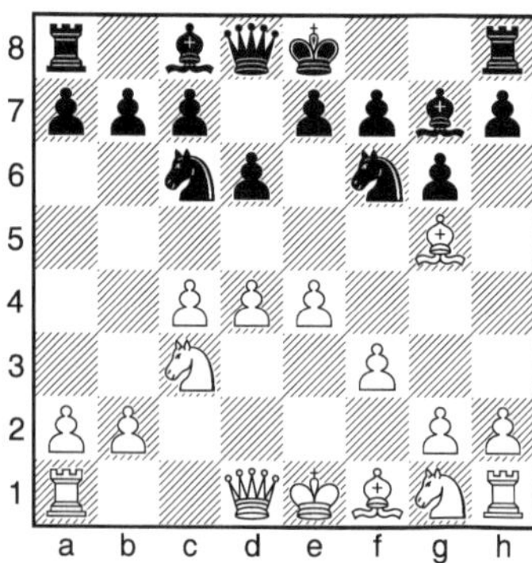

A) 6...h6 ist eine gewisse Schwächung der Bauernstellung, die sich nach beispielsweise 7.♗e3 rächen kann, wie die folgenden Varianten zeigen.

A1) 7...e5

A1a) Weiß kann versuchen, das Zentrum mit 8.d5 zu schließen, um aus einer festen Zentralposition heraus einen Angriff am Königsflügel zu führen. Greift Schwarz dann zu 8...♘d4, antwortet er gut mit 9.♘ge2 und steht nach 9...c5 10.dxc6 ♘xc6 deutlich besser.

Dagegen wäre 10...bxc6? ein Fehler wegen 11.♘xd4 exd4 12.♗xd4 ♖b8 13.♕d2±. In der Partie Li–Cannon, Ballarat 2013, ging es wie folgt weiter: 13...♕c7 14.♗e2 ♗a6 15.0-0 0-0 16.♖ac1 und der weiße Vorteil war offensichtlich.

A1b) 8.♘ge2 exd4 9.♘xd4 0-0 10.♕d2 ♔h7 11.♗e2 ♖e8 12.g4

Der Anziehende geht mit Riesenschritten zum Angriff über.

12...♘d7 13.0-0-0 ♘de5 14.♖dg1 a6 15.f4

Die weißen Züge sind so effektiv, dass jeder von ihnen den Angriff spürbar belebt.

15...♘xd4 16.♗xd4 c5 17.♗xe5 dxe5 18.f5 ♕d4 19.♕c2 ♗d7 20.♘d5 ♖ad8 21.♖g2

Weiß hat den aggressiven Plan h2-h4, g4-g5 und ausgezeichnete Aussichten, Mujkic–Bajramovic, Neum 2005.

A2) 7...a6 leitet ein positionelles Ringen ein, welches sich beispielsweise in der Partie Temirbaev–Seredenko, Alma–Ata 1989, wie folgt entwickelte.

8.♕d2 ♖b8 9.♘ge2 ♗d7 10.♘c1

Der Springer will nach b3, von wo aus er das Feld d4 im Visier hat und anders als auf e2 seinem eigenen Läufer nicht mehr vor der Nase steht.

10...e5 11.d5 ♘d4 12.♘b3 ♘xb3 13.axb3 0-0 14.g4

Weiß leitet den typischen Angriff mit den Bauern ein.

14...c5 15.h4 ♔h7 16.h5 g5

Schwarz vermeidet richtigerweise die Öffnung von Linien.

17.♘d1 ♕c8 18.b4 b6 19.♘f2 ♘e8 20.♗e2 ♗f6 21.0-0 ♗d8 22.♖fc1

Aufgrund seines freien Spiels und des Raumvorteils ist Weiß viel besser in der Lage, seine Kräfte auf beiden Flügeln einzusetzen.

22...a5 23.bxa5 bxa5 24.♗d1 ♗b6 25.♗a4 ♘c7 26.♘h1 ♘a6 27.♘g3 ♘b4 28.♗xd7

Räumt den Verteidiger des Einbruchsfeldes f5 aus dem Weg.

28...♕xd7 29.♘f5

Auf f5 ist der Springer sehr stark postiert. Der Anziehende hat sich einen klaren positionellen Vorteil erarbeitet.

A3) 7...0-0 8.♕d2 ♔h7 9.♘ge2 a6 10.h4 h5 11.0-0-0 b5 12.g4!

Einmal mehr setzt Weiß seinen typischen Angriffsplan gegen den schwarzen König durch. Um Ihnen die Möglichkeit zu geben, sich in die Spielführung zu vertiefen und dabei auch auf Nuancen achten zu können, zeigen wir Ihnen nachfolgend die vollständige Partie Ionescu–Roca, Manila 1992.

12...bxc4 13.♘g3 e5 14.dxe5 ♘xe5

(14...dxe5 15.♕g2 ♘d4 16.♗xc4 hxg4 17.h5+–)

15.♗e2 hxg4 16.f4 ♘d3+ 17.♗xd3 cxd3 18.h5 ♕e8 19.hxg6+ ♔g8 20.gxf7+ ♖xf7 21.♕xd3 ♖b8 22.♖h2 ♖b4 23.a3 ♖b3 24.♗d4 ♕c6 25.♖dh1 ♗e6 26.f5 ♕c4 27.♕d2 ♗d7 28.♘f1 c5 29.♕g5 ♔f8 30.♖h8+! ♔e7

(30...♗xh8 31.♖xh8+ ♔e7 32.♗xf6+ ♖xf6 33.♕g7+ ♖f7 34.f6+ ♔e6 35.♕xg4+ ♔xf6 36.e5+ mit Gewinn.)

31.♘e3 ♖xc3+ 32.bxc3 ♕b3 33.♘d5+ 1-0

B) 6...0-0 7.♘ge2

An dieser Stelle sind zwei Wege für Schwarz bekannt.

B1) 7...e5

Die Statistik sieht nicht gut aus für diesen Vorstoß im Zentrum. In den Fällen aus der Praxis übersteigt die Zahl der Weißsiege jene des Schwarzen um etwa das Fünffache bei einer nur geringen Remisquote. Dennoch führt diese Alternative über die nachstehende Folge das schwarze Spiel in den „grünen Bereich".

8.d5 ♘e7 9.♕d2 c6!

An dieser Stelle kann Schwarz der Statistik ein Schnippchen schlagen! Die Alternativen zu 9...c6 haben in der Praxis allesamt keine guten Ergebnisse erzielen können.

10.h4 (10.♘g3!?) 10...h5 11.0-0-0 cxd5 12.cxd5 ♗d7 13.♔b1 b5

Die Chancen der beiden Kontrahenten sind als ausgeglichen einzuschätzen.

B2) 7...a6

Dies ist in der Praxis die häufigste Wahl des Nachziehenden. Tendenziell ist sie aber für Weiß aussichtsreicher.

8.♕d2 ♖b8 9.♘c1 e5 10.dxe5 ♘xe5 11.♗e2 h6 12.♗e3

(Die Variante 12.♗xh6? ♘xe4 13.♘xe4 ♕h4+ würde Schwarz bevorteilen.)

12...♔h7 13.0-0 ♗e6 14.♘d5 c6 15.♗b6 ♕d7 16.♘xf6+ ♗xf6 17.♕c2 c5

Auf dem Brett ist eine komplizierte Stellung entstanden, in der beide Seiten noch ihre Möglichkeiten haben, wie z.B. in der Partie Detter–Laschet, Frohnleiten 1998.

18.♘b3 ♕c6 19.♗a5 b5 20.cxb5 axb5 21.♗c3 ♗g7 22.f4 c4 23.♘d4 ♕c5 24.♔h1

Der König befreit seinen ♘d4 aus dessen Fesselung.

24...♘c6 25.♘xc6 ♕xc6 26.♗xg7 ♔xg7 27.f5 ♗d7 28.♕c3+ ♔h7 29.♗f3

Weiß hat gute Aussichten.

5...a6 und 5...b6 führen (wie normalerweise auch die alternativen Fortsetzungen) unter Zugumstellung zur Hauptvariante, die wir in den gleich folgenden Abspielen genauer unter die Lupe nehmen werden.

6.♗e3

Die moderne Theorie sieht in diesem Zug die beste Wahl für Weiß. Sie ist deshalb in unseren Tagen auch am populärsten.

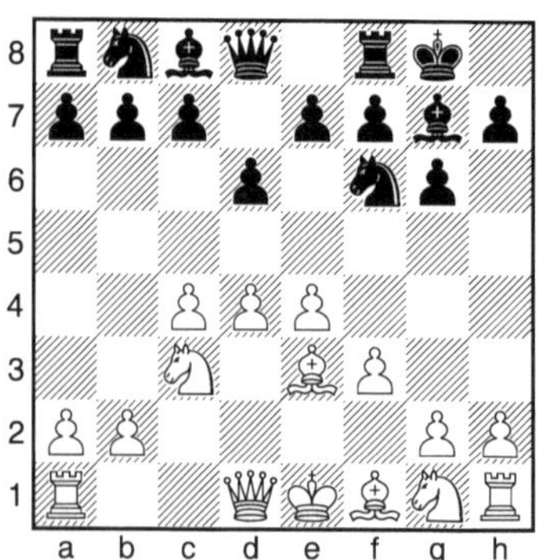

In der erreichten Stellung kann Schwarz seinen Erfolg auf mannigfache Weise suchen.

I. 6...♘c6 (**Abspiel 1**)

II. 6...c5 (**Abspiel 2**)

III. 6...e5 (**Abspiel 3**)

IV. 6...c6 (**Abspiel 4**)

V. 6...b6 (**Abspiel 5**)

VI. 6...a6 (**Abspiel 6**)

VII. 6...♘bd7 (**Abspiel 7**)

Abspiel 1

Die Fortsetzung 6...♘c6

1.d4 ♘f6 2.c4 g6 3.♘c3 ♗g7 4.e4 d6 5.f3 0-0 6.♗e3 ♘c6

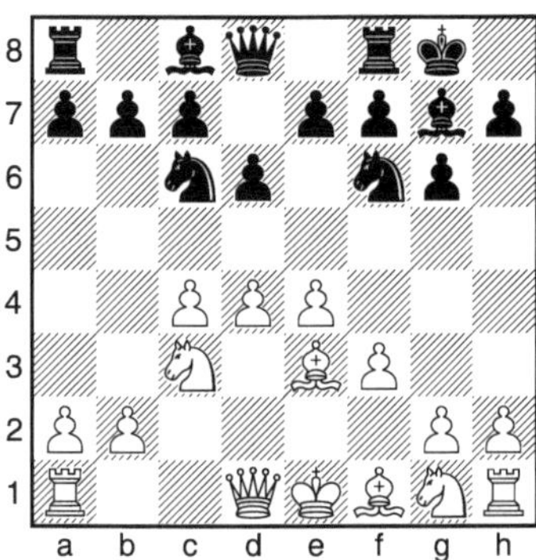

Diese bestens bekannte Kampfmethode gegen das weiße Bauernzentrum wird auch als Panno-Variante bezeichnet. Schwarz nimmt das Feld d4 ins Visier und plant ein Gegenspiel am Damenflügel mittels ♖a8-b8, a7-a6 und b7-b5.

7.♘ge2

Weiß kann auch sofort 7.♕d2 spielen, verbunden mit der Idee zur langen Rochade. Es soll dann ein schneller Angriff gegen den schwarzen König gestartet werden, wie in den folgenden Beispielvarianten gezeigt.

7...a6 8.0-0-0

A) 8...b5 9.h4!

(9.cxb5 axb5 10.♗xb5 ♘a5 11.♗h6 c6 12.♗xg7 ♔xg7 13.♗d3 ♗e6⇄, Christiansen–Hjartarson, Szirak 1987.)

9...h5 10.♗h6

(10.cxb5 axb5 11.♗xb5 ♗d7 12.♗h6 ♕b8 13.♗xg7 ♔xg7∞)

10...e5 11.♘ge2 bxc4

Nach Dolmatow ist es besser, die Spannung auf der linken Seite mit 11...♖b8!? aufrechtzuerhalten.

12.g4 ♗xh6

12... hxg4!? kommt als Alternative in Betracht.

13.♕xh6

Mit guten Angriffsmöglichkeiten in der Partie Dolmatow–Thorstein, Polen 1987.

B) 8...♖b8 9.♗h6 e5 10.d5 ♘d4 11.♘ge2 ♘xe2+ 12.♗xe2 ♗xh6 13.♕xh6 ♕e7

(Auf 13...♘h5 sollte der Anziehende 14.g3 spielen, worauf f3-f4 der nächste Schritt in seinem Spielaufbau sein wird.)

14.g4 c5 15.h4 ♘e8 16.g5 b5 17.h5 bxc4 18.♖df1 ♖b7 19.♗xc4 ♖d7 20.♘e2 ♘c7 21.f4! exf4 22.♘xf4 ♕xe4 23.♗d3 ♕e3+ 24.♔c2

In der Partie Thorstein–Hjartarson, Island 1986, kam Weiß nun zu einem starken Königsangriff.

7...a6

Dies dient der Vorbereitung des Vorstoßes b7-b5.

Es wird auch oft 7...♖b8 gezogen; z.B. 8.♕d2 ♖e8.

Der Turm verlässt die Diagonale h6/f8, denn Schwarz möchte nach ♗e3-h6 seinen wichtigen Verteidiger mit ♗g7-h8 vor dem Abtausch bewahren.

9.0-0-0 a6 10.♔b1 b5 11.h4 e6 12.♘g3 e5 13.d5 ♘d4 14.♘ce2 ♘xe2 15.♗xe2 ♗d7 16.h5 mit Angriff.

8.♕d2

Eine sehr energische Alternative ist hier 8.h4. Wir gehen in der **Partie Nr. 41:** Spasski–Fischer, Sveti Stefan/Belgrad 1992 (12. Matchpartie) vertieft darauf ein.

8...♖b8

Konsequent nach Plan: Schwarz hofft auf Gegenspiel durch b7-b5 und bereitet den Vorstoß vor, indem er seinem Bauern mit dem Turmzug den Rücken stärkt.

9.h4

Im Streben nach aggressivem Spiel ist dies die optimale Fortsetzung in dieser Variante: Weiß möchte mittels h4-h5 den Königsflügel öffnen.

Die lange Rochade ist auch möglich und kann nur Zugumstellung bedeuten. Dazu zwei interessante Beispiele.

I. 9.0-0-0 b5 10.h4 e5 (10...h5!?) 11.d5 ♘a5 12.♘g3 b4

(12...♘xc4 13.♗xc4 bxc4 14.h5→)

13.♘b1 c6 14.dxc6 b3 15.a3 ♗e6

(15...♘xc6 16.♕xd6 ♕xd6 17.♖xd6 ♘d4 18.♘c3 ist günstig für Weiß.)

16.♕xd6 ♕c8 17.c7 ♖a8

(Die Folge 17...♖b7 18.c5 ♘c4 19.♗xc4 ♗xc4 20.♘d2 ♗e6 21.♕xa6 ♕xc7 lässt Schwarz mit zwei Minusbauern zurück.)

18.♕c5 ♘b7 19.♕b6 ♘d7 20.♖xd7! ♗xd7 21.♘c3 ♖e8 22.♘d5 ♗e6 23.c5

Weiß steht auf Gewinn, Knaak–Gufeld, Jurmala 1978.

II. 9.♗h6 ist auch möglich.

9...♗xh6 10.♕xh6 e5 11.0-0-0 ♘xd4

(Nach 11...b5 12.h4 bxc4 13.h5 ♕e7 14.g4 hat Weiß die besseren Aussichten.)

12.♘xd4 exd4 13.♖xd4 ♕e7 14.h4 ♗e6 (14...b5 15.h5!→) 15.h5 b5

(Einen interessanten Fortgang nahm die Partie Knaak–Gavric, Budapest 1986. Nach 15...♘xh5 16.g4 ♘f6 17.f4 ♖fd8 18.f5 ♕f8 19.♕h4 stand Weiß auf Gewinn.)

16.♖d2 b4 17.♘d1 c6 18.♘e3 ♖fd8 19.♗d3 ♘d7 20.f4 ♕f8 21.♕g5 f6 22.♕g3 ♕g7 23.hxg6 hxg6 24.♕e1 a5 25.g4

Mit ♖d2-h2 wird nun bald der letzte Schleier vom weißen Plan gezogen. Der Anziehende steht vor seinem entscheidenden Angriff.

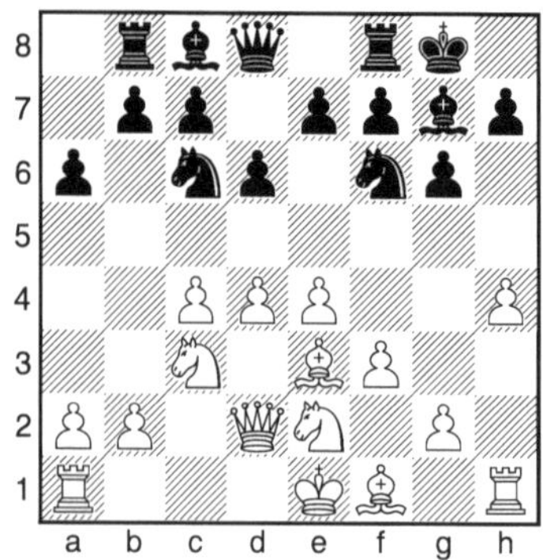

9...h5

Eine nicht nur hier typische Reaktion, um die Drohung h4-h5 zu entkräften.

Schwarz kann sich aber auch weiter auf den Damenflügel konzentrieren und dort Aktivität entfalten, und zwar mit 9...b5. Es lohnt sich sehr, sich die weiteren Möglichkeiten an einigen lehrreichen Beispielen anzuschauen. Gehen wir diese Aufgabe an!

10.h5 e5

(Auf 10...bxc4 folgt 11.g4!.)

11.d5 ♘a5 12.♘g3 bxc4

(Wenn Sie sich für die schwarze Antwort 12...♘xc4 interessieren, empfehlen wir Ihnen eine Analyse der sehr scharfen **Partie Nr. 42:** Smirnow–Kurayan, Taganrog 2013.)

13.0-0-0

A) 13...♖b4 14.♗h6 ♗d7

(14...♗xh6 hat Kasparow mit der folgenden Analysevariante entkräftet: 15.♕xh6 ♕e7 16.♗e2 ♘d7 17.♖df1! g5 18.♘f5 ♕f6 19.g3! ♕xh6 20.♘xh6+ ♔h8 21.♖hg1 f6 22.f4 exf4 23.gxf4 gxf4 24.♖xf4 ♘e5 25.♖xf6! mit Gewinn.)

15.♗e2! ♗xh6 16.♕xh6 ♔h8 17.hxg6 fxg6 18.♘f1! ♖g8 19.g4!

Weiß hat andauernde Initiative und somit die Zügel in der Hand.

B) 13...♘d7 14.hxg6 fxg6 15.♘b1! ♘b7 16.♗xc4 ♘bc5 17.♘c3 mit guten Aussichten für Weiß.

C) 13...♗d7 14.♗h6 ♗xh6 15.♕xh6 ♕e7 16.♗e2 ♖b4 17.♖d2

(Sehr stark ist 17.♘f1!?. Der Springerzug bereitet den Vorstoß g2-g4 vor. Weitergehen kann es beispielsweise mit 17...♘xh5 18.g4 ♘f6 19.♘g3 und der Anziehende führt einen sehr starken Angriff.)

C1) 17...♖fb8 18.♘f1 c5

(18...♗e8 19.g4 ♘d7 20.hxg6 fxg6 21.♘e3±, Kasparow)

19.♗d1! ♘e8

(19...♗e8 20.g4 ♕b7 21.♖hh2!)

20.hxg6 fxg6 21.g4 ♕g7 22.g5 ♕xh6 23.♖xh6 ♘b7

(Die möglichen Folgen des alternativen Springerzuges 23...♘g7 betrachten wir in der **Partie Nr. 43:** Kasparow–Loginow, Manila 1992.)

24.a3! ♖b6 25.♖dh2 ♘d8 26.♖xh7 ♘f7 27.♘e3 ♖6b7 (27...♘g7 28.♘xc4±) 28.♖7h4 ♘g7 (28...♘xg5? 29.♖g2+–) 29.♘xc4

Mit deutlichem weißem Vorteil in der Partie Gallagher–Sutovsky, Biel 1996.

C2) 17...c6 18.♘f1 ♔h8?

Die Königsindische Verteidigung ist in aller Regel auch ein Wettlauf zwischen den Kontrahenten um das Privileg, das Angriffsgeschehen zu diktieren. Der Königszug ist deshalb schwach, weil er kaum mehr als Zeitverlust ist und der Nachziehende die Wettlaufsituation ignoriert.

(Er sollte sofort ein Gegenspiel am Damenflügel mit dem stärkeren Ansatz 18...♖fb8! vom Zaun brechen.)

19.hxg6 fxg6 20.♕xg6 (20.♘e3!?) 20...cxd5 21.♘e3 ♗e6

(21...d4 22.♘cd5 dxe3 23.♘xe7 exd2+ 24.♔c2 ♗a4+ 25.♔c3+–)

22.exd5 ♖g8 23.♕h6

Mit dem Plan g2-g4-g5 und klarem Vorteil für Weiß, Lautier–Swidler, ICC INT 2004.

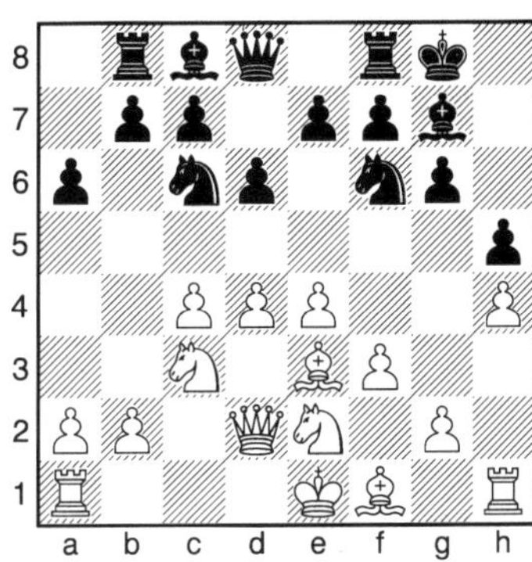

10.♘c1

Weiß möchte seinen Springer auf b3 positionieren, von wo aus er die gegnerischen Aktivitäten am Damenflügel beschränken soll.

Es gibt einige Alternativen, die eine Betrachtung wert sind.

I. 10.0-0-0 b5

(Wenn der Nachziehende zu dem logisch aussehenden Zug 10...♘a5 greift, kann Weiß wie in der Partie Awertschenko–Lodojew, Chanty-Mansijsk 2012, eine Aktion am Königsflügel starten.

11.♘f4 b5 12.g4!

Nun nimmt der weiße Angriff Fahrt auf.

12...c6 13.gxh5 gxh5 14.♖g1 ♔h8 15.e5 ♘h7 16.♘xh5 ♖g8 17.♖xg7 ♖xg7 18.♘xg7 ♔xg7 19.♗d3 f5 20.exf6+ exf6 21.♕g2+ ♔h8 22.♖g1 ♖b7 23.♗h6 1-0)

11.♗h6 e5

Außer dieser Hauptvariante sollte man

auch 11...♗xh6 und das scharfe 11...bxc4 beachten.

12.♗xg7 ♔xg7 13.dxe5 ♘xe5

(Oder 13...dxe5 14.♕e3 ♕e7 15.♘d5 ♘xd5 16.cxd5 ♘a5 17.♘c3 ♗d7 18.♖d2 ♖fc8 19.♔b1 ♕d6 20.♗d3 b4 21.♘e2 c5 22.dxc6 ♕xc6 23.g4 hxg4 24.h5! mit guten Angriffsmöglichkeiten für Weiß.)

14.♘d4 b4 15.♘d5 c5 16.♘b3 ♘xd5 17.♕xd5 ♗e6

(Vigorito gibt 17...♖b6 18.♘xc5 ♖c6 19.♘b3 ♗e6 20.♕d2 ♗xc4 21.♘d4 ♖c8 als zum Ausgleich führende Variante an.)

18.♕xd6 ♕xd6 19.♖xd6 ♗xc4 20.♗xc4 ♘xc4 21.♖xa6 ♖fd8

Mit verteilten Chancen in der Partie Soloschenkin–W. Schmidt, Polen 1991. Weiß hat zwar einen Bauern mehr, Schwarz dafür aber ein aktives Spiel.

II. 10.♗h6 ♗xh6 11.♕xh6 e5 12.0-0-0 b5 13.g4! bxc4

(13...hxg4 14.h5 ♘xh5 15.♘d5 bxc4 16.♖xh5!+–)

14.♘g3 ♗xg4 15.♗xc4! (15.fxg4? ♘xg4∓) 15...♗xf3 16.♖dg1

(16.♕xg6+ ♔h8 17.♕h6+ ♘h7 18.♘xh5 ♖g8∞, Lerner–W. Watson, Moskau 1985.)

16...♗g4 (16...♗xh1 17.♘f5+–) 17.♖f1! exd4

(17...♘xd4 18.♖xf6 ♕xf6 19.♘d5 ♕d8 20.♘e7+! ♕xe7 21.♕xg6+ ♔h8 22.♕h6+ ♔g8 23.♘xh5+–)

18.♘f5! gxf5 19.♖xf5! ♗xf5 20.exf5 ♘e5 21.♖g1+ ♘eg4 (21...♘fg4 22.f6+–) 22.♘e4! ♘xe4 23.♕g6+ ♔h8 24.♕xh5+

Der weiße Angriff entscheidet.

10...e5

Dies ist der typische Gegenstoß im Zentrum, auf dem die schwarze Strategie fußt. Der Lernende sollte sich dieses Manöver unbedingt einprägen.

Demgegenüber stünde Weiß nach 10...♘e8 gefolgt von 11.♘b3 f5 12. 0-0-0 ♘f6 13.e5 dxe5 14.d5 ♘d4 15.♘xd4 exd4 16.♗xd4 besser, da er über Raum und Initiative verfügt. Die dynamischen Chancen der Stellung liegen eher auf seiner Seite.

11.d5 ♘d4

Das ist die beste Wahl.

Auf 11...♘e7 antwortet der Anziehende mit 12.♘b3, worauf es z.B. mit 12...c6 weitergehen kann.

(12...♗d7 13.♗e2 b5 14.c5±)

13.♗e2!

(Spielbar ist 13.0-0-0!?)

13...cxd5 14.cxd5 ♘e8 15.g4 mit guten Perspektiven für Weiß.

12.♘b3

Der Zug verfolgt das Ziel, den schwarzen Springer aus seiner starken Zentralstellung zu vertreiben.

12...c5

Der Nachziehende will nicht klein beigeben und verstärkt die Position seines Springers auf d4.

Schauen wir uns auch mal an, was passieren kann, wenn sich Schwarz den Abtauschgelüsten des Gegners nicht widersetzt und „der Einladung“ folgt.

12...♘xb3 13.axb3 c5

(13...♘e8 14.b4 f5 15.♗d3±)

14.b4! b6

(14...cxb4 15.♘a4 ♘d7 16.♕xb4±)

15.b5 axb5

(Auf 15...a5 folgt 16.♗e2 mit der Vorbereitung von g2-g4. Wegen der geschlossenen Stellung am Damenflügel kann Weiß lang rochieren und einen Königsangriff auf der anderen Seite durchführen.)

16.cxb5 mit guten Aussichten für Weiß.

13.dxc6 bxc6

Nur mit diesem Bauernopfer kann Schwarz auf gutes Gegenspiel hoffen.

– Der Zug 13...♘xb3 kann stark mit 14.c7! ♕xc7 15.axb3± beantwortet werden.

– Auf 13...♘xc6 sollte Weiß hingegen 14.♖d1 spielen.

14.♘xd4 exd4 15.♗xd4

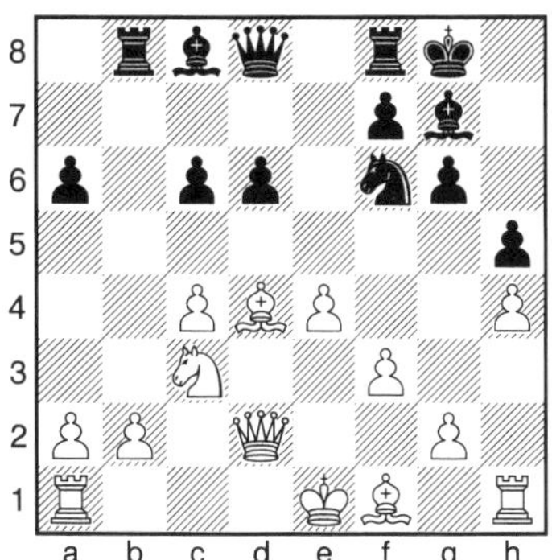

Schwarz hat zwar materiell einen Bauern weniger, ist aber in der Entwicklung um eine Nasenspitze vorne. Gewisse dynamische Aussichten versprechen ihm halboffene Linien und Diagonalen. Insgesamt aber liegt Weiß besser in der Spur.

15...♖e8

Wir sehen in diesem Turmzug die stärkste Alternative für Schwarz. Er droht mit der starken Fortsetzung d6-d5.

Hier ein Blick auf weitere Möglichkeiten.

I. 15...d5 16.cxd5 cxd5 17.e5 ♖e8 18.♗e2 ♘d7 19.f4 ♗h6

(Nach 19...f6 20.e6! ♖xe6 21.f5 gxf5 22.0-0 ist die weiße Stellung wegen der Bauernschwächen im schwarzen Königslager klar vorzuziehen.)

A) 20.♕e3!? ♖xb2 21.♖d1 ♘f6

(Die Variante 21...♘xe5 22.♗xe5 f6 23.♖xd5 ♕e7 24.♕g3 ♗f5 25.0-0 fxe5 26.♖xe5 ♕a7+ 27.♔h1 ♖xe5 28.fxe5 ♗g7 29.♗d3 ♗xd3 30.♕xd3 ♖f2 31.♖e1 ♖f5 32.♕g3 ist günstig für Weiß.)

22.0-0 ♘g4 23.♕g3 mit dem Plan ♗e2-d3, f4-f5 und Angriffschancen für den Anziehenden, Karpow–Kindermann, Baden–Baden 1992.

B) 20.♘xd5 ♘xe5 21.♗c3 ♗b7 (21...♗g4 22.0-0-0±) 22.0-0-0 ♗xd5 23.♕xd5 ♗xf4+ 24.♔b1 ♕c7 25.♕d4 ♗h6 26.♖he1

Die erreichte Stellung ist scharf und kompliziert zugleich; beide Seiten haben ihre Chancen. Wir sehen aber einen leichten Vorteil auf der Seite von Weiß, wobei wir berücksichtigen, dass seine Figuren auf das Ziel Königsangriff besser ausgerichtet sind und er dabei zudem auf das Läuferpaar setzen kann, Wang Hao–Jere, Istanbul 2012.

II. 15...♗e6 16.♗e2

A) 16...c5 17.♗e3 ♘d7 18.b3 (18.♖c1!?) 18...♘e5 19.♖d1±, Bagirow–Lanka, Riga 1991.

B) 16...d5 17.cxd5

(17.exd5 cxd5 18.c5 ♖b4⩱)

17...cxd5 18.exd5 ♘xd5 19.♗xg7 ♔xg7 20.♖d1 ♘xc3 21.♕xc3+ ♕f6 22.♕xf6+ ♔xf6 23.b3

Im Endspiel mit gleichfarbigen Läufern und einem Mehrbauern auf der Seite von Weiß sind dessen Aussichten besser, Adler–Bukic, Bled 1992.

III. 15...♕a5 16.♕g5

A) 16...♕d8 17.0-0-0 ♕e7 (17...♗e6 18.b3±) 18.♖d2 ♗e6 19.c5 dxc5 20.♗xc5 ♕b7 21.♗xf8 ♖xf8 22.♗e2 ♕b6 23.♖hd1+–, K. Bischoff–Heissler, Deutschland 1994.

B) 16...♕xg5 17.hxg5 ♘h7 18.♗xg7 ♔xg7 19.0-0-0 d5 20.cxd5 cxd5 21.♖xd5 ♗e6 22.♖a5 und der weiße Vorteil entscheidet, Bielicki–A. Müller, Deutschland 1995.

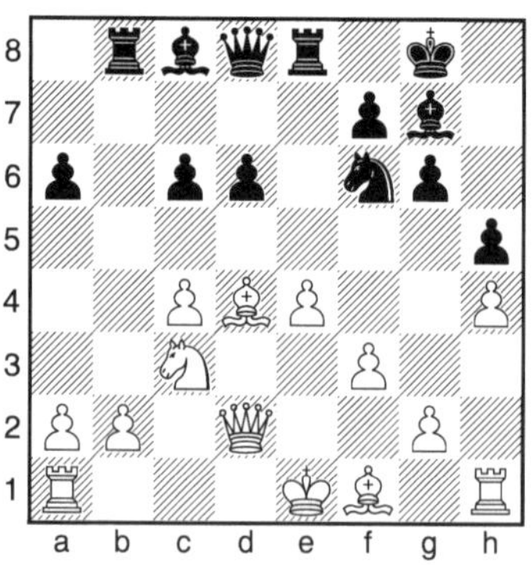

16.♖d1!?

Wir setzen auf diese Fortsetzung, die noch nicht in der Turnierpraxis verbreitet ist. Der Turmzug wird in der Absicht gespielt, den Druck gegen den Bauern auf d6 zu verstärken.

– Auf 16.0-0-0 ist 16...♕a5 stark. Der Nachziehende kommt nun zu Gegenspiel.

– Viele Anhänger hat auch 16.♗e2, das in einen Fächer von Möglichkeiten führt. Nach 16...d5 entstehen interessante Verwicklungen.

17.cxd5

(Auf 17.exd5 cxd5 18.c5 hat Schwarz auch hier 18...♖b4! im Arsenal.)

17...♖b4 18.♗c5 ♘xe4 19.fxe4

(19.♘xe4? taugt nichts wegen 19...♖xb2!.)

19...♗xc3 20.♕xc3 ♖bxe4

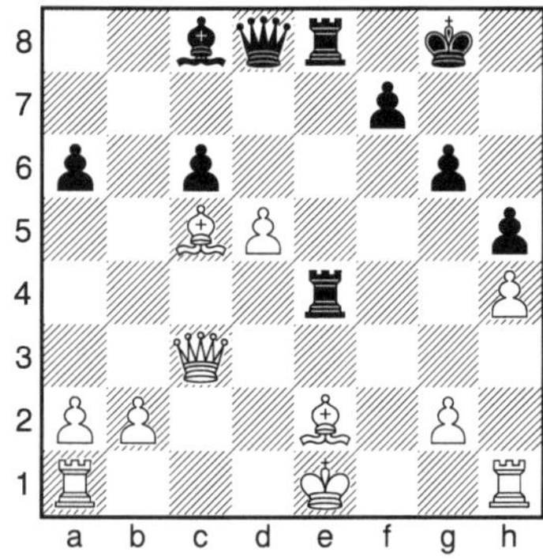

A) 21.0-0-0 ♖xe2 22.d6 (22.dxc6 ♕c7∞) 22...♗f5 (22...♖xg2 23.♖he1⩱) 23.♖he1 ♕xh4 24.♖xe2 ♖xe2 25.d7

A1) 25...♗xd7 26.♖xd7 ♕f4+ 27.♖d2 ♖xd2 28.♕xd2

(28.♗e3 ♕f1+ 29.♔xd2 ♕xg2+ 30.♔d3 ♕f1+ mit ewigem Schach.)

28...♕c4+ 29.♕c3 ♕f1+ 30.♔c2 ♕xg2+ 31.♔b3 ♕d5+ 32.♔a3 g5 33.b4 ♔h7 34.♕f6 ♕d3+ 35.♔a4 ♕b5+ 36.♔b3 ♕d3+ 37.♔a4

Remis, Friess-Maes, Le Touquet 2002.

A2) 25...♕f4+ 26.♗e3 ♕xe3+ 27.♕xe3 ♖c2+ und auch hier mit Remis, Ernst-Carlson, Stockholm 1995.

B) 21.0-0 ♖xe2 22.dxc6

B1) 22...♕xh4 23.♖f2 ♖2e4

(Die Stellung nach 23...♕g5 24.♖d1 ♖2e4 25.c7 ♗b7 26.♗b6 ist bequemer für Weiß, Herzog-Vera, Lechenicher SchachServer 2010.)

24.c7 ♕g4 25.♖af1 f5

Nun haben wir eine Stellung auf dem Brett, wie kampfeslustige Spieler sie sich wünschen. Das Spiel ist zweischneidig und beide Seiten haben ihre Chancen. Schon ein kleiner Fehler kann entscheidend werden.

25...♕d7? ist kein Zug, den wir anraten können. In der Fernpartie Furman-Vyt, IECG Email 2000, kam es zu folgender Fortsetzung: 26.♖xf7 ♕xf7 27.♖xf7 ♔xf7 28.♕f3+ ♔g7 29.b4 ♖c4 30.♕f2 ♖ce4 31.♗d4+ ♔h6 32.♕f7 ♖4e7 33.♕f4+ ♔h7 34.a4 ♗d7 35.♗c5 ♖e1+ 36.♔h2 ♗f5 37.♕d6 ♗c8 38.♕f6 ♖1e6 39.♕f7+ ♔h6 40.♗f8+ ♔g5 41.♗d6 h4 42.♗f4+ ♔h5 43.♗c1 und Weiß hat eine gewonnene Stellung erreicht.

B2) 22...♕d5 23.♗f2 ♕e4 24.♖ae1 ♕g4 25.♕f6 ♖xe1 26.♗xe1 ♕e6 27.♗c3

(27.♕f4!? mit der Drohung ♗e1-c3!.)

27...♕xf6 28.♗xf6 ♗e6 29.c7 ♖c8 30.♖d1 g5 31.♖d8+ ♔h7 32.♖xc8 ♗xc8 33.♗xg5 ♔g6

Es ist ein sehr interessantes Endspiel auf dem Brett entstanden. Nutzen wir die Gelegenheit, um uns anzuschauen, wie Weiß in der Partie Anton-Dragomirescu, Baile Tusnad 2005, seinen Endspielvorteil in einen Sieg entwickelt hat.

34.♔f2 ♔f5 35.♔e3 ♔e5 36.b4 ♔d5 37.♔d3 ♔c6 38.♗f4 ♔b7 39.♔d4 ♗e6 40.♔c5 ♗g4 41.a4 ♗e6 42.b5 axb5 43.♔xb5 ♗d7+ 44.♔c5 ♗g4 45.♔d6 ♔c8 46.a5 ♗e2 47.a6 ♗xa6 48.g4! hxg4 49.h5 1-0

B3) 22...♕c7 23.♗f2 ♗f5 24.♖ae1 ♖xe1 25.♖xe1 ♗e4 26.♖xe4! ♖xe4 27.♗g3 ♕b6+ 28.♔h2 ♕e3 29.♕xe3 ♖xe3 30.c7 ♖e8 31.b4 ♔f8 32.♗d6+ ♔g7 33.♗e7 ♖c8 34.♗d8 ♔f8 35.♔g3 f6

Schwarz hat das Endspiel gerettet, Ponomarev-Strautins, ICCF Email 2008.

16...d5

Konsequent. Andere Möglichkeiten sind schwächer.

I. 16...♗e6 17.♗e2 c5 18.♗e3 ♘d7 19.b3 ♗e5

(19...♘e5 20.♖c1 ♘c6 21.♗g5 f6 22.♗e3 f5 23.♗g5 ♕d7 24.0-0 ♘d4 25.♗d3±, Levitt-Buckley, London 1999.)

20.♗f4 ♕f6 21.♗xe5 ♘xe5 22.f4 ♘c6 23.f5 gxf5 24.0-0 ♘d4 25.exf5 ♗xf5 26.♗xh5 ♖e5 27.♖f4 ♕e6 28.♖df1

Mit klarem Vorteil für Weiß in Amico-Blondel, Fernpartie 2011. Der schwarze König sieht sich einem heftigen Angriff ausgesetzt. Und ganz nebenbei hat der Anziehende auch noch einen Bauern auf der hohen Kante, was vielleicht im Endspiel noch einmal bedeutsam werden kann.

II. 16...♕e7 17.g3 ♗e6 18.b3 d5 19.cxd5 cxd5 20.e5 ♘d7 21.f4 f6 22.♗g2!

(Nach 22.exf6 ♗xf6 23.♗e2 ♖b4 24.♗xf6 ♘xf6 25.0-0 d4 hat Schwarz gute Gegenchancen, Neumann–Long, IECG Email 2000.)

22...fxe5 23.fxe5 ♗xe5 (23...♘xe5 24.0-0±) 24.0-0 ♗xg3

(24...♗xd4+ 25.♕xd4 ♕c5 26.♘xd5+-)

25.♕h6 ♕h7 26.♕g5 ♗c7 27.♗xd5

Weiß steht auf Gewinn.

17.cxd5 cxd5 18.e5

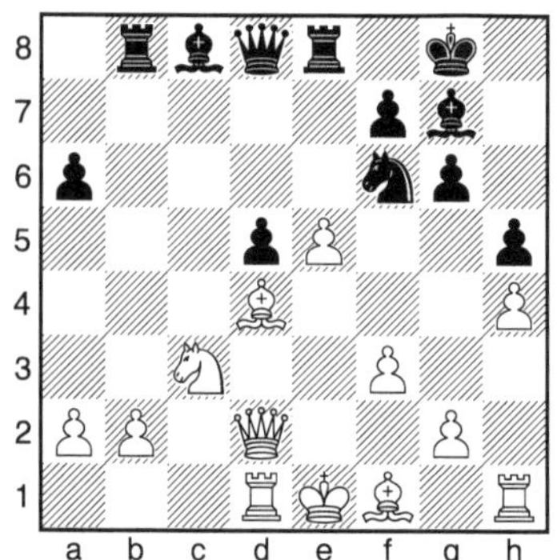

18...♘d7

Eine unspektakuläre und auf jeden Fall normale Reaktion.

Werfen wir mal einen Blick auf andere Erwiderungen.

I. 18...♕c7 19.f4

A) 19...♘e4 20.♘xe4 dxe4 21.♗e2 ♗e6 22.g4!?

Aggressiv und auf jeden Fall im Geiste des Stils gespielt, der für dieses System typisch ist.

(Ruhiger ist 22.0-0 ♖ed8 23.♕e3 ♗f8 24.♖c1 ♕a5 25.♔h2 ♗e7 26.a3 ♕d5 27.♖fd1±, Merrell–Ingersol, ICCF Email 2009.)

22...hxg4 23.h5 ♖ed8 24.hxg6 fxg6 25.♕e3 ♕f7 26.♖g1 ♗h6 27.♗xg4 ♗xa2 28.♕xe4 ♗d5 29.♕d3 ♗c4 30.♕g3 ♗xf4 31.♕h3 ♕g7 32.♗e6+ ♔f8 33.♗c3 ♖xd1+ 34.♔xd1 ♖d8+ 35.♔c2 ♗d3+ 36.♔b3 ♗xe5 37.♗b4+ ♔e8 38.♕f3

Mit entscheidendem Königsangriff in der Partie J. Bücker–Kosirog, BdF-Schachserver 2011.

B) 19...♗f8 20.♖c1

(Infrage kommt 20.♗e2!? nebst 0-0 usw.)

20...♗b4 21.♗d3 ♘e4 22.♕e3 ♗xc3+ 23.bxc3 ♕d8 24.0-0 ♕xh4 25.f5!?

(25.c4± ist ruhiger, Sanchez Ortega–Vugt, Fernpartie ICCF 2010.)

25...♗xf5 26.♖f4 ♕e7 27.c4 f6

(27...♘d6 28.♕f3 ♗xd3 29.exd6 ♕e2 30.c5+-)

28.♖xf5! gxf5 29.exf6 ♕f7 30.♕h6

Weiß hat starke Initiative und droht c4xd5+-.

II. 18...♘h7 19.f4 f6

A) 20.♕e3 fxe5 21.♗xe5 ♘f6

(21...♗xe5 22.fxe5 ♕b6 23.♕xb6 ♖xe5+ 24.♗e2 ♖xb6 25.♖xd5±)

22.♗c4 ♗b7 23.♕a7 ♘g4 24.♗xd5+ ♔h8 25.♗e6 ♕e7 26.♗xg4 hxg4 27.0-0

(27.♘d5 ♗xd5 28.♕xe7 ♖xe7 29.♖xd5 ♖xb2=, Babi–Jenkinson, Australien 2003.)

27...♗xe5 28.fxe5 ♕xh4

(Mit 28...♕xe5? 29.♖de1 würde sich der Nachziehende in eine prekäre Lage bringen.)

29.♕f2 ♕xf2+ 30.♖xf2 ♖xe5 31.♖f6

Wegen der schwarzen Bauernschwächen sehen wir Weiß in der etwas besseren Position.

B) 20.♗e2!? fxe5 21.fxe5 ♗xe5 22.0-0 ♗b7 23.♗xe5 ♖xe5 24.♕d4 ♕e7 25.♗d3 ♘f8 26.♖d2 ♖d8 27.♖df2 ♖e6 28.♘e2 ♖ed6 29.♘f4 ♕xh4 30.♕e5 ♕f6 31.♘xg6 ♕xe5 32.♘xe5 ♖e8 33.♖f5 ♘g6 34.♘f7

Weiß steht auf Gewinn, Chorfi–Balabaev, ICCF Email 2001.

19.f4 ♗h6

19...f6?

(Dies ist verfrüht. Wenn Schwarz hier alternativ spielen will, dann besser mit 19...♘b6!? nebst f7-f6.)

20.♗a7! ♖b7 21.♕xd5+ ♔h8 22.♗e3 fxe5 23.f5 ♖xb2

(23...♖f8 24.b3 ♕c7 25.♕d2 ♕c6 26.♖c1±, Haugen–Ponomarew, Fernpartie ICCF 2008.)

24.♕f7 e4 25.♗d4

Mit weißem Vorteil in der Partie Wang Hao–Ding, Danzhou 2011.

20.♕f2

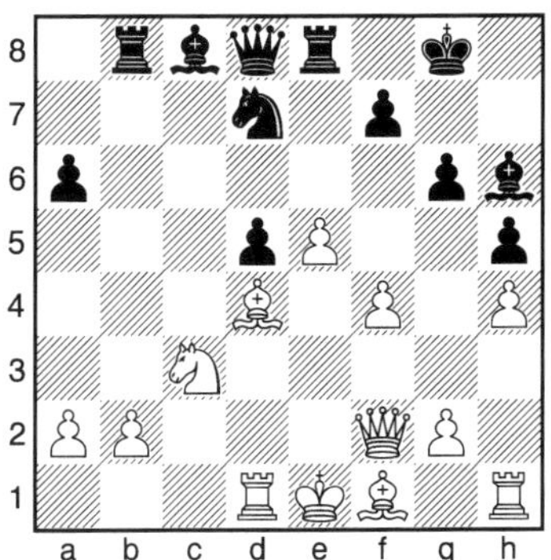

20...f6

Der weiße König steht noch im Zentrum. Mit dem Textzug will Schwarz die Stellung in der Mitte öffnen, um daraus Kapital zu schlagen.

An dieser Stelle ist auch 20...♘f6 anzutreffen. Nach 21.g3 gibt es ein paar Beispiele aus der Praxis.

A) 21...♕a5 22.♗d3

(Zu beachten ist 22.♗g2!?.)

22...♘g4 23.♕c2 ♖e6 24.♕a4

(Logischer ist allerdings 24.0–0!?.)

24...♕xa4 25.♘xa4 ♖b4 26.♗c2 ♗d7 27.♘c3 ♖xb2 28.♗b3 ♘h2 29.♗xd5 ♗c6 30.♖xh2 ♖xh2 31.♗xe6 fxe6 32.♗c5

Der Mehrbauer reichte dem Anziehenden zum späteren Sieg, Reichert–Pitkanen, ICCF Email 1999.

B) 21...♗g4 22.♖d2 ♕c8 23.♕e3!?

(Über 23.♗e2 ♘e4 24.♘xe4 dxe4 25.0-0 ♗f8 26.♗xg4 ♕xg4 27.♖c2 ♖ed8 kam der Nachziehende in der Fernpartie Perevertkin–Patrici, 2005, relativ unvermittelt zu einem Gegenspiel.)

23...♗f5 24.♗g2 ♘g4 25.♕e2 f6 26.0-0 fxe5 27.fxe5 ♗xd2 28.♕xd2 ♕d7 (28...♘xe5 29.♕h6+−) 29.♘xd5 ♔h7 30.♖f4 ♖b5 31.♘f6+ ♘xf6 32.exf6 ♖b6 33.♕f2 ♖d6 34.♗f3 ♖c8 35.♗c3

Mit ausgezeichnetem Spiel für Weiß in der Partie Moeschinger–Kachajew, ICCF Email 2001.

C) 21...♘g4 22.♕e2 ♗e6

(22...♖b4 23.♗g2 ♖xd4 24.♖xd4 ♕b6 25.♖xd5+−, Seydoux–Chorfi, Frankreich 1998.)

23.♗g2 ♗f8 24.0-0 ♕a5 25.♗f3 ♖b4 26.♔h1 ♖eb8 27.♖d2 ♘h6

Die auf dem Brett entstandene Stellung ist sehr kompliziert. Wegen des schwachen schwarzen Bauern auf d5 sehen wir den Anziehenden geringfügig im Vorteil. Die Partie Haugen–Quaresma, Fernpartie ICCF 2008, endete mit einem Remis.

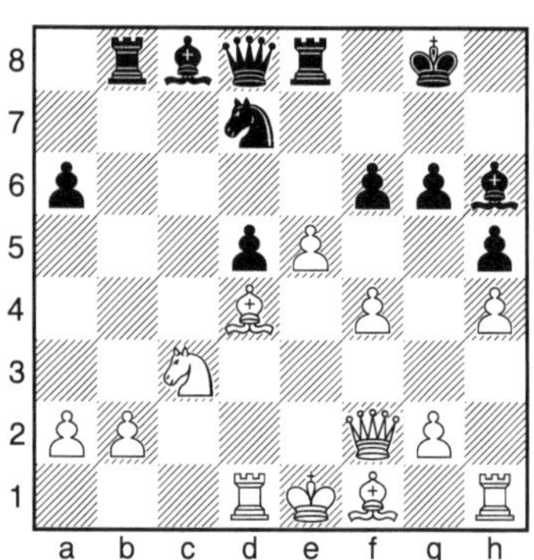

21.♘xd5

„Optisch" nachvollziehbar, angesichts des unrochierten Königs und des unentwickelten weißen Königsflügels aber dennoch fragwürdig. Schwarz kommt zu einem ausreichenden Gegenspiel.

Infrage kommt 21.♗a7!?, wie z.B. in der Fernpartie Korosec–Valet, ICCF Email 2004.

21...♖b7 22.♖xd5 fxe5 23.f5 ♕c7 24.♗c5 ♘xc5 25.♖xc5 ♕b8?

(Besser ist 25...♕b6! 26.♗c4+ ♔h8 27.fxg6 ♗f8 28.♕f3 ♗g4 29.♕c6 ♕xc5 30.♕xb7 ♕e3+ 31.♘e2 ♗g7 32.♕b3 ♕e4 mit Gegenspiel.)

26.♗c4+ ♔h8 27.fxg6 ♖f8 28.♗f7 ♖xb2 29.♕f6+ ♗g7 30.♕g5 ♗g4 31.0-0 ♕d8 32.♘d5 ♕xg5 33.hxg5 e4 34.♘f6 ♖d8 35.♖e5 ♖b5 36.♖xb5 axb5

Und nun hätte Weiß 37.♖e1! spielen sollen, verbunden mit guten Gewinnchancen.

21...♘xe5 22.♘xf6+ ♕xf6 23.fxe5 ♖xe5+ 24.♗e2 ♕e7

Das Endspiel nach 24...♕xf2+? 25.♔xf2 ♖f5+ 26.♗f3 wäre günstig für Weiß.

25.♗xe5 ♕xe5

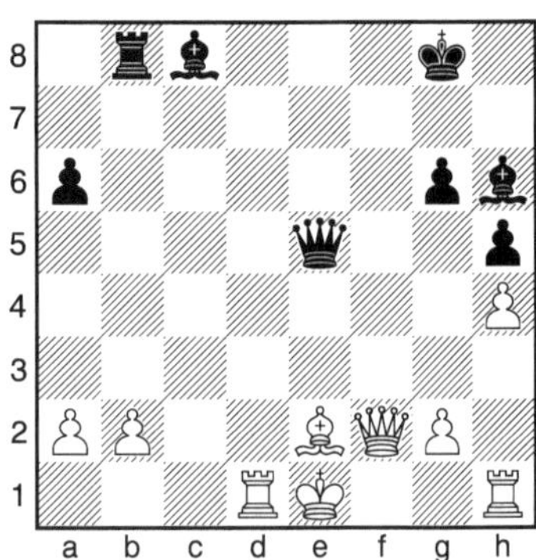

26.♖d8+!?

Ein Versuch, im Kampf um Vorteil

nicht nachzulassen.

Die Partie Patrici–Tiemann, ICCF Email 2007, endete nach 26.♕d4 ♕g3+ 27.♕f2 ♕e5 28.♕d4 ♕g3+ 29.♕f2 mit einem friedlichen Remis.

26...♔h7 27.♕d4 ♕g3+

Aber nicht 27...♕xd4? 28.♖xd4 ♖xb2 29.♖f1±.

28.♔f1 ♗g7 29.♕d6 ♗e5! 30.♕e7+ ♗g7 31.♕g5 ♕c7

31...♕xg5? 32.hxg5 ♗xb2 33.♗xh5! gxh5 34.♖xh5+ ♔g6 35.♖h6+ ♔xg5 36.♖c6+–.

32.♗d3 ♕f7+ 33.♔e1 ♕e6+ 34.♔f1 ♕f7+

Schwarz hält Ausgleich.

Zusammenfassung: Diese Variante ist stark für Schwarz und bei genauem Spiel verfügt er über gute Ausgleichschancen. Weiß kann natürlich von der Hauptvariante abweichen. Will er dies, kommt statt 7.♘ge2 die Alternative 7.♕d2 – und statt 8.♕d2 der Bauernzug 8.h4 infrage. Auch kann er statt 10.♘c1 zu 10. 0-0-0 oder sogar 10.♗h6 greifen. Schließlich bleibt ihm neben 16.♖d1!? auch 16.♗e2. Weiß stehen somit etliche starke Möglichkeiten offen, um die Partie auf abweichende Pfade zu lenken.

Abspiel 2

Die Fortsetzung 6...c5

1.d4 ♘f6 2.c4 g6 3.♘c3 ♗g7 4.e4 d6 5.f3 0-0 6.♗e3 c5

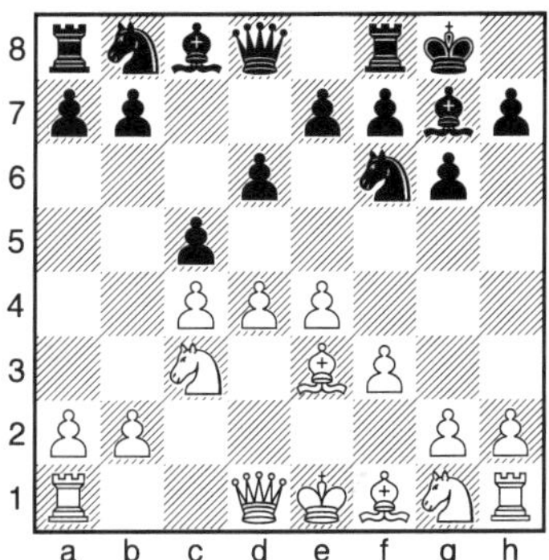

Schwarz bietet ein Bauernopfer an, um seine Figuren in aktive Positionen zu bringen. Vor allem geht es darum, dem schwarzfeldrigen Läufer mehr Wirkung zu verschaffen und Kontrolle über die schwarzen Felder zu erlangen.

7.♘ge2

Die Varianten mit dem Schlagen auf c5, aber ohne Rochade von Schwarz, haben wir in der Kapitelübersicht behandelt. Mit dem Springerzug will Weiß die Kampfesspannung erhalten.

Dagegen führt das Spiel im Falle des Nehmens auf c5 (jetzt nach der schwarzen Rochade) zu unklaren Verwicklungen: 7.dxc5 dxc5 8.♕xd8 ♖xd8 9.♗xc5 ♘c6 10.♘d5 ♘d7 mit zweischneidigem Spiel und guten Gegenchancen für Schwarz. Aus diesem Grund empfehlen wir Ihnen einen soliden Entwicklungsplan mit guten Aussichten für Weiß.

7...♘c6

Schwarz verstärkt den Druck gegen das Feld d4.

Andere Züge sind selten anzutreffen und dies insgesamt auch zu Recht. Um diesen nicht zu viel Raum in unserem Buch einzuräumen und sie dennoch ausreichend ausführlich darzustellen, bilden wir in der folgenden Passage die wichtigsten Zugfolgen ab und kommentieren dabei weitgehend unter Verzicht auf textliche Ausführungen.

I. 7...b6 8.d5

(8.♕d2 ♘c6 9.d5 ♘e5 10.♘g3 e6 11.♗e2 exd5 12.cxd5 a6⇄)

8...e6 9.♘f4

(9.♕d2!? exd5 10.cxd5 ♗a6 11.a4 ♖e8 12.♘b5 ♗b7 13.♘ec3 a6 14.♘a3 ♘bd7 15.♗e2 ♘h5 16.0-0 f5 17.♗g5 ♗f6 18.♗xf6 ♕xf6 19.exf5 gxf5 20.f4 ♘g7 21.♖ad1±, Ehlvest–Damljanovic, Saint John 1988)

9...exd5 10.♘fxd5 ♘c6 11.♕d2 ♘xd5 12.♘xd5 ♗e6 13.♗d3 ♗xd5

(Nach 13...♗d4!? kann es wie folgt weitergehen: 14.0-0 ♗xd5 15.exd5 ♖e8 16.♗xd4 ♘xd4 17.♖ae1 ♕d7 mit Ausgleich.)

14.cxd5 ♘d4 15.0-0 b5 16.♔h1 ♕d7 17.♖ae1 b4 18.f4 h5?

(Nach 18...a5!? 19.f5 ♗e5 ist Weiß im Vorteil, aber der Nachziehende hat noch Ausgleichschancen.)

19.f5! ♗e5 20.♗xd4 ♗xd4?

(△20...cxd4 21.♕h6! ♗g7 22.♕g5±)

21.e5! ♗xe5

(21...dxe5 22.f6 ♔h7 23.♖f5!+–)

22.♖xe5! dxe5 23.f6 ♔h7 24.♖f5! 1-0, Vitiugov–Ding, St. Petersburg 2012.

II. 7...♕a5 8.♕d2

(8.♘c1 cxd4 9.♘b3 ♕h5 10.♘xd4 ♘c6=)

8...♘c6 9.d5 ♘e5 10.♘c1 a6 11.♗e2

(11.a4 e6 12.♖a3 ♖e8∞, Kortschnoi–Gallagher, Schweiz 2007.)

11...♗d7 12.a4 ♕b4 13.b3 e6 14.♘1a2 ♕a5

(14...♕xb3? 15.♖b1 ♕a3 16.♕c2 mit der Drohung ♗e3-c1+–.)

15.dxe6 ♗xe6 16.♕xd6 ♘fd7 17.♕d2

(17.♔f2 ♘c6 18.♖ac1 ♖ad8⇄)

17...♘c6 18.♖d1 ♖ad8 19.♘d5 ♕xd2+ 20.♖xd2 ♘d4 21.♘c1

Weiß verfügt über einen Mehrbauern.

III. 7...♘bd7 8.♕d2 a6 9.dxc5

(9.♖d1 ♕a5 10.♘c1 cxd4 11.♗xd4 ♘e5 12.♘b3 ♕c7 13.♖c1 e6∞)

9...dxc5 10.0-0-0 ♕c7 11.♘f4 e6 12.h4 mit der Absicht h4-h5 und aktivem Spiel am Königsflügel.

IV. 7...cxd4 8.♘xd4 ♘c6 9.♕d2

(9.♗e2 ♗d7 10.0-0 ♘xd4 11.♗xd4±)

9...♘xd4 10.♗xd4 ♗e6 11.♗e2 ♕a5 12.♖c1 ♖fc8 13.b3 a6 14.♘a4!?

Eine interessante Idee mit guten Chancen für Weiß.

14...♕xd2+ 15.♔xd2 ♘xe4+

(– 15...♗h6+ 16.♗e3 ♗xe3+ 17.♔xe3 ♘d7 18.f4 f5 19.♗f3 ♖ab8 20.exf5 gxf5 21.♘c3 ♔f7±, Duijker–Peng Zhaoqin, Dieren 2001.

– 15...♖c6 16.♗e3 ♘d7 17.♘c3 ♔f8 18.♘d5 ♗xd5 19.cxd5 ♖cc8 20.♖xc8+

♖xc8 21.♖c1 ♖xc1 22.♔xc1±, Ree-Gutierrez, Skopje 1972.)

16.♔e3! ♗h6+ 17.f4

(17.♔xe4?? ♗f5+ 18.♔d5 e6+ 19.♔xd6 ♖c6+ 20.♔e5 f6+ 21.♔xf6 ♖f8+ 22.♔e7 ♗g5+ 23.♔d7 e5#)

17...f5!

(17...♗f5? 18.g4 e5 19.gxf5 gxf5 20.♖cg1+! ♔f8 21.♗b2 ♗xf4+ 22.♔f3 1-0, Bokros-V. Rajlich, Budapest 2002.)

18.♘b6 ♗f7 19.♗a1 e5 20.g3 exf4+ 21.gxf4 ♖e8 22.♘xa8 ♘g3+ 23.♔f3 ♘xh1 24.♘b6 g5 25.♗d3

A) 25...♗h5+? 26.♔g2 ♖e3 27.♗xf5 ♗f3+ 28.♔f1 gxf4 29.♘d5 ♖e2 (29...♗xd5 30.cxd5+−) 30.♖c2 ♖xc2 31.♗xc2 Weiß sicherte sich schließlich den vollen Punkt, Doell-Buckley, Guernsey 2001.

B) 25...g4+!

So ist es richtig!

26.♔g2 ♘f2 27.♔xf2 ♗xf4

Schwarz hätte ausreichend Kompensation für die Figur. Allerdings ist das Spiel in einer solchen Konstellation nicht jedermanns Sache.

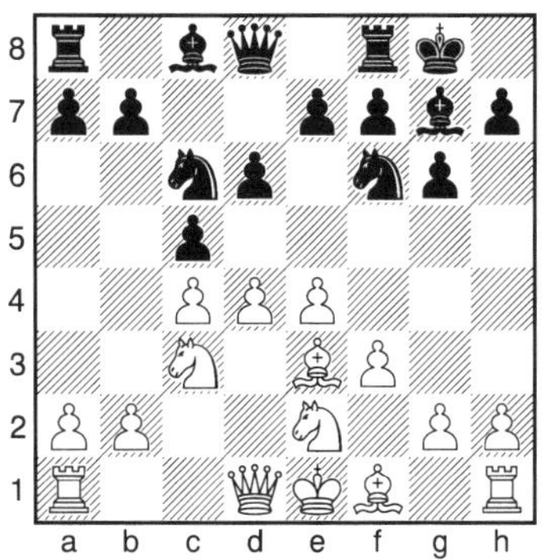

8.d5

Der Anziehende klärt endgültig die Lage in der Mitte.

Spielbar ist auch 8.♕d2!?. Nach z.B. 8...♘xd4 9.♘xd4 cxd4 10.♗xd4 b6 11.♗e2 ♗b7 12.0-0 kann Schwarz zwischen zwei bekannten Alternativen wählen.

A) 12...♕d7 13.♖ac1 ♖ac8 14.♖fd1 ♖fd8 15.♗e3 ♘e8 16.♘b5 ♗a8 17.b4 ♕b7 18.a4 a6 19.♘d4 e5 20.♘b3 f5 21.♗d3

(21.♕d5+ ♕xd5 22.cxd5±)

21...f4 22.♗f2

Weiß steht positionell besser, da seine Läufer aktiver sind als deren Kollegen im feindlichen Lager, Brodsky-McLean, Isle of Man 1996.

B) 12...♖c8 13.♖ac1 ♖e8

(13...♘d7 besprechen wir in der **Partie Nr. 44:** Ye Jiangchuan–Xie Jun, Taiyuan 2004.)

14.♖fd1 ♕c7 15.♘d5?! ♘xd5 16.♗xg7 ♘e3 17.♕xe3 ♔xg7±

8...♘e5

Der Springer wird zentral postiert.

Selten, aber nicht zu unterschätzen ist die Fortsetzung mit 8...♘a5 9.♘c1.

(Sehr interessant ist auch 9.♘g3!?. Die **Partie Nr. 45:** Swidler–Radjabow, London 2013, deren Studium wir Ihnen ans Herz legen möchten, veranschaulicht sehr schön den dahinterstehenden Plan.)

9...e6

(9...♘d7!? 10.♕d2 ♘e5 11.b3 f5⇄, Kabachev–Oestergaard, IECG 2006.)

10.♗e2 exd5 11.cxd5

A) Nach 11...a6 12.a4 (12.0-0 b5⇄) 12...♘d7 13.0-0 ♘e5 14.♗f2 f5 hat Schwarz Gegenspiel, Bekker Jensen–Stellwagen, Solingen 2013.

B) 11...♘d7 12.♘b3 f5 13.♕d2 ♘e5 14.♘xa5 ♕xa5 15.0-0 fxe4 16.♘xe4 ♕xd2 17.♗xd2 ♘f7 18.♗c3 ♗f5 19.♗xg7 ♔xg7 20.♘c3 ♖ae8 21.a4 ♖e7 22.a5 g5 23.♖fe1 ♖fe8 24.♔f2 ♔f6 mit etwa gleichen Chancen, Vitiugov–Grischuk, Moskau 2012.

9.♘g3

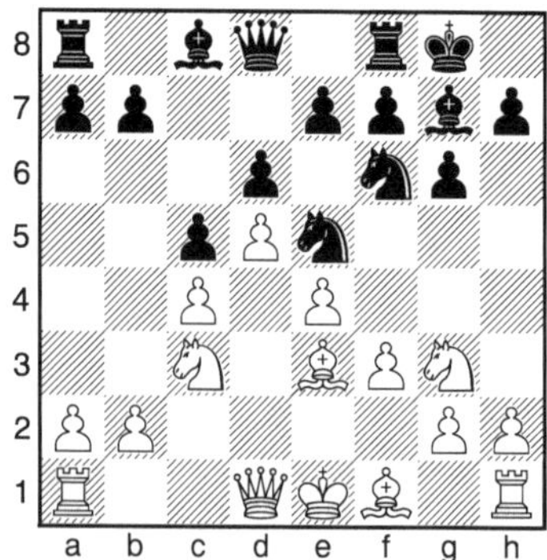

9...e6

Eine verständliche Reaktion: Mit dem Zug des e–Bauern will Schwarz das Spiel im Zentrum öffnen und eventuell gegen den noch nicht rochierten weißen König aktiv vorgehen.

Nach 9...h5 entsteht ein anderes Spiel; z.B. 10.♗e2 h4 11.♘f1 e6 12.f4.

A) 12...♘eg4 13.♗xg4 ♘xg4 14.♕xg4 exd5 15.f5 d4 16.♘d5 dxe3 17.♘fxe3 ♗xb2 18.0-0!?

(Das ist mutig! Es ginge auch ruhiger 18.♖b1!?.)

18...♗xa1 19.♖xa1 ♔g7 20.♖f1 ♖h8 21.♕f4 g5 22.♕f3 f6 23.♘g4 ♖f8 24.♕e3 ♗d7 25.♘dxf6! ♖xf6 26.♕xg5+ ♔f7 27.e5! dxe5 28.♖d1 ♖xf5 29.♘h6+ ♔f8 30.♕g8+ ♔e7 31.♕h7+ 1-0, Tomaschewski–Ponomarjow, Rogaska Slatina 2011.

B) 12...♘xc4 13.♗xc4 b5 14.♗xb5 exd5 15.e5

(Infrage kommt 15.exd5!?.)

15...dxe5 16.fxe5 ♗g4 17.exf6

(17.♗e2!? ♗xe2 18.♕xe2 ♘d7 19.♘xd5 ♘xe5 20.0-0-0 c4∞)

17...♗xd1 18.fxg7 ♔xg7 19.♗xc5 h3 20.♖xd1 hxg2 21.♖g1 gxf1♕+ 22.♔xf1 ♕h4

Es ist eine sehr scharfe und komplizierte Stellung entstanden. Wir zeigen Ihnen die vollständige Partie Swidler–Grischuk, London 2013, um die taktischen Motive zu veranschaulichen.

23.♖g2 ♖fd8 24.♖d4 ♕h5 25.♖f4 d4 26.♗xd4+ ♖xd4 27.♖xd4 ♖b8 28.a4 a6 29.♗xa6 ♕f3+ 30.♖f2 ♕h1+ 31.♔e2 ♖xb2+ 32.♖d2 ♕c1 33.♔d3 ♖b6 34.♗c4 ♖d6+ 35.♗d5 ♖d7 36.♖f4 f5 37.♖d4 ♔h6 38.h4 ♖c7 39.♗c4 ♕f1+ 40.♖e2 f4 41.♔c2 f3 ½-½.

10.♗e2 exd5

10...b5? 11.♘xb5 exd5 12.cxd5 ♖b8 13.♕d2± (Analyse von Bologan).

11.cxd5

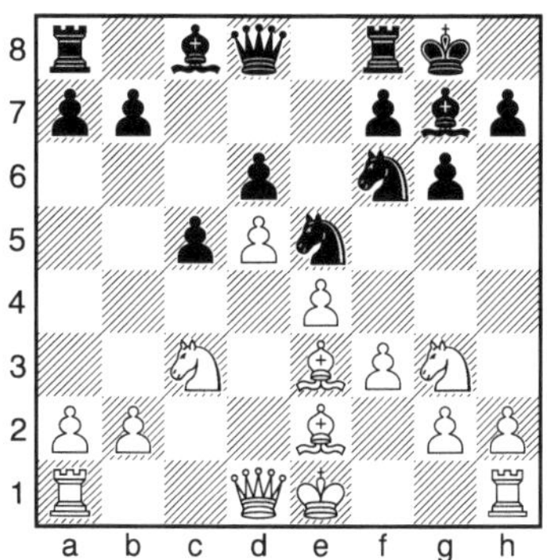

11...a6

Schwarz bereitet b7-b5 vor.

Es gibt aber auch Versuche, auf dem anderen Flügel ein Spiel zu organisieren.

11...h5 12.0-0 ♘h7 13.♕d2 h4 14.♘h1 f5 15.♘f2 ♗d7

A) 16.♔h1 ♕f6

(16...a6 17.a4 ♖e8 18.exf5 gxf5 19.♘h3 ♘g6 20.♖fe1 ♕f6 21.f4 ♖e7 22.♗h5±)

17.exf5 gxf5 18.♘h3 a6 19.♘f4 ♕f7 20.♖g1 b5 21.♖ae1 ♖ae8 22.♘d1 ♔h8 23.b3 ♗f6 24.♘f2 ♖e7 25.♘2h3 ♖fe8 26.♗f2 ♗c8 27.♗d1 b4 28.♗c2

Weiß hat seine Kräfte sehr aussichtsreich umgruppiert, Panelo–Perez Mitjans, Montcada i Reixac 2013.

B) 16.a4

B1) 16...a6 17.♔h1 ♖e8 18.♖g1

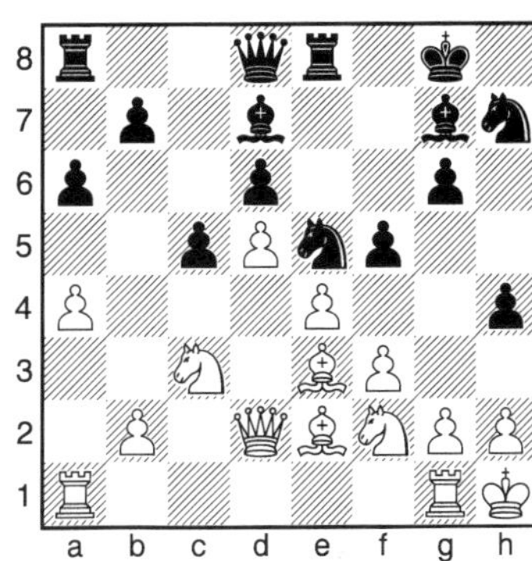

B1a) 18...♔h8 19.g4 fxg4 20.f4 g3 21.hxg3 ♘f7 22.♖g2 g5 23.gxh4 gxf4 24.♗xf4±, Banikas–Machin Rivera, Chanty–Mansijsk 2010.

B1b) 18...g5 19.exf5 ♗xf5 20.♖ae1 ♖c8 21.♘ce4 ♘f7 22.♗d3 ♖e5 23.♗c2 ♕d7 24.g3

(Sehr stark ist auch 24.f4!? gxf4 25.♗xf4 ♖ee8 26.g4 mit Angriffsmöglichkeiten.)

24...♔h8 25.gxh4 gxh4 26.♖xg7! ♔xg7 27.♖g1+ ♔h8 28.f4 ♖xe4 29.♗xe4 ♗xe4+ 30.♘xe4 ♕f5 31.♕c3+ 1-0, Tomaschewski–Schomojew, Budva 2009.

B1c) 18...♖b8 19.a5

(19.g4 f4 20.♗xf4 g5 21.♗e3 ♖f8 22.♔g2 ♕f6 23.♕d1 b5 24.axb5 axb5 25.♘h3 b4 26.♘b1 c4 27.♗d4 ♕e7∞, Lautier–Bijaoui, Frankreich 2007.)

19...♘f7 20.g3 mit aktivem Spiel auf der Königsseite.

B1d) 18...♘f7 19.♖ge1 fxe4

(19...g5 20.f4 gxf4 21.♗xf4 ♘f6 22.♗d3

fxe4 23.Sfxe4±, Chairullin–Schomojew, Ulan Ude 2009.)

20.Sfxe4 h3 21.gxh3 Lxh3 22.Tg1 Lf5 23.Tg3 Dh4 24.Tag1

Weiß hat sich gute Perspektiven am Königsflügel erarbeitet, Hrubaru–Luers, Lechenicher SchachServer 2010.

B2) 16...Df6 17.exf5 gxf5 18.Sh3 Sg6 19.f4 a6 20.Lf2 Tae8 21.Kh1 Tf7 22.a5 Tfe7 23.Lh5 Shf8 24.Tg1 Lh6 25.g3 Kh8?

(Dies verliert schnell. Besser war 25...hxg3 26.Txg3 Tg7 27.Tag1 Tee7 und der Kampf würde noch dauern.)

26.gxh4 Sxh4 27.Lxe8 Lxe8 28.Sg5

Weiß steht auf Gewinn, Tomaschewski–Chairullin, Rijeka 2010.

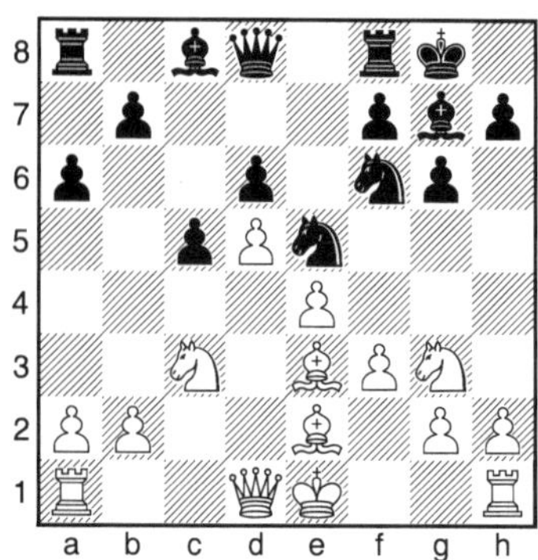

12.a4

Um b7-b5 zu verhindern, was Schwarz Gegenspiel am Damenflügel verschaffen würde.

12...h5

Schwarz will ebenfalls am Königsflügel aktiv sein.

Ein anderer Plan liegt darin, mit 12...Ld7 13.0-0 b5 ein typisches Gegenspiel auf der anderen Seite zu organisieren. Schauen wir uns mal an, in welche Gewässer die dann zu erwartenden Verwicklungen führen.

A) 14.axb5 axb5 15.Txa8

(15.Lxb5 Lxb5 16.Sxb5 Db6 17.De2 Tab8=)

15...Dxa8 16.Lxb5 Lxb5 17.Sxb5 Da6 18.Sc3 Tb8 19.Dc2 Dd3 20.Dxd3 Sxd3 21.Sge2 Se8 22.Tb1 Txb2=

B) 14.h3 Tb8 15.axb5 axb5

(15...Lxb5 16.Sxb5 axb5 17.b3 Te8 18.Ta6 Te7 19.Dd2 und nach Tf1-a1 kann Weiß die a–Linie beherrschen, verbunden mit einem positionellen Vorteil, Wang Hao–Inarkiew, Poikowski 2008.)

16.f4 (16.b3!? b4 17.Sa4±) 16...Sc4 17.Lxc4 bxc4 18.e5

(18.Dd2!? ist einen Versuch wert.)

18...Te8

(Schwach ist 18...dxe5? wegen 19.fxe5 Se8 20.Lxc5 Lxe5 21.Lxf8 Kxf8 22.Ta2 Lxg3 23.Df3 und Weiß ist im Vorteil.)

19.Df3 Txb2 20.exf6 Dxf6 21.Tac1 Dd8 22.Lf2 f5 23.Tfe1

In der Partie Zhou Jianchao–Fedosejew, Moskau 2011, hat Weiß alle gegnerischen Drohungen im weiteren Verlauf pariert und das Brett schließlich als Sieger verlassen.

13.0-0

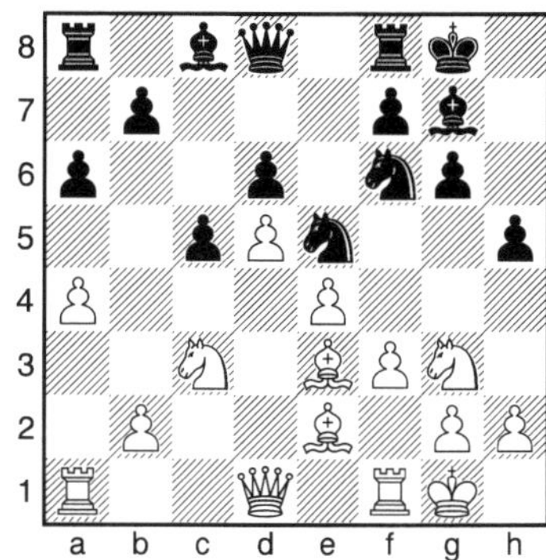

13...♘h7

Schwarz spielt konsequent am Königsflügel. In Vorbereitung ist f7-f5.

Hier ein Blick auf andere Pläne.

I. 13...♗d7 14.♕d2

A) 14...h4 15.♘h1 h3 16.g3 b5 17.♘f2

A1) 17...♘h7 18.♖a2

(18.♗h6!? ♗xh6 19.♕xh6 b4 20.♘b1 ♕f6 21.♘d2±)

18...f5 19.exf5 ♗xf5 20.axb5 axb5 21.♖xa8 ♕xa8 22.♘xb5 ♗d7 23.♘xd6 ♘xf3+ 24.♗xf3 ♖xf3

Und nun hätte Weiß in der Partie Galopoulos–Kowalew, Athen 2012, 25.♖d1!? oder sogar 25.♗xc5!? spielen sollen, verbunden jeweils mit den besseren Aussichten.

A2) 17...♕e8 18.♗h6

(Infrage kommt 18.g4!?.)

18...b4 19.♘cd1 ♗xa4

(19...♗xh6 20.♕xh6 ♗xa4 21.f4 ♗xd1 22.fxe5 ♕xe5 23.♖axd1+–)

20.♗xg7 ♔xg7 21.f4 ♗xd1 22.fxe5 mit weißem Vorteil.

B) 14...b5 15.axb5 axb5 16.♘xb5 h4 17.♘h1 ♗xb5 18.♗xb5 h3 19.♗e2

(19.♘f2!? sollte mal ausprobiert werden.)

19...hxg2 20.♔xg2 ♖b8 21.♘f2 ♖b4 22.♖fc1 ♕e7 23.♖a7 ♕xa7 24.♕xb4 ♗h6 25.♕d2 ♗xe3 26.♕xe3

Weiß behauptet einen Mehrbauern, Antipow–Matlakow, St. Petersburg 2012.

II. 13...♖e8 14.♕d2

A) 14...♖b8 15.h3 ♘ed7

(15...♘h7 16.f4 ♘d7 17.e5 dxe5 18.f5! b5 19.axb5 axb5 20.fxg6 fxg6 21.♘ge4 mit aktivem Spiel für den geopferten Bauern, Czerwonski–Sznapik, Polen 1992.)

16.♘h1 b6 (16...♕c7 17.b3±) 17.♘f2 ♕e7 18.♖ab1± Δb2-b4.

B) 14...h4 15.♘h1 ♘h5 16.♘f2 f5 17.♗g5 ♗f6 18.♗xf6 ♕xf6 19.f4 ♘g4 20.♗xg4 fxg4 21.e5! dxe5 22.fxe5 ♖xe5 23.♘xg4 mit weißem Vorteil, Wyschmanawin–Enhbat, Tscheliabinsk 1990.

C) 14...♘h7 15.♖f2 ♖b8 16.♘f1 ♗d7 17.h3 b5 18.axb5 ♗xb5 19.♘xb5 axb5 20.♖a6 mit guten Perspektiven für den Anziehenden, Morosewitsch–Kamsky, Peking 2012.

14.♕d2 h4

Schwarz hat auch keine Zeit zu verlieren und muss auf das Gaspedal treten.

Ein verhaltener Entwicklungszug wie 14...♗d7 würde Weiß die sofortige Antwort 15.f4 erlauben und damit sein Angriffsspiel weiter nach vorne treiben.

15.♘h1 f5

Damit hat Schwarz seinen zentralen Plan mit f7-f5 umgesetzt.

16.♘f2 ♗d7

A) Auf 16...♖e8 kann Weiß mittels 17.a5 das gegnerische Vorhaben b7-b5 ausschalten, wie z.B. in der Partie Rajkovic–Prelevic, Belgrad 2005.

17...♗d7

(17...fxe4 18.♘cxe4 ♗f5 19.b4 c4 20.♖ac1 ♖c8 21.♖fe1±)

18.♘a4 ♗b5 19.♘b6 ♗xe2 20.♕xe2 ♖b8 21.♖a4 ♘d7 22.♘c4 ♘e5 23.b4 ♕d7 24.♖a2 cxb4 25.♘b6 ♕f7 26.♖b1 f4 27.♗d2 ♘c6 28.♕c4 ♘d4 29.♗xb4 ♘b5 30.♖d1 ♖e7 31.♖c2 mit positionellem Vorteil für Weiß.

B) Ein weiteres Agieren am Königsflügel über 16...g5 bringt Schwarz nichts, wie die Partie Moissejenko–Guseinow, Rogaska Slatina 2011, zeigte.

16...g5 17.exf5 ♗xf5 18.♘ce4 ♘g6 19.♖ae1 ♖c8 20.a5 ♕d7 21.b3 ♗xe4 22.♘xe4 ♖ce8 23.b4 cxb4 24.♕xb4

Der weiße Bauer a5 blockiert den schwarzen Damenflügel. Weiß steht besser.

17.♔h1

Der beste Plan für Weiß. Der König macht das Feld g1 frei, das später durch den Turm besetzt wird.

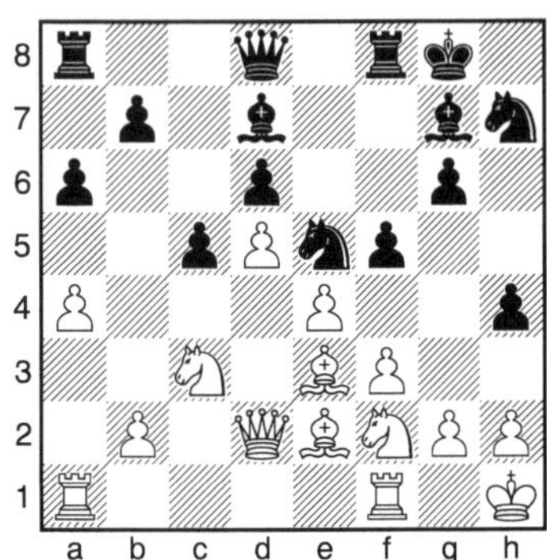

17...♕a5

Schwarz muss endlich die Entwicklung seines Damenflügels abschließen. Dieser Zug mit Ihrer Majestät, der Dame selbst, scheint die beste Wahl zu diesem Zweck zu sein.

Öfter jedoch wird die Fortsetzung 17...♖e8 in der Praxis gespielt. Diese Entwicklung haben wir schon nach dem Hauptzug 11...a6 (z.B. nach B. 16.a4 usw.) analysiert.

Hier ein Blick auf andere Pläne für Schwarz.

I. 17...♕e7 18.exf5 gxf5 19.♘h3 ♖ae8 20.♖ae1 ♕f6 21.♘f4 mit dem Plan ♖f1-g1, g2-g3 und guten Aussichten auf der rechten Seite, Caruana–Vachier–Lagrave, Biel 2010.

II. 17...♕f6 18.exf5 gxf5 19.♘h3!? ♘g6

(19...♖f7 20.♘f4 ♖e8 21.♘h5 ♕g6 22.♘xg7 ♖xg7 23.♖g1±)

20.f4 ♖fe8 21.♖fe1

An dieser Stelle schließt Bologan in 'The King's Indian' die Variante mit der Bewertung ± ab. Er stellt fest, dass sie eine perfekte Illustration dafür ist, wie Weiß die schwarze Initiative pariert, indem er dem Gegner sukzessive die verfügbaren Felder nimmt.

21...♖e7 22.a5 ♖ae8 23.♗f2

Der schwarze Bauer auf h4 ist schwach. Das weiße Spiel ist vorzuziehen, auch weil – ganz gemäß dem Urteil Bologans – der Anziehende mehr Freiheit im eigenen Spiel genießt.

III. 17...♖b8 18.a5 b5

(18...♘f7 19.f4 fxe4 20.♘cxe4 ♘f6 21.♖ae1 h3 22.♗f3 hxg2+ 23.♗xg2 ♗f5 24.b4±)

19.axb6 ♕xb6 20.♖xa6 ♕xb2 21.♕xb2 ♖xb2 22.♖xd6 fxe4

(Schwach ist 22...f4? 23.♗xc5 ♖c8 24.♗d4 ♖d2 25.♗xe5 ♗xe5 26.♖xd7 ♖xc3 27.♘g4+–, Khenkin–Isonzo, San Marino 1998.)

23.♘fxe4 ♗f5 24.♖b1 ♖xb1+ 25.♘xb1 ♖b8 26.♘bd2 c4 27.♖b6 ♖a8 28.♔g1 ♖a3 29.♔f2 ♘d3+ 30.♗xd3 ♖xd3 31.♘xc4 ♖xd5 32.g4 mit weißem Übergewicht.

18.f4

In einer Fernpartie Isigkeit–Tešic, ICCF 2011, wählte Weiß einen anderen Weg und spielte 18.exf5 mit der Folge 18...♗xf5 19.g4 hxg3 20.hxg3 ♘f6 21.♔g2 ♖ae8 22.♖h1 ♘f7 23.♖ae1 ♕b4 24.♖h4 ♕a5 25.♖eh1 ♘xd5 26.♕xd5 ♖xe3 27.♗c4 b5 28.♕d2 bxc4 29.♕xe3 ♕d8 30.♘d5.

Die nunmehr erreichte Stellung, die vorteilhaft für Weiß ist, belohnte ihn dafür.

18...♘f7 19.exf5 gxf5 20.♖g1 ♖ae8 21.g4

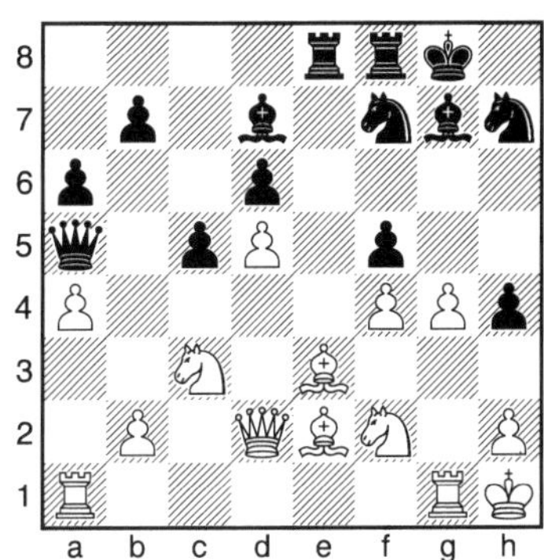

21...♘f6

Schwarz muss sich genau verteidigen und genau dies ist der beste Zug.

– Im Duell Henrichs–Visser, Deutschland 1997, geschah 21...fxg4? 22.♗xg4 ♗xg4 23.♘xg4 ♔h8 24.f5 ♕b4 25.f6! ♗xf6.

(25...♘xf6 26.♘xf6 ♗xf6 27.♕e2 ♖e5 28.♖af1+–)

26.♘xf6 ♘xf6 27.♕g2 ♘g4 28.♕xg4 mit weißem Gewinn.

– Und auch nach 21...hxg3 22.♖xg3 ♔h8 23.♖ag1 ♖g8 24.♗h5 wäre die Lage von Schwarz nicht glücklich.

22.♗f3 fxg4 23.♗xg4 ♘xg4 24.♘xg4 ♗xg4 25.♖xg4 ♘h6 26.♖g5 ♘f5 27.♖ag1 ♖e7 28.♕g2 ♕b4 29.♗c1 ♕d4

Die entstandene Stellung trägt einen komplizierten Charakter mit guten Angriffschancen für den Anziehenden am Königsflügel. Wir bewerten die weiße Stellung als besser.

Zusammenfassung: Wie der Verlauf der Hauptvariante zeigt, verfügt Weiß über die besseren Möglichkeiten. Er kann auf das Schließen des Zentrums mit 8.d5 verzichten und 8.♕d2!? spielen.

Abspiel 3
Die Fortsetzung 6...e5

1.d4 ♘f6 2.c4 g6 3.♘c3 ♗g7 4.e4 d6 5.f3 0-0 6.♗e3 e5

Schwarz will keine Zeit verlieren und mit dieser unverzüglichen Gegenaktion im Zentrum die Lage in diesem Bereich klären.

7.♘ge2

Weiß hält erst mal die Spannung aufrecht. Die Pläne mit einem sofortigen d4-d5 oder d4xc5 (vor der Rochade) haben wir bereits in der Kapitelübersicht besprochen.

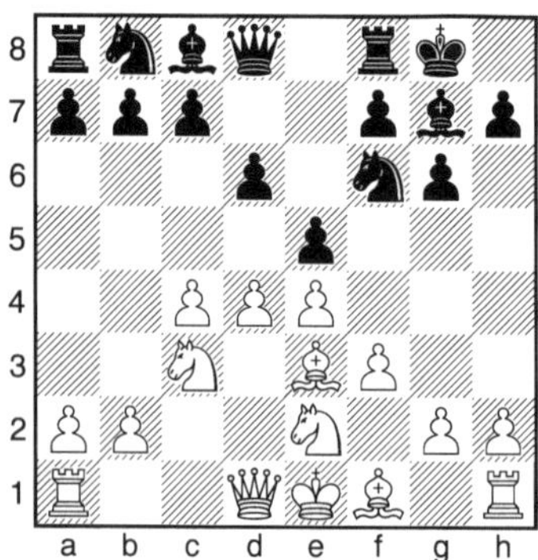

7...c6

Schwarz plant a7-a6 und darauf fußend den Kampf um Gegenspiel am Damenflügel.

Hier ein Blick auf andere Möglichkeiten.

I. 7...♘bd7 8.♕d2

A) 8...a6 9.d5

9.g4 ist an dieser Stelle verfrüht. Schwarz kontert dann mit 9...exd4. Der Anziehende entscheidet sich deshalb richtig, wenn er das Zentrum mit 9.d5 schließt.

9...♘e8 10.g4

10.0-0-0!? ist eine bemerkenswerte Alternative, auf die wir Sie aufmerksam machen möchten, ohne sie weiter zu behandeln.

10...f5 11.gxf5 gxf5 12.♗g5 ♗f6 13.♖g1 ♔h8 14.exf5 ♘c5 15.♗xf6+ ♕xf6 16.b4 ♕h4+ 17.♘g3 ♘d7 18.0-0-0 a5 19.b5 ♘c5 20.♘ce4 b6 21.♘xc5 bxc5 22.♗d3 ♘g7 23.♖de1 ♗xf5 24.♘xf5 ♘xf5 25.♖e4 ♕f6 26.♖g5 ♖f7 27.♖eg4

Weiß hat sich vielversprechende Angriffschancen am Königsflügel erarbeitet, Kraidman–Werchan, Bad Zwischenahn 2003.

B) 8...exd4 9.♘xd4 a5

(9...♘e5 10.♗e2 a6 11.♖d1 ♗d7 12.0-0 ♘c6 13.♘c2 ♖e8 14.♗g5 ♗e6 15.♘d5 ♗xd5 16.cxd5 ♘e5 17.♕b4 ♕b8 18.♗e3 ♘ed7 19.♖d3 b6 20.♘d4 ♘c5 21.♖a3 ♘fd7 22.♘c6 ♕c8 23.♕d2 ♘e5 24.b4 ♘cd7 25.♖c1 ♘xc6 26.♖xc6 ♕b7 27.♕c1 mit positionellem Druck am Damenflügel. Weiß steht besser, Zaja–Grozdanic, Sibenik 2011.)

10.0-0-0

(10.g4 ♘e5 11.♗e2 a4 12.h4 h5 13.gxh5 ♘xh5 14.0-0-0 a3 15.b3 ♘c6 mit scharfem Spiel und Chancen auf beiden Seiten, Carlsson–Petersson, Stockholm 1938. Wir ziehen allerdings das weiße Spiel etwas vor, weil die Figuren des Anziehenden offener und harmonischer zum Königsangriff aufgestellt sind.)

10... ♘c5 11.♔b1 ♗e6 12.♗h6 ♘fd7 13.h4 ♗xh6 14.♕xh6 ♕f6 15.♕e3 ♘e5 16.b3 a4 17.b4 ♘a6 18.♘xe6 ♕xe6

19.♘d5 c6 20.♘b6 ♖ab8 21.♕c3 c5 22.b5 ♘b4 23.a3 d5 24.♘xd5 ♘xd5 25.cxd5 ♕d6 26.f4 ♘g4 27.e5

Der deutliche weiße Vorteil ist offensichtlich und wir dürfen hier schon von einer Gewinnposition sprechen, Nazarowa-Gorbunowa, Tscherepowetsch 2001.

II. 7...a6 8.♕d2

A) 8...♖e8 9.d5 c5

(9...♘bd7 10.g4 h5 11.h3 ♘f8 12.0-0-0 b5 13.c5 dxc5 14.♗xc5 ♘8h7±, Obodchuk-Guskow, Nicea 2004.)

10.g4 h5 11.h3 b5 12.cxb5 axb5 13.♘xb5 ♗a6 14.♘ec3 ♔h7 15.♗g5 ♗xb5 16.♗xb5 ♖e7 17.gxh5

Schwarz muss sich die größeren Sorgen um seinen König machen, der Anziehende ist im Vorteil, Erdos-Paczka, Polen 2011.

B) 8...♗d7 9.d5 ♘e8 10.g4 h6 11.h4 ♔h7 12.♘g3 c5 13.♗d3 ♕a5 14.♕e2 ♖h8 15.a3 ♕d8 16.b4 b6 17.♕b2 ♗c8 18.♔e2 ♘d7 19.♖ag1 ♖b8 20.b5 a5 21.♔d1 ♔g8 22.♕d2 ♘f8 23.♔c2 f6 24.g5 fxg5 25.hxg5 h5 26.♘f5! ♔f7 (26...gxf5 27.exf5+-) 27.♘h4 ♕e7 28.♕h2 ♘c7 29.♖f1 ♔e8 30.f4 exf4 31.♗xf4 ♔d7 32.♗xd6! mit Gewinn, Capablanca-Menchik, Moskau 1935.

III. 7...exd4 8.♘xd4

A) 8...c6 9.♕d2 d5

(9...♖e8 10.♗e2 d5 11.exd5 cxd5 12.0-0⩲)

10.cxd5 cxd5 11.e5 ♘e8 12.f4 f6 13.0-0-0 ♘c6 14.h4 mit Königsangriff, Tolusch-Boleslawski, UdSSR 1953.

B) 8...♘c6 9.♕d2 ♘h5

(9...♖e8 10.♗e2 ♘h5 11.0-0 ♘f4 12.♖fd1 ♘xd4 13.♗xd4 ♗xd4+ 14.♕xd4 ♘xe2+ 15.♘xe2⩲)

10.0-0-0 ♘xd4 11.♗xd4 ♗e6 12.♔b1 f5 13.♗xg7 ♘xg7 14.♗d3 mit dem Plan h2-h4-h5 und aktivem Spiel am Königsflügel.

IV. 7...♘c6

A) 8.d5 ♘e7 9.♕d2

(Weiß kann sofort mit 9.g4!? durchstarten. Wir setzen uns mit dieser Idee in der **Partie Nr. 46:** Kasparow-Burijovich, Cordoba 1992, auseinander.)

9...♘e8 10.g4 c6 11.h4 f5 12.exf5 gxf5 13.g5 a6 14.f4 ♖b8 15.♗g2 cxd5 16.♘xd5 b5 17.cxb5 axb5 18.h5 ♗e6 19.♘ec3 ♘c7 20.♘b4 ♕d7 21.0-0-0 ♖bd8 22.♔b1 ♗f7 23.fxe5 ♗xe5 24.♗d4 ♕e8 25.g6 hxg6 26.♕h6

Schwarz ächzt unter der Last des starken weißen Königsangriffs, Lopez Martinez-Rivero Ojeda, Donostia 2012.

B) 8.♕d2 a6 9.d5 ♘e7

(Über die vom Nachziehenden eingeleitete Folge 9...♘a5 10.♘c1 c5 11.dxc6 ♘xc6 12.♘b3 ♗e6 13.♖d1 ♕c8 14.♘d5 ♘d7 15.♗e2 a5 16.a4 ♗xd5 17.cxd5 ♘b4 18.♖c1 ♕d8 19.0-0 erreicht Weiß einen positionellen Vorteil, der insbesondere auch auf dem schwachen gegnerischen Läufer g7 beruht, Sammour Hasbun-Nakamura, ICC INT 2007.)

10.g4 b5 11.cxb5 axb5 12.♘xb5 c6 13.dxc6 d5 14.g5 ♘h5 15.exd5 ♕xd5 16.♕xd5 ♘xd5 17.♗c5 ♖d8 18.c7 ♖e8

(18...♖d7 19.♖d1 ♘df4 20.♘xf4 ♘xf4 21.♗c4+-)

19.♘d6

Weiß steht auf Gewinn, Sandipan-Kantans, Caleta 2011.

8.♕d2

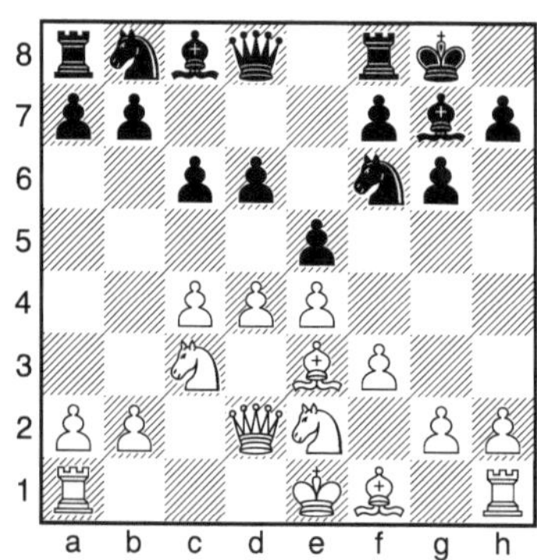

8...♘bd7

Hier gibt es vor allem zwei Alternativen, denen wir uns widmen müssen.

I. 8...exd4 9.♘xd4

(9.♗xd4!? ist auch möglich.)

A) 9...♖e8 10.0-0-0

(10.♗e2 d5 11.exd5 cxd5 12.0-0 ♘c6∞)

10...d5 11.cxd5 cxd5 12.exd5 a6

(12...♘xd5 13.♘c2 ♗xc3 14.bxc3 ♗e6 15.♗c4+-)

13.♗c4 b5 14.♗b3 ♗b7 15.♖he1 ♕c8

Der Damenzug ist erforderlich, ändert aber nichts daran, dass Weiß besser steht (bessere Entwicklung, Raumvorteil und Initiative).

Schlecht ist dagegen 15...♘bd7? 16.♘e6! fxe6 17.dxe6 ♔h8 18.exd7 ♖e7 19.♗g5 ♖xd7 20.♕xd7 ♕xd7 21.♖xd7 ♘xd7 22.♖e7 ♘c5 23.♗d5 ♗xd5 24.♘xd5

Weiß hat dem Gegner einen Mehrbauern abgerungen, Istratescu-Gallagher, Schweiz 2010.

B) 9...d5 10.cxd5 cxd5 11.e5 ♘fd7

(11...♘e8 12.f4 f6 13.♗b5! fxe5 14.fxe5 ♗xe5 15.♘f3 ♗g7 16.♕xd5+ ♕xd5 17.♘xd5 ♘d6 18.♗e2 ♘c6 19.♘c7 ♖b8 20.♗c5 ♖d8 21.♖d1 ♗f8 22.♘g5±)

12.f4 ♘b6 13.♘db5 ♗e6 14.♗c5 ♖e8 15.0-0-0 ♘a6 16.♗a3 f6 17.♘d6 ♖e7 18.exf6 ♗xf6 19.♘de4 (19.♖e1!?) 19...♖f7 20.♘xf6+ ♕xf6

Das Spiel hat einen komplizierten Charakter, aber der schwache schwarze Isolani d5 eröffnet dem Anziehenden gute Perspektiven. In der Partie Schimanow-Fedosejew, St. Petersburg 2012, hat Weiß letztendlich den vollen Punkt eingefahren.

II. 8...a6

A) 9.dxe5 dxe5 10.♕xd8 ♖xd8 11.♘a4 ♘bd7 12.0-0-0

(Nicht schlecht ist 12.c5!? ♘f8 13.♘b6 ♖b8 14.♘c4 ♘6d7 15.0-0-0 ♘e6 16.b4 b6 17.cxb6 ♗f8 18.a3 c5 19.bxc5 ♘dxc5 20.♖xd8 ♘xd8 21.♘c3 f5 22.♔c2 mit weißem Vorteil, Eltsow-Jdanow, Nowokusnezk 2001.)

12...b5 13.♘b6 ♖b8 14.g4 h6 15.h4 ♘h7 16.g5 h5 17.♗h3 1-0, K. Bischoff-Parado, Recklinghausen 1999.

B) 9.0-0-0 ♕c7 10.♗h6 ♘bd7 11.h4 b5 12.h5 ♘b6 13.♘g3 ♗e6 14.♘f5! ♘e8 (14...gxf5 15.♗xg7+-) 15.♗xg7 ♘xg7 16.♘h6+ ♔h8 17.d5 cxd5 18.exd5 ♗c8 19.c5!? dxc5

(19...♕xc5 20.♘xf7+ ♖xf7 21.hxg6 ♖f4 22.♖xh7+ ♔g8 23.g4+-)

20.d6 ♕d7 21.hxg6 fxg6 22.♘g4

Weiß steht ausgezeichnet.

9.0-0-0 a6

Die Pläne beider Parteien liegen auf der Hand: Weiß greift am Königsflügel an, Schwarz hingegen auf der anderen Brettseite. Die gegenseitigen Rochaden versprechen ein scharfes Spiel.

10.♔b1

Bevor Weiß irgendetwas gegen den gegnerischen König unternimmt, tut er gut daran, seine Kräfte umzugruppieren. Das Feld c1 braucht er für seinen Springer, der mittels ♘e2-c1-b3 ins Spiel galoppiert.

10...b5 11.♘c1

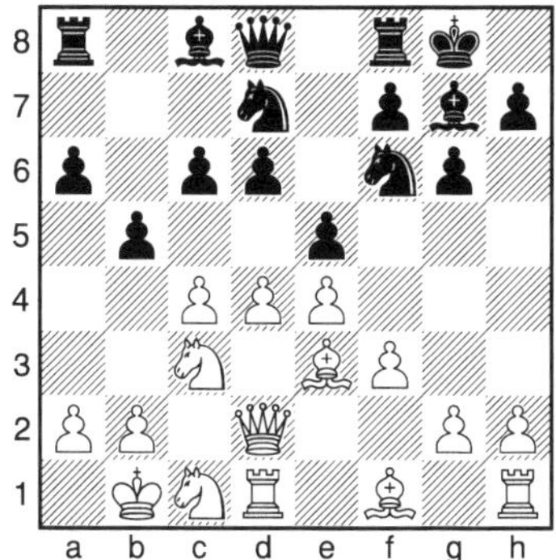

11...exd4

Es ist interessant, was Garri Kasparow zu diesem Zug sagt: „Wenn der weiße Springer nach c1 gegangen ist, dann strebt er nach c5, aber für den Augenblick nimmt er nicht am Kampf um das Zentrum teil. Wenn sich die Bauernstruktur ändert, wird er in der Tat eine sehr inaktive Figur werden."

Anstelle der Preisgabe des Zentrums wurden auch andere Ansätze ausprobiert.

I. 11...♗b7 12.dxe5! ♘xe5

(12...dxe5 13.♘b3 ♕c7 14.♕d6±)

13.♕xd6 bxc4

(13...♕xd6 14.♖xd6 ♘xc4 15.♗xc4 bxc4 16.♘1e2±)

14.♕xe5 ♘d5 15.♕xg7+! ♔xg7 16.exd5 cxd5 17.♗xc4

Weiß verbucht ausreichend Material für die Dame, Granda Zuniga–Barbero, Buenos Aires 1991.

II. 11...♖e8 12.d5

(12.dxe5 dxe5 13.♘b3 ♗b7 14.♕f2 ♕c7 15.♗e2 ♘h5 16.g3 ♖ad8 17.♖c1 b4 18.♘a4 f5 19.c5±, Barbero–Schandorff, Kopenhagen 1991.)

12...b4 13.♘3e2 cxd5 14.cxd5 ♘b6

(14...a5 15.g4 ♘b6 16.♘g3±, Larsen)

15.♕xb4 ♖b8 16.♘c3

Weiß behauptet seinen Mehrbauern.

III. 11...bxc4 12.dxe5 ♘xe5 13.♕xd6 ♕xd6 14.♖xd6 ♗e6 15.♗e2 ♖fb8 16.♔c2 ♘e8 17.♖xe6!? fxe6 18.f4 ♗h6? (◯18...♘f7!) 19.g4 ♘d7 20.♗xc4 ♘f8 21.g5

Weiß hat aktives Spiel für die geopferte Qualität, Jezek–Klaic, Fernpartie 1990.

12.♗xd4 ♖e8

Ein ideales Feld für den Turm. Zugleich macht er Platz für den Läufer, der bei Gefahr den Bauern d6 von f8 aus verteidigen kann.

Hier ein Blick auf einige Alternativen.

I. 12...♖b8 13.c5

(13.♘b3 bxc4 14.♗xc4 a5 15.a3 ½-½, Kramnik–Lautier, Cannes 1993.)

13...b4 14.♘a4

(Infrage kommt auch 14.♘3e2!?.)

14...♕a5 15.♕c2 d5 16.e5 ♘e8 17.♘b6 ♘xb6 18.♘b3 ♕a4 19.cxb6 f6 20.f4 fxe5 21.fxe5 ♖f5 22.♗d3 ♗f8 23.♖c1 ♗d7 24.e6 ♗xe6 25.♕xc6 ♕xc6 26.♖xc6

Weiß steht auf Gewinn, denn Schwarz kann es nicht gelingen, alle Drohungen zugleich abzuwehren, Posedaru–Milu, Baile Olanesti 2013.

II. 12...b4 13.♘a4 a5

(13...c5 14.♗xf6 ♗xf6 15.♕xd6 ♗e7 16.♕g3 ♗h4 17.♕h3 ♗e7 18.♕g3 ♗h4 19.♕h3, ½-½ Kramnik–Kasparow, Linares 1993.)

14.♗e3 d5 15.cxd5 cxd5 16.exd5 ♘e5 17.♘b3

Der Anziehende erfreut sich eines Mehrbauern und der besseren positionellen Aufstellung, Sriram–Gillani, Neu–Delhi 2009.

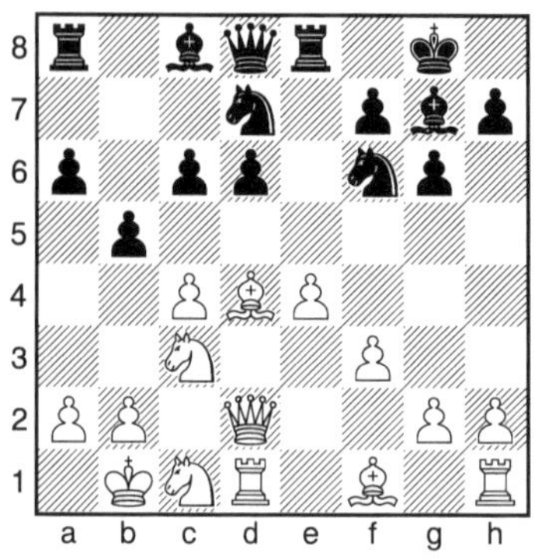

13.♘b3

Dies ist die konsequente und damit auch natürliche Fortsetzung nach 11.♘e2-c1.

– Den hinter der Alternative 13.♗xf6 stehenden Plan beleuchten wir in der **Partie Nr. 47:** Schirow–Kasparow, Dortmund 1992.

– Infrage kommt auch 13.♗f2!? mit der Idee, im passenden Moment den Läufer auf g3 zu postieren, um den Druck auf der Diagonale b8-h2 zu verstärken.

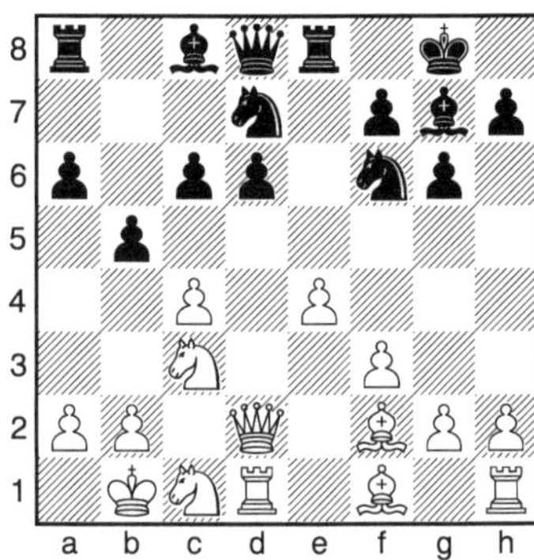

Schauen wir uns hierzu ein paar Varianten an.

A) 13...b4 14.♘a4 d5

(Nach 14...♕a5 15.♘b6! ♘xb6 16.♘b3 ♘xc4 17.♗xc4 ♕c7 18.♕xd6 ist der weiße Stellungsvorteil deutlich erkennbar.)

15.exd5 cxd5 16.♕xb4 (16.♘b3 dxc4 17.♗xc4±) 16...♖b8 17.♕d2

Weiß besitzt einen Mehrbauern.

B) 13...♘e5 14.♕xd6 ♘fd7 15.♘b3

B1) 15...bxc4 16.♗xc4! ♗f8

(16...♘xc4 17.♕xc6 ♘xb2 18.♔xb2 ♖b8 19.♗d4±)

17.♕d4 ♗g7 18.♘c5! ♘xf3 19.♗xf7+! ♔xf7

(– 19...♔f8 20.♘xd7+ ♗xd7 21.♕xd7+-

– 19...♔h8 20.gxf3 ♗xd4 21.♗xd4+ ♘f6 22.♗xe8+-)

20.♕c4+ ♔f8 21.♘xd7+ ♗xd7 22.♗c5+ +-

B2) 15...♗f8 16.♕d2 ♕c7 (16...bxc4 17.♘c5±) 17.♕c2! ♘xc4

(17...♕b7 18.♗e2 ♖b8 19.c5 a5 20.f4 ♘c4 21.♗xc4 bxc4 22.♘d2 ♘xc5 23.♗xc5 ♗xc5 24.♘xc4 ♗g4 25.♖d2 ♕b4 26.♘e5+-, Ceteras–Aagaard, Vejen 1993.)

18.♗xc4 bxc4 19.♘d2 ♘e5 20.♗g3 ♗d6 21.♘e2

Weiß steht gut, während der Nachziehende Schwierigkeiten hat, sein Figurenspiel harmonisch zu entwickeln. Dessen ramponierte Bauernstellung darf auch nicht übersehen werden.

C) 13...♗f8 14.h4

C1) 14...♕c7 15.h5 ♘xh5 16.g4 ♘hf6 17.♕f4 bxc4

Das ist gegen die Drohung c4-c5 gerichtet.

(17...♕b8!? sieht allerdings besser aus.)

18.♗xc4 ♕b8 19.♘1e2 d5 20.exd5 ♕xf4 21.♘xf4 ♘e5 22.♗e2 ♘xd5 23.♘fxd5 cxd5 24.♘xd5

Die weiße Stellung ist vorzuziehen, Wlasow–Migliorini, Lechenicher SchachServer 2010. Er kann seine Läufer besser in den Angriff einbeziehen und hat zudem mehr Möglichkeiten für den Einsatz seiner Türme.

C2) 14...♘e5 15.c5 a5 16.cxd6 a4 17.a3 ♗e6 18.♗g3 ♗b3 19.♘xb3 axb3 20.♕d4 ♘ed7 21.e5!

(In der Partie Riazantsev–Sakaev, Linares 2001, kam es zu 21.♕b4 gefolgt von 21...♘h5 22.♗f2 ♕f6 23.♕xb3 ♗xd6 24.g4 ♘f4 25.♗e3. Hier einigte man sich, aus unserer Sicht reichlich früh, auf ein friedvolles Remis.)

21...c5 22.♕d3

(Eine beachtenswerte Idee steckt hinter 22.♕e3!?; z.B. 22...b4 23.♘b5 bxa3 24.bxa3 mit einer scharfen Stellung, aber guten Aussichten für Weiß.)

22...♘xe5 23.♕xb5 ♗xd6 24.♕xb3

Weiß hat ein klares Übergewicht.

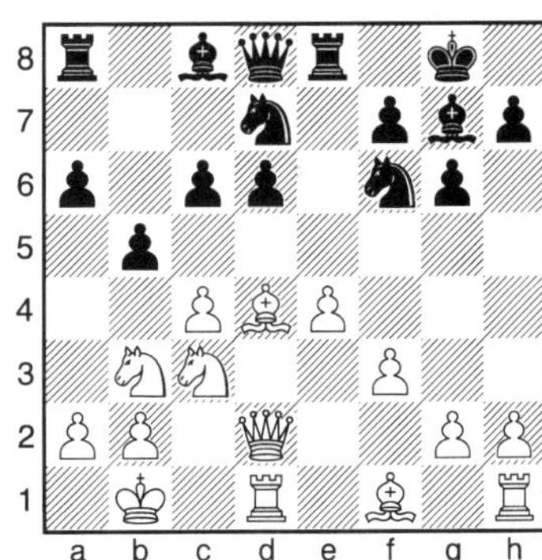

13...♗f8

Die konsequente Fortsetzung zum vorherigen Zug: Der Läufer nimmt sich der Verteidigung des Bauern auf d6 an.

Hier ein Blick auf die wichtigsten Alternativen.

I. 13...♘b6 14.c5 ♘c4

(14...dxc5 15.♘xc5 ♕e7 16.h4 ♖d8 17.♕e3 ♘bd7 18.♘d3 b4 19.♘a4 b3 20.a3 ♘h5 21.♗xg7 ♔xg7 22.♕f2 ♘e5 23.♗e2±, Maag–Meeussen, ICCF Email 2000.)

15.♕f2 d5 16.exd5

(16.♗d3!? a5 17.exd5 a4 18.♘d2 ♘e5 19.♗c2 ♘xd5 20.♘de4 ♕a5 21.♘xd5 cxd5 22.♘d6±, Dyachkow–Van de Mortel, Halle 1995.)

16...cxd5 17.♗d3!?

(17.♔a1 ♗d7 18.♘c1 ♗c6 19.♗d3 b4 20.♘3e2 a5 21.b3 ♘e3 22.♖d2 ♖a7 23.♔b1 ♖ae7∞, K. Bischoff–Beckhuis, Deutschland 1993.)

17...♗b7 18.♖he1

Die weiße Position gefällt uns besser.

II. 13...♖e6 14.g4

Weiß kann auch erwägen, sofort 14.♗f2!? zu spielen.

14...b4 15.♘e2 c5 16.♗f2 ♗b7 17.♗g2! mit der Idee g4-g5 und ♘e2-f4 oder sogar ♗g2-h3 usw.

III. 13...♖b8 14.♗a7 ♖b7 15.♗f2 bxc4 16.♗xc4 ♘e5 17.♗e2 ♖d7 18.g4 d5 19.♘c5 ♖d6 20.g5

Logisch sieht auch 20.h3!? aus, verbunden mit der Idee f3-f4.

20...♘h5 21.f4 ♘g4 22.♗xg4 ♗xg4 23.e5 ♗xd1 24.♘b7 ♕d7 25.♘xd6 ♗f3 26.♖c1 ♖b8 27.♘a4 ♕g4 28.♗a7 ♖f8 29.♗e3 ♗xe5 30.fxe5 ♕xa4 31.♗d4 c5 32.♖xc5

Weiß steht etwas besser. In der Partie Jobava–Smirin, Beersheba 2005, reichte dies aber nicht zum Gewinn aus und der Kampf endete schließlich mit einem Remis.

IV. 13...b4 14.♘a4 c5 15.♗xf6! ♕xf6

(15...♗xf6 16.♕xd6 ♗e7 17.♕d5+–)

16.♕xd6 ♖e6 17.♕d5 ♖a7 18.♗e2

(18.♘bxc5? ♖e5 19.♕d6 ♘xc5–+)

18...♖c7 19.♘a5 ♘f8 20.♕d8 ♕xd8 21.♖xd8 ♗d7 22.b3 ♖d6 23.♖d1 ♖xd1+ 24.♗xd1 ♗f6 25.♖a8 ♗xa4 26.bxa4 ♖d7 27.♔c2 ♗g5 28.♘b3

Weiß gewann in der Partie Sawtschenko–Schekatschew, Moskau 1992.

V. 13...♗b7 14.♗xf6 ♘xf6 15.♕xd6 ♘d5 16.♕xd8 ♘xc3+ 17.bxc3 ♖exd8 18.♖xd8+ ♖xd8 19.♔c2 ♗h6 20.♗d3 ♗e3 21.♖e1 ♗f2 22.♖e2

(Zu beachten ist 22.♖a1!? mit der Idee c4xb4 und a2-a4!.)

22...♗g1 23.h4 (⌓23.h3!?) 23...♗c8 24.♘a5 ♗d7 25.e5 h5 26.♘b7 ♖b8 27.♘d6 ♗e6 28.g4 hxg4 29.fxg4 ♗c5 30.♖e4 ♔f8

Schwarz hat den Ausgleich gehalten, Lehnhoff–Gildred, Chessfriend.com 2004.

14.c5

Auf diese Weise erhält Weiß den geschlossenen Charakter des Spiel in der Mitte aufrecht.

Auf 14.h4 spielt Schwarz stark 14...b4! 15.♘e2.

(Schwach ist 15.♘a4? wegen 15...c5 und der weiße Springer steht unglücklich am Brettrand.)

15...a5 16.h5 a4! 17.♘bc1 c5

(17...♘xh5!? 18.g4 ♘hf6 19.♘g3 c5 20.♗e3 ♘e5 21.g5 ♘fd7 22.♕h2 h6 23.gxh6 ♕f6∓)

18.♗e3 ♘xh5 19.g4 ♘e5!

(Wenig energisch ist 19...♘hf6.)

A) 20.♕c2 ♕f6! 21.♗g2 (21.gxh5 ♕xf3–+) 21...♗e6 22.gxh5 ♘xc4 23.♗f2 ♗g7 mit starkem Angriff.

B) 20.gxh5 ♘xc4 21.♕d5 ♘xe3 22.♕xa8 ♘xd1 23.hxg6 hxg6 24.♕xa4 ♘xb2 25.♔xb2! d5

Nun verfügt der Nachziehende über eine starke Initiative für die geopferte Figur.

14...dxc5

Auf 14...a5 kann Weiß 15.cxd6 spielen, wie z.B. in der Fernpartie Bendana Guerrero–Rocca, ICCF 2008.

15...♖e6 16.♕c2 ♖xd6 17.♘c1 b4 18.♘a4 c5 19.♗e3 ♖xd1 20.♕xd1 ♕c7 21.♕c2 ♕c6 22.b3 ♗b7 23.♗c4 ♘e5 24.♗xc5! ♗g7

(24...♗xc5 25.♘xc5 ♕xc5?? 26.♗xf7+ mit Damengewinn.)

25.♖d1 ♖c8 26.♘d3 ♘xc4 27.♕xc4 ♗a6 28.♘e5 ♕b7 29.♕d4 ♗b5 30.♘b6 ♖e8

Schwarz hat sich ein aktives Spiel für den geopferten Bauern gesichert. Die genannte Partie endete bald mit einem Remis.

15.♗xc5

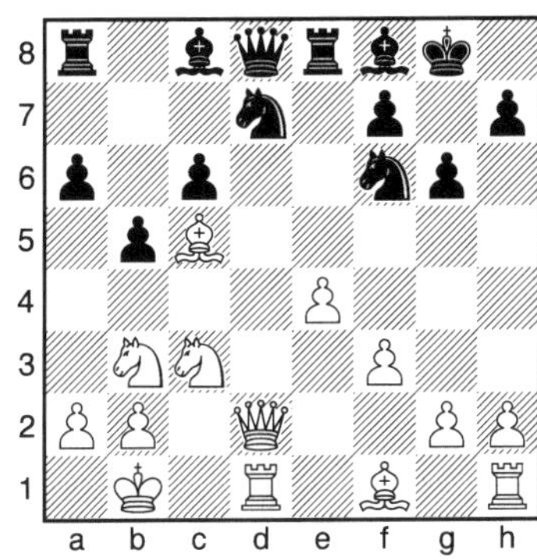

15...♗xc5!

Der kritische Moment in dieser Variante. Schwarz sollte den Läufer beseitigen, was ihm ein ausgeglichenes Spiel garantiert.

Die Fortsetzung 15...♗g7 kann Schwarz in große Schwierigkeiten bringen. Hier ein Blick darauf, wie es dem Nachziehenden darauf ergehen kann.

A) 16.g4 a5

A1) 17.g5 a4 (17...♘h5 18.♗h3±) 18.♘c1 ♘d5

(18...♘h5 19.♗h3 ♘xc5 20.♕xd8 ♗xh3 21.♕b6±)

19.♗d4 ♗xd4 20.♕xd4 ♘5b6

(20...♘f4 21.♕d6 ♕xg5 22.♕xc6±; 20...♘xc3+ 21.♕xc3±)

21.h4

A1a) 21...♕e7 22.a3 ♗b7 23.h5!?

(23.♕d6 ♕xd6 24.♖xd6 ♘e5 25.♗e2 ♘bc4 26.♗xc4 ♘xc4 27.♖d7!? ♗c8 28.♖d4=)

23...♕xg5 24.♘d3 ♕e7 25.hxg6 fxg6 26.♕f2 ♖ad8 27.♗h3 ♘c4 28.f4 ♖f8 29.♕h2 ♖xf4 30.♘xf4 ♘ce5 31.♗e6+ 1-0, Walther–H. Müller, Fernpartie BdF 2005.

A1b) 21...a3 22.b3 ♕e7 23.♕d6 ♗b7 24.♗h3 ♘c5

(– 24...♘d5 25.♕xe7 ♘xc3+ 26.♔c2 ♖xe7 27.♔xc3 ♘e5 28.♘d3

– 24...♕e5 25.♕xe5 ♘xe5 26.f4 b4 27.fxe5 bxc3 28.♘d3±

– 24...♘e5 25.♕xe7±)

25.♕xe7 ♖xe7 26.♖d6 b4 27.♘3e2 ♘bd7 28.♖hd1 ♘e5 29.♗g2 ♖ee8 30.♖1d2 mit dem Plan f3-f4 und guten Aussichten für Weiß, Zabala–Merilo, Fernpartie ICCF 1995.

A2) 17.a4 b4 18.♘e2 ♗a6 19.g5 ♘xc5 20.♘xc5 ♕xd2 21.♖xd2 ♗xe2 22.♗xe2 ♘h5 23.♖hd1 mit einer aktiven Stellung für Weiß, in der die eroberte d-Linie das aktuell größte Faustpfand ist.

B) 16.♗d6 ♘b6 17.♕f4 ♘h5 18.♕c1 ♗e6 19.g4 ♗xb3 20.axb3 ♘f6 21.g5 ♘fd7 22.h4 ♕c8 23.f4 ♗xc3 24.♕xc3 ♖xe4 25.h5 ♘d5 26.♕c2 ♖e6 27.hxg6 ♖xg6

(27...♖xd6 28.gxf7+ ♔xf7 29.♕xh7+ ♔e8 30.♕e4+ ♔d8 31.♖h8+ ♔c7 32.♖xc8+ ♖xc8 33.♖c1+–)

28.♖e1 ♘f8 29.♗d3 ♕d7

(29...♖xd6 30.♗xh7+ ♔g7 31.♗f5 ♖e6 32.♗xe6 fxe6 33.♕h2 ♔f7 34.f5+–)

30.♗xf8 ♖xf8 31.♗f5 ♕d6 32.♕h2 h6 33.♗xg6 ♕xg6+ 34.♔a1 ♘b4 35.♖e2 1-0, Rohde–Kurtz, Fernpartie ICCF 1999.

16.♘xc5 ♕b6 17.♘xd7 ♗xd7 18.♕d4 ♕xd4 19.♖xd4 ♗e6 20.♗e2 ♖ad8 21.♖hd1 ♖xd4 22.♖xd4 ♔f8 23.b3 ♔e7 24.♔c2 h5 25.♘d1 ♘d7 26.♘e3 ♔d8 27.♖d2 ♔c7

Remis, Egan–Carnevale, Fernpartie ICCF 2009.

Zusammenfassung: Dieses Abspiel eröffnet Schwarz grundsätzlich die Aussicht auf Ausgleich. Es gibt aber genügend Fallstricke auf dem Weg dahin, die ihn leicht Fehler machen lassen und ihn von der besten Fortsetzung abweichen lassen können. Wir empfehlen Ihnen die Wahl aus den beiden Alternativen 13.♗f2!? und 13.♗xf6 statt 13.♘b3.

Abspiel 4

Die Fortsetzung 6...c6

1.d4 ♘f6 2.c4 g6 3.♘c3 ♗g7 4.e4 d6 5.f3 0-0 6.♗e3 c6

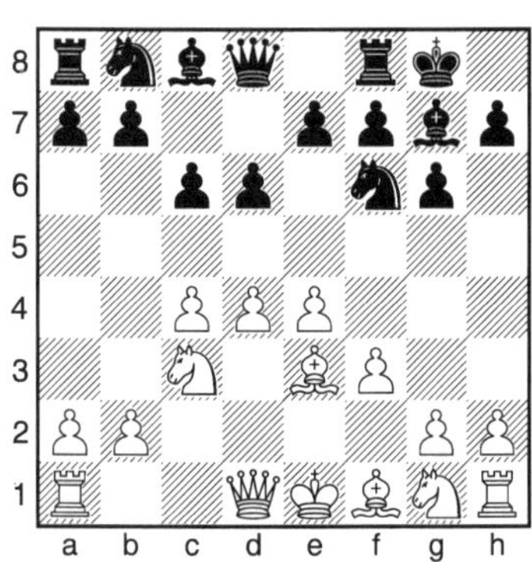

Der schwarze Plan basiert auf dem Vorstoß b7-b5, dem der Aufzug des c–Bauern dient.

7.♕d2

Weiß zeigt an, lang rochieren zu wollen. Dieser Ansatz ist ehrgeizig und verspricht Weiß gute Angriffschancen.

Ruhiger ist 7.♗d3 mit der Vorbereitung der Rochade in die andere Richtung. Nach 7...a6 8.♘ge2 b5 9.0-0 ♘bd7 10.♖c1 e5 11.a3 exd4 12.♘xd4 ♗b7 13.cxb5 cxb5 14.♖e1 d5! 15.exd5 ♘xd5 16.♘xd5 ♗xd5 17.♗f2 ♘e5 18.♗b1 ♖e8 19.♖c5 ♗b7 entsteht eine ausgeglichene Stellung.

7...a6

Der Nachziehende hält sich konsequent an seinen Plan. Er wird baldmöglichst b7-b5 folgen lassen.

An dieser Stelle sind auch andere Versuche anzutreffen, denen Beachtung zu schenken ist. Wir müssen aber voranschicken, dass wir in diesem Bereich der Theorie unmöglich in jeden Topf der Möglichkeiten schauen können, weil wir den Rahmen unseres Buches sonst sprengen würden. Wir müssen uns auf die wichtigsten Varianten konzentrieren und werden in diesem Abspiel weniger Textkommentare als üblich einsetzen, um möglichst viel Raum für Varianten zu behalten.

I. 7...e5

A) 8.d5 a6

(Oder 8...c5 9.h4 h5 10.0-0-0 a6 11.♘h3 ♗d7 12.♘f2 ♕a5 13.g4 b5 14.♔b1 bxc4 15.♗e2 ♗b5 16.f4 ♘bd7 17.f5 hxg4 18.♗xg4 ♘xg4 19.♘xg4 ♘f6 20.♘xf6+ ♗xf6 21.h5 gxf5 22.exf5 ♗d7 23.♖df1 ♖ab8 und nun hätte Weiß in der Partie Ihsan–Joshi, Istanbul 2012, über die Zugfolge 24.♖hg1+! ♔h7 25.♘e4 c3 26.♘xf6+ ♔h8 27.♗h6 einen schnellen Sieg erreichen können.)

9.0-0-0 cxd5 10.cxd5 b5 11.g4 b4 12.♘ce2

(Infrage kommt 12.♘a4!?, woraufhin der Anziehende über 12...a5 13.♔b1 ♘a6 14.♖c1 in Vorteil kommt.)

12...a5 13.g5 ♘fd7 (13...♘h5!?) 14.h4 ♘a6 15.h5 a4 16.♔b1 ♘dc5 17.♘g3 ♕a5 18.♕h2 ♖e8 19.hxg6 hxg6 20.f4

(20.♕h7+ ♔f8 21.♘f5!? gxf5 22.exf5 ♕d8 23.♗b5 mit starkem Angriff.)

20...b3 21.a3 exf4 22.♗xf4 ♕d8 23.♘f5! gxf5 24.♗xd6 ♖e7 25.e5

(25.♕h7+!? ♔f8 26.♕h8+ ♗xh8 27.♖xh8+ ♔g7 28.♖xd8 ♖xe4 29.♖c1 ♗b7 30.♖xa8 ♗xa8 31.♗xc5 ♘xc5 32.♖xc5 ♗xd5 33.♗e2+−)

25...♘e4 26.♗xe7 ♕xe7 27.♘f3 ♗d7 28.g6 fxg6 29.♕h7+ ♔f7 30.e6+ ♗xe6 31.dxe6+ ♕xe6 32.♗c4!

Weiß gewinnt, Mikhailuk–Karlow, ICC INT 2011.

B) 8.♘ge2 ♕e7

(Die Konsequenzen der Zugfolge 8...♘bd7 9.0-0-0 a6 10.♔b1 b5 11.♘c1 exd4 12.♗xd4 ♖e8 analysieren wir in **Abspiel 3**.)

9.d5 c5 10.g4 ♖e8 11.♘g3 a6 12.a4 ♘bd7 13.h4 ♘f8 14.h5 ♖b8 15.♗d3 ♗d7 16.b3 ♖ec8 17.♖a2 ♘e8 18.♕c1 b5 19.♖g2 bxa4 20.bxa4 ♖b3 21.♘f5! ♗xf5

(Oder 21...gxf5 22.gxf5 ♔h8 23.♔f1 ♖cb8 24.♖hg1 mit einem kräftigen Angriff von Weiß.)

22.gxf5 ♕b7 23.0-0 ♖b8 24.♗d2 ♘f6 25.h6 ♗h8 26.♖g5 ♖b2 27.a5 ♕b3 28.♕e1 ♘e8 29.♗c1 ♗f6 30.♖g4 ♗d8 31.♗xb2 ♕xb2 32.♖g2 ♕b7 33.♕a1

♘f6 34.♖b1 ♕c8 35.♖xb8 ♕xb8 36.♖b2

Der Anziehende hat die Partie endgültig für sich entschieden, Istratescu–Cekro, Nancy 2012.

II. 7...♘bd7

A) 8.♘h3 e5

(8...a6 9.♘f2 e5 10.♖d1 ♘h5 11.dxe5 dxe5 12.♘d3 ♕e7 13.♗e2 ♖e8 14.0-0±, Beljawski–Ehlvest, Linares 1991.)

9.♗e2 a6 10.♘f2 exd4 11.♗xd4 b5 12.♖d1 ♕a5 13.a3 bxc4 14.♗xc4 d5 15.♗a2 ♗b7 16.0-0 ♕c7 17.♖fe1 ♖ad8 18.e5 ♘e8 19.e6 fxe6 20.♖xe6±, Lautier–Bologan, Manila 1992.

B) 8.h4 h5 9.0-0-0 ♕c7 10.♔b1 a6 11.g4

(11.♘h3!? b5 12.♘g5 ♖b8 13.♖g1↑)

11...e5

(11...hxg4 12.fxg4 ♘xg4 13.h5→)

12.d5 cxd5 13.cxd5 ♘c5 14.b4 ♘cd7 15.♖c1 ♕d8 16.♘ge2 hxg4 17.♘g3 gxf3 18.h5 ♘g4 19.♗h3 ♘xe3 20.♕xe3 ♕b6 21.♕xf3 ♕xb4+ 22.♔a1 ♘c5 23.♖b1 ♕d4 24.h6 ♗xh6 25.♗xc8 ♖fxc8 26.♖xh6 ♕d3 27.♕xd3 ♘xd3 28.♘a4

Weiß führt das Endspiel mit einer Mehrfigur. In der Partie Zhao Xue–Huang Qian, Jiangsu Wuxi 2012, ließ er sich den vollen Punkt nicht mehr nehmen.

III. 7...♖e8 8.0-0-0

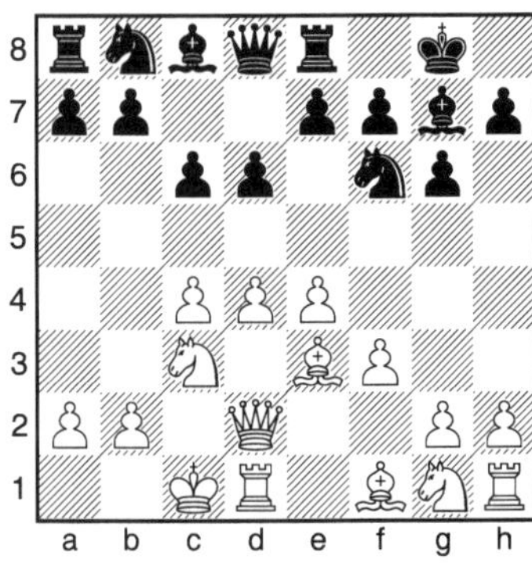

A) 8...♕a5 9.g4 h5 10.gxh5 ♘xh5 11.♘ge2 b5 12.♘g3 b4 13.♘b1 ♘f6 14.b3 ♘bd7 15.h4 ♘h5 16.♘xh5 ♕xh5 17.♗e2 ♘f6 18.♖dg1 c5 19.♖g5 ♕h7 20.dxc5 ♗h6 21.♖gg1 ♗xe3 22.♕xe3 dxc5 23.h5 ♕g7 24.hxg6 fxg6 25.♖h6 und der Angriff dringt durch, Freitas–Nunes, Fortaleza 2012.

B) 8...♕c7 9.g4 a6 10.h4 h5

(10...b5 11.h5 ♘bd7 12.hxg6 fxg6 13.♔b1 ♘f8 14.c5 ♗b7 15.♗h3 ♖ad8 16.cxd6 exd6 17.g5±, Gutzeit–Stumpf, Deutschland 2007.)

11.gxh5 ♘xh5 12.♘ge2 b5 13.♘f4 ♘g3 14.♖g1 ♘xf1 15.♖dxf1 e5 16.♘h5! ♗h8 (16...gxh5 17.♗h6±) 17.♗g5 ♘d7 18.dxe5 dxe5 19.♘g3 f6 20.♗h6 ♔f7 21.f4 ♘c5 22.h5 gxh5 23.♘xh5

Die Partie ist für Schwarz nicht mehr zu retten, Domsgen Hoelzlein–Scholz, Potsdam 1974.

C) 8...a6 9.h4 h5 10.♗h6 ♗h8 11.g4! ♕c7

(11...hxg4 12.h5 ♘xh5 13.♖xh5! gxh5 14.♕g5+ ♔h7 15.e5 ♖g8 16.♗d3+ ♖g6 17.♘ge2 dxe5 18.♕xh5+–)

12.♘ge2 ♘bd7 13.♘g3 c5 14.gxh5

(14.dxc5!? hxg4 15.h5 gxf3 16.hxg6 fxg6 17.cxd6 exd6 18.♘d5+–)

14...cxd4 15.♘d5 ♘xd5 16.exd5 ♘e5 17.hxg6 fxg6 18.♕c2 ♕b6 19.f4 d3 20.♗xd3 ♘xd3+ 21.♖xd3 ♔f7 22.f5 gxf5 23.♖f3 ♖g8 24.♖hf1 ♗f6 25.♘xf5 ♗xf5 26.♖xf5 ♖ac8 27.♖xf6+! 1-0, Jackson–Prescott, Telford 2005.

8.0-0-0

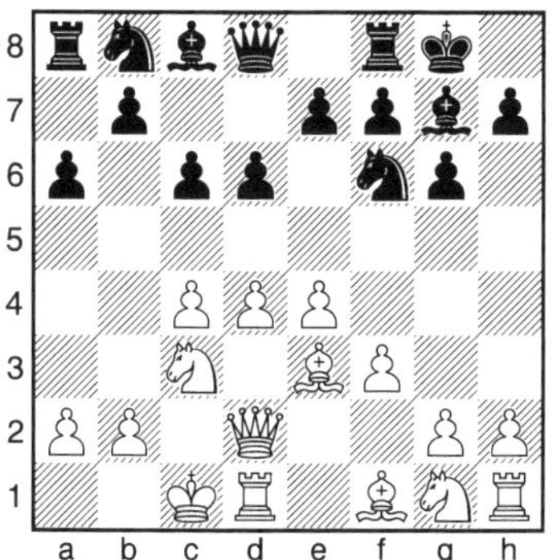

8...b5

Der Bauernvorstoß ist konsequent und plangemäß.

Für Schwarz sind an dieser Stelle allerdings auch andere Versuche bekannt.

I. 8...♕c7

A) 9.♔b1 b5 10.♗h6 ♗d7 11.h4 b4 12.♘ce2 a5 13.h5 ♘a6

(13...♘xh5 14.♖xh5! gxh5 15.♕g5+–)

14.g4 c5 15.♗xg7 ♔xg7 16.hxg6 fxg6 17.♕h6+ ♔f7 18.g5 ♘g8 19.♕xh7+ ♔e8 20.♕xg6+

Weiß gewann in der Partie, Gheorghiu–Sursock, Siegen 1970, schnell.

B) 9.♗h6 b5 10.h4 ♗e6 11.h5 ♗xc4 12.♗xc4 bxc4 13.hxg6 fxg6 14.♗xg7 ♔xg7 15.♕h6+

(Stark ist 15.f4! e5 16.fxe5 dxe5 17.dxe5 ♕xe5 18.♘f3 ♕e7 19.e5 ♘h5 20.♘e4 und der Nachziehende sieht sich einem heftigen Angriff seines Gegners ausgesetzt.)

15...♔g8 16.♘h3 e5 17.dxe5 dxe5 18.♘g5 ♕e7 19.♖d6! ♖a7

(19...♕xd6 20.♘xh7 ♖a7 21.♘g5 ♘h5 22.♖xh5!)

20.♖e6 ♕c5 21.♖d1 ♖b7 22.♖xf6! ♖xf6 23.♖d8+ ♖f8 24.♘e6 ♕g1+ 25.♖d1

Die Partie ist aus schwarzer Sicht aufgabereif, Parr–Scholler Larsen, Fernpartie ICCF 1978.

II. 8...♕a5 9.♗h6

A) 9...♗xh6 10.♕xh6 ♘bd7 11.h4 b5

(11...♔h8 kam in der interessanten Partie Züger–Manninen, Manila 1992, auf das Brett: 12.♘h3 ♘g8 13.♕e3 h6 14.♘f2 b5 15.f4 ♘df6 16.♗e2 b4 17.♘b1 ♗e6 18.h5 ♕xa2 19.hxg6 ♗xc4 20.f5 ♗xe2 21.♖xh6+! ♔g7 22.♖dh1 ♕c4+ 23.♘c3 ♗h5 24.♖1xh5 fxg6 25.♕g5 ♕f1+ 26.♘cd1 1-0.)

12.h5 ♖e8

(12...♘xh5 13.g4 ♘hf6 14.g5 ♘h5 15.♘ge2 ♖b8 16.♖xh5! gxh5 17.♘f4 ♔h8 18.g6 fxg6 19.♘xg6+ ♔g8 20.♗h3 ♖f6 21.♘xe7+ ♔f7 22.♕xh7+ ♔e8 23.♘xc8 ♕d8 24.♕xh5+ ♖f7 25.♘xd6+ +–)

13.g4

(Zu beachten ist 13.e5!? dxe5 14.hxg6 fxg6 15.♗d3 mit der Drohung ♗d3xg6!.)

13...b4 14.♘b1 ♘f8 15.♘h3

Der Anziehende beabsichtigt ♘h3-g5, was seinem Angriff neue Impulse bringt, Cruz Lopez Claret–Rodriguez Balzategui, Euskadi 1996.

B) 9...♕h5 10.♗xg7 ♔xg7 11.g4 ♕h4

(11...♕a5 12.g5 ♘h5 13.♘ge2 b5 14.♘g3±)

12.♘ge2 e5 13.♘g3 ♘fd7 14.♗e2 b5 15.d5 b4 16.♘a4 c5 17.f4 f6 18.f5 ♕h6 19.♕xh6+ ♔xh6 20.h4 a5 21.♖df1 ♔g7 22.fxg6 hxg6 23.h5

Weiß hat eine Gewinnstellung erreicht, Makhlouf–Makumbe, Bled 2002.

9.♗h6

Damit wird der wichtige Verteidiger der schwarzen Königsstellung getauscht. Dieses Motiv ist ein häufiges Element der weißen Angriffsbemühungen im Königsinder. Werfen Sie deshalb bitte auch unter diesem Aspekt einen genauen Blick auf die weiteren Ausführungen in diesem Abspiel!

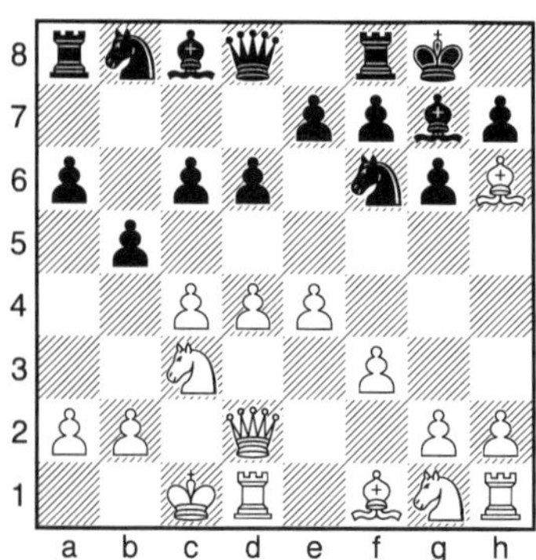

9...♕a5

Schwarz will sich nicht mit schlichten Reaktionen auf die gegnerischen Angriffsbemühungen begnügen und plant ein Konterspiel am Damenflügel, dem der Zug mit der Dame dient.

In der Turnierpraxis sind auch andere Versuche anzutreffen.

I. 9...b4 10.♘ce2

A) 10...♘bd7 11.h4 e5 12.h5 ♘xh5 13.♗xg7 ♔xg7

(13...♘xg7 14.♕h6 ♘h5 15.g4 ♘hf6 16.g5 ♘h5 17.♘g3+–)

14.g4 ♘f4

(14...♘hf6 15.♕h6+ ♔h8 16.g5 ♘h5 17.♘g3 ♖g8 18.dxe5 dxe5 19.♘xh5 gxh5 20.♖xh5 ♖g7 21.♕xc6+–)

15.♘xf4 exf4 16.♕xf4 ♘f6 17.♕h6+ ♔h8 18.e5 1-0, Eden–Mohri, Fernpartie ICCF 1975.

B) 10...♕a5 11.♔b1 d5 führt in unsere Hauptvariante zurück.

II. 9...bxc4

A) 10.h4 d5

(10...♕c7 11.h5 e5 12.♗xg7 ♔xg7 13.hxg6 fxg6 14.♕h6+ ♔f7 15.♕xh7+! 1-0, Legarda Iturrioz–Vergara, Spanien 1992)

11.h5 ♗xh6 12.♕xh6 g5

(12...♕c7 13.e5 ♘xh5 14.g4+–)

13.♘h3 (13.g4!?+–) 13...♗xh3 14.gxh3 ♔h8 15.♖g1 ♖g8 16.e5 ♘e8 17.h4 ♘c7

(17...gxh4 18.♖xg8+ ♔xg8 19.♗d3!+–)

18.♖xg5 ♘e6 19.♖xg8+ ♕xg8 20.♗h3 ♘d7 21.♗xe6 fxe6 22.♘e2 ♕f8 23.♕xe6 ♕xf3 24.♘c3 ♕e3+ 25.♖d2 ♖g8 26.♕xd7 ♖g2 27.♕e8+ ♔g7 28.♕xe7+ ♔g8 29.♕e8+ ♔g7 30.h6+ ♔xh6 31.♕f8+ ♔h5 32.♕f5+ ♔h6 (32...♔xh4 33.♕xh7+ +–) 33.♘e2+–,

Polugajewski–Schianowski, Baku 1961.

B) 10.♗xc4 d5 11.♗b3 a5 12.e5 ♘e8 13.h4 f6 14.h5 ♗xh6 15.♕xh6 g5 16.♗c2 ♖f7 17.f4 gxf4 18.♘h3 ♖g7 19.♘xf4 ♗g4 20.♖d3 e6 21.♖g3 ♖aa7 22.♖xg4 ♖xg4 23.♘xe6 ♕e7 24.♗xh7+! ♔f7 (24...♕xh7 25.♕f8#) 25.♗f5 ♖xg2 26.♘f4 1-0 Pap–Nestorovic, Paracin 2012.

III. 9...♗xh6 10.♕xh6 ♕a5 11.e5! dxe5 12.dxe5 ♘fd7 13.h4! ♖d8 (13...♘xe5 14.h5→)

A) 14.e6! fxe6

(Etwas stärker war 14...♘f6!?.)

15.h5 ♘f8 16.♖xd8 ♕xd8 17.hxg6 hxg6 18.♕h8+ ♔f7 19.♖h7+ ♔e8 20.♕g8 e5 21.♖h8 ♔d7 22.♕g7

Weiß steht vor der Ernte des vollen Punktes.

B) 14.h5 ♘f8 15.♖xd8 ♕xd8 16.hxg6 fxg6 17.♘ge2 ♘bd7 18.♕g5 ♘c5 19.♘g3 ♗e6=, Portisch–Gheorghiu, Wijk aan Zee 1968.

IV. 9...♘bd7 10.h4

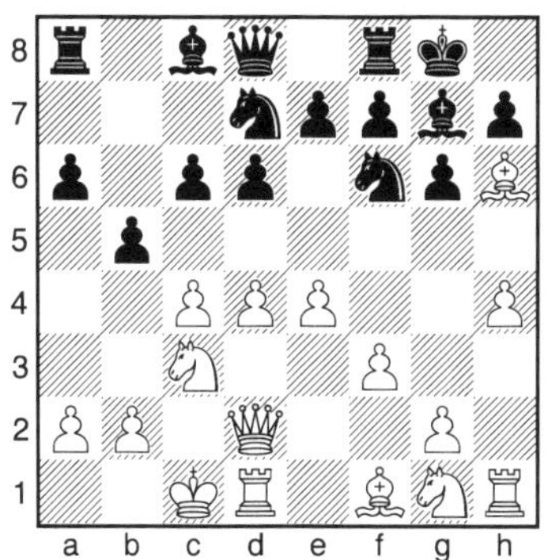

A) 10...bxc4 11.h5 ♕a5 (11...♘xh5 12.♖xh5!+–) 12.♗xg7 ♔xg7 13.hxg6 fxg6 14.♕h6+ ♔h8 15.♗xc4

Die schwarze Stellung ist nur noch sehr schwer zu verteidigen, Goundar–Raicar, Gold Coast 2009. In der praktischen Partie unter Turnierbedingungen dürfte so mancher Spieler hier schnell an die Grenzen seiner Verteidigungskünste stoßen.

B) 10...♖e8 11.♗xg7 ♔xg7 12.h5 ♘f8 (12...♘xh5 13.g4 ♘hf6 14.♕h6+ ♔g8 15.e5+–)

13.hxg6 fxg6 14.e5 dxe5 15.♕h6+ ♔f7 16.dxe5 ♘6d7 17.♘h3

(Stark ist auch 17.e6+!? ♘xe6 18.♕xh7+ ♘g7 19.♘h3 e5 20.♘e4+–.)

17...♕c7 18.f4 ♘c5 19.♘g5+ ♔g8 20.♘xh7!

Schwarz kann getrost aufgeben, Lopez Colon–Perdomo Abad, Las Palmas 1995.

C) 10...♘b6 11.h5 ♗xh6

(Oder 11...♕c7 12.♗xg7 ♔xg7 13.hxg6 fxg6 14.c5 ♘c4 15.♕h6+ ♔g8 16.♗xc4+ bxc4 und nun 17.g4 mit der Idee ♘g1-h3-g5 und starkem Angriff, Stahlhut–Horn, Deutschland 1995.)

12.♕xh6 g5 13.e5 ♘e8 14.♕xg5+

(Noch stärker war 14.c5!? dxc5 15.♕xg5+ ♔h8 16.♕h6 ♖g8 17.dxc5 ♘d7 18.♗d3 ♖g7 19.♕xc6+–.)

14...♔h8 15.exd6 f6 16.dxe7 ♕xe7 17.♕c5 ♕xc5 18.dxc5 ♘xc4 19.♗xc4 bxc4 20.♖d8 ♗b7 21.♖xa8 ♗xa8 22.♖h4 ♖g8 23.♖g4 ♖xg4 24.fxg4 ♗b7 25.♘h3 ♗c8 26.♘f2

Die zahlreichen Bauernschwächen im Lager des Nachziehenden verhalfen

Weiß in der Partie Kuemin–Fraas, Verdun 1995, zu einem bequemen Finale, das er dann auch erwartungsgemäß gewann.

D) 10...e5 11.♘ge2

(Es geht auch 11.♗xg7!? ♔xg7 12.g4 mit Angriffsmöglichkeiten am Königsflügel.)

11...♕a5 12.♗xg7 ♔xg7 13.h5 b4

(13...♘xh5 14.g4 ♘hf6 15.♕h6+ ♔g8 16.dxe5 dxe5 17.g5 ♘h5 18.♘g3+–)

14.♘b1 ♕xa2 15.♘g3 ♘b6 16.c5 ♘c4 17.♕xb4 ♘e3 18.♖d2 ♗e6 19.♕c3 ♘xf1 20.♖xf1 exd4 21.h6+ ♔xh6 22.♖xd4 ♔g7 23.cxd6 ♔g8 24.♕a3 ♕xa3 25.♘xa3

Der Freibauer auf d6 ist sehr stark. Weiß hat die besseren Chancen auf seiner Seite, Moissejenko–Miroschnitschenko, Kapuskasing 2004.

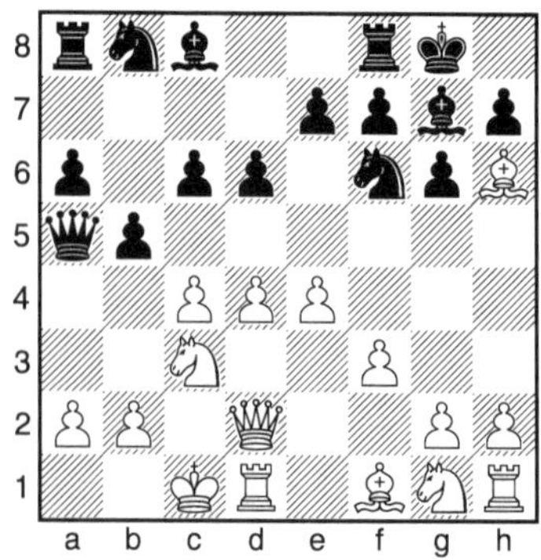

10.♔b1

Prophylaktisch gespielt. Dieser Zug ist universell nützlich und in vielen Situationen notwendig.

Infrage kommt aber auch die aktive Fortsetzung 10.h4!?; z.B. 10...♘bd7 11.♗xg7 ♔xg7 12.h5 b4 13.♘b1.

A) 13...g5 14.h6+ ♔h8 15.♘h3

(15.a3!? c5 16.♕xg5 ♖g8 17.♕d2±)

15...♖g8 16.c5 ♕xa2 17.cxd6 exd6 18.♘xg5 ♖f8 19.♕xb4 ♖b8 20.♕a3 ♕xa3 21.♘xa3

Weiß besitzt einen Mehrbauern, Mikrut–Andriasian, Warschau 2012.

B) 13...e5 14.hxg6 fxg6 15.♕h6+ ♔g8 16.♘h3 ♖a7 17.♘g5 mit guten Angriffsaussichten für Weiß, Ward–Wu Wenjin, Peking 1993.

10...b4

Wenn der Nachziehende den Weg 10...♗xh6 11.♕xh6 ♘bd7 einschlägt, sollte Weiß aktiv 12.h4! spielen; z.B. 12...♖b8 13.h5 bxc4.

(13...♘xh5 14.g4 bxc4 15.♔a1±)

14.♔a1 ♕b4 15.♖d2 e5

A) 16.♘ge2 ♖e8 17.hxg6 fxg6 18.d5

(18.g4!? ♖e7 19.a3 ♕b6 20.g5 ♘h5 21.♖xh5 gxh5 22.♘g3 ♘f8 23.♗xc4+ ♗e6 24.♘f5 ♗xc4 25.♘xe7+ ♔f7 26.♕f6+ ♔e8 27.♘f5 1-0, Matthey–Goemann, DDR 1988.)

18...♗b7

(18...cxd5 19.♘xd5 ♕a5 20.♘ec3+–)

19.dxc6 ♗xc6 20.g4 ♘f8 21.♘g3 ♘6d7 22.♘f5! gxf5 23.gxf5 ♔f7 24.♖g2 mit entscheidendem Angriff, O'Kelly–Tatai, Malaga 1968.

B) 16.dxe5 ♘xe5 17.♕g5 ♘e8 18.f4 ♘g4 19.hxg6 fxg6 20.f5 ♗xf5 21.♕h4 g5 22.♕xg5+ ♗g6 23.♘f3 ♘ef6 24.a3 ♕b3

(24...♕c5 25.♕xc5 dxc5 26.♗xc4+ ♔h8 27.♖e1±)

25.♘d4 ♕b7 26.♗xc4+ ♔h8 27.♘e6 ♖g8 28.♕f4

Weiß steht auf Gewinn, Wiesinger-De Jong, Fernpartie ICCF 1993.

11.♘ce2

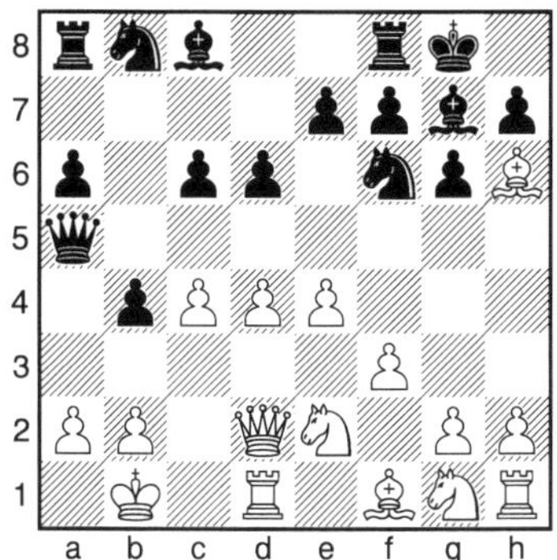

11...d5

Hier ein Blick auf einige andere Fortsetzungen für Schwarz.

I. 11...♗xh6 12.♕xh6

A) 12...c5 13.d5

(13.dxc5!? dxc5 14.♘c1 ♘c6 15.♘b3 ♕b6 16.♕g5 ♘d7 17.h4 a5 18.h5 a4 19.♘c1±)

13...e6 14.dxe6 ♗xe6 15.♘f4 ♘c6 16.h4 b3 17.a3 ♘d4? (□17...♘e5) 18.h5 ♖a7 19.♕g5 ♘e8 20.♘ge2 ♘c2 21.hxg6 ♘xa3+ (21...hxg6 22.♕h6+-) 22.bxa3 ♗xc4 23.gxf7+ ♔xf7 24.♖xh7+ 1-0, Pap-Pantelic, Vrnjacka Banja 2012.

B) 12...d5 13.♘g3 dxe4 14.fxe4 ♗g4 (14...c5 15.d5!) 15.♘f3 ♗xf3 16.gxf3 b3 17.axb3 ♘e8 18.h4 ♘d7 19.h5 ♘g7 20.c5 ♘f6 21.hxg6 fxg6 22.♗c4+ e6 23.e5 ♘d5

(23...♘fh5 24.♘xh5 ♘xh5 25.♖xh5 gxh5 26.♗xe6+ ♖f7 27.♖g1+ ♔h8 28.♗xf7+-)

24.♗xd5 cxd5 25.♕xh7+ ♔f7 26.♖h6 ♖g8 27.♕xg6+ ♔e7 28.♖h7+-, Belytsky-Foo, Kefar Sava 2010.

II. 11...♘bd7

A) 12.♘c1 e5 13.♘b3

(Infrage kommt 13.♗xg7!? ♔xg7 14.g4 nebst h2-h4, was dem Anziehenden eine starke Initiative am Königsflügel einbringt.)

13...♕b6 14.♗e3 ♕b8 15.dxe5 dxe5 16.♘a5 c5 17.♘b3 ♕c7 18.♕d6 ♕xd6 19.♖xd6 ♗b7 20.♘a5 ♗c8 21.♘e2 ♘e8 22.♖c6 f5 23.exf5 ♖xf5 24.♘c1 ♗f8 25.♗d3 ♖f6 26.♗e4 ♖xc6 27.♗xc6 ♖b8 28.♖d1 ♘df6 29.♘cb3 mit positionellem Vorteil von Weiß, Anelli-Lallee, Villa Ballester 2002.

B) 12.♗xg7 ♔xg7 13.h4 ♘b6? (□13...h5) 14.♘c1 ♗e6 15.♘b3 ♕a4 16.♖c1 ♖fb8 17.h5 ♘g8

(17...♘xh5 18.g4 ♘f6 19.♕h6+ ♔g8 20.e5+-)

18.g4 f6 19.g5 ♗f7 20.hxg6 hxg6 21.♕h2 ♔f8 22.♕h8 ♖b7 23.♖h7 e5 24.gxf6 1-0, Mielke-Hofstetter, Deutschland 1986.

12.♗xg7 ♔xg7 13.♘g3

Stark ist auch 13.e5!? ♘e8 14.♘g3

(14.cxd5!? cxd5 15.g4 ♘c6 16.♘c1±)

14...♘c7 15.h4 mit Königsangriff. Jetzt geht beispielsweise nicht 15...h5 wegen 16.♘xh5+! gxh5 17.♕g5+ ♔h8 18.♗d3 f5 19.♖h3!+-.

13...♗e6

Oder 13...dxc4 14.♗xc4 c5 15.h4 h5 16.♕g5 ♖d8 17.♘1e2 ♘c6 18.d5 ♘d4

19.♘f4 und Weiß führt einen starken Angriff.

14.cxd5 cxd5 15.e5 ♘g8 16.♘1e2 ♘c6 17.♘f4 ♖fc8 18.♗e2 ♕b6

An dieser Stelle einigten sich die Kontrahenten in der Partie Adorjan–Romanischin, Indonesien 1983, auf ein Remis.

Wir denken, dass Weiß zu wenig Kampfeslust gezeigt hat, denn mit der Abwicklung 19.♘xe6+! fxe6 und dem dann durchaus naheliegenden Vorstoß 20.h4 wäre er zu guten Angriffschancen gekommen.

Zusammenfassung: Weiß hat in diesem Abspiel gleich zwei gute Alternativen im 10. Zug: 10.h4!? und 10.♔b1. Kurz darauf kann er seine Wahl besonders zwischen 13.e5!? und 13.♘g3 treffen. Insgesamt verspricht ihm das Abspiel jeweils gute Chancen.

Abspiel 5

Die Fortsetzung 6...b6

1.d4 ♘f6 2.c4 g6 3.♘c3 ♗g7 4.e4 d6 5.f3 0-0 6.♗e3 b6

Der Sinn dieses Zuges liegt nicht etwa darin, dem auf c8 stehenden Läufer Ausblick auf die Diagonale a6-c8 zu eröffnen, sondern in der Vorbereitung des üblichen Manövers c7-c5 im Zentrum.

7.♕d2

Weiß plant die lange Rochade.

Eine starke Alternative ist 7.♗d3!? mit der möglichen Folge 7...a6.

(Schlecht ist 7...c5? 8.e5! dxe5 9.dxe5 ♘fd7 10.♗e4 mit Materialgewinn.)

8.♘ge2 c5 9.e5

A) 9...♘fd7 10.♗e4

(10.exd6 exd6 11.0-0 ♘c6∞)

10...♖a7 11.exd6 exd6 12.0-0 ♘f6 13.♗c2 ♖e7 14.♕d2 ♖fe8 15.♗f2 ♗e6 16.d5 ♗d7 17.♗d3 b5 18.cxb5 ♕a5

Und nun hätte Weiß im Duell K. Georgiew–Thiede, Rethymnon 2003, 19.a3! spielen sollen, was ihm nach 19...axb5 20.b4! gute Aussichten eingebracht hätte.

B) 9...♘e8 10.♗e4 ♖a7 11.dxc5 bxc5 12.♗xc5 ♖d7 13.♗e3 ♗b7

(13...♗xe5? 14.♕b3 ♘f6 15.♗a8 ♕a5 16.0-0 1-0, Gheorghiu–Chevaldonnet, Bagneux 1982.)

B1) 14.e6! fxe6 15.♘d4 ♗xd4 16.♗xd4 d5 17.cxd5 exd5 18.♗c2 e5

(18...♘c6 19.0-0 ♘xd4 20.♕xd4±)

19.♗c5 ♖ff7 20.0-0 ♘g7 21.b4 mit weißem Vorteil, K. Georgiew–Cvitan, San Bernardino 1987.

B2) 14.♗xb7 ♖xb7 15.b3 ♗xe5 16.♗d4 ♘c6 17.♗xe5 ♘xe5 18.0-0 ♘g7 19.♘d4±, Biyiasas–Torre, Manila 1976.

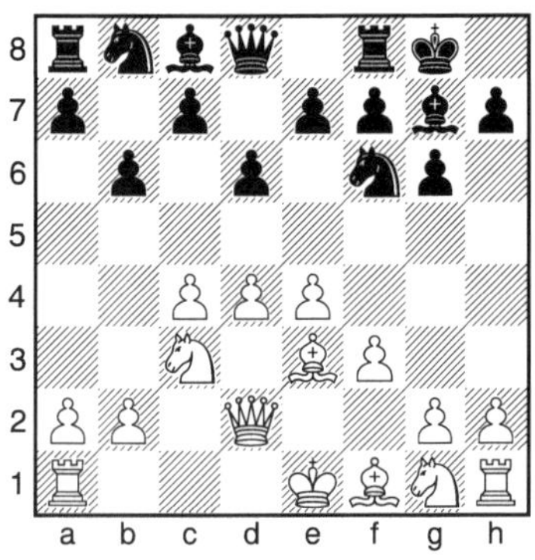

7...c5

Ganz nach Plan attackiert der Nachziehende das weiße Zentrum.

Anzutreffen ist auch 7...a6, wonach Weiß die Wahl zwischen zwei guten Fortsetzungen hat.

A) 8.0-0-0 ♘bd7

(Die Erwiderung 8...c5 analysieren wir in der **Partie Nr. 48:** Knaak–Fernandez, Halle 1978.)

A1) 9.♗h6 c5 10.d5 ♗xh6 11.♕xh6 ♖b8 12.h4 b5 13.h5 b4

(13...♘xh5 14.♘h3 f6 15.g4 ♘g3 16.♘g5!+–)

14.♘ce2 ♘e5 15.hxg6 fxg6 16.♘f4 ♘f7 17.♕h2 mit weißer Initiative.

A2) 9.h4 c5 10.g4

(10.♔b1 h5 11.♘h3 ♗b7 12.♗e2 ♗c6 13.♘f2 cxd4 14.♗xd4 b5∞, Sisabajew–Temirbajew, Pawlodar 2012.)

10...h5 11.gxh5

(11.g5 ♘e8 12.♘ge2 b5⇄)

11...♘xh5 12.♘ge2 b5 13.♗h6 bxc4 14.♗xg7 ♔xg7 15.♘d5 ♖b8 16.dxc5 ♘xc5 17.♘d4 ♗d7

(17...♗b7? 18.♘f5+! und Weiß gewinnt.)

18.♗xc4 mit scharfem Spiel und beiderseitigen Chancen.

B) 8.♖d1

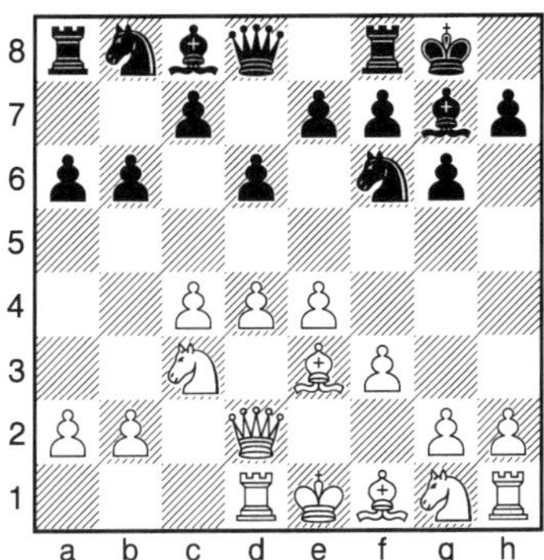

B1) 8...♗d7 9.e5 ♘e8 10.f4 c6 11.♘f3 ♘c7 12.d5

(Infrage kommt auch 12.♗e2!? d5 13.0-0 usw.)

12...c5 13.♗e2 b5 14.b3 b4 15.♘e4 a5 16.0-0 ♗f5 17.♘g3 ♗c8 18.f5! dxe5 (18...gxf5 19.♕c2±) 19.♗xc5 ♘d7 20.♗e3 ♘a6 21.h4 ♘dc5 22.fxg6 hxg6 23.♗h6 ♕d6 24.♗xg7 ♔xg7 25.♕e3 f6 26.h5 ♖h8 27.♘h4 mit entscheidendem Angriff, Koneru–Wittmann, Budapest 2005.

B2) 8...♕e8 9.d5

(Es geht auch 9.♗d3!? mit dem Plan ♘g1-e2 und 0-0.)

9...c5 10.dxc6 ♕xc6 11.b3 ♕b7 12.♘ge2 ♘c6 13.♘d5 ♘xd5 14.cxd5 ♘e5 15.♘d4 f5 16.exf5 ♗xf5 17.♘xf5 gxf5 18.♗e2 ♘g6 19.f4 e5 20.dxe6 ♕xg2 21.♕d5 ♕xd5 22.♖xd5 b5 23.♔f2 ♗h6 24.♖g1 ♔h8 25.♔f3 mit Übergewicht für den Anziehenden, Ehlvest–Yermolinsky, USA 1994.

B3) 8...♖e8 9.♘ge2 ♘fd7 10.d5 c5 11.dxc6 ♘xc6 12.♘f4 ♖b8 13.♗e2 ♘c5 14.0-0 e5 15.♘fd5 ♘e6 16.b4

♘cd4 17.♗d3 ♗d7 18.a4 ♗c6 19.♖b1 ♕d7 20.b5 axb5 21.cxb5 ♗xd5 22.♘xd5 ♘c5 23.a5 bxa5 24.♗xd4 exd4 25.b6 ♖ec8 26.♗b5 ♕b7 27.♕xa5 ♖a8 28.♕d2

Weiß verfügt positionell über das bessere Spiel. In der Partie Gheorghiu-Popovic, Novi Sad 1979 nutzte er seine daraus resultierenden Chancen und sicherte sich den vollen Punkt.

B4) 8...c5 9.dxc5 bxc5 10.♗xc5 ♘c6 11.♗e3 ♘e5

(11...♕a5 12.♘ge2 ♗e6 13.♘d4 ♘xd4 14.♗xd4 ♖fc8 15.♘d5 ♕xd2+ 16.♖xd2 ♗xd5 17.exd5 a5 18.♗e2 ♖ab8 19.♔f2 a4 20.♖b1±, Pachman-Rocher, Sindelfingen 1984.)

12.b3 a5 13.♗d3 ♘xd3+ 14.♕xd3 ♗d7 15.♘ge2 ♕b8 16.♖b1 ♕b4 17.0-0 a4 18.a3 ♕b7 19.b4 ♖fc8 20.♖bc1 mit positionellem Vorteil von Weiß, Kuligowski-Liberzon, Buenos Aires 1978.

B5) 8...♘bd7 9.♘ge2 e5 10.dxe5

(10.d5 a5 11.a3 a4 12.♕c2 ♘c5 13.♗xc5 bxc5 14.♘xa4 ♘h5⇄)

10...dxe5 11.g4 ♘e8 12.h4 ♘d6 13.♘g3 ♘c5 14.♘d5 ♘e6 15.♘xb6 cxb6 16.♕xd6 ♘d4 17.♕xd8 ♖xd8 18.♗xd4 exd4 19.♗d3 ♗e6 20.♔f2 ♖dc8 21.♖c1

Weiß hat die besseren Perspektiven, Tscheparinow-Jermenkow, Sunny Beach 2012.

8.d5

Damit klärt der Anziehende die Situation im Zentrum.

Keinesfalls ist er dazu gezwungen, denn er kann auch erst mit 8.♘ge2 abwarten, was so kommen wird.

8...♘c6 9.d5

(9.0-0-0!? ist auch spielbar.)

9...♘e5

(Nach 9...♘a5 10.♘c1 a6 11.♖b1 b5 12.cxb5 axb5 13.♗xb5 ♘e8 14.0-0 ♘c7 15.♗e2 ♗a6 16.b3 ♕d7 17.♗h6 ♗xh6 18.♕xh6 ♘b5 19.♗xb5 ♗xb5 20.♖e1 blieb Schwarz in der Partie Krylow-Guzenko, St. Petersburg 2011, ohne Kompensation für den geopferten Bauern.)

10.♘g3 h5

(10...e6 schauen wir uns in der **Partie Nr. 49:** Iwantschuk-Hellers, Biel 1990, an.)

11.♗e2 h4 12.♘f1 e6

(12...h3 13.g3 a6 14.♗h6 b5 15.♗xg7 ♔xg7 16.♘e3 bxc4 17.0-0 ♖b8 18.f4±, Perdomo-De Souza Haro, Sao Paolo 2011.)

13.♗g5 exd5 14.♘xd5 ♗b7 15.h3 ♗xd5 16.cxd5 b5 17.♖c1 c4 18.♘h2 ♕b6 19.♗xh4 ♘fd7 20.♗f2 ♘c5 21.0-0

Bei einem Mehrbauern ist Weiß im Vorteil, Lifanov-LePage, Fernpartie ICCF 2012.

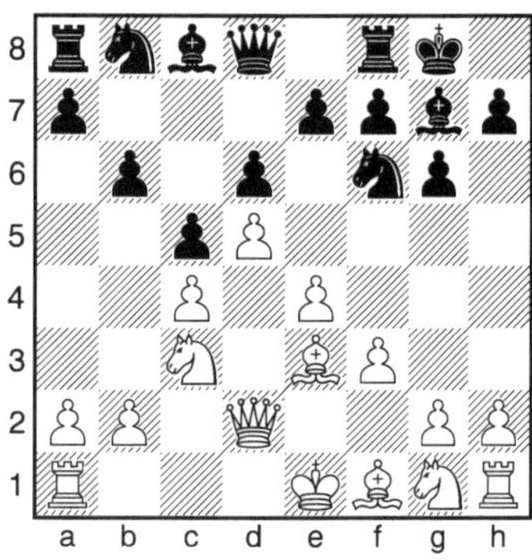

8...e6

Der Nachziehende strebt eine Öffnung des Spiels in der Mitte an und sucht nach mehr Beweglichkeit für seine Figuren.

Die Praxis kennt auch andere schwarze Versuche im Ringen, sich in der Eröffnung eine gute Ausgangsposition für die weitere Partie zu verschaffen.

I. 8...Te8 9.Sge2

(Anzutreffen sind auch 9.0-0-0 und 9.Td1.)

9...e6 10.Sg3 exd5 11.cxd5 La6 12.Sb5! Lb7 13.Le2 a6 14.Sc3 Sbd7

(14...b5 15.a4 bxa4 16.Txa4 Sbd7⩲)

15.a4! Tc8 16.0-0 h5 17.Lh6!? (17.Sh1 Sf2⩲) 17...c4?! (17...Lh8⩲) 18.Lxg7 Kxg7 19.Tf2! mit der Idee Sf1-e3 und besseren Aussichten für Weiß, Lautier–J. Piket, Biel 1993.

II. 8...e5 9.g4 Se8 10.Ld3 f5 11.gxf5 gxf5 12.Lg5 Lf6 13.h4 f4 14.0-0-0 Kh8 15.Dh2 a6 16.Sh3 Lxh3 17.Dxh3 Sc7 18.Tdg1 Sd7 19.Sd1 De7 20.Sf2 Tg8 21.Sg4 Lxg5 22.hxg5 Txg5 23.Sh6 Txg1+ 24.Txg1

Für den Bauern hat der Anziehende eine starke Initiative erlangt, Karmow–Eraschenkow, Sochumi 2008.

III. 8...a6 9.Lh6 e6

(9...Sbd7 10.h4 Se5 11.g4 e6 12.h5↑, Hjorth–Balcerowski, Lodz 1969.)

10.h4

(10.0-0-0 exd5 11.Lxg7 Kxg7 12.Sxd5 Sxd5 13.Dxd5 Ta7 14.Dxd6 Td7 15.De5+ Kg8 16.Txd7 Sxd7 17.Dc3±, Keller–Seleljo, Tschechische Republik 2001.)

10...exd5 11.cxd5 b5 12.h5 Te8

(Oder 12...Sxh5 13.Lxg7 Kxg7 14.g4 Sf6 15.Dh6+ Kg8 16.Sge2 Sbd7 17.Sg3 mit Initiative für den Bauern.)

13.Lxg7 Kxg7 14.hxg6 fxg6 15.Dh6+ Kg8

Eine interessante Stellung – Weiß attackiert, Schwarz verteidigt. Allerdings kann der Nachziehende schnell ein Gegenspiel initiieren, wie die folgende „kleine Seeschlange" beweist. Mit Ausnahme des Sf6 hocken noch alle seine Figuren wie die Hühner auf der Stange nebeneinander auf der Grundreihe. Allerdings sind sie aber zum Sprung bereit. Weiß muss sehen, wie er seine noch unentwickelten Kräfte dynamisch ins Spiel einbezieht.

16.0-0-0 Ta7 17.Sh3 Lxh3 18.Txh3 Da5 19.Kb1 b4 20.Se2 c4

Nun wird deutlich, dass auch Schwarz „am Drücker ist". Ob es ausreicht, wird sich zeigen müssen.

21.Df4 Sfd7 22.Dxd6 c3 23.Sd4 cxb2 24.Lc4 Sb6 25.Lb3 Sa4 26.Lxa4 Dxa4

Die schwarzen Möglichkeiten laufen mehr oder weniger aus. Nach 27.Thh1 b3 28.Sxb3 führte Weiß die Partie zum Sieg, Drozd–Klaput, Polen 1961.

9.0-0-0

Nach Sicherung seines Königs will Weiß auf dem Königsflügel angreifen. Das Problem besteht darin, dass er sich noch mit der Entwicklung des Springers befassen muss, der später auch nach h3 ziehen kann.

Ruhiger ist 9.♘ge2 exd5 10.cxd5 ♗a6 oder 10...a6 mit schwarzem Gegenspiel.

9...exd5 10.exd5 a6

Schwarz räumt das Feld a7 für seinen Turm.

Nach 10...♖e8 11.g4!? a6

(11...h5 12.gxh5 ♘xh5 13.♘ge2 ♕e7 14.♗g5 f6 15.♗h6 ♗xh6 16.♕xh6 ♕e3+ 17.♕xe3 ♖xe3 18.♘b5±)

12.♔b1 ♘bd7 13.h4 hat der Anziehende gute Möglichkeiten, Sande-Marat, Dresden 1969.

11.g4 b5 12.h4!

Weiß muss energisch gegen den schwarzen König vorgehen.

Nach 12.cxb5 axb5 13.♗xb5 ♗a6 14.♗xa6 ♘xa6 15.♗h6 ♗xh6 16.♕xh6 c4 17.♘ge2 ♘b4 18.♔b1 ♕a5 19.♘c1 ♘fxd5 20.♘xd5 ♘xd5 21.♕d2 ♘b4 22.a3 ♖fb8 23.♕c3 ♘c6 24.♕xa5 ♖xa5 25.♖xd6 ♘e5 26.♖hd1 ♘xf3 27.♖d8+ ♖xd8 28.♖xd8+ ♔g7 29.h3 h5 bekam Schwarz in der Partie Furman-Botwinnik, Moskau 1960, ausreichend Gegenchancen und nutzte diese dann so gut, dass sich die Kontrahenten mit einem Remis voneinander verabschiedeten.

12...h5

Oder 12...b4 13.♘ce2 ♘bd7 14.h5 mit weißer Initiative am Königsflügel.

13.♗g5 b4 14.♘ce2 hxg4 15.♘g3 ♕a5 16.♔b1

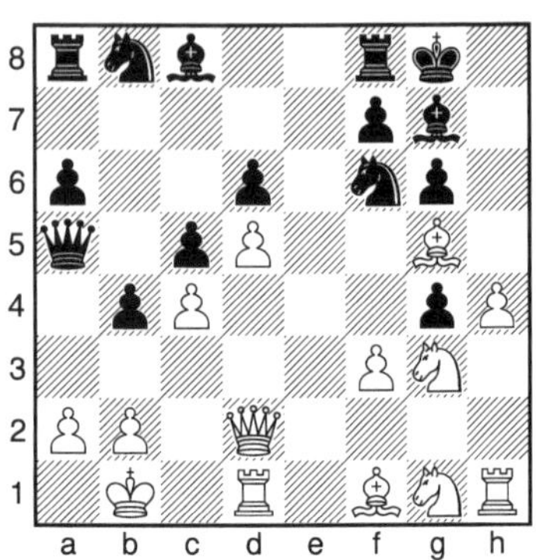

16...♘h5

Die Folge nach 16...gxf3 ist nicht zu empfehlen wegen 17.♘xf3 ♗g4 18.♕f4.

(Interessant ist 18.♗xf6!? ♗xf6 19.♗e2 ♘d7 20.h5 mit Angriff.)

18...♘bd7 19.h5 ♗xh5 20.♘xh5 ♘xh5 21.♖xh5! gxh5 22.♗d3 f6 23.♗h6 ♖f7 24.♖g1 mit ausgezeichneten Angriffschancen für Weiß.

17.♘xh5 gxh5 18.♗d3 f6 19.♗f4 ♕c7 20.♘e2 gxf3 21.♘g3

Für das geopferte Material hat Weiß eine starke Initiative.

Zusammenfassung: In diesem Abspiel hat Weiß gute Perspektiven auf der Basis von zwei starken Alternativen: 7.♗d3!? (statt 7.♕d2) und 8.♘ge2 (statt 8.d5).

Abspiel 6

Die Fortsetzung 6...a6

1.d4 ♘f6 2.c4 g6 3.♘c3 ♗g7 4.e4 d6 5.f3 0-0 6.♗e3 a6

Nach diesem Zug geht das Spiel sehr oft unter Zugumstellung in andere Varianten über (z.B. nach 6...c6, 6...♘c6 usw.). Genauso gut aber kann die Partie in ganz eigene Gewässer führen.

7.♕d2

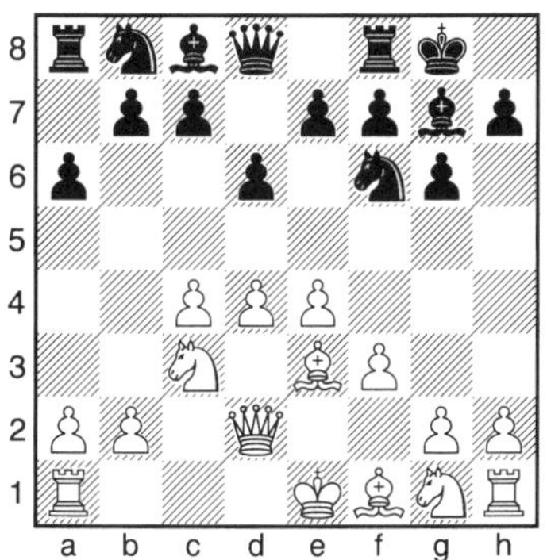

7...♖e8

A) Ein Versuch im Geiste des Wolga-Gambits mit 7...b5 ist hier nicht zu empfehlen, wie sich in der Fernpartie Millstone–Wakeham, ICCF 2001, zeigte.

8.cxb5 ♘bd7 9.bxa6 ♗xa6 10.♗xa6 ♖xa6 11.♘ge2 c5 12.dxc5

Weiß kann seine Entwicklung auch mit 12.0-0!? vorantreiben.

12...♘xc5 13.♖b1 ♘cd7 14.0-0 ♕a8 15.a4 ♘e5 16.b3 ♖c8 17.♖fc1 ♘fd7 18.♘d5 ♖xc1+ 19.♖xc1 ♘c6 20.b4 ♖xa4 21.♖xc6! ♖a1+

(Nach 21...♕xc6?? 22.♘xe7+ ist die Dame futsch.)

22.♔f2 1-0

B) Auf 7...♘bd7 ist 8.0-0-0 zu empfehlen, was Weiß z.B. in der Partie Knaak–Ornstein, Budapest 1977, wählte.

8...b5 9.e5 ♘e8

(Nach 9...dxe5 10.dxe5 ♘e8 11.cxb5 wäre die schwarze Stellung kritisch.)

10.h4 c6 11.h5 dxe5 12.dxe5 ♗xe5 13.hxg6 fxg6 (13...hxg6 14.♗d4!±) 14.♘e4 ♘d6 15.♘g5 ♘xc4 16.♗xc4+ bxc4 17.♕c2 1-0

8.0-0-0 b5

Logisch, denn Schwarz will sofort zu Gegenspiel am Damenflügel kommen.

Auf 8...c6 steht 9.g4 zur Verfügung, was die weißen Angriffsbemühungen auf dem rechten Flügel vorantreibt. Wenn der Nachziehende bei seinem thematischen Bauernvorstoß bleibt, was ratsam ist, kann es wie in der Partie Hook–Yousif, Moskau 1994 weitergehen.

9...b5 10.h4 h5 11.e5 dxe5 12.dxe5 ♕xd2+ 13.♖xd2 ♘xg4

(13...♘fd7 14.e6! fxe6 15.gxh5 gxh5 16.♖g2 ♔h8 17.♘h3±)

14.fxg4 ♗xg4 15.♗h3 ♗xh3 16.♘xh3 ♗xe5 17.♘g5 bxc4 18.♘a4 a5 19.♘b6 ♖a6 20.♘xc4 ♗f6 21.♖hd1 ♗xg5 22.hxg5 c5 23.♖d8 ♔f8 24.b3 mit weißem Vorteil.

9.h4 b4

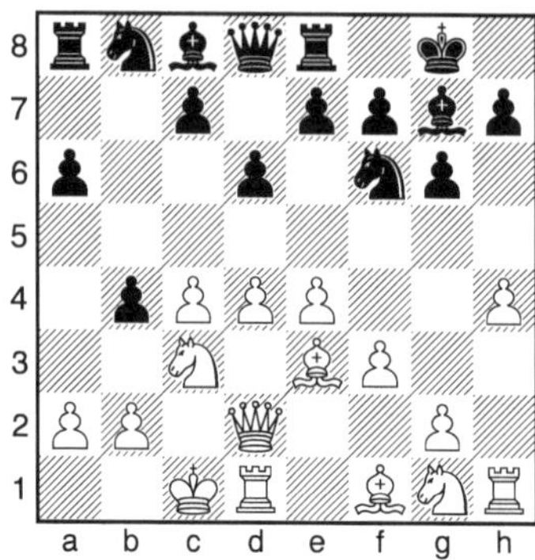

10.♘ce2

Diese Fortsetzung scheint Weiß die besten Möglichkeiten zu eröffnen.

Als erste Alternative hat die Praxis 10.♘d5!? Hervorgebracht, wozu wir ein paar Ausführungen folgen lassen.

10...♘xd5 11.cxd5 c6

A) 12.♗c4 ♗b7

(12...cxd5 13.♗xd5 ♗b7 14.♗xb7 ♕c7+ 15.♔b1 ♕xb7 16.h5 ♘d7 17.♘e2 ♖ec8∞)

13.♕xb4 ♕c7 14.♔b1 cxd5 15.♗xd5 ♗xd5 16.exd5 a5 17.♕a3 ♘a6 18.♘e2 ♘b4

Schwarz hat gute Konterchancen für den Bauern.

B) 12.dxc6 ♘xc6

(12...d5? ist schwach, was z.B. das folgende Fragment aus der Partie Gheorghiu–Naranja, Siegen 1970, bestätigen mag: 13.h5 ♘xc6 14.hxg6 fxg6 15.♔b1 ♗e6 16.♘h3 ♗xh3 17.gxh3 e6 18.h4 ♕a5 19.h5 b3 20.♕xa5 ♘xa5 21.axb3 ♖ab8 22.hxg6 hxg6 23.e5 ♖xb3 24.♖d3 ♖eb8 25.♖xb3 ♖xb3 26.♗d2 ♘c4 27.♗c3 a5 28.♔c2 a4 29.♗xc4 dxc4 30.♖a1 mit einem leicht gewonnenen Endspiel für Weiß.)

13.d5 ♘a5

(Sehr scharf und unklar ist 13...b3 14.dxc6 bxa2 15.♔c2 ♖b8 16.♗d4 ♗e6 17.b4 ♗xd4 18.♕xd4 ♕c7. Die Stellung ist geprägt vom noch nicht entwickelten Königsflügel des Anziehenden. Wir denken, dass Schwarz die besseren Perspektiven hat.)

14.♔b1 ♗d7 15.♗d4 ♗xd4 16.♕xd4 mit dem Plan h4-h5 und Aussichten auf Initiative am Königsflügel.

10...a5 11.g4

Weiß folgt dem typischen Angriffsplan h4-h5 und hat gute Perspektiven. Es ist wichtig, dass Sie sich diese typischen Angriffsmanöver hier wie auch an den anderen Stellen unseres Buches einprägen und sich die Nuancen der Angriffsführung verinnerlichen. Sie werden diese Kenntnis in Ihren eigenen Partien immer wieder brauchen.

Zusammenfassung: In diesem Abspiel schlagen wir Ihnen die interessante Idee 10.♘d5!? (statt 10.♘ce2) für Ihr Repertoire vor.

Abspiel 7

Die Fortsetzung 6..♘bd7

1.d4 ♘f6 2.c4 g6 3.♘c3 ♗g7 4.e4 d6 5.f3 0-0 6.♗e3 ♘bd7

Schwarz will c7-c5 spielen, ohne den Bauern zu opfern.

7.♕d2 c5 8.♘ge2

Weiß überdeckt das Feld d4 und will damit die Spannung im Zentrum aufrechterhalten.

Die Fortsetzung 8.d5 nimmt zu schnell die Luft aus dem Gerangel und versetzt den Nachziehenden in die Lage, sich erfolgreich zu verteidigen; z.B. 8...♘e5 9.♗g5 a6 10.f4 ♘ed7 11.♘f3 b5 12.cxb5 ♕a5 13.e5 ♖e8!? 14.♗e2.

(14.exf6? exf6+ 15.♗e2 fxg5 16.♘xg5 axb5∓)

14...axb5 15.exf6 exf6 16.♗h4 b4 17.♘d1 ♗a6 18.♘e3 c4 19.♗f2 f5 mit Initiative für das geopferte Material.

8...a6

Schwarz bereitet ein Gegenspiel am Damenflügel vor und setzt dabei auf b7-b5.

9.0-0-0

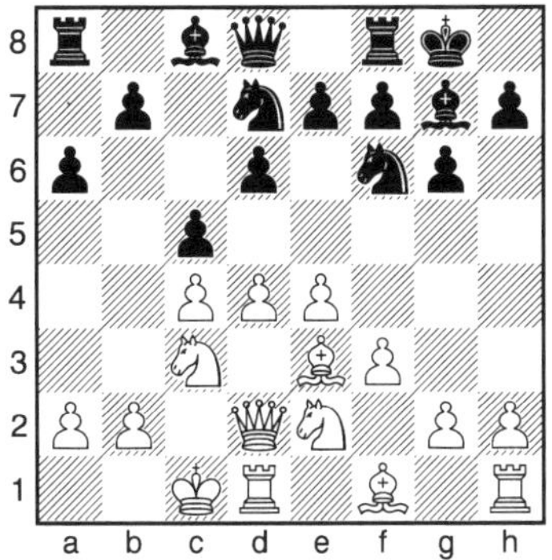

9...♕a5

Die Dame wird an ihrem hauseigenen Flügel aktiv und will sich als mächtigste Figur in das Gegenspiel einbringen, noch bevor es zum Vorstoß b7-b5 kommt.

Nehmen wir uns mal die Zeit, einen Blick auf andere Erwiderungen zu werfen.

I. 9...cxd4 10.♘xd4

A) 10...♘e5 11.♔b1

(Die Variante 11.g4!? ♗d7 12.h4 ♖c8 13.h5 ♘xc4 14.♗xc4 ♖xc4 15.♔b1 ist eine ordentliche Option für Weiß, da sie ihm Initiative für den Bauern einbringt.)

11...♗d7 12.♖c1 ♖b8 13.♗e2 ♘c6 14.♖hd1 b5 15.c5 ♘xd4 16.♗xd4 ♖c8 17.cxd6

(Anders verhält es sich bei der mit 17.♗xf6 ♗xf6 18.cxd6 eingeleiteten Folge, die uns aus weißer Sicht keine Fürsprache entlocken kann. Nach 18...♗e6 19.♘d5 steht Weiß nur geringfügig besser.)

17...exd6 18.g4

Dies ist mit der Absicht gespielt, h2-h4 folgen zu lassen. Weiß sind gute Angriffsmöglichkeiten zu attestieren.

B) 10...♕c7 11.♔b1 ♘e5 12.♖c1 ♗d7

(12...♘xc4?? 13.♗xc4 ♕xc4 14.♘d5 ♕a4 15.♘b6+-)

13.♘d5 ♕d8 14.♗e2 ♘c6 15.g4 ♖b8 16.g5 ♘e8 17.h4 e6 18.♘c3 ♘xd4 19.♗xd4 b5 20.♗xg7 ♔xg7 21.h5 b4 22.hxg6! bxc3 (22...fxg6 23.♘d1±) 23.♕xc3+ e5 24.♖xh7+ ♔xg6 25.♖h6+ ♔g7 26.♖ch1 (26.f4!+-) 26...♖g8

(26...♕xg5 war noch zu versuchen.)

27.f4 ♔f8 28.fxe5 ♕xg5 29.exd6

In der Partie Vereggen-Dijkhuis, Utrecht 2012, gelang es dem Anziehenden, den vollen Punkt nach Hause zu fahren.

II. 9...♕c7

A) 10.d5 ♘e5 11.♘g3 b5 12.♗h6 b4 13.♘b1 ♗xh6 14.♕xh6 ♕a5 15.h4

♕xa2 16.h5 ♗d7 (16...♘xc4!?) 17.♖d2 ♘xc4 18.♗xc4 ♕xc4+ 19.♖c2 ♕b3 20.♘d2 ♕a2 21.e5! ♕a1+

(21...dxe5 22.♘de4! mit Angriff.)

22.♘b1 dxe5 23.d6! ♖fe8

(23...exd6 24.♘e4 ♘xe4 25.hxg6 ♘f6 26.gxh7+ ♔h8 27.♕xf6#

23...♖ae8 24.♘e4+–)

24.hxg6 fxg6 25.♘e4 ♗f5 26.♘xf6+ exf6 27.♕xh7+ ♔f8 28.♕c7 ♕a2 (28...♔g8 29.♖h7+–) 29.♖h8+ ♕g8 30.♖xg8+ ♔xg8 31.♖d2 ♖ed8 32.♕e7 1-0, M. Hoffmann–Schäfer, Münster 1992.

B) 10.g4 b5 11.cxb5 axb5 12.♘xb5 ♕b6 13.♘ec3 mit Vorteil für Weiß (Analyse von A. Schneider).

10.♔b1 b5 11.dxc5 dxc5

11...♘xc5 sollte Weiß mit 12.♗xc5 beantworten.

12...dxc5 13.♘d5 b4

(Nach 13...♕xd2 14.♘xe7+ ♔h8 15.♖xd2 ♗e6 hätte Weiß in der Partie Lahlum–Hoi, Gausdal 1994, 16.♘f4! spielen sollen, denn 16...♗xc4 17.♗xc4 bxc4 18.♘e2 hätte ihn in Vorteil gebracht.)

14.♘xe7+ ♔h8 15.♘c1 ♗e6 16.♘b3 ♕c7 17.♕d6 ♕xd6 18.♖xd6 ♖fe8 19.♘d5 ♗xd5 20.cxd5 a5 21.♗b5 ♖eb8 22.♗c6 ♖a7 23.♘xc5+– Maurer–Vulkovic, Triesen 2011.

12.♘d5

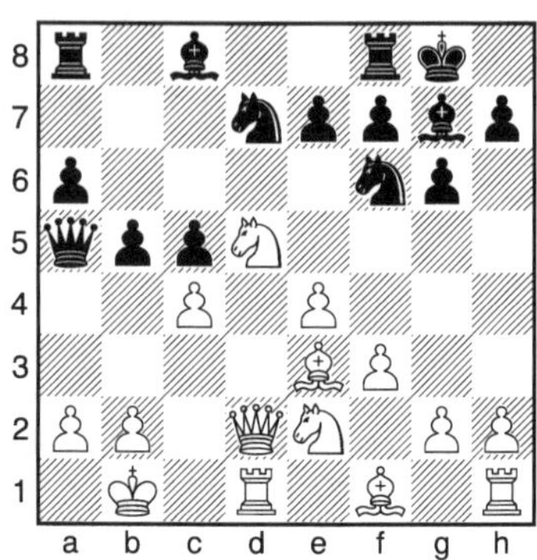

12...♘xd5

Schwarz hat praktisch keinen Ausweg: Die Dame muss geopfert werden.

12...♕d8 13.♘ec3

(13.♗xc5!? ist zu prüfen.)

13...bxc4 14.♗xc5 ♘xd5 15.♕xd5 ♖b8 16.♗d4 ♘b6 17.♕xd8 ♖xd8 18.♗xb6 ♖xd1+ 19.♘xd1 ♖xb6 20.♗xc4 g5 21.♖e1 ♗e5 22.g3 ♔g7 23.♖e2 ♗d4 24.♘e3 ♗xe3 25.♖xe3 e5 26.♖c3

Weiß hat das bessere Endspiel, Klara–Blumberg, Deutschland 1975.

13.♕xa5

So ist es richtig, denn nach 13.cxd5 ♕xd2 14.♖xd2 f5! kommt Schwarz zu gutem Gegenspiel.

13...♘xe3 14.♖c1 ♘xc4

Oder 14...♘e5 15.♘f4! ♘5xc4 16.♗xc4 ♘xc4 17.♖xc4! bxc4 18.♕c7± (Analyse von R. Byrne und Mednis).

15.♖xc4 bxc4 16.♘c3 ♘e5

Nach 16...♖b8 nahm die Partie Balló–T. Pähtz, Dortmund 1997, den folgenden Verlauf.

17.♗xc4 ♘e5 18.♗e2 ♗e6 19.f4 ♘c6 20.♕xc5 ♖fc8

(20...♘b4! 21.e5 ♗f5+ 22.♔a1 ♖fc8⇄)

21.♗xa6 ♗d4 22.♕a3 ♖d8 23.♗b5 ♖dc8 24.♕a4 ♗xc3 25.bxc3 ♖xb5+ 26.♕xb5 ♖b8 27.a4 ♖xb5+ 28.axb5 ♘a5 29.♔c2

Das Endspiel ist für Weiß gewonnen.

17.f4

Der Springer muss aus seiner zentralen Position vertrieben werden.

Die Alternative 17.♕xc5 ♗e6 18.f4 ♘d3 19.♗xd3 cxd3 20.e5 f6 21.♘d5 ♖ad8 22.♘xe7+ ♔h8 23.♕b6!? führt zu einer unklaren Stellung.

(23.f5 gxf5 24.♕c6 ♗d7 25.♕xa6 fxe5 26.♕xd3 f4 27.♕c4 ♖de8 28.♕c5 e4 29.♘d5 e3 30.♘c3 ♖b8 31.♔c1 ♖fc8 32.♕d6 ♗xc3 33.bxc3 ♖xc3+ 34.♔d1 ♗g4+ 0-1, Bromberger-Rakow, Schopfenheim 1997.)

Nach 23...♗c4 24.exf6 ♗xf6 25.♘c6 ♖c8 ist die Kampfeslage recht unübersichtlich. Auf jeden Fall hat Schwarz, stolzer Besitzer des mächtigen Läuferpaars, gute Konterchancen.

17...♘c6

Im Falle der Zugfolge 17...♘d3 18.♗xd3 cxd3 19.♕xc5 ♖b8 20.♖d1 ♖d8 21.♖d2 behält Weiß die besseren Chancen, insbesondere auch wegen des schwachen gegnerischen Bauern auf d3.

18.♕xc5 ♖b8 19.♘a4 ♗e6 20.♗xc4 ♗d4 21.♕xc6 ♖fc8 22.♕xc8+ ♗xc8 23.♖d1 e5 24.fxe5 ♗xe5 25.h3 ♔g7 26.b3 f5 27.♗d3 f4 28.♗c4 ♔f6 29.♘c5

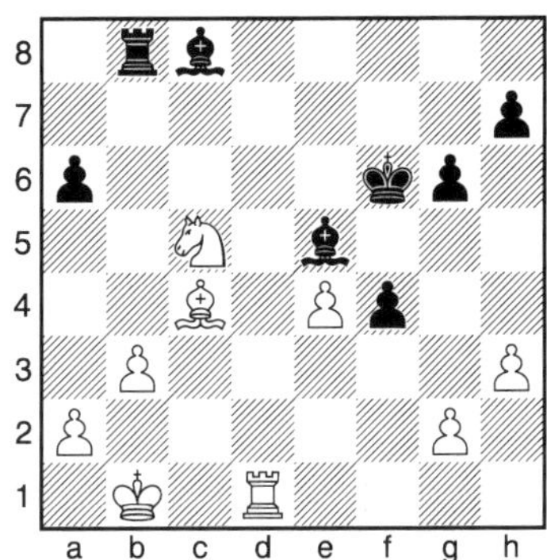

Mit weißem Endspielvorteil, Clitan-Ljuboschiz, Hofheim 2013.

Zusammenfassung: In diesem Abspiel lautet unsere Empfehlung, mittels 8.♘ge2 (statt 8.d5) die Spannung im Zentrum zunächst zu erhalten. Schwarz muss praktisch seine Dame hergeben, um real um Ausgleich kämpfen zu können. Weiß hat – das richtige Spiel natürlich vorausgesetzt – ausreichend Chancen auf Vorteil.

Mit diesem Abspiel beenden wir die Besprechung des Sämisch-Systems in der Königsindischen Verteidigung. Es eröffnet dem Anziehenden viele schöne Aussichten auf Vorteil. Die Hauptidee liegt darin, lang zu rochieren und einen Angriff gegen den gegnerischen König zu starten. Unsere Auswahl an lehrreichen Beispielpartien vertieft das erlangte Wissen über die Angriffsführung. Deshalb raten wir Ihnen, alle Beispiele konzentriert zu analysieren, damit Ihnen die Angriffsmethoden gegen den schwarzen König nach und nach in Fleisch und Blut übergehen können.

Kapitel 11

Holländische Verteidigung

1.d4 f5

Damit trifft Weiß auf die Holländische Verteidigung. Die Zugfolge trägt diesen Namen, weil es ein holländischer Schachspieler und Theoretiker war, nämlich Elias Stein (1748–1812), der als Erster, und zwar 1789, über sie schrieb.

2.♘c3

Weiß entwickelt seinen Springer und möchte bei der ersten Gelegenheit e2-e4 spielen, um sich ein Übergewicht im Zentrum zu verschaffen.

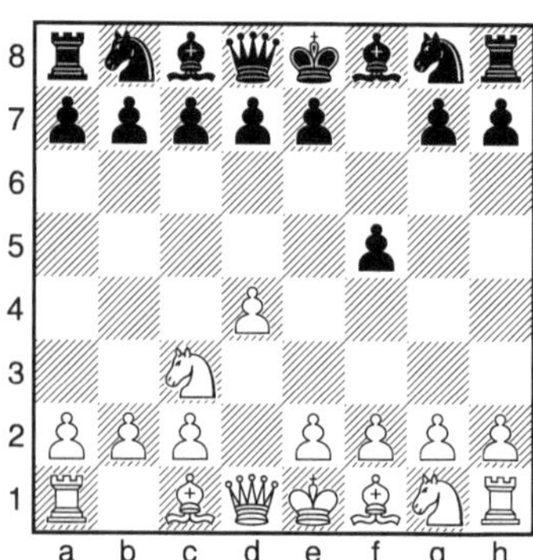

2...♘f6

Dieser natürliche Zug wird zumeist gespielt.

Wir müssen aber auch ein Auge vor allem auf vier Alternativen werfen.

I. 2...d5

A) 3.e4!?

Manche Theoretiker empfehlen genau diese scharfe und hinsichtlich ihrer Konsequenzen auch noch nicht tief geklärte Fortsetzung. Für den innovativen und risikofreudigen Spieler können wir uns dieser Empfehlung anschließen. Dem noch lernenden Spieler und jenem, der es lieber ruhiger und positionell mag, legen wir allerdings die im Anschluss behandelte Alternative ans Herz.

3...dxe4 4.f3

Damit kann Weiß am besten seinen Anspruch auf Initiative geltend machen.

(Nach 4.♗f4 ♘f6 5.f3 e6 gefolgt von ♗f8-d6 hat Schwarz ein bequemes Spiel erreicht.)

4...♘f6

(4...e5 5.dxe5 ♕xd1+ 6.♔xd1 ♗e6 7.♘h3±)

5.♗g5 ♘c6

(In der Partie Wessendorf–Borngässer, Essen 1992, versuchte der Nachziehende sein Glück mit 5...♘bd7. In der sich anschließenden Zugfolge sind keine Züge zu erkennen, an deren Stelle sich Alternativen aufdrängen. Nach 6.fxe4 ♘xe4 7.♘xe4 fxe4 8.♗c4 ♘f6 9.♘e2 ♗f5 10.0-0 ♕d7 11.c3 0-0-0 12.♕b3 konnte sich Weiß eines aktiven Spiels erfreuen.)

6.d5 ♘e5 7.♕d4

Weiß lässt seinen Gegner nicht zur Ruhe kommen und spielt die aktive Rolle.

7...♘f7 8.♗xf6 gxf6

Vielleicht etwas dogmatisch gespielt.

(Nach 8...exf6!? und dann 9.♗b5+ ♗d7 10.fxe4 a6 11.♗xd7+ ♕xd7 erscheint die Situation recht unklar.)

9.♗b5+ ♗d7 10.fxe4 ♗xb5 11.♘xb5 ♕d7

(11...a6!? ist ernsthaft in Betracht zu ziehen.)

12.♕c5 (12.♘c3 e5∞) 12...e5 (12...c6!?) 13.♘xc7+

Im Duell Muratow–Awshalumow, UdSSR 1988, war dies der Auftakt zu einem Harakirischach-Intermezzo. Die Stellung erscheint unklar, denn ein eindeutiger Vorteil ist für keine der beiden Parteien zu erkennen.

13...♔d8 14.♘e6+ ♕xe6 15.♕xf8+ ♖xf8 16.dxe6 ♘d6 (16...♘h6!? 17.0-0-0+ ♔e7∞) 17.0-0-0 ♔e7 18.♖xd6 (18.exf5 ♖g8∞) 18...♔xd6 19.exf5 ♖g8

Beide Seiten konnten ihre Fähigkeiten in einem sehr komplizierten Endspiel testen. Letztendlich durchsetzen konnte sich hier der Nachziehende.

B) 3.♗g5 ist die übliche Antwort auf 2...d5.

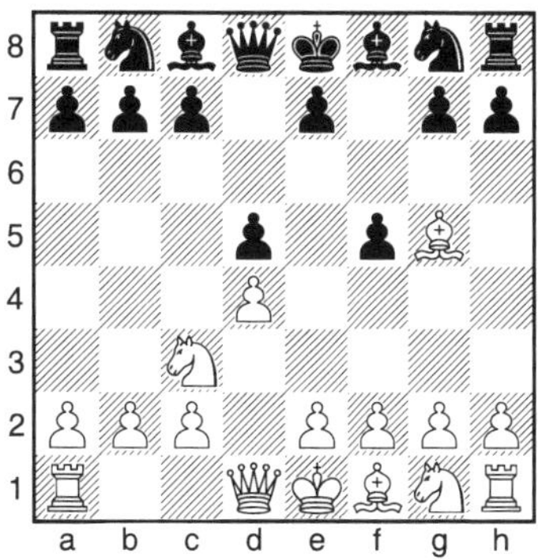

3...h6

(– 3...♘f6 4.♗xf6 führt in die Hauptvariante.

– Nach 3...c6 ist 4.♕d2!? eine Prüfung wert.

In der Partie Ponomarjow–Bartel, Warschau 2010, folgte stattdessen 4.e3 ♗e6 5.♗d3 g6 6.♘ge2 ♗g7 7.h4 ♘d7 8.h5 mit Angriff.)

4.♗h4

Nun sieht es so aus, als sei Weiß ein Fehler unterlaufen, der ihn schlicht und einfach den Läufer kosten wird. Dies ist aber nicht der Fall, denn es wird taktisch.

4...g5 5.e3

Hier hat Schwarz nun die Wahl zwischen 5...gxh4 und 5...♘f6.

B1) 5...gxh4 6.♕h5+ ♔d7 7.♘f3 ♘c6

(7...c6 mit dem Motiv, das Feld c7 für den König freizumachen, bringt nichts, wie die Berkell–Edlund, Schweden 2002, zeigte. Nach 8.♘e5+ ♔c7 9.♘f7 ♘f6 10.♕xh4 ♕e8 11.♘xh8 stand Schwarz schon ziemlich platt. Dies wurde nach den weiteren Zügen 11...b5 12.♕g3+ ♔b7 13.♕g6 ♕d8 14.♘f7+– richtig deutlich.)

8.♘xd5 e6 9.♗b5 ♔d6

(Sofort verliert 9...exd5 wegen 10.♘e5+ und Schwarz kann aufgeben.)

10.♘e5 ♖h7

Schwarz steht mit dem Rücken zur Wand. In einer Situation wie dieser ist es nicht schwer, einen Fehler, auch mit entscheidender Wirkung, zu machen.

11.♘c4+ ♔d7 12.♘f4 ♘f6 13.♘e5+ ♔d6 14.♕xh4

Weiß hat den Kampf, in der Eröffnung einen Vorteil zu erringen, klar für sich entschieden. Es ist zwar interessant, wie es ihm in der Fernpartie Schyndel–Kelbl, ICCF 2010, gelang, diesen über eine gezielte Angriffsführung in einen Sieg umzuwandeln, aber für unser Eröffnungsthema ist dies nicht mehr relevant. Wir verzichten auf weitere Textkommentare und beschränken uns auf Partiezüge und Analysen.

14...♘g4

(14...♘xe5 15.dxe5+ ♔c5 16.♖d1+–)

15.♘c4+ ♔d7 16.♕g3 a6 17.♗a4 b5 18.h3 ♘f6

(18...bxc4 19.hxg4+–; 18...bxa4 19.hxg4+–)

19.♘e5+ ♘xe5 20.dxe5 ♘d5 21.♘xe6! ♕e7

(21...♔xe6 22.♕g6+ ♔d7 23.0-0-0+–)

22.♗b3 ♗b7 23.♕g6 ♕xe6 24.♕xh7+ ♔c6 25.0-0-0 ♔b6 26.f4 ♗c5 27.e4 fxe4 28.♕xe4 c6 29.♔b1 ♖f8 30.g4

Weiß steht nun endgültig auf Gewinn.

B2) 5...♘f6

Schwarz verzichtet auf den Versuch, möglichst ungestraft seinen Gegner um dessen Läufer zu bringen. Dies ist gesünder besonders für ihn selbst.

6.♗g3 e6

Beide Seiten haben noch einige Anstrengungen vor sich, um ihre Kräfte zu mobilisieren, Weiß aber scheint dies etwas leichter zu fallen. Wir haben die Partie Shengelia–Fauland, Feldkirch 2013, ausgewählt, um zu veranschaulichen, wie ein logischer Aufbau aus weißer und aus schwarzer Sicht aussehen kann.

7.♘f3 ♗b4 8.♘e5 0-0 9.f3 ♘bd7 10.a3 ♗xc3+ 11.bxc3 ♘xe5 12.dxe5

(Natürlich ist 12.♗xe5!? ebenfalls stark.)

12...♘d7 13.h4 f4 14.♗f2

(Rasierklingenscharf ist 14.hxg5!? fxg3 und dann 15.f4 ♕e8 16.♖xh6 ♔g7 17.♕g4 mit weißer Initiative.)

14...♘xe5 15.hxg5 ♕xg5 16.exf4 ♖xf4 17.♕d2 ♘f7 18.♗e2 ♖f6 19.♕d3 ♕g7 20.0-0-0

Weiß bekam mit seinem Läuferpaar gute Angriffsmöglichkeiten. Im Schloss des schwarzen Monarchen ist es reichlich zugig. Der Anziehende gewann die Partie im 47. Zug.

II. 2...g6

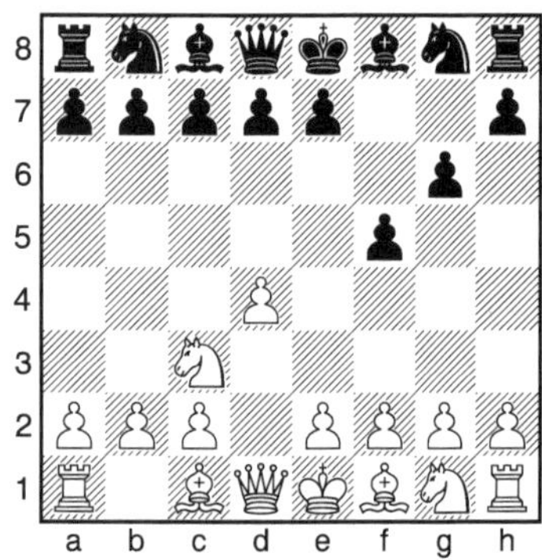

Diesen Ansatz kann Weiß gut mit 3.h4 beantworten, woraufhin die Praxis vor allem die drei schwarzen Antworten 3...♘f6, 3...d5 und 3...♗g7 auf den Prüfstand gestellt hat.

(Den mit 3.e4!? verbundenen Plan nehmen wir in der **Partie Nr. 50:** Molnar–Jusko, Kosice 2010, unter die Lupe.)

A) 3...♘f6 4.h5

(Der Zug 1...f7-f5 führt zu einer Schwächung der schwarzen Königsstellung, besonders auch seiner Präsenz auf der Diagonale e8-h5. Der weiße Bauernvorstoß hat dies im Kalkül.)

4...♖g8

(4...♘xh5 ermöglicht 5.♖xh5! gxh5 6.e4 mit starkem Angriff.)

5.hxg6 hxg6 6.♗g5

Der Anziehende kann schon recht zufrieden sein. Die gegnerische Bauernstellung ist in Mitleidenschaft gezogen und die kurze Rochade ist Schwarz nicht mehr möglich, während Weiß keine entsprechenden Zugeständnisse machen musste. In welchem Stil die Partie ihren Fortgang nehmen kann, schauen wir uns an dem Praxisbeispiel Nestorovic–Petrovic, Obrenovac 2010, an.

6...d5 7.♘f3 ♘e4 8.♘xe4 dxe4

(Auf 8...fxe4 9.♘e5 ♘d7 ist 10.♕d2 mit anschließender langer Rochade ein guter Weg.)

9.♘e5 ♕d6 10.♕d2 ♗e6 11.♗f4 ♕b6 12.c4 c5 13.d5 g5 14.♗xg5 ♖xg5 15.♕xg5 ♕xb2 16.♖c1 ♕xe5 17.dxe6 ♕xe6 18.♖d1 ♘d7 19.g3 ♕xc4 20.♕g6+ ♔d8 21.♗h3 e6 22.♗xf5! exf5 23.♕xf5 ♕c3+ 24.♔f1 ♕g7 25.♖h7 1-0

B) 3...d5 beantwortet Weiß unbeirrt gut mit 4.h5 und dem Ziel weiterer Aktionen auf dem Königsflügel. Ein Beispiel dazu, wie sich das Spiel entwickeln kann, liefert z.B. die Partie Demir–Ugrcic, Belgrad 2012.

4...♗g7 5.♘f3 ♗e6 6.♗f4 c6 7.♘e5 ♗f7? (□7...♘d7) 8.g4! e6 9.g5 ♘d7 10.♘xd7 ♕xd7 11.h6 mit einem klaren weißen Übergewicht.

C) 3...♗g7 4.h5

Wieder setzt Weiß die bekannte Waffe ein.

4...♘h6

(Oder 4...♘c6 wie in der Partie Guramishvili–Firdaus, Jakarta 2011, in der Weiß recht bequem in eine komfortable Stellung kam: 5.♘f3 e6 6.♗g5 ♘f6 7.hxg6 hxg6 8.♖xh8+ ♗xh8 9.e4 d6 10.♗b5 fxe4 11.♘xe4 ♔f7 12.♕e2 ♕f8 13.0-0-0±.)

5.e4 fxe4 6.♗c4

Die weiße Stellung ist schon jetzt eindeutig vorzuziehen. In Delchev–Polster, Bad Wiessee 2013, dauerte es nur noch wenige Züge, bis Weiß den Sieg einstreichen konnte, allerdings durch das fehlerhafte Spiel seines Gegners begünstigt.

6...d6 7.♗xh6 ♗xh6 8.♕e2 c6 9.hxg6 hxg6 10.♕e3 ♕b6?? (□10...♗g7±) 11.♖xh6 ♖xh6 12.♕xh6 ♕xb2 13.♕h8+ ♔d7 14.♗e6+ ♔xe6 15.♘d1 ♕xa1 16.d5+ mit Schachgebot und gleichzeitigem Angriff der Dame gegen die schwarze Kollegin, 1-0.

III. 2...e6

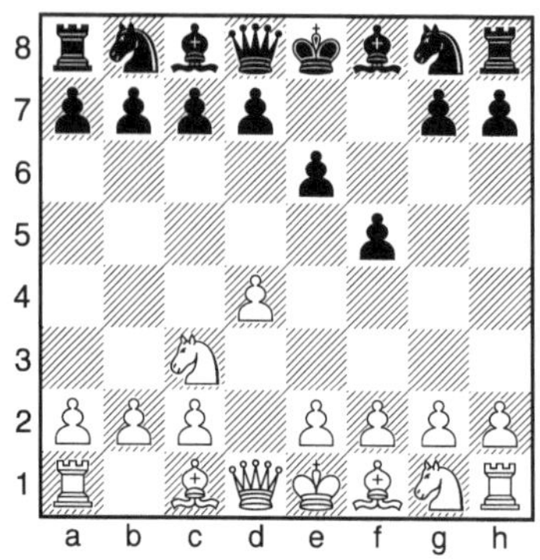

3.e4

Aus dem Strauß von Erwiderungen, die von den Spielern mit Schwarz an dieser Stelle versucht worden sind, verlangt 3...♗b4, 3...fxe4 und 3...d5 eine etwas genauere Betrachtung (wobei die zweite Möglichkeit am häufigsten vorkommt).

A) 3...♗b4 4.exf5 exf5 5.♗d3 ♘c6

(5...d6 scheint das Problem des Nachziehenden mit seinem f-Bauern zu lösen, aber nach 6.♕h5+ g6 7.♕h3 ♘f6 8.♗h6 hat er schon ernste Schwierigkeiten.)

6.♗xf5 ♕f6 7.♗d3 ♘xd4 8.♘ge2 ♘xe2 9.♕xe2+ ♕e7 10.♕xe7+ ♘xe7 11.♗d2 c6 12.a3 ♗a5 13.0-0

Der Anziehende hat sich einen Eröffnungsvorsprung gesichert, denn er steht aktiver und somit insgesamt etwas besser. In der Fernpartie Ilken-Blittkowsky, ICCF 2012, setzte er nun mit 13...d5 fort.

Vermutlich wäre 13...0-0 die etwas bessere Wahl gewesen, ohne dass diese aber etwas geändert hätte am positiven Urteil für Weiß.

Daraufhin ließ 14.♘xd5 ♗xd2 15.♘c7+ ♔f7 16.♘xa8 ♘d5 17.♖ad1 ♗f4 18.g3 ♗h3 19.gxf4 ♗xf1 20.♔xf1 ♖xa8 21.♗xh7 den Vorteil größer werden und Weiß konnte diesen später in einen Sieg umwandeln.

B) 3...fxe4

Wie schon kurz erwähnt, ist dies der Bus, der die Haltestelle in diesem entlegenen Dorf der Theorie am häufigsten anfährt.

4.♘xe4 ♗e7

Beide Seiten müssen sehen, wie sie sich möglichst schnell und effektiv entwickeln können. Für den Anziehenden bietet sich ein Aufbau nach dem Schema an, das die Partie Giemsa-Zesewitz, Berlin 2013, veranschaulicht.

5.♗d3 ♘f6 6.♘f3 0-0 7.♕e2 ♘c6 8.c3 d6 9.♘eg5

(Zu überlegen ist 9.♗d2!? mit der Idee 0-0-0!?.)

9...e5 10.dxe5 ♘xe5 11.♘xe5 dxe5 12.♗c4+

Noch einmal regen wir für Weiß an, die Wahl einer Abweichung zu überlegen. Wenn er hier zunächst 12.0-0!? spielt, kann er seinen konkreten Spielplan im Anschluss bestimmen und diesen auch für seinen Gegner noch etwas länger offen lassen.

12...♘d5 13.♘xh7 ♔xh7 14.♕e4+ ♗f5 15.♕xd5 ♕xd5 16.♗xd5 ♖ad8 17.♗c4

Weiß ist mit einem Mehrbauern aus den Scharmützeln hervorgegangen.

C) 3...d5 kann uns nicht überzeugen. Ein paar in unsere Prüfungen einbezogene Beispiele aus der Praxis mögen dies begründen.

4.exf5 exf5

C1) 5.♕f3 möchten wir anhand der kurzen Partie Sanchez Castillo–Acuna Monteverde, Panama City 2013, vorstellen.

5...c6 (5...♘f6 6.♗g5±) 6.♗d3 ♕f6 7.♘ge2 ♗d6

Der weiße Vorteil ist schon deutlich sichtbar. Der Anziehende hat sehr schön für seine Zwecke den Umstand ausnutzen können, dass die beiden schwarzen Frontbauern unterstützungsbedürftig waren.

8.h4 ♘e7 9.♗g5 ♕f7 10.0-0-0 ♘a6 11.h5 ♘b4 12.♗f4 ♘xd3+ 13.♖xd3 ♗xf4+ 14.♘xf4 ♗d7 15.♘a4 b6 16.♖e1 0-0 17.♖de3 ♖ae8 18.♘d3 ♕f6 19.♘e5 ♗c8 20.♘xc6 ♕xc6 21.♖xe7 ♖xe7 22.♖xe7 ♕xa4

Dies führt unweigerlich zum Matt. Der Nachstehende stand allerdings ohnehin bereits vollkommen auf verlorenem Posten.

23.♕xd5+ ♔h8 24.h6 1-0

C2) 5.♕h5+!? ist ebenfalls ernsthaft in Erwägung zu ziehen.

C3) 5.♕e2+ öffnet einen bequemen Weg für den Anziehenden, sich weitgehend ungefährdet einen Eröffnungsvorteil zu sichern.

5...♗e7 6.♗g5 ♔f7 7.♗xe7 ♘xe7 8.♕h5+

(8.0-0-0!? ♘d7 9.♘f3 ♖e8 10.♘g5+ 1-0, Saptarshi–Consalvo, Porto San Giorgio 2011.)

8...g6 9.♕h6 ♘g8 10.♕f4 ♘f6 11.0-0-0 ♘bd7 12.♘f3 ♘f8 13.♕h6 mit starker Initiative, Kryworuschko–Fingerow, Alushta 2011.

IV. 2...d6

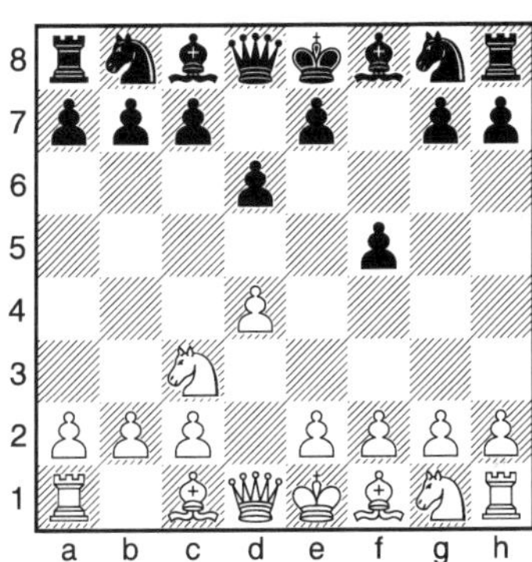

3.e4

A) 3...fxe4 4.♘xe4 ♘f6

(4...g6 5.♘f3 ♗g7 6.♗d3 ♗g4 7.♘eg5±)

5.♘xf6+ exf6 6.♗d3 g6

(Auf 6...♗e7 folgt 7.♕h5+!.)

7.♘e2 ♗g7 8.♗e3

(Interessant ist 8.h4!?.)

8...0-0 9.♕d2 mit dem Plan h2-h4, 0-0-0 usw. mit gutem Spiel.

B) 3...♘f6 4.♗d3 fxe4 5.♘xe4 ♘c6

(5...g6 setzt für Weiß eine günstige Marke für den Vorstoß seines h-Bauern.

6.h4 ♗g7 7.h5

In der Partie Schischkin–Stremavicius, Krakou 2011, griff der Nachziehende mit 7...♘xh5 zu und kam nach 8.♖xh5! gxh5 9.♕xh5+ unter die Räder. Nach wenigen weiteren Zügen war die Partie vorbei: 9...♔f8 10.♘g5

♕e8 11.♘xh7+ ♖xh7 12.♕xh7 ♘d7 13.♗h6 ♕f7 14.♕h8+ 1-0.)

6.♘xf6+ exf6 7.c3 ♗e6 8.♘e2 ♕d7 9.0-0 ♗e7 10.♘f4 ♗f7 11.♕f3 0-0 12.♖e1 ♖fe8 13.♗e3 d5

Beide Seiten sind im Begriff, die Aktivierung ihrer Kräfte abzuschließen. Weiß steht aktiver, seine Stellung weist keine bemerkenswerten Schwächen auf. Die Partie Hebden–Padilla Cabero, Buxton 2013, entwickelte sich beispielsweise wie folgt: 14.h4 ♘d8 15.♗c2 c6 16.h5 b6 17.♗d2 f5 18.♘h3 g6 19.♕g3 ♘b7 20.♗f4 ♗d6 21.hxg6 ♗xg6 22.♗xf5! ♕xf5 (22...♗xf4 23.♕xg6+!) 23.♗xd6 mit weißem Übergewicht.

3.♗g5

Der Anziehende beabsichtigt, auf f6 zu schlagen und dann den e-Bauern mit e2-e4 ins Zentrum und auf Kollisionskurs zum gegnerischen Bauern zu bringen.

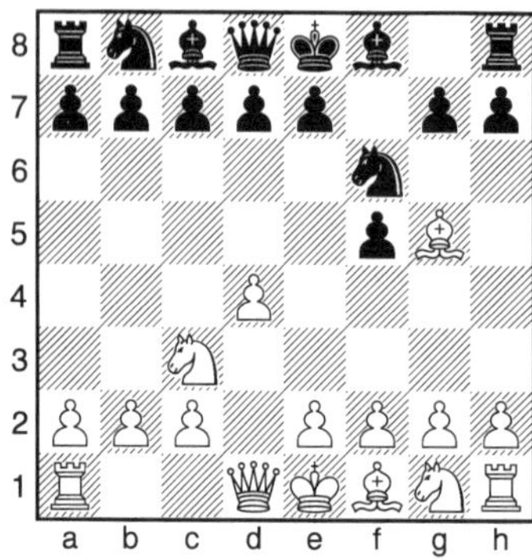

3...d5

Diese Reaktion ist notwendig, um Weiß die schnelle Umsetzung seines Plans mit seinem e-Bauern zu verwehren.

Andere Erwiderungen versprechen dem Nachziehenden allenfalls dann eine Chance auf Ausgleich, wenn er einen oft schmalen Grat zwischen *spielbar* und *nicht ausreichend* einhalten kann. Dieser Grat wird auch dadurch definiert, inwieweit es ihm gelingt, seine Entwicklung über die Reaktion auf weiße Drohungen hinaus um eigene aktive Handlungen zu bereichern. Die folgenden Betrachtungen mögen diese Aussage bestätigen.

I. 3...c6

Weiß hat nun die Wahl zwischen dem ruhigeren Weg mit 4.♕d2 und dem rüderen Vorgehen mit 4.♗xf6. Beide Alternativen wollen wir uns anhand von aktuellen Beispielen aus der Praxis anschauen.

A) 4.♕d2 d5

(4...b5 5.a3 a5 6.♘f3±)

5.f3 ♕a5

Dies ist eine von mehreren Möglichkeiten, über die Schwarz versuchen kann, seine Entwicklung mit Nachdruck zu betreiben.

(Unerforscht, aber denkbar sind auch die Alternativen: 5...♘bd7 mit der Idee ♘b6, 5...h6 oder auch mutig 5...b5. Eine solide und aktive Aufstellung des Anziehenden kann Schwarz damit aber nicht unterbinden.)

6.♘h3 ♘bd7 7.e3 e6 8.♘f4 ♘b6 9.♗d3 ♗d7 10.0-0 (10.a3!?) 10...♘a4

Weiß hat ein wichtiges Etappenziel so gut wie erreicht, bestehend aus der harmonischen und aktiven Entwicklung seiner Kräfte. Sein leichtes Stellungsplus sollte er nun nutzen, sich die Initiative zu sichern.

11.♖fb1 c5 12.a3 ♖c8?

Dieser Fehler in einer komplizierten Stellung unterlief dem Nachziehenden in der Partie Levin–Ruckschloss, Warschau 2010.

(Besser war 12...♘xc3, worauf die Situation eher unklar ist.)

13.b4 cxb4 14.♘xa4 ♕xa4 15.axb4 ♕c6 16.♖xa7

Weiß hat die besseren Aussichten.

B) 4.♗xf6 exf6 5.e3 ♕b6

(5...d5 führt zur Hauptvariante.)

6.♖b1 ♗b4 7.♗d3

Hier entschied sich der Nachziehende in der Partie Tikkanen–Ong, Schweden 2001, zu 7...♗xc3+ und geriet in der Folge in einen starken weißen Angriff, allerdings hinsichtlich der Heftigkeit nicht so ganz schuldlos.

8.bxc3 ♕a5 9.♘e2 ♕xa2 10.♗xf5 ♕f7 11.h4 0-0 12.h5 d5 13.g4 g6?

Besser war 13...b5, ohne aber den deutlichen weißen Vorteil in Zweifel ziehen zu können.

14.hxg6 hxg6 15.♗xc8 ♖xc8 16.♘f4 ♔g7 17.♕f3

Schwarz musste im 24. Zug die Segel streichen.

II. 3...♘c6 4.d5 ♘e5

Ein schönes Motiv in dieser Stellung ist die Entwicklung unter Zentralisierung der Dame mit Angriff auf den gegnerischen Springer auf e5. Dies kann entweder verzögert oder auch sofort geschehen, wie die folgenden zwei Beispiele zeigen.

A) 5.e3 c6 6.♕d4 d6 7.♗xf6 exf6 (7...gxf6 8.0-0-0±) 8.♘ge2 c5 9.♕d2 a6 10.a4 ♘c4 11.♕c1 ♕a5 12.♘f4 ♕b4? (△12...♘b6±) 13.a5! ♘xb2 14.♘fe2 b5 15.♖b1 und Weiß gewinnt, Colijn–Le Clercq, Vlissingen 2012.

B) 5.♕d4 ♘f7 6.h4 c6 7.0-0-0 ♕b6 8.♗xf6 gxf6 9.♘f3 c5 10.♕d3 ♗h6+ 11.♔b1 f4 12.e3 fxe3 13.fxe3 a6 14.g4 c4 15.♕xc4 ♘d6 16.♕d3 ♕xe3 17.g5 ♕xd3 18.♗xd3 ♗g7 19.♖he1 ♘f7 20.d6! e6 (20...♘xd6 21.♘d5+–) 21.♘d5

Weiß steht auf Gewinn und in der Partie Odnorozchenko–Morozow, Alushta 2011, gewann er mit seinem 30. Zug.

III. 3...e6 4.e4 fxe4 5.♘xe4 ♗e7 6.♗xf6 ♗xf6

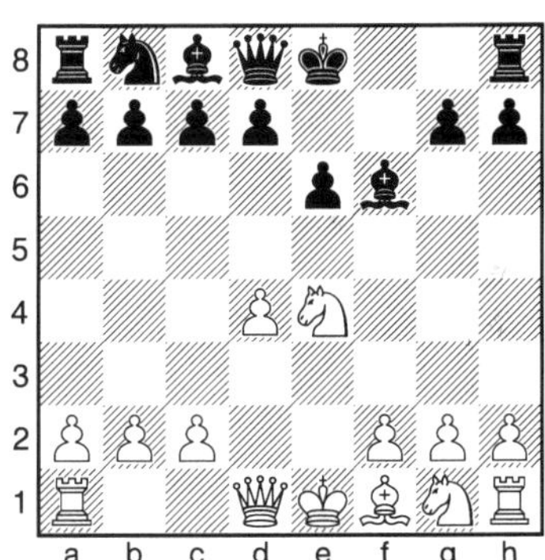

A) 7.♕h5+

Die direkte Methode, um Schwarz vor Probleme zu stellen.

7...g6 8.♕h6

In einer Stellung wie dieser wird die offene Lage des eigenen Königs von noch unerfahrenen Spielern mit Schwarz oft als gefährlicher empfunden als sie tatsächlich ist. Sie ist zudem anfällig für Fehler.

8...b6 9.♘f3 ♘c6

(9...♗b7 10.♗d3 ♘a6 11.c3±, Lopez Gracia–Alonso Alvarez, Linares 2013.)

10.c3 ♗b7 11.♗d3 d5 12.♘xf6+ ♕xf6 13.0-0 0-0-0

Die weiße Stellung verdient klar den Vorzug. Mit dem schwachen schwarzen Bauern auf e6 hat er ein dankbares Angriffsziel, das er besonders auch über die halboffene e–Linie mit seinen Schwerfiguren ins Visier nehmen kann. Sein Läufer steht viel wirkungsvoller als dessen schwarzer Kollege.

Von den Zügen, die an dieser Stelle in Betracht kommen, wollen wir uns auf 14.♖ae1 konzentrieren und folgen hierzu der Partie Zhao–Zierk, St. Louis 2010.

14...♖de8 15.♘e5 ♘xe5 16.♖xe5 c5 17.♕e3 cxd4 18.♕xd4 ♔b8 19.♖fe1

Es ist sehr schön deutlich geworden, wie Weiß den in den Anmerkungen zum 13. Zug skizzierten Plan in die Tat umsetzen kann. Er hat seinem Gegner das Geschehen dabei weitgehend diktiert.

19...♖hf8 20.f3 ♗c6 21.♕b4

Weiß steht positionell klar besser, der schon angesprochene Bauernschwächling auf e6 spielt dabei die wichtigste Rolle,

B) 7.♘f3

Ausweislich der Statistik ist dieser Zug sehr Erfolg versprechend. Allerdings gilt dies auch für die eben behandelte Alternative 7.♕h5+, sofern 8.♕h6 folgt. Und natürlich kann eine positive Statistik nicht die Auswahl der besten Varianten aus jenen, die insgesamt für ein positives Bild sorgen, ersetzen.

B1) 7...b6 führt zu einem recht ruhigen Partieverlauf; z.B. 8.c3 ♗b7 9.♗d3 ♘c6 10.♕e2 ♕e7 11.0-0-0 0-0-0.

An dieser Stelle gibt es mehrere Optionen für Weiß, sein Spiel zu orientieren. Wir haben uns als Basis für unsere weitere Betrachtung die Fernpartie Hase–Jansen, ICCF Email 2000, ausgesucht, in der er sich für 12.h4 entschieden hat. Wir kennen diesen Zug unter anderen Vorzeichen schon aus vorhergehenden Varianten, sodass Sie sich vielleicht schon etwas mit ihm vertraut fühlen.

(Von den schon angesprochenen anderen Möglichkeiten ist 12.♗a6± jene, mit der sich der Anziehende unmittelbar einen zumindest kleinen Vorteil sichern kann, Malachatko–Manhardt, Feffernitz 2012.)

12...h6 13.h5 ♕f7 14.♔b1 ♗e7

Nach den weiteren Zügen 15.b4 d6 16.b5 ♘b8 17.♘ed2 ♘d7 18.♗g6 ♕f6 19.♖he1 stand Weiß freier und aktiver. Mit dem 43. Zug konnte er die Ernte für seine Anstrengungen in der Form des vollen Punktes einfahren.

B2) Mit der Wahl von 7...d5 nimmt Schwarz die Schwäche seines e-Bauern in Kauf, die Weiß auf einfachem Weg zu einem guten Angriffsspiel verhilft – nämlich 8.♘xf6+ ♕xf6 9.♗d3 a6 10.0-0 ♘c6 11.c3 0-0 12.♕c2 h6 13.♖ae1 ♗d7 14.♖e3 ♗e8 15.♖fe1±, Shulman–Steiner, Saint Louis 2012.

B3) 7...♕e7 vermag auch nicht zu überzeugen, denn Weiß kommt bequem zu gutem Spiel.

8.♗d3 ♘c6 9.c3 d6 10.♕b3 0-0 11.0-0-0 d5

Auch hier wird der schwarze e-Bauer schwach.

12.♘xf6+ ♕xf6 13.♔b1 ♖b8 14.♕c2 ♕h6 15.h4±, Yakimenko–Panbukchian, Sunny Beach 2011. Dem Anziehenden bieten sich hier mehrere Optionen für aktive Handlungen. Neben einem Agieren in der halboffenen e-Linie sind besonders die Aussichten auf ein Vorgehen am Königsflügel zu nennen.

IV. 3...g6

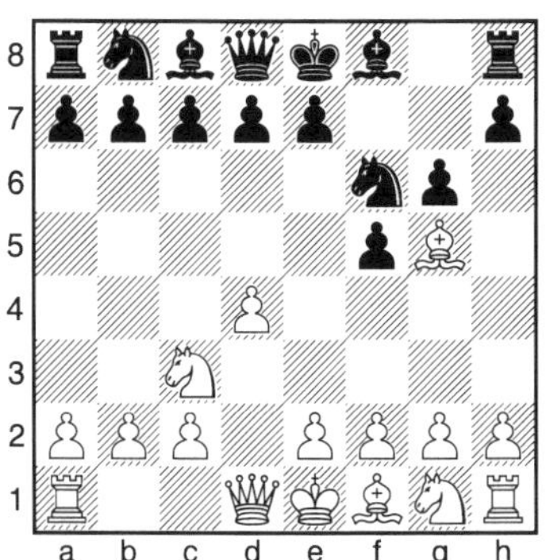

4.h4

Auch hier wieder der Standardzug, mit dem der Bauer nach h5 strebt.

4...♗g7

A) 5.h5! ♖g8

(Die Antwort 5...♘xh5 sehen wir uns in der **Partie Nr. 51:** Sibashvili–Yezhel, Budva 2013, an.)

6.e3 d5

(6...♘xh5 7.♖xh5 h6 8.♗f4+–)

7.hxg6 hxg6

Während die schwarze Stellung mehrere Schwächen aufweist, steht Weiß solide. Über eine ruhige weitere Entwicklung wird er seinen schon jetzt erkennbaren Vorteil konservieren und ausbauen können. Einen denkbaren Weg hierzu zeigt uns die Partie Lei Tingjie–Huang, Zhongshan 2013.

8.♘h3 ♗e6 9.♘f4 ♗f7 10.♗e2 c6 11.f3 ♕d6 12.♕d2 ♘bd7 13.0-0-0

Weiß geht mit einem Vorteil aus der Eröffnung ins Mittelspiel. Nun zeigte der Anziehende auf lehrreiche Weise, wie dieser zu nutzen und auszubauen ist.

13...♘f8 14.♗h4 ♘6d7 15.♗g3 e5 16.♘d3 ♕e7 17.dxe5 ♘xe5 18.♘xe5 ♗xe5 19.♗xe5 ♕xe5 20.e4 0-0-0 (20...fxe4 21.fxe4+–) 21.exd5 ♗xd5 22.♗c4 ♘e6 23.♘xd5 cxd5 24.♗xd5 ♘f4 25.c4 ♘xd5 26.cxd5 ♖g7 27.♖he1 ♕g3 28.d6 ♖gd7 29.♖e6

Der weiße Vorteil ist deutlich.

B) 5.♕d2 geht auch, unser Favorit ist aber der eben behandelte Zug 5.h5. Wir widmen uns dieser Möglichkeit deshalb nur „mit gebremstem Schaum“, konzentrieren uns auf detaillierte Analysen und halten uns mit Textkommentaren zurück.

5...c5 (5...d6 6.0-0-0±) 6.dxc5 ♕a5

(Oder 6...♘a6 7.h5! ♘xh5 8.♖xh5 gxh5 9.♘d5 ♗f8 10.e4 ♖g8 11.♗e2 mit weißer Initiative.)

7.♗xf6 ♗xf6 8.♘d5 ♕xd2+ 9.♔xd2 ♗xb2 10.♖b1 ♗e5 11.♘f3 e6 12.♘xe5 exd5 13.g3 ♘a6 14.♘d3 d6 15.cxd6 ♔d7 16.♗g2 ♔xd6 17.♖hd1 ♘c5

(17...b6 18.♘f4 ♗b7 19.♔e1±)

18.♘xc5 ♔xc5 19.♔e1 ♖d8 20.c4! d4

(20...♔xc4 21.♖dc1+ ♔d4 22.f4 a5 23.♖b3 mit Matt.)

21.♖b5+ ♔d6

(21...♔xc4 22.a4 1-0, Bryzgalin–Fomichenko, Krasnodar 2011.)

22.♖xd4+ ♔e7 23.♖xd8 ♔xd8 24.♗xb7

Das entstandene Endspiel ist für Weiß gewonnen.

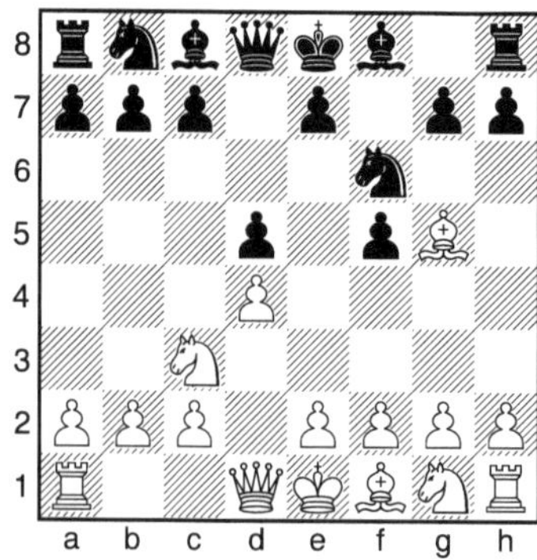

4.♗xf6

Weiß schwächt die schwarze Bauernstellung im Zentrum mit der Hoffnung, dass seine Springer den gegnerischen Läufern überlegen sein werden.

Es gibt allerdings die gute Alternative4.f3!? für ihn. Der Zug dient grundsätzlich der Vorbereitung des Vorstoßes e2-e4. Danach muss er vor allem mit den Antworten 4...♘c6, 4...h6 und 4...e6 rechnen.

A) 4...♘c6 5.♕d2 e6 6.e4!?

Der Zug sieht konsequent aus, diente doch der 4. Zug seiner Vorbereitung. Weiß hat aber nicht unbedingt vor, im Falle dessen, dass sein Bauer geschlagen wird, mit dem f–Bauern zurückzunehmen.

(Einer Nagelprobe im Spitzen–Fernschach auf Weltebene wurde 6.a3 in der Partie Papenin–Kuiper, ICCF 2010, unterzogen, wobei Weiß zumindest vorübergehend auf e2–e4 verzichtete. Er sicherte sich mit 6...♗e7 7.e3 0-0 8.♘h3 ♗d7 9.♘f4 a6 10.h4 die Initiative und konnte die Partie nach langem Kampf für sich entscheiden.)

6...dxe4 7.0-0-0

(Der Zug ist stärker als 7.fxe4.)

7...♗b4 8.a3 ♗a5 9.♗c4 0-0 10.♘ge2 exf3 11.gxf3 ♔h8 12.♕e1 ♕e8 13.♕g3 mit Initiative für den investierten Bauern, Bronstein–Slepuchow, Moskau 1948.

B) 4...h6 5.♗xf6 exf6 6.e4

(Es geht auch 6.♕d2 mit der Idee 0-0-0 usw.)

6...♗b4 7.♗d3 ♕e7 8.♕e2 fxe4 9.fxe4 dxe4 10.♗xe4 f5 11.♗f3

Weiß hat sich ein leichtes Plus erarbeitet. Seine Bauernstellung ist intakt und der schwarze Damenflügel ist noch gänzlich unentwickelt. Die Partie Sertbay–Benk, Kemer 2012, zeigt, wie sich die Begegnung weiter entwickeln kann, auch wenn oder gerade weil der Nachziehende nicht immer die beste Fortsetzung gefunden hat: 11...♕xe2+ (11...♘c6!?) 12.♘gxe2 c6 13.♗h5+ ♔e7 14.♘f4 ♔f6 15.0-0

(15.0-0-0!?) 15...♗xc3 (15...♖d8!?) 16.bxc3 g5 17.♘d3 ♘d7 18.♖ae1 ♘b6 19.♘e5 ♘d5? (19...f4!?±) 20.♘g4+ ♔g7 21.c4 mit Gewinn im 26. Zug.

C) 4...e6 5.e4 ♗e7 6.e5 ♘fd7 7.♗xe7 ♕xe7

Hier stehen Weiß gleich zwei gute Möglichkeiten zur Verfügung.

C1) Unser Favorit ist 8.♘b5, weil dies den weißen Anspruch auf Initiative und Entwicklungsfortschritt gut kombiniert.

8...♘b6 9.c3 a6 10.♘a3 0-0

(Nach 10...♘c6 11.♗d3 ♗d7 12.♘e2 0-0-0 13.0-0 steht Weiß laut einer Analyse von Taimanow an beiden Flügeln überlegen.)

11.♗d3 c5 12.♘e2

Weiß verfügt über mehr Raum zur Durchsetzung eigener aktiver Handlungen, Rakic–Lombardy, Maribor 1978.

C2) 8.♕d2 ist die ruhigere Variante auf dem weißen Wahlzettel. Beide Seiten legen den Schwerpunkt auf einen baldigen wirkungsvollen eigenen Aufbau ohne schnelle einzelne Aktionen vor dessen Abschluss.

8...a6

(Auf 8...0-0 kann Weiß gut 9.f4 spielen. Der weitere Plan umfasst dann die Rochade auf den anderen Flügel und die Einleitung eines Angriffs am Königsflügel. Dies kann beispielsweise wie folgt geschehen: 9...c5 10.♘f3 ♘c6 11.0-0-0 cxd4 12.♘xd4 ♘xd4 13.♕xd4 ♘c5 14.♔b1 ♗d7 15.g4 und der weiße Angriff läuft.)

9.♘d1 c5 10.c3 ♘c6 11.f4 b5 12.♘f3 ♘b6 13.b3 ♗d7 14.dxc5 ♕xc5 15.♘f2 0-0 16.♘d3 ♕e7 17.♕f2 ♖fb8 18.♕c5

Nach einer Kette aus natürlichen und ohne Mühe nachvollziehbaren Zügen fast ohne Feindberührung haben beide Seiten ihre Entwicklung beinahe abgeschlossen. In der Mobilisierung der Kräfte hat sich der Nachziehende einen leichten zeitlichen Vorteil verschafft, den Weiß aber durch die bessere Aufstellung ohne besondere Schwächen mehr als ausgleicht.

18...♕xc5 19.♘xc5 ♘d8

Ein universeller Zug. Der Nachziehende lässt offen, ob er den gegnerischen Springer mit ♘d8-b7 oder ♖b8-c8 zu vertreiben gedenkt. Obwohl er auch beide Züge ausführen kann, wie z.B. in der Partie Swjaginzew–Perkowski, Wladiwostok 2012.

20.♔d2 ♖c8 21.♘d3 ♘b7. 22.♘d4

Weiß nimmt nun den unterstützungsbedürftigen Bauern auf e6 ins Visier und steht deutlich besser.

22...♘c5 23.♘xc5 ♖xc5 24.♗e2 ♖ac8 25.♖ac1 ♖e8 26.g4 mit Angriff und besseren Aussichten für Weiß.

4...exf6

4...gxf6 öffnet die schwarze Flanke in der Form der Diagonale e8-h5 und ist deshalb schlecht.

Ein kleiner Hinweis an den noch lernenden Leser: Nach einer allgemeinen Regel ist es zwar gewöhnlich besser, mit einem Bauern in Richtung des Zentrums als nach außen zu schlagen, aber längst nicht immer. Hier bestätigt es sich, dass eine Regel wie diese nie dogmatisch angewendet werden darf.

5.e3

(Oder sogar 5.e4!?.)

5...♗e6 6.♕h5+ ♔d7 (6...♗f7 7.♕xf5±) 7.♗d3 ♕e8 8.♕f3

Die schwarze Stellung ist, salopp gesagt, kaputt. In der Partie Daniluk–Ozkan, Victoria 2012, ging es mit den Zügen 8...♕f7 9.♘h3 (9.♘ge2!?) 9...♗h6 10.♗xf5 ♗xf5 11.♕xf5+ e6 12.♕f3 ♘c6 13.0-0-0 ♖hg8 14.♘f4 ♗xf4 15.exf4 f5 16.g3 ♕e7 17.a3 b5 18.♖he1 weiter. Die Aussichten des Nachziehenden sind inzwischen denkbar schlecht.

5.e3

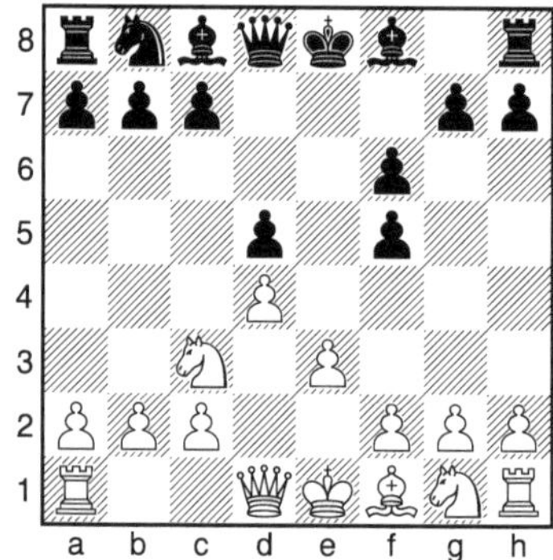

5...♗e6

Schwarz entwickelt seinen Läufer in dem Bewusstsein, dass er mit d5 und f5 zwei Punkte im eigenen Lager hat, auf die sein Gegner seine Angriffspläne richten kann und wahrscheinlich auch wird.

Eine andere Idee ist 5...c6, worauf sehr oft unter Zugumstellung wieder die Hauptvariante erreicht wird.

6.♗d3

Ein ideales Feld für den Läufer. Aus dem Reigen der möglichen schwarzen Erwiderungen haben 6...♗d6, 6...♘a6, 6...g6 und 6...♗e6 eine höhere Bedeutung und bedürfen einer intensiveren Betrachtung.

A) 6...♗d6 7.♕f3 g6 8.0-0-0

(Es wird auch oft sofort 8.h4!? gespielt.)

Nun verzweigt sich das Spiel in drei Hauptvarianten.

A1) 8...♗e6 9.h3

Weiß bereitet damit den Vorstoß g2-g4 vor.

(Eine vielversprechende Idee ist auch 9.♘ge2 mit dem Ziel, den Springer weiter nach f4 zu führen und das Manöver h2-h3 und g2-g4 erst dann folgen zu lassen, wie z.B. in der Fernpartie Glukhov–J. Larsen, ICCF 2010. 9...♘d7 10.♘f4 ♗f7 11.h3 ♕a5 12.g4 fxg4 13.hxg4

Nun eröffnen sich für Weiß schöne Perspektiven am Königsflügel, z.B. über eine Variante wie 13...0-0-0 14.♘fe2 ♔b8 15.♖h3 h5 16.gxh5 gxh5 17.♔b1 ♖dg8 18.♘g3 ♕d8 19.♘xh5±.)

9...h5 10.g4!

Bei der Wahl dieses Zuges sollte sich der Anziehende bewusst sein, dass er, um das Bestmögliche aus den Folgen herauszuholen, zur Hergabe seiner Dame bereit sein muss, allerdings für einen aus schwarzer Sicht sehr hohen Preis.

10...fxg4

(10...hxg4 11.hxg4 ♖xh1 12.♕xh1 mit Angriff.)

11.hxg4!

(11.♗xg6+? wäre ein Fehlgriff wegen 11...♔e7 mit der Idee f6-f5.)

11...♗xg4 12.♕xg4!

(12.♗xg6+ ♔e7 13.♘xd5+ cxd5 14.♕xd5 ♕c8 15.♕f7+ ♔d8 16.f3±)

12...hxg4 13.♖xh8+ ♗f8 14.♗xg6+ ♔d7 15.♘ge2 ♔d6 (15...♔c7? 16.♘f4+-) 16.♖dh1 ♘d7 17.♖1h7 f5 18.♗xf5 ♘b6 (18...♘f6 19.♖f7+-) 19.♖f7 ♕g5 20.♘g3

Weiß steht auf Gewinn, Golod–Murey, Rishon Le–Zion 1997.

A2) 8...h5 9.h3 h4 10.g4 hxg3 11.fxg3 mit der Idee ♘g1-e2, g3-g4 und guten Aussichten für Weiß.

A3) 8...♘a6

Schwarz sucht sein Gegenspiel am Damenflügel, Weiß konzentriert sich wie gehabt auf den Königsflügel. Sein Plan rankt sich um die zentralen Elemente eines Vorstoßes der Bauern und der Positionierung der Türme dahinter. Zu zögerlich darf keine der beiden Parteien vorgehen, um nicht in eine passive Rolle zu geraten.

9.♘ge2 ♘b4 10.♘f4 a5 11.h4 a4 12.a3 ♘xd3+ 13.♘xd3 ♕a5 14.♘a2 ♗e6 15.g4 0-0-0

In dieser komplizierten Stellung ist nur ein leichter Vorteil für Weiß zu erkennen, da er seine aktiven Vorstellungen am Königsflügel etwas eher als sein Gegner in die Tat umsetzen kann.

16.g5 ♖df8 17.♘ab4 ♗e7

Das frech anmutende 17...f4!? ist eine Überlegung wert. Das freie Feld f5 könnte ein guter Standort für den weißfeldrigen Läufer sein.

18.♖dg1

In der Partie Sirnik–Frey, Latschach 2007, folgte nun 18...fxg5 19.hxg5 ♕d8 20.♕g3 ♗d6 21.♘f4 ♕e7 22.♘bd3 b5 23.c3 ♗d7 24.♖h4.

In dieser Stellung sind die weißen Springer den gegnerischen Läufern überlegen. Weiß ist positionell im Vorteil. In der genannten Partie mussten sich beide Seiten noch bis zum 79. Zug quälen, bis der Anziehende den Gewinn sicherstellte.

B) 6...♘a6

B1) Hier kann sich Weiß mit 7.♕f3 g6 8.♗xa6 bxa6 zunächst recht bequem aufbauen.

9.♘ge2 ♖b8 10.b3 ♗d6 11.♘a4

(11.0-0 0-0 12.♘a4 war in einer Partie Kogan–Fernando, Odivelas 2000, zu sehen und führte über die Zugfolge 12...♕e8 13.♖ac1 ♕e4 14.c4 ♗a3 15.♖c3 ♗b4 16.♕xe4 dxe4 17.♖c2 ♖e8 18.♖d1 zu einem leichten weißen Stellungsplus aufgrund der besseren Bauernstellung und der aktiven Rolle der weißen Türme, die letztendlich auch in besonderem Maße verantwortlich für den späteren Sieg waren.)

11...h5 12.h4 ♔f7 13.♘f4 g5 14.hxg5 fxg5 15.♘xh5 g4 16.♕e2 ♕g5 17.♘g3 ♖xh1+ 18.♘xh1 f4 19.0-0-0

Auch wenn sich dies in Engineurteilen nicht so ohne Weiteres widerspiegeln mag: Wegen der offenen Position des schwarzen Königs steht Weiß klar besser, Wolkow–Karlsson, Stockholm 2011.

B2) 7.a3 ist eine weitere Möglichkeit, bei der allerdings die schwarze Bauernformation keinen weiteren Knacks bekommt, dafür aber auch der weißfeldrige Läufer des Anziehenden erhalten bleibt.

7...♘c7 8.♕f3

(Es geht auch 8.h4 h5 9.♘h3 g6 10.♘f4 ♔f7 11.♘ce2 ♘e6 12.c4±, Salow–Malaniuk, UdSSR 1988.)

8...g6 9.h4

Der typische Marsch des h–Bauern.

9...h5 10.♘h3 ♗e6 11.♘f4 ♗f7

In dieser Stellung können wir für keinen der beiden Kontrahenten einen echten positionellen Vorteil erkennen, der kein Gegengewicht auf der anderen Seite hätte. In der Fernpartie Rower–Auburger, DESC 2006, entschied sich der Anziehende zu einem etwas eigenwillig erscheinenden langen Marsch seines a–Bauern, aus dem er aber durchaus Honig saugen konnte – nämlich 12.a4 ♗d6 13.a5 ♕e7 14.a6 b6 15.g3 ♗xf4 16.gxf4 0-0-0 17.♔d2 ♔b8 18.♖a3 c5 19.dxc5 bxc5 20.♖b3+ ♔a8 21.♖b7 mit Angriffsmöglichkeiten für Weiß.

C) 6...g6 7.♕f3

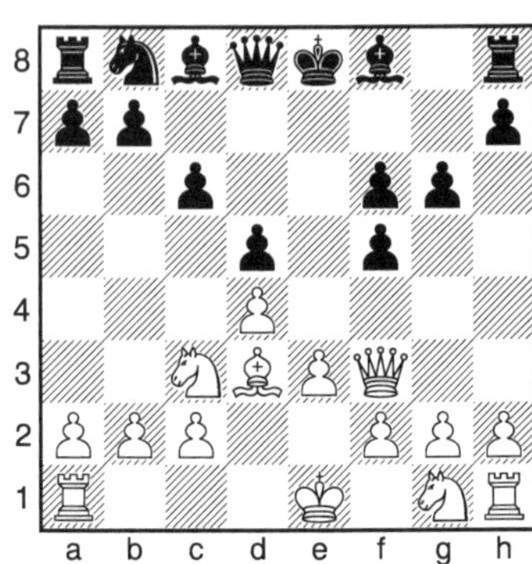

C1) 7...♕a5 8.0-0-0

Weiß kann sich natürlich auch für 8.♘ge2 entscheiden mit der Absicht, die kurze Rochade folgen zu lassen.

8...♘a6

Es schließt sich nun eine auch unkommentiert gut verständliche Fortsetzung an.

9.g4 ♘b4 10.gxf5 ♘xd3+ 11.cxd3 ♗xf5 12.e4 dxe4 13.dxe4 ♗d7 14.♕xf6 ♗h6+ 15.♔b1 ♖f8

Die Anziehende hat einen Mehrbauern auf der hohen Kante.

16.♕h4 ♕g5 17.♕xg5 ♗xg5 18.h4 ♗h6 19.f3 0-0-0 20.♔c2

Diesen Mehrbauern hat sie nun behauptet mit einem klaren Vorteil und dem späteren Sieg, Ankudinova–Melashvili, Kamena Vourla 2012.

C2) 7...♗b4

Der Läuferzug stört Weiß in seinen Plänen kaum, eher sogar kommt er ihm entgegen.

8.♘ge2 ♘d7 9.a3 ♗d6 10.h3 ♘b6 11.0-0-0 ♗e6 12.♘f4 ♗xf4 13.♕xf4 h5

14.♕f3

(Eine interessante Alternative ist 14.♕g3!?. Nach 14...♗f7 15.f3 h4 kann 16.♕f2 mit der Idee e3-e4 folgen, Kochemasow–Pirs, Fernpartie ICCF 2007.)

14...♖g8 (14...♕d7 15.g4!±) 15.♘e2 nebst ♘e2-f4 und guten Aussichten für Weiß.

D) 6...♗e6 7.♕f3

Das Feld f3 ist in diesem Areal der Holländischen Verteidigung der Stammplatz für die weiße Dame. Schwarz wird von Anfang an daran erinnert, dass er sich bis auf Weiteres um seinen Bauern auf f5 kümmern muss.

D1) 7...♕d7 8.♘ge2 ♗d6 9.h3

(9.♘f4!? g6 10.♘ce2 ♗f7

Der ♙g6 hat die Deckung seines Kollegen auf f5 übernommen und der Läufer kann sich zurückziehen.

11.h3 h5 12.g4 h4 13.gxf5 g5 14.♘g6 ♖g8 15.0-0-0±, Huss–Monteforte Fink, Schweiz 2006.)

9...g6 10.♘f4 ♗xf4

(10...♘a6 11.♗xa6 bxa6 kennen wir bereits aus einer Vorgängervariante. Auch hier erweist sich diese Entscheidung zum weißen Vorgehen als vorteilhaft. In der Partie Mohr–Schwartzman, Bad Wörishofen 1990, passierte nun 12.♘a4 ♔f7 13.♘d3 ♕b7 14.♘ac5 ♕b6 15.0-0 h5 16.♖ac1 g5 17.♕e2 a5 18.♘xe6 ♔xe6 19.c4 mit guten weißen Angriffschancen.)

11.♕xf4 h5 12.0-0-0 h4 13.g4 hxg3 14.fxg3 ♖f8

Der Anziehende spielt die aktive Rolle und verfügt über vielversprechende Perspektiven am Königsflügel. Schauen wir uns an dem Beispiel aus der Praxis Supatashvili–Tereladze, Pasanauri 1997, an, wie er diese zu nutzen versuchen kann.

15.h4 ♕e7 16.h5 gxh5

(16...g5 17.♕f2 ♕d7 18.h6+-)

17.♖xh5 ♘d7 18.♗xf5 ♗xf5 19.♖xf5

Die weiße Stellung ist grundsätzlich gewonnen.

D2) 7...g6 8.♘ge2 ♘d7 9.h3

Auch hier ist wieder eines der Standardverfahren für Weiß möglich – der Bauernvorstoß g2-g4 nach Vorbereitung mit h2-h3.

(Oder 9.0-0-0!? ♕c7 10.h3 0-0-0 11.g4 fxg4 12.hxg4 ♗e7 13.♘f4±, Grischuk–Swidler, Riga 2013.)

9...♖g8 10.g4 fxg4 11.hxg4 ♖g7 12.0-0-0 ♕e7 13.♘f4 0-0-0

In der Begegnung Swetuschkin–Schleicher, Hamburg 2004, verlegte Weiß nun sein Angriffsterrain in die Mitte, gestützt auf die Idee e3-e4.

14.♖he1 ♗g8 15.e4 dxe4 16.♗xe4 ♕d6 17.d5 ♘e5 18.♕g3 ♕b4 19.dxc6 ♖xd1+ 20.♖xd1 bxc6 21.♘d3 ♕a5 22.♘xe5 fxe5 23.♗xc6 mit weißem Angriff in einer klaren Gewinnstellung. Kurz darauf hielt Schwarz die Uhr dann auch tatsächlich an.

6.♕f3!

Auch in unserer Hauptvariante lässt sich die Dame die Einnahme ihres Paradeplatzes f3 nicht nehmen. Der

Anziehende übt sofort Druck gegen die Zentralbauern von Schwarz aus.

Eine starke Alternative für Weiß ist auch 6.♗d3. Unter Zugumstellung kann das Spiel allerdings auch wieder in die Hauptvariante führen. Unsere Aussage zur Qualität des Zuges 6.♗d3 wollen wir mit ein paar Praxisbeispielen unterfüttern. Wir verzichten aber auf umfangreiche Textkommentare, da unsere Empfehlung 6.♕f3! und nicht der Läuferzug ist.

6...♘c6

A) 7.♕f3 ♕d7 8.♘ge2 ♘e7

(8...♘b4 9.♘f4 ♗f7 10.0-0-0 ♘xd3+ 11.♘xd3 c6 12.♘e2±, Jepson–Rustemow, Kopenhagen 2001.)

9.h3 h5 10.0-0-0 0-0-0 11.♔b1 ♔b8 12.♘c1 ♘c8 13.♘b3 b6 mit etwa gleichen Chancen, Dgebuadze–Le Quang, Antwerpen 2013.

B) 7.♘ge2 ♕d7 8.a3 g5

(– 8...g6 9.0-0 ♘e7 10.b3 ♗h6 11.♘a4 b6 12.c4 c6 13.cxd5 ♘xd5 14.♘ac3 0-0 15.♘xd5 cxd5 16.♕d2 ♖fe8 17.♖fc1 ♗f8 18.♗a6 ♗d6 19.♕d3 ♖f8 20.b4 ♖ad8 21.♖c3 ♗b8 22.♖ac1±, Shulman–Wen Yang, Ningbo 2013.

– 8...♘e7 9.b3 ♘c8 10.♘a4 ♕c6?! 11.♘f4 ♘b6 12.♘c5 ♗f7 13.b4±, Supatashvili–Minassjan, Batumi 2001.)

9.f4 ♗d6 10.♕d2 h6 11.0-0 g4 12.♖fc1 a6 13.♘d1 ♘e7 14.b3 ♔f7 15.c4 c6 16.c5 ♗c7 17.b4 h5 18.♘dc3 h4 19.a4 h3 20.g3 ♖hb8 21.♖ab1

Mit dem Plan b4-b5 und etwas besserem Spiel für Weiß, obwohl Schwarz ausreichend Ressourcen zum Ausgleich hat, Iturrizaga–Nakamura, Istanbul 2012. Uns gefällt die Brettposition besonders auch wegen ihrer eigenen Ästhetik.

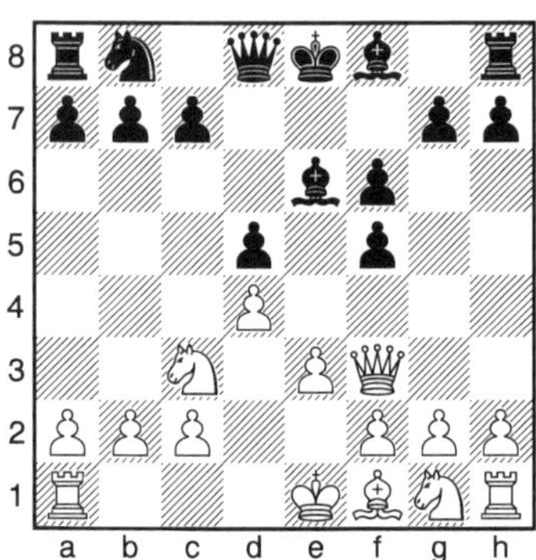

6...♕d7

6...♘c6 beantwortet Weiß stark mit 7.♗b5; z.B. 7...♕d6 8.♘ge2 0-0-0.

(8...a6 9.♗a4 0-0-0 10.♘f4 ♘a5 11.h3 ♔b8 12.0-0-0±, Brodsky–Ikonnikov, Hoogeveen 2006.)

9.a3 ♔b8

Die Praxis hat hier zwei Wege hervorgebracht, auf denen Weiß fortsetzen kann.

A) 10.♘f4 ♗f7 11.♘d3 ♘e7

(11...♘a5 und nun 12.b4 ♘c4 13.♗xc4 dxc4 14.♘c5 c6 15.♘b5± wäre vorteilhaft für Weiß. Allerdings könnte der Nachziehende über 12...a6 anstelle von 12...♘c4 nachdenken.)

12.♘c5 g5 13.♗d3 h5 14.♕e2 f4 15.0-0 h4 16.♘b5±, Malachatko–Dzumajew, Jerewan 2001.

B) 10.♘a4 ♘e7 11.♘c5 ♗c8 12.g3 h5 13.h4 g6 14.b4 ♗h6 ist ein Aufbau, der in der Partie Akobian–Spraggett, Cali 2007, auf das Brett gekommen ist.

In der Phase des Übergangs von der Eröffnung ins Mittelspiel können wir – der Neutralität verpflichtet – für keine Seite einen positionellen Vorteil feststellen. Die Stellung ist allerdings recht kompliziert. Wir wollen der genannten Begegnung noch eine Weile folgen, um zu zeigen, in welche Richtung das Spiel gehen kann. Die zahlreichen Möglichkeiten für ein Abweichen einer Partei können allerdings dazu führen, dass die Partie ein erheblich anderes Gesicht bekommt. So können wir im Rahmen unseres Buches hier nur tendenzielle Hinweise geben.

15.c3 ♔a8 16.a4 a6 17.♗d3 ♖he8 18.♔d2 ♔a7 19.a5 c6 20.♘f4 ♖h8 21.♔c2 ♖dg8 22.♕e2 ♖e8 23.♖ab1 ♖h7 24.♖b2 g5 25.♘xh5 ♖eh8 26.♖hb1 ♗f8 27.b5 cxb5 28.♗xb5 mit starkem Angriff. Die Partie endete erst mit dem 69. Zug, dann allerdings mit einem Sieg von Weiß.

7.♗b5

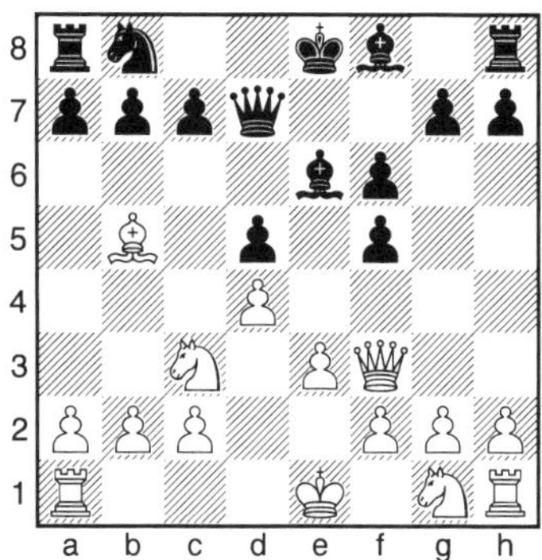

7...c6

Alternativ wird hier auch 7...♘c6 gespielt. Nun ist 8.♘ge2 eine gute Antwort, worauf sich die Partie wie folgt entwickeln kann.

8...a6

(– Nach 8...0-0-0 nahm die Partie Drozdowski–Siebrecht, Differdange 2008, folgenden Verlauf.

9.♘f4 ♗f7 10.♘d3 g6 11.a3 ♕e6 12.0-0

Die kurze Rochade des Anziehenden ließ die Dynamik der Partie schnell zunehmen. Profitieren konnte hiervon zuvorderst Weiß.

12...♘b8 13.b4 h5 14.♘c5 ♕e7 15.♗d3 h4 16.♘b5 ♘c6 17.h3 ♗h6 18.a4

Weiß kam zu einem aussichtsreichen Angriff.

– Auch 8...♗f7 wurde mehrfach versucht, aber mit einer sehr schlechten Bilanz aus der Sicht von Schwarz.)

9.♗xc6 bxc6 10.♘f4 ♖b8 11.♘d3 ♗d6 12.0-0 wie in der Partie Van Ketel–Rietman, Groningen 2004, ist in diesem Fall eine Erfolg versprechende Vorgehensweise des Anziehenden. Die geschwächte Bauernstellung wird Schwarz lange Probleme bereiten.)

9.♗a4

In der Praxis wurden an dieser Stelle mehrere Fortsetzungen getestet; beachtlich sind zeifellos 9...♖d8 und 9...0-0-0. In beiden Fällen gelang es dem Anziehenden aber nicht, das Spiel mindestens in der Waage zu halten.

A) In der Partie Wolkow–Malaniuk, Krasnodar 1998, geschah 9...♖d8 10.h4 h5 11.♘f4 ♗f7 12.♘d3 g6 13.a3 ♗e7.

(Mit 13...b5!? hätte Schwarz hier aber die Chance gehabt, um Ausgleich oder vielleicht sogar mehr zu spielen. Nach 14.♗b3 ♘a5 15.♗a2 ♘c4∞ ist die Stellung kompliziert und hinsichtlich der Bewertung nicht ganz klar. Der Rede wert ist ein Nachteil, sollte er sich noch feststellen lassen, für Schwarz aber sicher nicht.)

14.b4 b5 15.♗b3 a5 16.♘xb5 axb4 17.♕g3!

Nun hatte sich Weiß die besseren Aussichten verschafft.

B) Hingegen geschah in der Partie Kristjansson–Wojtaszek, Kreta 2007, 9...0-0-0 10.♘f4 ♗f7 11.♘d3.

Auch hier ist dieses Manöver zur Aktivierung des Königsspringers eine gute Wahl. Nach 11...g6 12.a3 ♕d6 13.b4 ♘b8 14.0-0 h5 15.♗b3 h4 16.h3 ♗h6 17.♖fc1 c6 18.♘a4 g5 19.c4 kam Weiß schnell zum Königsangriff am Damenflügel.

8.♗d3 ♗d6

Dies ist die meistgespielte schwarze Möglichkeit.

Testballons gestartet wurden vor allem auch mit 8...g6 und 8...♘a6.

I. 8...g6

Schwarz will hiermit nicht die Diagonale f8-h6 für den Läufer frei machen, sondern den Bauernvorstoß h7-h5 vorbereiten.

9.♘ge2 h5 10.0-0-0 ♘a6 11.♗xa6

Der Zug ist nicht ohne Risiko. Er eliminiert zwar den Springer, der für einige Probleme am Damenflügel sorgen könnte, und beschädigt auch die schwarze Bauernstellung, sorgt aber auch für eine Öffnung der b–Linie, die sich als gutes Terrain für die schwarzen Schwerfiguren erweisen kann. Auch ist noch nicht geklärt, ob die weißen Springer den gegnerischen Läufern in dieser Stellung überlegen sein werden oder eben nicht.

11...bxa6 12.♘a4 ♕b7 13.♘c5

(Ein vorheriges 13.♖d3 oder 13.♘f4 ist zu erwägen.)

13...♗xc5 14.dxc5 ♖b8 15.b3 ♔f7 16.♘d4

Der Nachziehende hat aufgrund der beeinträchtigten Bauernstellung mehrere Schwächen im eigenen Lager zu verwalten und Weiß steht etwas besser. Wir wollen die Partie Moissejenko–Spraggett, Kapuskasing 2004, noch über ein paar weitere Züge abbilden, um zu sehen, wohin beide Kontrahenten die Reise gehen lassen.

16...♗d7 17.♕f4 ♖he8 18.h3 ♖e5 19.g4 fxg4 20.hxg4 ♗xg4 21.♖dg1 ♖g8 22.f3

Trotz dieser Ungenauigkeit gewann Weiß das Duell im 42. Zug.

Stattdessen hätte er mittels 22.♖xg4! einen starken Angriff erhalten können – und zwar 22...hxg4

(22...♖e4 23.♕d6 hxg4 24.♖h7+ ♖g7 25.♘xc6→)

23.♖h7+ ♖g7 24.♕h6 ♔g8 25.♖h8+ ♔f7 26.♖d8 usw.

II. 8...♘a6 9.♗xa6 bxa6 führt im Vergleich zur gerade behandelten Variante zu einer identischen Bauernformation.

10.♘ge2 ♗d6 11.♘a4 0-0 12.♘f4 ♗f7 13.♘d3!

Das uns schon bekannte Springermanöver ♘e2-f4-d3 ist auch hier wieder gut. Beide weißen Springer gemeinsam kontrollieren das wichtige Feld c5.

13...a5 14.h4 ♖fe8 15.0-0-0 h5 16.♘ac5 ♕c8 17.g3 ♖b8 18.♕e2

Die Dame soll nach c3 geführt werden, wo sie einerseits das Feld b2 überdeckt, andererseits aber auch den schwachen schwarzen Bauern auf a5 ins Visier nimmt.

18...♕d8 19.♕d2 ♖e7 20.♕c3 ♕b6 21.a3 ♕b5 22.♘b3 ♕c4 23.♕xa5

Weiß steht besser, Rychagow–Potapow, Korinthos 2001.

9.♘ge2 g6 10.h3 h5

10...♕e7 gibt dem Anziehenden die Möglichkeit zu 11.g4. Über die Zugfolge 11...fxg4 12.hxg4 ♖f8 13.♘f4 ♗g8 14.0-0-0 kommt er zu einer sehr komfortablen Stellung. Er kann nun über e3-e4 weiter Druck machen und gute Aussichten erhalten, Schimanow–Samolins, Peterhof 2007.

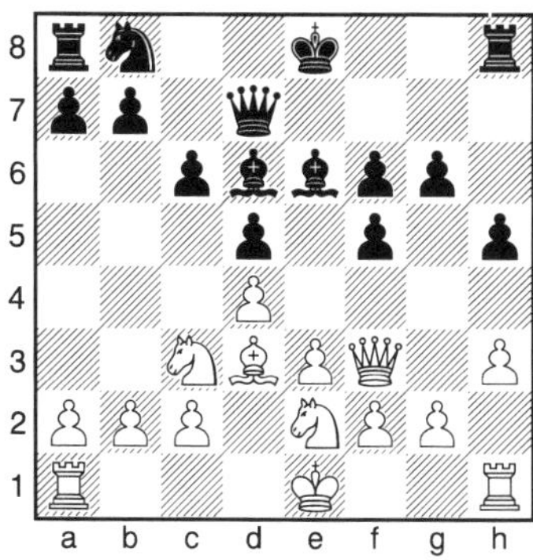

11.♘f4

11.g4 wäre verfrüht, weshalb wir von dieser Wahl abraten. Zur Begründung verweisen wir auf die Erfahrungen des Anziehenden in der Partie Motoc–Mamedjarowa, Rijeka 2010, sowie auf die Analysen zu Schlüsselstationen in dieser Partie.

11...♘a6 12.gxf5 ♗xf5 13.♗xf5 ♕xf5 14.♕xf5 gxf5 15.♘g3

(15.♔d2 ♔f7 16.♖ag1 ♖ag8=)

15...♗xg3 16.fxg3 ♔f7 17.♔d2 h4 18.♘e2 hxg3 19.♘xg3 ♖ag8 20.♖ag1

(20.♘xf5? ♖g2+! mit schwarzem Vorteil.)

20...f4 21.exf4 ♖h4 22.♔e3 ♖gh8 23.c3 ♘c7 24.♘f5 ♖xh3+ 25.♖xh3 ♖xh3+ 26.♔f2 ♖h2+ 27.♖g2 ♖xg2+ 28.♔xg2 ♔e6 mit ausgeglichenem Endspiel.

11...♔f7

Auf 11...♗xf4 12.♕xf4 ♕e7 13.0-0-0 ♘d7 folgt 14.g4! mit weißer Initiative.

12.0-0-0 b5 13.g4 fxg4

Der Nachziehende könnte auf die Idee kommen, zunächst mit 13...♗xf4 den Springer zu schlagen. Weiß schlägt aber nicht zurück, sondern zieht 14.gxf5! und ist nach 14...♗xf5 15.♕xf4 ♗xd3 16.♖xd3 im Vorteil.

14.♗xg6+ ♔g7 15.♘xe6+ ♔xg6

Schlecht ist 15...♕xe6? 16.♗f5 gxf3 17.♗xe6 mit klarem Vorteil für Weiß.

16.♘f4+

Zu scharfem Spiel führt 16.hxg4!? ♕xe6 17.gxh5+ ♔h7.

(17...♔f7 18.e4! mit Angriff.)

18.e4 ♖g8 19.exd5 ♕g4 20.♕d3+ ♔h8 21.♔b1

Weiß hat volle Kompensation für die Figur.

16...♗xf4 17.♕xf4

Weiß steht deutlich erkennbar ausgezeichnet.

Zusammenfassung: Der Plan des Anziehenden, auf den Zug c2-c4 zu verzichten, um unter schneller Entwicklung seiner Figuren die schwarze Stellung anzugreifen, eröffnet ihm gute Perspektiven. Anstelle von 4.♗xf6 ist 4.f3!? eine starke Alternative.

Kapitel 12

Beispielpartien

Partie Nr. 1
Topalow – Morosewitsch

Monte Carlo 2005

1.d4 d5 2.c4 e5 3.dxe5 d4 4.♘f3 ♘c6 5.a3 ♘ge7 6.b4 ♘g6 7.♗b2 a5 8.b5 ♘cxe5 9.♘xe5 ♘xe5 10.e3 ♗e6 11.♗xd4 ♘xc4 12.♕c2

Es sieht danach aus, dass die Fortsetzung 12.♕a4!? stärker ist. Wir haben sie in *Theoretische Einführung/ Teil 1* behandelt.

12...♘d6

12...♕d5? kann nicht empfohlen werden, wie aus der folgenden Variante hervorgeht.

13.♘c3 ♕g5 14.♗xc4

(Stark ist auch 14.f4!? ♕e7 15.♗xc4 ♗xc4 16.♕a4 ♗e6 17.0-0 mit Vorteil.)

14...♗xc4

(14...♕xg2 15.♗xe6! ♕xh1+ 16.♔e2 ♕xa1 17.♘d5 ♕xa3 18.♘xc7+ ♔d8 19.♗h3+–)

15.♕e4+ ♗e7 16.♕xb7 0-0 17.♕c6

Weiß behält ganz einfach einen Mehrbauern.

13.♗d3 ♕g5

Einen Vorteil behauptet Weiß auch nach 13...♕d7 14.♘c3 ♘f5 und nun z.B. 15.♘e2 bzw. 15.♗e5.

14.f4 ♕h4+

Eine wichtige Alternative ist 14... ♕d5!?. Hierauf kann es z.B. mit 15.♘c3 weitergehen.

(Zu prüfen ist 15.♕b2!? und auf 15...♘c4 folgt einfach 16.♕e2!.)

15...♕b3 16.♕f2 ♘f5

(16...0-0-0 beantwortet Weiß am einfachsten mit 17.0-0!.)

17.♗xf5 ♗xf5 18.e4 0-0-0 19.0-0! ♗xe4 20.♘xe4 ♕d3

Schwarz bekommt seine Figur zurück und ist plötzlich mit einem Bauern materiell im Vorteil.

15.g3 ♕h5

Die Variante 15...♕h3 16.e4 ♖d8

(16...0-0-0 17.♘d2 ♘xb5 18.♗xb5 ♖xd4 19.♖c1 c5 20.♘f3±)

17.f5 ♘xe4 18.fxe6 ♕xe6 19.♗c4 ♕e7 20.♗e3 ♘xg3 21.hxg3 ♕xe3+ 22.♕e2 ♗c5 23.♕xe3+ ♗xe3 24.♖a2 0-0 25.♖f1 ♖d4 26.♖c2 g6 27.♖f3 ♗g5 28.♗b3 ist nach Awruch leicht besser für Weiß.

16.♘c3

Es kommt auch sofort 16.0-0!? in Betracht.

16...♘f5 17.0-0 0-0-0

Andere Züge sind auch nicht besser.

– 17...♗d6 18.♗xf5 ♗xf5 19.e4 ♗h3 20.e5 ♗e7

(Noch schlechter ist 20...♗xf1 21.exd6 ♗h3 22.♕e4+ ♗e6 23.dxc7 0-0 24.♕xb7 und die weißen Bauern am Damenflügel sind sehr stark.)

21.♘d5 ♗d8 22.♖f2 0-0 23.f5± (Analyse von Wlassow).

– Oder 17...♘xd4 18.exd4 0-0-0 (18...♗d6 19.f5+–) 19.f5 ♗d7 20.♘d5 ♗d6 21.♘xc7! ♗xc7 22.♖ac1 ♗c6 23.bxc6 b6 24.♕c4 mit Gewinn für Weiß.

18.♗a7!

Mit diesem starken Zug verschafft sich der Anziehende den entscheidenden Vorteil.

18...♕g4

Nach 18...b6 19.♗xb6! cxb6 20.♘d5+ ♗c5 21.♘xb6+ kann Schwarz aufgeben.

19.♘e4

Sehr stark war auch 19.♘a4!.

19...♖d7 20.♖fd1

Nicht energisch genug. Entscheidend war 20.♘f2! ♕g6 21.♗e4, denn es droht 22.♗xb7+! mit Matt.

20...♕f3 21.♘g5 ♘xe3! 22.♘xf3 ♘xc2 23.♗xc2 b6

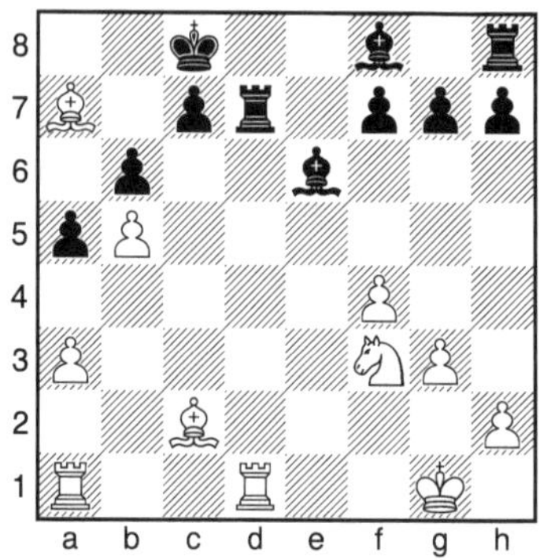

24.♘e5?

Ein kritischer Augenblick. Notwendig war 24.♖xd7! ♗xd7 25.a4 ♔b7 26.♘e5 ♗c5+ 27.♔g2 ♗c8 28.♗e4+ ♔xa7 29.♘c6+ ♔a8 30.♘xa5+ ♔b8 31.♘c6+ ♔b7 32.♘d8+ mit Dauerschach. Nach dem Partiezug übernimmt Schwarz langsam die Initiative.

24...♖xd1+ 25.♖xd1 ♗xa3! 26.f5 ♗a2 27.♖a1 ♗c5+ 28.♔f1 ♖e8 29.♖e1 f6 30.♘d3 ♖xe1+ 31.♔xe1 ♗d6 32.♘c1 ♗d5 33.♗b3 ♗e4 34.♗xb6 cxb6 35.♗e6+ ♔c7 36.♔e2 ♗e5 37.♘d3 ♔d6 38.♔e3 ♗d5

Weiß gab auf.

Partie Nr. 2
Illescas – Rodriguez Vargas

Katalonien 1996

1.d4 d5 2.c4 e6 3.♘c3 c5 4.cxd5 cxd4 5.♕a4+ ♗d7 6.♕xd4 exd5 7.♕xd5 ♘c6 8.♘f3 ♘f6 9.♕d1

Die Abzugsfortsetzung 9.♕b3!? haben wir in *Theoretische Einführung/ Teil 1* besprochen.

9...♗c5

Mit diesem aktiven Zug bereitet Schwarz die lange Rochade vor, hält sich aber auch die Möglichkeit offen, kurz zu rochieren. Andere Fortsetzungen sind schwach und deshalb in der Praxis kaum anzutreffen.

10.e3

So wird üblicherweise gespielt. Weiß will damit schnell seinen Königsflügel entwickeln.

Anhänger hat aber auch der Zug 10.a3!?; z.B. 10...♕e7 11.b4 (11.♗g5!?) 11...♗b6 12.♗f4 0-0-0 13.e3 ♗g4 14.♕c1 ♘h5 15.♗g3 f5? (15...♘xg3 16.hxg3 ♔b8∞) 16.♗h4 ♘f6 17.b5 ♕c5 18.bxc6 ♗a5 19.cxb7+

♔b8 20.♗g3+ ♔xb7 21.♖b1+ ♔a8 22.♗a6 ♕xc3+ 23.♕xc3 1-0, Petkov-Guerrero Olmos, Ourense 2006.

10...♕e7

Der König will seinen Schutz am Damenflügel suchen.

Weniger scharf ist 10...0-0, wonach sich das Spiel z.B. wie folgt entwickeln kann.

11.♗e2 ♕e7

(11...♗e6 machte Schwarz in der Partie Petrajew-Rawinski, UdSSR 1961, keine Freude. Es folgte 12.♕a4 a6 13.0-0 b5 14.♕h4 b4 15.♖d1 ♕a5 16.♘e4±.)

12.0-0 ♖fd8 13.a3 a6

(Für Schwarz genauer zu prüfen ist 13...♖ac8. In der Fernpartie Mason-Justesen, ICCF 2010, konnte er damit zwar keinen Ausgleich erreichen, sich aber zumindest noch ordentliche Chancen bewahren, ohne dass auf weißer Seite bemerkenswerte Ungenauigkeiten im Spiel erkennbar waren. Dort folgte 14.♕c2 g6 15.♗d2 ♘e5 16.♖ad1 ♗f5 17.♕b3 ♘d3 18.h3 ♗b6 19.♗e1 ♘c5 20.♕b4±.)

14.b4 ♗d6 15.♗b2 ♖ac8 16.♖c1 ♗g4 17.♕b3 ♘e5 18.♘d4 ♗xe2 19.♘cxe2 ♖xc1 20.♖xc1 ♘eg4 21.♘g3 g6 22.♘de2

Weiß behauptete den Mehrbauern und zugleich seinen Vorteil, Munkhgal-Namir, Istanbul 2012.

11.♗e2 g5 12.0-0 0-0-0 13.b4!

Der Anziehende wird der Situation gerecht und leitet seinen Angriff am Damenflügel ein, bevor sein Gegner die Gelegenheit für neue aktive Handlungen hat.

13...♗xb4

– Auf 13...♗e6 folgt 14.♕a4, wonach z.B. die Fernpartie Savic-Berta,1980, folgenden Verlauf nahm.

14...♗xb4 15.♘b5 a6 16.♗b2 ♗d7

(16...axb5 17.♗xb5 mit entscheidendem Königsangriff.)

17.♖ac1 ♔b8 18.♘c7! ♔xc7 19.♗xf6 ♕xf6 20.♕xb4 ♖hg8 21.♖fd1 mit starkem Angriff.

– 13...♘xb4 14.♕b3 ♗c6 15.♗b2

(In der nicht mehr ganz taufrischen Fernpartie Nikitin-Rezzuti, ICCF 1995, hatte Weiß Erfolg mit 15.♘d4. Weiter ging es mit 15...h5 16.♗a3 ♘g4 17.♗xb4 ♕e5 18.g3 ♗xd4 19.exd4 ♖xd4 20.♘b5 ♗xb5 21.♗xb5 h4 22.♖ac1+ ♔b8 23.♗c6 und der volle Punkt war unter Dach und Fach.)

15...g4 16.♘h4 ♖hg8 17.♖ad1 ♖xd1 18.♖xd1 ♖g5 19.♕c4

Es ist typisch für Duelle mit gegensätzlichen Rochaden, dass die Kontrahenten ihre Angriffschancen auf unterschiedlichen Flügeln suchen. So ist es auch hier, wobei aber Weiß einen (zeitlichen) Vorsprung genießt.

19...♘bd5 20.♘xd5 ♘xd5 21.♗xg4+ ♔b8 22.♘f5 ♕e6 23.♗h3 ♗b6 24.♕h4 ♖xf5 25.♗xf5 ♕xf5 26.e4 mit Gewinn, Grooten-Porte, Vlissingen 2005.

14.♗b2

Mit 14.♕b3!? stand dem Anziehenden hier alternativ ein starker Zug zur Verfügung. Auf der Basis der Partie Toschkow-Iovicic, Stara Pasova

1982, folgen ein paar kurze Ausführungen dazu.

14...g4 15.♘d4 ♘xd4 16.exd4 ♗e6 17.♕b2 ♘d5 18.♘xd5 ♗xd5

(18...♖xd5 19.♗c4 ♖dd8 20.d5! ♗f5 21.♗e3+–)

19.♗f4 ♗d6

(19...♕e4 20.♖ac1+ ♔d7 21.♗xg4+ f5 22.♗f3 ♕xf4 23.♗xd5+–)

20.♗xg4+ ♔b8 21.♖fe1 ♕h4 22.♗xd6+ ♖xd6 23.♕e2 ♖g8 24.♕e5 ♕d8 25.♗h3 mit weißem Vorteil.

14...g4 15.♘d4 ♔b8

Auf 15...♘xd4 folgt 16.♕xd4 ♗c5 17.♘d5 ♘xd5 18.♖fc1 und Weiß wird sich den Sieg nicht mehr nehmen lassen.

16.♘cb5!

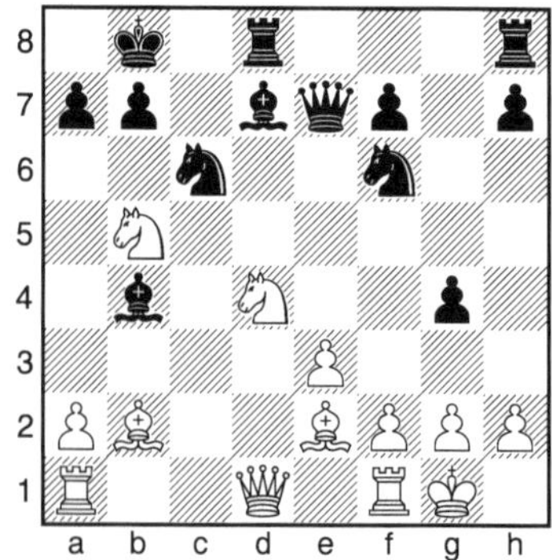

16...♘e5?

Das Springermanöver ist verfehlt.

– Vorteilhaft für Weiß ist auch 16...♖hg8 17.♖c1 a6 18.♘xc6+ ♗xc6 19.♘d4 ♗d5 und nun kann er zwischen 20.♗c4 und 20.♘f5 wählen.

– Und auch nach 16...h5 17.♕a4 a6 und nun Schandorffs Empfehlung 18.♖ab1!? ♕e4 19.♗d3 ♕xd3 20.♘xc6+ ♗xc6 21.♕xb4 ♘d5 22.♗e5+ ♔a8 23.♕b2 ♖h6 24.♘d4 hat Weiß Vorteil.

– Hingegen ist 16...♘xd4!? zu beachten; z.B. 17.♘xd4

(17.♗xd4 ♗xb5 18.♗xb5 ♗c3 19.♖b1 ♗xd4 20.exd4 ♖c8=)

17...h5 18.♖c1 ♘e4 mit Ausgleich, Mason–Aymard, Fernpartie ICCF 2010.

17.♕b3 ♖hg8

Die Variante 17...a6 18.♘e6! ♘f3+ 19.♗xf3 ♗xe6 20.♗e5+ ♗d6 21.♕b2 ♗xe5 22.♕xe5+ ♔a8 23.♘c7+ ♔a7 24.♗xb7! wäre auch hoffnungslos für Schwarz.

18.♖ab1 ♗c8 19.♘xa7! ♘e4

19...♔xa7 20.♘b5+ ♔b8 21.♕xb4 ♕xb4 22.♗xe5+ mit Gewinn.

20.♘dc6+

Schwarz gab auf.

Partie Nr. 3
Zhou Weiqi – Ni Hua
Hainan Danzhou 2013

1.d4 d5 2.c4 c6 3.♘c3 ♘f6 4.cxd5 cxd5 5.♗f4 ♘c6 6.e3 ♗f5 7.♕b3 ♘a5 8.♕a4+ ♗d7 9.♕c2 e6 10.♗d3 ♘h5

10...♖c8 haben wir in *Kapitel 1/Abspiel 1* vorgestellt.

11.♗e5 ♘c6

Der Springer wird nicht mehr als Deckung für den ♙b7 gebraucht und kehrt in die Mitte zurück.

Auf 11...f6 sollte Weiß einfach 12.♗g3 ziehen.

12.♕e2 ♘xe5 13.dxe5 g6 14.♘f3 a6 15.0-0 ♗c5 16.♕d2 0-0 17.e4

Öffnet die Diagonale c1-h6 für die Dame.

17...♗c6 18.♕h6 ♗e7 19.♖ad1 ♕b6 20.exd5 exd5

Oder 20...♗xd5 21.♗e4 ♕xb2 22.♘xd5 exd5 23.♗xd5±.

21.♘e2!?

Ein Bauernopfer, um die Figuren umzugruppieren.

21...♕xb2 22.♘ed4 ♘g7

22...♕xa2? ist nicht spielbar wegen 23.g4 ♘g7 24.♘f5 gxf5 25.gxf5 f6 26.♘g5! fxg5 27.f6 ♗xf6 28.♗xh7+ ♔f7 29.exf6 und Weiß hat zum entscheidenden Angriff angesetzt.

23.♖b1 ♕a3 24.♖b3 ♕a4?

So bleibt die Dame außer Spiel. Sie sollte durch 24...♕a5! in Kontakt zum Zentrum gebracht werden.

25.♗c2 ♕xa2?

Der entscheidende Fehler. Nach 25...♖ac8 und der Folge 26.♖xb7 ♕xd4 27.♘xd4 ♗xb7 28.♗d3 könnte Schwarz noch Widerstand leisten. Nun hingegen entwickelt Weiß einen schnellen Königsangriff.

26.♘xc6 bxc6 27.♘d4 f5 28.♖h3 ♔f7 29.e6+ ♘xe6 30.♕xh7+ ♘g7 31.♖h6! ♗f6 32.♕xg6+ ♔e7 33.♘xc6+ ♔d7

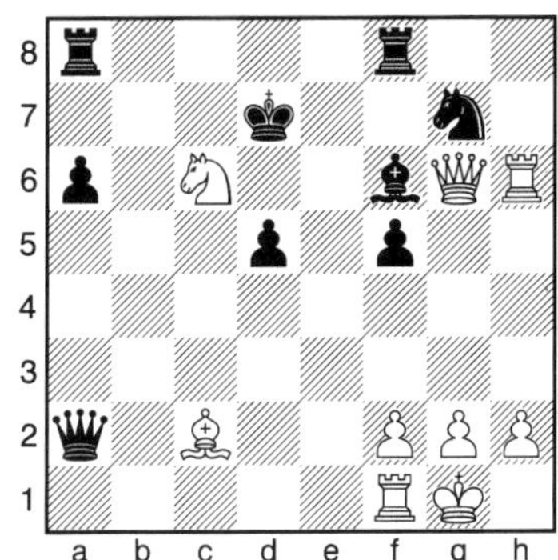

34.♘e5+!

Ein im wahrsten Wortsinn eleganter und geschickter Schachzug!

34...♔c7

34...♗xe5 35.♕c6+ ♔e7 36.♕b7+ mit Gewinn.

35.♘f7 ♘e8 36.♗xf5 ♕a3 37.♗e6 ♖b8 38.♖h3 ♕c5 39.♕g3+

Und Schwarz kapitulierte.

Partie Nr. 4
Kramnik – Aronian
Istanbul 2012

1.d4 d5 2.c4 c6 3.♘c3 ♘f6 4.cxd5 cxd5 5.♗f4 ♘c6 6.e3 a6 7.♗d3 g6

Andere Möglichkeiten für Schwarz haben wir in *Kapitel 1/Abspiel 2* analysiert.

8.h3 ♗f5

Schwarz will seinen „Sorgenläufer“ loswerden.

Nach 8...♗g7 9.♘f3 0-0 10.0-0 b5 11.♘e5 steht Weiß aktiver.

9.♘f3 ♗xd3 10.♕xd3 ♗g7 11.0-0 0-0 12.♖fc1 e6 13.♘a4 ♘e4 14.♘c5 ♘xc5 15.♖xc5 ♕d7 16.♖ac1 ♖fc8

Der Anziehende hat seine Entwicklung beendet und muss sich nun entscheiden, wie es weitergehen soll. Zunächst aber muss er die Stellung noch kurz absichern.

17.a3 ♗f8 18.♖5c2 f6

Nimmt das Feld e5 unter Kontrolle, schwächt dabei aber die Königsstellung.

Zu beachten waren 18...♗g7 bzw. 18...♗d6.

19.♘d2

Die Entscheidung ist gefallen: Weiß wird am Damenflügel seine Präsenz ausbauen.

19...♗d6?!

Nach der Partie wurde 19...♘a7!? analysiert; z.B. 20.♖c7 ♕e8 21.♘b3 ♘b5! 22.♖xc8 (22.♖xb7?? ♖xc1+ 23.♘xc1 ♕c6–+) 22...♖xc8 und von einem weißen Vorteil kann keine Rede sein. Die Stellung ist in etwa ausgeglichen.

20.♗xd6 ♕xd6 21.♘b3 ♖c7?

Aronian will die Wirkung der weißen Türme auf der c–Linie neutralisieren, was einem grundsätzlich guten strategischen Ansatz folgt. Hier allerdings ist der Zug ein Fehler, denn stattdessen hätte Schwarz dafür sorgen sollen, dass der weiße Springer nicht nach a5 gelangt.

Es wäre jetzt also 21...b6!? richtig gewesen; z.B. 22.♘d2 ♔g7 23.e4 ♕d7 24.exd5 exd5 25.♘f1 ♘e7 26.♖xc8 ♖xc8 27.♖xc8 ♕xc8 28.♕b3 b5 29.♘e3 ♕c1+ 30.♔h2 ♕d2 31.♘xd5 ♘xd5 32.♕xd5 ♕f4+ 33.♔g1 ♕c1+ mit Dauerschach.

22.♘a5! ♖ac8

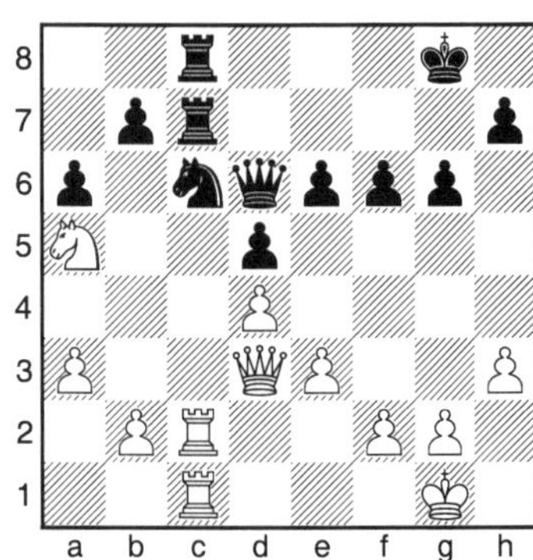

23.♘xb7!

Damit hat Schwarz offensichtlich nicht gerechnet.

23...♖xb7 24.♕xa6 ♖bc7 25.b4

Zwei Freibauern sind eine Macht!

25...♕d7 26.♕b6!

Der Anziehende verstärkt den Druck auf die gegnerische Stellung.

26...♕e8

Auf 26...♖b7 folgt 27.♖xc6! ♖xb6 28.♖xc8+ ♔g7 29.♖1c7+– und auf 26...♖b8 27.♕xb8+! ♘xb8 28.♖xc7 ♕a4 29.♖c8+ ♔g7 30.♖xb8 ♕xa3 31.♖c7+ ♔h6 32.b5+–.

27.b5 ♘xd4

Ein Versuch, das Spiel zu komplizieren.

28.♖xc7 ♘e2+ 29.♔h1 ♘xc1 30.♖xc8 ♕xc8 31.♕c6! ♕d8 32.b6 ♔f7 33.♕c7+ ♔e8 34.♕a7 d4 35.b7

Schwarz gab sich geschlagen.

Partie Nr. 5
Schirow – Kramnik
Linares 1993

1.d4 d5 2.c4 dxc4 3.e4 c5 4.d5 ♘f6 5.♘c3 b5 6.♗f4 ♕a5 7.♗d2 b4 8.e5 bxc3 9.♗xc3 ♕a6 10.exf6 exf6 11.b3 ♗e7 12.♗xc4!?

12.♘f3 haben wir in *Kapitel 2/Abspiel 1* besprochen.

12...♕d6 13.♘e2 0-0 14.0-0 f5 15.♖e1 ♘d7

Nach 15...♗f6 16.♗xf6 ♕xf6 17.d6 ♘d7 18.♘f4 hätte Schwarz kein leichtes Leben.

16.♘g3 g6

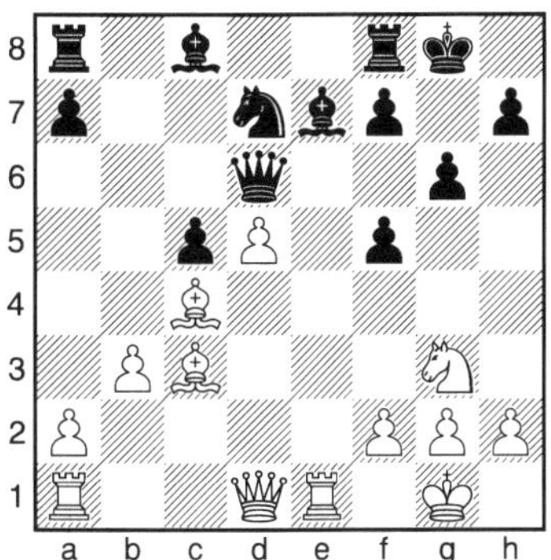

17.♖xe7!

Immer wieder überraschend und schön anzusehen: ein mutiges und zugleich auch logisches Qualitätsopfer. Es dient dem Zweck, einen dauerhaften Druck auf der geschwächten Diagonale a1-h8 zu ermöglichen.

17...♕xe7 18.d6!?

Das ist die konsequente Folge des weißen Handelns.

Nach der Partie wurde 18.♕d2 diskutiert. Aber über die Folge 18...♕h4 19.♗b5 ♖b8 20.♗c6 ♖b6 21.♗a5 ♖xc6 22.dxc6 ♕f6 23.♗c3 ♕xc6 24.♕g5 ♘e5 (24...f6? 25.♘xf5!) 25.♗xe5 f6 26.♗xf6 ♕xf6 27.♕xf6 ♖xf6 28.♖c1 ♖c6 könnte Schwarz in ein Endspiel kommen, das für ihn zu halten sein dürfte.

18...♕h4 19.♕d5 ♖b8 20.♘xf5?

Laut Schirow ist das zu früh.

Besser war 20.♖e1!; z.B. 20...♗b7 21.♕d3

(21.♘xf5 ♗xd5 22.♘e7+ ♕xe7 23.dxe7 ♗xc4 24.exf8♕+ ♘xf8 25.bxc4=)

21...♖be8 22.♖xe8 ♖xe8 23.♗b5 ♗c8 24.♕d2 a6 25.♗c6 und der starke Freibauer auf d6 verbrieft dem Anziehenden gute Chancen.

20...gxf5 21.♖e1 ♕g4!

Nur so! Auf 21...♘f6? würde stark 22.♕xc5! folgen.

22.f3 ♕g6 23.♖e7 ♗b7 24.♕d3 ♘b6 25.♗a1 ♘xc4 26.♕c3 f6 27.♕xc4+ ♔h8

Hier stand Schwarz die starke Alternative 27...♖f7! zur Verfügung. Es hätte wie folgt weitergehen können: 28.d7 ♗c6 29.♕e6 ♔g7 30.♖xf7+ ♕xf7 31.♕xc6 ♖d8∓ mit dem Plan ♕f7-e7, ♔g7-f7 usw.

28.♔f2 ♕h6?

In dieser für ihn gewonnenen Stellung unterläuft Schwarz ein Fehler.

Viel einfacher war 28...♖g8! 29.g3 ♕h6 30.♕h4 ♕xh4 31.gxh4 ♖gf8–+.

29.♗c3 ♕g6 30.d7 ♖bd8 31.♕xc5 ♖g8 32.g3 f4 33.g4 ♖df8 34.♕d4

Zum Gewinn führte auch 34.♕f5! ♕h6

35.♕h5! ♕xh5 36.gxh5+– nebst d7-d8♕.

34...♕h6 35.h3 ♗a6

Oder 35...♕h4+ 36.♔e2 ♗c6! 37.♕d6+–.

36.♔g2 ♕h4 37.♕xf4

Schwarz gab auf.

Partie Nr. 6
Korobow – B. Socko

Lublin 2012

1.d4 d5 2.c4 dxc4 3.e4 e5 4.♘f3 ♗b4+ 5.♗d2 ♗xd2+ 6.♕xd2 exd4 7.♘xd4

Zur Alternative 7.♕xd4 werfen Sie bitte einen Blick in *Kapitel 2/Abspiel 2.*

7...♕e7 8.♘c3 ♘f6 9.0-0-0

Weiß will kein Tempo verlieren und bringt seine Kräfte schnell zum Einsatz.

Es wird auch 9.f3 gespielt; z.B. 9... 0-0

(9...♗e6 10.♘xe6 ♕xe6 11.♕d4 ♘c6 12.♕xc4±)

10.♗xc4 c5 11.♘de2 ♖d8 12.♕e3 ♗e6 13.♗xe6 fxe6 14.0-0 ♘c6 15.♖ad1 b6 16.e5 ♘d5 17.♕e4 ♕f7 18.f4 ♘xc3 19.bxc3 (19.♘xc3 ♘d4⇄) 19...♘e7 20.♘g3 mit dem etwas besseren Spiel für Weiß, Andersson–Seirawan, Tilburg 1990.

9...0-0 10.♗xc4

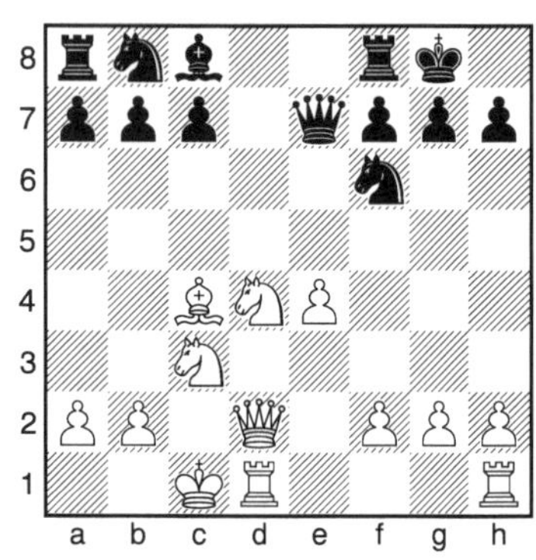

10...c5?

In dieser Stellung hätte der Nachziehende mutig 10...♘xe4!? ziehen sollen. Nach der Zugfolge 11.♘xe4

(11.♕e3 ♕c5 12.♗xf7+ ♖xf7 13.♕xe4 ♘a6∞)

11...♕xe4 12.♖he1 ♕h4 hätte Weiß zwar Entwicklungsvorsprung und Initiative für den Bauern gehabt, aber ein entscheidender Vorteil ist für ihn nicht zu sehen. Die Stellung befindet sich in einem dynamischen Gleichgewicht mit beiderseitigen Chancen. Nach dem Partiezug aber bekommt Weiß bessere Chancen.

11.♘db5 a6

Nun war das Schlagen auf e4 nicht mehr möglich: 11...♘xe4?? 12.♕e3 a6 13.♘a3+–.

12.♘d6 ♘c6 13.♖he1 ♗e6 14.e5 ♘g4 15.f4 ♗xc4 16.♘xc4 ♘d4 17.h3 ♘h6 18.♕d3 b5 19.♘d6 f6 20.b4 fxe5 21.bxc5

21.♖xe5!? war als Alternative eine Überlegung wert; z.B. 21...♕xd6 22.bxc5±.

21...♖xf4 22.♕e3 ♕g5 23.♖d2 ♘f7 24.♘d5

24.♘xf7 ♔xf7 25.♘e4+– wäre ebenfalls ausreichend für Weiß.

24...♘f5 25.♘xf5 ♖xf5 26.c6! ♕h4 27.c7 ♖c8

27...♘d6 28.♘b6+–

28.♖c2 ♘d6 29.g3 ♕xh3 30.♖c6

Schwarz strich die Segel.

Partie Nr. 7
Huang Qian – Ozturk
Astana 2013

1.d4 d5 2.c4 dxc4 3.e4 e5 4.♘f3 ♗b4+ 5.♗d2 ♗xd2+ 6.♕xd2 exd4 7.♕xd4

Ausführungen zu 7.♘xd4 finden Sie in *Kapitel 2/Abspiel 2.*

7...♕xd4 8.♘xd4 ♘f6 9.♘c3 ♗e6

Im Duell Tunik–Raetsky, Budapest 1992, kam Weiß nach 9...♗d7 10.♗xc4 ♘c6 11.♘xc6 ♗xc6 12.f3 ♔e7 13.♔e2 ♘d7 14.b4 (14.♖hd1!?) 14...♘b6 15.♗b3 zu einem kleinen Vorteil.

10.f4

Der Vorstoß mit dem f–Bauern ist sicher stärker als 10.♘xe6 fxe6 11.♗xc4 ♔e7. In der Partie Todorow–Sofranow, Sunny Beach 2012, konnte Schwarz nach 12.0-0-0 ♘g4 13.♖d2 ♘e5 14.♗e2 ♖f8 15.f3 a6 16.♖f1 g5 17.g3 ♘g6 18.♖fd1 b5 19.b4 ♖a7 20.a3 c6 Ausgleich halten.

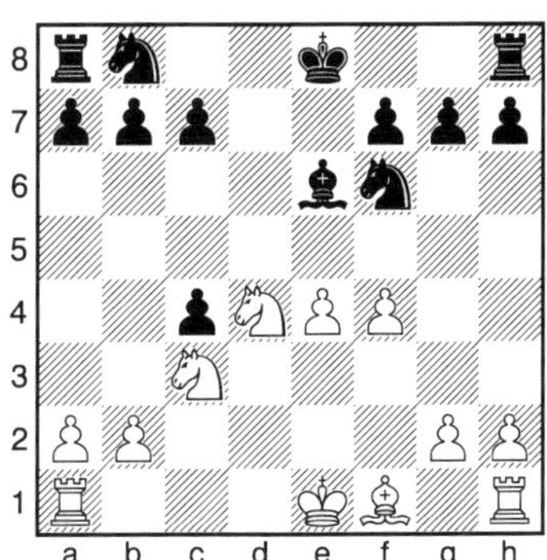

10...♘c6?

Ohne Not lässt sich Schwarz seine Bauernstruktur am Damenflügel kaputt machen, was keine gute Entscheidung sein kann.

Ratsam wäre hier 10...♔e7!? gewesen und nach dem möglichen Fortgang 11.f5 ♗d7 12.♗xc4 ♖e8 13.0-0-0 ♔f8 14.♖he1 ♘c6 stünden die schwarzen Perspektiven auf Ausgleich nicht schlecht.

11.♘xc6 bxc6 12.f5 ♗d7 13.♗xc4

Jetzt ist der positionelle weiße Vorteil schon gut erkennbar.

13...♘g4 14.♗e2 ♘e5 15.0-0-0 h5 16.♘a4 ♔e7 17.♘c5 f6 18.♖hf1 ♗e8 19.b3 ♗f7 20.h3 ♖ag8 21.♘d3 ♘d7 22.♔d2 g6 23.fxg6 ♖xg6 24.♗f3 a5

Zu beachten war 24...♖g5!?, um auf 25.♖c1 ♖a5 spielen zu können.

25.♖c1 c5 26.♘xc5 ♘e5 27.♔e3 c6 28.♘d3 a4

28...♘xd3 29.♔xd3 ♖c8 30.♖c5+–

29.♘xe5 fxe5 30.bxa4 ♗xa2 31.a5 ♖a8 32.♖c5 ♔d6 33.♖fc1 ♖c8 34.a6! ♖g7 35.♖a5 ♗f7 36.♖cc5 ♖e8 37.♖c1 ♖a8 38.♖d1+ ♔e6 39.♖b1 ♖gg8

40.♗e2 ♖g3+ 41.♔f2 ♖ag8 42.♗f1 ♖c3 43.a7

Schwarz gab sich geschlagen.

Partie Nr. 8
Navara – Stevic
Legnica 2013

1.d4 d5 2.c4 dxc4 3.e4 e5 4.♘f3 ♗b4+ 5.♗d2 ♗xd2+ 6.♘bxd2 exd4 7.♗xc4 ♘c6 8.0-0 ♘f6

8...♕f6 haben wir in *Kapitel 2/Abspiel 2* behandelt.

9.e5 ♘g4

Manchmal wählt Schwarz für den Springer den Weg in die Mitte mit 9...♘d5 und der weiteren Folge 10.♕b3 ♘a5.

(10...♘ce7 11.♘xd4 0-0 12.♖ad1 ♘b6 13.♘e4 ♘xc4 14.♕xc4±)

11.♕a4+

Oder gleich 11.♕b5+ wie in der Partie Melkumyan–Kotanjian, Martuni 2007. Wir haben das Intermezzo in den Zügen 11 und 12 übrigens so belassen, um den tatsächlichen Verlauf authentisch darzustellen.

11...♘c6 12.♕b3 ♘a5 13.♕b5+ c6 14.♕c5 ♕b6

(– Die lange Jahre deutsche Nummer 1 im Schach, Dr. Robert Hübner, spielte hier 14...b6, konnte dann aber nicht beweisen, dass der Bauernzug besser ist als 14...♕b6. Im Duell Karpow–Hübner, Deutschland 1994, folgte 15.♕xd4 ♘xc4 16.♕xc4 ♗d7 17.♘d4 ♖c8 18.♘e4 0-0 19.♘d6 ♖c7 20.♖ae1±.

Es fällt auf, dass der Nachziehende beinahe keine Zeit für einen freien Atemzug erhielt, weil Weiß mit jedem Zug eine neue Drohung aufstellte oder aber seinen Gegner zum Zurückschlagen verpflichtete.

– Nach 14...♘xc4? 15.♘xc4 ♕e7 16.♘d6+ ♔f8+– fällt der schwarze d-Bauer und der Nachziehende kommt nur mit einer miserablen Stellung aus diesem Geplänkel heraus.)

15.♕xd4 ♕xd4 16.♘xd4 ♘xc4 17.♘xc4 0-0 18.♖ad1 ♗d7 19.♖fe1

Weiß hat einen nur geringen Vorteil. Auf dem Feld d6 kann ein weißer Springer sehr nervig für den Nachziehenden werden. Der weiße e-Bauer ist gut gestützt und kann weiter Rückendeckung erhalten. Er ist stark.

10.h3 ♘h6 11.♘b3 ♘f5

Hier war 11...0-0 vorzuziehen, um die weiteren Absichten noch nicht festzulegen und den Gegner auch noch im Unklaren zu lassen. Danach kam eine von mehreren natürlichen Entwicklungen in der Partie Pachman–Tringow, Hawanna 1965, aufs Brett. Wir müssen uns hier auf beispielhafte Varianten beschränken, da die ganze Palette der denkbaren Abweichungen aus sicher nachvollziehbaren Gründen nicht gezeigt werden kann.

12.♘bxd4 ♘xd4 13.♕xd4 ♕xd4 14.♘xd4 ♘f5

(14...♖e8 15.♖fe1 ♗d7 16.g4 ♖ad8 17.♖ad1±, Ochsenhirt–Weber, DESC email 2007.)

15.♘b5 ♗d7

(15...c6 16.♘c7 ♖b8 17.♖fd1 b5 18.♗d3 ♖b7 19.♘a6 ♖e7 20.♘b4 c5 21.♘c6 ♖c7 22.♗xb5±, Frey Beckman–Huntley, IECG email 1999.)

16.♖ad1 ♗xb5 17.♗xb5 ♖fd8 18.♗d7 ♘e7 19.f4 c6 20.♖fe1±

12.♗b5 ♕d5 13.♗xc6+ ♕xc6 14.♖c1 ♕b6 15.♕c2 ♗e6 16.♕xc7 d3

Weiß hat seine Entwicklung abgeschlossen, Schwarz steht kurz davor. Der Partiezug aber ist nicht gut.

Der Anziehende hätte seinen Vorteil mit 16.♖fd1! behaupten können.

17.♔h2?! 0-0 18.g4 ♗d5

Sieht stark aus, ist aber nicht die beste schwarze Wahl. Der Nachziehende hätte 18...♕b4! spielen sollen; z.B. 19.gxf5 ♕f4+ 20.♔g2 ♗d5 21.♘bd2 ♕xd2 mit schwarzem Vorteil.

19.♘fd2?

Das kann Weiß große Probleme einbringen. Er hätte deshalb unbedingt die Damen tauschen sollen; z.B. 19.♕xb6 axb6 20.♘e1 ♗xb3 21.♘xd3 ♗e6 22.gxf5 ♗xf5 23.♘b4 mit etwa gleichem Endspiel.

19...♕h6!

Plötzlich muss sich Weiß um seinen König kümmern.

20.e6

Der Sinn dieses Bauernvorstoßes liegt etwas versteckt. Er räumt das Feld e5, damit die eigene Dame das Feld f4 kontrollieren kann.

20...fxe6

Schwarz lässt seine Chance liegen. Mit der einfachen Reaktion 20...♘h4! hätte er es erreicht, dass die weiße Stellung nicht mehr einfach zu verteidigen war. Nun rettet sich Schwarz aus der schlechten Lage.

21.gxf5 ♖xf5 22.f3 e5 23.♖g1! ♖h5?

Und noch ein Fehler. Schwarz überschätzt seine Angriffsmöglichkeiten.

Auf 23...♕f4+ 24.♖g3 ♖g5 25.♖cg1 h5 wollte Weiß 26.♘e4! spielen, was ihm gute Verteidigungsmöglichkeiten verbrieft hätte; z.B. 26...♖g6 27.♔h1 ♗xe4 28.♖xg6 ♕xf3+ 29.♔h2 und Schwarz hat nicht mehr als ein Dauerschach.

24.♕d7 ♗e6

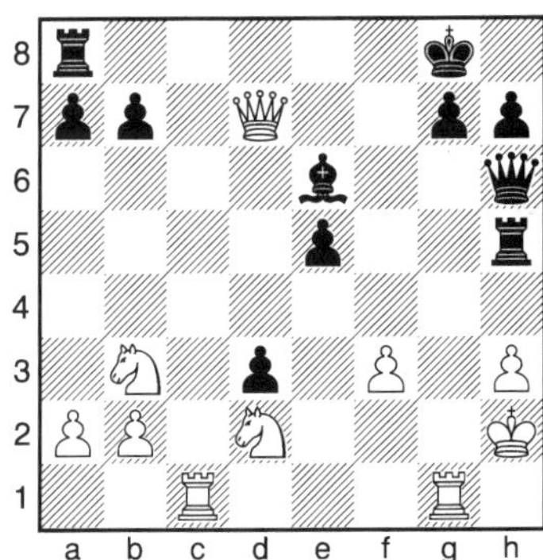

25.♖xg7+!

Diese Ressource hat Schwarz vermutlich übersehen.

25...♔h8

25...♕xg7 26.♕xe6+ ♔h8 27.♘e4 wäre für den Nachziehenden nicht besser gewesen.

26.♖xh7+ ♕xh7 27.♕xe6 ♖f8 28.♘e4 ♕h6 29.♕xh6+ ♖xh6 30.♘bd2 ♖g6 31.♖c3 ♖fg8 32.h4!

Weiß hat den gegnerischen Ansturm gut überstanden und spielt nun auf den vollen Punkt im gewonnenen Endspiel.

32...♖g2+ 33.♔h3 ♖g1 34.♘g5 ♔g7 35.♖xd3 ♔g6 36.♘de4 ♔f5 37.♘g3+

Schwarz gab auf.

Partie Nr. 9
Karpow – Speelman
Brüssel 1988

1.d4 d5 2.c4 dxc4 3.e4 ♘f6 4.e5 ♘d5 5.♗xc4 ♘b6 6.♗b3 ♘c6 7.♗e3

Ausführungen zu 7.♘e2 finden Sie in *Kapitel 2/Abspiel 3.*

7...♗f5 8.♘e2 e6 9.0-0 ♘a5

Auf 9...♘b4 folgt 10.♘bc3. Die Partie I. Sokolov–Campos Moreno, Sevilla 1987, zeigt, wie es weitergehen kann.

10...c6 11.♘f4

(Zu beachten ist 11.♘g3!?.)

11...h5

(Keine glückliche Wahl ist 11...♗e7, was Weiß den Vorstoß seines g-Bauern erlaubt. Also 12.g4 ♗g6 und nun 13.a3!. Die folgende Analysevariante zeigt, welchen Verlauf das Spiel nehmen kann: 13...♘4d5 14.♘fxd5 ♘xd5 15.♘xd5 cxd5 16.♗a4+ ♔f8 17.f4 f5 18.exf6 ♗xf6 19.♖c1±.)

12.h3 h4 13.♕f3 ♕d7 14.♖fd1 ♘6d5?! (□14...♘4d5) 15.a3! ♘c2 (15...♘xf4 16.axb4±) 16.♖ac1! ♘xc3 17.bxc3 ♘xe3 18.fxe3 ♗xa3 19.♖a1 ♗e7

(19...♗b2 20.e4! ♗xa1 21.exf5 ♗b2 22.fxe6 fxe6 23.♘xe6+–)

20.e4 mit weißem Vorteil. Die Partie ist logisch geführt worden und Verbesserungen des Spiels beider Seiten liegen zumindest nicht auf der Hand.

10.♗a4+ c6

Oder 10...♘xa4 11.♕xa4+ ♘c6 (11...c6? 12.♗d2+–) 12.♘bc3 a6 13.d5 exd5 14.♖fd1 b5 15.♕b3 ♘a5 16.♕xd5 ♕xd5 17.♘xd5 mit weißem Vorteil.

11.♗c2 ♗g6 12.♘bc3 ♘ac4 13.♕c1!? ♗e7 14.♗xg6 hxg6

14...fxg6 15.b3 ♘a3

(15...♘xe3 16.fxe3± stellt den schwarzen König voll in den Wind und wäre schlechter.)

16.♘e4 und Weiß führt die weitere Partie aus der besseren Stellung heraus.

15.♘e4

Weiß hat für sich einen kleinen Entwicklungsvorsprung herausgearbeitet und seine Stellung ist leicht vorzuziehen.

15...♖h4

15...0-0 16.♗g5!±

16.♘2g3 ♕d5 17.♕c2 0-0-0 18.♗g5! ♗xg5 19.♘xg5

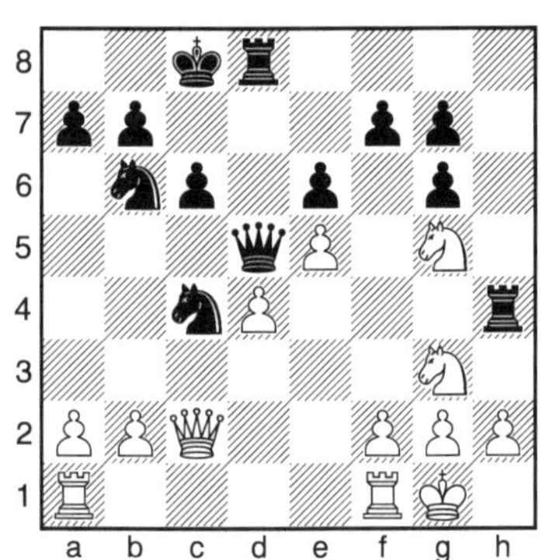

19...♖d7?

Dieser Zug verdient Kritik, weil er zu passiv ist.

– Ebenfalls nicht zu empfehlen ist 19...♖xd4, denn nun nimmt Weiß einfach mit 20.♘xf7!.

– Angebracht war aber 19...♖dh8!?, denn nach 20.h3 f6 hätte sich Schwarz gute Aussichten auf Gegenspiel verschafft. Demgegenüber kommt es nun ganz anders, denn Weiß übernimmt völlig die Initiative.

20.♘f3 ♖f4 21.♖ad1 g5 22.♕c1! ♖xf3

Es gibt nichts Besseres. Schwarz versucht einen Angriff zu organisieren, selbst wenn der Preis dafür hoch ist und die Aussicht auf Erfolg mehr als fraglich.

23.gxf3 ♕xf3 24.♖fe1 g4

Auch nichts bringt 24...♘d5 25.♕xc4! ♘f4 26.♕f1 g4 27.♖e3 ♘h3+ 28.♕xh3 ♕xd1+ 29.♕f1+–.

25.♖e4! ♘xb2 26.♖d2 ♘2a4

Etwas mehr Widerstand könnte Schwarz mit 26...♘d3 leisten; z.B. 27.♕d1 ♕xd1+ (27...♘xe5 28.♖xe5 ♘c4 29.♖e4 ♘xd2 30.♕xd2±) 28.♖xd1 ♘b4 29.♖xg4 g6 30.♖d2 ♘c4 31.♖e2±.

27.♕c2 ♕a3 28.♖xg4 g6 29.♘e4 ♔b8 30.♖g3 ♕e7 31.h3 ♕h4 32.♔h2 ♕f4 33.♔g2 ♕h6 34.♖dd3 a6 35.♖g4 ♖d5 36.h4 ♖b5 37.♖b3 ♘d5 38.♖f3 ♖b4 39.♘g5 ♘e7 40.a3 ♖b2 41.♕xa4

Der Drops ist endgültig gelutscht. Schwarz kapitulierte.

Partie Nr. 10
Grün – Göhring
1. Bundesliga 1983

1.d4 ♘f6 2.c4 e6 3.♘f3 d5 4.♘c3 c5 5.cxd5 ♘xd5

5...exd5 war eines unserer Themen in *Theorieteil/Kapitel 4.*

6.e4 ♘xc3 7.bxc3 cxd4 8.cxd4 ♗b4+ 9.♗d2 ♗xd2+ 10.♕xd2 0-0 11.♗c4 ♘c6 12.0-0 b6

Der Anziehende hat ein bewegliches Bauernzentrum gebildet und muss sich im weiteren Verlauf entscheiden, mit welchem seiner Bauern er ziehen möchte. Alles hängt vom individuellen Stil des Spielers ab: Die Angriffsspieler werden den Vorstoß des e-Bauern ins Visier nehmen, da er mit Angriffsaussichten am Königsflügel verbunden ist. Eher positionell veranlagte Spieler werden wahrscheinlich zu d4-d5 greifen.

13.♖ad1 ♘a5

In der bekannten Partie Spasski–Petrosjan, Moskau 1969 (5. Matchpartie) geschah: 13...♗b7 14.♖fe1 ♖c8.

(Kortschnoi verteidigte sich 1979 gegen Uhlmann auf folgende Weise: 14...♘e7 15.d5 exd5 16.exd5 ♘f5 17.♗d3 ♘d6 mit gleichen Aussichten.)

15.d5 exd5 16.♗xd5 ♘a5 (16...♕e7!?) 17.♕f4 ♕c7 18.♕f5 ♗xd5 19.exd5 ♕c2 20.♕f4 ♕xa2 21.d6 ♖cd8 22.d7 ♕c4 23.♕f5 h6 24.♖c1 ♕a6 25.♖c7 b5 26.♘d4 ♕b6 27.♖c8 ♘b7 28.♘c6 ♘d6 29.♘xd8! ♘xf5 30.♘c6 1-0

14.♗d3 ♗b7 15.♖fe1 ♖c8 16.d5!

Ein typischer Durchbruch im Zentrum.

16...exd5 17.e5

Weiß opfert einen Bauern, um zu einem Rochadeangriff zu kommen.

17...♘c4 18.♕f4 ♘b2

Es fällt wirklich nicht leicht, etwas anderes zu empfehlen; z.B. 18...h6 19.♕f5 g6 20.♕h3 ♔g7 21.e6 fxe6 22.♘d4 oder 18...♖c6 19.♗xh7+! ♔xh7 20.♘g5+ ♔g8 (20...♔g6 21.h4!) 21.e6 fxe6 22.♕h4 ♖f6 23.♕h7+ ♔f8 24.♕h8+ ♔e7 25.♕xg7+ ♔e8 26.♕xb7. In beiden Fällen hat Schwarz ein schweres Leben.

19.♗xh7+! ♔xh7 20.♘g5+ ♔g6

Nach 20...♔g8 gewinnt Weiß leicht. Zum Beweis: 21.♕h4 ♖e8 22.♕h7+ ♔f8 23.e6! fxe6 24.♕h8+ ♔e7 25.♕xg7+ ♔d6 26.♘f7+ mit Damengewinn.

21.h4

Es droht 22.h5+ ♔xh5 23.g4+ ♔g6 24.♕f5+♔h6 25.♘xf7+ ♖xf7+ 26.♕h5#. Die entstandene Stellung ist in der Schachliteratur gut bekannt. Genau so spielte Polugajewski 1969 in Moskau gegen Tal.

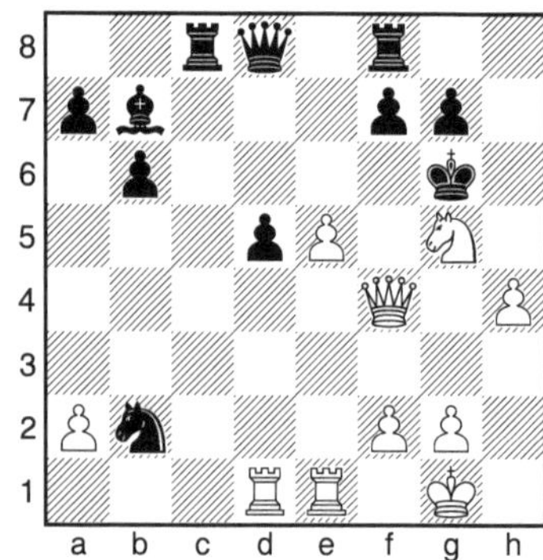

21...f5

Im eben erwähnten Duell folgte: 21...♖c4 22.h5+ ♔h6

(22...♔xh5 23.g4+ ♔g6 24.♕f5+ ♔h6 25.♘xf7+ ♖xf7 26.♕h5#)

23.♘xf7+ ♔h7 24.♕f5+ ♔g8 25.e6 ♕f6 26.♕xf6 gxf6 27.♖d2 ♖c6

(27...♘a4 28.♘d6 ♗c6 29.e7 ♖e8 30.♖d3 ♖g4 31.♖f3 ♔g7 32.♖e6 ♘c5 33.♘f5+ ♔h7 34.♖xc6+–)

28.♖xb2 ♖e8 29.♘h6+ ♔h7 30.♘f5 ♖exe6 31.♖xe6 ♖xe6 32.♖c2 ♖c6 33.♖e2 ♗c8 34.♖e7+ ♔h8 35.♘h4 f5 36.♘g6+ ♔g8 37.♖xa7 und Schwarz gab auf.

22.♖d4 ♕e7 23.h5+! ♔h6

Oder 23...♔xh5 24.♕h4+ ♔g6 25.♕h7+ ♔xg5 26.f4+ ♔g4 27.♕h3#.

24.♘f7+ ♔h7 25.♕xf5+ ♔g8 26.e6 ♖c7

26...♖xf7 27.exf7+ ♕xf7 28.♕xf7+ ♔xf7 29.♖f4+ ♔g8 30.♖e7 ♗a6 31.♖xa7 ♗c4 32.♖ff7 mit weißem Gewinn.

27.♖f4 ♗c6 28.h6

Schwarz gab auf.

Partie Nr. 11
Grigorianz – Maze
Moskau 2005

1.d4 d5 2.c4 e6 3.♘c3 ♗e7 4.cxd5 exd5 5.♗f4 c6 6.e3 ♗f5 7.♘ge2

Zu 7.g4 finden Sie unsere Ausführungen in *Kapitel 4/Abspiel 1*.

7...♘f6

Oder 7...♘d7 8.♘g3 ♗g6 9.♗e2 ♘gf6 10.0-0 (10.h4!?) 10...h5 11.♗d3 ♗xd3 12.♕xd3±, Milov–Vazquez Igarza, Moskau 2009.

8.h3

Hier wird auch 8.♘g3 gespielt; z.B. 8...♗e6 (8...♗g6 9.h4!?) 9.♗d3 usw.

8...♗e6

8...♘e4 9.f3 ♘xc3 10.♘xc3 ist bequemer für Weiß.

9.♗h2 ♘bd7 10.♘f4 ♘f8 11.♗d3 ♗d6 12.♕b3 ♖b8 13.0-0-0

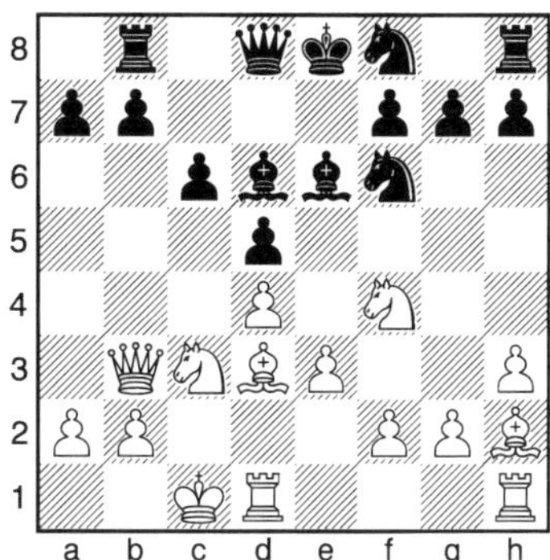

13...g5?

Die Schwächung der Königsstellung bringt Schwarz bald in Schwierigkeiten. Deshalb war 13...♘g6!? zu überlegen; z.B. 14.♘xe6 fxe6 15.♗xg6+ hxg6 16.♕c2 ♔f7 mit guten Verteidigungsmöglichkeiten.

14.♘fe2 ♗xh2 15.♖xh2 ♘8d7 16.f4! ♕c7 17.g3

Es droht f4-f5.

17...♘e4 18.♗xe4 dxe4 19.♕c2 b5 20.♘xe4 ♕a5 21.b3 ♗d5 22.fxg5

Schwarz steht schon sehr schlecht.

22...0-0

Der König muss raus aus der Mitte, aber eine wirkliche Erleichterung der Situation erreicht Schwarz dadurch auch nicht mehr. Weiß kommt zum entscheidenden Angriff.

23.♘4c3 b4 24.♘xd5 cxd5

Nach 24...♕xd5 25.♖f1 ♕xg5 26.♖f4 f5 27.♔b1 wäre die schwarze Position auch sehr schlecht.

25.♔b1 ♘b6 26.♖f2 ♖fc8 27.♕f5 ♖c7 28.♖c1 ♖e7 29.♘f4 ♕a3 30.♘h5 ♘c4 31.♕f6

Schwarz gab sich geschlagen.

Partie Nr. 12
Kortschnoi – Karpow

Meran (13. Matchpartie) 1981

1.c4 e6 2.♘c3 d5 3.d4 ♗e7 4.cxd5 exd5 5.♗f4 c6 6.e3 ♗f5 7.g4 ♗e6 8.h3 ♘f6 9.♘f3 0-0 10.♗d3 c5 11.♔f1 ♘c6 12.♔g2 ♖c8

Bis zu diesem Zug verlief die Partie identisch zur 14. Partie der WM 1963 zwischen Botwinnik und Petrosjan. Petrosjan zog 12...cxd4 (siehe *Kapitel 4/Abspiel 1*).

13.♖c1 ♖e8 14.dxc5 ♗xc5 15.♘b5 ♗f8 16.♘fd4 ♘xd4

Nach diesem offenbar nicht genau durchdachten Zug gerät Karpow in eine unbequeme Lage.

Er hätte 16...♕b6!? spielen sollen; z.B. 17.♘xe6 ♖xe6 (17...fxe6 18.g5 ♘e4∞) 18.g5 ♘e4 mit beiderseitigen Chancen (Analyse von Unzicker).

17.♖xc8 ♕xc8

Auch nach 17...♗xc8 18.exd4 a6 19.♘c7 ♖e7 20.♕c2 hätte Schwarz gewisse Probleme.

18.exd4 ♕d7 19.♘c7 ♖c8 20.♘xe6 fxe6

Schwarz muss die Verschlechterung seiner Bauernstellung akzeptieren, denn auf 20...♕xe6 würde 21.♗f5 folgen.

21.♖e1 a6 22.g5 ♘e4 23.♕g4!

23.♗xe4 dxe4 24.♖xe4 ♕d5 wäre weniger stark.

23...♗b4

23...♖e8 24.f3 ♘d6 25.♗xh7+! ♔xh7 26.♕h5+ ♔g8 27.g6+–

24.♖e2 ♖f8

24...♖e8 25.f3 ♘d6 26.a3 ♗a5 27.♗xd6 ♕xd6 28.♗xh7+! ♔xh7 29.♕h5+ mit Gewinn für Weiß.

25.f3 ♕f7

Oder 25...♘d6 26.a3 ♗a5 27.♗xd6 ♕xd6 28.♕h5 g6 29.♗xg6! hxg6 30.♕xg6+ ♔h8 31.♕h6+ ♔g8 32.♖xe6 und Weiß gewinnt.

26.♗e5 ♘d2 27.a3 ♘xf3

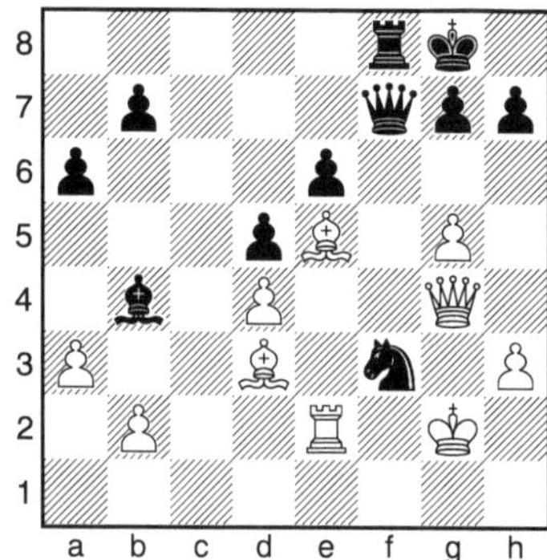

28.g6?

Dies ist ungenau gespielt.

– Schlecht wäre 28.axb4? ♘e1+ 29.♖xe1 ♕f2+ 30.♔h1 ♕xe1+ 31.♕g1 ♕d2 mit Gegenchancen für Schwarz.

– Nach 28.♗g3! aber wäre dessen Lage sehr schlecht.

28...hxg6 29.♗g3 ♗e7?

Der Verlustzug. Nur nach 29...♘h4+! hätte sich Karpow retten können, wie die folgende Analyse zeigt.

30.♔h2!

(– 30.♕xh4? ♕f3+ 31.♔h2 ♕xd3 32.♕g4 ♗d2 33.♕xe6+ ♔h7 34.♕g4 ♗e3–+

– 30.♗xh4 ♕f1+ 31.♔h2 ♗d6+ 32.♗g3 ♖f2+ 33.♖xf2 ♕xf2+ 34.♔h1 ♕xg3 35.♕xg3 ♗xg3 36.♗xg6 ♗f2∓)

30...♘f3+ mit Zugwiederholung. Nach dem Partiezug gewinnt Weiß einfach.

30.♖f2 ♘e1+ 31.♔h1 ♕xf2 32.♗xf2 ♘xd3 33.♕xe6+ ♖f7 34.♗g3 ♘xb2 35.♕xd5 ♗f6 36.♗d6 g5 37.♕b3 ♗xd4 38.♕e6 g6 39.♕e8+ ♔g7 40.♗e5+ ♗xe5 41.♕xe5+ ♔h7

Schwarz gab gleichzeitig auf.

Partie Nr. 13
Harika – Zwardon
Pardubice 2012

1.d4 ♘f6 2.c4 e5 3.dxe5 ♘g4 4.♗f4 g5 5.♗g3 ♗g7 6.♘f3 ♘c6 7.h4!

Weiß lässt seinen König im Zentrum und entscheidet sich zu sofortigen aktiven Handlungen. In *Kapitel 5/Abspiel 2* analysieren wir 7.♘c3.

7...♘gxe5 8.♘xe5 ♘xe5 9.♘c3 g4 10.h5!

Dies ist ein Muss. Wenn Schwarz zu h7-h5 käme, stünde er ordentlich.

10...d6

10...h6 war erforderlich.

11.h6 ♗f6

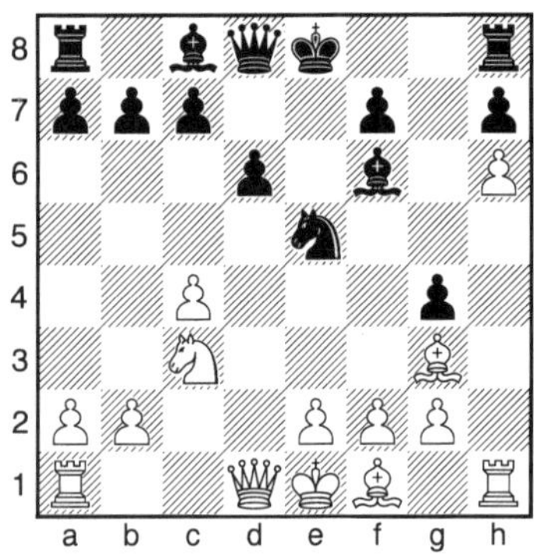

12.c5!?

Aktiv gespielt! Der im Zentrum verbliebene gegnerische König fordert aggressive Handlungen geradezu heraus.

12...♗e6

Auf 12...dxc5 folgt 13.♕xd8+ ♔xd8 14.0-0-0+ ♘d7 (14...♗d7 15.♘e4+–) 15.♘d5 ♗g5+ (15...♗e7 16.♘xc7 ♖b8 17.e3+–) 16.e3 c6 17.♘c7 ♖b8 18.♗e2 mit Gewinn.

13.e3 d5?

Keine gute Wahl, denn der Zug verliert.

Notwendig war 13...dxc5!? 14.♘e4 ♕xd1+ 15.♖xd1 ♔e7 16.♖h5 ♘d7 17.♗xc7 mit einer natürlich sehr guten Stellung für Weiß, aber eben noch keiner Gewinnstellung.

14.♖h5 ♘d7 15.♘xd5 ♗xb2 16.♖b1 ♗xd5 17.♖xd5 ♗c3+ 18.♔e2

Weiß hat das Rochaderecht verloren, was aber zu verschmerzen ist, denn er steht weiter auf Gewinn.

18...♕e7 19.♕d3 ♗f6 20.♖xb7 ♖c8 21.♗xc7 ♕e6 22.♗d6 a6 23.♖b4 ♗e5 24.♗xe5 ♖xc5

24...♘xe5 25.♖xe5 ♕xe5 26.♖e4+–

25.♖xc5 ♘xc5 26.♖b8+

Schwarz gab auf.

Partie Nr. 14
Schirow – Dautow
Daugavpils 1989

1.d4 ♘f6 2.c4 e6 3.♘c3 ♗b4 4.f3 d5 5.a3 ♗e7 6.e4 dxe4 7.fxe4 e5 8.d5 ♗c5 9.♘f3 ♘g4 10.♘a4 ♗f2+

10...♘d7 haben wir im *Theorieteil/ Kapitel 6* analysiert.

11.♔e2 ♗d4?!

Ein als zweifelhaft geltender Zug aus der Hand eines großen Spielers.

Die Theorie empfiehlt 11...b5!, wonach z.B. die Fernpartie, Simeone–Ermolajew, ICCF 2006, folgenden Verlauf nahm.

12.cxb5

(12.h3 bxa4 13.hxg4 ♗g3 14.♖h3 ♗f4 15.♗xf4 exf4 16.♕d4 0-0∞, Raicevic–Ruban, Pula 1989.)

12...♗d7 13.♗g5 f6 14.h3 ♗xb5+ 15.♔d2 ♗d7 16.hxg4 fxg5 17.♕b3 0-0 18.♔c2 h6 19.♘c3 ♗e8 20.♘xe5 ♗g3 21.♘d3 Remis

12.♘xd4 exd4 13.♕xd4 0-0

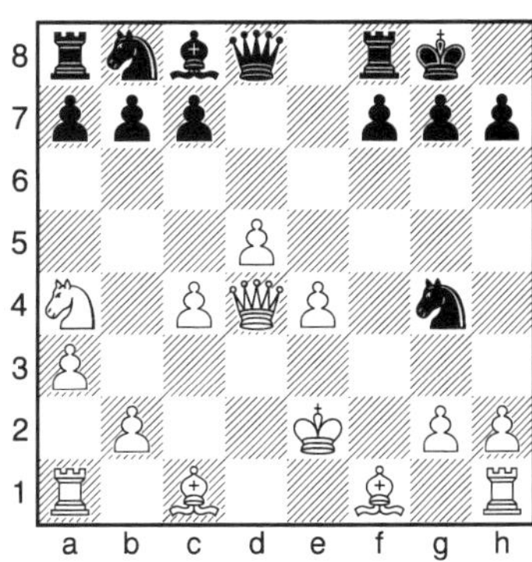

14.h3!

Gut bekannt ist 14.♔d3?! aus der Partie Malanjuk–Dautow, Kecskemét 1989, die nach 14...♘c6! 15.dxc6 ♘f2+ 16.♔c3 ♘d1+ 17.♔d3 ein friedliches Ende fand.

Die Partiefortsetzung ist ohne Zweifel eine Verstärkung der Variante.

14...♕h4?

Eine falsche Entscheidung, durch die sich die Lage von Schwarz verschlechtert.

Stärker war wohl 14...♘f6!?; z.B. 15.♗g5 ♘c6 16.♕f2 ♘xe4.

(16...♖e8? 17.♗xf6 gxf6 18.♘c3±)

17.♗xd8 ♘xf2 18.♔xf2

(Das Endspiel nach 18.♗xc7 ♘xh1 19.dxc6 f5 20.♔f3 f4 21.♗d3 ♘g3 22.♗d6 ♖d8 23.c5 bxc6 24.♔xf4 ♘h5+ 25.♔e3 ♗e6 wäre gut für Schwarz.)

18...♘xd8 19.♗d3

Weiß verfügt nun über einen kleinen Vorteil, und ein klarer Gewinnweg ist noch nicht zu sehen.

15.g3!

Einfach und entscheidend.

15...♕h5

Auf 15...♕xg3 folgt 16.hxg4 ♗xg4+ 17.♔d2 und dann beispielsweise 17...♕f3 18.♖g1 ♘c6 19.♕e3 ♕d1+ 20.♔c3 ♘e5 21.b3 und Weiß gewinnt.

16.♗g2 ♘e5+

16...♘f6+ 17.♔f2+– verliert auch.

17.g4 ♗xg4+

Dies ist als Versuch zu verstehen, das Spiel zu verschärfen. Eine bessere Alternative ist allerdings nicht zu sehen.

18.hxg4 ♕xg4+ 19.♔f2 ♘bd7

Nach 19...f5 20.♕xe5 fxe4+ 21.♔g1 bleibt Weiß ein übermächtiger materieller Vorteil.

20.♕d1 ♕g6 21.♕h5 ♘g4+ 22.♔e2 ♘de5 23.♗f4!

Schwarz gab auf.

Partie Nr. 15
Milov – J. Polgar
Moskau 2001

1.d4 ♘f6 2.c4 e6 3.♘c3 ♗b4 4.e3 0-0 5.a3 ♗xc3+ 6.bxc3 c5 7.♗d3 ♘c6 8.♘e2 b6

Die Fortsetzung 8...d6 haben wir in *Kapitel 6/Abspiel 1* analysiert.

Mit dem Partiezug bereitet Schwarz das bekannte Manöver ♗c8-a6 und ♘c6-a5 mit Angriff auf den Bauern c4 vor. Weiß steht die Tür für Aktivitäten im Zentrum und auf dem rechten Flügel offen.

9.e4 ♘e8 10.0-0 ♗a6 11.f4 f5 12.d5!?

Der Anziehende opfert seinen Fußsoldaten, um sein mächtiges Bauernzentrum in Bewegung zu setzen.

Mit 12.♘g3 g6 13.♗e3 hält er die Spannung aufrecht.

12...♘a5 13.e5 ♗xc4 14.♗xc4 ♘xc4 15.d6

Die weiße Blockade im Zentrum beschränkt die Beweglichkeit der schwarzen Figuren enorm. Damit hat der Anziehende vollen Ersatz für den geopferten Bauern.

15...b5 16.a4 a6 17.♕d3 g6 18.axb5 axb5 19.♗e3 ♖xa1 20.♖xa1 ♕b6

21.♘c1 ♘g7 22.♘b3 ♖c8 23.♗f2 ♘b2 24.♕c2 ♘a4 25.c4 ♕b8

– Hier hat Schwarz bestimmt auch über die Alternative 25...♖b8 nachgedacht, dann aber die Finger davon gelassen, weil der Gegner nach 26.♘c1 ♖a8 27.♘d3 klar die besseren Aussichten gehabt hätte.

– Das Gleiche gilt für 25...bxc4 26.♕xc4 und dann 26...♖b8. Nun hätte 27.♕xa4 ♕xb3 28.♕xd7 die schwarzen Aussichten bald schon gegen Null tendieren lassen.

26.♘d2 ♘b6 27.cxb5

Stärker war 27.♖b1!, worauf 27...♘h5 28.g3 b4 29.♘b3 mit klarem weißem Vorteil eine natürliche Entwicklung gewesen wäre.

27...c4 28.♘f3 ♘h5

Auf 28...♘d5 ist 29.b6! möglich. Weitergehen kann es dann wie folgt: 29...c3 (29...♘xf4 30.♖a7 c3 31.♖xd7+) 30.♘e1 ♘xb6 31.♖b1 ♖c6 32.♕b3 mit weißem Übergewicht.

29.g3 ♕b7 30.♖a3

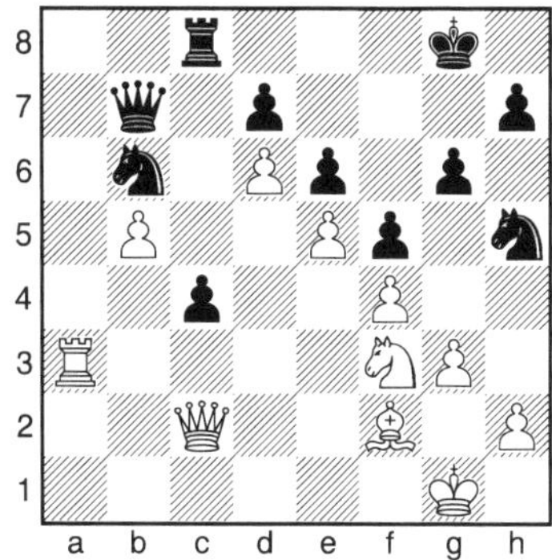

30...♔g7?

Ein Fehler in einer allerdings komplizierten Stellung.

Nur mit 30...♘d5! und dann ggf. 31.♖a7 ♕xb5 (31...♕b8? 32.♖xd7±) 32.♘d4 ♕b4 33.♖xd7 ♖a8 hätte sich Schwarz gute Gegenchancen bewahrt.

31.♘d4 ♔f7 32.♕a2 ♕e4 33.♖a7! g5 34.♕e2 ♕b1+ 35.♕f1 ♕e4 36.♕e2 ♕b1+ 37.♔g2 ♔g6 38.fxg5 c3 39.♕c2 ♕b4 40.♖b7?

Der Anziehende strauchelt, denn dieser Zug mit dem Turm ist ungenau.

Nach der richtigen Alternative 40.♖c7! hingegen wäre die Sache einfach: 40...♖xc7 41.dxc7 ♕c4 (41...♘c8 42.♕b3+–) 42.♘xf5! exf5 43.♗xb6+–.

40...♖c4! 41.♘xe6 dxe6 42.♖xb6 ♕b2 43.♕d3 ♖f4?

Polgar lässt die Gelegenheit für Rettungschancen aus, die sie nach 43...♖g4! 44.♔f3 ♕c1 45.d7 ♕h1+ 46.♔e2 ♖e4+ 47.♗e3 ♘xg3+! 48.hxg3 ♕h5+ gehabt hätte.

44.♕e3! c2 45.d7 c1♕ 46.d8♕ ♖xf2+ 47.♕xf2 ♕xe5

47...♕xf2+ 48.♔xf2 ♕c2+ 49.♔e1 ♕e4+ 50.♔d2 ♕b4+ 51.♔d3 ♕b1+

(– 51...♕b3+ 52.♔e2 ♕c2+ 53.♕d2 ♕e4+ 54.♔f2 ♘g7 55.♖d6 ♕h1 56.♕d5+–

– 51...♕e4+ 52.♔c3 ♕xe5+ 53.♔b3 ♕e3+ 54.♔a4 ♕e4+ 55.♔a5+–)

52.♔c4 ♕c2+ 53.♔b4 ♕b2+ 54.♔c5 ♕xe5+ 55.♔c6+–

48.♕e8+ ♔xg5 49.♕xe6

Ein forcierter Weg zum Sieg war 49.h4+! ♔f6 50.♖xe6+! ♕xe6 51.♕d4+ ♕e5 52.♕dxe5#.

49...♕xe6 50.♖xe6 f4 51.♖e5+ ♔g6 52.♖c5 f3+ 53.♔xf3 ♕h1+ 54.♔e3

Schwarz kapitulierte.

Partie Nr. 16
Kasparow – J. Polgar
Tilburg 1997

1.c4 e6 2.♘c3 d5 3.d4 ♗b4 4.e3 c5 5.a3 ♗xc3+ 6.bxc3 ♘f6 7.cxd5 exd5 8.f3 c4 9.♘e2 ♘c6 10.g4 h6 11.♗g2 ♘a5 12.0-0 ♘b3 13.♖a2 0-0

13...♕c7 haben wir in *Kapitel 6/Abspiel 1* zum Thema gemacht.

14.♘g3 ♗d7 15.♕e1 ♖e8 16.e4!

Wir kennen diesen Zug aus etlichen Varianten im Theorieteil. Weiß baut die Spannung im Zentrum auf.

16...dxe4 17.fxe4 ♘xg4

Die schwarzen Chancen steigen nicht, wenn der andere Springer die Prügelei beginnt. Hierzu eine Analyse von Kasparow: 17...♘xc1 18.♕xc1 ♘xg4

(18...♗xg4 19.♖af2 ♖e7 20.♖xf6! gxf6 21.♕xh6 ♕f8 22.♕h4 ♕g7 23.h3+–)

19.♕f4 ♕f6

(19...♗e6 20.h3 ♘f6 21.d5+–)

20.♕xf6 ♘xf6 21.e5 ♘g4 22.♗xb7 ♖ab8 23.♗e4 mit weißem Vorteil.

18.♗f4 ♕h4?

Ein Fehler, der dem Ex–Weltmeister erlaubt, bald eine Kombination auf das Brett zu bringen.

Schwarz hätte die folgende Variante ernsthaft erwägen sollen: 18...♕b6!? 19.♔h1 (19.h3 ♘e5!) 19...♖ad8 mit guten Überlebenschancen.

19.h3 ♘f6 20.e5 ♖ad8

In seinen Analysen hat sich Kasparow intensiv mit den Möglichkeiten von 20...♗xh3 befasst und nachgewiesen, dass Weiß in allen Fällen auf der Gewinnerstraße bleibt.

21.♗xh3 ♕xh3 22.♖h2 ♕g4

(In einem Matt endet die Variante 22...♕e6 23.♗xh6 ♘g4 24.♗xg7 ♘xh2 25.♔xh2 ♔xg7 26.♘f5+ ♔g8 27.♖g1+ ♔f8 28.♕h4.

Nun haucht der ♘f5 sein Leben aus, aber nicht ohne einen letzten Dienst zu leisten. Er lockt die gegnerische Dame von der 6. Reihe, wodurch d6 zum Mattfeld wird.

28...♕xf5 29.♕h6+ ♔e7 30.♕d6#)

23.♗xh6!

(23.♖g2 ♘d5 24.♗xh6 ♘xd4 25.♕f2 ♘f3+ 26.♕xf3 ♕xf3 27.♖xf3 gxh6 28.♘f5+ ♔f8! 29.♘xh6 ♔e7 30.♖xf7+ ♔e6 31.♖g6+ ♔xe5 32.♖f5+ ♔e4 33.♖g4+ ♔d3 34.♖xd5+±)

A) 23...♘d5 24.♗xg7! ♔xg7 (24...♕xg7 25.♔h1+–) 25.♔h1 ♖h8

(25...♖g8 26.♘f5+ ♔f8 27.♘h6 ♕g3 28.♘xg8+)

26.♘f5+ ♔g6 27.♘h4+ +–

B) 23...♘xd4 24.cxd4 ♕xd4+ 25.♗e3 ♕xe5 26.♘f5 ♘g4 27.♖h3 g6 28.♗d4!

Ein erfolgreiches Attentat auf die Dame, denn sie kann nicht weichen, ohne dass ihr König auf h8 durch den Turm den Matttod findet.

(28.♕h4 gxf5 29.♕h7+ ♔f8 30.♖xf5 ♕a1+ 31.♖f1 ♕xf1+ 32.♔xf1 ♖xe3 33.♕h8+ ♔e7 34.♕h4+ ♔d6 35.♕xg4 ♖xh3 36.♕xh3 ♖e8±)

28...♕xd4+ 29.♘xd4 ♖xe1 30.♖xe1+–

21.♕f2 ♘h5

21...♘h7 führt über 22.♘e4 ♕xf2+ 23.♖axf2 zu weißem Vorteil.

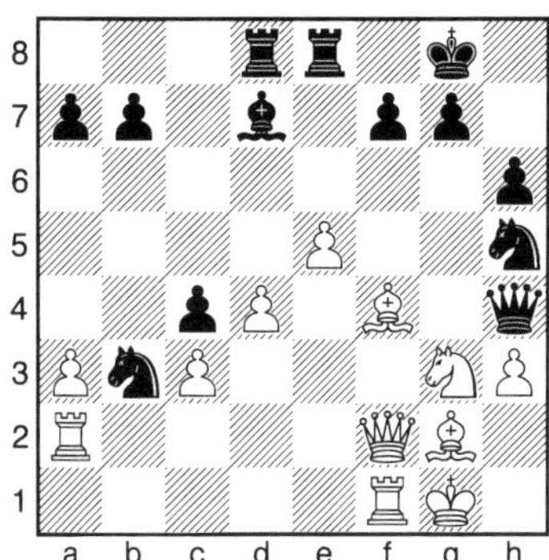

22.♗xh6!

Eine böse Überraschung! Kasparow bekommt nun einen starken Angriff.

22...♖e7

– 22...♕xg3 23.♕xf7+ ♔h8 24.♕xh5 gxh6 25.♕xh6+ ♔g8 26.♖f6 ♖e7 27.♔h1+–

– 22...♗e6 23.♘xh5 ♕xh5 24.♗e3 ♗d5

(24...♕g6 25.♕h4 ♗d5 26.♗g5+–)

25.♗xd5 ♖xd5 26.♕g2 ♖d7 27.♖af2± (Analyse von Kasparow).

23.♘f5! ♕xf2+ 24.♖fxf2 ♖e6 25.♗e3 ♗c6 26.♗f1! f6 27.♗xc4 ♗d5 28.♗e2 fxe5 29.♗xh5 exd4 30.♗g5 ♖d7 31.♖ae2 ♗e4 32.♘xd4

Schwarz gab sich geschlagen.

Partie Nr. 17
Vidit – Kramnik
Wijk aan Zee 2019

1.d4 ♘f6 2.c4 e6 3.♘c3 ♗b4 4.f3 d5 5.a3 ♗xc3+ 6.bxc3 c5 7.cxd5 exd5 8.e3 c4 9.♘e2 ♘c6 10.g4 ♘a5 11.♗g2 ♘b3 12.♖b1!?

Die hinter diesem Zug steckende Idee ist die Erwartung, dass Schwarz in einigen Varianten ein Tempo verlieren muss, um seinen ♙b5 zu decken.

Zu 12.♖a2 siehe *Kapitel 6, Abspiel 1*.

12...0-0 13.0-0 b5 14.e4!

Nun bekommt Weiß zum Preis eines Bauern eine starke Initiative.

14...dxe4 15.fxe4 ♘xc1

Schwarz beseitigt den Läufer, der zwar noch unentwickelt ist, aber gefährlich werden kann. Dies kann z.B. auf den folgenden Wegen geschehen:

– 15...♗xg4 16.♗g5 und die schwarze Bauernstruktur am Königsflügel würde zerstört;

– oder 15...♘xg4 16.h3 ♘xc1 (16...♘f6 17.♗g5!) 17.♕xc1 ♘h6, woraufhin – hier gilt der Dank dem Zug 12.♖b1 – der Bauer über 18.♖xb5 erobert wird.

16.♕xc1 ♗xg4

16...♘xg4 17.♖xb5±]

17.♘f4

Nun muss Schwarz Zeit für die Verteidigung des ♙b5 einsetzen.

17...♖b8 18.h3

Weiß zwingt den gegnerischen Läufer zum Abzug und verhindert dabei den Zug des Springers nach h5.

18...♗d7 19.e5 ♘e8 20.♕e3 ♖b6 21.d5!

Jetzt treten die weißen Mittelbauern gegen den schwarzen König in Aktion.

21...♘c7 22.d6

Die schwarze Stellung ist praktisch bereits verloren.

22...♘e6 23.♘d5 ♖a6 24.♖f5 ♕h4

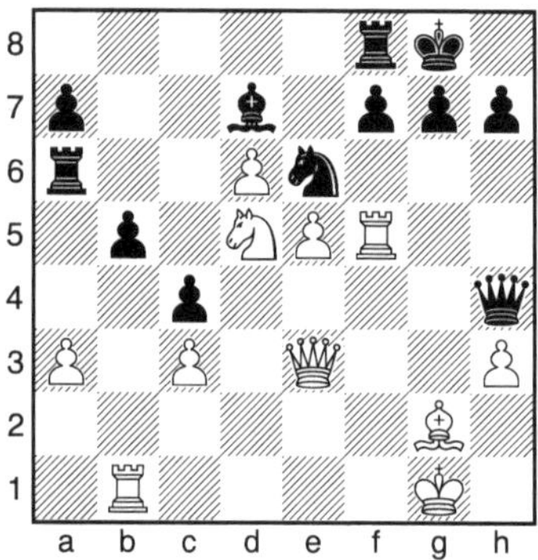

25.♖bf1!

Weiß hat alle Streitkräfte zusammengezogen, um den feindlichen König anzugreifen. Der Bauer auf a3 spielt in dieser dynamischen Situation keine Rolle.

25...♖xa3 26.♘e7+ ♔h8 27.♖xf7 ♖xf7 28.♖xf7 ♕h5 29.♕f4

Schwarz gab sich geschlagen, denn er hat keine Verteidigung mehr gegen das forcierte Matt nach ♖f7-f8+ usw.

Partie Nr. 18
Anand – Carlsen
Chennai (9. Matchpartie) 2013

1.d4 ♘f6 2.c4 e6 3.♘c3 ♗b4 4.f3 d5 5.a3 ♗xc3+ 6.bxc3 c5 7.cxd5 exd5 8.e3 c4 9.♘e2 ♘c6 10.g4 0-0 11.♗g2 ♘a5 12.0-0 ♘b3 13.♖a2 b5

13...♕a5 haben wir in *Kapitel 6/Abspiel 1* analysiert.

14.♘g3 a5

Eine Neuerung von Carlsen. Bisher hatte man hier 14...♗b7 oder 14...♖e8 gespielt. Zwei Beispiele dazu:

– 14...♗b7 15.g5 ♘d7 16.e4 ♕b6 17.♔h1 a5 18.e5 b4 19.♗b2 bxc3 ½-½ Vlaic–Saric, Sibenik 2011;

– 14...♖e8 15.g5 ♘d7 16.e4 ♘b6 17.♖af2 ♘a4 18.♕c2 ♖b8 19.f4 ♗b7 20.e5 a5 21.f5 ♕b6 22.e6 ♘xc1 23.exf7+ ♔xf7 24.g6+ ♔g8 25.f6 ♖f8 26.gxh7+ ♔h8 27.fxg7+ ♔xg7 28.♖xf8 ♖xf8 29.♖xf8 1-0, Liu–Wu, chess.com INT 2013.

15.g5 ♘e8 16.e4 ♘xc1

Bevor der Läufer die Gelegenheit erhält, mit ♗c1-e3 ins Spiel zu kommen, wird er liquidiert.

17.♕xc1 ♖a6 18.e5

Auf dem Brett ist eine dynamische Position entstanden: Weiß hat Raumvorteil am Königsflügel, Schwarz dagegen auf der anderen Seite. Dies lässt ein spannendes Spiel erwarten.

18...♘c7

Eine starke Alternative war der sofortige suizidal wirkende Bauernzug 18...b4!?; z.B. 19.axb4 axb4 20.♖xa6 ♗xa6 21.cxb4 ♘c7 22.f4 ♕e7 23.♕a3

(23.♘f5 ♕xb4!) 23...g6 24.♖b1 ♖a8 mit ausgeglichenen Chancen.

19.f4 b4 20.axb4 axb4 21.♖xa6 ♘xa6 22.f5!?

Anand forciert das aktive Spiel. Eine andere Idee bestand darin, mit 22.cxb4!? ♘xb4 23.f5 vorzugehen. Im Vergleich zur Partie steht der schwarze Freibauer hier auf c4, also weniger nah am Umwandlungsfeld, aber dafür ist der Bauer auf d4 schwach.

22...b3

Schwarz spielt konsequent auf seinem Flügel.

23.♕f4

Weiß hat die Entscheidung getroffen, seine Dame rasch am Königsangriff zu beteiligen.

Zu beachten war 23.h4!?, was Gegenstand einer Analyse im Anschluss an die Partie war.

A) 23...♗b7! 24.h5 ♘c7 25.f6 ♗c8 26.g6 fxg6 27.hxg6 hxg6

(Aber nicht 27...gxf6? 28.♕h6 ♕d7 29.♘h5 hxg6 30.♖xf6 mit Gewinn für Weiß.)

28.♕g5 ♕d7 29.♕xg6 ♕g4 30.f7+ ♔h8 31.♕d6 ♘e6 32.♕e7 ♕xg3 33.♖f3 ♕e1+ 34.♔h2 ♔h7 35.♖h3+ ♔g6 36.♖g3+ ♕xg3+ 37.♔xg3 ♖xf7 38.♕d6 b2 39.♕xd5 ♘f4 40.♗e4+ ♗f5 41.♕c6+ ♔g5 42.♗xf5 ♖xf5 43.♕b7 ♘e2+ 44.♔g2 ♘f4+ und Schwarz rettet sich durch Dauerschach.

B) 23...♘c7 24.h5 ♘b5 25.f6

B1) 25...♗e6 26.g6 fxg6 27.hxg6 hxg6 28.♕g5 ♘xc3 29.♕xg6 ♖f7 30.♔h2!

(30.♘h5? ♕b6 31.♘xg7 ♕xd4+ 32.♔h1 ♕h4+ 33.♔g1 ♘e2#)

30...b2

(30...♕b6 31.fxg7 ♖xf1 32.♗xf1 ♕c6 33.♗h3 ♗d7 34.e6+–)

31.♘h5 ♕d7

(Oder 31...b1♕ 32.♖xb1 ♘xb1 33.♘xg7 ♖xf6 34.exf6 ♗f7 35.♕g5 ♕d6+ 36.♔h1 ♔f8 37.♕h6 ♕a3 38.♕h8+ ♗g8 39.♘e6+ ♔f7 40.♘d8+ und Weiß gewinnt.)

32.♘xg7

Der Kampf ist verloren, die schwarze Stellung ist nicht mehr zu retten.

B2) 25...g6 26.hxg6 fxg6

(Noch schlechter wäre 26...hxg6 wegen 27.♕f4 ♘c7 28.♕h4 ♘e8 29.♔f2 nebst ♖f1-h1 und Matt.)

27.♘e2 ♗e6

(27...♗f5 28.♖xf5! gxf5 29.g6+–)

28.♘f4 ♘c7 29.♕a3 ♗f7 (29...♗f5 30.♕c5!+–) 30.♗h3 mit entscheidendem Vorteil für Weiß.

23...♘c7 24.f6

24.♕h4!? ist eine Empfehlung von Kasparow.

24...g6

Auf 24...gxf6 folgt 25.♘h5!

(Nach 25.gxf6? ♔h8! kann Schwarz sich verteidigen.)

25...♘e8 26.exf6 ♔h8 27.♕e5 ♘d6 28.g6! hxg6 29.♕g5 ♔h7 30.♘g3 b2 31.♗xd5 ♖h8 32.♕h4+ ♔g8 33.♕g5 ♔h7 34.♕h4+ ♔g8 35.♕g5 mit Zugwiederholung nach 35...♔h7 usw.

25.♕h4 ♘e8

Zum Verlust führt 25...♘e6? 26.♕h6 b2 27.♖f4 b1♕+ 28.♗f1 ♕c1 29.♖h4 ♕e3+ 30.♔g2 ♕d2+ 31.♗e2 usw.

26.♕h6

Offensichtlich stark war 26.♘e2!?, aber nicht ausreichend, um die Partie zu gewinnen. Ein paar Analysen dazu:

26...♗e6 27.♘f4 ♕a8

(27...b2?? 28.♕f2 ♕b6 29.♖b1+−)

28.♗h3 ♗xh3 29.♕xh3 b2 30.e6 ♘d6 31.♘xg6 hxg6

(Aber nicht 31...fxg6? 32.e7 ♖f7 33.♕d7 ♘e8 34.h4 und Schwarz hat sich Probleme eingehandelt.)

32.♕h6 ♘f5 33.♖xf5 b1♕+ 34.♖f1 ♕xf1+ 35.♔xf1 ♕a1+ mit ewigem Schach.

26...b2 27.♖f4

Eine weitere Empfehlung Kasparows lautet: 27.♘e2!? ♕a5 28.♘f4 ♗e6 29.♘xe6 fxe6 30.♗h3 ♕a6 und Schwarz hat alles unter Kontrolle.

27...b1♕+

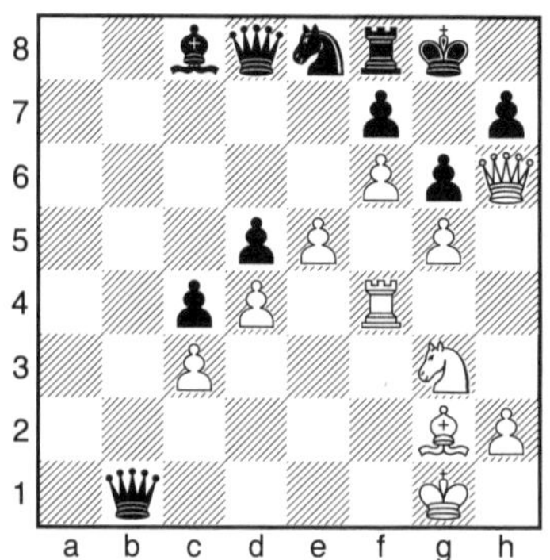

28.♘f1??

Ein grober Fehler in kritischer Stellung.

Notwendig war 28.♗f1!, was forciert zum Remis geführt hätte. Nach der Partie zeigte Carlsen hierzu die folgende Variante:

28...♕d1 29.♖h4 ♕h5 30.♘xh5 gxh5 31.♖xh5 ♗f5 32.♗h3

(32.g6 ♗xg6 33.♖g5 ♕b6 34.h4 ♘xf6 35.exf6 ♕xf6 36.h5 ♕f3 37.hxg6 fxg6 38.♗h3 ♕e3+ mit Dauerschach.)

32...♗g6 33.e6 ♘xf6

(33...fxe6?? 34.♗xe6+ ♖f7 35.♖h3+−)

34.gxf6 ♕xf6 35.e7 ♕xe7 36.♖e5 und Weiß sollte den Ausgleich halten können. Der Partiezug verliert hingegen.

28...♕e1!

Hier kapitulierte der seinerzeit amtierende Weltmeister. Er rechnete während der Partie mit 28...♕d1? 29.♖h4 ♕h5 30.♖xh5 gxh5 31.♘e3 ♗e6 32.♗xd5 ♗xd5 33.♘f5 mit weißem Gewinn. Nach 28...♕e1! hingegen gewinnt Schwarz leicht; z.B. 29.♖h4 ♕xh4! 30.♕xh4 ♕a5 usw.

Partie Nr. 19
Jobava – Sanikidze
Tiflis 2010

1.d4 ♘f6 2.c4 e6 3.♘c3 ♗b4 4.a3 ♗xc3+ 5.bxc3 d6 6.f3 ♘h5 7.♘h3 f5 8.e4 fxe4

Unsere Ausführungen zu 8...0-0 finden Sie in *Kapitel 6/Abspiel 2*.

9.fxe4 ♘f6 10.c5 0-0

10...♘xe4? scheitert an 11.♕h5+ g6 12.♕h6 ♘xc3 13.♗g5 mit weißem Vorteil.

11.♘f2 dxc5 12.e5 ♘d5 13.♗d3 c4 14.♗c2 ♘xc3 15.♕g4

Die Variante 15.♕h5 ♖f5 führt zu unklaren Verhältnissen.

(15...g6?? 16.♗xg6! hxg6 17.♕xg6+ ♔h8 18.♗g5+–)

16.♗xf5 exf5 17.♗g5 ♕d7 18.0-0

Weiß ist im Mehrbesitz der Qualität, liegt dafür aber um zwei Bauern zurück.

15...♖f5 16.♗h6 ♕d7 17.♗d2 ♘b5 18.♗e3 ♘c6 19.♖d1

19.♗xf5? ist nicht spielbar, denn der Nachziehende reagiert mit 19...exf5, woraufhin er über 20.♕h4 ♕d5 in Vorteil kommt.

19...♘xa3 20.♗e4 c3 21.0-0 ♘c4?

Der Anfang aller schwarzen Probleme, die mittels 21...♕e8!? nebst ♗c8-d7 und Entwicklung des Damenflügels hätten vermieden werden können.

22.♗c1 ♘d2 23.♗xd2 cxd2 24.♖xd2 ♘xe5 25.dxe5 ♕xd2 26.♗xf5 exf5 27.♕c4+ ♔f8

27...♔h8? 28.♖d1 ♕g5 29.♕d5 h6 30.♕d8+ ♔h7 31.e6 ♗xe6 32.♕xa8+–

28.♕c5+ ♔f7 29.♕xc7+

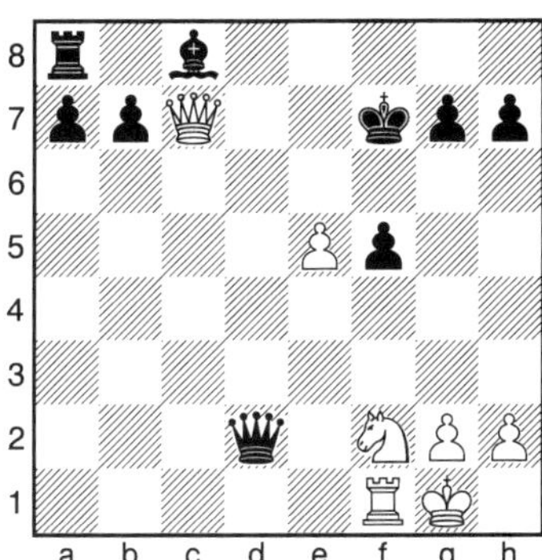

29...♕d7?

Nur mit 29...♗d7! 30.e6+ ♔xe6 31.♕c4+ ♔e7 32.♖d1 ♕a5 33.♕d4 ♖d8 34.♕xg7+ ♔e8 konnte Schwarz auf Rettung hoffen.

30.e6+! ♔xe6 31.♕c4+ ♔e7 32.♕g8 ♔f6

Nichts gebracht hätte auch der Versuch mit 32...♕d4, denn über die Folge 33.♖e1+ ♔f6 34.♕e8 ♕b4 (34...♔g5 35.♖d1 ♕f6 36.g4+–) 35.♖f1 wäre Weiß zum entscheidenden Angriff gekommen.

33.♕f8+ ♔g6 34.♖d1 ♕c7 35.♖d6+ ♔h5 36.♕e8+ g6 37.♕e2+ ♔h6 38.♕e3+ ♔g7 39.♕e5+ ♔g8 40.♖xg6+! hxg6 41.♕xc7 ♗e6 42.♘h3 ♖c8 43.♕xb7 ♖c1+ 44.♔f2 ♖c2+ 45.♔g3 ♖c4 46.♘f4 ♗f7

Schwarz gab auf.

Partie Nr. 20
Wagner – P. Nikolic
Solingen 2017

1.d4 ♘f6 2.c4 e6 3.♘c3 ♗b4 4.f3 d5 5.a3 ♗xc3+ 6.bxc3 h6 7.cxd5 exd5 8.e3 ♗f5

Zu 8...0-0 siehe *Kapitel 6, Abspiel 3.*

9.♘e2

Dies ist eine gute Alternative für den Fall, dass Weiß seinen weißfeldrigen Läufer zumindest bis auf weiteres behalten will.

Ein anderer Plan setzt auf 9.♗d3 und lässt Schwarz entscheiden, ob es zum Läuferabtausch kommt. Schauen wir uns also beide Möglichkeiten anhand von Beispielen aus der Praxis an.

– Wenn Schwarz mit 9...♗xd3 die Einladung annimmt und nach 10.♕xd3 beide Läufer vom Brett sind, kann sich das Spiel beispielsweise wie folgt weiter entwickeln: 10...c6 11.♘e2 ♘bd7 12.0-0 ♕e7 13.♘g3 0-0 14.♖a2 ♖fe8 15.♖e2 ♘f8 16.e4 ♕c7 17.e5 ♘6h7 18.f4 c5 19.f5 ♖ac8 20.♕f3 cxd4 21.cxd4 ♕c3 22.♕g4. Weiß hat sich einen gefährlichen Angriff verschafft, Conde-Gomez, Madariaga 2014.

– Und nach 9...♕d7 10.♘e2 0-0 11.0-0 c5 12.e4 dxe4 13.fxe4 ♗xe4 14.♖xf6! ♗xd3 15.♕xd3 gxf6 16.♗xh6 ♕g4 17.♖f1 liegt die Initiative auf der Seite von Weiß. Er ist dabei, sie in einen konkreten Angriff umzumünzen, Schoschin-Konaplew, Moskau 2016.

9...0-0 10.g4!

Eine moderne Empfehlung der Theorie. Weiß lässt seinen König unrochiert und setzt sofort auf Angriff.

10...♗h7

Auf 10...♗g6 folgt 11.♘f4!.

11.h4

Diese energische Reaktion gehört fest zum weißen Plan.

11...♘e8

11...♘fd7 und 11...♖e8 sind wichtige Alternativen.

A) 11...♘fd7 12.♘f4 ♘b6

(Im Duell Unmack–E. Hansen, Kopenhagen 2003, kam es zu 12...c6 13.♖a2 ♖e8 14.♖g2 g6 15.g5 h5 16.♗d3 ♘f8 17.0-0 ♘bd7 18.e4 ♘e6 19.exd5 ♘xf4 20.♗xf4 cxd5 21.♕b3 ♘b6 22.♗e5 ♖c8 23.♖e2 ♖e6 24.♖fe1 mit einem klaren weißen Vorteil. Schwarz spielt praktisch mit einer Figur weniger, denn der ♗h7 steht wirkungslos im Abseits.)

13.g5 hxg5 14.hxg5 ♕xg5 15.♗d3 ♗xd3 16.♕xd3 ♖e8 17.♕h7+ ♔f8 18.♔f2 ♕f6 19.a4 ♖d8 20.♗a3+ ♔e8 21.♖ag1 ♘c4 22.♘h5 ♕a6 23.♖xg7 ♕e6 24.♕g8+ ♔d7 25.♖xf7+ ♔c8 26.♖xc7+ ♔xc7 27.♕xe6

Weiß stand auf Gewinn.

B) 11...♖e8 12.♘g3 c5 13.♗d3 ♕c7 14.♔f2 cxd4 15.cxd4 ♕c3 16.♗xh7+ ♘xh7 17.♖b1 ♘c6 18.♖b5 ♖ad8 19.♖c5 ♕a1 20.♕d3 ♖c8 21.♗d2 mit einem klaren weißen Vorteil, Hackner-Sosovicka, Istanbul 2012.

12.♘f4 ♘c6 13.g5 hxg5??

Dies ist ein Fehlgriff, der einem Verlustzug gleichkommt. Die Öffnung der h-Linie ist allein für Weiß günstig, der mit wenigen Zügen einen Königsangriff organisiert.

Notwendig war 13...♘e7, womit Schwarz den Kampf zumindest hätte verlängern können.

14.hxg5 ♕xg5

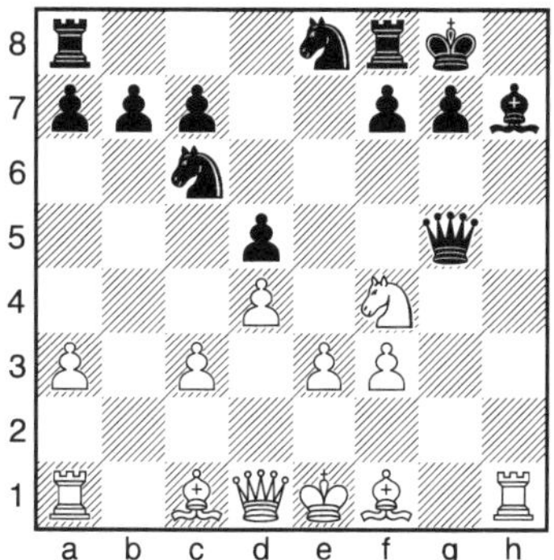

Es ist eine geradezu unglaubliche Situation entstanden. Weiß hat nur einen Springer im Spiel, während Schwarz fast alle seine Figuren entwickelt hat und sogar noch über einen Mehrbauern verfügt. Und doch hat Weiß eine Gewinnstellung erreicht. Es ist ein besonderes Phänomen im Schachspiel, dass der optische Eindruck täuschen kann und nur ein tieferer Blick in die Stellung zur Wahrheit führt. Der nächste weiße Zug deckt die taktische Dynamik im weißen Spiel auf.

15.♖a2! ♕d8

Die Dame kehrt auf ihr Ausgangsfeld zurück, um bei der Abwehr des weißen Angriffs zu helfen.

Auch nach 15...♕g3+ 16.♖f2 mit der Idee ♔e1-e2 nebst ♖f2-g2 wäre die Lage kritisch für Schwarz.

16.♖ah2 ♘f6 17.♕c2!

Ein hervorragender Zug, um den Druck gegen den gegnerischen König zu verstärken. Natürlich ist die Dame für den Läufer tabu, denn wenn er sich an ihr vergreifen würde, käme es zum Matt auf h8. Schwarz hat keine andere Verteidigungsmöglichkeit als das Aufrücken des g-Bauern. Aber für wie lange kann sie helfen?

17...g6 18.♖xh7! ♘xh7 19.♕h2 ♖e8 20.♕xh7+ ♔f8 21.♕h6+ ♔e7 22.♕g5+

Der Kampf ist beendet. Schwarz gab auf. Mögliche Varianten sind 22...♔d7 (22...♔f8 23.♖h8+ ♔g7 24.♘h5+! ♔xh8 25.♕h6+ ♔g8 26.♕g7#) 23.♗h3+ ♖e6 24.♗xe6+ fxe6 25.♖h7+ ♔d6 (25...♘e7 26.♕f6+-) 26.♕g3+-.

Partie Nr. 21
Bajarani - Djavadov
Troya Canakkale 2016

1.d4 ♘f6 2.c4 e6 3.♘c3 ♗b4 4.f3 d5 5.a3 ♗xc3+ 6.bxc3 h6 7.cxd5 exd5 8.e3 0-0 9.♗d3 c5

9...♖e8 behandeln wir in *Kapitel 6, Abspiel 3, Ziffer III/B.*

10.♘e2 ♘c6 11.0-0 ♖e8 12.♘g3 ♗e6 13.♗b2

In Frage kommt auch 13.♖a2!?, womit Weiß die Umsetzung eines für dieses System charakteristischen Plans einleitet. Der Turm soll auf den Königsflügel geführt werden. Nach beispielsweise 13...♖c8 14.♖af2 a6 15.♗b2 ♘a5 16.♖e1 b5 17.e4 und der Idee e4-e5, f3-f4 hat Weiß aktives Spiel auf dem Königsflügel. Im Falle von 17...cxd4 18.cxd4 dxe4 19.fxe4 bekommt Weiß einen positionellen Vorteil im Zentrum.

13...♖c8

Nach 13...c4 14.♗c2 mit der Idee e3-e4 bekommt Weiß gute Aussichten. Der schwarzfeldrige Läufer kommt über a3-a4 und ♗c1-a3 oder auch über ♗b2-c1 usw. ins Spiel.

14.♖c1 ♖c7 15.♘h1

Über das typische Manöver ♘g3-h1-f2 will Weiß die Kontrolle über die Punkte e4 und g4 verstärken.

15...♗c8 16.♖e1 ♖ce7 17.♕d2 ♕a5?

Die Dame verliert den engen Kontakt zu dem Bereich des Brettes, in dem aktuell die Musik spielt. Weiß droht in einem passenden Moment unangenehm mit e3-e4 und Schwarz hätte dies besser berücksichtigen sollen.

17...♘a5!? wäre besser gewesen. Mit beispielsweise 18.♕f2 ♕c7 19.♘g3 ♗d7 hätte Schwarz die Spannung halten können.

18.♕f2

Weiß hat seinen Plan geändert. Das Feld f2 wird von der Dame besetzt und der Springer kehrt auf g3 und damit ins Spiel zurück.

18...b5 19.♘g3 ♕b6 20.h3 ♘a5 21.e4! cxd4 22.cxd4 ♘c4 23.e5 ♘h7 24.f4 ♘f8 25.f5 ♘d7 26.f6 ♘xb2

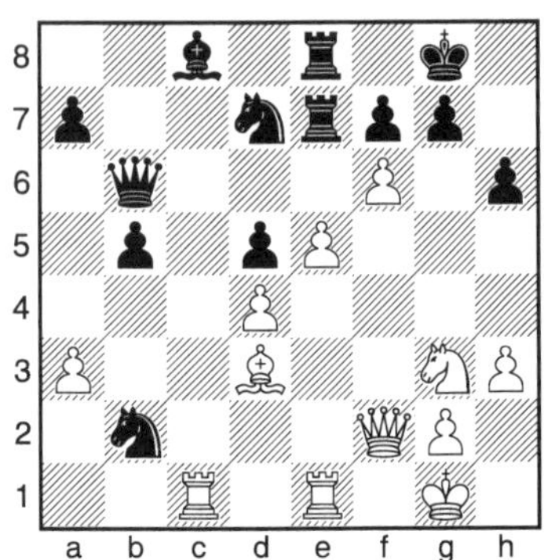

27.♗h7+!?

Dies ist ein entscheidender Moment in der Partie. Mit dieser Wahl sichert sich Weiß einen Vorteil, stärker war aber 27.♘f5!. Es hätte dann zu der folgenden Entwicklung kommen können: 27...♘xd3 28.♕g3 g6.

(28...♕xf6 29.exf6 ♖xe1+ 30.♖xe1 ♖xe1+ 31.♔h2 g6 32.♘e7+ ♔h7 33.♘xc8+–)

29.♘xe7+ ♔h7 30.♕xd3

Die schwarze Stellung ist aufgabereif.

27...♔xh7 28.fxe7 ♘d3

Auf 28...♘c4 käme 29.♕xf7 ♕g6 30.♖f1 mit der Drohung e5-e6 und die schwarze Stellung wäre ebenfalls hoffnungslos.

29.♕xf7 ♕xd4+ 30.♔h2 ♘7xe5 31.♖xe5!

Aber nicht 31.♕xe8?? wegen 31...♘f3+! und Schwarz gewinnt.

31...♘xe5 32.♕xe8 ♘f3+ 33.♔h1! ♗xh3 34.gxf3

Schwarz gab auf. Nach einem eventuellen 34...♕h4 liefe die Partie über 35.♕h5 ♕xg3 36.♖g1 in den schnellen weißen Sieg.

Partie Nr. 22
Hammer – Zubarjew
Heraklion Eretria 2011

1.d4 ♘f6 2.c4 e6 3.♘c3 ♗b4 4.f3 d5 5.a3 ♗xc3+ 6.bxc3 0-0 7.cxd5 exd5 8.e3 ♖e8

Andere Erwiderungen haben wir in *Kapitel 6/Abspiel 3* erörtert.

9.♗d3 b6 10.♘e2 ♕d7

In der Begegnung Henrichs–Thorvaldsson, Reykjavik 2010, geschah 10...♗b7 11.0-0 ♘bd7 12.♖a2 ♘f8 13.♘g3 c5 14.♖e2 cxd4 15.cxd4 ♕d7 16.♗b2 ♘e6 17.♕d2 ♖ad8 18.♘f5 ♘f8 19.g4 h6 20.♖g2 ♘6h7 21.h4 ♕a4 22.♗c2 ♕d7 23.♖e1 ♖c8 24.♗b1 ♘g6 25.e4 mit aktivem Spiel für Weiß.

11.0-0 ♗a6 12.♘g3 c5 13.♗xa6 ♘xa6 14.♕d3 ♕a4 15.♗b2

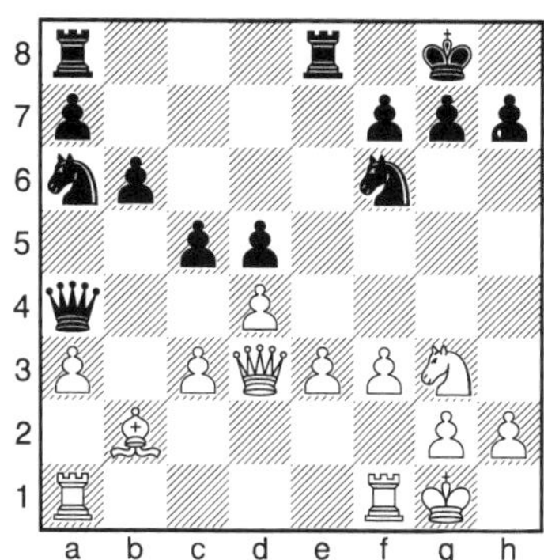

15...c4?

Das Schließen des Zentrums ist nur gut für Weiß. Schwarz hätte mit 15...♘c7!? die Spannung aufrechterhalten sollen.

16.♕e2 ♖e6 17.e4 g6 18.♕f2 ♖ae8 19.♗c1 ♕c6 20.e5 ♘d7 21.f4 f5 22.a4

Ganz gut für Weiß war 22.exf6!? ♖xf6 23.f5 usw.

22...♖6e7 23.♗a3 ♖f7 24.♗d6 ♘f6 25.♕b2 ♘e4 26.♘xe4 fxe4 27.♕b5 ♕xb5 28.axb5 ♘c7 29.♗xc7 ♖xc7 30.f5!

Der Anziehende sorgt für den Übergang in ein für ihn vorteilhaftes Endspiel.

30...♖f8

Den Weg in die Niederlage hätte Schwarz auch mit 30...gxf5 31.♖xf5 ♖e6 32.♖af1+– nicht verlassen.

31.fxg6 hxg6 32.♖xf8+ ♔xf8 33.♖f1+ ♔g7 34.♖f6 g5 35.♔f2! ♖f7

Die Abwicklung ins Bauernendspiel rettet Schwarz nicht.

36.♖xf7+ ♔xf7 37.h3 ♔g6 38.g3 ♔h5 39.h4! ♔g6

39...gxh4 40.gxh4 bzw. 39...g4 40.e6 ♔g6 41.h5+ führt jeweils zum Gewinn für Weiß.

40.♔e2

Schwarz strich die Segel.

Partie Nr. 23
Wolkow – B. Socko
Stockholm 2014

1.d4 ♘f6 2.c4 e6 3.♘c3 ♗b4 4.f3 d5 5.a3 ♗xc3+ 6.bxc3 0-0 7.cxd5 exd5 8.e3 ♘h5 9.♘e2 ♖e8

In *Kapitel 6/Abspiel 3* haben wir die beiden Fortsetzungen 9...f5 und 9...♘d7 beleuchtet.

10.g4!?

Eine mutige Entscheidung. Der König wird – im realen Leben wäre es eine unziemliche Tat, hier aber ist es ein spielerischer Akt – entblößt. Hinter seinen eigenen Bauern droht ihm aber zunächst einmal keine Gefahr.

In der Praxis gebräuchlich sind auch 10.g3 und 10.h4.

10...♕h4+ 11.♔d2 ♘f6 12.♕e1 ♕h6 13.♘f4

Ein neuer Zug in dieser Stellung. Im Duell Wolkow–Gawrilow, St. Petersburg 2011, griff Weiß zu 13.♔d1 und es folgte 13...♘fd7 14.♕g3 c5 15.♔e1 cxd4 16.cxd4 ♘b6 17.♔f2 ♕c6 18.♔g1 ♗d7 19.♕e1 ♕f6 20.♕f2 ♘c6 21.♘f4 ♘a5. Vielleicht hat dieses Ergebnis seines Versuches GM Wolkow motiviert, mit 13.♘f4 etwas Neues zu probieren, denn hier nun steht Schwarz aktiv.

13...c5 14.♗d3 b6?

Ein Tempoverlust in einer dynamischen Situation, der rasch widerlegt wird.

Notwendig war 14...cxd4! 15.cxd4 ♘c6 16.♕g3 ♘d7 17.g5.

(17.♘xd5? ♘xd4! ist günstig für Schwarz.)

17...♕d6 18.h4 ♘b6 mit dem Plan ♘c6-a5-c4 und ausgezeichnetem Spiel für Schwarz. Nun aber folgt eine weiße Riposte am Königsflügel.

15.h4 ♘fd7

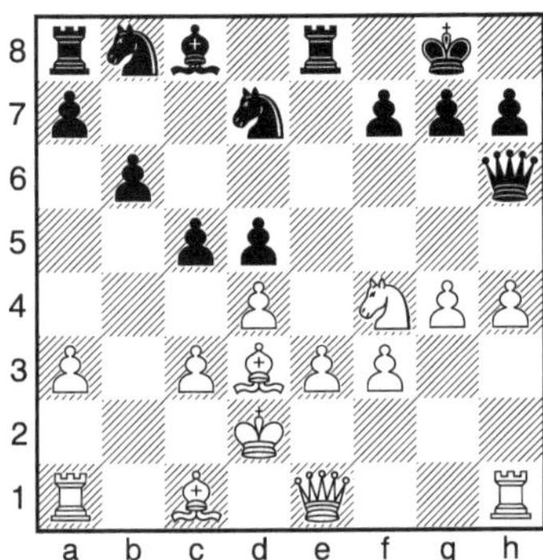

16.♗g6!

Dieser Zug ist bestes Schachkino und ganz bestimmt eine große Überraschung für Schwarz. Es droht g4-g5 mit Damenfang.

16...hxg6

Natürlich wäre 16...fxg6 17.g5 viel einfacher für Weiß.

17.g5 ♕h7 18.h5 ♔f8 19.hxg6 ♕g8 20.♕g3 ♗b7 21.♘xd5! ♘e5

Ein direkter Weg in die Niederlage wäre 21...♗xd5 22.♕d6+ ♖e7 23.♕xd5+–.

22.gxf7 ♘xf7 23.♘c7 g6 24.d5!

Schwarz wird festgestellt haben, dass sein Gegner mit diesem Zug den ♗b7 quasi aus dem Spiel genommen hat.

24...♘d7 25.e4 ♘de5 26.♔c2 ♖ac8 27.♘e6+ ♔e7 28.♗f4 ♘c4

Auf 28...♔d6 gewinnt 29.♖ad1 ♖xe6 30.dxe6+ ♔xe6 31.♗xe5 ♘xe5 32.♔c1 mit der entscheidenden Drohung f3-f4.

29.♖h4 ♖ed8 30.a4 ♕e8 31.♗c7 ♘e3+ 32.♔c1 ♖xd5

Ein eher verzweifelter Versuch, den weißen Angriff zu schwächen.

Nach 32...♖d7 gewinnt 33.♕f4.

33.exd5 ♗xd5 34.♘f4 ♔d7

Die Flucht in die andere Richtung verliert auch.

34...♔f8 35.♘xg6+ ♔g7 36.♘f4 ♘f5

(36...♘f1 37.♖h7+! ♔xh7 38.g6+ ♔g7 39.♘h5+ ♔f8 40.g7+ ♔e7 41.♕e1+ mit Eroberung der Dame.)

37.♖h7+! ♔xh7 38.g6+ ♔h8

(38...♔g7 39.gxf7+ ♘xg3 40.fxe8♕ ♖xe8 41.♘xd5+-)

39.♕h2+ ♘7h6 40.♘xd5 ♕xg6 41.♗e5+ ♔h7 42.♘f6+ ♔g7 43.♖a2

Wegen seines nackten Königs steht Schwarz auf Verlust.

35.♘xd5 ♘xd5 36.♖e4 ♕h8 37.♗e5 ♘xe5 38.♖xe5 ♘xc3

38...♘c7 39.♔b2 ♔c6 40.f4+-

39.♔d2 ♖e8 40.♖xe8

Noch stärker war 40.♖ae1! ♖xe5 41.♖xe5 ♘b1+ 42.♔c1+-.

40...♕xe8

Hier hatte Schwarz die Gelegenheit, das Spiel – und damit aber auch das eigene Leiden – etwas zu verlängern. Nämlich mit 40...♕d4+ 41.♔c2 ♘d5 42.♕e5 ♘b4+ 43.♔b3 ♕d3+ 44.♕c3 ♔xe8 45.♕xd3 ♘xd3 46.♖h1 und Weiß hätte noch einiges an Arbeit bevorgestanden.

41.♖e1 ♕h8 42.♕g4+ ♔d8 43.♕f4 ♔c8

43...♕d4+ hätte keine neuen Chancen eröffnet. Nach 44.♕xd4+ cxd4 45.♖e6+- wäre die schwarze Stellung so hoffnungslos wie in der Partie.

44.♕f6 ♕h4 45.♕c6+

Schwarz gab sich geschlagen.

Partie Nr. 24
Tal – Matanovic

Bled 1961

1.d4 ♘f6 2.c4 e6 3.♘c3 ♗b4 4.a3 ♗xc3+ 5.bxc3 d6 6.f3 e5 7.e4 0-0 8.♗g5 ♖e8 9.♘e2 h6 10.♗e3 c5 11.d5 ♘h5 12.g4 ♘f4

12...♕f6 haben wir in *Kapitel 6/Abspiel 4* zum Thema gemacht.

13.♕d2

Keinen Vorteil versprach Weiß die folgende Variante: 13.♘xf4 exf4 14.♗xf4 ♕f6 15.♕d2 ♗xg4 16.♗g2! (16.fxg4 ♖xe4+ 17.♗e3 ♕f3-+) 16...♗c8 17.0-0 ♘d7 und Schwarz kann zufrieden sein.

13...g5?

Die Schwächung des Königsflügels bringt Schwarz nichts anderes als Probleme ein. Weiß kann über h2-h4 die h-Linie für seinen Angriff öffnen.

Anstelle des zu optimistischen Aufzugs des g-Bauern wäre 13...♘xe2 14.♗xe2 ♘d7 nebst ♘d7-f8 ein passabler Weg gewesen.

14.♘g3 ♕f6 15.h4 ♘a6 16.♖a2 ♔f8 17.hxg5 hxg5 18.♕c1 ♔e7 19.♘h5 ♕g6 20.♖ah2 ♖g8

Nach 20...♔d8 21.♘xf4! gxf4 22.♗xf4 exf4 23.♕xf4 würde sich Schwarz einem starken gegnerischen Königsangriff ausgesetzt sehen.

21.♘g3 ♘c7 22.♖h7 ♕f6 23.♕d2 ♗d7 24.♖1h6 ♖g6 25.♘h5! ♖xh6

25...♘xh5 26.gxh5 ♖xh6 27.♖xh6 ♕xf3

(27...♕xh6 28.♗xg5+ mit Damengewinn)

28.♗xg5+ ♔f8 29.♗f6 ♕xe4+ 30.♔f2 ♕f5+ 31.♔g1+−

26.♘xf6 ♖xf6

Die Dame ist weg, die Festung ist allerdings ziemlich fest und Weiß muss sich etwas einfallen lassen, um sie zu knacken.

27.♖g7 ♖h8 28.♖xg5 ♘e8

28...♖h1 29.♗xf4 ♖xf4 30.♖h5+−

29.♕f2 ♖h1 30.♗xf4 ♖xf4 31.♖h5 ♖xh5

31...♖xf1+ 32.♕xf1 ♗xg4 33.♖h8 ♗xf3 34.♕h3+−

32.gxh5 ♘f6 33.♕h2 ♖xf3 34.h6 ♘h7 35.♕g2 ♖f4 36.♕g7 ♖xe4+ 37.♔d2 ♗f5 38.♗d3

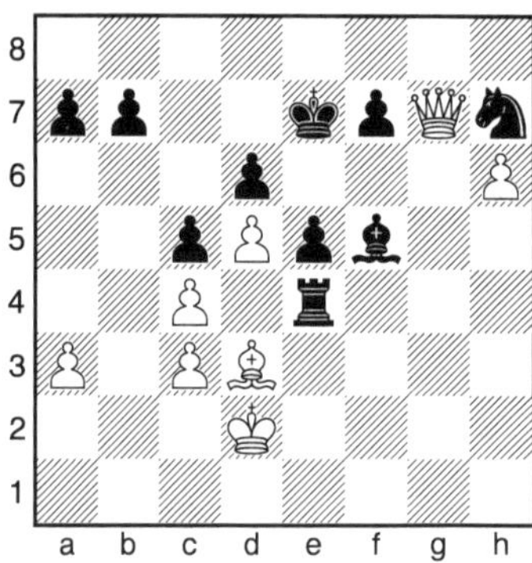

38...♘f6?

Damit besiegelt der Nachziehende seine Niederlage.

Noch zu versuchen war 38...♖g4!, denn nach 39.♗xf5 ♖xg7 40.hxg7 ♘f6 41.♗h7 ♘g8! 42.♗xg8 ♔f6 43.♗h7 ♔xg7 44.♗f5 ♔f6 45.♗c8 b6 hätte Schwarz noch reale Rettungschancen gehabt.

39.♗xe4 ♘xe4+ 40.♔e1 ♘f6 41.♕h8 a5

Schwarz kapitulierte.

Partie Nr. 25
Divljan – Ganguly
Guelph 2005

1.d4 ♘f6 2.c4 c5 3.d5 b5 4.cxb5 a6 5.b6 a5 6.♘c3 ♗a6 7.f4 ♕xb6

Andere Züge haben wir in *Kapitel 7/ Abspiel 1* analysiert.

8.♘f3 e6

Schwarz tut gut daran, wenn er aktiv im Zentrum vorgeht. Die Alternativen 8...d6 und 8...g6 führen normalerweise zu Varianten, mit denen wir uns in Abspiel 1 befasst haben.

9.e4 c4!?

Eine relativ neue Idee. Schwarz vermeidet den Tausch der weißfeldrigen Läufer und öffnet zwei wichtige Diagonalen für seine Dame und den schwarzfeldrigen Läufer.

9...♗xf1 ist die „traditionelle" Antwort von Schwarz.

Dann kann der Anziehende sich aussuchen, mit welcher Figur er zurückschlägt.

A) 10.♔xf1 c4 11.d6!?

Ein notwendiger Schritt. Der Bauer kann natürlich nicht geschlagen werden, da die Bauerngabel e4-e5 Schwarz sonst Material kosten würde.

(Nicht mehr als Ausgleich verspricht 11.e5 ♘xd5 12.♘xd5 exd5 13.♕xd5 ♕c6=, Espindola–Bourquin, IECG 2003.)

11...♘g4 12.♕e2 ♗xd6 13.h3 ♘h6 14.♘d2

(Einen leichten Vorteil für Weiß verspricht auch 14.♗e3, was die Variante 14...♕b7 15.♕xc4 0-0 16.♕b5 ♕c7 17.g3 ♘c6 18.♔g2 ♖ab8 19.♕e2± bestätigen mag.)

14...0-0 15.♘xc4 ♕c6 16.♘xd6 ♕xd6 17.♗e3 mit dem Plan g2-g3 und ♔f1-g2 und einem kleinen weißen Vorteil.

B) 10.♖xf1 ♗e7

(In der Partie Delalande–Klipper, Frankreich 2002, wählte der Nachziehende 10...♕b7 und geriet über die Folge 11.♖f2 exd5 12.exd5 d6 13.♕a4+ ♔d8 14.♖e2 h6 15.♗d2± deutlich in Nachteil.)

11.d6 ♗xd6 12.e5 ♗e7 13.exf6 ♗xf6 14.♔f2 c4+ 15.♔g3 0-0 16.♘e4 ♗e7 17.♕e2 d5 18.♗e3 ♕c7 19.♘c3

Die Chancen von Weiß gefallen uns besser, Lambert–Martynow, Hassloch 1993.

10.e5 ♘xd5

10...♘g4 wird stark mit 11.♘d4! beantwortet: 11...exd5 12.♗e2 (12.♘xd5!? ♕c5 13.♗e2±) 12...♘c6 13.♗xg4 ♕xd4 14.♘xd5 ♕e4+? (⌓14...♗b4+!) 15.♗e3 ♗b4+ 16.♔f2 0-0 17.a3 c3 18.♗f3+–, Lytchak–Vigus, Schottland 1995.

11.♘xd5 exd5 12.♕xd5 ♗b4+ 13.♗d2 ♘c6

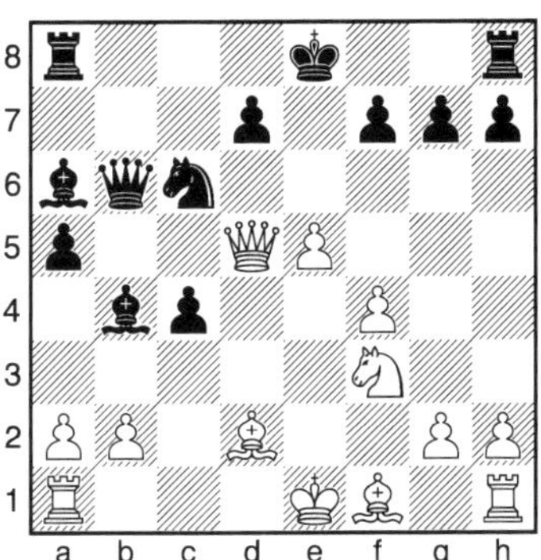

14.0-0-0?

Sehr optimistisch, aber so geht es nicht, wie der weitere Verlauf der Partie zeigt.

Richtig ist 14.♖c1!; z.B. 14...0-0 15.♗xc4 ♖ac8 16.b3 ♗a3 17.♗xa6 ♘b4

(17...♗xc1 18.♗xc8 ♗xd2+ 19.♕xd2 ♖xc8 20.♔e2! ♘b4 21.♖c1 ♕b5+ 22.♔d1 ♖xc1+ 23.♔xc1±)

18.♕b7 ♕xb7 19.♗xb7 ♖xc1+ 20.♗xc1 ♗xc1 21.g3 ♖b8 22.♗e4 ♘xa2 23.0-0 ♘c3 (23...♖xb3 24.♖d1±) 24.♗c2 ♗e3+ 25.♔g2 mit einem in etwa ausgeglichenen Endspiel.

14...0-0 15.a3

Mit einer hübschen Kombination setzt der Nachziehende dem Kampf nun ein Ende.

15...♗xa3! 16.bxa3 ♕b3 17.♘d4 ♕xa3+

Weiß gab auf wegen 18.Kc2 Da4+ 19.Kc1 Da1+ 20.Kc2 Sxd4+ mit Damengewinn.

Partie Nr. 26
Atalik – Knoppert
Tilburg 1993

1.d4 Sf6 2.c4 c5 3.d5 b5 4.cxb5 a6 5.b6 a5 6.Sc3 La6 7.f4 d6 8.Sf3 Sbd7 9.e4 Lxf1 10.Txf1

Zu 10.b7! finden Sie unsere Ausführungen in Kapitel 7/Abspiel 1.

10...Sxb6

10...Dxb6 beantwortet Weiß stark mit 11.e5±.

11.De2 Tb8

Auf 11...Dd7 sollte sich der weiße König am besten mit 12.Kf2 und dann Kf2-g1 aus der Mitte verdrücken.

12.Le3 g6 13.Td1 Lg7 14.e5 Sg4

14...dxe5 15.Sxe5 ist natürlich günstig für Weiß.

15.Lg1 0-0 16.h3 Sh6 17.g4 Sd7 18.e6

Interessant ist auch die Idee 18.Lh2!? mit dem Plan, den König mit Ke1-f2-g1 ins Asyl wandern zu lassen.

18...fxe6 19.dxe6 Sb6 20.Lxc5 Lxc3+

20...Txf4 21.Ld4!? wäre günstig für den Anziehenden.

21.bxc3 Dc8

Schwarz entscheidet sich richtig. Nach 21...Txf4? 22.Le3 (22.De3!? Tc4 23.Ld4!+–) 22...Te4 23.Sg5 Txe3 24.Dxe3 Sc4 25.Dd4 wäre der weiße Vorteil ganz offensichtlich.

22.Ld4 Txf4 23.Kf2 Sc4 24.Kg3 Tb2 25.Dd3 Dxe6!?

Was für eine Überraschung! Schwarz opfert einen ganzen Turm für den Angriff.

Wahrscheinlich erwartete Weiß 25...Tf8, wonach sich die Partie wie folgt hätte entwickeln können: 26.Sg5 Txf1 27.Txf1 Dc6

(27...Td2 28.Df3 Se5 29.Lxe5 dxe5 30.Df7+ Sxf7 31.exf7+ Kg7 32.Se6+ Kh6 33.f8D+ Dxf8 34.Txf8+–)

28.Tf7

(28.Sf7!? Tg2+ 29.Kh4 Sxg4 30.hxg4 Th2+ 31.Kg3 Dg2+ 32.Kf4+–)

28...Sxf7 29.exf7+ Kf8 30.Se6+! Kxf7 31.Sd8+ mit Damengewinn.

26.Kxf4 Tg2!

Der Turm nimmt dem weißen König das Fluchtfeld g3.

27.Tg1

Weiß bleibt im Spiel.

27.Sg5? würde mit 27...Txg4+! widerlegt. 28.Kf3 (28.hxg4 Dxg4#) 28...Txg5 mit starkem schwarzem Angriff.

27...Df7+ 28.Kg5

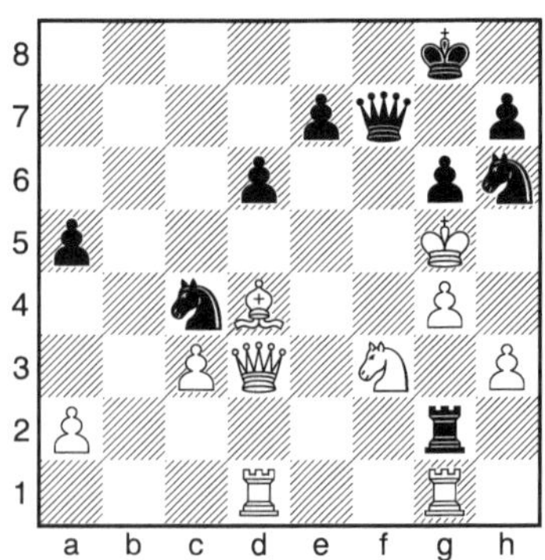

28...♘f5?

Vermutlich sah sich der Nachziehende vor einem grandiosen Sieg durch eine erfolgreiche Attacke auf den gegnerischen Wanderkönig. Er strauchelt jedoch im Eifer des Kampfes und macht einen schweren Fehler.

Seine einzige Chance lag in 28...e5!, wonach Weiß 29.♖xg2! spielen sollte.

(– 29.♔xh6? ♕f8+ 30.♔g5 ♕f4+ 31.♔h4 ♕h6#

– 29.♗xe5? ♘xe5 30.♘xe5 ♕e7+! 31.♔f4 ♕xe5+ 32.♔f3 ♕g3+ 33.♔e4 ♖xg1–+)

Z.B. 29...♕e7+ 30.♔xh6 ♕f8+ (30...♕g7+ 31.♔g5 ♕e7+=) 31.♔g5 ♕e7+ mit Dauerschach.

29.♖xg2 h6+ 30.♔f4 e5+

30...♘xd4+ 31.♔g3+–

31.♗xe5 dxe5+ 32.♘xe5 g5+ 33.♔e4 ♘fd6+

Oder 33...♘cd6+ 34.♕xd6 (34.♔f3?? ♘d4+ 35.♔g3 ♕f4#) 34...♘xd6+ 35.♖xd6 ♕b7+ 36.♖c6 ♕b1+ 37.♔d4 ♕d1+ 38.♔c5 ♕e1 39.♔d6 ♕d1+ 40.♔e6 ♕d8 41.♖f2 mit Gewinn.

34.♔d4 ♕f4+ 35.♔c5 ♘b7+ 36.♔d5 ♘b6+

36...♘xe5 37.♕f5 ♕c4+ 38.♔xe5+– bzw. 36...♕xe5+ 37.♔xc4+–

37.♔c6

Eine schöne Schlussstellung in einer Partie mit Seltenheitswert. Der weiße König hat eine beeindruckende Zähigkeit und Wanderlust bewiesen und setzt mit seinem Angriff auf beide gegnerischen Springer nun auch noch den Schlussakkord. Schwarz gab sich geschlagen.

Partie Nr. 27
Karpow – Christiansen
Wijk aan Zee 1993

1.d4 ♘f6 2.c4 c5 3.d5 b5 4.cxb5 a6 5.b6 e6 6.♘c3 exd5 7.♘xd5 ♘xd5 8.♕xd5 ♘c6 9.♘f3 ♗e7 10.♘e5 0-0 11.♘xc6 dxc6 12.♕xd8 ♖xd8

Zu 12...♗xd8 siehe *Kapitel 7/Abspiel 2.*

13.♗f4

Infrage kommt auch ein anderer Entwicklungsplan, in dem Weiß seinen schwarzfeldrigen Läufer nicht zur langdauernden Verteidigung seines vorgerückten b–Bauern einsetzt, sondern – unter Deplatzierung seines schwarzen Kollegen – für die Kontrolle auf den Diagonalen a1-h8 und e1-a5. Nämlich 13.♗d2 ♗e6 14.e3 ♖db8 15.♗a5 ♗d8 16.♗d3 ♗xb6 17.♗c3 ♖d8 18.♔e2 ♗d5 19.♖hd1 c4 20.♗c2 ♖e8 21.g3 mit besserer Stellung für Weiß, Oll–Atalik, Peking 1997.

13...♗f6

Schwarz möchte erst seine Kräfte aktivieren und den Bauern erst später zurückerobern. In der Partie Eriksson–Claesen, Stockholm 1998, geschah 13...c4 14.e4 ♗b4+ 15.♔e2 a5 16.♔f3 ♗a6 17.b3 ♗c5 18.♗xc4 ♗xc4 19.bxc4 ♗xb6 20.♖ab1 ♗c5 21.♖hd1 ♔f8 22.a4 ♖xd1 23.♖xd1 ♔e7 24.♔e2 ♖a7 25.♗d2 ♗b4 26.♗e3 ♖b7 27.♖b1 ♖d7 28.f4 mit weißem Vorteil.

14.♖d1

Beachtung verdient auch 14.♖c1 ♖d4 15.e3 ♖b4 16.b3 ♖xb6 17.♗d6 usw.

14...♖d4 15.e3 ♖b4 16.b3 ♗e6

Mit der Idee c5-c4 gespielt.

Natürlich hätte Weiß nach 16...Rxb6 17.Bc4 Be6 18.Rc1 besser gestanden.

17.Bc7 Bc3+ 18.Ke2 c4 19.bxc4 Bxc4+ 20.Kf3

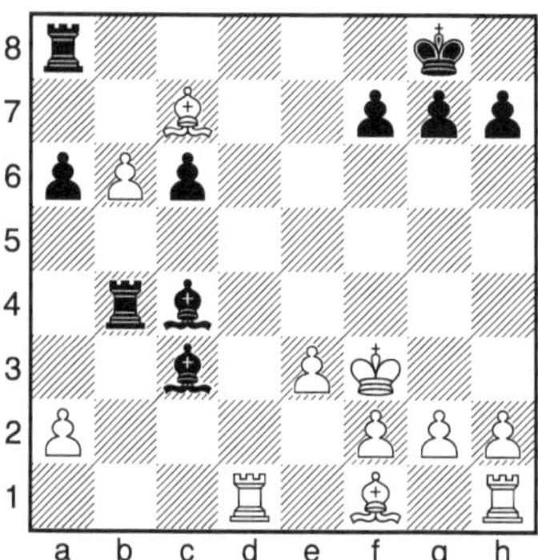

20...Bd5+?

Schwarz wäre besser beraten gewesen, zunächst den weißen Bauern auf a2 zu schlagen und dann seinen Freibauern in Bewegung zu setzten. Der hier von ihm verfolgte Plan macht nicht wirklich Sinn. Oder ob er sich davon hat blenden lassen, dass er den weißen König auf Wanderschaft schicken konnte, was schwarzen Attacken zum Erfolg verhelfen könnte?

21.Kg3 h5 22.Be2 h4+ 23.Kh3 Be6+ 24.g4 hxg3+ 25.Kxg3 Rb2?

Statt dieses Tempoverlusts kam noch immer Bxc2 infrage.

26.Bf3! Ba5

Jetzt wäre 26...Bxa2 schon schlecht wegen 27.Rc1 Bd2 28.Rxc6 mit leichtem Gewinn für Weiß.

27.Rb1 Rxa2 28.Ra1

Stark war auch 28.Bd6!?.

28...Rc8 29.Rxa2 Bxa2 30.Kg2! Rxc7

Es drohte b6-b7.

31.bxc7 Bxc7 32.Rc1

Der Kampf ist entschieden. Ab sofort ist der Nachziehende nur noch der am Angelhaken des Anziehenden zappelnde Fisch.

32...Be5 33.Rxc6 g6 34.Rxa6 Be6 35.Ra5 Bc3 36.Rc5 Bb4 37.Rb5 Bc3 38.Bd5 Bd7 39.Rb7

Schwarz kapitulierte.

Partie Nr. 28
Rogozenko – Seitaj
Elista 1998

1.d4 c5 2.d5 Nf6 3.c4 b5 4.cxb5 a6 5.b6 d6 6.Nc3 Nbd7 7.e4 g6 8.a4 a5 9.Bb5

Zu 9.Nf3 siehe Partie Nr. 29: Tscheparinow–Iwantschuk.

9...Bg7 10.Nf3 0-0 11.0-0 Ba6 12.Re1

Eine Alternative ist hier 12.b7!?.

12...Bxb5 13.Nxb5 Nxb6 14.Bd2 Ne8 15.Bc3 Nc7 16.Bxg7 Kxg7 17.Nc3

Man kann auch mit 17.Nfd4!? die Stellung des Springers b5 stärken; z.B. 17...Nxb5.

(Das Schwerfigurenendspiel nach 17...cxd4 18.Qxd4+ Kg8 19.Qxb6 Nxb5 20.Qxb5 Rb8 21.Qc6 Rxb2 22.Rac1 wäre günstig für Weiß.)

18.Nxb5 mit dem Plan b2-b3 und Ra1-c1 mit besseren Chancen für Weiß.

17...Rb8 18.b3 Nd7 19.Nd2 Na6 20.Nc4 Nb4

Der Springer steht hier nicht gut, weil er zu weit vom Hauptgeschehen entfernt ist. Weiß hat einen einfachen Plan: Vorbereitung des Königsangriffs.

21.♕d2 ♘e5 22.♘b5 f6 23.f4 ♘xc4 24.bxc4 ♕d7

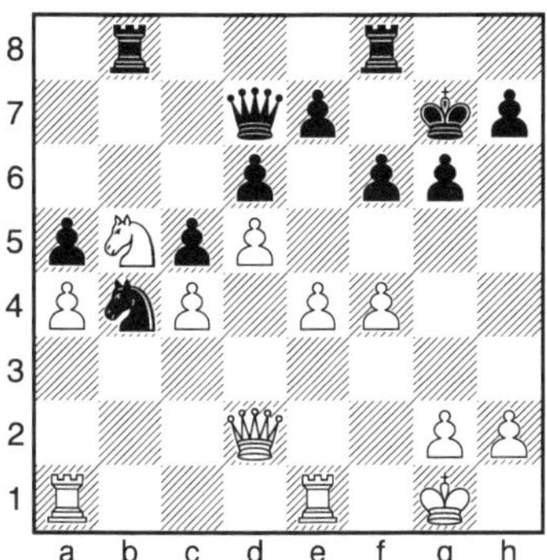

25.e5!

Der Anziehende startet eine Offensive im Zentrum.

25...dxe5 26.fxe5 ♘c6

Nach 26...e6 27.♖ad1 fxe5 (27...♖bd8 28.exf6+ ♖xf6 29.♕c3+–) 28.♖xe5 exd5 29.cxd5 hätte Weiß einen klaren Vorteil.

27.e6 ♕d8 28.♖a3 ♘e5 29.♖h3 h5 30.♕f4 ♖b7 31.♖g3 ♕b8 32.♕e4 ♔h7 33.h3 ♖g8 34.♖ge3 ♔g7 35.♕c2 ♖f8 36.♕c3 ♔h7 37.♖f1 ♔g7 38.♖e4 ♕d8 39.g4!

Weiß verstärkt systematisch den Druck auf die gegnerische Königsstellung.

39...hxg4 40.hxg4 ♖b8

Nach 40...g5 41.♖f5 steht Weiß auf Gewinn.

41.g5 ♕b6 42.gxf6+ exf6 43.e7

Schwarz gab auf.

Partie Nr. 29
Tscheparinow – Iwantschuk
Chanty Mansijsk 2005

1.d4 ♘f6 2.c4 c5 3.d5 b5 4.cxb5 a6 5.b6 d6 6.♘c3 ♘bd7 7.a4 a5 8.e4 g6 9.♘f3 ♗g7 10.♗e2 0-0 11.0-0 ♕xb6

11...♘xb6 haben wir in *Kapitel 7/Abspiel 3* unter die Lupe genommen.

12.♘d2 ♗a6 13.♘b5 ♖fb8 14.♕c2 ♕d8 15.♘c4 ♘b6 16.♘ca3

So ist es richtig: Der Springer stützt seinen Kollegen auf b5.

Nach 16.♘xb6 ♕xb6 mit der Idee ♘f6-e8-c7 würde Schwarz gutes Spiel erhalten.

16...♘e8 17.♖b1 ♘c7 18.b3 ♗xb5?!

Keine gute Idee von Schwarz. Er sollte den Läufer behalten.

Infrage kam aber 18...♘xb5!? 19.♘xb5 e6 usw.

19.♘xb5 ♘a6 20.♗g5 ♘b4 21.♕d2 ♕d7 22.f4 ♖b7 23.f5!

Weiß nutzt die Situation, dass schwarze Figuren weit vom Königsflügel entfernt sind, für eine Aktion genau dort.

23...♕e8 24.♖f3 ♘d7 25.♖bf1

Der ♘b5 hält den Damenflügel dicht. Deshalb wirft der Anziehende seine weiteren Kräfte auf den Königsflügel, um sie dort für den Angriff auf den gegnerischen König in Stellung zu bringen.

25...♗e5 26.♖h3 f6 27.♗e3

Interessant war 27.fxg6!? ♕xg6 (27...fxg5 28.♗g4!) 28.♖f5 mit starkem Angriff.

27...g5 28.g4

Hier stand dem Anziehenden die Alternative 28.Th5!? Df7 29.h4 usw. offen, um dem gegnerischen König auf den Pelz zu rücken.

28...Tc8 29.Lc4 Ld4?

Damit verschlechtert Schwarz nur seine Lage.

Richtig war 29...Df7 mit der Idee der Königsflucht Kg8-f8-e8 usw.

30.Sxd4 cxd4

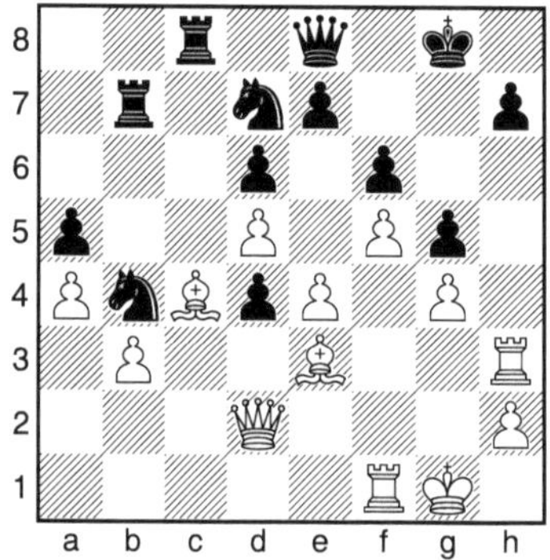

31.Lxg5!

Die Spannung auf dem Brett erreicht ihren Höhepunkt. Mittels eines Läuferopfers geht Weiß zum entscheidenden Angriff über. Möglich war natürlich 31.Lxd4!?. Tscheparinow aber wählt einen Weg, der unmittelbar ins beste Schach-Kino führt.

31...Se5

Oder 31...fxg5 32.Dxg5+ Kh8 33.Txh7+! Kxh7 34.Tf3+-.

32.Lh6 d3

Mehr Arbeit hätte Weiß nach 32...Sxc4 33.bxc4 Txc4 gehabt.

(33...Dxa4 34.g5 Dc2 35.Df4+-)

34.Lg7! Df7

(34...Kxg7 35.Dh6+ Kf7 36.Dxh7+ Kf8 37.Dh8+ Kf7 38.Th7#; 34...e5 35.Lxf6+-)

35.Txh7 Dxg7 36.Txg7+ Kxg7 37.g5 d3 38.Dg2 Kf8 39.g6 Kg8 40.Dh3 e5 41.fxe6 d2 42.Df5 Tc1 43.Dxf6 Txf1+ 44.Dxf1 Tc7 (44...Kg7 45.Dd1+-) 45.Kg2 Kg7 46.h4 Sc2 47.Kf3 mit der endgültigen Eroberung des Bauern auf d2 und leichtem Gewinn.

33.g5 Df7 34.Tg3 Kh8 35.g6!

Der entscheidende Schlag!

35...hxg6

Auch nach 35...De8 36.Lb5 Txb5 (36...Dd8 37.gxh7 Db6+ 38.Kh1+-) 37.Lg7+! Kxg7 38.gxh7+ Kh8 39.Tg8+ Dxg8+ 40.hxg8D+ Txg8+ 41.Kh1 Kg7 42.axb5 Kf7 43.b6 wäre die schwarze Lage hoffnungslos.

36.fxg6 Sxg6 37.Tf5 Se5

37...Tg8 38.Th5 Dh7 39.Dd1+-

38.Lf8

Zum Sieg führte auch 38.Lg7+! Dxg7 39.Th5+ Kg8 40.Txg7+ Kxg7 41.Dh6+ Kf7 42.Dh7+ Ke8 43.Df5+.

38...Dh7 39.Lg7+ Dxg7

39...Kg8 40.Lxf6+ Sg6 41.Txg6+ Dxg6+ 42.Tg5+-

40.Th5+ Kg8 41.Txg7+ Kxg7 42.Dh6+ Kf7 43.Dh7+ Ke8 44.Df

Schwarz strich die Segel.

Partie Nr. 30
Van Wely – Iwantschuk
Prag 2002

1.d4 ♘f6 2.c4 c5 3.d5 b5 4.cxb5 a6 5.b6 d6 6.♘c3 g6 7.e4 ♗g7 8.♘f3 0-0 9.♕b3 ♗b7 10.♘d2 a5 11.♗e2 ♘bd7 12.♘a4 ♖e8 13.0-0 e6 14.dxe6 ♖xe6 15.♗c4 ♖e7 16.♖d1

Wenn Sie sich für 16.f3!? interessieren, dann werfen Sie bitte einen Blick in *Kapitel 7/Abspiel 3.*

16...♖b8

Die Folge 16...♗c6 17.♗b5 ♗xb5 18.♕xb5 ♘xe4 19.♘xe4 ♖xe4 20.♗d2 wäre günstig für Weiß.

17.♘f3

Hier war 17.f3!? eine beachtenswerte Alternative.

17...♘xe4

Den Stich 17...♗xe4 beantwortet Weiß am besten mit der Riposte 18.♗f4!.

18.♗f4 ♗c6 19.♗xd6 ♘xd6 20.♖xd6 ♗xa4 21.♕xa4 ♖xb6

Gelüste zum Bauernraub mit 21... ♗xb2? sollte sich der Nachziehende sofort wieder aus dem Kopf schlagen, denn über 22.♖ad1 ♖b7 23.♗b5+– wird ihm der vermeintliche Appetithappen verdorben.

22.♕xa5 ♕b8 23.♖xb6 ♕xb6

Das Schlagen mit dem Springer 23...♘xb6 war Schwarz wegen 24.♕b5! nicht zu empfehlen.

24.♕a8+ ♘f8 25.♖b1 ♗xb2 26.♕d5 ♖d7 27.♕e4 ♕f6

Wegen dieser jederzeit möglichen Entfesselung konnte Weiß keinen Profit aus der Fesselung des ♗b2 schlagen.

28.h4 h6 29.a4 ♖a7

Die Variante 29...♖e7 30.♕d5 ♗d4 31.a5! würde Weiß die besseren Aussichten belassen.

30.♕c2 ♗c3 31.♖b8 ♔g7 32.♗b3 ♘d7 33.♖b5 ♗b4 34.♕e4 ♕a1+ 35.♔h2 ♘f6 36.♕e5!

Weiß ist bereit, die Damen zu tauschen.

36...♕c1

36...♕xe5+ 37.♘xe5 ♗e1 38.f3 wäre ungünstig für Schwarz.

37.♖b8 ♗c3?

Eine ernste Nachlässigkeit. Die richtige Erwiderung war 37...♕c3 38.♕d6 (38.♕xc3=) 38...c4 39.♕d8 (39.♖xb4 cxb3 40.♖b8 ♔h7 41.♕f8 ♘g4+ 42.♔g3 h5=) 39...♘e8 40.♕xe8 ♗d6+ 41.♔h3 ♗xb8 42.♕xb8 ♖e7 43.♗d1 ♕d3 und der starke Freibauer auf c4 sollte dem Nachziehenden Ausgleich garantieren.

38.♕d6 ♘d7

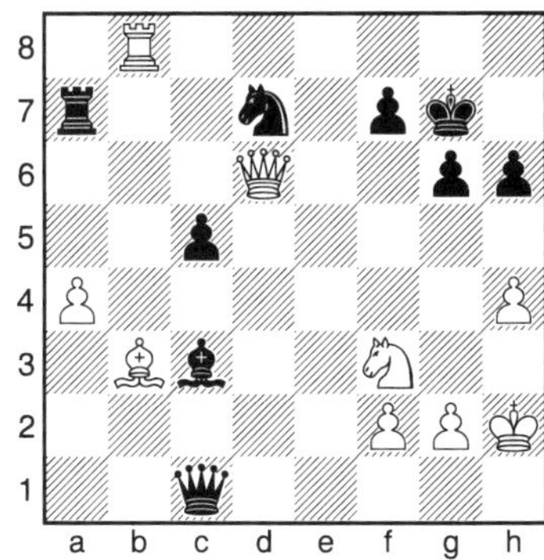

39.♖d8?!

Weiß lässt hier leider die großartige Gelegenheit aus, mit 39.♗xf7! eine sehr starke Initiative zu entwickeln. Dies hätte in den beiden folgenden Varianten zu einem klar gewonnenen Endspiel geführt.

A) 39...♔xf7 40.♖d8 ♘f6 41.♕f8+ ♔e6 42.♖d6+ ♔f5 43.♕c8+ ♔f4

(43...♘d7 44.♖xd7 ♖xd7 45.♕xd7+ ♔e4 46.a5! ♗xa5 47.♕e6+ ♔d3 48.♕a6+ mit Eroberung des Läufers.)

44.♔h3! ♕h1+

(44...g5 45.♖xf6+ ♗xf6 46.♕g4#)

45.♘h2 ♖d7

(45...g5 46.g3+ ♔e4 47.♕c6+ +–)

46.♖xd7 ♘xd7 47.♕xd7

B) 39...♘xb8 40.♕xg6+ ♔f8 41.♕g8+ ♔e7 42.♕xb8

39...c4 40.♗xc4?

Dies ist verständlich, aber keine gute Entscheidung. Jetzt wird es dem Nachziehenden möglich, eine günstige Abtauschoperation durchzuführen.

Zu beachten war deshalb 40.♗d1!, um den Läufer unter Kontrolle zu halten; z.B. 40...♗e5+ 41.♘xe5 ♕f4+ 42.♔g1 ♕xe5 43.♖xd7 ♕e1+ 44.♔h2 und Weiß behauptet eine Mehrfigur.

40...♗f6!

Schwarz hat die Gefahr einer schnellen Niederlage abgewendet und inzwischen wieder gute Aussichten, ein Remis zu erreichen.

41.♖xd7 ♖xd7 42.♕xd7 ♕xc4

Es ist bekannt, dass sich Weiß inzwischen in Zeitnot befand. Dies kam dem Nachziehenden in der Partie sicher zugute.

43.g3 g5 44.hxg5 hxg5 45.g4

Infrage kam 45.♕b5!?. Nun hält Schwarz jedenfalls Ausgleich.

45...♗c3 46.♕f5 f6 47.♕d7+ ♔g6 48.♕f5+ ♔g7 49.♕d7+ ♔g6 50.♔g2 ♕e4 51.♔g3 ♕f4+ 52.♔g2 ♕e4

Weiß ist nicht in der Lage, die Fesselung des Springers aufzuheben. So bleibt es ihm verwehrt, auf Sieg zu spielen.

53.♔f1 ♕b1+ 54.♔e2 ♕e4+ 55.♔f1 ♕b1+ 56.♔g2 ♕e4 57.♔g3

Remis

Partie Nr. 31
Karpow – Belotti
Frankreich 1993

1.d4 ♘f6 2.c4 c5 3.d5 b5 4.cxb5 a6 5.b6 d6 6.♘c3 ♕xb6 7.e4 g6 8.♘f3 ♗g7 9.♘d2 0-0 10.♘c4 ♕c7 11.♗e2 ♘bd7 12.♗f4 ♘b6

12...♖b8 haben wir in Kapitel 7/Abspiel 4 behandelt.

13.♘e3!

Weiß darf dem Abtausch der Springer nicht zustimmen. Er plant nun a4-a5, um den gegnerischen ♘b6 aus dessen aktiver Stellung zu vertreiben. Will Schwarz dann im Kampf um das Feld c4 nicht unterlegen sein, muss er den weißen Plan mit a6-a5 unterbinden. Dies zieht dann aber die unliebsame Schwächung des Punktes b5 nach sich.

13...♘fd7

Gelegentlich wurde auch 13...a5 gespielt, z.B. in der Partie Alterman-Adams, Cap d'Agde 1994.

14.a4 ♗a6 15.♗xa6 ♖xa6 16.0-0 ♕b7 17.♖c1 ♖aa8 18.b3 ♖ab8

(Hier bietet sich die Gelegenheit, die Rolle Ihres Autors um jene des Spielers zu ergänzen: 18...h6 19.h3 ♖fc8 20.♕d3 ♘h5 21.♗h2 c4 22.bxc4 ♗xc3 23.♕xc3 ♘xa4 24.♕c2 ♘c5 25.♖b1 ♕c7 26.f4 und die Chancen von Weiß sind etwas höher, Konikowski–K. Wozniak, Email 2000.)

19.♗g5 ♖fe8 20.♗xf6 ♗xf6 21.♘b5 mit weißem Positionsvorteil.

14.♖c1 a5 15.a4

An diesem Zug führt kein Weg vorbei. Er sichert Weiß einen Stützpunkt auf b5.

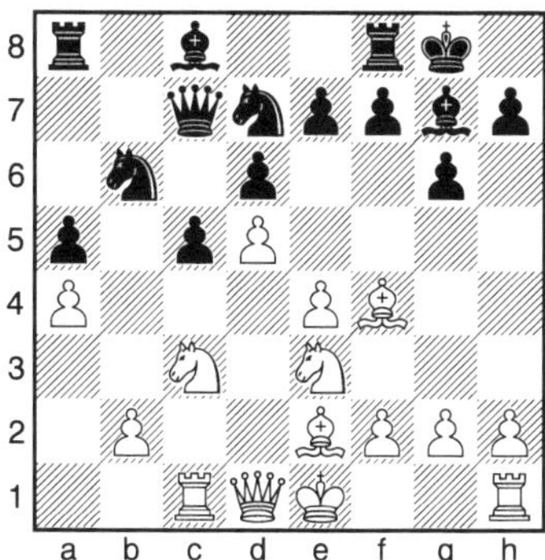

15...♘b8?

Der Springerzug ist minderwertig. Schwarz verfolgt den Plan, sein Ross auf b4 zu postieren. Der Gedanke ist allerdings sehr dogmatisch, denn auf b4 steht die Figur zu passiv.

Er sollte e7-e6 vorbereiten, um seine Kräfte zu aktivieren. Zu beachten war also 15...♘f6!? nebst ♖f8-d8, e7-e6 usw.

16.♘b5 ♕d8 17.b3 ♘a6 18.0-0 ♘b4 19.♕d2 ♗a6 20.♖fd1 ♘d7 21.f3 ♘f6 22.♗c4 ♘e8 23.♖e1 ♘c7 24.♘a3!

Karpow verhindert, dass zu viele Figuren getauscht werden.

24...♕d7 25.♔h1 ♗d4 26.♗h6 ♖fb8 27.♘g4 ♗xc4 28.♘xc4

Nun ist der ♖a8 an die Verteidigung des schwachen Bauern a5 gebunden. Weiß beherrscht das ganze Brett; die aktive Stellung seiner Figuren ermöglicht nach f4-f5 einen starken Königsangriff. Schauen wir uns an, wie Karpow all seine positionellen Vorteile ausgenutzt hat, um in lehrreicher Manier den vollen Punkt zu erringen.

28...♘e8 29.♗e3 ♗xe3

Schwarz hätte den Tausch seines wichtigen Läufers besser vermieden; 29...♗g7 wäre ratsam gewesen.

30.♖xe3 ♘f6 31.♘f2 ♕d8 32.♖ce1 ♕f8 33.f4 ♕g7 34.♖d1 ♘h5 35.♘h3 ♘f6 36.♕e2 ♕h6 37.♖f3 ♕h5 38.♘f2 ♕h6 39.g3 ♕g7 40.♔g2 h5 41.♘h3 ♖d8 42.♘g5 ♘h7 43.♘xh7 ♔xh7 44.f5 f6 45.fxg6+ ♔xg6 46.♖f5 ♖h8 47.♖df1 ♖h6 48.e5!

Weiß legt die Schwäche des gegnerischen Königs auf brutale Weise frei.

48...dxe5 49.♖xe5

Einfach und stark. Ein Genuss für die Zuschauer wäre die folgende Variante gewesen: 49.♖g5+! ♔xg5 (49...fxg5 50.♕e4#) 50.♘xe5 mit Matt in wenigen Zügen.

49...♖a7

49...fxe5 50.♕e4+ ♔g5 51.h4#

50.d6

Schwarz kapitulierte.

Partie Nr. 32
Schirow – Mork
Bergen 2001

1.d4 Sf6 2.c4 c5 3.d5 b5 4.cxb5 a6 5.b6 Lb7 6.Sc3 e6 7.e4 Dxb6 8.Sf3 Da5 9.Ld2 Db6 10.Ld3 exd5

Unsere Einschätzungen zu 10...Le7 finden Sie in Kapitel 7/Abspiel 5.

11.exd5 Le7 12.0-0 0-0

Zu Recht sichert Schwarz seinen König.

Das Nehmen des Bauern wäre natürlich zu gefährlich; z.B. 12...Sxd5 13.Te1 Dxb2.

(13...Sc7 14.Se5 0-0 15.Dc2 h6 16.Sa4 Dd6 17.Sc4 Df6 18.Lc3 Dh4 19.Se3+–)

14.Tb1 Sxc3 15.Txe7+! Kd8

(15...Kxe7 16.De1+ mit Damengewinn.)

16.De1! Dxa2

(16...Sxb1 17.La5+ Kc8 18.Te8+ Txe8 19.Dxe8#)

17.Txb7 mit Gewinn.

13.Te1 Dd8

Oder 13...Te8 14.Lg5 Kf8 15.Lxf6 Lxf6 16.Txe8+ Kxe8 17.De2+ Kf8

(17...Kd8 18.Se5 Lxe5 19.Dxe5 Df6 20.Dxf6+ gxf6 21.Lxh7+–)

18.Te1 mit entscheidendem Angriff.

14.Db3 Lc8 15.Te2 d6 16.Tae1 Te8 17.Lg5 Sbd7 18.Se4 Sxe4 19.Txe4 f6 20.Lf4 Tb8 21.Dc2 Sf8

Nach 21...Se5 22.Lxe5 fxe5 23.Sxe5! dxe5 24.Txe5 Dd6 25.Lxh7+ Kf8 (25...Kh8 26.Lg6+–) 26.Lg6 Ld7 27.De4 wäre die Lage des Nachziehenden hoffnungslos.

22.h3 Lf5 23.T4e2 Lxd3 24.Dxd3 Sg6 25.Lg3 Se5 26.Lxe5 dxe5 27.b3 Dd7 28.Dxa6

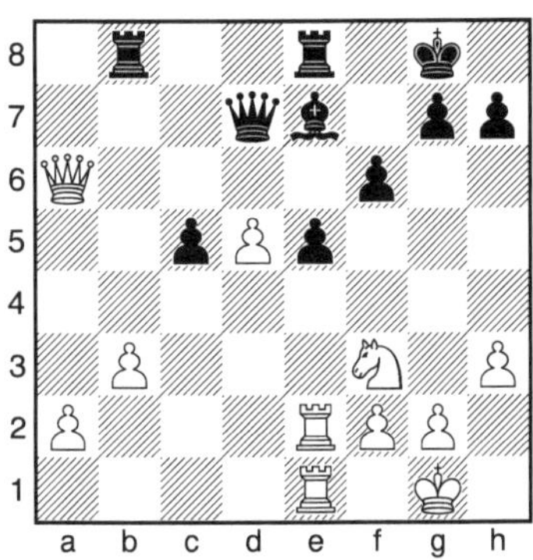

28...Ld6?

Mit diesem unbedachten Läuferzug verschwendet Schwarz nicht nur sein Zugrecht, er verschlechtert auch seine Lage, denn dem Weißen bleibt einfach ein gesunder Mehrbauer. Es gab also keine andere Wahl, als den d-Bauern zu schlagen.

29.Dd3 Te7 30.Sd2 f5 31.Sc4 e4 32.Dc3 Tbe8 33.a4 Le5 34.Dd2 Ld4 35.d6 Tf7 36.a5 Db7 37.Dc2 Tf6 38.Kh1 Tfe6 39.b4!?

Weiß opfert einen Bauern, um seinen Figuren mehr Luft zu verschaffen.

39...cxb4 40.Td1 Lc3 41.Db3 Kf8 42.d7 Td8 43.Sb6

Dem Anziehenden ist es nun gelungen, seine Kräfte zu aktivieren. Das Ziel des Bauernopfers wurde damit erreicht.

43...Te5 44.Ta2 e3 45.fxe3 Txe3 46.Dd5 Dxd5 47.Sxd5 Te1+ 48.Txe1

♗xe1 49.a6

Schwarz streckte die Waffen wegen 49...b3 50.♖a1 ♗f2 51.a7 b2 52.a8♕ b1♕+ 53.♖xb1 ♖xa8 54.♘c7 mit Materialgewinn.

Partie Nr. 33
Cerveny – Eisenbeiser
Pardubice 2005

1.d4 c5 2.d5 e6 3.c4 ♘f6 4.♘c3 exd5 5.cxd5 d6 6.e4 g6 7.f3 ♗g7 8.♗e3 0-0 9.♘ge2 b6

9...a6 haben wir uns in *Kapitel 8/ Abspiel 1* angesehen.

10.♘g3 ♖e8

Hier wird auch 10...♗a6 gespielt, wie z.B. in der Partie Arregui Untoria-Neila Castillo, Aragon 2011.

11.♗xa6 ♘xa6 12.♕e2

(12.0-0 ♘c7 13.a4 ♖e8 14.♕d2 ist auch möglich.)

12...♘c7 13.a4 a6 14.0-0 ♕d7 15.♖fd1 h5 16.a5 bxa5

(16...b5 17.e5 dxe5 18.♗xc5±)

17.e5 dxe5 18.♗xc5 ♖fe8 19.♘ge4±

11.♗e2 ♗a6 12.0-0 ♕e7 13.a4 ♗xe2 14.♕xe2 a6 15.♕d2 h5 16.♗g5 ♘bd7 17.♖ae1

Weiß hat seine Kräfte elastisch aufgebaut.

17...♕f8 18.h3 ♘h7 19.♗e3 ♖eb8?

Der Turm entfernt sich zu weit vom Zentrum.

Es wäre eine gute Idee gewesen, dessen Kollegen anzufassen und 19... ♖ab8! mit der Absicht b6-b5 zu spielen.

20.f4 b5

Schwarz setzt konsequent seinen Plan am Damenflügel um. Weiß wird in der Mitte und am Königsflügel aktiv.

21.e5! dxe5

Auf 21...f5 folgt 22.exf6.

(Nach dem Fehler 22.e6? und dann 22...♘b6 23.axb5 axb5 24.♘xb5 h4 steht Schwarz ausgezeichnet.)

22...♘hxf6 23.f5 h4 24.♘ge4 mit weißem Vorteil.

22.f5!

Ein typisches Manöver.

22...♕c8 23.d6

Räumt das Feld d5 für den Springer.

23...♕c6

Oder 23...♘hf6 24.♗g5 b4 25.fxg6 bxc3 26.gxf7+ ♔h8

(26...♔xf7 27.♕d5+ ♔g6 28.♗xf6 ♘xf6 29.♕d3+ ♔f7 30.♘xh5+–)

27.bxc3 ♕f8 28.♗xf6 ♘xf6 29.♖xe5 mit entscheidendem Angriff.

24.♘d5 ♗f8

Nach 24...♕xd6 25.♘e4 wäre die Lage von Schwarz ebenfalls sehr kritisch.

25.fxg6 fxg6

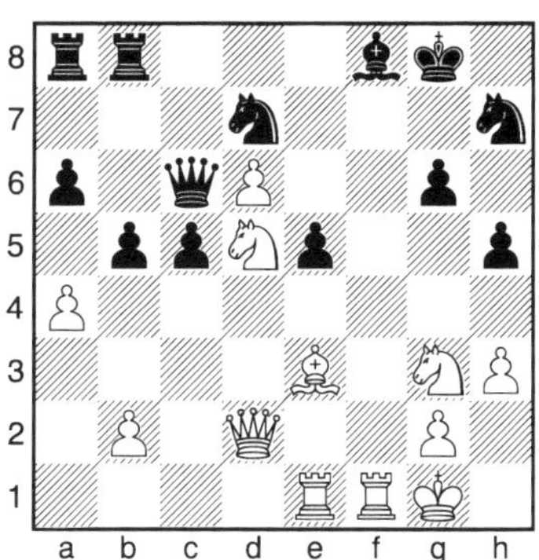

26.♖xf8+!

Ein sehr bemerkenswerter Zug. Weiß vernichtet den Verteidiger des Feldes e7. Schwarz hat keine Wahl: Der König muss zurückschlagen.

26...♔xf8 27.♖f1+ ♔e8 28.♘e7 ♕b7 29.♕c2 ♘df8 30.♗h6

30.♘xg6! hätte auch zum Ziel geführt.

30...♕d7 31.♗xf8 ♘xf8 32.♖xf8+!

Ein schöner Schlussakkord. Schwarz gab auf wegen 32...♔xf8 33.♕xg6 nebst Matt.

Partie Nr. 34
Berczes – Papp
Budapest 2013

1.d4 ♘f6 2.c4 g6 3.f3 ♘c6 4.d5 ♘e5 5.e4 d6 6.♘c3 ♗g7 7.f4 ♘ed7 8.♘h3

8.♘f3 haben wir im Theorieteil von Kapitel 9 einer Betrachtung unterzogen.

8...0-0 9.♘f2

Nach 9.♗e2 e5 10.dxe6 fxe6 11.0-0 ist die weiße Stellung leicht vorzuziehen, was sich mit dem etwas freieren und aktiven Spiel bei leichtem Raumvorteil begründet.

9...c6

Schwarz ist nicht auf den c-Bauern beschränkt, denn er kann auch mit 9...e6! in der Mitte aktiv werden. Da dieser Zug besser aussieht, schenken wir ihm sogar ein Rufzeichen. Weiß kann mit 10.dxe6 reagieren und nach 10...fxe6 mit 11.♗e3 fortsetzen. (11.♗e2 ♘c5 12.♕c2!) Nach 11...b6 12.♗e2 ♘c5 13.♕c2 ♗b7 14.♗f3 a5 15.♖d1 nebst 0-0 usw. steht er aussichtsreich.

10.♗e3 ♖e8

Auf 10...♘c5 ist 11.♗xc5 stark; z.B. 11...dxc5 12.e5 ♘h5 13.♕f3 mit weißem Vorteil.

11.♗e2 ♕c7 12.♕d2 e5?

Diese Idee kann nicht gut sein, denn der Nachziehende mauert sich quasi selbst ein.

Besser war ohne Zweifel 12...a6!? mit der Idee b7-b5.

13.f5! ♘c5 14.g4

Der Anziehende bleibt konsequent am Königsflügel aktiv. Seinen eigenen König lässt er noch im Zentrum verharren. Genau so kann er handeln, da er nicht Gefahr läuft, dass sein König in Bedrängnis gerät, weil Schwarz die Stellung öffnen könnte. Der aktive Bauernzug ist einem passiven Zug zur Königssicherung eindeutig vorzuziehen.

14...a5 15.g5

Zu überlegen war 15.♗xc5!? dxc5 16.g5 usw.

15...♘fxe4

Schwarz setzt jetzt ganz auf seine Bauernmehrheit in der Brettmitte.

16.♘fxe4 ♘xe4 17.♘xe4 gxf5

Nach 17...♗xf5 18.♗f3 wäre Weiß klar im Vorteil.

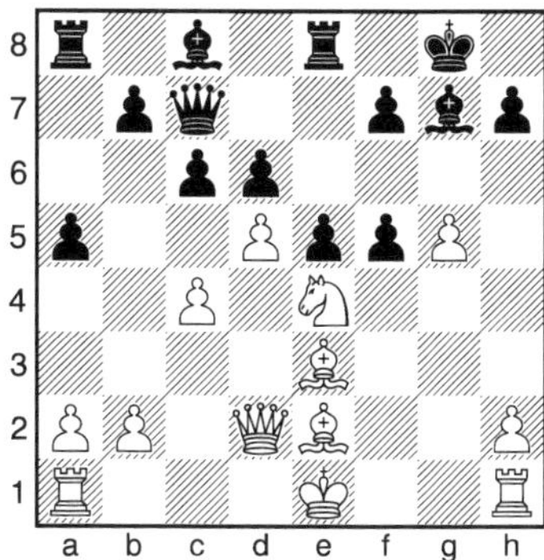

18.♘f6+!

Mit diesem einfachen und zugleich brutalen Springerzug zerstört Weiß die schwarze Königsstellung.

18...♗xf6 19.gxf6 f4 20.♗d3

Noch schneller war 20.♗xf4! exf4 21.♕xf4 ♔h8 22.♕h6 ♖g8 23.♗d3 und das Matt ist nur noch mit der Aufgabe der Partie zu verhindern.

20...♔h8 21.♕g2

Dies ist ungenau. Richtig war 21.♕e2! ♖g8 22.♗xf4 exf4 23.♕e4 ♖g6 24.♕xf4+−.

21...♖g8 22.♕e4 ♖g6 23.h4

Entweder war Weiß an diesem Tag nicht in seiner besten Form oder aber der greifbar nahe Partieerfolg verleitete ihn zu einer etwas oberflächlichen Analyse.

Einfacher gewesen wäre 23.♗xf4 exf4 24.♕xf4+−.

23...cxd5 24.cxd5 h5?

Dies verliert definitiv. Ein Versuch zum „Mogeln" wäre noch mit 24...♕d8!? möglich gewesen.

25.♗xf4 ♕b6

25...exf4 26.♕xf4+−

26.0-0-0

Im wahrscheinlich besten Moment in der Partie sichert der Anziehende schnell noch seinen König.

26...♗g4 27.♗e3 ♕c7+ 28.♔b1 ♗xd1 29.♖xd1 ♕d7 30.♖g1 ♖ag8 31.♖g5

Schwarz streckte die Waffen.

Partie Nr. 35
Khismatullin – Nechepurenko
Lushki 2004

1.d4 ♘f6 2.c4 g6 3.f3 c5 4.d5

Der weiße Bauernschritt im 3. Zug verändert den Aufbau so wesentlich, dass es erhebliche Unterschiede zur Theorie von Wolga-Gambit und Benoni gibt.

4...e6

4...d6 5.e4 e6 6.♘e2 exd5 7.cxd5 ist eine von mehreren üblichen Zugfolgen im Benoni-Stil. Danach führt 7...♘h5 8.♗e3 ♗g7 9.♘bc3 0-0 10.g4 ♘f6 11.♕d2 gefolgt von ♘g3 und ♗e2 zu einem sehr Erfolg versprechenden weißen Aufbau.

4...b5 wäre der „Wolga-Gambit-Weg". Auch hier gibt es mehrere erprobte Zweige für beide Seiten, von denen einer über 5.cxb5 a6 6.e4 d6 7.♘c3 ♗g7 8.a4 0-0 9.♗e3 e6 10.dxe6 ♗xe6 11.♘ge2 axb5 12.♘xb5 führt. Schwarz wird nun beweisen müssen, dass er ausgleichen kann. Geht er mit dieser Bauerstruktur ins Endspiel, wird er wegen des weißen Freibauern auf der a-Linie mit Problemen rechnen müssen.

5.♘c3 exd5 6.cxd5 ♗g7 7.e4 d6

8.♘ge2 0-0 9.♘g3 ♘a6

Schwarz arbeitet an seinem typischen Gegenspiel am Damenflügel, das er über das Manöver ♘a6-c7, a7-a6 und b7-b5 erreichen will.

In der Partie Wojtaszek–Swidler, Moskau 2019, ging er anders vor: 9...a6 10.a4 h5 11.♗g5 ♕e8 12.♗d3 ♘h7 13.♗f4 ♕e7 14.♘ge2 ♘d7 15.0-0 ♘e5 16.♗c2 ♖b8 17.a5 b5 18.axb6 ♖xb6 19.♗c1 h4 20.f4 ♘g4 21.h3 ♘gf6 22.♖a2 ♗d7 23.♕e1 ♘h5 24.♗e3 ♖fb8 25.b3.

Weiß hat einen kleinen positionellen Vorteil, den er zu seinem späteren Sieg ausbauen konnte.

10.♗e2 ♘c7 11.0-0

Beide Seiten haben sich mit ihrem Aufbau festgelegt. Weiß wird seine Chance am Königsflügel suchen, während sein Gegner sich auf ein Gegenspiel gegenüber verlegen wird.

11...♗d7 12.a4 a6 13.♗f4

Eine Schwierigkeit für den Nachziehenden beruht auf seiner räumlichen Enge. Diese wird nicht gerade gemildert, wenn er nun auf den Angriff gegen seinen d-Bauern mit dessen Deckung reagieren muss.

13...♘fe8 14.♕d2 b5 15.♗g5 ♗f6

Schwarz nimmt eine Schwächung der schwarzen Felder in seiner Königsstellung in Kauf, indem er sich mit seinem Läufer dem Gegner entgegenstellt. Da der gleichfarbige Kontrahent beim Tausch auch vom Brett gehen wird, ist diese Schwächung aber in ihrer Wirkung überschaubar.

Die Alternativen 15...f6 und 15...♘f6 sind auch spielbar.

16.♗xf6 ♘xf6 17.f4 b4

Der Kampf auf beiden Flügeln ist nun voll entbrannt. Die beiderseitigen Chancen dürften annähernd gleich sein.

18.♘d1 ♕e8 19.♗f3 ♗xa4 20.e5 ♗xd1 21.♖axd1

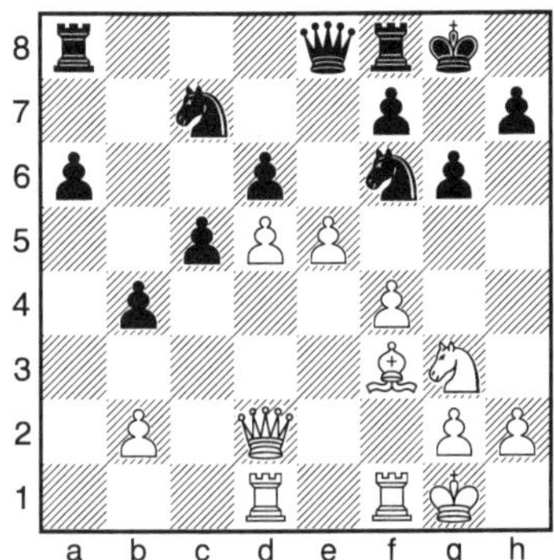

21...dxe5??

Einen so deutlichen Fehler sieht man bei einem „2350er“ nicht allzu oft.

Besser war 21...♘d7 und Schwarz hätte noch kämpfen können.

22.fxe5+– ♕xe5 23.d6 ♘b5?

Ein weiterer Fehler, der aber für den Partieausgang kaum noch von Bedeutung ist.

23...♖ac8 24.♖fe1 ♕d4+ 25.♕xd4 cxd4 26.dxc7 ♖xc7 27.♖xd4+– wäre für Schwarz ebenfalls der Untergang.

24.♗xa8 ♖xa8 25.d7 ♘d4 26.♕f2

Die weißen Figuren finden wie von selbst die für sie besten Felder.

26...♔g7 27.♖de1 ♕d6 28.♖e8!

Eine schöne Pointe!

–28...♖xe8 29.dxe8♕ ♘xe8 30.♕xf7+ ♔h6 31.♕xe8+–

– 28...♘xe8 29.♕xf7+ ♔h6 30.dxe8♕ ♖xe8 31.♕xe8+–

Schwarz kapitulierte.

Partie Nr. 36
Aronian – Caruana
Moskau 2012

1.d4 ♘f6 2.c4 g6 3.f3 d5 4.cxd5 ♘xd5 5.e4 ♘b6 6.♘c3 ♗g7 7.♗e3 0-0 8.♕d2 ♘c6 9.0-0-0 ♕d6 10.♔b1

10.♘b5 haben wir in *Kapitel 9/Abspiel 1* analysiert.

10...♖d8 11.♘b5 ♕d7 12.d5 a6

In der Partie Anand–Mamedjarow, Ajaccio 2011, wählte Schwarz 12...♘e5 und über die weiteren Züge 13.♕c2 c6 14.♘xa7 ♖xa7 15.♗xb6 ♖a8 16.♘e2 ♖e8 17.♘c3 ♕d6 18.♗e3 ♗d7 19.dxc6 ♕xc6 20.♗b5 ♕e6 21.♗xd7 ♘xd7 22.♕b3 ♕xb3 23.axb3 ♘e5 24.♘d5 bekam Weiß einen klaren Vorteil.

13.♘c3!

Das Beste. In einigen Partien ist 13.dxc6 auf das Brett gekommen, aber nach 13...♕xd2 14.♖xd2 ♖xd2 15.♗xd2 axb5 16.cxb7 ♗xb7 17.♗xb5 f5 verfügt Schwarz über ein gutes Gegenspiel.

13...♕e8

Hier ein Blick auf andere Versuche aus der Praxis.

A) 13...♘e5 14.♕c1

(14.♗d4!? c5 15.♗xc5 ♘ec4 16.♗xc4 ♘xc4 17.♕c1 ♕c7 18.♗d4 e5 19.♗f2 b5, Eljanow–Areschtchenko, Kiew 2012. Swetuschkin schlägt nun 20.♘g1-e2 statt des Partiezuges 20.b2-b3 vor, um auf das Springermanöver ♘c1-d3-c5 zu spielen.)

14...♕d6 15.h4 h5 16.♗h6 ♗xh6 17.♕xh6 ♕f6 18.♕c1

(Besser war 18.♘ge2!?.)

18...c6 19.g4 cxd5

(19...hxg4 20.f4 ♘ec4 21.h5→)

20.gxh5 ♗e6 21.f4 ♘g4 mit Gegenspiel für Schwarz, Wojtaszek–Areschtchenko, Polen 2013.

B) 13...♘a5 14.♗d4

(14.♕c1 ist eine Neuerung von Swetuschkin. Er will ♗e3-d4 vorbereiten und e7-e6 verhindern. Nach z.B. 14...♘bc4 15.♗d4 ♗xd4 16.♖xd4 b5 17.h4 sieht Swetuschkin Weiß im Vorteil, da er sein Bauernzentrum bewahrt und nun seinen Angriffstrumpf h–Bauer zum Laufen gebracht hat.)

14...e5 15.♗c5 ♘bc4 16.♕c1 b6 17.♗f2 ♕d6 18.h4 ♕b4 19.g4 f5 20.g5 fxe4 21.♘xe4 ♗f5 22.♗d3 ♖xd5 23.♗xc4 ♘xc4 24.♖xd5 ♗xe4+ 25.fxe4 ♘a3+ 26.♔a1 ♕xe4 27.♖d2 ♕xh1 28.bxa3 ♖f8 29.♔b1 ♕e4+ 30.♕c2 ♕g4 31.♕d3

Weiß steht besser, materiell und auch dynamisch, Mamedjarow–Wolokitin, Istanbul 2012.

14.♕e1

14.♕c1!? mit der Idee ♗f1-d3, ♘g1-e2 und dem Ziel, die Öffnung von Linien zu vermeiden (Analyse von Swetuschkin).

14...♘e5

Auf 14...♘a7 kann Weiß energisch 15.h4 ziehen; z.B. 15...♘b5 16.♘xb5 axb5 17.h5 ♘c4 18.♗c1 f5 19.♗d3 ♕f7 20.hxg6 hxg6 21.♕h4 ♕f6 22.♕xf6 ♗xf6 23.♘e2 ♘e5 24.♗c2 ♔g7 25.f4 ♘g4 26.e5 ♘f2 27.exf6+ exf6 28.♖hf1 ♘xd1 29.♖xd1 ♗d7 30.♘d4 mit weißem Vorteil, Thorfinnsson–Gordon, Hinckley 2013.

15.♗e2 e6

Nach der Partie kritisierte Carauna diesen Zug und meinte, Schwarz sollte hier besser 15...♘ec4! wählen, was ihm Gegenspiel bringt.

16.♗xb6 cxb6 17.f4 ♘d7 18.dxe6 ♕xe6 19.♘f3 ♕e8?

Das kleinere Übel war hier 19...♗xc3!? 20.♕xc3 ♕xe4+ 21.♗d3 ♕xf4 22.♖hf1 und Weiß müsste noch zeigen, dass er Kompensation für zwei Bauern hat. Nach dem schwarzen Fehler kommt Weiß schnell zur Sache.

20.♕h4 ♗f6

Nun funktioniert die Variante mit 20...♗xc3 nicht mehr: 21.bxc3 ♕xe4+ 22.♗d3 ♕e8 23.♖de1 ♕f8 24.♗c4 ♘c5 25.♗xf7+! ♕xf7 (25...♔xf7 26.♘g5+ ♔g7 27.♕xh7+ ♔f6 28.♕c7 ♗f5+ 29.♔a1+–) 26.♕xd8+ mit weißem Gewinn.

21.♘g5 ♘f8 22.♗c4 ♔g7 23.♕g3 ♗xg5 24.fxg5!

Sehr stark gespielt! Die offene f–Linie lädt die Türme ein.

24...♗e6 25.♘d5 ♗xd5

Es drohte ♘d5-f6 mit totaler Lahmlegung des schwarzen Königsflügels.

26.♗xd5 ♖d7 27.h4 ♖c8 28.a3 ♕d8 29.♕f2 ♘e6 30.♔a2 ♕e7 31.♖hf1 b5 32.♖d3 ♖cc7 33.♔b1 a5 34.g4 a4 35.♖f3 ♕d6 36.♖f6 ♕c5 37.♕g3 b4

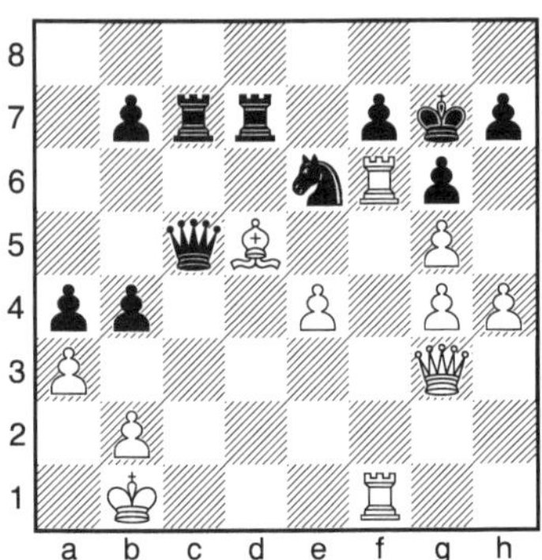

Logischerweise sucht Schwarz sein Gegenspiel am Damenflügel.

38.axb4!

So ist es richtig. Nach 38.♕e5 ♕c2+ 39.♔a1 ♕c1+ 40.♖xc1 ♖xc1+ 41.♔a2 ♖xd5 42.♖xg6+ (42.exd5?? b3#) 42...♔f8! 43.♕h8+ ♔e7 44.♖xe6+ fxe6 45.axb4 ♖dd1 46.b3 ♖c2+ 47.♔a3 b5 hätte Schwarz die Partie remisieren können.

38...♕c2+ 39.♔a1 a3 40.bxa3 ♖xd5 41.exd5 ♘d4 42.♖xf7+! ♖xf7 43.♕e5+ ♔f8 44.♕b8+ ♔g7 45.♖xf7+ ♔xf7 46.♕xb7+ ♔e8 47.♕b8+ ♔d7 48.♕a7+ ♔d6 49.♕xd4

Es ist ein für den Anziehenden gewonnenes Damenendspiel entstanden.

49...♕c1+ 50.♔a2 ♕c2+ 51.♕b2 ♕c4+ 52.♔a1 ♕xg4 53.♕f2! ♔xd5 54.♕c5+

Schwarz gab sich geschlagen wegen 54...♔e4 (54...♔e6 55.♕c8+ mit Damengewinn) 55.♕c4+ ♔f3 56.♕xg4+ ♔xg4 57.b5 mit Umwandlung des Bauern und sicherem Gewinn.

Partie Nr. 37
Piorun – Swidler
Baden-Baden 2013

1.d4 ♘f6 2.c4 g6 3.f3 d5 4.cxd5 ♘xd5 5.e4 ♘b6 6.♘c3 ♗g7 7.♗e3 0-0 8.♕d2 ♘c6 9.0-0-0 ♕d6 10.h4!?

Andere Züge haben wir in *Kapitel 9/ Abspiel 1* vorgestellt.

10...♖d8 11.♘b5 ♕d7 12.h5 a6 13.♘c3 ♗xd4

Möglich ist auch 13...♘xd4!? 14.hxg6 fxg6.

(Es verliert 14...hxg6?? 15.♗xd4 ♕xd4 16.♕e1 ♕xd1+ 17.♘xd1 ♘a4 18.b3 ♘c5 19.e5 ♗f5 20.f4 a5 21.♘f3 a4 22.b4 ♘b3+ 23.axb3 a3 24.♕c3 e6 25.♘e3 a2 26.♕a1 ♗f8 27.♘xf5 gxf5 28.b5 c6 29.bxc6 ♖dc8 30.♗c4 ♖xc6 31.♘d4 ♖cc8 32.♔c2 ♗b4 33.g4 fxg4 34.f5 1-0, Nakamura–Caruana, Elancourt 2013.)

15.g4

A) 15...e5 16.♕h2 h6

(16...♔f7? 17.f4 ♕e7 18.f5 ♖h8 19.♕f2 ♔e8 20.♘f3 c5 21.♗g5 ♕f7 22.♕g3 h6 23.♘xe5 ♕c7 24.f6 hxg5 25.♖xh8+ ♗xh8 26.f7+ 1-0, Postny–Mikhalevski, Buellingen 2013.)

17.♗xh6 ♗xh6+ 18.♕xh6 ♕g7 19.♕g5 ♖d6 und Schwarz verteidigt seine Stellung, Postny–Givon, Acre 2013.

B) 15...♕c6 16.♕f2 (Zu beachten ist 16.♕h2!?.) 16...♘e6 17.♖xd8+ ♘xd8 18.♘ge2 ♘f7 19.♕h4 h6 20.♕xe7 ♕d7 21.♕xd7 ♗xd7 mit gleichen Chancen, Grischuk–Mamedjarow, Moskau 2010.

14.hxg6 fxg6 15.♘d5!?

Nur so kann Weiß um Initiative kämpfen.

Nach der Folge 15.♗xd4 ♕xd4 16.♕f4 ♕f6 17.♖xd8+ ♘xd8 18.♕xc7 ♗d7 19.♕h2 h5 hat Schwarz ausreichendes Gegenspiel.

15...♘xd5

Günstiger für Weiß ist 15...♗xe3 16.♕xe3 usw.

16.♗c4

Weiß muss konsequent weiter Material investieren, weil nach 16.♗xd4 ♘b6! Schwarz zum Gegenangriff käme.

16...♗g7

So kann Schwarz seinen Schutzläufer retten.

In einer früheren Partie Gonda–Gledura, Zalakaros 2013, geschah 16...e6 17.♗xd4 ♘b6 18.♗xb6 ♕xd2+ 19.♖xd2 ♖xd2 20.♔xd2 cxb6 21.♘h3 ♘a5 22.♗e2 h6 23.♘f4 ♔g7 mit etwa gleicher Stellung, aber nach zwei Ungenauigkeiten holte sich Weiß den Punkt.

17.♕e1 e6 18.exd5 ♘e5 19.♕h4 h5 20.♗b3 ♕e8

Schwarz muss genau spielen. Ein grober Fehler wäre 20...exd5?? 21.♖xd5 ♕c6+ 22.♖c5+ und Weiß gewinnt.

21.♘h3 ♖d6?

Ein Fehler. Nur mit 21...♘f7! konnte Schwarz seine Position retten, wie die folgenden Variaten zeigen.

22.♗g5

(Nichts bringt 22.♗d4 exd5 23.♗c2 ♖d6 24.♗xg7 ♔xg7 25.♘f4 ♕d8

26.♕g3 ♕g5 27.♕xg5 ♘xg5 28.♘xd5 ♖c6 29.♔b1 ♗e6 und Schwarz steht gut.)

22...♖xd5 23.♗f6

(Nach 23.♗xd5? exd5 24.♔b1 ♗f5+ 25.♔a1 ♕c6 hat Schwarz ein starkes Gegenspiel.)

23...♖xd1+

(Infrage kommt 23...♖d6!?.)

24.♖xd1 ♘d6 25.♗xg7 ♔xg7 26.g4 e5 27.gxh5 ♘f5 28.♕g5 ♘d4 29.♗c2 ♗f5 und die schwarze Stellung ist verteidigungsfähig.

22.♘f4! exd5 23.♖xd5 ♖c6+

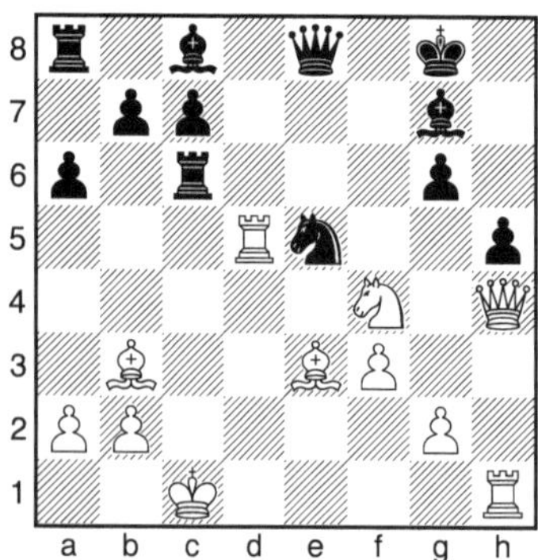

24.♔d1?

Schade! Dieser Zug lässt den Gewinn aus.

Richtig war 24.♗c5! ♗e6

(24...♘f7 25.♖e1 ♗e6 26.♘xg6 ♗xd5 27.♖xe8+ ♖xe8 28.♘e7+ ♖xe7 29.♕xe7 ♗xb3 30.axb3+−)

25.♘xe6 ♖xe6 26.♖xe5 ♗xe5 27.♕h3 ♔f7 28.♖e1 ♔f6 29.♔b1 und Schwarz kann aufgeben.

24...♗e6 25.♘xe6 ♖xe6 26.♖d2 ♘f7

Remis

Partie Nr. 38
Golod – Vokarev
Linares 2001

1.d4 ♘f6 2.c4 g6 3.f3 d5 4.cxd5 ♘xd5 5.e4 ♘b6 6.♘c3 ♗g7 7.♗e3 0-0 8.♕d2 ♘c6 9.0-0-0 e5 10.d5 ♘d4 11.f4 ♗g4 12.♖e1 c5 13.fxe5 ♗xe5 14.h3 ♕h4 15.♗d3 ♖ac8 16.♔b1 ♖fe8 17.♖f1 c4 18.♗xd4 ♗xd4

Die Erwiderung 18...cxd3 haben wir uns in *Kapitel 9/Abspiel 3* angeschaut.

19.hxg4!

Ein Standardqualitätsopfer in dieser Variante!

19...♕xh1 20.♘f3 ♗xc3

20...♕xf1+ 21.♗xf1 ♗xc3 22.bxc3 ♖xe4 23.d6 ist nur eine Zugumstellung.

21.bxc3 ♕xf1+ 22.♗xf1 ♖xe4 23.d6 ♖d8

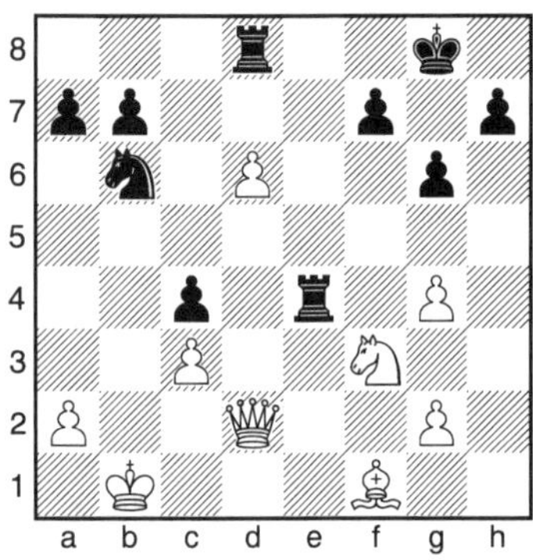

24.♗e2

Mit der Absicht gespielt, schnell alle Kräfte ins Spiel zu bringen.

Infrage kam jedoch stark 24.♘g5!; z.B. 24...♖xg4

(24...♖ee8 25.♕f4 ♖e1+ 26.♔b2 ♖f8 27.♕h2 h5 28.gxh5+–)

25.♘xf7! ♔xf7 26.♕e2 ♖f4 27.♕e7+ ♔g8 28.♕xd8+ ♖f8 29.♗xc4+ ♘xc4 30.♕c7 ♘b6 31.d7 und Schwarz muss sich von seinem Springer trennen.

24...♖e6

Oder 24...♖xg4 25.♘g5! ♖xg2 26.♕f4 ♖d7 27.♗f3 ♖g1+

(27...♖f2 28.♘e4 ♘d5 29.♕e5 ♖xf3 30.♕e8+ ♔g7 31.♕xd7+–)

28.♔c2 ♘c8

(28...♖xg5 29.♕xg5 ♖xd6 30.♕e5 ♖e6 31.♕b8+ ♔g7 32.♕xa7+–)

29.♘e4 ♖d8 30.♕f6! und Weiß gewinnt.

25.♘g5 ♖dxd6 26.♕f4 ♖f6 27.♕h2!

Der entscheidende Schlag.

27...♖d5 28.♕xh7+ ♔f8 29.♘e4 ♖e6 30.♗f3 ♘a4 31.♔c1

Eine interessante Variante könnte über die Einleitung mit 31.♘g5!? auf das Brett kommen:

- 31...♖f6 32.♗xd5 ♘xc3+ 33.♔c2 ♘xd5 34.♕h8+ ♔e7 35.♕b8+–;
- 31...♖xg5 32.♕h6+ ♔g8 33.♕xg5 ♘xc3+ 34.♔c2+–.

31...♖d3 32.♕h8+ ♔e7 33.♕b8 ♖d7 34.♕xa7 b5 35.♕f2!

Die Dame wird zum Königsflügel überführt.

35...♖d3 36.♕h4+ ♔d7

36...♔e8 ist für den Nachziehenden ebenfalls kein Schlüssel zum Glück. Folgen kann 37.♘f6+ ♔e7 38.♘d5+ ♔d7 39.♕h7 ♖e1+ 40.♔c2+–. Das schwarze Angriffsfeuer erlischt, während Weiß nun freie Bahn für die finale Attacke auf den gegnerischen König hat.

37.♕g5 ♖b6 38.♘c5+

Stark war 38.♗e2!?.

38...♘xc5 39.♕xc5 ♖b8 40.♕c6+ ♔d8 41.♕f6+ ♔c8 42.g5

Schwarz gab auf.

Partie Nr. 39
Giri – Carlsen
Wijk aan Zee 2013

1.d4 ♘f6 2.c4 g6 3.f3 d6 4.e4 e5 5.d5 ♘h5 6.♗e3 ♗g7 7.♘c3 0-0

Die Folge nach 7...f5 8.♕d2 ♕h4+ usw. haben wir im Theorieteil von Kapitel 10 beleuchtet.

8.♕d2 f5 9.0-0-0 f4

Schwarz ist nicht etwa gezwungen, die Stellung auf diese Weise festzulegen.

Durch die Wahl der Alternativen 9...♘d7 10.♗d3 ♘df6 oder 9...a6 10.♗d3 ♘d7 kann er noch alles offen lassen. Es hängt vom individuellen Stil des Spielers ab, was für ihn besser ist.

10.♗f2 ♗f6 11.♕e1

Dies richtet sich gegen den schwarzen Plan ♗f6-h4.

Eine andere Idee ist 11.♘ge2 und nach 11...♗h4 12.♗g1! kann Weiß seinen starken Läufer behalten.

11...♘d7 12.♔b1 ♗e7 13.g3

Weiß will die gegnerische Bauernstruktur zerstören und das Spiel auf dem rechten Flügel öffnen. Einen sehr interessanten Verlauf nahm die Partie Gheorghiu–Angantysson, Reykjavik 1986: 13.♘ge2 b6 14.b4 a5 15.a3 ♗b7 16.♘c1 ♘b8 17.♘b3 axb4 18.axb4 ♘a6 19.♘a2 ♕d7 20.♔b2 ♔h8 21.♖a1 h6 22.♘ac1 ♘b8 23.♘d3 c5 24.♖xa8 ♗xa8 25.♕a1 ♕b7 26.♗e2 ♘d7 27.♖b1 ♕c7 28.bxc5 dxc5 29.♔c2 ♗b7 30.♖b2 ♖a8 31.♖a2 ♖xa2+ 32.♕xa2 ♘hf6 33.♕a1 g5 34.♗e1 ♗d6 35.♗c3 ♔g7 36.♘d2 h5 37.♔c1 ♘h7 38.♗d1 ♘hf8 39.♗a4 ♗c8 40.h4 ♔g6 41.hxg5 ♔xg5 42.g3 fxg3 43.f4+ exf4 44.e5 ♘xe5 45.♗xe5 ♗xe5 46.♘f3+ ♔g4 47.♘dxe5+ mit baldigem weißem Gewinn.

13...c5 14.dxc6

Es ist anzunehmen, dass so mancher Spieler hier zu 14.g4 gegriffen hätte, auch um die Lage am Königsflügel festzulegen und danach mit dem Hebel b2-b4 eine aktive Aktion auf der anderen Seite zu starten. Aber Giri hatte eine andere Idee.

14...bxc6 15.c5!

Das ist Giris Pointe! Weiß erreicht den angestrebten Vorteil.

15...dxc5

15...♘xc5?? scheitert an 16.♗xc5+–.

16.♘a4 ♕c7 17.♕c3 ♖b8 18.♗h3 ♘b6 19.♘xc5

Weiß hat seinen Bauern zurückbekommen und steht ausgezeichnet.

19...♖f7 20.b3 fxg3 21.hxg3 ♗xc5 22.♕xc5 ♘g7 23.♖c1 ♗e6

Nicht zu empfehlen war natürlich 23...♗xh3 24.♘xh3 ♖xf3 25.♘g5 und Weiß stünde auf Gewinn.

24.♕xc6

Damit hat der Anziehende den schwachen Bauern c6 erobert.

24...♕e7 25.♕c5 ♕f6 26.♗g2 ♖fb7 27.♔a1 ♘d7

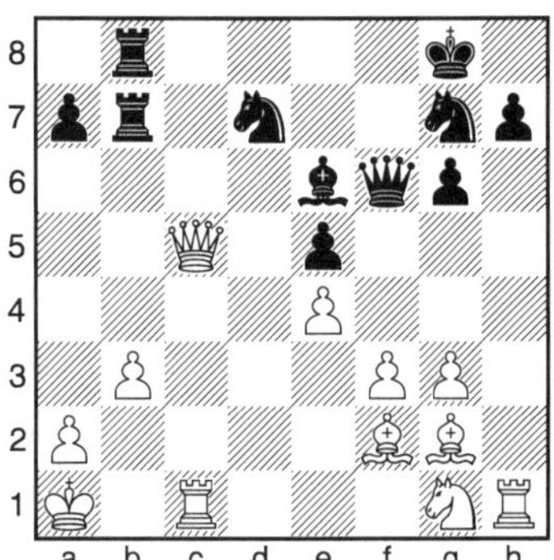

28.♕d6?

Bis zu diesem Zug hat Giri sehr stark gespielt, nun aber lässt er den Gewinn aus.

Mit 28.♕a3! hingegen würde die Königsstellung ausreichend verteidigt. Nach der denkbaren weiteren Folge 28...♗xb3 29.axb3 ♖xb3 30.♕a2 ♘e6 31.♘e2 ♕e7

(31...♔h8 32.♖c3 ♖xc3 33.♘xc3 ♘d4 34.♖b1+–)

32.♖c8+! ♔g7

(32...♖xc8 33.♕xb3 ♖c6 34.♖c1 ♖a6+ 35.♔b1+–)

33.♖xb8 ♖a3 34.♖b2 ♖xa2+ 35.♖xa2 stünde Weiß auf Gewinn.

28...♘e8?

Carlsen lässt die Gelegenheit aus, die Partie mit 28...♗xb3! zu retten: 29.♕xf6 ♘xf6 30.axb3 ♖xb3 31.♖c2 ♖b1+ 32.♔a2 ♖1b5 33.♔a1 ♖b1+ mit Remis.

29.♕a6?

Mit 29.♕a3! hätte Giri immer noch Gewinnchancen. Jetzt aber rettet sich Schwarz mit einem bekannten Manöver.

29...♗xb3! 30.♕xf6 ♘exf6 31.axb3

Oder 31.♖b1 ♗c4 32.♖xb7 ♖xb7 mit Ausgleich.

31...♖xb3 32.♖c2 ♖b1+ 33.♔a2 ♖1b4 34.♔a1

34.♔a3 ♖b3+ 35.♔a2 ♖3b4=

34...♖b1+ 35.♔a2 ♖1b4 36.♔a1

Hier einigten sich die beiden Spieler auf ein Remis.

Partie Nr. 40
Spasski – L. Evans
Warna 1962

1.d4 ♘f6 2.c4 g6 3.♘c3 ♗g7 4.e4 d6 5.f3 c6 6.♗e3

6.♗g5 war Thema im Theorieteil von Kapitel 10.

6...a6 7.♕d2 b5 8.0-0-0 bxc4?

Diese Idee kann nicht gut sein, weil der weiße Läufer nun auf der Diagonale a2-g8 eine aktive Position einnimmt.

Besser war daher 8...0-0 oder 8...♕a5.

9.♗xc4 0-0 10.h4

Ein typischer Flankenangriff. Er ist uns auch bereits im Theorieteil begegnet.

10...d5

Schwarz trachtet nach Gegenspiel im Zentrum.

11.♗b3 dxe4

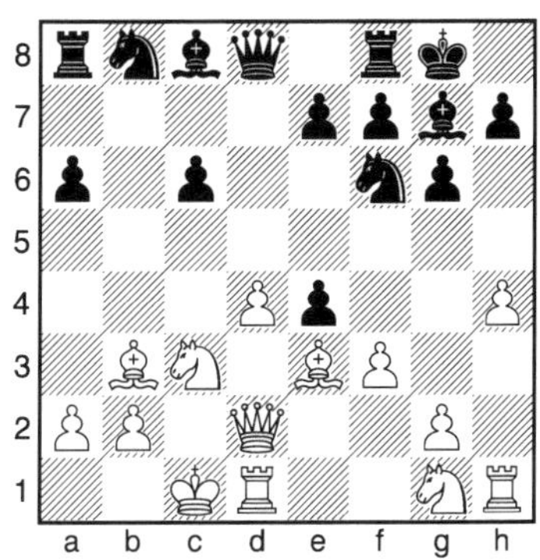

12.h5!

Der Anziehende will keine Zeit verlieren und so schnell wie möglich die h-Linie öffnen, bevor der Gegner zum Gegenspiel kommt.

12...exf3

Nach 12...♘xh5 13.g4 ♘f6 14.♗h6 wäre der weiße Angriff entscheidend.

13.hxg6 hxg6 14.♗h6 fxg2 15.♖h4 ♘g4

Es gibt keine Alternative für Schwarz: Er muss unbedingt das Feld h6 verteidigen.

16.♗xg7 ♔xg7 17.♕xg2 ♘h6

Der Springer kann sich nicht auf g4 halten, wie die folgenden beispielhaften Varianten zeigen.

z.B. 17...f5 18.♘f3 ♖h8 19.♖dh1 ♖xh4 20.♖xh4 e6

(Nach 20...♘d7 21.♖h7+! ♔xh7 22.♘g5+ verliert Schwarz seine Dame.)

21.♕h3 ♘f6 22.♘e2 c5

(22...♘bd7 23.♘f4 ♘f8 24.♖h8 ♘6h7 25.♕xh7+ ♘xh7 26.♖xd8+–)

23.♘f4 ♘c6 24.♘g5 mit entscheidendem Angriff.

18.♘f3 ♘f5 19.♖h2 ♕d6

19...♘e3 beantwortet Weiß mit 20.♕g5!, worauf folgende Varianten zum Gewinn führen:

- 20...♘xd1 21.♕h6+ ♔f6 22.♘e4+ ♔f5 23.♘g3+ ♔f6 24.♘h5+ ♔f5 25.♕f4#;

- 20...♘g4 21.♖h4 e5 22.♖xg4;

- 20...♖h8 21.♖xh8 ♕xh8 22.♕e5+ ♔g8 23.♗xf7+ ♔xf7 24.♕xh8+–.

20.♘e5 ♘d7 21.♘e4 ♕c7 22.♖dh1

Alle weißen Kräfte nehmen am Beschuss der schwarzen Königsstellung teil.

22...♖g8

Oder 22...♘f6 23.♗xf7! mit Sieg.

23.♖h7+ ♔f8 24.♖xf7+ ♔e8 25.♕xg6!

Eine hübsche Pointe!

25...♘xe5 26.♖f8+

Schwarz gab sich geschlagen.

Partie Nr. 41
Spasski – Fischer

Sveti Stefan/Belgrad
(12. Matchpartie) 1992

1.d4 ♘f6 2.c4 g6 3.♘c3 ♗g7 4.e4 d6 5.f3 0-0 6.♗e3 ♘c6 7.♘ge2 a6 8.h4

8.♕d2 haben wir in *Kapitel 10/Abspiel 1* behandelt.

8...h5

Eine logische und sehr oft gespielte Fortsetzung, um die Drohung h4-h5 zu entkräften.

9.♘c1 e5 10.d5 ♘e7?!

Dieser Zug bereitet Fischer in der Folge große Sorgen.

In der 28. Matchpartie wählte er deshalb eine andere Foftsetzung.

10...♘d4 11.♘b3 ♘xb3

(Nach 11...c5 12.dxc6 bxc6 13.♘xd4 exd4 14.♗xd4 ♖b8 15.♕d2 ♕a5 16.♖c1 entsteht eine vorteilhafte Stellung für Weiß.)

12.♕xb3 ♔h7 13.♗e2 ♗h6 14.♗xh6 ♔xh6 15.0-0-0 ♔g7 16.♔b1 ♕e7 17.♖dg1! ♖h8 18.g4 hxg4 19.fxg4 ♘d7 20.g5 ♘c5 21.♕d1 a5 22.♖f1 ♗d7 mit späterem Remis.

11.♗e2 ♘h7

Mit dem Plan, mittels f7-f5 Gegenspiel zu erlangen.

12.♘d3 f5 13.a4!

Spasski will zunächst jegliches Gegenspiel am Damenflügel durch b7-b5 unterbinden.

13...♘f6 14.♘f2 a5

Eine angebrachte Reaktion. Sonst spielt Weiß selbst a4-a5 mit Raumvorteil.

15.♕c2 c5?!

Nach Uhlmann wäre 15...c6 stärker gewesen.

16.0-0-0 b6 17.♖dg1 ♘h7

Auf 17...f4 folgt 18.♗d2 ♔h7 19.g3 fxg3 20.♖xg3 ♗h6 21.♗xh6 ♔xh6 22.♕d2+ ♔h7 23.♘d3 nebst f3-f4 mit klarem Vorteil.

18.♘b5 ♔h8

Oder 18...fxe4 19.fxe4 ♘f6 20.g4 mit weißem Angriff.

19.g4 hxg4

19...f4 20.♗d2 ♘g8 21.gxh5 gxh5 22.♖g2± oder 19...fxg4 20.fxg4 ♘f6 21.gxh5±.

20.fxg4 f4 21.♗d2 g5

Nach 21...♗a6 22.g5! läuft der weiße Angriff auf Hochtouren.

22.hxg5 ♘g6 23.♖h5 ♖f7 24.♖gh1 ♗f8 25.♕b3 ♖b8

Nach 25...♗a6 26.♕h3 ♕d7 27.♘d3 ♗xb5 28.axb5 ♖a7 29.♘e1 ♔g8 30.♘f3 stünde Weiß auf Gewinn.

26.♕h3 ♖bb7 27.♘d3! ♔g8 28.♘e1 ♖g7

28...♘xg5 29.♖h8+! ♔g7 30.♕h6+ ♔f6 31.♖h5 ♘xe4 (31...♗xh6 32.♖xd8+–) 32.♘c3! ♗xh6 (32...♘xd2 33.♕g5+ ♔g7 34.♖5h7#) 33.♘xe4+ ♔e7 34.♖xd8 ♔xd8 35.♖xh6 ♖g7 36.♘xd6 ♖bc7 37.♘xc8 ♔xc8 38.♗d3 ♘f8 39.♖xb6 und Weiß gewinnt.

29.♘f3

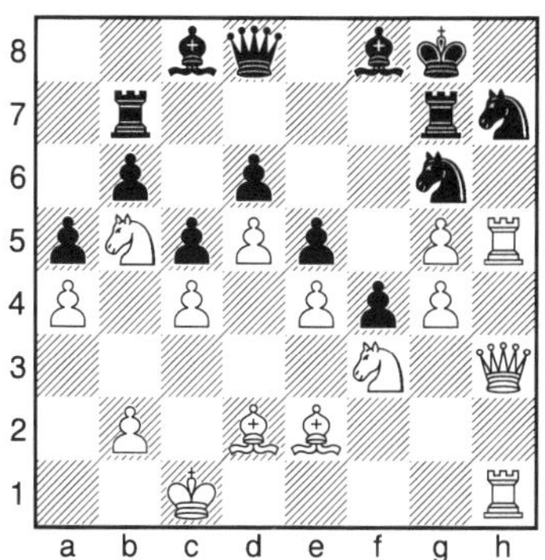

29...♖bf7?

Danach ist die Partie endgültig verloren. Nach Uhlmann war hier 29...♕d7 die einzige noch spielbare Fortsetzung.

30.♖h6! ♕d7 31.♕h5 ♕xg4

31...♘h8 32.g6+–

32.♖xg6

Weiß gewinnt Material. Der Rest ist einfach.

32...♕xh5 33.♖xg7+ ♖xg7 34.♖xh5 ♗g4 35.♖h4 ♗xf3 36.♗xf3 ♘xg5 37.♗g4 ♖h7 38.♖xh7 ♔xh7 39.♔c2 ♗e7 40.♔d3 ♔g6 41.♘c7 ♔f7 42.♘e6 ♘h7 43.♗h5+ ♔g8 44.♗e1 ♘f6 45.♗h4 ♔h7

45...♘xd5 46.cxd5 ♗xh4 47.♔c4+–

46.♗f7 ♘xd5 47.cxd5 ♗xh4 48.♗h5 ♔h6 49.♗e2 ♗f2 50.♔c4 ♗d4 51.b3 ♔g6 52.♔b5 ♔f6 53.♔c6

53.♔xb6 c4+ 54.♘xd4 exd4 55.bxc4 ♔e5 56.c5 dxc5 57.♔xc5 ♔xe4 58.d6+–

53...♔e7 54.♘g7

Schwarz kapitulierte.

Partie Nr. 42
Smirnow – Kurayan
Taganrog 2013

1.d4 ♘f6 2.c4 g6 3.♘c3 ♗g7 4.e4 d6 5.f3 0-0 6.♗e3 ♘c6 7.♘ge2 a6 8.♕d2 ♖b8 9.h4 b5 10.h5 e5 11.d5 ♘a5 12.♘g3 ♘xc4

Zu 12...bxc4 finden Sie unsere Ausführungen in *Kapitel 10/Abspiel 1*.

13.♗xc4 bxc4 14.0-0-0 ♘d7 15.♖h2

Weiß plant eine Verdoppelung der Türme und einen Angriff auf der h-Linie.

15...♘c5 16.♗xc5

Um keine Zeit zu verlieren, tauscht der Anziehende seinen wichtigen Läufer gegen einen Springer.

16...dxc5 17.♖dh1 ♗f6 18.♕f2 ♗g5+

19.♔b1 h6 20.♘ge2 ♕d6 21.hxg6 fxg6

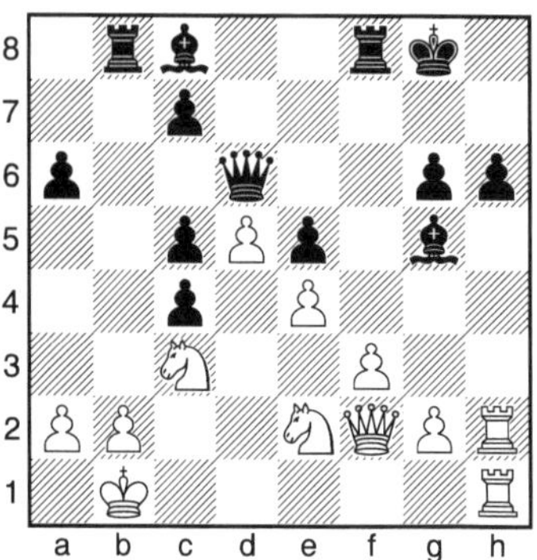

22.♖xh6!

Weiß hat die Qualität für den Angriff investiert und Spiel auf den schwarzen Feldern erlangt.

22...♗xh6 23.♖xh6 ♗d7 24.♕h4 ♕f6 25.♕h2 ♕g7 26.♘d1 ♖b6 27.♘ec3 ♖fb8?

Mit der fragwürdigen Absicht ausgeführt, ein Gegenspiel am Damenflügel vorzubereiten. Schwarz sollte sich jedoch Gedanken über die Lage auf der anderen Seite machen. Infrage kam deshalb 27...g5!.

28.♔c1 ♗e8 29.♘e3!

Für den Angriff auf den König gibt Weiß seinen Bauern b2 auf. Er hat gute Nerven, denn ein Einschlag direkt beim König und dies mit einem Turm, der auf der offenen Linie von seinem Kollegen gestützt wird, kann auch schon mal Sorgen bereiten.

29...♖xb2 30.♘g4 ♗a4?

Das ist Praktisch der Verlustzug. Nach 30...♖2b6 31.d6! ♖xd6 32.♘d5 hätte Weiß eine starke Initiative, aber das Spiel würde noch dauern.

31.♘xa4 ♖xa2 32.♘xc5 ♖a1+ 33.♔c2 ♖a2+ 34.♔c3 ♖a3+ 35.♔xc4 a5 36.♘d3 ♖bb3 37.♕xe5 ♖c3+

Das Endspiel nach 37...♕xe5 38.♘gxe5! (38.♘dxe5?? ♖b4+ 39.♔c5 ♖c3+ nebst Matt) 38...♖b6 39.♖xg6+ ♖xg6 40.♘xg6 wäre für Weiß problemlos gewonnen.

38.♔b5 ♖ab3+ 39.♔a6 ♖b6+ 40.♔a7

Der weiße König hat einen sicheren Platz gefunden. Der Rest ist einfach.

40...♕xe5 41.♘dxe5 ♔g7 42.♘d7 ♖d6 43.♘b8 ♖b6 44.e5 ♖b4 45.♖h1 a4 46.♘c6 ♖b5 47.♘f6 a3 48.♖h7+ ♔f8 49.e6

Schwarz strich die Segel.

Partie Nr. 43
Kasparow – Loginow
Manila 1992

1.d4 ♘f6 2.c4 g6 3.♘c3 ♗g7 4.e4 d6 5.f3 0-0 6.♗e3 a6 7.♕d2 ♘c6 8.♘ge2 ♖b8 9.h4 b5 10.h5 e5 11.d5 ♘a5 12.♘g3 bxc4 13.0-0-0 ♖b4 14.♗h6 ♗xh6 15.♕xh6 ♕e7 16.♗e2 ♗d7 17.♘f1 ♖fb8 18.♖d2 c5 19.♗d1 ♘e8 20.hxg6 fxg6 21.g4 ♕g7 22.g5 ♕xh6 23.♖xh6 ♘g7

Bei Interesse für 23...♘b7 werfen Sie bitte einen Blick in *Kapitel 10/Abspiel 1*.

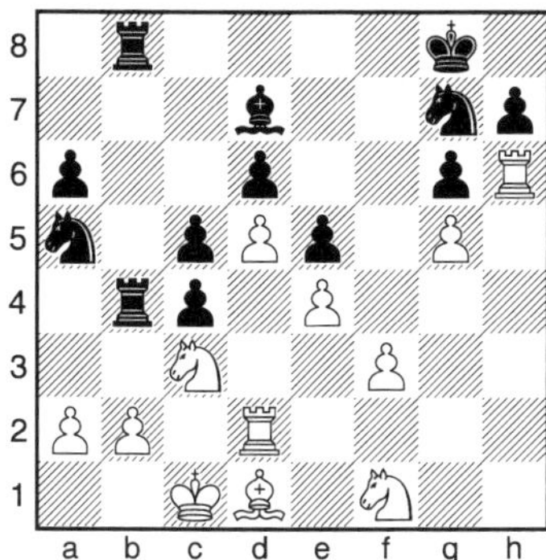

24.f4!

Weiß bietet ein Bauernopfer an. Er möchte auf die 7. Reihe einbrechen.

Nicht viel bringt 24.♘g3 ♘b7 25.♖dh2 ♘d8 26.♖xh7 ♘f7, denn wie sollte jetzt der Angriff aussichtsreich fortgesetzt werden?

24...exf4

Nach 24...♖f8 25.f5 gxf5 26.♖xd6 fxe4 27.♘e3 ♘f5 28.♘xf5 ♗xf5 29.♖xa6 ♘b7 30.a3 verliert Schwarz Material.

25.♖dh2 ♖e8

Oder 25...♘h5 26.♗xh5 gxh5 27.♖6xh5 ♗e8 28.♖xh7 ♗g6 29.♖7h4 f3 (29...♖f8 30.♖h8+ ♔g7 31.♖xf8 ♔xf8 32.♖f2+–) 30.♖f2 ♔g7 31.♘h2 mit Gewinn.

26.♘d2 ♖eb8 27.♖xh7

Kasparow hat sein Ziel erreicht. Die Partie ist für Schwarz nicht mehr zu halten.

27...♖xb2 28.♖2h4 ♖2b7 29.♖h8+ ♔f7 30.♖xf4+ ♔e7 31.♖h7 ♖g8 32.♖f6 ♗e8 33.e5! ♖b6 34.♘de4 ♘b7 35.exd6+ ♘xd6 36.♖e6+ ♔d7

Schwarz kapitulierte.

Partie Nr. 44
Ye Jiangchuan – Xie Jun
Cup Taiyuan 2004

1.d4 ♘f6 2.c4 g6 3.♘c3 ♗g7 4.e4 d6 5.f3 0-0 6.♗e3 c5 7.♘ge2 ♘c6 8.♕d2 ♘xd4 9.♘xd4 cxd4 10.♗xd4 b6 11.♗e2 ♗b7 12.0-0 ♖c8 13.♖ac1 ♘d7

13...♖e8 war Thema in *Kapitel 10/ Abspiel 2.*

14.♗e3

Es ist nicht so ganz verständlich, warum Weiß den Abtausch der Läufer vermeidet. Logischer war einfach 14.♗xg7 ♔xg7 15.f4 mit aktivem Spiel am Königsflügel.

14...a6 15.♔h1 ♕c7 16.♖c2 ♘e5 17.♖fc1 e6 18.♘a4 ♘d7 19.b4 ♖fd8 20.♗f1 ♗c6 21.♘c3 ♕b8 22.♗g5 ♗f6

22...f6?! würde nur die Königsstellung schwächen.

23.♗xf6 ♘xf6 24.a3 ♔g7

24...d5? 25.cxd5 exd5 26.♗xa6 dxe4 27.♕g5+–

25.♕e3 ♕b7 26.a4 e5

Ein Blockadezug, mit dem der Nachziehende aber die strategisch wichtigen Punkte d5 und f5 schwächt.

27.♖d2 ♕c7 28.♖cd1 ♖b8 29.♗d3 ♗d7 30.♖c2 ♕b7 31.♗e2 ♗e6

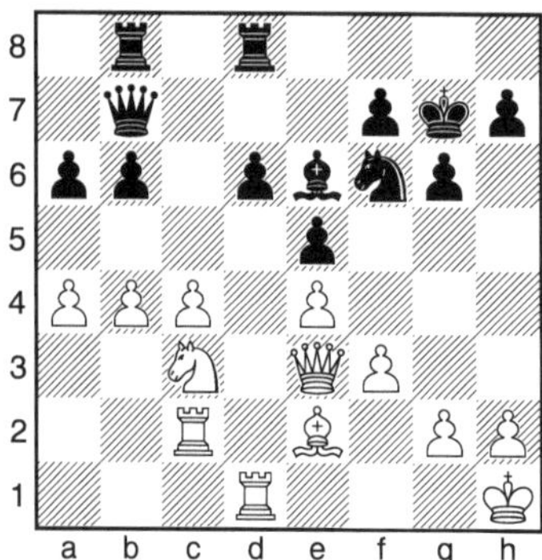

32.f4!

Die Lage im Zentrum ist relativ stabil. Also muss Weiß versuchen, eine Aktion auf dem Königsflügel zu organisieren.

32...exf4?

Ein strategischer Fehler. Nun bekommt Weiß gute Angriffschancen eben am Königsflügel. Notwendig war 32...♖bc8!?.

33.♕xf4 ♖bc8 34.♖d4! ♕e7 35.h3 ♖d7 36.♖cd2!

Schwarz wird jetzt an der Schwäche d6 festgenagelt.

36...♘e8

Die Folge nach 36...♖dc7 37.♖xd6 ♗xc4 38.e5 ♘e8 39.♖xb6 ♗xe2 40.♘xe2 ♖c4 41.♘d4 wäre vorteilhaft für den Anziehenden.

37.e5 dxe5 38.♕xe5+ ♕f6

Es gibt keine Alternative, wie man leicht erkennen kann: 38...♔g8?? 39.♖xd7+−; 38...♔f8?? 39.♕h8#.

39.♕e3!

Kein Abtausch, denn die Dame wird noch gebraucht!

39...♖xd4 40.♖xd4 h6 41.♖f4 ♕d8 42.c5!

Im Western heißt es: „Die Entscheidung fiel im Morgengrauen!". Und hier: „Die Entscheidung fällt am Damenflügel!"

42...bxc5 43.♗xa6 ♖a8 44.♕e5+! ♔g8 45.b5

Es ist vollbracht, die Freibauern sind da!

45...♕b6 46.♘e4 c4 47.♕c5! ♕a5

47...♕d8!? war zu überlegen.

48.♗b7! ♕e1+

48...♖d8 49.♗c6! ♖d1+ 50.♔h2 g5 51.♖f3 ♕e1 52.♘g3+−

49.♔h2 ♖xa4 50.♕e7! ♖a1 51.♕xe8+ ♔g7 52.♕e7! ♕g1+ 53.♔g3 ♕e3+ 54.♖f3 ♕e1+ 55.♖f2 ♗f5 56.♗d5!

Schwarz gab auf.

Partie Nr. 45
Swidler – Radjabow
London 2013

1.d4 ♘f6 2.c4 g6 3.♘c3 ♗g7 4.e4 d6 5.f3 0-0 6.♗e3 c5 7.♘ge2 ♘c6 8.d5 ♘a5 9.♘g3!?

9.♘c1 haben wir in *Kapitel 10/Abspiel 2* analysiert.

9...a6 10.♗e2 ♘d7 11.♖c1 b5

Ein typisches Bauernopfer! Man könnte diesen Vorstoß aber auch mit 11...♖b8!? vorbereiten.

12.cxb5 axb5 13.♗xb5 ♘e5 14.0-0 ♘ac4 15.♗g5 ♗d7

Die Spannung muss gehalten werden. Nach 15...♘xb2 16.♕e2 c4

(16...♖b8 17.♕xb2 h6 18.♗d2 ♘c4 19.♕c2 ♘xd2 20.♕xd2 ♗xc3 21.♖xc3 ♖xb5 22.♕xh6±)

17.♕xb2 ♘d3 18.♕d2 ♘xc1 19.♖xc1 ♗xc3 20.♖xc3 ♕b6+ 21.♔h1 ♕xb5 22.♗xe7 f6 (22...♖e8?? 23.♗f6+−) 23.♗xf8 ♔xf8 24.♘f1 erfreut sich Weiß eines fröhlichen Mehrbauern.

16.♗xd7 ♕xd7 17.♕e2 ♘xb2 18.♕xb2 ♘d3 19.♕d2 ♘xc1 20.♖xc1 ♗xc3 21.♖xc3 ♖fb8

Aus der ganzen Geschichte ist Weiß nunmehr mit einem Vorteil herausgekommen, denn die zwei Leichtfiguren sind stärker als ein Turm.

22.♕c2 f6 23.♗c1 ♕a4 24.a3 ♔f7 25.♘f1 ♕xc2 26.♖xc2 f5 27.♘d2 ♖a4 28.♘c4 fxe4 29.fxe4 ♖b3 30.♔f2 ♔e8 31.e5!

Um die schwarzen Bauern im Zentrum zu schwächen.

31...♖a6 32.exd6 exd6 33.♔e2 ♔d7 34.♗f4 h5 35.h4 ♖a4 36.♔d2 ♖b1 37.♔c3 ♖a6 38.♖e2 ♖d1 39.♖e6 ♖xd5 40.♖xg6 ♖d4

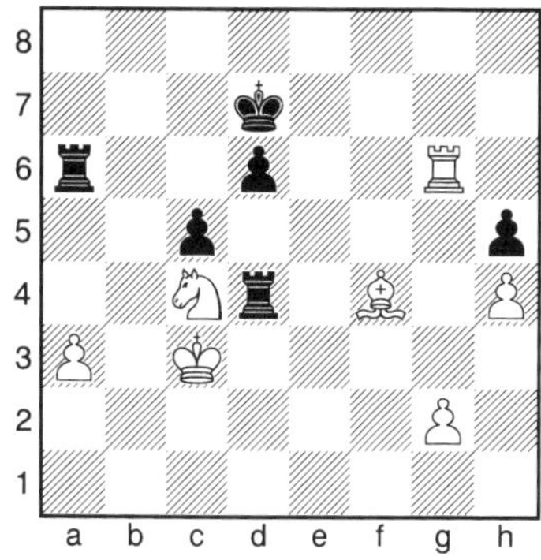

41.♗xd6!

Einfach und schön! Hier sieht man die Überlegenheit von zwei Leichtfiguren gegenüber einem Turm.

41...♖xh4

Oder 41...♖axd6 42.♖xd6+ ♖xd6 43.♘xd6 ♔xd6 44.♔c4 und das Bauernendspiel ist klar gewonnen.

42.♘e5+ ♔c8 43.♖g8+ ♔b7 44.♗xc5 ♖e6 45.♖g7+ ♔c8 46.♘c4 ♖g4 47.♘d6+ ♔b8 48.♖b7+ ♔a8 49.♖d7 ♖g8 50.♘c4 ♖xg2 51.♗d6 ♖xd6

Es gibt keine vernünftige Parade gegen das Matt auf b6.

52.♘xd6 h4 53.♖h7 ♖h2 54.♔b4 h3 55.♔a5

Schwarz gab sich geschlagen.

Partie Nr. 46
Kasparow – Burijovich
Cordoba 1992

1.d4 ♘f6 2.c4 g6 3.♘c3 ♗g7 4.e4 d6 5.f3 0-0 6.♗e3 e5 7.♘ge2 ♘c6 8.d5 ♘e7 9.g4!?

Weiß hat das Ziel eines schnellen Königsangriffs.

Der Zug 9.♕d2 ist Gegenstand unserer Ausführungen in *Kapitel 10/ Abspiel 3.*

9...c6 10.♘g3 cxd5 11.cxd5 a6 12.h4 b5

Schwarz müht sich um ein Gegenspiel.

Die Blockade durch 12...h5 wäre nicht ausreichend. Nach 13.gxh5 ♘xh5 14.♘xh5 gxh5 15.♕d2 ♘g6 16.0-0-0 hätte Weiß eine starke Initiative am Königsflügel.

13.h5 b4 14.♘a4 ♖b8 15.b3 a5 16.♕d2

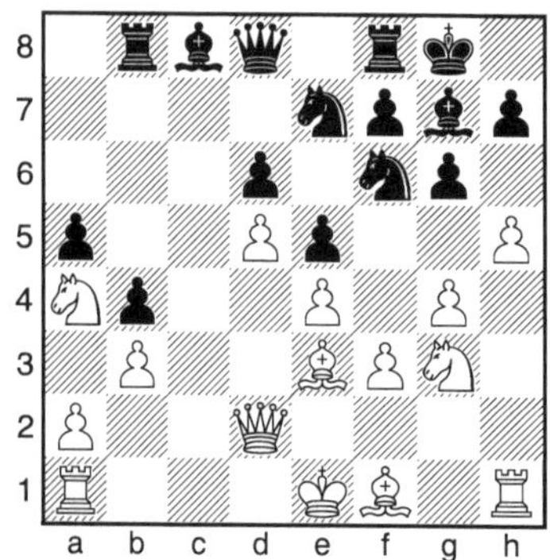

16...♘d7?

Schwarz greift zu einem falschen Plan, der die Öffnung des Spiels am Königsflügel beinhaltet. Er sollte der Linie folgen, sich ein Gegenspiel auf der anderen Seite zu verschaffen. Besser war deshalb 16...♗d7!?.

17.♗d3 f5

Schwarz öffnet das Spiel gerade dort, wo nur Weiß angreifen kann.

18.gxf5 gxf5 19.h6 ♗f6 20.♘h5 f4 21.♗a7 ♖a8 22.♘xf6+ ♖xf6 23.♗f2 ♕f8 24.♘b2 ♖xh6 25.♔e2!

Der König steht hier sicher, auch wenn es sich um die Mitte handelt. Nun kann Weiß seinen Angriff in Ruhe fortsetzen.

25...♔h8 26.♕e1

Infrage kam 26.♕c2!? mit dem Ziel ♕c2-c7.

26...♘g8 27.♖xh6 ♘xh6 28.a3!

Plötzlich ändert Weiß seine Absichten. Oder war genau dies ein wichtiger Punkt in seinem Masterplan? Den schwarzen Figuren fehlt es an Koordination und Kasparow kann nun am Damenflügel aktiv werden. In solchen Stellungen ist Flexibilität angebracht, denn das ganze Brett steht für eigene Aktionen bereit.

28...♘c5 29.axb4 ♘xb3 30.♖a3 a4 31.♖xa4 ♗d7 32.♖xa8 ♕xa8 33.♕c3 ♕a2 34.♗c4 ♗a4 35.b5 ♘f7 36.♗h4 ♕a3 37.♗xb3

Schwarz gab auf wegen 37...♕xb3 38.♕xb3 ♗xb3 39.b6 und der Bauer ist nicht mehr aufzuhalten.

Partie Nr. 47
Schirow – Kasparow
Dortmund 1992

1.d4 ♘f6 2.c4 g6 3.♘c3 ♗g7 4.e4 d6 5.f3 0-0 6.♗e3 e5 7.♘ge2 c6 8.♕d2 ♘bd7 9.0-0-0 a6 10.♔b1 b5 11.♘c1 exd4 12.♗xd4 ♖e8 13.♗xf6

Ein selten anzutreffender Zug. Um den Bauern d6 zu erobern, trennt sich Weiß von seinem wichtigen Läufer.

Andere Möglichkeiten haben wir uns in *Kapitel 10/Abspiel 3* angesehen.

13...♕xf6

Es geht wahrscheinlich auch 13...♗xf6!? 14.♕xd6 ♕b6 15.♘b3 bxc4 16.♗xc4 ♗xc3 17.bxc3 ♘e5 18.♖d4 a5 19.♕c5 ♘xc4 20.♖xc4 ♕b8 21.♖a4 ♗e6 mit Gegenspiel.

14.♕xd6 ♕xd6

Schwarz tauscht trotz eines Minusbauern die Damen und setzt auf ein gutes Endspiel.

15.♖xd6 ♘e5 16.f4?

Schirow hat den Faden verloren und verfehlt die beste Fortsetzung.

Besser war 16.cxb5!? axb5 und nun 17.a3. Danach ist das Spiel kompliziert und die beiderseitigen Chancen sind unklar.

16...♘g4 17.e5 ♘f2 18.♖g1 ♗f5+ 19.♔a1 b4 20.♘a4

20.♘d1 ♗f8! 21.♖d2 ♘e4∓

20...f6!

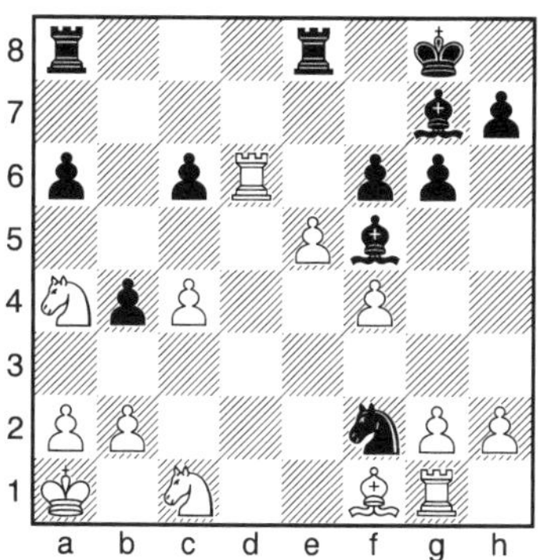

21.e6?

Besser war laut Kasparow und Schirow 21.g4!? ♘xg4 (21...♗xg4? 22.♗g2!) 22.♗d3 fxe5 23.♗xf5 gxf5 24.h3 exf4 25.hxg4 f3 26.gxf5

(– 26.♘d3? fxg4 27.♖xg4 ♖e1+!! 28.♘xe1 f2–+

– 26.♖d2? fxg4 27.♖xg4 ♖ad8!–+)

26...f2 27.♖f1 ♖e1 28.♖d1 ♖ae8 29.♘d3 ♖xd1+ 30.♖xd1 ♗d4! 31.♔b1 ♖e2 32.♖h1 ♖e4 33.♔c2 ♖g4 mit unklarer Stellung.

21...♖xe6 22.♖xe6 ♗xe6

Kasparow hat den Bauern zurückerobert und steht mit dem Läuferpaar bereits besser.

23.♗e2 f5! 24.♘b3 ♗f7 25.♘a5 ♖d8! 26.♖f1

26.♘xc6 ♖d2 27.♗f3 ♘d3 28.♖d1 ♖xd1+ 29.♗xd1 ♗xc4∓

26...♘g4 27.♖d1 ♖xd1+ 28.♗xd1 ♘e3 29.♗f3 ♘xc4 30.♘xc6

30.♘xc4 ♗xc4 31.♗xc6 ♗d4–+

30...a5 31.♘d8

Nach 31.♗e2 ♔f8 32.♗xc4 ♗xc4 33.♘xa5 ♗d5 34.g3 ♗d4 würden die beiden Läufer das Brett klar dominieren.

31...♘d2 32.♗c6

Eine interessante Variante könnte nach 32.♘xf7 entstehen:

32...♔xf7 33.♗d5+ ♔e7 34.♘b6 (34.♗g8 ♗d4–+) 34...♔d6 35.♗g8 ♔c5 36.♘d7+

(36.♘a4+ ♔b5 37.♗f7 ♗d4–+)

36...♔c6 37.♘b8+

(37.♘e5+ ♗xe5 38.fxe5 h6 39.♗h7 ♔d5 40.♗xg6 ♔xe5–+)

37...♔d6 38.♗xh7 a4! und gegen a4-a3 ist kein Kraut mehr gewachsen, Schwarz gewinnt (Analyse von Kasparow).

32...♗h6! 33.g3 ♘f1 34.♘b6 ♘xh2 35.♘d7 ♗g7 36.♘e5 ♗xe5 37.fxe5 ♔f8 38.e6 ♗e8 39.♗xe8 ♔xe8 40.♘c6 ♘f1

Weiß gab auf.

Partie Nr. 48
Knaak – Fernandez
Halle 1978

1.d4 ♘f6 2.c4 g6 3.♘c3 ♗g7 4.e4 d6 5.f3 0-0 6.♗e3 a6 7.♕d2 b6 8.0-0-0 c5

Zu 8...♘bd7 finden Sie unsere Erörterungen in *Kapitel 10/Abspiel 5.*

9.dxc5 bxc5 10.e5

Der Bauerngewinn mittels 10.♗xc5 wäre nach 10...♘c6 gefährlich für Weiß.

10...♘e8 11.exd6

In der Partie Gheorghiu–Sax, Teeside 1975, folgte 11.♗h6 ♗xe5 12.♗xf8 ♔xf8 und obwohl Weiß eine Gewinnstellung erlangte, hatte Schwarz mindestens Kompensation für das geopferte Material.

11...♘xd6 12.♘d5

Knaak meinte, dass 12.♗xc5 ♕a5 für Weiß sehr riskant wäre; z.B. 13.♘d5 ♕xc5 14.♘xe7+ ♔h8 15.♕xd6 ♕e3+ 16.♔b1 ♘d7 nebst ♖a8-b8 oder ♕e3-f2.

12...♘d7 13.♗g5!

Das ist die richtige Entscheidung.

– Auf 13.g4 kann Schwarz laut Knaak 13...♖b8 spielen; z.B. 14.b3

(Die Folge 14.♗g5 ♗xb2+ 15.♕xb2 ♖xb2 16.♘xe7+ ♔g7 17.♘f5+ ♘xf5 18.♗xd8 ♖xa2 ist gut für Schwarz.)

14...♗b7 mit starkem Gegenspiel.

– Auch auf 13.♗f4 folgt 13...♖b8 und nach 14.♘xe7+ ♕xe7 15.♗xd6 ♗xb2+ 16.♔c2 (16.♕xb2? ♕e3+ –+) 16...♕f6 17.♗xb8 ♘xb8 führt Schwarz einen starken Angriff.

13...f6 14.♗e3 ♘f5

Nach 14...♖b8 15.h4 f5 16.b3 nebst h4-h5 behält Weiß gute Angriffsmöglichkeiten.

15.♘e2 e5 16.h4

Weiß ist schneller auf der rechten Seite als sein Gegner auf dem anderen Flügel.

16...♗b7 17.h5 ♘b6 18.♘ec3

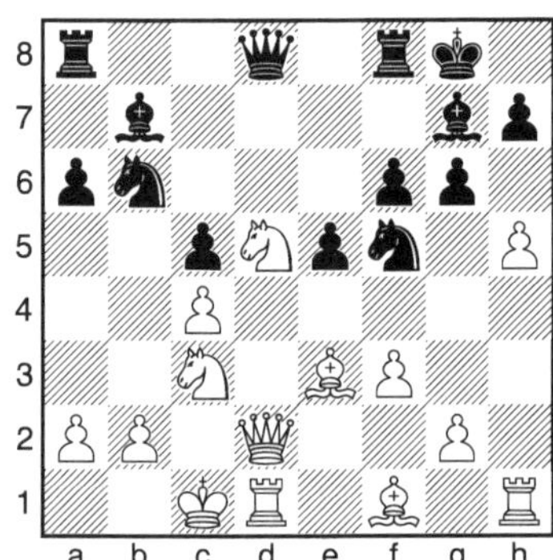

18...♘g3?

Wenn Schwarz die Antwort des Gegners erraten hätte, dann würde er wohl 18...♘d4!? gespielt haben; z.B. 19.hxg6 hxg6 20.♗h6 ♖f7 21.♗xg7 ♖xg7 22.f4 mit besserem Spiel für Weiß, aber der Kampf würde noch dauern. Nun kommt Weiß schnell zum Ziel.

19.h6 ♗h8 20.♗xc5! ♘xd5

20...♗xd5 21.♗xb6+–

21.cxd5 ♘xh1 22.♗c4 ♖c8

22...♘g3 23.d6+ ♖f7 24.d7! ♘f5 25.♗xf7+ ♔xf7 26.♕c2 ♘d4 27.♖xd4+–

23.d6+ ♖f7 24.b4 ♘g3 25.d7 ♖xc5 26.bxc5 ♘f5 27.♕b2 ♘e3 28.♕b6!

Schwarz gab sich geschlagen.

Partie Nr. 49
Iwantschuk – Hellers
Biel 1990

1.d4 ♘f6 2.c4 g6 3.♘c3 ♗g7 4.e4 d6 5.f3 0-0 6.♗e3 b6 7.♕d2 c5 8.♘ge2 ♘c6 9.d5 ♘e5 10.♘g3 e6

Mit 10...h5 haben wir uns in *Kapitel 10/Abspiel 5* beschäftigt.

11.♗e2 exd5

11...♗a6 12.b3 exd5 13.exd5±

12.cxd5 a6 13.a4 ♘h5?

Das kann man wegen der Schwächung der schwarzen Königsstellung nicht empfehlen.

13...h5!? war daher zu überlegen.

14.♘xh5 gxh5 15.♗h6 ♕h4+

Nach 15...f5 16.♗xg7 ♔xg7 17.f4 ♘g6 18.g3 mit dem Plan 0-0-0 bekommt Weiß ausgezeichnete Angriffschancen.

16.g3 ♕f6 17.♗xg7 ♕xg7 18.f4 ♘g4 19.h3 ♘f6 20.0-0-0

20.♔f2!? wäre eine interessante Alternative.

20...♖e8

Ein Versuch, mittels 20...b5 ein Gegenspiel am Damenflügel zu organisieren, wird mit 21.e5! dxe5 22.fxe5 ♘d7 23.e6± gekontert.

21.♗f3 b5 22.♖de1 ♘d7

Auf 22...b4 folgt 23.♘d1 nebst ♘d1-f2 und g3-g4 mit Angriff.

23.e5 dxe5 24.d6 ♖b8 25.axb5 axb5

Die Alternative 25...c4 26.♕e3! axb5 27.♗c6± stammt aus einer Analyse von Iwantschuk.

26.♗c6 c4 27.♕e3 ♖e6?

Ein grober Fehler, wonach die Partie von Schwarz schnell zu Grunde geht.

Laut Iwantschuk sollte Schwarz jetzt 27...♕h6!? spielen.

28.♘e4 c3 29.f5! cxb2+ 30.♔b1 ♖e8 31.g4 f6 32.♖hg1 ♔h8 33.gxh5 ♕f7 34.h6 ♗b7 35.♖g7 ♕c4

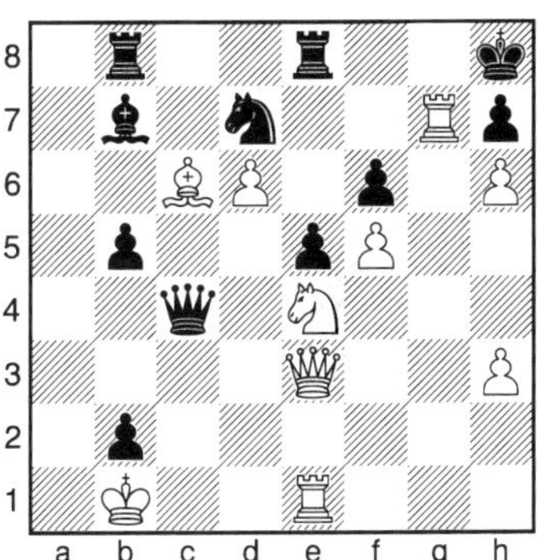

36.♕g3!

In dieser scharfen Position muss Weiß auch aufpassen. Sehr schlecht wäre 36.♗xb7? ♖a8! 37.♗xa8 ♖xa8 und plötzlich gewinnt Schwarz.

36...♖g8 37.♗xb7 ♕a4

37...♖xb7 38.♖xg8+ ♕xg8 39.♕xg8+ ♔xg8 40.♖g1+ ♖g7+ +−.

38.♘c3 ♕a1+ 39.♔c2 b4 40.♗d5!

Schwarz kapitulierte.

Partie Nr. 50
Molnar – Jusko
Kosice 2010

1.d4 f5 2.♘c3 g6 3.e4!?

Zu 3.h4 werfen Sie bitte einen Blick in Kapitel 11.

3...fxe4

Die Idee 3...d6!? ist eine Überlegung wert; z.B. 4.exf5 ♗xf5 5.g4 ♗d7 6.h4 ♘f6 7.g5 ♘h5 8.♗e2 ♘g7 9.h5 ♗f5 10.hxg6 ♗xg6 11.♗d3 ♘f5 12.♕g4 ♕d7 13.d5 ♗g7 14.♘ge2 e5 mit dem Plan 0-0 und guten Ausgleichschancen, Shepelev–Berggren, Chennai 2012.

4.♘xe4 ♗g7

In dieser Stellung gab es auch Versuche, mit 4...d5!? um Ausgleich zu kämpfen, allerdings mit eher gemischten Ergebnissen. Weiß kommt zumeist zu besseren Aussichten.

5.♘f3 ♘f6 6.♘g3

Der Springer wird beim Vormarsch des Bauern h2-h4-h5 usw. gebraucht.

6...e6 7.♗d3 ♘c6 8.h4!

Richtig: Der Anziehende ist schon zum Königsangriff bereit. Der weiße König kann erst mal noch im Zentrum bleiben.

8...0-0?

Dies ist ein Akt des Leichtsinns. Schwarz rochiert kurz und damit genau dorthin, wo sein Gegner schon bereit steht, zum Angriff zu blasen.

Der Nachziehende sollte mittels 8...d6!?, verbunden mit der Idee ♗c8-d7 und ♕d8-e7, auf dem Damenflügel den König sichern. Nun folgt ein stürmischer Königsangriff auf der rechten Seite.

9.h5 ♕e8 10.hxg6 hxg6 11.♕e2 ♘d5 12.c3 ♘ce7 13.♗d2 ♘f4 14.♗xf4 ♖xf4 15.0-0-0

Der weiße Vorteil ist klar: Er hat seinen König in Sicherheit gebracht und ist zur Fortsetzung seines Angriffs am Königsflügel bereit. Demgegenüber ist Schwarz noch weitgehend unentwickelt und hat kaum Chancen auf Gegenspiel.

15...♖f8 16.♘g5 b6 17.♕e4 d5 18.♕h4 ♖f6 19.♖h2 ♕a4 20.♖dh1

Weiß ist schon zum entscheidenden Schlag bereit.

20...♖xf2

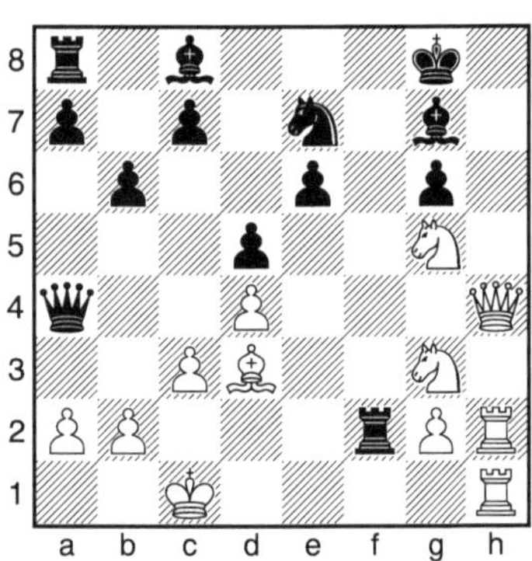

21.♕h8+!

Der Anfang einer schönen Kombination mit einem Mattfinale nach 11 Zügen!

21...♗xh8 22.♖xh8+ ♔g7 23.♖1h7+ ♔f6 24.♘5e4+! dxe4 25.♘xe4+ ♔f5 26.♖f7+ ♔g4 27.♘xf2+ ♔g3

Oder 27...♔g5 28.♘e4+ ♔g4 29.♗e2#.

28.♖h3+

Gewonnen hätte auch 28.♘e4+ ♔xg2 (28...♔g4 29.♗e2#) 29.♖f2+ ♔g1 30.♖hh2 nebst Matt.

28...♔xg2 29.♗e4+ ♔f1 30.♖h1+ ♔e2 31.♗d3+ ♔e3 32.♖h3#

Partie Nr. 51
Sibashvili – Yezhel
Budva 2013

1.d4 f5 2.♘c3 ♘f6 3.♗g5 g6 4.h4 ♗g7 5.h5 ♘xh5

5...♖g8 haben wir in Kapitel 11 analysiert.

6.♖xh5!?

Weiß geht voll und ganz auf das Angebot des Gegners ein. Eine andere, aber nicht so scharfe Idee ist 6.e4!?.

6...gxh5

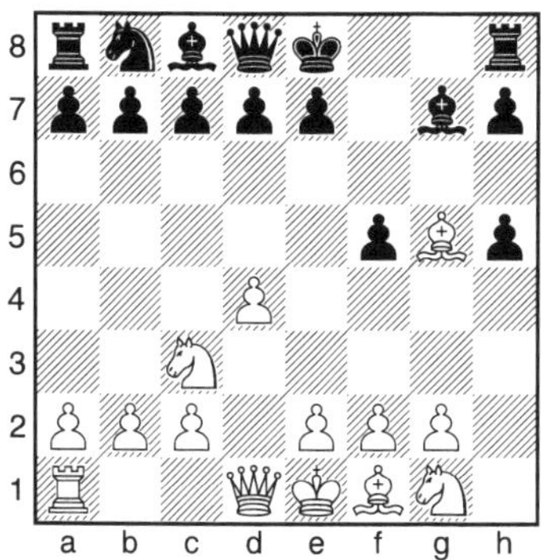

7.♘d5!

Ein neuer Plan. Bisher wurde hier überwiegend 7.e4 gespielt mit Varianten wie den folgenden.

A) 7...0-0 8.♗c4+ ♔h8 9.♕xh5 ♕e8

(9...c6 10.0-0-0 ♕e8 11.♕h4 e6 12.exf5 exf5 13.♘ge2 d5 14.♖h1 h5 15.♘f4! dxc4 16.♘xh5 ♔g8 17.♘xg7 ♕g6 18.♘h5 ♘a6 19.♘f4 ♕g7 20.♗h6 ♕h7 21.♕g5+ ♔f7 22.♖e1 1-0, Gormally-Dhar Barua, Manchester 1997.)

10.♕h4 ♗f6 11.♘f3 ♕g6 12.0-0-0 e6 13.♖h1 ♔g7 14.exf5 ♕xf5 15.♕h6+ ♔g8 16.♗d3 1-0, Seidl–Seibert, Regensburg 1998.

B) 7...d6 8.♕xh5+ ♔f8 9.♘d5 ♗f6? (⌓9...♘c6) 10.♗xf6 exf6 11.♕h6+ ♔f7 12.♗e2 ♘d7 13.♗h5+ ♔g8 14.exf5 ♕f8 15.♕e3 ♘b6 16.♘e7+ ♔g7 17.♕g3+ ♔h6 18.♕f4+! ♔g7

(18...♔xh5 19.g4+ ♔h4 20.♘f3+ ♔h3 21.♕g3#)

19.♕g4+ ♔h6

Und nun hätte Weiß in der Partie H. Schmidt–Kühn, Halle 2004, 20.0-0-0! spielen sollen; z.B. 20...♕xe7 21.♘f3 mit entscheidendem Angriff.

7...♘c6 8.e3 0-0 9.♗c4 ♔h8 10.♕xh5 d6?

Ein Fehler, der zu einem schnellen Sieg von Weiß führt.

Zu versuchen war 10...b5!? 11.♗b3 (11.♗xb5 ♖b8⇄) 11...a5 und Schwarz hätte sich noch verteidigen können.

11.♕h4

11.♘e2!? war ebenfalls stark.

11...♕d7 12.♘f3 e6 13.♘f4 ♕f7 14.0-0-0

Weiß steht auf Gewinn.

14...♗f6 15.♖h1 ♕g7 16.♕h2 ♗xg5 17.♘xg5 d5 18.♘xh7 ♔g8 19.♘xf8 ♔xf8 20.♗b5 ♘e7

Oder 20...♘d8 21.♕h8+ ♕xh8 22.♖xh8+ ♔f7 23.♖xd8 und Weiß gewinnt.

21.♘h5 ♕f7 22.♕xc7

Schwarz kapitulierte.

Literaturverzeichnis

Bücher:

Boris Awruch: Großmeister-Repertoire, 1.d4 (Band Eins), Quality Chess 2009

Boris Awruch: Großmeister-Repertoire, 1.d4 (Band Zwei), Quality Chess 2010

Boris Awruch: Grandmaster Repertorie, 1.d4 (Volume 1A), Quality Chess 2015

Boris Awruch: Grandmaster Repertorie, 1.d4 (Volume 1B), Quality Chess 2016

Boris Awruch: Großmeister-Repertoire, Grünfeld-Indische Verteidigung (Band Zwei), Quality Chess 2011

Victor Bologan: The King's Indian, Chess Stars 2009

Valeri Bronznik: 1.d4-Beat the Guerrillas!, New In Chess 2011

Edward Dearing: Play the Nimzo-Indian, Everyman Chess 2005

Alexey Dreev: Dreev vs. the Benoni, Chess Stars 2013

Jerzy Konikowski: Schnellkurs der Schacheröffnungen-Theorie, Joachim Beyer Verlag 2013

Alexei Kornev: A Practical White Repertoire with 1.d4 and 2.c4, The Complete Queen's Gambit, Volume 1, Chess Stars 2013

Gennadi Nesis/Nikita Kalinitschenko: Königsindische Verteidigung – richtig gespielt, Joachim Beyer Verlag 1995

Michael Roiz: Grandmaster Repertoire, The Nimzo-Indian Defence, Quality Chess 2017

Ruslan Scherbakov: The Triangle System, Everyman Chess 2012

Dmitry Svetushkin: The Ultimate Anti-Grünfeld, A Sämisch Repertoire, Chess Stars 2013

John Watson: Geheimnisse moderner Schacheröffnungen (Band 1), Gambit 2006

John Watson: Geheimnisse moderner Schacheröffnungen (Band 2), Gambit 2007

John Watson: Geheimnisse moderner Schacheröffnungen (Band 3), Gambit 2009

Literaturverzeichnis

Elektronische Sammlungen (CD):

CorrDatabank 2019 (Herbert Bellmann)

Mega Databank 2018 (ChessBase)

Eröffnungslexikon 2018 (ChessBase)

Periodika:

Fernschachpost

New in Chess Yearbook

Magazyn Szachista

Panorama Szachowa

Rochade Europa

Schach

Kaissiber

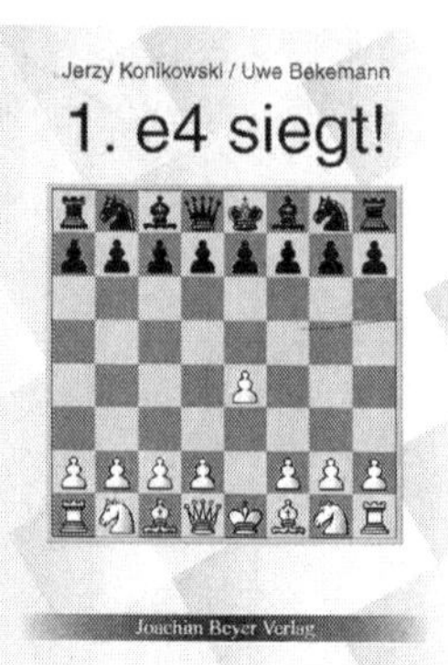

Jerzy Konikowski / Uwe Bekemann

1.e4 siegt!

256 Seiten, kartoniert

1. e4 siegt! – ein selbstbewusster und viel versprechender Buchtitel! Er steht konsequent für den Inhalt des Werkes. Weiß beginnt die Partie mit
1. e4 und spielt zielstrebig auf einen Eröffnungsvorteil.

Mit 1. e4 wählt Weiß nicht nur den beliebtesten Anfangszug schlechthin, er verschafft sich damit auch beste Aussichten auf den Erhalt der Initiative und auf ein kombinationsreiches Spiel. Auf nahezu allen Wegen, die Schwarz danach einschlägt, liegt eine Fülle an Theorie vor.

Einem sehr guten Reiseführer gleich führt „1. e4 siegt!“ den Leser durch das Gelände, stets darauf bedacht, ihn zugleich an die besten Plätze zu geleiten und dabei den Massentourismus zu meiden. Die Vorteile sind vielgestaltig:

Dem Leser wird ein sorgfältig ausgewähltes und recherchiertes Komplettrepertoire an die Hand gegeben, aus der Sicht von Weiß geschrieben und auch für Schwarz von Nutzen.

Die aufgenommenen Varianten versprechen vollwertiges Spiel und zumeist einen Eröffnungsvorteil. Sie liegen abseits der Modeströmungen, gehen deshalb der Theorieflut aus dem Weg und versprechen einen Überraschungseffekt.

Das Repertoire bricht mit herkömmlichen Tabus. Es scheut auch nicht eine Abkehr von „eisernen Regeln“ des Schachs. Wenn beispielsweise ein guter Grund dafür spricht, die Dame frühzeitig in den Kampf zu führen, dann ist genau dies auch die Empfehlung der Autoren.

Ein besonderer Hinweis gilt den insgesamt 78 Partien im Buch. Diese sind sehr sorgfältig ausgesucht worden. Entscheidend für die Auswahl war weniger das Jahr, in dem sie gespielt wurden, als der Gewinn, den der Leser aus ihnen ziehen kann. Wenn beispielsweise in einer älteren Partie ein markanter Fehlgriff zum Verlust führte, so wird vor allem dies lehrreich sein für den Leser. Wer „historische“ Fehler kennt, kann gleichartige Fehler in den eigenen Partien vermeiden.

Das Werk enthält daher besonders instruktive Partien aus allen Epochen.

Mit „1. e4 siegt!“ legen Jerzy Konikowski und Co-Autor Uwe Bekemann nach "Königsgambit – richtig gespielt" nun das zweite gemeinsame Werk vor. Konikowski ist FIDE-Meister und als Autor einer großen Zahl exzellenter Eröffnungsbücher bekannt. Bekemann ist Nationaler Fernschachmeister (Bronze), PR-Manager des Deutschen Fernschachbundes e.V. und Autor von diversen Gambitbüchern.